Informatik aktuell

Herausgeber: W. Brauer
im Auftrag der Gesellschaft für Informatik (GI)

Springer-Verlag Berlin Heidelberg GmbH

Kurt Beiersdörfer   Gregor Engels
Wilhelm Schäfer (Hrsg.)

Informatik'99
Informatik überwindet Grenzen

29. Jahrestagung der Gesellschaft für Informatik
Paderborn, 5.–9. Oktober 1999

 Springer

Herausgeber

Kurt Beiersdörfer
HNF Heinz Nixdorf MuseumsForum GmbH
Fürstenallee 7, 33102 Paderborn

Gregor Engels
Wilhelm Schäfer
FB Mathematik/Informatik
Universität Paderborn, 33095 Paderborn

Die Deutsche Bibliothek - CIP-Einheitsaufnahme

**Informatik ... : ... Jahrestagung der Gesellschaft für Informatik. -
Berlin ; Heidelberg ; New York ; Barcelona ; Hongkong ; London ;
Mailand ; Paris ; Singapur ; Tokio : Springer**
    (Informatik aktuell)
    Früher u.d.T.: Gesellschaft für Informatik: GI-Jahrestagung

1999. Informatik überwindet Grenzen : 29. Jahrestagung der
Gesellschaft für Informatik ; Paderborn, 5. - 9. Oktober 1999. -
1999
    ISBN 978-3-540-66450-5   ISBN 978-3-662-01069-3 (eBook)
    DOI 10.1007/978-3-662-01069-3

CR Subject Classification (1999):
D.1, D.2, D.4.6, H.5, J.1, J.3, K.2, K.3, K.4

ISSN 1431-472X
ISBN 978-3-540-66450-5

SPIN: 10697532   33/3142-543210 – Gedruckt auf säurefreiem Papier

Vorwort

Technologische Entwicklungen in der Informatik haben heute weitreichende Auswirkungen nicht nur auf den privaten Alltag, sondern vor allem auch auf die gesamtwirtschaftliche Entwicklung. Dieser umfassenden Bedeutung will die 29. Jahrestagung der Gesellschaft für Informatik unter dem Motto „**Informatik überwindet Grenzen**" gerecht werden.

In eingeladenen Vorträgen und Podiumsdiskussionen, in rezensierten technischen Beiträgen und in Präsentationen ausgewählter aktueller Promotionsvorhaben werden deshalb sowohl technische Neuerungen als auch die sich verändernden gesellschaftlichen Rahmenbedingungen vorgestellt.

Hauptthema der Tagung sind der elektronische Handel und das damit eng verbundene Thema der Sicherheit, z. B. im elektronischen Zahlungsverkehr. Wir freuen uns, zu diesen Themen herausragende eingeladene Sprecher aus Industrie und Wissenschaft gewonnen zu haben.
Einen Hauptvortrag halten:
Dr. K. Eierhoff (Bertelsmann AG, Gütersloh), Prof. Dr. H. Maurer (TU Graz, Österreich), E. Koller (IBM Deutschland, Stuttgart), J. Frischmuth (Siemens Business Services, München), Prof. Dr. U. Maurer (ETH Zürich, Schweiz). Die Zusammenfassungen ihrer Vorträge finden sich in diesem Band.

Die relativ junge Wissenschaftsgeschichte der Informatik und die damit verbundene Frage der mangelnden Qualität der (Software-)Produkte in der IT-Branche sind das Thema des ersten Nachmittags. Die eingeladenen Sprecher sind Prof. Dr. W. Aspray (CRA, Washington D.C., USA) und Prof. Dr. R. Vollmar (Universität Karlsruhe (TH)). An der anschließenden Podiumsdiskussion nehmen teil: Prof. Dr. W. Aspray, Prof. Dr. Dr. h.c. mult. F.L. Bauer (TU München), Dr. K. Beiersdörfer (Heinz Nixdorf MuseumsForum, Paderborn), Prof. Dr. R. Keil-Slawik (Universität Paderborn), Prof. Dr. P. Lockemann (Universität Karlsruhe (TH)), Prof. Dr. R. Vollmar, Prof. Dr. Dr. h.c. H. Zemanek (TU Wien, Österreich).

Die Grenzüberschreitung der Informatik veranschaulichen weitere Schwerpunktthemen, wie die Informatikanwendungen im Bereich der Sportwissenschaften, und hier besonders das Problem der systematischen Trainingsbelastung im Hochleistungssport, und das Thema „Groupware and Knowledge Management", ein Bereich, der (global agierenden) Firmen heute wesentliche Wettbewerbsvorteile verschaffen kann. Wir danken hier den Referenten Prof. Dr. H. Liesen, A. Koller (Universität Paderborn), Prof. Dr. J. Perl (Universität Mainz), Prof. Dr. J. Wiemeyer (TH Darmstadt), W. Cremers (Siemens Business Services, Paderborn/München), H.-P. Bauer (Lotus Development GmbH, München) und Prof. Dr. L. Nastansky (Universität Paderborn) für ihre detaillierte Darstellung sowohl des aktuellen Stands der Technik als auch der sich ergebenden Forschungsfragen.

In einem harten Auswahlverfahren sind eingereichte Beiträge zur Präsentation und zur Veröffentlichung angenommen worden, die neben den schon angesprochenen

Themen die Bereiche „Internetbasierte Lehre" und „Alternative Benutzungsschnittstellen" technisch vertiefen.

Ein weiterer Höhepunkt der Tagung sind die ausgewählten Präsentationen aktueller Promotionsvorhaben aus aktuell laufenden Sonderforschungsbereichen, Schwerpunktprogrammen und Graduiertenkollegs der DFG. Im Gegensatz zu der überblickartigen Präsentation solcher Projekte auf den Vorgängertagungen in Aachen und Magdeburg, werden hier unter dem Stichwort „Junge Informatik" technisch tief gehende Einblicke in die aktuelle deutsche Informatikforschung ermöglicht. Wir danken insbesondere Prof. Dr. F. Meyer auf der Heide (Universität Paderborn) und Prof. Dr. F. Mattern (TU Darmstadt) für die engagierte Organisation dieses Programmteils.

Die Tagung wird abgerundet durch eine Reihe von Workshops und die Arbeitstagung Programmiersprachen, deren Zusammenfassungen bzw. rezensierte Beiträge sich ebenfalls in diesem Band finden. Wir danken allen Organisatoren für ihren Beitrag zum Gelingen der Tagung.

Nicht zuletzt bedanken wir uns bei den Mitgliedern des Programmausschusses, und vor allem bei unseren lokalen Teams (J. Haupt, J. Niere, J. Maniera, J. Mühlenhoff, F. Wegener, B. Wiechers (Universität Paderborn), U. Brüseke, N. Callebaut, U. Hashagen, R. Jordan (HNF)) für ihre tatkräftige Unterstützung, ohne die eine Tagung dieser Größenordnung nicht zu bewältigen wäre.

Paderborn, im Juli 1999

Kurt Beiersdörfer
Gregor Engels
Wilhelm Schäfer

Mitglieder des Programmausschusses:

Wilhelm Schäfer, Universität Paderborn   (Vorsitz)
Hans-Jürgen Appelrath, Universität Oldenburg
Hans-Jörg Böheim, Thyssen Duisburg
Hans-Jürgen Bürckert, DFKI, Saarbrücken
Peter Deussen, Universität Karlsruhe (TH)
Hubertus von Dewitz, Siemens AG, München
Klaus Dittrich, Universität Zürich
Hartmut Ehrig, TU Berlin
Gregor Engels, Universität Paderborn
Herbert Fiedler, Universität Bonn
Joachim Fischer, Universität Paderborn
Joachim von zur Gathen, Universität Paderborn
Manfred Grauer, Universität Siegen
Ulf Hashagen, Heinz Nixdorf MuseumsForum, Paderborn
Uwe Hohenstein, Siemens AG, München
Stefan Jähnichen, TU Berlin
Roland Jesse, Universität Magdeburg
Ralf Jungclaus, Volkswagen Bank GmbH, Braunschweig
Gerald Junkermann, Renaissance Worldwide GmbH & Co. KG, Frankfurt
Gerti Kappel, Universität Linz
Alois Knoll, Universität Bielefeld
Peter Martini, Universität Bonn
Peter Marwedel, Universität Dortmund
Friedemann Mattern, TU Darmstadt
Friedhelm Meyer auf der Heide, Universität Paderborn
Heinrich Müller, Universität Dortmund
Manfred Nagl, RWTH Aachen
Ludwig Nastansky, Universität Paderborn
Thomas Ottmann, Universität Freiburg
Jürgen Perl, Universität Mainz
Elke Radeke, C-LAB, Paderborn
Karl-Heinz Roediger, Universität Bremen
Norbert Ryska, Heinz Nixdorf MuseumsForum, Paderborn
Andreas Spillner, Hochschule Bremen
Günter Totzauer, FHO Emden
Gunter Saake, Universität Magdeburg
Alexander Schill, TU Dresden
Franz Weber, EPS Bertelsmann, Gütersloh
Martin Wirsing, LMU München
Christian Zeidler, Asea Brown Boveri AG, Heidelberg
Klaus Zeppenfeld, Fachhochschule Dortmund
Martina Zitterbart, TU Braunschweig

Die Tagung wird unterstützt von:

IBM Deutschland, Stuttgart	(Hauptsponsor)
Siemens Business Services, Paderborn/München	(Hauptsponsor)

Deutsche Forschungsgemeinschaft (DFG)
Ministerium für Schule und Weiterbildung, Wissenschaft und Forschung des Landes Nordrhein-Westfalen
ABB Asea Brown Boveri AG, Heidelberg
Bertelsmann mediaSystems, Gütersloh
b.i.b. Paderborn
McKinsey & Company,Inc., Frankfurt
sd&m, München
Thyssen Krupp Stahl AG, Duisburg
UNITY AG, Paderborn
Volkswagen Bank GmbH, Braunschweig

Inhalt

Hauptvorträge

Electronic Commerce – Herausforderung auf dem Weg ins 21. Jahrhundert..........3
K. Eierhoff

WWW Needs More Interaction..........4
H. Maurer

Computing Leadership in Retrospect..........11
W. Aspray

Grenzüberschreitende Informatik?..........12
R. Vollmar

Der e-Faktor: Von e-business zur e-society..........13
E. Koller

Electronic Commerce – Treiber der Veränderungen in der Arbeitswelt..........14
J. Frischmuth

Kryptographie: Basistechnologie der Informationsgesellschaft..........15
U. Maurer

Schwerpunktthemen

Informatik im Sport

Wissensmanagement in präventivmedizinischen Fragestellungen..........21
H. Liesen, A. Koller

Metamodellbildung und interaktive online-Simulation für Verhaltenprozesse im Sport..........22
J. Perl

Möglichkeiten und Grenzen informatischer Modellbildungsparadigmen im Sport...24
J. Wiemeyer

Groupware und Knowledge Management

Die Bedeutung von Groupware-Lösungen für verteilte Arbeitsgruppen
– Erste Erfahrungen in industriellen Umgebungen............................. 25
W. Cremers

Architecture, Concepts, and Solutions with a
Groupware-Based Knowledge Management System
– Experiences and Best Practices of the Espresso KM-Model............27
L. Nastansky

Technische Beiträge

Kooperation

Einsatz multimedialer internetbasierter Informations- und Kommunikationssysteme in der universitären Ausbildung am Beispiel der
virtuellen Lernwelt WINFO-Line...31
S. Hagenhoff, M. Schumann

Global Engineering Networking für mikroelektronische
Anwendungen..40
H. Holzheuer, L. Werner, E. Griese, S. Labuhn, T. Burgey

Dynamische Generierung von Protokollen zur Steuerung
automatisierter Verhandlungen...50
M. T. Tu, C. Langmann, F. Griffel, W. Lamersdorf

Internetbasierte Lehre

VIROR – Die virtuelle Hochschule Oberrhein.....................60
P.-Th. Kandzia

TRANSTEC –Internet-basiertes multimediales Lernsystem für
innovative Hochtechnologien......................70
R. Brück, A. Priebe, C. Schneider

Flexible Werkzeugunterstützung für
Teleteaching/Telelearning......................80
K. Franze, O. Neumann, A. Schill

Alternative Benutzungsschnittstellen

Multimodale Interaktion mit einem System zur Virtuellen
Konstruktion......................88
M. E. Latoschik, B. Jung, I. Wachsmuth

Computer ohne Monitor – Grenze der Benutzbarkeit?
Braille- und Sprachausgabe für Linux......................98
R. Butenuth

Kryptographie

Aufbau unternehmensweiter Public Key-
Infrastrukturen......................108
D. Fox

Crosszertifizierung nach Wechsel des Sicherheitsankers einer
Public-Key-
Infrastruktur......................119
M. Herfert

Junge Informatik

DFG Sonderforschungsbereiche (SFB), Schwerpunktprogramme (SPP), Graduiertenkollegs (GK)

Vorwort Junge Informatik..........137
F. Mattern, F. Meyer auf der Heide

Kombinatorische Algorithmen zur Netzgenerierung im CAD 138
M. Müller-Hannemann

Hierarchische Synthese für die Emulation von integrierten
Steuerungssystemen..........146
O. Bringmann, W. Rosenstiel

System-Level Synthese gemischt analog/digitaler
Schaltungen..........151
C. Grimm

Effizienter Austausch von 3D Dokumenten auf Basis von
Generativer Modellierung..........164
S. Havemann

Molekulare Bioinformatik – Informationsfusion zur
Genregulation..........173
N. Grabe

Erweiterte Message Sequence Charts für die Verifikation von
Statemate-Entwürfen..........181
J. Klose

Architekturen für mehrseitige sichere
Telekommunikationsnetze..........190
U. Jendricke, A. Zugenmaier

Optimieren über alle kombinatorischen Einbettungen eines
planaren Graphen..........199
P. Mutzel, R. Weiskircher

Transformationen zur parallelisierten und fehlertoleranten
Informationsverarbeitung...207
F. C. Gärtner, M. Theisen

Neue Architekturen für ein optisches Internet............................215
H. Woesner

Analytical Methods for Multilevel Graph-Partitioning.................223
R. Preis

Mobile Agenten zur Unterstützung kooperierender
Managementprozesse...231
S. Lipperts

Gestaltung und Simulation hardware-rekonfigurierbarer
Rechnersysteme..239
S. Sawitzki

Von N^2 nach $\log^2 N$
Zur algebraischen Berechnungskomplexität allgemeiner
Fouriertransformationen...247
B. Grohmann, Martin Rötteler

Probabilistische Analyse am Beispiel des k-Zentrumsproblems........257
T. Nierhoff

Globale Anfragebearbeitung mit verteilten und heterogenen
Datenquellen..265
U. Leser

Modal Logic for Coalgebras..273
M. Rößiger

Infrastruktur für den elektronischen Markt
– Vertrauen durch Recht..281
H. Fuhrmann

Entwurf verteilter Systeme im Sonderforschungsbereich 342............289
J. Philipps

Caching in Networks......297
M. Westermann

Prozeßintegrierte Designwerkzeuge für die Verfahrenstechnik......305
K. Weidenhaupt, B. Bayer

Systematische Integration von Prozeß- und Produktmanagement......314
S. Vorwieger

Konstruktion von Fuzzy-Inferenzmechanismen aus Inferenzbausteinen unter Anwendung von Methoden der Schaltwerktheorie......322
S. Lehmke

Workshops

5. Workshop des GI-Arbeitskreises 5.2.1.2: Zeitorientierte betriebliche Informationssysteme (ZoBIS) Temporale Aufgaben in Informations- und Kommunikationssystemen......333
J. Fischer, G. Knolmayer

International Workshop on Communication and Data Management in Large Networks......334
E. W. Mayr, F. Meyer auf der Heide, R. Wanka

Workshop „Die Außenseiter der globalen Informationsgesellschaft"......335
N. Peroz

Workshop „Unternehmen Hochschule"......337
H.J. Appelrath, U. Marquardt, H. C. Mayr

Workshop „Geschichte des Computers in Museum und Universität"......338
U. Hashagen, R. Keil-Slawik

Workshop „Telekooperative Verwaltung"......340
K. Lenk

Workshop „Rechtssicherheit im Internet"...342
H. Fiedler, R. Traunmüller

Workshop „Gesamtkonzept der informatischen Bildung".................344
L. Humbert, S. Schubert

Arbeitstagung Programmiersprachen'99

Vorwort...349
W. Goerigk, A. Poetzsch-Heffter

Combining Strict and Soft Typing in Functional Programming.........350
M. Widera, Ch. Beierle

Fixed Points in Metrified Quasi Ordered Sets:
Modelling Escaping in Functional Programs.....................................360
M. Mohnen

Natural Semantics for Imperative and Object-Oriented Programming
Languages..370
S. Glesner

The Evolution of GOTO Usage and its Effects on Software Quality..380
W. Gellerich, E. Ploedereder

An Efficient Abstract Machine for Curry...390
W. Lux, H. Kuchen

A Programming Language for Design Patterns..................................400
S. Bünnig, P. Forbrig, R. Lämmel, N. Seemann

Run-Time Guarantees for Real-Time Systems – The USES
Approach...410
*Ch. Ferdinand, D. Kästner, M. Langenbach, F. Martin,
M. Schmidt, J. Schneider, H. Theiling, St. Thesing, R. Wilhelm*

Autorenverzeichnis..421

Hauptvorträge

Electronic Commerce –
Herausforderung auf dem Weg ins 21. Jahrhundert

Klaus Eierhoff

Bertelsmann AG,
Gütersloh

Die Zahl der Internetnutzer weltweit wächst rasant mit zweistelligen Wachstumsraten pro Jahr. An den Finanzmärkte erleben wir eine förmliche Kursexplosion bei Internetaktien. Bei näherer Betrachtung dieser Unternehmen zeigt sich, daß diese gegenüber den etablierten Unternehmen über Effizienz- und Qualitätsvorteile verfügen. Insbesondere für den Kunden ergeben sich neue Möglichkeiten in Hinblick auf Produktauswahl, Service und Vergleichsmöglichkeiten. Das Internet bietet die Möglichkeit, dem Kunden ein individuelles, auf seine Bedürfnisse zugeschnittenes Angebot zu offerieren. Wesentliche Bedeutung kommt hierbei der Leistungsfähigkeit der IT-Systeme zu. Mit Hilfe von „collaborative filtering" können dem einzelnen Nutzer Vorschläge auf Basis von Vergleichswerten anderer Nutzer gemacht werden. Data Mining und Data Base Marketing werden zu Kernerfolgsfaktoren in der digitalen Gesellschaft. Dabei müssen aber immer die Interessen des Kunden im Vordergrund stehen. Der Kunde muß die freie Entscheidung haben, inwieweit er persönliche Daten zur Verfügung stellt. Für die Unternehmen bedeutet dies, den Kunden die Vorteile klar und verständlich zu kommunizieren und größte Sorgfalt im Umgang mit Kundendaten zu üben.
Dieses war eine der Grundvoraussetzungen bei der Konzeption von BOL, dem im Februar 1999 gestarteten Medienshop von Bertelsmann. Als einer der führenden pan-europäischen Anbieter von Medienprodukten, bietet BOL seinen Besuchern die Möglichkeit, sich ihr Angebot individuell zusammenzustellen. Über „My BOL" kann der Benutzer sich einen Medienshop nach seinen Interessensgebieten zusammenstellen. Mit der Personalisierung erhält der Nutzer zudem die Möglichkeit des Expresseinkaufes, d.h. er muß nicht jedesmal von neuem seine Kundendaten eingeben.
Die Umsetzung von Electronic Commerce ist eine strategische Unternehmensentscheidung, die vom Top Management zu treffen und in der Umsetzung zu unterstützen ist. Der für den Kunden sichtbare Auftritt im Internet bildet lediglich die Spitze vom Eisberg. Der größte Teil der Umsetzung von Electronic Commerce im Unternehmen findet im Back-End statt. Neben der Hard- und Software Umsetzung sind insbesondere alle den Order- und Abwicklungsprozeß unterstützende Teilsysteme zu installieren. Hierzu zählen insbesondere Lager- und Distributionsleistungen, Call Center sowie die fehlerfreie Finanzabrechnung. Was nützt einem Unternehmen der beste Internetauftritt, wenn der Fulfillment-Prozeß nicht funktioniert.
Bertelsmann befindet sich in einer ausgezeichneten Situation für das Electronic Commerce Geschäft. Als eines der ersten Unternehmen erkannte Bertelsmann die zukünftige Bedeutung des Internets und gründete zusammen mit AOL Inc. AOL Bertelsmann Europe. Heute zählt AOL Bertelsmann Europa mit über 2,6 Millionen zu den führenden Internetanbietern in Europa. Zusammen mit Lycos/Tripod und den Internetaktivitäten von Gruner+Jahr sorgen sie für den Traffic bei BOL. Durch die Bertelsmann Distribution erfolgt die schnelle und umfassende Abwicklung aller Bestellungen. Bertelsmann mediaSystems zusammen mit Pixelpark und mediaWays bietet als Komplettanbieter Dienstleistungen in den Bereichen Web-Design, Software Solutions und Netzwerkmanagement an. Insbesondere die zusammen mit Oracle entwickelte Electronic Commerce Plattform bietet BOL genügend Flexibilität für die weitere geographische und produktbezogene Entwicklung.
In den nächsten Jahren werden die Electronic Commerce Umsätze in Europa exponentiell wachsen, da neben der Zahl der Internetnutzer die Zahl der Internetkäufer weiter steigen wird. Etablierte Unternehmen müssen daher heute die grundsätzliche Entscheidung treffen, inwieweit sie sich der Herausforderung stellen.

WWW Needs More Interaction

Hermann Maurer

IICM, Graz University of Technology
hmaurer@iicm.edu

Abstract. In this talk we argue that WWW is seen much too much as an information system with a very limited variety of possible interactive features. We claim that some of the most important possible functions have been neglected, sofar.

1   Introduction

WWW (or the Web, as we will call it henceforth) was originally conceived as a distributed information system, initially to give access to new physics reports, world-wide. Although the Web has expanded its functionality in many different directions some of the most obvious ones have been still neglected. It is true that forms for feedback and necessary for transactions have been introduced and do play a major role by now (e.g. in e-commerce), and that email, chat, Web telephony and Web video conferencing have been much widening possible applications of the Web. Yet, a number of equally important aspects have been largely ignored. We will describe two of them, customization of information and tools for cooperation in some detail in what follows.

2   Customization of Information

In most Web systems the Webmaster is a "dictator:" the Webmaster defines what and how information is to be seen, i.e. is structured. It is curious that this has not caused a rebellion already years ago: is it not ludicrous that the head of a company when accessing the firm's server sees the same information structured in the same way as the head of research, the head of personnel, ordinary employees and maybe even customers? And clearly the same is true in school-, university- or governmental-environments.

Thus, it should be clear that the type of material that can be accessed should be definable by some authorization mechanism (typically password based) but, much more, the structuring of the material has to also depend on the user. To put it into modern terminology: documents or groups of documents must be accessible by complex ontologies, i.e. providing different "views" or "access paths" depending on the user group.

Hence, a first step in this direction is to allow users to identify themselves (with the simple http protocol of the Web this requires unfortunately strange work-arounds such as cookies or session keys) and, depending which group they belong to, present them access paths (menus) tailored to their needs. An obvious further step is to allow users to define their own structures as they go along, so as to "personalize the information space".

Another way to personalize ones information space is to be able to add notes to any page, such notes visible only to the author or to a well-defined group. Observe that notes can be added to notes, hence the fact that the read-rights of notes can be set to a group allows the "eruption" of discussions at every point on such a Web server. Observe further that not only should users be able to make notes, but also (for themselves only or again for a group) link together arbitrary pages!

All of the above ideas have been around for over 10 years, and were first implemented in Hyperwave: for a book on an early version of Hyperwave already describing all those features see [1], for up-to-date general information [2], for detailed documentation [3].

It is interesting that except for Hyperwave most Web servers, even those based on sophisticated databases still do not allow the easy installation of user oriented "views" and the addition of notes and links by persons who do not have editing privileges for the pages involved. However, the importance of e.g. notes is starting to become recognized as can be seen in announcements of Microsoft or in software such as Third Voice [4].

3   Collaborative Tools

The only collaborative tool that is available on quite a few Web servers is a discussion forum. However, most versions known to us lack what we would consider a minimum in any collaborative tool, CT for short. We give a description of one such typical CT in what follows.

While discussion forums can only be started by site administrators, are usually open to the general public or one well defined group, and are basically for writing comments (albeit with some multimedia attachments) CTs permit all persons with write access to parts of a server to define their own Cooperation Space (CS). Anyone creating such a cooperation space is a so-called facilitator for that particular CS. Facilitators can make their CS available with read and write privileges for whatever users they choose, and contributions can take any forms: notes, URL's, Winword or PDF documents, pictures etc. Ever entry comes with a short textual description, with optional attributes and an optional "grade". In conjunction with the usual annotation and linking facilities described earlier such a CS is indeed a collaborative environment to share e.g. bookmarks or other documents within the group defined by the facilitator. A push-functionality to be provided allows automatic notification of participants of new entries at certain times, or depending on certain events and attributes. By also using various presentation strategies offered in the CS, finding and sharing information becomes easy. By collecting information of particular interest in private areas of the server users can further personalize information according to their needs, including information residing in various CS, or even outside such CS. It is felt that a CT, by allowing the creation of arbitrarily many CS on the same server for different groups of persons is an ideal technique for communication and cooperation in Intranet and Internet environments.

3.1 General description

A CT is used either in conjunction with ordinary Web Browsers or as separate application as a "floating window" while working with a WWW Server. It comes with different functionalities for the facilitator and for ordinary users.

A facilitator is any person that has write access to some part of a server. Usually, ever identified user should have a special personal area with write privileges, and it is this kind of functionality that is available to a facilitator: thus, every user with a personal area can become a facilitator. A facilitator can establish one or more CS with a space capacity as determined by the administrator. (When space runs out, it is up to the facilitator to ask for more, prune manually, prune using a utility provided e.g. by date, or set limits to the size of documents that can be added by users.) When establishing a CS, a unique name has to be chosen for the CS at issue and a number of parameters have to be set initially (and some can be changed and set also later) by the facilitator. The most important parameter is the list of users: the facilitator can include the emails or pen-names of arbitrary persons who thereby become users of the CS. However, any new user added becomes only active after the user (who is notified by email) agrees to be active. Also, users can leave a CS at any time they desire, i.e. no user is ever in a CS without explicit agreeing to be in it, and is free to leave at any time. Conversely, the facilitator may exclude any person at any time. Facilitators may permit self-registration for their CS, or may insist that they install each user themselves. One main difference is the achieved degree of anonymity of users, see below, and the fact that self-registering makes permanent exclusion of "nuisance members" complicated.

The facilitator may suggest one or more main topics: nobody else can suggest main topics, but everyone can suggest subtopics that are hierarchically structured to a level determined by the facilitator with some default, like 5 levels preset. (Note that if the depth of levels allowed is set to one, then only contributions to the main topics suggested by the facilitator can be added.) The facilitator and only the facilitator can arrange, rearrange or delete contributions created by other users. The facilitator can designate himself or other persons for each main topic as "responsible". I.e. whenever a document is added in this topic an email to that extent is sent to the facilitator either immediately, or at certain times as designated by the facilitator. It is also the facilitator who decides whether additional attributes (like one of a set of keywords)has to be added to a contribution to later ease searching or the automatic posting of contributions with just certain properties: here the full functionality of a powerful server such as Hyperwave comes to bear.

When an ordinary user enters a CS the view is very similar to what one expects in a newsgroup, or in the discussion forum of e.g. GENTLE [5]. A list of main topics is shown, and the contributions to the main topic can be expanded step-wise or "the whole thread at the same time" very much as in GENTLE. When a contribution is added a short descriptive text is mandatory (and sometimes, in discussions, this is all that is required). An attachment is optional: such attachments can be a URL or list of URLs or some other document, including arbitrary multimedia files. Contributions can be given a "grade" between 0 to 10 (0 worst, 10 the best). Indeed such a grade can also be given when reading the contribution: the range of grades and their average is also shown for information (see below). Only a single grade can be given to a document within a certain time period (to reduce "cheating").

When looking at contributions, users have a number of options: they can look at them hierarchically (the usual way), but they can also sort the documents by author, by date, by date from a certain date onward, by opening the hierarchical structures only to the extent of showing branches that lead to documents that have been added after a certain date and by omitting contributions of certain authors ("blacklist"). Users can mark individual documents or groups of documents meaning "I want a notification sent when someone comments a document marked". Users can also specify that they want an email of the URLs of all new documents satisfying certain criteria (e.g. belonging to a particular topic or subtopic with an average grade higher than 6) sent at intervals they decide on (daily, weekly, biweekly or monthly).

The CT also supports "business cards" with information as provided by users. The business card has a pen-name chosen by the user, comes with or without picture, and whatever other information including email or phone number: clearly a business card without email or such may contain purely fictitious information! However, the CT should keep track of the connection between pen-name and email (to which the password is sent): this information is treated as confidential except if opened for legal procedures. The CS contains a messaging system that is based on pen-names chosen, i.e. one-to-one communication is possible in a CS, if desired. Note that the functionality of adding notes (both for private use or public with the CS) is supported, the same way as users can create links even in material not authored by them (for their own use, or for the CS). Such CS-public notes and links are only visibly if the toggle "show notes of others " has been turned on by the facilitator, or is turned on by a user (in the latter case, notes and links are only visible during the current session for this user).

Such a CT might provide a number of further features for the facilitator that come in handy: a toggle to send "a thanks for your contribution" message automatically, statistical information of how often a pen name has contributed over certain periods causing a"thanks for your many contributions" message or "hope you are not sick, because you have not contributed for four weeks" message, etc.: such and other messages can be configured by the facilitator, e.g. a message "happy birthday" when the user (while registering) has filled out the birth-date field (it does not contain a "year" field, i.e. users can specify their birth-date without telling their age.) In most cases such mails should not be sent entirely automatically, but through the "hands of the facilitator" to allow to add a personal touch.

Everything that has been said so far is really an extension of "ordinary" discussion forums. However, there is one further feature that makes a CT as proposed particularly useful: the book-marking facility. When browsing WWW sites users may find an interesting entry. Rather than making a bookmark for themselves on their PC they hit the CT bookmark button, rather than the bookmark button of the browser. As a result, a list of groups in which they participate (potentially after identifying with name and password) is shown: they put their bookmark in the appropriate space with a short description (for themselves and others) and a "grade". Thus, CT is a powerful tool for book-mark sharing, an important property for WWW usage.

Note that the bookmarks created can be checked for validity or changed contents by CT e.g. through the "proxy protocol" and the creators of bookmarks (and the facilitator if the toggle is set this way) are notified in such a case. Thus, the list of shared book-marks has a good chance to stay better up to date than any private list! When users find a book-mark that does not work, simply pressing a "bookmark does not work" button notifies the author and (see above) the facilitator.

To keep the user interface from posing too much cognitive overhead it should come in two versions: a very rudimentary one that can be expanded by choosing the expert mode.

3.2 Comparison with other work

Discussion forums have been around in the form of newsgroups for many years. They are also becoming more and more popular on WWW servers. None comes close to the functionalities described. Hence, the development of such a CT is long overdue!

Note that a number of recommender systems have been around and are also increasing in importance. A CT can be seen as such a system where the recommendation (the grades, and the fact that book-marks, i.e. URLs or other documents are added into the CS) is coming from the fact that the group within a CS is homogeneous and is supposed to have shared interests. Above approach is in line with the Personalized Recommender System, a prototype of which was developed by J.Horwarth and others under the guidance of Barry Fenn [8].

It is also conceivable that "recommendations" that come from similarities in judgement are exploited: this is increasingly done on some commercial WWW servers, and is pursued in recommender systems such as PHOAKS, ReferalWeb, GroupLens, Siteseer, Fab, Alexa and others. Note that Google [6] also uses a kind of recommendation: the number of links to a document. It is conceivable that a CT can even be merged with some such attempts in the future. For a more general approach see Open GriD [7].

3.3 Other aspects of communication

GENTLE [9] was the first WBT (Web Based Training System) that provided the possibility to ask questions that when answered (usually asynchronously) would be incorporated into the database, so that later similar questions can potentially be answered by the system. This idea is at the heart of Knowledge Management in the sense that such question/answer dialogues keep enriching the knowledge residing in the database. For more details on this see [10]. It is our dream that eventually all documents on the Web will be "alive" in the sense that they themselves can answer any question posed since "any reasonable" question has been asked before (and has been answered by some expert) due to the large number (millions) of users of documents on the Web.

This kind of knowledge repository on the Web that is growing through question /answer dialogues may still be science-fiction. There is a word of caution, and a word of optimism still to be said, however: As important as current versions of CT may be, one of the main insights gained over the last years is this: it is very difficult to store all kinds of information required for a CT and Knowledge Management into a computer system (simply because if information does not enter a system as by-product of standard activities persons are hard to convince to go to the extra trouble of inputting information). Hence a more realistic or at least a supplementary application of a CT and Knowledge Management is just to try to bring persons together in real life. E.g. if an employee of an organisation looks for "abc" what is found is not a discussion forum about "abc" where this topic can now be discussed with whatever technology is available (from textual chat to video conferences!) but rather the person most knowledgeable on "abc" is found and now can be contacted directly, e.g. by phone, to arrange a personal meeting, or whatever. Thus, a CT system should provide a component that "just" allows to find the right person: and the "just" is put in quotation marks, because to design a system that helps in doing so is clearly also very difficult (to say the least). Typically, such a system should extract automatically knowledge about what persons know about (from what they have written as reports, or from the electronic papers they have studied, etc), thus constructing a profile of the persons so that others can find them. To accomplish this very complex job is still made more difficult by privacy considerations: this is a little trodden but important research area to be addressed in the future.

4 Summary

While most people see the Web either as a more or less "multimedia digital library" or a tool for transactions (e-commerce) or for "simple communication" applications this paper tries to argue that two very important aspects - the Web as dynamic and individualized library and the Web as powerful Cooperation tool - have not received the attention they deserve, so far.

References

1. HyperWave: The Next Generation Web Solution; (Maurer, H.: Ed.), Addison-Wesley Longman, London (1996).
2. http://www.hyperwave.come/whitepaper

3. http://www.hyperwave.de/documentation
4. http://www.thirdvoice.com
5. http://wbt.iicm.edu
6. http://www.google.com
7. http://www.cs.sunysb.edu/ maxim/OpenGRiD
8. barry@aotea.co.nz
9. Dietinger, Th., Maurer, H.: GENTLE - (GEneral Networked Training and Learning Environment); Proceedings of ED-MEDIA & ED-TELECOM 98, Freiburg, Germany, AACE, Charlottesville, USA (1998) 274-280.
10. Maurer, H.: The Heart of the Problem: Knowledge Management and Knowledge Transfer ; Proc. Enable 99, Espoo - Vantaa Institute of Technology (1999) 8-17.

Computing Leadership in Retrospect

William Aspray
CRA Washington D. C.

The profession of computing is complex because it touches virtually every aspect of society rather than just being a narrowly focused area of research and education. As a new professional discipline, there have been growing pains, caused in part and at times by having an inadequate supply of leaders of various kinds. This talk will discuss various aspects of the computing profession, including research, teaching, government service, professional activities, transfer of ideas from the universities into the commercial sector, building an adequate workforce, and creating an international scientific community. The presentation will focus on today through the lens of history, trying to show how leadership makes a difference and the effect of an inadequate supply of leaders. Most, but not all of the examples will be drawn from the United States.

Grenzüberschreitende Informatik?

Roland Vollmar

Universität Karlsruhe (TH)
vollmar@ira.uka.de

Es liegt im Wesen der "Grenze" zu trennen. Grenzen können zu Klarheit und Sicherheit verhelfen, aber auch einengen und klein halten. Grenzen zu wahren und zu verteidigen, kann
ethisch geboten sein, sie zu überschreiten, Revolutionen auslösen oder den Weg ins Gelobte Land frei machen.

Im Vortrag wird dargestellt, wie verschiedenartig die sich unserem Fach bietenden Grenzen sind, welche relevant sind und welche lediglich Produkte der Werbung sind.

Überdies sollen Beispiele dafür präsentiert werden, die aufzeigen, wie Methoden und Ergebnisse unseres Faches Grenzüberschreitungen in anderen Bereichen ausgelöst haben. Hinweise darauf, welche Trennungslinien zu respektieren und welche zu überqueren Ziel sein sollte, beschliessen den Vortrag.

Der e-Faktor: Von e-business zur e-society

Ernst Koller,
IBM Deutschland Informationssysteme GmbH, Stuttgart

Vor wenigen Jahren führte IBM den Begriff e-business ein, um der Bedeutung des Web jenseits vom Chatten und Surfen einen Namen zu geben. Schnell avancierte der Begriff zum Modewort und steht heute für die Umwälzungen, die das Web in der Wirtschaftswelt auslöst. Dabei sind die unzähligen Internet-Startups zwar zur Zeit die populärsten Vorboten des Web-Age, sie sind jedoch bei weitem nicht der Motor der Veränderungen. Die eigentliche Revolution wird ausgelöst, wenn die etablierten Unternehmen und Organisationen die Internettechnologie nutzen, um sich selbst neu zu erfinden und mit neuen Geschäftsmodellen ihre Stellung auf den Märkten von morgen zu sichern.

Mit der Verbreitung von Inter-, Intra- und Extranetlösungen verschieben sich die Grenzen von Unternehmen und Organisationen, feste Organisationseinheiten werden von flexiblen, jederzeit auflösbaren Allianzen abgelöst. Dies hat Konsequenzen für Staaten und Regierungen, die Ihre Rolle neu finden müssen, denn das Web kennt keine Staatsgrenzen. Es hat auch Konsequenzen für die Gesellschaft, die sich ebenfalls in flachen netzartigen Strukturen organisieren wird und dabei keinen räumlichen Beschränkungen mehr unterliegt. Womöglich wird es unser komplettes Wertesystem verändern - wird die e-society Cyber-Religionen hervorbringen?

Die grössten und unmittelbarsten Konsequenzen aber hat es für unsere Arbeitswelt. Das e-business Zeitalter bringt einen neuen Typus von Führungskraft und Mitarbeiter hervor, die eine zuvor nicht gekannte Qualität der Arbeitsbeziehung eingehen. Eigenverantwortung und Vertrauen lösen Anweisung und Kontrolle ab. Dies ist keine Zukunftsmusik, sondern schon heute Realität in einer wachsenden Zahl von Unternehmen. Der Kulturwandel, der damit einhergeht, verleiht der Wirtschaft ein neues Gesicht.

Wo der grösste Wert eines Unternehmens der Mitarbeiter ist, entscheidet der richtige Umgang mit dem Wissen und den Fähigkeiten der Mitarbeiter über den Erfolg eines Unternehmens. Wo gleichzeitig die Halbwertzeit des Wissen rapide sinkt, wird lebenslanges Lernen zur bestimmenden Maxime. Wissen braucht nicht in Köpfen gespeichert zu werden, wenn es im Netz ständig verfügbar ist. Der Zugang zum weltweiten Wissenspool und die Fähigkeit, das Wissen sinnvoll anzuwenden, werden damit zu Schlüsseln zum Erfolg.

Im e-business Zeitalter sind Menschen wichtiger als Maschinen, und es sind Menschen, die die e-business Revolution auslösen. Denn Technologie allein bringt den Stein noch nicht ins Rollen. Entscheidend ist vielmehr, wie wir die Technologie zum Einsatz bringen. Dies wird umso wichtiger bei den nächsten Stufen der Entwicklung ins Web-age, bei Pervasive Computing und Deep Computing.

Deep Computing hat dem Grossrechner Deep Blue geholfen, den Schachweltmeister Kasparow zu besiegen, und es wird uns helfen, komplexe Probleme zu lösen, deren Datenmenge uns heute schier überfordert, sei es in der Pharmazie, Wetterkunde oder Analyse von Marktdaten. Am anderen Ende des elektronischen Netzwerkes sorgt Pervasive Computing für Veränderungen im Alltag: Dank der Miniaturisierung der Technologie werden immer mehr Alltagsgegenstände zu modernen Datenverarbeitungsgeräten, die sich miteinander vernetzen lassen - Smart Cards, tragbare PCs, aber auch Autos, Strassen, Verkaufsautomaten, Haushaltsgeräte und vieles mehr. In solch einer vernetzten Gesellschaft wird der e-Faktor endgültig zum bestimmenden Element der Erneuerung.

E-Commerce – Treiber der Veränderungen in der Arbeitswelt

Jürgen Frischmuth
Siemens Business Services Deutschland

Einleitungssatz: Zur Einleitung in dieses Thema stellen wir folgende Thesen auf:

Thesen:
*EC begünstigt den Wegfall von Zwischenhandelsaufgaben. Daraus ergibt sich, daß Zwischenhändler wie Buchhandel, Reisebüros, Markler, etc. sich über neue Dienstleistungen Gedanken machen müssen, oder sie laufen Gefahr ersatzlos wegrationalisiert zu werden.

*Dadurch werden die Zwischenhandelsaufgaben teils auf den Kunden (Self-Service-Modell), teils auf den Hersteller/Anbieter zurückverlagert. Dies erfordert neue Fähigkeiten und entsprechende Zusatzressourcen in den Unternehmen.

*EC verändert die Prozesse des Informationsaustauschs und der Kommunikation zwischen Unternehmen auf nachhaltige Weise. Damit wird entsprechende Beherrschung der Prozessveränderung und der damit verbundenen Technologie unabdingbarer Erfolgsfaktor. Dies trifft für die einzelnen Aufgabenstellungen in einem Unternehmen (Marketing, Vertrieb, Kundenservice, Einkauf, etc.) sicherlich unterschiedlich stark zu, doch dürfte die Bedienung eines Browsers, das Surfen im Internet, das Benutzen von E-Mail, die aktive Nutzung eines Intranets als Informationsquelle, die Beschaffung über elektronische Kataloge/Malls so selbstverständlich werden wie die Nutzung eines Telefons oder Faxgerätes.

*Aus dieser Entwicklung läßt sich leicht ableiten, daß Aufgaben mit geringem Mehrwert für das Produkt oder die Dienstleistung, die verkauft werden soll, zunehmend unter Rationalisierungsdruck geraten werden: Standardmäßige „Massenberatung", die nicht die individuelle Situation des Kunden anspricht, reine Distributionsaufgaben, Datenerfassungsaufgaben in Prozeßketten, wo diese Information bereits wiederholt erfaßt wurde, simple Lagerhaltungsaufgaben, etc. werden Mühe haben, sich über die Runden zu retten.

*Die Geschwindigkeit mit der die Prozesse in Unternehmen verändert werden, auch wiederholt, um sich stets rasch an Marktgegebenheiten anzupassen, erfordert eine hohe Flexibilität, Belastbarkeit und Akzeptanz von Innovationen, die die Arbeitswelt von morgen prägen wird.

*Damit ist auch die Notwendigkeit gekoppelt, sich auf ein Arbeitsleben des kontinuierlichen Lernens einzustellen, um nicht schon sehr schnell „abgehängt" zu werden.

*Die Konvergenz von Informations- und Kommunikationstechnologie, der stetige Preisdruck, die Globalisierung, die alle Randerscheinungen von EC sind, werden ebenfalls dazu führen, daß Unternehmen sich zunehmend als virtuelle Organisationen aufstellen müssen, um die notwendige Flexibilität und Reaktionsfähigkeit bringen zu können. Dies wird zunehmend die Arbeitsgewohnheiten, die wir heute kennen, verändern. Nicht nur große Unternehmen mit internationaler physikalischer Präsenz können global tätig und erfolgreich sein, Mitarbeiter erhalten immer mehr Freiheit bei der Gestaltung Ihrer Arbeitszeiten und Arbeitsorten (Telearbeit), etc.

*Um diesen Wandel bewältigen zu können, muß informieren über die Chancen, aber auch über die Risiken, sowie nach erfolgreichen Umsetzungsmodellen absolut im Vordergrund stehen. Hier fällt den Ausbildungseinrichtungen eine besondere Aufgabe zu, die aus der Praxis der Unternehmen bereichert und erweitert werden kann.

Kryptographie: Basistechnologie der Informationsgesellschaft

Ueli Maurer

Departement Informatik
ETH Zürich
maurer@inf.ethz.ch

Zusammenfassung Die Kryptographie hat sich in den vergangenen 30 Jahren von einer fast rein militärischen Disziplin zu einer Wissenschaft von zentraler Wichtigkeit in der Informationsgesellschaft mit politischer Brisanz entwickelt. Wir diskutieren die grundlegenden Konzepte der Kryptographie, heutige und zukünftige Anwendungen, sowie ihre Rolle in Wirtschaft und Gesellschaft. Technische Aspekte werden im Vortrag, nicht aber in dieser Kurzzusammenfassung behandelt.

1 Informationssicherheit und Kryptographie

Wir befinden uns in der ersten Phase einer dramatischen gesellschaftlchen, wirtschaftlichen und politischen Entwicklung, die durch die Informationstechnologien getrieben wird. Wie bei anderen technologischen Entwicklung ist es sehr schwierig, zukünftige Entwicklungen auch nur näherungsweise vorherzusehen; sicher ist nur, dass fast alle Aspekte des Lebens grundlegend betroffen werden.

Einer der wichtigen Paradigmenwechsel ist, dass Information zur bestimmenden Ressource von Wirtschaft und Gesellschaft wird. Information unterscheidet sich grundlegend von materiellen Ressourcen, da sie beliebig reproduziert werden kann. Dieser Paradigmenwechsel und die Digitalisierung der meisten Geschäfts- und Verwaltungsprozesse, insbesondere auch des Zahlungsverkehrs, erfordern völlig neue Schutzmassnahmen, z.B. für die Sicherstellung der Vertraulichkeit, Authentizität und Nichtkopierbarkeit von Information, die Verbindlichkeit von Transaktionen und Verträgen und die Unfälschbarkeit von digitalem Geld.

Während heute Sicherheitsmechanismen nur selektiv in kritischen Anwendungen realisiert werden, ist die technologische Entwicklung mittelfristig nicht denkbar, ohne dass die Informationssicherheit ein integraler Bestandteil des Entwurfsprozesses wird. Heute sind zwar die elementaren Sicherheitsanforderungen vieler Anwendungen verstanden (z.B. die Sicherung von Banktransaktionen über das Internet oder die Verschlüsselung von E-mail), viele Aspekte werden aber erst im Verlauf der Entwicklung und mit dem Aufkommen neuer Anwendungen identifiziert werden und zu völlig neuen Anforderungen führen. Weitere Gründe für die stark zunehmende Aktualität der Informationssicherheit sind die steigende Abhängigkeit der Unternehmen von Informationssystemen mit einer entsprechenden rasanten Erhöhung des Gefahren- und Schadenpotenzials, sowie die immer komplexeren Anforderungen an den Datenschutz. Sicherheit dürfte zu einem Schlüsselfaktor in der zukünftigen Entwicklung von global vernetzten Informationssystemen werden.

Die Kryptographie ist eine der grundlegenden Technologien der Informationssicherheit.[1] Sie kann definiert werden als die Wissenschaft der mathematischen und algorithmischen Aspekte der Informationssicherheit. Technische und zum Teil mathematische Aspekte der Kryptographie werden im Vortrag, aus Platzgründen aber nicht in dieser schriftlichen Kurzzusammenfassung behandelt. Wir verweisen auf die Bücher [1, 2] für eine Einführung in die Kryptographie.

2   Anwendungen der Kryptographie

Die Kryptographie wird von Laien oft summarisch verstanden als Verschlüsselungstechnik. Tatsächlich befasst sich die Kryptographie aber mit weit komplexeren Themen, die in diesem Vortrag diskutiert werden. Dazu gehören z.B. digitale Signaturen, Verfahren für das Schlüsselmanagement, Zero-knowledge Identifikationsverfahren, digitale Zahlungssysteme inklusive anonymes digitales Geld, und eine Vielfalt von kryptographischen Protokollen für die sichere Kooperation mehrerer sich nicht vertrauender Entitäten.

Stellvertretend für vielfältige zukünftige Anwendungen erwähnen wir das Problem sicherer Wahlen und Abstimmungen über das Internet. Aus offensichtlichen Gründen kann nicht einem einzigen technischen System voll vertraut werden. Wie kann also eine Wahl durchgeführt werden, ohne einem zentralen Auswertungssystem vertrauen zu müssen? Es geht dabei nicht nur um das triviale Problem des Schutzes bei der Übertragung, sondern um das viel komplexere Problem, dass der Auswertungsmechanismus die Stimmen zählen muss, ohne sie wirklich zu kennen (Datenschutz), und zudem auf eine öffentlich nachvollziehbar korrekte Art. Dies kann z.B. erreicht werden, indem die Auswertung durch mehrere unabhängige Systeme vorgenommen wird. Dabei ist die Vertraulichkeit und Korrektheit garantiert, selbst wenn ein beliebiger Teil (z.B. bis zur Hälfte) aller Teilsysteme durch einen Betrüger kontrolliert und manipuliert würde.

3   Politische und gesellschaftliche Aspekte

Wie viele technischen Neuerungen (z.B. Nukleartechnologie, Gentechnik) kann auch die Informationstechnologie und insbesondere die Kryptographie sowohl zum Wohl als auch zum Nachteil der Gesellschaft und der Individuen eingesetzt werden. Verschlüsselung erlaubt zum Beispiel sowohl den Schutz von Firmengeheimnissen und datenschutzrelevanten Personendaten, aber auch die Tarnung krimineller Aktivitäten. Deshalb findet zur Zeit in vielen Staaten eine politische

---

[1] Weitere wichtige Technologien sind physisch sichere Komponenten (z.B. Chipkarten, abstrahlgeschützte Geräte), sichere Betriebssysteme (was wohl noch lange ein Wunsch bleiben wird) und biometrische Verfahren.

Diskussion darüber statt, ob die Benutzung, der Import oder der Export kryptographischer Verfahren kontrolliert werden soll. Eine solche Kontrolle erweist sich aber als technisch nicht durchführbar. Mittelfristig müssen wir davon ausgehen, dass sichere Kommunikation für jedermann möglich ist, mit entsprechenden Implikationen auch für Strafverfolgungsbehörden.

Ein anderer politisch relevanter Aspekt, der aber noch nicht diskutiert wird, ist das Klumpenrisiko kryptographischer Verfahren. Würde heute z.B. ein schneller Faktorisierungsalgorithmus gefunden, welcher das weltweit verwendete RSA-Verfahren brechen würde, so hätte dies dramatische Auswirkungen: alle bisher geleisteten digitalen Signaturen wären fälschbar und somit ungültig. Nicht auszudenken sind die Konsequenzen eines solchen Durchbruchs der Kryptoanalyse, wenn die gesamte Weltwirtschaft in einigen Jahren auf einem bestimmten kryptographischen System basiert.

Die Verwendung kryptographischer Mechanismen, insbesondere digitaler Signaturen, erfordert eine Einbettung in das Rechtssystem, damit die Verbindlichkeit digitaler Transaktionen rechtgültig werden kann. Diese Anpassung des Rechtsystems, in der insbesondere Deutschland eine führende Rolle spielt, ist vermutlich weit komplexer als allgemein vermutet wird. Durch die Automatisierung von Geschäftsprozessen, mit zum Teil nicht klar nachvollziehbaren, nicht eindeutig beweisbaren oder unbeabsichtigten Handlungen einzelner Individuen (ein Mausklick ist schnell ausgeführt), verwischen die Grenzen zwischen klar definiertem Willensakt und Irrtum oder Irreführung. Nicht nur in der technischen, auch in der rechtlichen Entwicklung haben wir erst ein kleines Teilstück eines langen Weges zurückgelegt. Der nächste, klar erkennbare aber trotzdem nichttriviale Schritt wird der Aufbau einer globalen Public-Key Infrastruktur sein.

Literatur

1. A.J. Menezes, P.C. van Oorschot und S.A. Vanstone, Handbook of Applied Cryptography, Boca Raton: CRC Press, 1997.
2. B. Schneier, *Applied Cryptography*, Wiley, 2nd edition, 1996.

Schwerpunktthemen

Wissensmanagement
in präventivmedizinischen Fragestellungen

Heinz Liesen, Andreas Koller

Sportmedizinisches Institut, Universität Paderborn

Wissen wird als Instrument des Menschen zum Umgang mit der Umwelt angesehen. Wesentliches Kriterium für den Erfolg dieses Instrumentes ist langfristig das Überleben der jeweiligen Wissenskultur. Gemäß dieser Vorstellung von Wissen ist es sowohl Begründungsbasis menschlicher Handlungen als auch Ergebnis individueller und kollektiver menschlicher Handlungen.
Als industrielle Ressource wird Wissen in der Zukunft immer mehr an Bedeutung gewinnen, und die Entwicklung von Wissensmanagementsystemen in Industrie und Forschung ist ohne den Einsatz mächtiger Softwarewerkzeuge nicht denkbar.

Eines der Hauptarbeitsgebiete sportmedizinischer Einrichtungen ist es, wissenschaftlich basierte Erkenntnisse für eine primäre und sekundäre gesundheitsorientierte Prävention unter ganzheitlichem Ansatz zu entwickeln und zur Verfügung zu stellen. Diese gilt es im Sinne des Wissenstransfers allgemein und dezentral verfügbar zu machen.
Die grundlegenden Kompetenzen im Umgang mit schwer faßbarem, umfangreichem und hochgradig verteiltem Expertenwissen sind nur in interdisziplinärer Zusammenarbeit zu erarbeiten. Die Informatik liefert einen wesentlichen Beitrag dazu, Konzepte und Modelle für die Lösung von Wissensmanagementaufgaben innerhalb der Präventivmedizin, vor allem im Bereich der Entscheidungsfindung und –unterstützung, umzusetzen.

Für den operativen Umgang mit qualitativ komplexem und quantitativ umfangreichem Wissen ist die klassische Datenverarbeitung meist nicht geeignet. Eine mathematische Formulierung und eine algorithmische Implementierung von kognitiven Zusammenhängen und geistig kreativen Handlungen ist daher zur Zeit nicht adäquat. Um derartige Problemstellungen systemtechnisch bearbeiten zu können, gilt es, das zu modellierende, meist deklarative Wissen auf Beschreibungsebene exakt zu formulieren, um Problemmodelle erarbeiten und Problemlösungsverfahren etablieren zu können.

Die Methoden und Techniken des Wissenschaftsbereiches der Künstlichen Intelligenz (KI) – insbesondere die der Expertensysteme – liefern in diesem Zusammenhang eine Vielzahl von Ansätzen im Umgang mit komplexen und wissensintensiven Prozessen. Sowohl aus Sicht der kognitiven Psychologie als auch der KI fordert eine angemessene Verarbeitung komplexer Handlungsmuster und hochgradig vernetzten Wissens eine kooperative Kopplung verschiedenartiger Lösungsansätze.

Die beteiligten Einzeldisziplinen im Bereich der KI haben sich in der Praxis bereits weitreichend bewährt, erschließen jedoch bei isolierter Betrachtung unterschiedliche Anwendungsgebiete. Hybride Systeme erlauben dagegen, Teilprobleme diagnostischer Aufgaben mit unterschiedlichen Verfahren, die kognitiv adäquat sind, zu lösen. Zum einen mit symbolischen Techniken, wenn kausales Wissen bekannt, formalisierbar und somit analytischer Art ist. Zum anderen mit Hilfe von konnektionistischen Methoden, wenn assoziative Handlungen bzw. synthetische Operationen abgebildet werden sollen. Unscharfes und unsicheres Wissen (z.B. anamnestische Daten, Untersuchungsbefunde oder Labordaten) hingegen läßt sich mit Hilfe der Fuzzy-Logik im Rahmen eines Gesamtsystems modellieren.

Erfolgreiches Wissensmanagement wird jedoch nicht von Implementierungen abhängen, sondern zunächst Konzepte erfordern, die bereichsspezifisch zu erarbeiten sind. Präventivmedizinische Fragestellungen, geprägt durch massiv verteiltes und sensibles Wissen und durch immense Unschärfe aufgrund von Unwissen, können jedoch mit hybriden wissensverarbeitenden Systemen sukzessiv bearbeitet werden. Der Aufbau von mächtigen Wissensbasen dient der Wissenskonservierung und das komponentenweise Design sichert den flexiblen Einsatz derartiger Managementbausteine.

Metamodellbildung und interative online-Simulation für Verhaltensprozesse im Sport

Jürgen Perl

Institut für Informatik
Universität Mainz

Prozesse lassen sich u.a. hinsichtlich ihrer Determiniertheit und ihrer Ausführungspräzision klassifizieren und sich so z.B. bezüglich ihrer Simulierbarkeit mit Hilfe von computerbasierten Modellen bewerten.

So sind technische Prozesse i.d.R. durch von außen vorgegebene Steuerungspläne determiniert und im Rahmen von prozessorspezifischen externen Toleranzgrenzen präzise; Abweichungen sind selten und normalerweise Indikatoren für Fehlersituationen. Auf der Basis von Steuerungsplänen für die Prozesse und Verhaltenscharakteristiken der Prozessoren können relativ einfach Prozeßmodelle erstellt und Prozeßverhalten simuliert werden.

Analoge Ansätze lassen sich auf Verwaltungs- oder Entwicklungsprozesse und auch auf das dynamische Verhalten biologischer Populationen anwenden.

Entscheidend schwieriger werden Modellbildung und Simulation, wenn wie beim sportlichen Wettkampf nicht nur die Ausführung der Aktionen unpräzise ist, sondern wenn zusätzlich die externen Steuerungspläne der Trainer durch interne Handlungspläne und spontan-reaktives Verhalten der Athleten ergänzt, überlagert oder ersetzt werden.

Das Problem der Unschärfe von Aktion und Prozeß tritt zum einen auf, wenn Athleten interagieren. So kann z.B. die Umsetzung taktischer Anweisungen des Trainers durch spezifische Handlungskontexte, (mangelnde) technische Fertigkeiten oder (spontane) individuelle Handlungspläne wesentlich beeinflußt werden. Zudem ist es i.d.R. nicht immer möglich, das faktisch beobachtete Verhalten eindeutig einer intendierten Handlung zuzuordnen. Zum anderen treten derartige Unschärfeprobleme speziell auch bei Adaptationsprozessen auf, wie sie etwa für Trainings- oder Lernvorgänge typisch sind.

Die dargestellten Unschärfeprobleme in Verhaltensprozessen – sowohl extern in der Aktion der Person als auch intern in der Adaptation des Organismus – haben spezifische Konsequenzen für die Modellbildung, die ihrerseits Rückwirkungen auf die zu verwendenden Konzepte und Methoden haben:

Selbst, wenn die Aufgabe nur in der Nutzung eines bereits einsatzfähigen Modells besteht, ist ein konventioneller Nutzungsmodus nach dem Muster Dateneingabe – Simulationslauf – Datenausgabe ohne interaktive graphische oder animative Unterstützung eher unbefriedigend, da er keine Information über die Umgebung des aktuellen Arbeitspunktes und damit keinen Überblick über das eventuell komplexe Modellverhalten vermittelt.

Sind wie bei unscharfen Prozessen darüber hinaus Probleme bei der Modellentwicklung (Validierung; Struktur- und Parametervariation) und bei der Modellanpassung (Kalibrierung; Parametervariation) zu erwarten, dann sind komfortable Einrichtungen zur interaktiven Handhabung bzw. Modifizierung von Modell-Strukturen und -Parametern zusätzlich wichtig. Derartige Anforderungen an Interaktivität können auch bereits in der Entwurfsphase des Modells auftreten, wenn z.B. fertige Werkzeuge oder Komponenten, die in das Modell eingepaßt werden sollen, geeignet adaptiert werden müssen.

Obwohl Tools und Entwicklungsumgebungen im Bereich Modellbildung inzwischen ein Entwicklungs- und Anwendungsfeld eröffnen, das weit über das Übersetzen und Auswerten von Formeln hinausgeht, werden gerade im Bereich der wissenschaftlichen Modellbildung die verfügbaren Möglichkeiten der Computerunterstützung selten ausgeschöpft. Kapazitäten, Ressourcen und Geschwindigkeit werden häufig nur genutzt, um systemseitige Verbesserungen der Modelle zu bewirken, wie etwa schnellere Verarbeitung größerer Datenmengen. Die Interaktion zwischen dem Entwicklungssystem und dem Entwickler/Nutzer ist dagegen kaum komfortabler geworden, auch wenn standardisierte, graphische Benutzungsoberflächen mit Ereignisorientierung das suggerieren. Abhilfe können hier Konzepte schaffen, die es erlauben, Modelle interaktiv zu generieren und zu modifizieren. Ziel sollte es dabei sein, nur aus der Problemwelt heraus und möglichst ohne Orientierung am Kontext der unterstützenden Hard- und Software das Modell "modellierend" zu entwickeln und anzupassen.

Einen konzeptionellen Ansatz hierzu liefern Metamodelle:

Metamodelle sind abstrakte Abbilder von Modellen, d.h. sie klassifizieren bzw. typisieren Modelle. Umgekehrt stellen sie so abstrakte Schemata zur Verfügung, aus denen konkrete Modelle abgeleitet oder generiert werden können. Metamodelle können also u.a. dazu verwendet werden, unterschiedliche, aber an vergleichbaren Phänomenen orientierte Modelle in einem strukturell übergreifenden Rahmen zu entwickeln und zu analysieren. Sie bilden damit die konzeptionelle Basis für Modell-Entwicklungsumgebungen, die einerseits Entwurf und vergleichende Analyse von Modellen unterstützen, und die andererseits die Verbindung zu interaktiven Modell-Generatoren herstellen.

Im Vortrag werden Ideen und Konzepte für Präsentation, Interaktion und Metamodelle angesprochen und an Hand konkreter Problemstellungen exemplarisch demonstriert.

Möglichkeiten und Grenzen informatischer Modellbildungsparadigmen im Sport

Josef Wiemeyer

Institut für Sportwissenschaft, TU Darmstadt

Modelle sind unter pragmatischen Aspekten vorgenommene, verkürzte Abbildungen eines Originals auf ausgewählte Merkmale. Modelle weisen damit die folgenden Merkmale auf:

- Originalbezug, d.h. ausgewählte Merkmale des Originals werden berücksichtigt.
- Verkürzung, d.h. nicht alle Merkmale des Originals werden abgebildet.
- Pragmatik, d.h. die Auswahl der abgebildeten Originalmerkmale geschieht unter spezifischen Ziel-, Zweck- und Benutzerbezügen. Modellbildung unterliegt damit nicht dem Kriterium der Wahrheit, sondern muß unter dem Aspekt bewertet werden, ob ein Modell für die spezifizierten Ziel-, Zweck- und Benutzerbezüge brauchbar ist.

Gerade bei der Verwendung mathematischer Modelle besteht häufig die Absicht, die Auswirkungen spezifischer Manipulationen von Modellparametern zu untersuchen, d.h. Modell-Simulationen vorzunehmen. Für derartige Manipulationen werden entsprechende Computerprogramme entwickelt. Hier zeigt sich ein viertes, problematisches Merkmal von Modellen: Um die Auswirkungen von Modellmanipulationen zu analysieren, müssen in aller Regel Zusatzannahmen eingeführt werden, deren Zutreffen auf das Original fraglich ist oder zumindest nicht geprüft wird (Abundanzmerkmal von Modellen; besonders Lames 1998). So wird z.B. bei der isolierten Manipulation der Einflußgrößen beim schrägen Wurf (Abwurfhöhe, Abwurfwinkel, Abwurfgeschwindigkeit) ignoriert, daß diese Größen beim Menschen nicht unabhängig voneinander sind. Damit wird für das Wurfmodell eine (problematische) abundante Zusatzannahme eingeführt, die die Rücktransformation der Simulationsergebnisse auf das Modell Mensch streng genommen verbietet. Ziel des vorliegenden Beitrags ist es – gerade unter Berücksichtigung der Abundanzeigenschaft sowie des Ziel-, Zweck- und Benutzerbezugs von Modellen – kritisch die Möglichkeiten und Grenzen informatischer Modellbildungsparadigmen im Sport zu diskutieren. Dabei sollen die folgenden neueren Paradigmen behandelt werden, die in der Sportwissenschaft zunehmend an Bedeutung gewinnen bzw. ein gewisses „Zukunftspotential" aufweisen: Künstliche neuronale Netze, Fuzzy-Logik, Genetische Algorithmen (GA) und Evolutionsalgorithmen (EA).
Künstliche Neuronale Netze sind informatische Modelle, die ausgewählte Eigenschaften natürlicher neuronaler Netze abbilden (z.B. synaptische Funktionen, Konnektivität, parallele Verarbeitung) und auf dieser Basis die Plastizität neuronaler Verarbeitungsprozesse, z.B. bei Mustererkennungsprozessen, simulieren. Es gibt eine nahezu unüberschaubare Vielzahl von Netzwerkmodellen. Fuzzy-Logik ist ein Gebiet, das mathematische Modelle zur Verfügung stellt, um „Unschärfe und Unsicherheit scharf zu fassen bzw. zu formalisieren", z.B. Fuzzy-Mengen, Zugehörigkeitsfunktionen, Verknüpfungs- und Inferenzregeln. GA und EA sind Algorithmen, mit deren Hilfe unter Bezug auf ausgewählte Merkmale genetischer Prozesse (z.B. Selektion, Mutationen, Rekombination von DNA) Optimierungsprobleme gelöst werden. Allen Algorithmen ist gemeinsam, daß sie ausgewählte Merkmale von Lebewesen (Aufbau und Funktionsweise von Neuronen bzw. Neuronengruppen, Unsicherheit menschlicher Entscheidungen, genetische Prozesse) abbilden. Es stellt sich damit die Frage nach möglichen Ziel- und Zweckbezügen informatischer Modellbildung und Simulation: Können neuronale Netze als Modelle des menschlichen Gehirns eingesetzt werden? Sind Fuzzy-Logik-Modelle als Modelle der Unschärfe menschlicher Entscheidungen einsetzbar? Können GA und EA als Evolutionsmodelle eingesetzt werden?
Erfolgt die Modellierung unter dem Aspekt der Produktion eines bestimmten Ergebnisses (produktorientierte Modellierung; vgl. Perl 1997), so erscheint dieses Vorgehen unproblematisch. Die Parameter des Modells werden so eingestellt, daß ein bestimmtes Verhalten bzw. Produkt resultiert (für ein einfaches Delta-Netz z.B. Wiemeyer i.V.). In aller Regel lassen sich – mit mehr oder weniger großem Aufwand - für jede Modell-Simulation geeignete Parameter-Kombinationen finden, die das gewünschte Verhalten hervorbringen. Erfolgt allerdings die Modellierung unter dem Aspekt der Erklärung, d.h. werden Mechanismen gesucht, die ein bestimmtes, am Original beobachtetes Verhalten hervorbringen (prozeßorientierte Modellierung), so muß dieses Vorgehen beachten, daß identisches Verhalten durch viele, sehr unterschiedliche Mechanismen hervorgebracht werden kann. Wenn also durch Simulation ein bestimmter Mechanismus gefunden wurde, der ein spezifisches, auch am Original beobachtbares Produkt hervorbringt, so ist damit nicht der für die Erklärung des Originals einzig gültige Mechanismus gefunden, sondern lediglich einer von vielen möglichen Mechanismen, die zur Erklärung in Frage kommen. Wie schwer es ist, informatische Modelle auf den Menschen zu beziehen, zeigen Anwendungen der Fuzzy-Logik bei der Erfassung des Trainerwissens im Fußball (Wiemeyer i.Dr.).
Fazit: Die hier diskutierten Modellierungsparadigmen sind zwar für produktorientierte, technologische Modellierung sehr gut geeignet, aber nur bedingt für prozeßorientierte, auf Originalerklärung abzielende Fragestellungen im oben diskutierten Sinn.

Literatur
Lames, M.: Modellbildung und Simulation in der Sportwissenschaft. In: Mester, J./ Perl, J. (Hrsg.): Informatik im Sport. Köln: Strauß 1998, 88-98.
Perl, J.: Modellbildung – informatische Ansätze im Sport. In: Spectrum der Sportwissenschaften 9(1997), 1, 22-40.
Wiemeyer, J.: Fuzzy-Logik und die Identifikation taktischer Positionen im Fußball. In Roth, K. et al. (Hrsg.): Dimensionen und Visionen des Sports. Hamburg 1999 (i.Dr.)
Wiemeyer, J.: Künstliche Neuronale Netze – Simulationen an einem einfachen Delta-Netzwerk. In: Baca, A./ Perl, J. (Hrsg.): Informatik im Sport. (i.V.)

Die Bedeutung von Groupware-Lösungen für verteilte Arbeitsgruppen – Erste Erfahrungen in industriellen Umgebungen

Willi Cremers

Siemens Business Services,
Paderborn/München

Fortschreitende Globalisierung, die damit verbundene weltweite Steuerung von Geschäftsprozessen und die Entstehung von Informations- und Wissensmärkten stellen die Unternehmen vor neuartige Herausforderungen. Systematisches Wissensmanagement und allumfassende Kundenbetreuung entscheiden über den Erfolg eines Unternehmens.

Um im internationalen Wettbewerb bestehen und sich von der Konkurrenz abheben zu können, ist die systematische Gewinnung, Verarbeitung, Übertragung und Verwaltung von Wissen unerläßlich geworden. Das Wissen des Mitarbeiters wird zum entscheidenden Wettbewerbsfaktor, allerdings liegt der ökonomische Wert von Wissen in seiner Anwendung, nicht im Besitz. Aus diesem Grund müssen Informationen kontinuierlich aufbereitet und im Rahmen eines Netzwerks in Verbindung mit Rückkoppelungsmechanismen allgemein zugänglich gemacht werden. Um Informationsüberflutung zu vermeiden, werden detailliert erlerntes Zugriffswissen und Medienkompetenz benötigt. Dies führt zu einer Verringerung der Such- und Transaktionskosten. Vereinfachung der Entscheidungsprozesse, Verbesserung der Teamarbeit und kürzere Reaktionszeiten sind die Folge.
Auf diese Weise wird eine ortsunabhängige Informationstransparenz höchster Effektivität sichergestellt.

Die kundenorientierte Ausrichtung erfordert vom Mitarbeiter neben detailliertem Fachwissen auch intensives Wissen über den Markt, über langfristiges Beziehungsmanagement und das gesamte Produkt-/Dienstleistungsportfolio des Unternehmens.
Durch/ Bildung von Projektgruppen im operativen Geschäft können die Vorteile kleiner Betriebe bzgl. Kundennähe und Flexibilität in höherem Maße auch für große Unternehmen genutzt werden. Die Erweiterung dieser Organisationsform zu virtuellen Teams mit der Eigenschaft räumlicher Unabhängigkeit verstärkt diese positiven Effekte. Allerdings steigt der Koordinationsaufwand sowohl innerhalb des Teams als auch im Rahmen der Gesamtorganisation erheblich an. Entsprechend hohe Anforderungen werden an Groupware Tools gestellt, die in der Umgebung virtueller Teams Anwendung finden. Groupware unterstützt direkt die Erstellung, den Fluß und die Verfolgung nicht strukturierter Informationen über Dokumentendatenbanken (mittels Workflow Tools, Multimedia Document Management, Group Conferencing, Calendering und Scheduling, Electronic Mails und Messaging). Für virtuelle Teams erweisen sich in der Praxis insbesondere folgende Groupware-Funktionen als erforderlich:

- Schnelle und klare Zuweisung von Dokumenten und Aufgaben.
- Projektübersicht: Übergreifende Information der (laufenden) Projekte zur Nutzung von Synergieeffekten.
- Rechteverwaltung: Klare Zuweisung von Rechten, möglichst einfache Gestaltung und Delegierbarkeit der Vergaberechte
- Diskussionsforen
- Gruppenkalender und Gruppenkonferenzen
- Dokumenten-Austausch über Replikation
- Intelligentes Dokumenten-Suchsystem

Um den oben genannten Anforderungen des internationalen Wettbewerbs gerecht zu werden, findet bei Siemens Business Services beispielsweise Lotus Notes/Domino als Groupware in der Projektarbeit Anwendung. Erste Erfahrungen wurden bereits vermittelt.

Als vorteilhaft für die virtuellen Teams konnten bisher folgende Faktoren des Tools identifiziert werden:
- Es existiert ein Client für alle Tätigkeiten. Hierdurch werden Arbeitsabläufe beschleunigt und Suchzeiten verringert.
- Die Ablagestruktur in der Groupwareumgebung unterstützt den Informationsaustausch zwischen den Teammitgliedern wesentlich.
- Nachrichten werden nicht an Einzelpersonen, sondern an Gruppen gesendet. Die Gruppe organisiert die Verarbeitung. Informationen stehen sofort allen eindeutig zur Verfügung.
- Office Komponenten sind aus der Notes Oberfläche heraus aufrufbar.
- Mobiles Arbeiten durch lokale Replikation und Batch Mailing

- Wesentlich höhere, nachgewiesene Sicherheitsfunktionen für Web-basiertes Arbeiten als bei ähnlichen Tools (Definition von geschlossenen Benutzergruppen ist möglich)
- Einfache Verwaltung von Zugriffsrechten
- Integrierte Kalender- und Gruppenterminplanung

Aufbauend auf den Ergebnissen der Praxis im eigenen Unternehmen, bieten Siemens Business Services die Implementierung von kompletten Lösungen im Bereich Document Knowledge Management Solution an.
Die Entwicklung äußerst leistungsfähiger Lösungen für die Prozesse der Dokumentenerstellung und -publikation sichert unserer Klientel eine hohe Transparenz und Aktualität von Informationen im Unternehmen. So kann auf Kundenbedürfnisse schneller reagiert werden, wobei die Verkürzung der Reaktionszeiten auch im Hinblick auf Veränderungen im unternehmerischen Umfeld zu erheblichen Wettbewerbsvorteilen führt.
Die SBS-Experten arbeiten auf der Basis ihrer eigenen Erfahrungen im Wissensmanagement– unsere Kunden können das von uns verlangen!

Architecture, Concepts, and Solutions with a Groupware-Based Knowledge Management System – Experiences and Best Practices of the Espresso KM-model

Ludwig Nastansky,
Groupware Competence Center
University of Paderborn

After decades of research in such disperse areas as artificial intelligence, expert systems, linguistics, artificial reasoning, neural networks, communication hypotheses such as speech-act concepts, organizational approaches such as the learning organization - to name just a few areas - another holistic approach is gaining momentum as mainstream: Knowledge Management (KM). KM is to be considered as a challenge for organizations worldwide as well as a tremendous business chance for consultants, and the whole IT sector.

Yes, there are many en-vogue aspects around this serious matter fueled not the least by powerful marketing machines of worldwide operating IT suppliers. But, after decades of data processing with their climax in current ERP-systems, or the information management decade where we finally succeeded in having 'information at our fingertips', this is yet another chance to re-focus the current frenzy around I*net technology-centric markets to the very basics of the value-add chain by which business is driven, has to develop - and survive. The driving forces behind this evolution are technology as well as economical needs. On the technology side stand out: matured Intranet-products, the WWW explosion, the options to widespread inclusion of multimedia data/information types, the performance standards of current user-workstation environments with respect to hardware resources as well as software-based end-user concepts, the growing bandwidth of network access for stationary as well as mobile workplaces, or the emergence of stable and powerful distributed system environments providing organizations with capabilities to include advanced KM-services within the framework of their existing transaction and messaging platforms. The economical drivers are likewise manifold: the globalizationof business with their demands of comprehensive concepts for worldwide corporate identity, the accompanying merger wave, the need forcontinuous personnel development and training, the high costs of classical approaches (with their physical prerequisites of same-time and same-location training environments) for creating corporate awareness, identification, or compound worldwide policies in widely dispersed organizations, the decrease in the half-life of useful corporate knowledge (especially with respect to IT-oriented skills), the increasing speed in time-to-market cycles of new products and services, the widespread re-organization of business towards process-oriented management concepts (i.e. lean management, business process re-engineering, virtual companies, paradigm shifts to team-oriented approaches).

Given this background the presentation will take a pragmatic stance and focus on the necessary infrastructure for KM within the operational office environments of an organization on a daily basis. Effective approaches for tackling KM in an organization are not possible by out-sourcing essential corporate knowledge assets, like: content creation, capabilities to use and maintain tool environments for operational content delivery, process infrastructures for managing comprehensive KM system approaches, assessment concepts integrated with development strategies for employees, or transfer concepts for newest internal and external R&D results into the corporate knowledge-pool. To achieve all the value goals within an organization related to these areas it is not only necessary to develop and tightly integrate KM-infrastructures within the higher levels of management and decision infrastructures, or to establish departments with specialized 'knowledge-workers' (remember the completely failed approach of the 'expert-systems' in the eighties?). But also, it is important to transform every workplace to a knowledgeable workplace, within the clerical processes of the office environment, around the customer and market interfaces, in support of the activities on the shop-floor related to core competences in creating customer-perceived value-add in the products, or for the very project infrastructures by which services and products are sold.

In the presentation we will exploit these necessary strategic demands. In addition, we will present the KM-approaches embedded in our KM-oriented middleware framework (internationally marketed as 'Espresso') which follow the lines of tightly integrating KM and daily operations at the networked workplace. The basic research for the meta-model of the Espresso KM-system has been performed at the Groupware Competence Center of the University of Paderborn over the last nine years, leveraging the rich options and functionalities of the Lotus Notes Groupware platform. This meta-model has been transformed into a professional middleware-framework together with local software partners using Lotus Notes groupware as platform for innovative KM-approaches, integrating with current industry leading messaging environments as well as with legacy applications and ERP systems. We will present solutions for applicable and down to the earth KM-applications which in their user-interface approaches intuitively fit the mind-set of an average user in her daily operational work in an organization. An integral part of this advanced KM-approach is to integrate multifaceted and categorized KM-repositories for rich data-types, the static organizational structure of the involved entities (i.e. people, departments, roles, workgroups) with graphical tools, and the process network for the workflow dynamics of knowledge creation and usage. Last not least knowledge embedded in document-based content is the issue, and document creation and content structuring using state of the art document rendering concepts are a key factor for current KM-solutions. Thus, the Espresso KM-model especially supports enriching the externally available KM-meta-context of the document container object, and the internal formatting, structuring, and rendering options for the content within the document itself. This integration allows for seamless document creation within the Intranet-based workflow of the organization, provides mechanisms for including external business partners via the Extranet, and supports rendering of selected content portions and meta-information to the public using the world wide web as dissemination platform. Emphasis is given on the manual as well as filter-based or agent-driven automatic mapping of content into context and categories. This seems to be very important with respect to the increasing inclusion of multmedia-based content into documents. Multimedia data-types considerably increase the bandwidth of communication between employees and customers, and they provide additional options for closing the gap between explicit knowledge stored in documents and the knowledge pool of tacit knowledge necessary for agents being responsible for the successful completion of business processes.

The specific experience for this presentation and the examples presented are based upon: (1) Nine years of research and application development of groupware based prototype-systems for KM within organizations at the Groupware Competence Center (University of Paderborn), (2) seven years of experience in developing commercial groupware application systems (Lotus Notes/Domino) for virtual office infrastructures and information management for the commercial as well as the public sector, (3) five years of experience in developing and deploying network-based teaching & learning environments (including Lotus Notes "Learning Space") for higher education as well as corporate training environments, (4) development of the Espresso middleware-framework being marketed by industrial partners internationally (Pavone Informationssysteme GmbH, Germany, and Notesware Ltd, UK), and (5) partnerships in three current projects directly related to the theme of this session stream (KM in banking, KM in R&D of an automobile manufacturer, and KM within the context of an international Distance Learning project for MBA training market).

Technische Beiträge

Einsatz multimedialer internetbasierter Informations- und Kommunikationssysteme in der universitären Ausbildung am Beispiel der virtuellen Lernwelt WINFO-Line

Dipl.-Kff. Svenja Hagenhoff, Prof. Dr. Matthias Schumann,

Institut für Wirtschaftsinformatik, Abt. II
Georg-August-Universität Göttingen
Platz der Göttinger Sieben 5
D-37075 Göttingen

1 Einleitung

1.1 Problemstellung

Die Anforderungen an die Aus- und Weiterbildung beginnen sich zu wandeln. Die Forderung nach kontinuierlichem, lebenslangem Lernen in einer sich schnell wandelnden Berufswelt sowie die Kritik an den bisherigen Formen der Wissensvermittlung erhalten sowohl in den Hochschulen als auch in der Wirtschaft eine immer größere Bedeutung.

Die aktuellen Entwicklungen an den Hochschulen zeigen, daß neue Studienabschlüsse mit neuen inhaltlichen Schwerpunkten entstehen, der Studienaufbau und die Prüfungsorganisation modifiziert werden sowie berufsbegleitende oder Berufspraxis voraussetzende Aufbaustudiengänge entstehen. Einher gehen diese Bestrebungen mit der Frage, ob und wie neue Lehr-/Lernformen gestaltet werden können, wie sich das Präsenzstudium mit anderen Lernformen ergänzen läßt oder wie sich durch universitätsübergreifende Kooperationen Kompetenzen bündeln, Profilierungen ausbauen oder Schwerpunkte stärken lassen.

Vor diesem Hintergrund wird es immer wichtiger, dass Kooperations- und Ausbildungspartner bzw. die Lehrmaterialien und -inhalte auf einfache Art und Weise erreichbar sind [1]. Die multimedialen Informations- und Kommunikationssysteme (I&K-Systeme) eröffnen hier neue Optionen, um kooperative Lehr-/Lernumgebungen auch für die universitäre Ausbildung zu gestalten. Die Möglichkeiten reichen von der Ergänzung konventioneller Wissensvermittlungsarten bis hin zu einem raum- und zeitunabhängigen Lehrangebot in Form einer virtuellen Wissensvermittlung.

Vor diesem Hintergrund wurde im Frühjahr 1997 das Projekt WINFO-Line – Wirtschaftsinformatik Online – „aus der Taufe gehoben". WINFO-Line ist ein von der Bertelsmann Stiftung und der Heinz Nixdorf Stiftung für eine Laufzeit von vier Jahren (1997 - 2001) gefördertes Projekt mit bundesweitem Leitcharakter. In diesem Projekt wird ein Online-Lehrangebot am Beispiel des Studienfaches

Wirtschaftsinformatik entwickelt. Begleitet wird das Projekt von einem externen Evaluator (Fachbereich Psychologie, Universität Gießen). Das Ziel des Projektes ist es, Empfehlungen und grundlegende Werkzeuge für die Ausgestaltung informations- und kommunikationstechnik-basierter - und insbesondere internetbasierter - Formen der Aus- und Weiterbildung zu entwickeln [2].

2   Das Projekt WINFO-Line
2.1   Projektbeschreibung

Bei WINFO-Line handelt es sich um ein interuniversitäres Projekt zwischen den Wirtschaftsinformatik-Instituten der Universitäten Göttingen, Kassel, Leipzig und Saarbrücken. Diese entwickeln standortübergreifend eine Lernwelt für das Fach Wirtschaftsinformatik, welche über das Internet für die Studierenden nutzbar ist. Jeder Projektpartner realisiert hierzu im Gebiet seiner Lehr- und Forschungsschwerpunkte modular aufgebaute, multimediale Lehrmaterialien (Bildungsprodukte). Die interuniversitäre Kooperationsform sowie die Modularität der einzelnen Bildungsprodukte ermöglichen dabei eine Informationsvernetzung über Universitäts- sowie Bildungsproduktgrenzen hinweg. Lernende können sich je nach Wissensdefizit und Weiterbildungsbedarf ein individuelles Lernpaket – frei von zeitlichen und örtlichen Restriktionen – zusammenstellen. Studierenden der jeweiligen Universitäten wird es ermöglicht, Scheine und diplomrelevante Prüfungsleistungen für das Fach Wirtschaftsinformatik (in der Form studienbegleitender Examensprüfungen im Kreditpunktesystem) zu erwerben und damit, unabhängig vom Ort der eigenen Einschreibung, ausgewählte Leistungen zu Inhalten der Wirtschaftsinformatik verschiedener Universitäten in Anspruch zu nehmen. Auf dieser Basis erworbenes und abgeprüftes Wissen wird von allen an WINFO-Line beteiligten Lehrstühlen als Prüfungsleistung anerkannt. Das WINFO-Line-Konzept verbindet Komponenten des Präsenz- sowie Fernstudiums miteinander und schafft so ein möglichst umfassendes und flexibles Angebot.

2.2 Erhoffte Wirkungen

Durch die Kooperation mehrerer Institute, die gegenseitige Anerkennung von Prüfungsleistungen, modular aufgebaute Lehrinhalte sowie deren Verbreitung mit Hilfe der I&K-Technik entstehen für die Studierenden folgende Effekte:

- **Zeit- und Ortsunabhängigkeit:** Das Bildungsangebot kann flexibel in den täglichen Arbeitsablauf von Studierenden aber auch Berufstätigen eingebunden werden. Für den Zugriff ist ausschließlich ein PC-Arbeitsplatz mit Internet-Zugang notwendig. Theoretisch ist damit auch die Ortsunabhängigkeit gegeben. Damit einher geht die Möglichkeit, ein vergrößertes Leistungsangebot (von mehreren Bildungsanbietern) zu nutzen, um Wissensdefizite abzudecken. Neben einer räumlichen, zeitlichen und inhaltlichen Schwerpunktbildung ist auch eine Diversifikation (z.B. Kennenlernen unterschiedlicher Lehrmeinungen) möglich. Auch für die berufsbezogene Weiterbildung eröffnet sich hiermit ein einfacher

Zugang zu einem Bildungsangebot auf hohem Niveau. Aus diesem Aspekt kann man sich auch eine engere Verzahnung von Theorie und Praxis erhoffen, da zum einen die Unternehmen als Bildungsnachfrager in derartigen internetbasierten Lernwelten auftreten können, und andererseits aber auch die Möglichkeit besteht, daß für die universitäre Ausbildung selbst wiederum Lehrinhalte aus der Praxis importiert werden können, um so z.B. methodische Inhalte um praktische Beispiele anzureichern.

- **Wissensinhalts- und Zielgruppenspezifisch konfigurierbare Angebote:** Ausbildungsprogramme orientieren sich normalerweise an einem vorgegebenen Curriculum, wobei die konkreten Inhalte veranstaltungsbezogen innerhalb des Curriculums festgelegt werden. Dieses primär an den Bildungszielen orientierte Ausbildungsangebot läßt das spezifische Vorwissen der einzelnen Lernenden weitgehend unberücksichtigt. Mit einem breiten Spektrum verfügbarer Lernmodule läßt sich dagegen, je nach Wissensdefizit, für das Lern- und Informationsbedürfnis des Einzelnen auch ein sehr individuelles Bildungsangebot schnüren. Dieser Aspekt gilt um so mehr, wenn erwogen wird, Teile des Lehrangebotes auch für Weiterbildungsmaßnahmen einzusetzen.
- **Aktualität des Bildungsangebotes:** Insbesondere bei Themenstellungen, die von häufigen inhaltlichen Weiterentwicklungen betroffen sind, kann durch Verwendung des Distributionskanals I&K die Aktualität einfacher sichergestellt werden, als bei papiergebundenen Vorlagen. Es eröffnet sich hier ein nicht unerhebliches Kosteneinsparungspotential bei der Distribution von geändertem Lernstoff. Es muss allerdings berücksichtigt werden, dass das Erstellen aufwendiger multimedialer Lehrinhalte hohe Kosten verursacht. Ein solcher Entwicklungsaufwand sollte daher nur für Wissensgebiete betrieben werden, die als relativ stabil im Zeitverlauf gelten können und einen breiten Abnehmerkreis finden.
- **Ausdehnung des Angebotes:** Leistungsangebote von nationalen wie internationalen Partnern können leicht eingebunden werden. Bildung kann damit auch zu einer exportfähigen Dienstleistung werden.

Insgesamt erhoffen sich die Betreiber dieses Bildungsnetzwerkes individuell einteilbare Ausbildungszeiten. Darüber hinaus soll sich eine qualitativ hochwertigere sowie ansprechendere universitäre Aus- und Weiterbildung mit stärkerer Verzahnung von Theorie und Praxis ergeben.

Für solche Lehrinhalte anbietende universitäre Einrichtungen kann eventuell **Mehrfacharbeit** reduziert werden. Anbieter von Leistungen können sich auf ihre jeweiligen Schwerpunkte konzentrieren und diejenigen Angebote, die am eigenen Standort nicht oder vielleicht nicht jeder Zeit vorhanden sind bzw. nur mit erhöhtem Einarbeitungsaufwand erstellt werden müssen, von außen zukaufen. Dieses erscheint sowohl für Bereiche der Grundausbildung (Grundstudium) als auch zur Abrundung des Lehrangebotes sinnvoll. Des weiteren bietet sich für eine Universität auch die Chance, auf diese Art und Weise mit relativ wenig Aufwand berufsbegleitende Aufbaustudiengänge anzubieten.

2.3   Ausgestaltung der Lernwelt

Für das WINFO-Line-Angebot werden drei grundsätzliche Typen von Lehrformen angeboten:

- Zum einen wird multimedial aufbereitetes Online-Lehrmaterial zu einzelnen Themengebieten bereitgestellt. Ziel ist es, das Online-Medium angemessen zu nutzen, so daß durch die multimediale Aufbereitung des Stoffes ein Mehrwert im Vergleich zu den herkömmlichen Lehrmaterialien wie Buch oder Foliensatz geschaffen wird. Ziel ist es nicht, die vorhandenen (in der Regel textbasierten) Materialien in einer 1:1-Version in das Internet einzustellen.
- Der Kommunikationskanal Internet soll auch genutzt werden, um ortsunabhängige Internetseminare von den jeweiligen Standorten anzubieten. So haben z.B. bereits im Sommersemester 1998 Leipziger Studenten per Videokonferenz an einem Göttinger Seminar teilgenommen. Die Resonanz seitens der Studierenden war - nach anfänglicher Skepsis - durchweg positiv [3].
- Darüber hinaus wird die Möglichkeit bestehen, standortübergreifende Lerngruppen zu bilden, die z.B. im Rahmen verschiedener Lehrprojekte zusammenarbeiten oder aber auch eine internetbasierte Prüfungsvorbereitung durchführen. Eine solche Lehrveranstaltung wird zwischen den Standorten Kassel und Göttingen im kommenden Wintersemester zum Thema Medienkompetenz angeboten werden.

Um einzelne Lehrmodule miteinander kombinieren zu können sowie dem Studierenden eine einheitlich aufgebaute und einheitlich aussehende Lernwelt zu offerieren, war es notwendig, bildungsproduktübergreifende Standardisierungen für das Lehrmaterial und die Rahmenkonzepte vorzunehmen. Dieses geschieht in zwei Richtungen:

Zum einen verfügen die Bildungsprodukte und auch deren einzelne Module (sogenannte Lerneinheiten) über einen teilstandardisierten Aufbau in der Struktur. Sämtliche bereitgestellte Wissensgebiete bestehen aus jeweils einer Basislerneinheit, in der das grundlegende Wissen vermittelt wird, sowie weiterführenden Lehreinheiten, die zusätzliche Inhalte vermitteln. Sämtliche Lerneinheiten umfassen vor der Darstellung der eigentlichen Lerninhalte eine Definition von Lernzielen und eine Keywordliste sowie im Anschluß Übungsaufgaben.

Zum anderen ist es notwendig, den Rahmen für die Bildungsprodukte zu standardisieren. Konkret bedeutet dies, daß die Navigation innerhalb der Bildungsprodukte in Aussehen, Funktion und Funktionalität vereinheitlicht werden mußten. Hierdurch wird bildungsproduktübergreifend eine einheitliche Optik im Sinne einer Corporate Identity erreicht sowie die Erwartungskonformität für die Nutzer sichergestellt.

Des weiteren enthält jedes Bildungsprodukt standardisierte Kommunikationskomponenten, wie E-Mail, Diksussionsforen oder Chat-Tools.

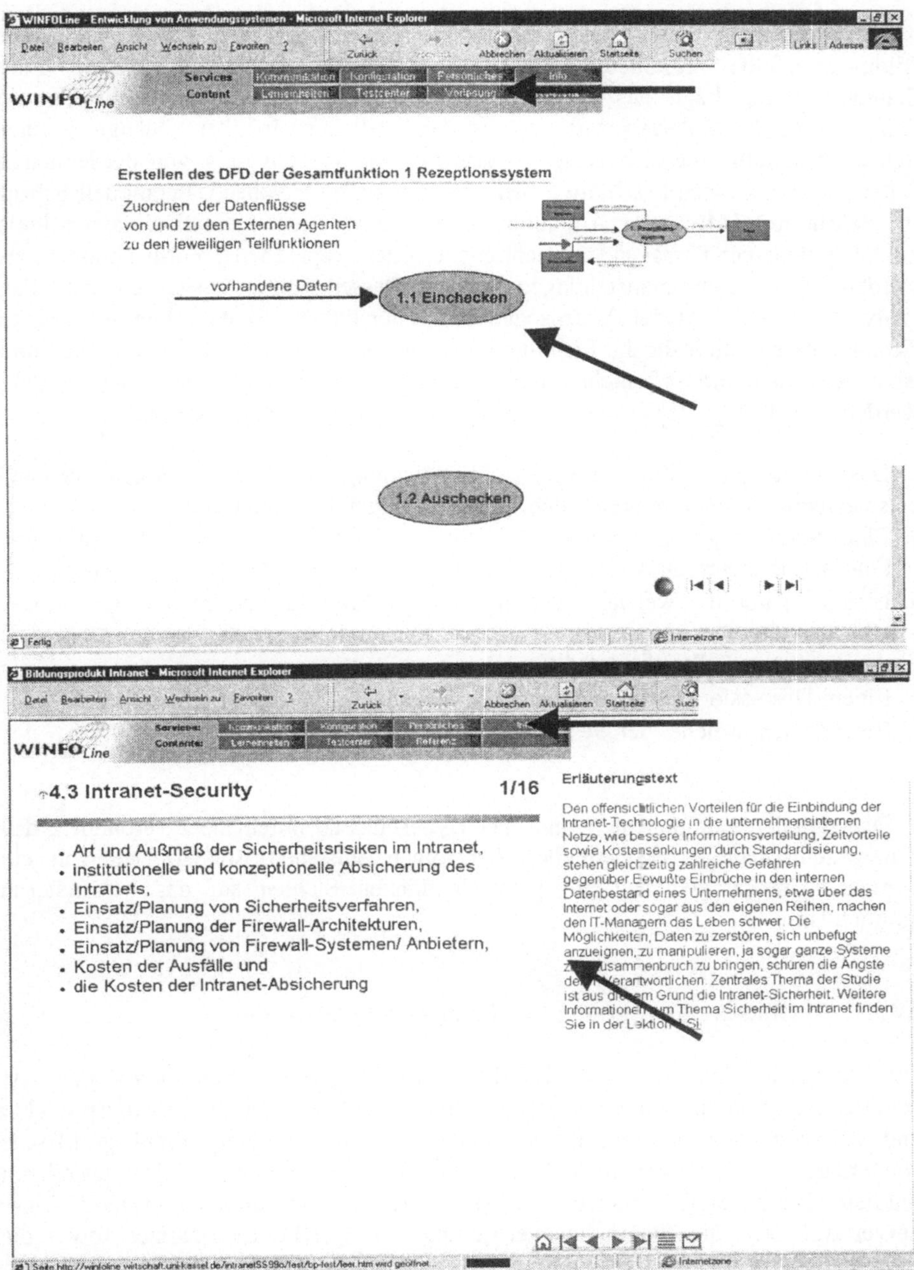

Fig. 1. Die Bildungsprodukte "Entwicklung von Anwendungssystemen" und "Intranet" im Vergleich

Die Art und Weise, wie die Kooperationspartner die Lerninhalte ihrer Bildungsprodukte gestalteten, bleibt aber jedem selber überlassen. Eine Standardisierung bzgl. des didaktischen Designs wird nicht angestrebt, da die Aufbereitung des Materials stark von den darzustellenden Inhalten abhängt. In einer Lehrveranstaltung, die sich beispielsweise mit der Modellierung von betrieblichen Daten und Funktionen beschäftigt, bietet es sich an, ein solches Datenmodell Schritt für Schritt mit Hilfe einer Animation aufzubauen. Diese Animation kann mittels kurzer, prägnanter Passagen in geschriebener oder gesprochener Form kommentiert werden. Andere Lehrveranstaltungen wiederum lassen sich an ausgewählten Stellen sinnvoll mit Hilfe kurzer Videosequenzen unterstützen, so dass hier ein breiter Gestaltungsspielraum für die Erstellung von Lehrmaterial vorliegt. Dieser Spielraum ist angemessen und soll nicht durch Standardisierungsbestrebungen eingeschränkt werden. Fig. 1 zeigt die Gestaltung zweiter Bildungsprodukte im Vergleich.

Das Göttinger Bildungsprodukt "Entwicklung von Anwendungssystemen" beispielsweise besteht im wesentlichen aus den folgenden Elementen:
- Einer Sammlung von vorlesungsähnlichen Materialien. Dazu wird die Vorlesung komplett in mehreren Audiofiles mit zugehörigen HTML-Folien bereitgestellt.
- Einem Tutorial, welches vertonte Schritt-für-Schritt-Animationen, Online-Übungsaufgaben sowie solche ganz konventionell auf Papier und eine durchgehende Fallstudie enthält.
- Einem Diskussionsforum und einem Chat-Room.
- Einem Buch, welches der Gesamtveranstaltung zugrunde liegt.

Die digitalen Komponenten sind über Hyperlinks so miteinander verbunden, daß keine kleinschrittigen sequentiellen Lernfolgen entstehen, sondern jederzeit ein Lernen im Zusammenhang mit unterschiedlichen Sichten auf das Lehrmaterial möglich ist.

2.4   Technische Ausstattung und Benutzeradministration

Der technische Aufbau im WINFO-Line Projekt gestaltet sich derart, daß alle beteiligten Partner einen Internet-Server betreiben, auf dem sich die Bildungsprodukte und Anwendungen des jeweiligen Standortes sowie bildungsproduktspezifische Nutzerdaten (z.B. Lernerkonto, das den aktuellen Lernstand des jeweiligen Studierenden anzeigt) befinden. Zentral existiert des weiteren der WINFO-Line-Server auf dem die Stammdatenverwaltung der WINFO-Line-Nutzer sowie die Immatrikulation der Studierenden bei WINFO-Line erfolgt. Darüber hinaus werden hier sämtliche Dienste verwaltet, die mehr als einen Standort betreffen (Stellen- und Diplomarbeiten-Börsen, allgemeine Informationen zum WINFO-Line Curriculum etc.). Das Login in die Lernwelt kann sowohl über den zentralen WINFO-Line-Server als auch über die lokalen Server der jeweiligen Standorte erfolgen. Hierzu wird eine Spiegelung der für das Login relevanten Daten vom WINFO-Line-Server auf die lokalen Server der Standorte durchgeführt. Auf diese Art und Weise ist ein

Höchstmaß an Unabhängigkeit der einzelnen Standorte von einer Zentrale und die Ausbaufähigkeit des Gesamtsystems für weitere Inhalte-Anbieter gewährleistet.

2.5   Erste Erfahrungen mit der Lernwelt

Die WINFO-Line-Lernwelt wird seit Wintersemester 98/99 an den vier Standorten im regulären Lehrbetrieb eingesetzt, seit Sommersemester 99 dabei auch mit gegenseitiger Anerkennung der Prüfungsleistung. Die wichtigsten Erfahrungen lassen sich in den folgende Punkte zusammenfassen:

Lehr-/Lernerfahrung

- Als wichtigster Vorteil einer internetbasierten Lernwelt gegenüber der "konventionell" abgewickelten univeresitären Lehre wird von den Studierenden die Lagerbarkeit der Dienstleistung "Lehrveranstaltung" genannt. Die Möglichkeit, zeitlich und örtlich flexibler zu studieren, wird insgesamt als angenehm empfunden. Gleichzeitig haben die Studierenden aber auch erkannt, dass für eine solche Lernform ein extrem hohes Maß an Selbstdisziplin von Nöten ist.
- Auffallend viele Studierende setzen Lernen und Studieren gleich mit passivem Wissenskonusm. Lernen mit den angebotenen Online-Materialien erfordert jedoch ein aktives und selbständiges Lernen. Es erfordert erhöhten Betreuungsaufwand, die Studierenden zu einem solchen Lernen anzuleiten.
- Die angebotenen Kommunikationsmöglichkeiten werden von den Studierenden nur sehr zögerlich genutzt. Die Diskussionsforen werden fast ausschließlich von den Veranstaltungsbetreuern im Sinne einer Mailing-List verwendet. Die wenigen Eintragungen, die von Studierenden vorgenommen werden, sind Fragen bezogen auf orgainsatorische oder technische Probleme und richten sich an die Bildungsproduktanbieter. Eine Diskussion unter den Studierenden findet in den Foren nicht statt. Ebensowenig werden öffentlich Fragen zu den Lehrinhalten gestellt. Gleichzeitig geben die Studierenden an, dass mangelnde oder fehlende Kommunikation der größte Nachteil der internetbasierten Ausbildung sei.

Gestaltungs- und Managementerfahrungen

- Als eine der großen "Baustellen" in der Entwicklung der WINFO-Line-Lernwelt hat sich das Thema "Standardisierung der Bildungsprodukte" erwiesen. Neben dem Bestreben, eine erwartungskonforme und damit bildungsprodukt-übergreifend einheitlich bedienbare Oberfläche mit erkennbarer Corporate Identity zu schaffen stand die Anforderung, Lehrmaterial individuell gestalten zu wollen. Eine für alle Beteiligten zufriedenstellende Lösung konnte erreicht werden, indem strikt zwischen Rahmenkonstrukten (Registerleiste zum Navigieren innerhalb der einzelnen Komponenten eines Bildungsproduktes) und Struktur (Aufbau der Lerneinheiten) der Lernwelt und den Inhalten getrennt wird..Die Nutzer der Lernwelt kommen mit dieser Form der Standardisierung gut zurecht.
- Als eine Herausforderung auf operativer Ebene entpuppt sich die Organisation von Prüfungsleistungen. Erstrebenswert ist es z.B., dass die Abschlussklausur zu

einem Bildungsprodukt am Ende des Semesters an den beteiligten Partnerstandorten zeitgleich an einem Termin geschrieben wird. Nur so lässt sich verhindern, dass der Anbieter eines Bildungsproduktes für jeden Partnerstandort eine eigene Klausur konzipieren muss. Erhebliche Koordinationsprobleme entstehen hier jedoch aufgrund unterschiedlicher Prüfungsordnungen und der damit verbundenen Organisation der Prüfung an den einzelnen Standorten. So werden z.B. Klausurtermine an einigen Standorten grundsätzlich von den Prüfungsämtern vorgegeben, während an anderen Standorten der Lehrstuhl entscheiden kann, wann eine Klausur geschrieben wird.

2.6   Offene Fragen und Problemfelder

Obwohl der Einsatz der neuen Medien erhebliche Verbesserungspotentiale für das universitäre Aus- und Weiterbildungsangebot erhoffen läßt, bleiben auch nach den ersten Erfahrngen mit einer solchen Lernwelt einige Fragen offen:

- Wird es gelingen, die Studierenden zu einer Änderung im Lernverhalten – vom passiven Informationskonsumenten zu einem die Lehrveranstaltung aktiv gestaltenden Studierenden zu bewegen?
- Wird es den Studierenden gelingen, die benötigte Selbstdisziplin und Motivation für die nun lagerbare Dienstleistung „Lehrveranstaltung" aufzubringen? Welche Motivationsmöglichkeiten können Dozenten an dieser Stelle einbringen?
- Wie können fremde, physisch nicht greifbare Dozenten bei den Fern-Studierenden bekannt gemacht werden um die Akzeptanz der Lehrveranstaltungen bei den Nutzern zu erhöhen?
- Wie kann die gegenseitige Leistungsanerkennung? Wie können diese Regeln kommuniziert und den Studierenden transparent gemacht werden? Wie kann die Abwicklung der Prüfungen aus organisatorischer Sicht aufwandsminimal gestaltet werden?
- Was kann gegen die in solchen Lernwelten sicherlich verstärkt auftretende Anonymisierung von Lernprozessen getan werden?
- Ist die technische Infrastruktur auf Seiten des studentischen Nutzers in dem Umfang vorhanden, dass solche Lehrangebote auch von zu Hause aus genutzt werden können? Wie können die Hochschulen in ausreichendem Maße mit multimediafähigen Arbeitsplätzen ausgestattet werden?
- Schließlich ist kritisch zu hinterfragen, wie eine solche Lernwelt dauerhaft kostendeckend finanziert werden kann, um auch nach einer Anschubfinanzierung den Betrieb sicherzustellen.

3   Ausblick

Die Arbeit im Projekt WINFO-Line konzentrierte sich in den ersten eineinhalb Jahren auf die multimediale Umsetzung der Lehrmaterialien sowie die gleichzeitige Entwicklung von Rahmenkonzepten für eine internetbasierte Lernwelt. Erste

Lehrveranstaltungen sind erfolgreich abgeschlossen worden, im Wintersemester 1998/99 ist WINFO-Line mit den ersten vier Bildungsprodukten offiziell an den Start gegangen.

Für das kommende Jahr ist es geplant, weitere Interessierte in das Projekt aufzunehmen, um so aus einem Studienfach Wirtschaftsinformatik möglichst schnell einen Studiengang oder aus einem reinen Studiengang Wirtschaftsinformatik eine internetbasierte Wirtschaftswissenschaftliche Fakultät zu machen. Des weiteren sollen aus den hier entwickelten Prinzipien aber auch Empfehlungen für die internetbasierte kooperative Ausbildung in anderen Studiengängen abgeleitet werden.

Insgesamt bleibt abzuwarten, wie sich die neuen Lehr-/Lernformen in der universitären Ausbildung etablieren werden. Schon jetzt zeichnet sich ab, daß sie in vielen Bereichen eine sinnvolle Ergänzung, aber kein Ersatz für die Präsenzuniversität sind. Auch bei der Nutzungshäufigkeit bleibt abzuwarten, ob nicht nach anfänglichen Strohfeuereffekten das Interesse und letztlich auch die Angebote wieder abflauen. Die organisatorische Gestaltung eines Studiums wird zumindest aus Sicht eines Bildungsanbieters speziell bei interuniversitären Angeboten eher komplexer. Gleichwohl bieten sich insbesondere für die Weiterbildung und das lebenslange Weiterlernen neue Perspektiven.

Literatur

1. Langenbach, C., Grebner, R., Bodendorf, F., Multimediale Kommunikations- und Kooperationssysteme - Potentiale in der wissenschaftlichen und betrieblichen Aus- und Weiterbildung, in: Scheuermann, F., Schwab, F., Augenstein, H., Studieren und Weiterbilden mit Multimedia, Nürnberg 1998, S. 139-167.

2. HTTP://www.winfoline.de, Projektantrag.

3. Schumann, M., Hagenhhoff, S., Greve-Kramer, W., Ehrenberg, D., Röder,S., Erfahrungsbericht zu einem internetbasierten Seminar, in: Information Management & Consulting 14 (1999) 1, S. 67-70.

Global Engineering Networking für mikroelektronische Anwendungen

H. Holzheuer[1], L. Werner[1], E. Griese[2], S. Labuhn[2], Th. Burgey[3]

[1]Universität Paderborn/C-LAB, [2]Siemens AG IC C-LAB,
[3]INCASES Engineering GmbH

1 Einleitung

Die Anforderungen an die Leistungsfähigkeit elektronischer Komponenten und Systeme sind einer stetigen Steigerung unterworfen. Desweiteren verstärkt sich durch die große internationale Konkurrenz auch der Kostendruck. Steigenden Anforderungen wird in der Regel durch den Einsatz schnellerer Schaltkreistechnologien begegnet, wodurch bei kürzeren Signalanstiegs- und -abfallzeiten höhere Systemtaktraten und damit höhere Verarbeitungsgeschwindigkeiten erreicht werden können. Damit lassen sich zwar die gewünschten Leistungssteigerungen erreichen, jedoch können durch diese Vorgehensweise verstärkt Probleme der Elektromagnetischen Verträglichkeit (EMV) auf Komponenten-, Modul- und Systemebene hervorgerufen werden. Dieser Problembereich wurde auch vom Gesetzgeber erkannt und seit dem 1. Januar 1996 darf kein elektronisches Produkt mehr auf dem europäischen Markt in Verkehr gebracht werden, das nicht den gültigen Normen entspricht und durch das CE-Konformitätszeichen gekennzeichnet ist (European Council Directive 89/336/EEC).

Diese Problematik kann unter Berücksichtigung der durch die Entwicklungszeit entstehenden Kosten nicht mehr durch herkömmliche Entwicklungsprozesse und durch das Standard-Elektronikwissen eines Unternehmens erfolgreich bewältigt werden. Statt dessen muß in frühen Entwurfsphasen bereits auf das Spezialwissen von Experten und auf die Unterstützung durch Simulationssoftware zurückgegriffen werden. Um derartige Probleme auch in Zukunft lösen zu können, wurde ein Informationssystem entwickelt, welches als Plattform für multimediale Dienste und Verfahren einen multimedialen, bidirektionalen Informationsaustausch zwischen Anwender und Anbieter im Bereich der Elektrotechnik bzw. Elektronik ermöglicht.

Ausgangspunkt für die Nutzung eines externen Dienstes ist ein bei der Entwicklung elektronischer Komponenten auftretendes Problem, welches der Anwender nicht durch sein eigenes Know How und seine eigenen Ressourcen lösen kann. Daraus resultiert eine gezielte Nachfrage, bzw. Recherche nach einem Software-Produkt oder nach einer Dienstleistung zur Unterstützung seiner Entwicklung. Die erfolgreiche Behandlung dieser Problematik erfordert es, das Suchziel aus Anwendersicht eindeutig zu spezifizieren, was jedoch mit den heute eingesetzten Mitteln nicht zu dem erforderlichen Detaillierungsgrad führt. Eine Verbesserung erfordert intelligente Suchmethodiken und Verfahren, die auf der einen Seite das Interesse und die spezifischen Problemstellungen des Anwenders berücksichtigen und auf der anderen Seite das Angebot an Lösungsmöglichkeiten, Dienstleistern und Software-Werkzeugen vollständig einbeziehen. Der Erwerb und die Nutzung von Software-Produkten führt zum nächsten hier betrachteten Problemfeld, dem *Technischen Service*. Probleme bei Installation und Wartung von Software-Produkten werden derzeit mit Hilfe eines Hotline-Service bearbeitet. Diese Vorgehen ist sehr personal- und damit kostenintensiv, außerdem erfordern die derzeit zur Verfügung stehenden Kommunikationsmedien einen hohen Zeitaufwand. Der Einsatz von geeigneten problembezogenen Techniken kann diesen Service signifikant verbessern und unter Kosten- und Zeitgesichtspunkten optimieren. Die Nutzung von Software-Produkten und Dienstleistungen erfordert in vielen Bereichen ein detailliertes Wissen über zugrundeliegende Zusammenhänge, dies gilt insbesondere für den Leiterplattenentwurf und die Analyse elektronischer Schaltungen. Dieser Bereich des *Consulting und Trainings* nutzt bereits verschiedene Medien zur Präsentation und zum Austausch von Information. Ein verstärkter Einsatz *multimedialer Techniken* kann insbesondere die Bereiche der Informationsbeschaffung, Beratung und Schulung deutlich vereinfachen und beschleunigen. Die folgenden Abschnitte beschreiben die realisierten Methoden und Software-Werkzeuge für die Problembereiche *Effiziente Recherche nach Produkten und Dienstleistungen*, *Technischer Service für Software Produkte* und Unterstützung von *Consulting und Training*.

2 Effiziente Recherche nach Software-Produkten und Dienstleistungen

Aus der Sicht eines Anwenders muß ein gezieltes Auffinden eines oder mehrerer geeigneter Anbieter effizient unterstützt werden. Für den Anbieter hingegen ist es wichtig, daß seine Produkte und Dienstleistungen optimal plaziert sind, so daß sie einer breiten Schicht potentieller Anwender zugänglich werden. Diese unterschiedlichen Anforderungen sollten durch geeignete multimediale Methoden unterstützt werden.

Das Hauptinteresse des Anwenders ist es, Produkte und Dienstleistungen **anbieterübergreifend** zu vergleichen, um auf diese Art ein optimales Angebot auswählen zu können. Zur Entscheidungsunterstützung für die Auswahl von Produkten und Dienstleistungen müssen zugreifbare Informationen **präzise und detailliert** sein, um den Funktions- und Leistungsumfang ermitteln zu können. Redundanz behindert den Entscheidungsprozeß. Um schnell Entscheidungen treffen zu können, ist die **unmittelbare Verfügbarkeit** der Information unumgänglich. Neben den Anwenderanforderungen sind bei der Entwicklung multimedialer Schnittstellen zur Recherche nach Produkten und Dienstleistungen auch die Anforderungen der Anbieter zu berücksichtigen. Zur Vermeidung unnötiger Aufwendungen, ist eine **zielgruppengerechte** Verteilung der Information des Anbieters notwendig, ohne jedoch potentielle Anwender zu vernachlässigen. Schnell wechselnde Produkt- und Dienstleistungsspektren erfordern eine schnelle Anpassung bzw. Erweiterung des Online-Angebots (**unmittelbare Aktualisierung**). Eine **problembezogene, objektive** Darstellung der Information ermöglicht ein gezieltes und schnelles Auffinden und beugt Mißverständnissen vor. Neue Suchmechanismen dürfen nur geringen zusätzlichen

Aufwand verursachen und sollten bereits bestehende Information nutzen können (**Kostenersparnis und Datenübernahme**).

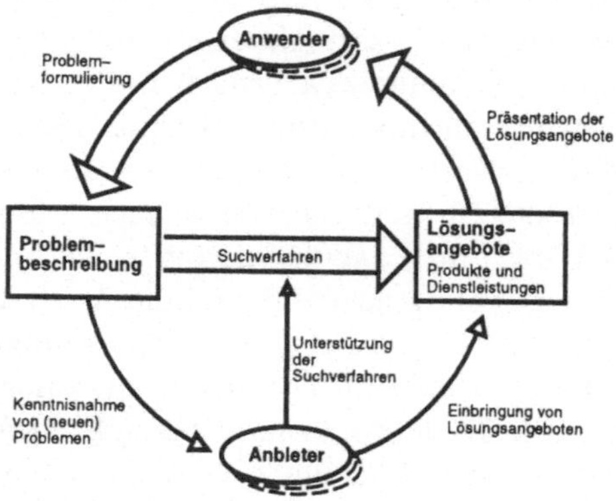

Abb. 1: Prozeßmodell zur Recherche

Einen Ansatz zur Lösung dieser Problematik zeigt der in Abb. 1 dargestellte Informationsfluß zur Recherche nach Produkten und Dienstleistungen. Ausgangspunkt ist dabei der Anwender. Um externe Hilfe in Anspruch nehmen zu können, ist es zunächst notwendig, daß der Anwender sein Problem exakt formuliert. Dieser Schritt ist insofern problematisch, als daß im allgemeinen beim Anwender nicht das zur exakten Problembeschreibung erforderliche Fachwissen vorliegt. Eine wesentliche Forderung, die sich daraus ableitet, ist die Realisierung einer für den Anwender angepaßten Anfrage-Schnittstelle zur Formulierung seines Problems. Dabei muß es dem Anwender ermöglicht werden, sein Problem mit Hilfe einfacher, zutreffender Fachbegriffe (nominale Bezeichner) zu beschreiben. Ein in diesem Fall übliches Vorgehen ist die Nutzung eines allgemeinen Klassifikationsschemas, welches eine vereinfachte, abstrakte und bedeutungsbezogene Sicht auf das Problemfeld darstellt und auch als Konzept bezeichnet wird. Die explizit formulierte Spezifikation eines Konzeptes ist eine *Ontologie* [3].

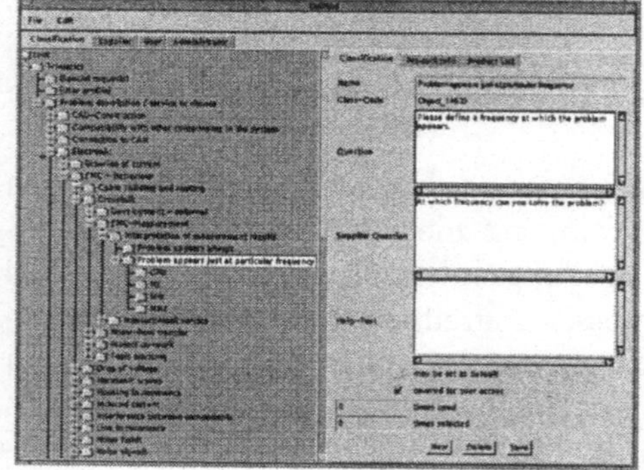

Abb. 2: Hierarchischer Browser

Eine derartige Hierarchie ermöglicht es Anbietern, ihre Produkte und Dienstleistungen ohne komplizierte Mechanismen problembezogen zuzuordnen. Desweiteren erlaubt sie eine schnelle, automatische Klassifizierung der Daten. Mit intelligente Suchmechanismen können Teilhierarchien untersucht werden. Es ist möglich einem Benutzer mit Hilfe dieser Suchalgorithmen einen multidimensionalen Zugang zu der hierarchischen Struktur zu ermöglichen. Die Produktdaten der Anbieter sind häufig bereits in hierarchischen Strukturen abgelegt (z. B. Verzeichnisstrukturen mit HTML-Dokumenten auf einem Webserver) und können somit leicht klassifiziert werden. Die Navigation durch hierarchische Strukturen ist sehr übersichtlich und dem Benutzer vertraut. Als zusätzliche Hilfestellung wurde eine natürlichsprachliche Benutzerführung realisiert. Abb. 2 zeigt die Administrationskomponente für die Verwaltung der Prozeßhierarchie für den Anwendungsbereich *Leiterplattenentwurf*. Bei der Entwicklung intelligenter Methoden zur Suche nach Lösungsangeboten ist zu berücksichtigen, daß eine effiziente Zuordnung der Beschreibung des zu lösenden Problems zu den von Anbietern offerierten Angeboten möglich ist. Bei der Suche nach Lösungsangeboten wird auf Grundlage der vom Anwender spezifizierten Suchbegriffe eine Abbildung auf die Menge der im System vorhandenen Angebotsdokumente vorgenommen. Die Anbieterakzeptanz ist, abgesehen von der Benutzerfreundlichkeit, wesentlich von der Leistungsfähigkeit der bei der Suche angewandten Verfahren abhängig. Wichtig ist zudem, akzeptable Antwortzeiten des Systems zu erhalten. Bei der Realisierung von Methodiken zur Suche nach Lösungsangeboten werden daher neben den bekannten Datenbanktechniken auch intelligente Methoden aus dem Bereich der Künstlichen Intelligenz (KI) eingesetzt.

Zum Grundverständnis der verwendeten Technik wird zunächst der Begriff *Keyphrase* definiert. Algorithmen zur Erkennung (engl. *tagging*) von *Keyphrases* basieren auf einer Satzteilerkennung (engl. *part-of-speech*). Zunächst erfolgt erfolgt eine Erkennung der einzelnen Worte mit Hilfe eines Lexikons. Nicht eindeutig über das Lexikon identifizierbare Worte werden probabilistisch geschätzt. Die am häufigsten auftretenden Sequenzen bilden sogenannte *Keyphrases* [1, 2, 4, 6, 7]. Anhand dieser Keyphrases erfolgt die Zuordnung der zugrundeliegenden Beschreibungen von Produkten und Dienstleistungen in die vorgegebene Hierarchie. Das vorgestellte Konzept benötigt keine Datenbank mit großer Speicherkapazität, da nur rudimentäre Meta-Daten auf dem Server abgelegt werden. Dies führt auch zu einer geringen Netzbelastung. Durch die geringere Netzbelastung ist ein schnelles Arbeiten der Benutzer möglich.

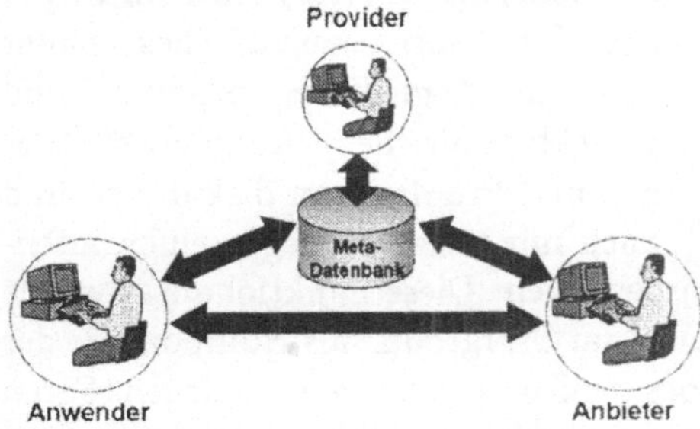

Abb. 3: Gen-Architekturkonzept

Das System wurde als eine klassische Client-Server-Architektur realisiert und besteht aus 4 Komponenten (siehe Abb. 3). Zentrale Komponente ist ein Datenbankserver, welcher auf Basis einer Meta-Datenbank realisiert wurde. Dieser Datenbankserver kommuniziert mit drei verschiedenen Clients. Mit Hilfe des Anbieter-Clients fügt ein Anbieter neue Datensätze dem System hinzu. Der Benutzer-Client ermöglicht es einem Benutzer, der sich selbst beim System registriert hat, sein Problem zu beschreiben und damit Einträge der Datenbank abzurufen. Mit Hilfe des Administrator-Clients kann ein Administrator eine neue Datenbank einrichten und verwalten. Die verschiedenen Clients wurden in der Programmiersprache Java implementiert und sind damit plattformunabhängig.

3 Technischer Service für Software-Produkte

Der *Technische Service* ist eine der wichtigsten Post-Sales-Aktivitäten, die in einem erheblichem Maß zur Qualitätsbeurteilung eines Produktes durch den Anwender beiträgt. Gegenwärtig werden die meisten Probleme in diesem Bereich mit Hilfe eines Hotline-Service bearbeitet. Die Untersuchung, welche Unterstützungsmaßnahmen zu Einsatz kommen können, basiert auf einer ausführlichen Befragung von Nutzern eines umfangreichen Software-Produktes. Aufbauend auf die dabei identifizierten Anforderungen wurden in einem zweiten Schritt entsprechende Unterstützungsfunktionen wie z. B. *Installationsbezogene Unterstützung, Bedienungsbezogene Unterstützung, Anwendungsbezogene Unterstützung, Fachliche Unterstützung, Fehlerbehandlung* und *Feedback* realisiert.

Zur Erfüllung dieser Anforderungen wurden verschiedene multimediale Schnittstellen realisiert, die vielfältiges Informationsmaterial sowie Updates usw. den Kommunikationspartnern weltweit und 24 Stunden am Tag zugänglich machen. Da es sich bei dem Technischen Service um eine eindeutige *Anbieter-Anwender* Beziehung handelt, erfolgt der Zugriff auf diese Schnittstellen über eine Zugangskontrolle, die die nicht authorisierte Nutzung verhindert.

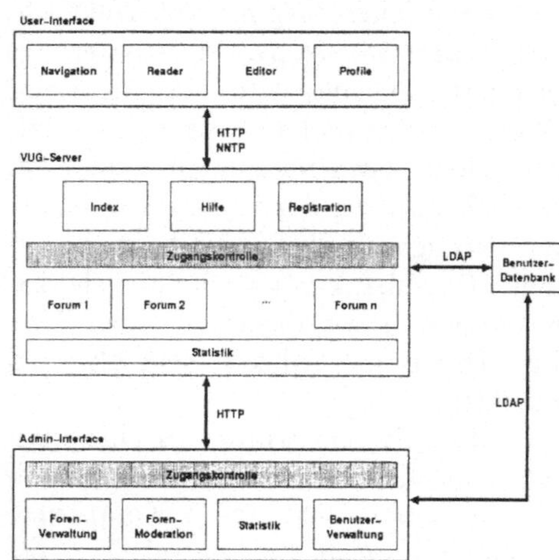

Abb. 4: Konzept der „Virtual Usergroup"

Speziell im Bereich der EMV läßt sich beobachten, daß oft nur wenige Mitarbeiter in einem Unternehmen mit der Problematik und den Eigenschaften der dafür verwendeten Hard- und Software-Werkzeuge vertraut sind. Vielmehr sind die Mitarbeiter auf verschiedene Bereiche verteilt (Entwicklung, EMV-Labor, ECAD-Abteilung, etc.) Das Intranet/Internet als einheitliches Netzwerk zum Zweck des Informationsaustausches bietet hier die Möglichkeit, produkt- und projektspezifische Aufgabenstellungen und Probleme zu diskutieren und auch mit vielen Kollegen einen intensiven, effizienten Erfahrungsaustausch zu betreiben. Diese Funktionalität wurde als Diskusionsforum unter dem Namen „Virtual Usergroup" als Komponente des multimedialen Anwender-Anbieter-Dialogs realisiert. Die verschiedenen Foren widmen sich jeweils einem speziellen Thema oder Produkt. Innerhalb eines Forums kann der Benutzer Beiträge anderer Benutzer lesen, diese kommentieren oder selbst Beiträge liefern. Mit intensiver Nutzung des Systems erwächst dieses zu einer Wissensdatenbank, die die gesammelten Erfahrungen dauerhaft verfügbar macht (siehe Abb. 4).

Bei der Lösung von Problemstellungen fachlicher oder technischer Art kann in der Regel auf Erfahrungen bei der Lösung von ähnlichen Problemen zurückgegriffen werden. Die existierenden Lösungen stellen entweder eine Musterlösung dar, die das formulierte Problem in vereinfachter oder verallgemeinerter Form beinhalten, oder sie bieten Hinweise, aus denen sich neue Lösungswege ableiten lassen. Eine wesentliche Schwachstelle in heutigen unternehmensinternen Arbeitsprozessen ist die einheitliche Darstellung von Problembeschreibung und Lösung, die zur kontextsensitiven Suche nach beispielhaften Lösungswegen erforderlich ist. Sehr komplexe fachspezifische Probleme lassen sich jedoch nicht trivial lösen und weisen oft mehrere, unter veränderten Randbedingungen mehr oder weniger gute Lösungen oder Lösungswege auf. Die Komponente „Info-Datenbank" behandelt diese Anforderungen. Die zentrale Frage der Informationsdarstellung führt zur Definition des Begriffs „Trackable Organised Problem Specific Information Cluster (TOPIC)". Das TOPIC ist die Datenstruktur, auf die sich einfache oder komplexe Problemstellungen, ja sogar ganze Projekte abbilden lassen. Neben den Anwender- und Betreuerdaten, besteht ein TOPIC aus einer Problemformulierung, einem Zeitrahmen, dem jeweiligen Status, einem chronologischen Bearbeitungsprotokoll sowie einer ausführlichen Lösungsbeschreibung. Die Infodatenbank beinhaltet Module zur Suche innerhalb der TOPICs, zur Generierung von statistischen Informationen und zur Realisierung eines Eskalationskonzeptes. Über ein vorgegebenes Eskalationsmuster werden einzelne TOPICS überwacht und gegebenenfalls bei Überschreitung von einstellbaren Bearbeitungs-Totzeiten oder -Fristen Meldungen an übergeordnete Instanzen gemeldet.

Eine weitere Variante von Problembeschreibungen sind *Software Problem Reports*, also Meldungen über fehlerhafte, fehlende oder unzulängliche Funktionalitäten des eingesetzten Software-Produkts. Über die Problemstellungen der Info-Datenbank hinausgehend haben sie einen größeren Einfluß auf die Einsetzbarkeit des Software-Werkzeugs, da unter ungünstigen Umständen die Weiterarbeit mit der Software nicht möglich ist. Die Lösung des Problems interferiert direkt mit der Produktentwicklung, da hier im Regelfall in die Interna des Softwareproduktes eingegriffen werden muß, um eine befriedigende herbeizuführen. Ein oder mehrere Entwickler müssen sich je nach Schwere des Fehlers mehr oder weniger dringend mit der Lösung des Problems befassen, der Produktverantwortliche muß eventuell längerfristig durchzuführende Änderungen mit dem Marketing und eventuell anderen Produktverantwortlichen zwecks gemeinsamer Koordination absprechen und in den zukünftigen Entwicklungsplan einarbeiten.

Die Erstellung eines *Software Problem Reports* ist eng an das zugehörige Software-Produkt gekoppelt. So werden wichtige Informationen (Versionsstand der Software, Betriebssystem, Plattform, etc.) selbständig extrahiert. Dann wird es dem Benutzer ermöglicht, eine ausführliche Beschreibung des Problems anzufügen. Der so erstellte *Software Problem Report* wird dann an eine Server-Komponente gesendet, die diese an die entsprechenden Abteilungen weiterleitet. Ein wichtiger Bestandteil ist ebenfalls ein Eskalationsmechanismus, mit dem über ein vorgegebenes Eskalationsmuster einzelne *Software Problem Reports* überwacht und z. B. bei Überschreitung von einstellbaren Bearbeitungs-Totzeiten oder -Fristen Meldungen an übergeordnete Instanzen gemeldet werden. Damit läßt aich gewährleisten, daß z. B. bei Krankheit eines mit der Problemlösung beauftragten Mitarbeiters nach einer gewissen Inaktiv-Zeit ein anderer Mitarbeiter oder ein Gruppenleiter benachrichtigt wird, der sich dann des Problems annehmen oder eine Neuzuordnung von Resourcen vornehmen kann. Weitere Module erlauben Suchoperationen und statistische Auswertungen.

4   Consulting und Training

Consulting-Dienstleistungen und Schulungen werden heutzutage sehr häufig mit Hilfe moderner Medien (Email, Hypertext und Videokonferenz) durchgeführt.

Dies gilt im besonderen für Unternehmen der Mikroelektronik, da diese bereits seit mehreren Jahren computerunterstützte Entwicklungsprozesse nutzen und damit über die erforderliche Hard- und Software-Ausstattung verfügen. Die hierbei bedingte Nutzung von sehr komplexen Software-Produkten bedarf jedoch verstärkt einer aktiven und passiven Unterstütung des Benutzers, beispielsweise durch den Informationsaustausch mit anderen Benutzern. Dieses Problem wird von vielen wissenschaftlichen Disziplinen bearbeitet, wie beispielsweise den Arbeits- und Organisationswissenschaften. Im Bereich der Informatik wird dieses Problem auch unter dem Themenschwerpunkt *Computer Supported Cooperative Work* (Cscw) betrachtet.

Bei der Entwicklung der multimedialen Kommunikationsschnittstelle spielen *Mittel der Informations- und Kommunikationstechnologie* zur Unterstützung der *Effektivität* und *Effizienz* in dieser Gruppenarbeit eine große Rolle. Diese Mittel sollen dem Ingenieur während der Arbeit eine schnelle und effektive Informationsfindung und Hilfestellung gewährleisten. Die Unterstützungsfunktionalitäten von Cscw-Anwendungen lassen sich in *Kommunikations-*, *Koordinations-*, *Kooperations-* sowie *Informationsaktivitäten* einordnen:

Kommunikationsunterstützende Systeme: Systeme, die den Informationsaustausch zwischen verschieden Kommunikationspartnern ermöglichen.

Kooperationsunterstützende Systeme: Systeme, die das synchrone oder asynchrone Bearbeiten gemeinsamer Materialien unterstützen oder die gemeinsame Entscheidungsfindung sowie gemeinsame Sitzungen unterstützen.

Koordinationsunterstütztende Systeme helfen beim Planen, Organisieren und Überwachen. Ein Teilautomatisieren von Routineaufgaben wird ebenfalls unterstützt.

Systeme zur Informationsunterstützung: Systeme, die Information für längere Zeit in geeigneter Form speichern und entsprechende Zugriffsmittel zur Verfügung stellen.

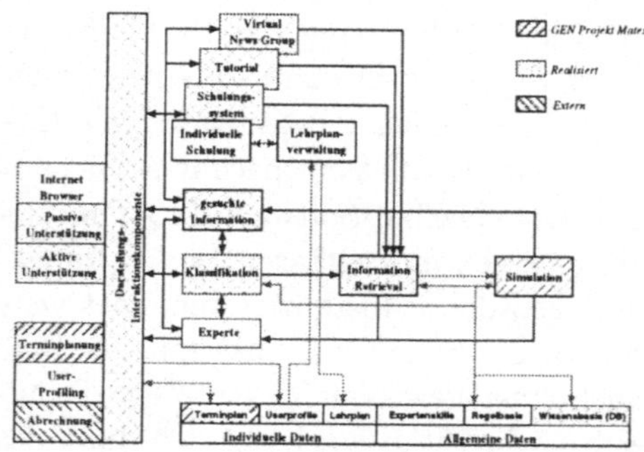

Abb. 5: Consulting und Training

Unter Einbeziehung dieser Mechanismen wurde ein Konzept einer Kommunikationsschnittstelle für Consulting und Training entwickelt. Hierbei werden die vorhandenen Informationsquellen (z. B. Schulungsunterlagen, Manuals, Tutorials und Newsgroups) als Basis zur Erstellung einer Wissensbasis genutzt. Die Daten wurden dann mit Hilfe des im ersten Abschnitt beschriebenen ontologischen Ansatzes klassifiziert, wodurch sich ein vereinfachter Zugriff auf die Daten ergibt. Darüber hinaus wurde eine dynamische Navigationshilfe entwickelt, die dem Benutzer eine gezielte, semantische Suche auf Teile der Datenbestände ermöglicht.

Ein wesentliches Ziel besteht darin, einem Benutzer zu einer bestimmten Fragestellung spezifische Information zu liefern. Dies wirft einige Probleme auf, da man nicht weiß, *ob die gesuchte Information im System ist, ob die Information auffindbar ist* und *wieviel Material zu der aktuellen Fragestellung wirklich existiert.* Zur Vermeidung dieser Probleme existieren drei Konzepte: Einschränkung der Freiheit (*guided Tour*), Navigationsindizes und -karten sowie Kohärenz (*Qualitative Strukturierung*) der Information. Alle Ansätze wurden zur Realisierung spezifischer Aufgaben herangezogen. Die Darstellung des zur Schulung notwendigen domänenspezifischen Wissens, beispielsweise zur Nutzung von Software oder zur Herangehensweise an ein bestimmtes Problem, wird in *Manuals* oder *Tutorials* in Form einer *guided Tour* zu Verfügung gestellt. Die *Virtual Usergroup*, eine themenspezifisch ausgerichtete *Hypernews Gruppe*, ist im weitesten Sinne als Navigationsindex zu interpretieren. Alle weiteren Information sind schließlich mittels geeigneter hierarchischer Indizes klassifiziert und strukturiert worden. Dies folgt dem Ansatz der Kohärenz.

Diese Konzepte lassen sich jedoch nur bedingt auf die im hohen Maße dynamische Informationsdarstellung beispielsweise im Internet anwenden. So gibt es keine adäquate Lösung für die oben aufgeworfenen Probleme. Aus diesem Grund wurde eine informationsunterstützende Orientierungshilfe die eine semantischen Überblick über eine kleine Teilmenge von Dokumenten *on-the-fly* ermittelt und dem Benutzer zur Verfügung stellt.

Zum besseren Verständnis der Informationsunterstützung werden zunächst die Begriffe Daten, Wissen und Information näher betrachtet. Daten repräsentieren dabei lediglich eine Ansammmlung von Werten. Eine, diese Werte in einen Kontext einfügende, implizite bzw. explizite Semantik, wie Beziehungen zwischen den Daten ist nicht vorhanden. Existiert eine derartige Semantik, spricht man von Wissen. Als Information wird das Wissen bezeichnet, das zur Lösung des betrachteten Problems beiträgt. Als Träger von Daten, Wissens oder Information dienen Dokumente, die in vielfältiger Form verfügbar sind. Die Inhalte der Dokumente lassen sich in eine Layout- (Blattaufteilung, Schriftgrößen), eine logische (Kapitel, Unterabschnitte) und die semantische Sicht (Beziehungen zwischen den Daten des Dokumentes) unterteilen. Luhn [5], der sich schon in den späten 50er Jahren mit der automatischen Zusammenfassung von Dokumenten beschäftigte, schlägt vor, die Häufigkeit, in der ein Wort in einem Dokument auftritt, als Maß für seine Wichtigkeit in Bezug auf den betrachteten Kontext zu nutzen. Darüber hinaus kann man layout-spezifische und logische Informationen aus den Dokumenten zur Verbesserung der Wichtigkeit heranziehen. Zur Darstellung eines Dokumentes wird es im sogenannten Vektorraummodell [8, 2] durch einen Attributvektor beschrieben. Die einzelnen Einträge in den Vektor stellen die Häufigkeit von Wortes in dem Dokument dar. Dieses Vorgehen erlaubt somit eine Gewichtung natürlichsprachlich definierter Anfragen, die in analoger Weise in einen Attributvektor umgewandelt werden können. Ähnlichkeiten zwischen dem Attributvektor der Anfrage und denen der Dokumente kann nun durch Bildung metrischer Distanz- und/oder Ähnlichkeitsmaße erfolgen (z. B. Skalarprodukt). Da die Ähnlichkeiten im Sinne einer Metrik zu interpretieren sind, kann ein normiertes Relevanzmaß der Dokumente zu der Anfrage bestimmt werden. Ein Problem in dieser Vorgehensweise besteht darin, das unterschiedliche

Formulierungen derselben Gegebenheit (Synonyme) auf das gleichen Wort abgebildet werden oder daß ein Wort in verschiedenen Kontexten unterschiedliche Bedeutungen haben kann. Zur Behandlung derartiger Probleme werden statt der Worte aus den Dokumenten die Keyphrases benutzt, die bereits zur Einordnung der Dokumenmte in eine Hierarchie Verwendung fanden.

Die Anwendungsmöglichkeiten der gezeigten Verfahren in Bezug auf gemeinschaftlich genutzte textuelle Medien ist sehr vielfältig. Im folgenden soll dies anhand eines ausgewählten Beispiels für Hypertexte gezeigt werden. Ein *Link* eines Hypertextes basiert auf einer syntaktischen Struktur, die es ermöglicht, eine explizit vom Autor definierte semantische Verbindung zwischen zwei Dokumenten herzustellen. Aufgrund der vielfältigen Möglichkeiten in HTML ist es jedoch nicht immer ersichtlich, ob bzw. welche Verbindungen zu anderen Dokumenten bestehen. Die Möglichkeiten des Information-Retrievals bieten nun die Grundlage eine automatisch *on-the-fly* erstellte, lokale Orientierunghilfe für beliebige Hypertexte zu erstellen, die neben der syntaktischen Struktur auch semantische Zusammenhänge aufgrund ähnlicher Wortwahl der betrachteten Dokumente enthält.

Für die Bestimmung der Ähnlichkeiten zwischen den einzelnen Hypertext-Dokumenten müssen dafür zunächst die textuellen Inhalte der referenzierten sowie alle von diesem Dokument erreichbaren Hypertext-Dokumente geladen werden. Zur Eingrenzung der Komplexität wird die *Erreichbarkeitstiefe* genutzt, also die Anzahl von Dereferenzierungen, die notwendig sind, um ein Dokument vom Ursprung aus zu erreichen. Die Indizierung erfolgt mit Hilfe der beschrieben Ansätze aus dem Information-Retrieval. Um derartige Information dem Anwender zugänglich zu machen, ist es erforderlich sie in geeigneter Weise darzustellen. Hierzu eignet sich eine Darstellung der Zusammengehörigkeit zwischen den Dokumenten, die als *Ball-and-Stick*-Modell bezeichnet wird. Semantische Zusammenhänge werden in Bezug auf eine Anfrage bestimmt. Zur Visualisierung der semantischen Beziehungen zwischen einem ausgewählten Dokument und allen anderen werden die normierte Ähnlichkeitsmaße in einen Helligkeitswert einer Farbe umgewandelt und in ein Abstandsmaß umgerechnet, der dann den Sticks, den Verbindungen zwischen den als Balls dargestellten Dokumenten, zugewiesen wird. Mit diesen Abstandswerten wird dann ein iterativer Prozeß gestartet, der das gesamte Modell in einen *möglichst energiearmen Zustand* überführt. Dem Benutzer wird sowohl die Verbindungsstruktur als auch die semantische textuellen Ähnlichkeiten der Hypertext-Dokumente dargestellt. Zur Visualisierung der Ähnlichkeiten eines Dokumentes zu allen anderen, selektiert

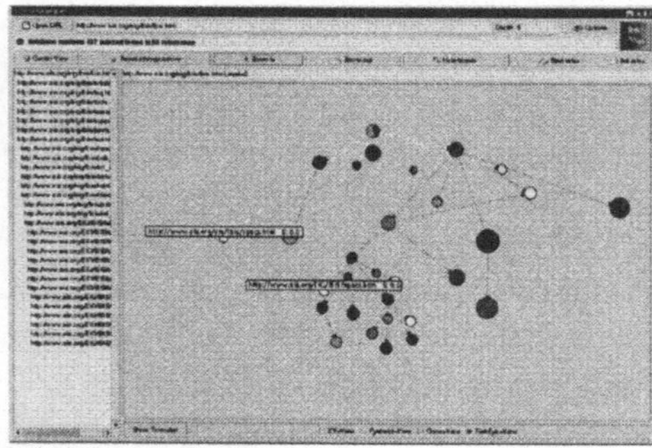

Abb. 6: Darstellung semantischer Zusammenhänge innerhalb einer Hypertextstruktur in einer Ball-and-Stick-Repräsentation

er den entprechenden *Ball* oder die zugehörige Referenz in einem separaten

Adressfenster. Das ausgewählte Dokument wird speziell gekennzeichnet. Alle *Balls* werden dann entsprechend den Ähnlichkeitsmaßen eingefärbt.

5 Zusammenfassung

Es wurden verschiedene Verfahren und Ansätze für neue multimediale Netzwerkdienste für den Anwendungsbereich Leiterplattenentwurf unter EMV-Gesichtspunkten vorgestellt. Derzeit wird in einer Pilotanwendung die Nutzbarkeit der realisierten Software-Werkzeuge untersucht. Schon jetzt zeigt sich eine hohe Akzeptanz, insbesondere im Bereich des Technischen Service. Ein Problem für den generellen Einsatz liegt derzeit noch in der fehlenden bzw. nicht ausreichenden Infrastruktur. Bandbreitengarantien bei der Datenübertragung und moderne Computer-Systeme werden jedoch schon bald verfügbar sein, so daß die hier vorgestellten Dienste die Effektivität und Produktivität in komplexen Entwurfsabläufen in Bezug auf Kommunikation, Koordination, Kooperation sowie Informationszugriff verbessern.

Literatur

1. R. Ferber. Data mining und information retrieval. Skriptum des Fachbereichs Informatik der Technischen Hochschule Darmstadt, 1995/96.
2. N. Fuhr. Information retrieval. Skriptum des Fachbereichs Informatik der Universität Dortmund, May 1997. http://ls6-www.informatik.uni-dortmund.de.
3. Th.R. Gruber. Toward principles for the design of ontologies used for knowledge sharing. In *International Workshop on Formal Ontology*, March 1993. (Stanford Knowledge Systems Laboratory Report KSL-93-04).
4. J.B. Lovins. Development of a stemming algorithm. *Mechanical Translation and Computational Linguistics*, 11:22–31, 1968.
5. H.P. Luhn. The automatic creation of literature abstracts. *IBM Journal of research and development*, 2:158–165, 1958.
6. M.F. Porter. An algorithm for suffix stripping. *Program*, (14 (3)):130–137, July 1980.
7. C.J. Rijsbergen. Information retrieval. University of Glasgow, Department of Computing Science, 1979. http://www.dcs.gla.uk/Keith.
8. G. Salton, editor. *Sthe SMART Retrieval System - Experiments in Automatic Document Processing*. Prentice Hall, Englewood Cliffs New Jersey, 1971.

Die diesem Beitrag zugrunde liegenden Arbeiten wurden im Rahmen des Projekts *Global Engineering Network für mikroelektronische Anwendungen* durchgeführt und vom Bundesminister für Bildung, Wissenschaft, Forschung und Technologie unter den Förderkennzeichen 01 BN 625/4, 01 BN 626/5, 01 BN 627/6, 01 BN 628/7 und 01 BN 629/8 gefördert. Die Verantwortung für den Inhalt dieser Veröffentlichung liegt allein bei den Autoren.

Dynamische Generierung von Protokollen zur Steuerung automatisierter Verhandlungen

M.T. Tu, C. Langmann, F. Griffel, and W. Lamersdorf *

Arbeitsgruppe Verteilte Systeme, Fachbereich Informatik,
Universität Hamburg
Vogt–Kölln–Str. 30, D–22527 Hamburg
{tu, 2langman, griffel, lamersd}@informatik.uni-hamburg.de
http://vsys-www.informatik.uni-hamburg.de

Zusammenfassung In elektronischen Handelssystemen (E-Commerce) bekommt die Unterstützung der *Verhandlungsphase* von Geschäftstransaktionen eine wachsende Bedeutung. Jedoch sind die meisten existierenden Systeme mit einem bestimmten Protokoll fest verbunden und daher eingeschränkt in ihrer *Offenheit* bzgl. der jeweiligen Anforderungen an eine Verhandlung. Um dem entgegenzuwirken, wird in diesem Beitrag eine Petrinetz-basierte Sprache zur Spezifikation von *Verhandlungsprotokollen* vorgestellt, welche dynamisch für jeweils eine einzelne Verhandlung generiert und aktiviert werden können. Solche Protokolle und das entsprechende Verhandlungssystem sind darüber hinaus dafür konzipiert, vollständig automatisierte Verhandlungsprozeße mittels Anbindung von Softwareagenten zu steuern.

Schlüsselwörter: Elektronischer Handel, Kommunikation und Kooperation, Verteilte Systeme

1 Einleitung

In den letzten Jahren hat der Bereich E-Commerce (elektronischer Handel) immer mehr an Bedeutung gewonnen, und der Trend scheint sich noch zu verstärken. Einen wichtigen Teil sowohl des elektronischen wie auch des herkömmlichen Handels nimmt das *Verhandeln* ein. Dieser Bereich umfaßt einfache Preisabsprachen und das Aushandeln von Rabatten und reicht bis hin zu komplexen Verhandlungen mit einer großen Anzahl von Verhandlungspartnern über eine Vielzahl von Verhandlungszielen (siehe [1]). Deshalb gibt es z.Z. verstärkt Bemühungen von einer Reihe von Online-Systemen und Firmen, das Verhandeln zu ermöglichen bzw. zu unterstützen. Dies kann am besten durch die rasche Verbreitung von elektronischen Handelssystemen, die allgemein unter dem Begriff *Auktionssystemen* zusammengefaßt werden, beobachtet werden, wie etwa eBay [3], Lufthansa

* Diese Arbeit ist gefördert von der Deutschen Forschungsgemeinschaft (DFG) im Rahmen des Projektes La 1061/1-2.

[4] und Priceline [5], um nur einige zu nennen. Allerdings ist all den existierenden Systemen gemeinsam, daß sie ein festes Protokoll vorgeben, das die Regeln der Verhandlung festlegt – in den meisten Fällen ist es in der Tat eines der Auktionsprotokolle (siehe [2]) oder ein noch einfacheres (Such-)Verfahren wie im Falle von Priceline. Damit sind solche Systeme ungeeignet für alle Handelstransaktionen, die eine andere Art von Verhandlung und damit ein anderes Verhandlungsprotokoll voraussetzen.

Um derartigen Einschränkungen entgegenzuwirken, wird in diesem Papier ein generisches System zur Steuerung elektronischer Verhandlungen vorgestellt, das dafür konzipiert ist, möglichst viele und insbesondere *beliebig spezifizierbare* Verhandlungsprotokolle zu unterstützen. Dieses im Rahmen des DynamiCS[1]-Projektes an der Universität Hamburg entwickelte Verhandlungssystem ist darüber hinaus darauf ausgelegt, nicht nur den herkömmlichen Verhandlungsprozeß mit menschlichen Teilnehmern elektronisch zu unterstützen, sondern diesen auch mittels Anbindung von (mobilen) Softwareagenten, die jeweils eine bestimmte Verhandlungsstrategie implementieren, weitestgehend zu automatisieren. Um die Zielsetzung und den Anwendungskontext der in diesem Papier behandelten Protokolle zu beleuchten, wird daher im folgenden zunächst in Abschnitt 2 die Architektur des DynamiCS-Verhandlungssystems umrissen. In Abschnitt 3 werden die konkreten Anforderungen an eine generische Spezifikation von Verhandlungsprotokollen erörtert. Es folgt dann in Abschnitt 4 eine Darstellung von OOPAMELA, einer Petrinetz-basierten Sprache zur Beschreibung von Protokollen, die dynamisch von einer entsprechenden Steuerungseinheit interpretiert werden können. In Abschnitt 5 wird ein Tool zur Unterstützung des Prozeßes der Generierung von OOPAMELA-konformen Protokollen präsentiert. Im letzten Abschnitt 6 wird ein Ausblick auf weitere Aktivitäten im Zusammenhang mit dem vorgestellten Verhandlungssystem gegeben.

2 Die DynamiCS Architektur zur Unterstützung verhandlungsfähiger Agenten

In dem DynamiCS-Projekt wird eine Umgebung entwickelt, in der intelligente, mobile Agenten miteinander verhandeln können. Dafür sind zwei Grundlagen zu legen, nämlich eine Umgebung für Verhandlungsstrategien und eine für die Umsetzung verschiedener Verhandlungen durch die Bearbeitung von Verhandlungsprotokollen. Dabei wird insbesondere Wert darauf gelegt, sowohl das Zustandekommen (Vermittlung der Teilnehmer und Initialisierung) einer Verhandlung als auch den Verhandlungsprozeß selbst möglichst *dynamisch* und somit flexibel zu gestalten. Zum einen sollen deshalb alle Komponenten, die einen mobilen Agenten in die Lage versetzen, an einer Verhandlung teilzunehmen, zur Laufzeit von ihm erst erworben oder ausgetauscht werden können. Diese Eigenschaft wird bereitgestellt durch sogenannte *Plug-in*-Mechanismen, die in [6] beschrieben werden. Zum anderen soll auch das Protokoll, das jeweils von den Teilnehmern

---

[1] *Dynamically Configurable Software*

erwünscht ist, dynamisch für eine bestimmte Verhandlung generiert und aktiviert werden können. In Abbildung 1 wird gezeigt, wie die einzelnen Bestandteile der DynamiCS-Architektur zusammenarbeiten.

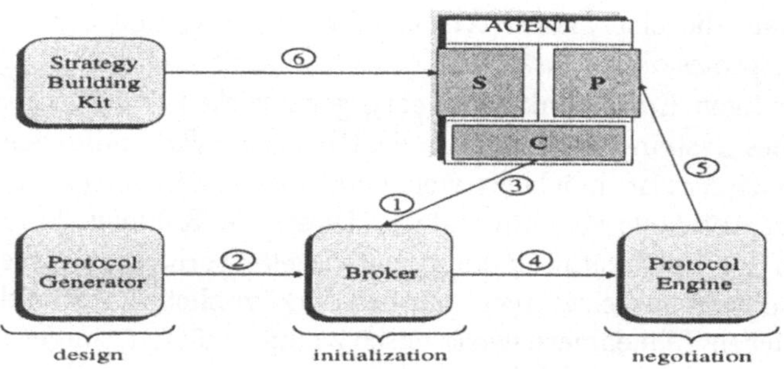

Abbildung1. Struktur verhandlungsfähiger Agenten mit zugehörigen Unterstützungskomponenten

Demnach besteht ein verhandlungsfähiger Agent aus drei Hauptkomponenten, die dynamisch aggregiert werden können, nämlich einem *Kommunikationsmodul* (C), einem *Protokollmodul* (P) und einem *Strategiemodul* (S). Das C-Modul ist zuständig für das Senden und Empfangen von Verhandlungsnachrichten in einer bestimmten Kommunikationssprache für Agenten. Das P-Modul sorgt dafür, daß der Agent konform zu einem Verhandlungsprotokoll handelt, d.h. jede ein- und ausgehende Verhandlungsnachricht wird von diesem Modul auf Protokollkonformität geprüft. (Das P-Modul kann entweder eine eigenständige Komponente oder ein *Frontend* zu einer (logisch) zentralen *Protokoll-Engine* sein.) Das S-Modul realisiert eine konkrete Strategie, die für die Erzeugung von Verhandlungsaktionen und Angeboten zuständig ist. (Siehe [6] für eine ausführliche Beschreibung der Funktionalität der Module.)

Das Grundablaufschema zur Initialisierung einer Verhandlung mit Agenten erfolgt in folgenden Schritten: Ein Agent meldet sich beim *Broker*, um die Verhandlung zu einem gewissen Gegenstand zu initialisieren (1). Dazu muß er ein *Protokoll-Template* auswählen – das zuvor mit dem *Protokoll-Generator* (siehe Abschnitt 5) erstellt wurde und bei diesem abgelegt ist – und sich für eine bestimmte *Rolle* im Template registrieren, z.B. die eines Auktionators (2). Weitere Agenten registrieren sich als Interessenten für jeweils eine der (noch besetzbaren) Rollen des Templates, z.B. für die Rolle eines Auktionsteilnehmers (3). Wenn die Startbedingungen für die Verhandlung, beispielsweise wenn die Mindestanzahl von Teilnehmern für eine Auktion erreicht ist, erfüllt sind, werden alle Beteiligten informiert und das ausgefüllte Template an die *Protokoll-Engine* übergeben (4). Die Protokoll-Engine erzeugt für jeden Verhandlungsagenten ein entsprechendes Protokoll-Modul, das dynamisch in das Agentengerüst eingebunden wird (5). Es wird dann ein zu dem Protokoll-Modul passendes Strategie-Modul, das aus einem Strategie-Baukasten (*Strategy Building Kit*) ausgewählt werden kann, hinzugefügt und die Verhandlung kann nun beginnen (6).

3 Anforderungen an Verhandlungsprotokolle

An Verhandlungsprotokolle können eine große Zahl von Anforderungen gestellt werden. Das liegt daran, daß Verhandlungen in unterschiedlichsten Situationen unter verschiedenen Bedingungen stattfinden und das ausführende System mittels Verhandlungsprotokolle an die unterschiedlichen Situationen angepaßt wird. Beispielsweise können Verhandlungen zwischen kooperativen Teilnehmern stattfinden, die das gleiche Ziel anstreben (wie bspw. Aufgabenverteilung) oder zwischen Verhandlungspartnern, die gegenteilige Ziele erreichen wollen. Bei dem Entwurf eines Verhandlungsprotokolls ist zu beachten, daß es wesentlichen Einfluß auf die Taktik bzw. die Strategie der Teilnehmer ausüben kann (siehe hierzu die Diskussion in [7]).

Teilnehmerbezogen Eine der Anforderungen besteht darin, die Teilnehmerzahl zu nach oben oder unten beschränken, bzw. neue Teilnehmer nur zu bestimmten Zeitpunkten zuzulassen. Zusätzlich muß eingeschränkt werden können, ob sich die Teilnehmer gegenseitig kennen. Zusammengefaßt kann es also verschiedene Arten von Zulassungsbeschränkungen geben. Dies ist aus Gründen der Ressourcenknappheit oder aufgrund von Teilnehmerforderungen sinnvoll.

Heterogen Verhandlungsprotokolle müssen plattform- und sprachunabhängig sowie ortstransparent beschrieben werden können. Die Verhandlungsteilnehmer dürfen vom Verhandlungsprotokoll aus in ihrer Implementation weder auf eine bestimmte Hardware, ein bestimmtes Betriebssystem oder eine Implementationssprache festgelegt werden. Da vor allem mobile Agenten als Teilnehmer zugelassen werden sollen, müssen Verhandlungen auch ortstransparent beschrieben und ausgeführt werden.

Aktionsbegrenzung Jeder Verhandlungspartner darf nur eine bestimmte Anzahl bestimmter Aktionen durchführen. Als eine Aktion wird jede Handlung im Rahmen einer Verhandlung bezeichnet, wie z.B. Angebot unterbreiten oder ablehnen. Dies kann notwendig sein, um einen schnellen Vertragsabschluß zu sichern oder um unerwünschte Verhandlungsstrategien zu unterbinden. Zusätzlich sollen Reihenfolgen für die Teilnehmer festgelegt werden können, um rundenbasierte Verhandlungen zu ermöglichen.

Validierung Jeder eingereichte Vertrag muß hinsichtlich verschiedener Kriterien validiert werden können. Dies kann "gedächtnislos" oder unter Einbeziehung der Historie geschehen. Mögliche Kriterien sind: Hinzufügen neuer Vertragsinhalte; Entfernen alter Vertragsinhalte; Einschränkung von Werten (Intervalle, Ober-/Untergrenzen, Auswahl) von Vertragsinhalten; Einschränkung von möglichen Relationen zwischen Attributen eines Angebotes (z.B.: wenn Autofarbe rot, dann Sitzfarbe schwarz oder rot) oder verschiedener Angebote (bei der sog. *open-cry* Auktion (siehe z.B. [2]) muß jedes Angebot höher als das letzte sein).

Verständlichkeit und Überprüfbarkeit Obwohl die Beschreibungssprache in erster Linie dem Zweck dient, Verhandlungsprotokolle formal zu beschreiben, um Verhandlungen ausführen und kontrollieren zu können, ist es wichtig, daß Menschen die Protokolle erstellen und auch im nachhinein analysieren und verstehen können. Zwar können diese Vorgänge durch Werkzeuge unterstützt werden, es ist aber zur Bildung des Vertrauens in die gesamte Verhandlungsumgebung wichtig, daß ein Benutzer das Protokoll, welches benutzt wird, vollständig und möglichst ohne Filter betrachten und analysieren kann. Ein Verhandlungsprotokoll sollte formal auf Schwachstellen überprüft werden können.

Zusätzlich zu diesen formalen Forderungen müssen Verhandlungsprotokolle realen Verhandlungssituationen entsprechen. Nur so kann eine breite Akzeptanz eines Verhandlungssystems erreicht werden, da potentielle Benutzer von Verhandlungen bestimmte Vorstellungen haben. Zusätzlich müssen bekannte Verhandlungstypen mittels Verhandlungsprotokollen beschrieben werden können. Daher werden im folgenden Aspekte realer Verhandlungen aufgegriffen, die mittels Verhandlungsprotokollen nachgebaut werden können sollen.

Rollen Werden die Teilnehmer von Verhandlungen betrachtet, so kristallisieren sich bestimmte funktionale Rollen heraus. Es ist möglich, daß reale Verhandlungsteilnehmer die Aufgaben mehrerer Rollen übernehmen, aber auch, daß mehrere Verhandlungsteilnehmer die gleiche funktionale Rolle innehaben. Rollen beschreiben die Funktion verschiedener Teilnehmer in einer Verhandlung und lassen sich in drei Gruppen aufteilen: Verhandlungsteilnehmer; Kontrollrollen (Notare, Validierer, Protokollanten etc.) und Vermittlungsrollen.

Vertragsakzeptanz Unter Vertragsakzeptanz soll festgelegt werden, wie eine Einigung zustande kommt. Für jedes Akzeptanzverfahren sind bestimmte Rollen (s.o.) nötig. In Verhandlungsprotokollen sollen verschiedene Akzeptanzverfahren verwendet werden können. Die verschiedenen Möglichkeiten sind kombinierbar. Wird beispielsweise nicht innerhalb einer bestimmten Frist auf normale Weise ("Bestätigung") eine Einigung erzielt, kann ein anderes Verfahren eingesetzt werden ("Abstimmung über Auswahl"). Dies entspricht dem "Final-Offer"-Verfahren.

4 OOPAMELA: Eine Petrinetz-basierte Sprache zur Spezifikation von Verhandlungsprotokollen

Um der dargestellten Vielfalt an Anforderungen an Verhandlungsprotokolle gerecht zu werden, wurde für deren Spezifikation im DynamiCS-Projekt OOPAMELA entwickelt – eine Sprache, die den Aufbau von gefärbten High-Level-Petrinetzen (siehe [8]) beschreibt. Das Petrinetz beschreibt dabei die statische Struktur einer Verhandlung. Die dynamische Struktur ergibt sich durch das Schalten von Transitionen. Zusätzlich kann sich das Netz zur Laufzeit im Rahmen der festgelegten Struktur durch Hinzunahme oder Wegfall von Teilnehmern, die durch entsprechende Rollen modelliert werden, verändern. Das Schalten des Petrinetzes wird als ein Prozeß angesehen. Daher wird die statische Struktur als Prozeßbeschreibung bezeichnet.

Jedes Protokoll ist systematisch aus mehreren Teilen zusammengesetzt. Eine graphische Darstellung ist in Abbildung 2 zu sehen. Der erste Teil ist eine informale Beschreibung des Protokolls. Der zweite beschreibt die eigentliche Protokolldefinition. Die Protokolldefinition besteht selbst wieder aus drei Bestandteilen:

- Einer Interfacedefinition, in der alle benutzen Interfaces importiert oder deklariert werden.
- Einer Prozeßdefinition, in der der strukturelle Aufbau eines Protokolls beschrieben wird. Die Prozeßdefinition enthält eine Liste von Stellendeklarationen sowie die Beschreibung der Transitionen.
- Einem Metaprotokoll, in dem Verwaltungs- und Instanziierungsinformationen zu dem beschriebenen Prozeß aufgezählt werden.

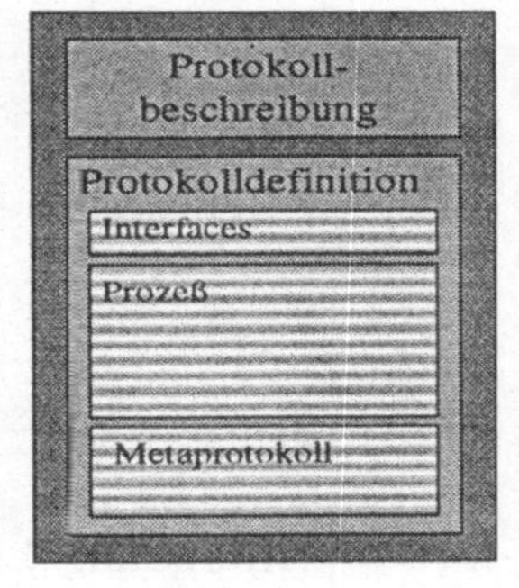

Abbildung2. Aufbau von OOPAMELA-Protokollen

Jede *Stelle* ist typisiert. Sie kann nur Marken enthalten, die dem Typ der Stelle entsprechen. Dabei ist zu beachten, daß für die Typen die aus der Objektorientierung bekannte Subtyppolymorphie gilt: Jeder Typ kann anstelle seiner Obertypen benutzt werden. Zusätzlich kann sich jede Stelle auf einen Rollennamen beziehen ("relates to"). Wenn sie das tut, werden von ihr zur Laufzeit so viele Exemplare erzeugt, wie es Objekte gibt, die die Rolle besetzen.

Eine *Transitionsbeschreibung* besteht aus einer Bezeichnung, einer Rollenzuordnung, der Angabe der ein- und ausgehenden Kanten sowie dem Aktionsteil. Die *Bezeichnung* jeder Transition muß eindeutig sein. Jede Transition kann wie eine Stelle an eine Rolle gebunden sein. Deren Interface steht der Transition im Aktionsteil zur Verfügung. Auch eine Transition wird bei der Netzerstellung so häufig erzeugt, wie es Exemplare der zugehörigen Rolle gibt.

Eine Transition kann an mehrere Rollen gebunden sein. Dabei ist die Einschränkung zu beachten, daß jede zusätzliche Rolle entweder gemeinsam für alle Transitionsexemplare besetzt wird oder einzeln für jede Transition. Die Anzahl der Transitionsexemplare wird durch die erste angegebene Rolle vorgegeben (Abbildung 3). Die Anbindung der Transition "transX" laut Struktur in Abbildung 3a wird beschrieben durch:

```
trans transX uses RolleA[M], RolleB[1]
```

Abbildung 3b zeigt die entsprechende Struktur, in der jedes Transitionsexemplar an jeweils ein eigenes Rollenexemplar der Rolle B angebunden ist. Die OOPAMELA-Beschreibung dafür lautet:

```
trans transX uses RolleA[M], RolleB[M]
```

In diesem Fall wird, um die Eindeutigkeit der Rollennamen zu bewahren, intern automatisch ein *Alias* vergeben und den Rollenexemplaren zugeordnet.

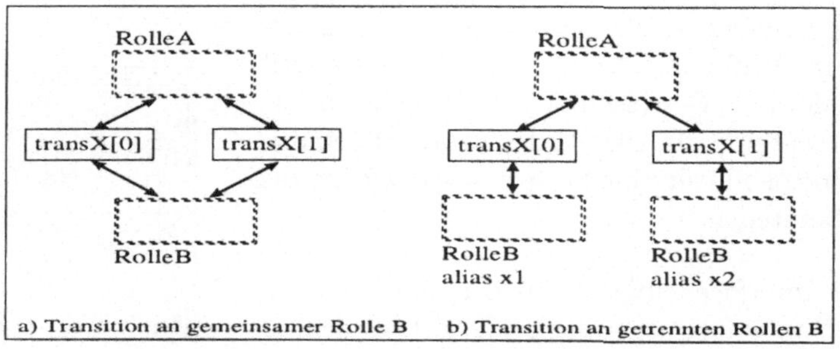

Abbildung3. Anbindung einer Transition an mehrere Rollen

Ein Netzelement (Stelle oder Transition) wird mit einem anderen Netzelement über die "get"- und "put"-Anweisung der beteiligten Transition verbunden. Besondere Betrachtung erfordert der Umstand, daß die in einem get/put-Statement angegebenen Eingangs- und Ausgangsstellen jeweils eine Menge von Stellen sein können. Das ist automatisch der Fall, wenn die Transition ohne, die Stelle aber mit Multiplizität angegeben ist.

Nach den "get"- und "put"-Anweisungen folgt der Aktionsteil. Jede Aktion weist einer Variablen einen berechneten Ausdruck zu oder besteht aus einem Methodenaufruf. Ein Ausdruck besteht aus einem oder der Verknüpfung von mehreren Werten.

Auf den Aktionsteil der Transitionsbeschreibung folgt optional die *Timeout*-Beschreibung. Sie wird benutzt, um das Verhalten von Transitionen zu beschreiben, die für das Schalten zu lange brauchen. Die Zeitmessung beginnt in dem Moment, in dem die Marken aus den Eingangsstellen entfernt werden. Für Verhandlungen ist das Timeout von Bedeutung, um zeitkritische Verhandlungsformen ausführen zu können oder ein Fehlverhalten bei Teilnehmern zu bemerken.

Bei einem Timeout werden bestimmte Timeoutmarken in die angegebenen Stellen gelegt. Wenn eine Transition eine Timeoutkante besitzt, so passiert es, daß entgegen der einfachen Petrinetzdefinition nicht alle ausgehenden Kanten verwendet werden. Dieses Verhalten wird als "nichtdeterministisches oder" bezeichnet, da aufgrund des Netzes nicht entschieden werden kann, welche Kante keine Verwendung findet (Abbildung 4a). Dieses Verhalten kann mit Hilfe von Verfeinerung auf einfache Petrinetze abgebildet werden (Abbildung 4b).

In dem *Metaprotokoll* werden die Informationen abgelegt, die das Verhandlungssystem benötigt, um ein konkretes Exemplar des mit dem Verhandlungsprotokoll beschriebenen Verhandlungstyps erzeugen und verwalten zu können. Das Protokoll dient dem Zweck, eine komplexe Kommunikationsbeziehung zwischen Kommunikationspartnern zu beschreiben und im Endeffekt auch darin, ein System bei der Verwaltung des Kommunikationsprozesses zu unterstützen. Daher

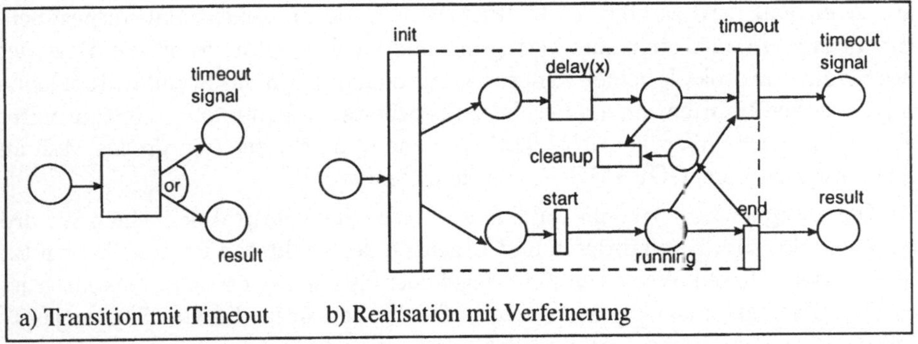

Abbildung4. Realisation des Timeout-Konstrukts

sind in dem Metaprotokoll hauptsächlich Informationen über die Zusammensetzung und das dynamische Verhalten der Kommunikationspartner festgelegt.

Ein Metaprotokoll besteht aus Listen von Einträgen. Diese Listen können dreierlei Art sein. Zunächst werden die globalen Einträge aufgezählt. Diese sind, solange keine speziellen Angaben in den später erläuterten Listen gemacht werden, für die gesamte Verhandlung und für alle Rollen gültig. Weitere Listen enthalten Informationen über Rollen und an Rollen angeschlossene Transitionen.

5 Generierung von Verhandlungsprotokollen

Im folgenden wird die Konzeption und Funktionalität des im Rahmen des DynamiCS-Verhandlungssystems entwickelten *Protokollgenerators* vorgestellt. Diese komplett in der Programmiersprache Java implementierte Komponente unterstützt sowohl die graphische Erstellung von OOPAMELA-konformen Protokollen als auch die Generierung von konkreten Protokoll-Instanzen aus vorgefertigten Schablonen (*Templates*) auf einer abstrakten Meta-Ebene, d.h. ohne daß der Benutzer genaue Kenntnisse von OOPAMELA sowie Petrinetzen im allgemeinen haben muß.

Die beschriebene Aufteilung in Struktur- und konkretes Protokoll entspricht der Aufteilung des Generators in zwei Module. Mit dem ersten wird das Strukturprotokoll in Form eines graphischen Petrinetzes erstellt und unter einem semantisch sinnvollen Namen gespeichert. Zusätzlich wird eine textuelle Beschreibung erfaßt und gespeichert. Für jedes Strukturprotokoll kann ein spezieller *Wizard*, dem zweiten Modul, angegeben werden. Zunächst wird ein Strukturprotokoll anhand des Namens und einer zusätzlichen Beschreibung ausgewählt. Der Wizard stellt eine Oberfläche zur Verfügung, mit der der Benutzer aus dem Strukturprotokoll durch Angabe von Parametern im Metaprotokoll ein konkretes vollständiges Verhandlungsprotokoll erzeugen lassen kann. Das resultierende Protokoll kann einerseits mit einer graphischen Petrinetzrepräsentation gespeichert werden, so daß es sich beispielsweise mit dem Design-Tool ansehen läßt, auf jeden Fall wird es aber als OOPAMELA-Code im Textformat ausgegeben. Ein *Standardwizard* steht zur Verfügung und wird benutzt, wenn der Designer des Strukturprotokolls keinen anderen Wizard angibt. Da das Standardtool keine semantischen Informationen über das zu bearbeitende Protokoll besitzt, arbeitet es auf einer sehr niedrigen Abstraktionsebene und erfordert ein großes Maß an Systemwissen über OOPAMELA von dem Benutzer.

Der Designer kann zu dem von ihm erzeugten Strukturprotokoll einen Wizard angeben, der zum Konfigurieren und Erzeugen des konkreten Protokolls benutzt werden soll. Diesen Wizard muß er gegebenenfalls selbst erstellen. Dadurch ist es dem Designer möglich, das semantische Wissen über die von ihm erzeugte und beschriebene Klasse von Verhandlungsprotokollen in den Wizard aufzunehmen. Dies ermöglicht eine Oberflächengestaltung und Benutzerführung auf einem maximal hohen Abstraktionsniveau. Jeder Wizard wird von dem *Wizard-Loader* geladen. In dem Wizard-Loader werden alle verfügbaren Struktur-Protokolle angezeigt, und nach Auswahl eines von ihnen wird der zugehörige Wizard gestartet. Die Wizard-Architektur ist prinzipiell nicht festgelegt. Der Entwickler eines Wizards muß sich lediglich an die Anforderung halten, daß der Wizard mindestens das Interface `configurator.WizardInterface` implementiert (siehe Abbildung 5).

```
public interface WizardInterface {
        public String createOOPamelaCode();
        public void saveConcreteProtocol(ProtocolStorage aStorage);
        public void setStructureProtocol(StructureProtocol aProtocol);
        public void show();
};
```

Abbildung5. Erfordertes Wizard-Interface

Sofort nachdem der Wizard geladen wurde, wird dessen Methode `setStructureProtocol` aufgerufen, um ihm sein Protokoll zu übergeben, welches er konfigurieren soll. Danach wird seine Methode `show` gerufen, um den Wizard anzeigen zu lassen. Die Methode `createOOPamelaCode` wird aufgerufen, um den Wizard aufzufordern, zu dem von ihm erstellten OOPAMELA-Netz den OOPAMELA-Code zu erzeugen. Dieser wird als ein langer String zurückgegeben. Die Methode `saveConcreteProtocol` wird benutzt, um das fertige Protokoll im ProtocolStorage abzulegen.

Wenn der Wizard das sichtbare Netz bearbeiten oder darstellen soll, muß das Interface `configurator.WizardOptionalInterface` implementiert werden. Die einzige Methode `setGraphicalProtocol` wird nach dem Start aufgerufen, nachdem `setStructureProtocol` aufgerufen wurde, und sie dient dazu, dem Wizard die graphische Darstellung des OOPAMELA-Netzes mitzuteilen. Da der

Benutzer vom Wissen über OOPAMELA befreit sein sollte, empfiehlt es sich, dieses Interface nur zu Testzwecken zu implementieren.

6 Zusammenfassung und Ausblick

In diesem Beitrag wurde ein generischer und dynamischer Ansatz zur Spezifikation und Generierung von Verhandlungsprotokollen dargestellt. Zunächst wurde als Anwendungskontext für die hier behandelten Protokolle das im DynamiCS-Projekt entwickelte Verhandlungssystem für intelligente, mobile Agenten vorgestellt. Nach einer Erörterung der Anforderungen an Verhandlungsprotokolle wurde dann OOPAMELA als eine Petrinetz-basierte Sprache zur deren Spezifikation dargestellt. Es folgte dann die Beschreibung des Protokollgenerators, eines Werkzeuges zur graphischen Erstellung von Protokoll-Schablonen sowie zur dynamischen Generierung von OOPAMELA-konformen Protokollen, die zur Steuerung automatisierter Verhandlungen eingesetzt werden können.

Wegen des Umfangs dieses Beitrags haben wir allerdings die Konzeption und Implementierung der entsprechenden Steuerungseinheit – die zur Laufzeit ein solches Protokoll interpretiert und die Verhandlungsteilnehmer entsprechend auf Protokollkonformität prüft – ausgelassen. Um bestimmte Verhandlungstypen vollständig automatisieren zu können, wird darüber hinaus z.Z. im DynamiCS-Projekt ein Framework zur Entwicklung von verteilten Strategiemodulen, die jeweils zu einem Protokolltyp konform sind, realisiert.

Literatur

1. M. Merz, F. Griffel, T. Tu, S. Müller-Wilken, H. Weinreich, M. Boger, and W. Lamersdorf. Supporting Electronic Commerce Transactions with Contracting Services. In *International Journal on Cooperative Information Systems*, Vol. 7, No. 4. World Scientific Publishing, 1998.
2. M. Kumar and S. Feldman. Business Negotiations on the Internet. IAC Reports, IBM Research Division, T.J. Watson Research Center, 1998. `www.ibm.com/iac/reports-technical/reports-bus-neginternet.html`.
3. eBay. eBay – Your Personal Trading Community, 1999. `www.ebay.com`.
4. Lufthansa. Lufthansa Live Auction, 1999. `virtualairport.lufthansa.com/deutsch/lh_auction/auction.htm`.
5. Priceline.com, 1999. `tickets.priceline.com`.
6. M.T. Tu, F. Griffel, M. Merz, and W. Lamersdorf. A Plug-in Architecture Providing Dynamic Negotiation Capabilities for Mobile Agents. In *Proceedings of the 2. Intl. Workshop on Mobile Agents (MA'98)*, Stuttgart. Springer-Verlag (LNCS), 1998.
7. J. Rosenschein and G. Zlotkin. *Rules of Encounter: Designing Conventions for Automated Negotiations among Computers*. MIT Press, 1994.
8. K. Jensen. *Coloured Petri Nets: Basic Concepts. Analysis Methods and Practical Use*, EATCS Monographs on Theoretical Computer Science (3 Bände). Springer-Verlag, Berlin, 1997.

VIROR - Die virtuelle Hochschule Oberrhein

Paul-Th. Kandzia

Institut für Informatik, Albert-Ludwigs-Universität
D-79085 Freiburg, Germany
e-mail: kandzia@informatik.uni-freiburg.de

Zusammenfassung Unter dem Stichwort „Virtuelle Lehre" hat weltweit eine Umgestaltung des Bildungswesens, insbesondere auch an den Hochschulen, begonnen. Die Informatik ist davon in doppelter Weise betroffen, nämlich als Inhalt, aber auch als diejenige Disziplin, die die neuen Technologien vorantreibt. Mit VIROR betreiben auch badische Universitäten ein umfangreiches interdisziplinäres Pilotprojekt.

1   Einleitung

Schon seit einigen Jahren vollzieht sich unter Schlagworten wie „Virtualisierung der Bildung" eine Umwälzung, deren enorme Tragweite und Einfluß auf das Bildungswesen nicht hoch genug eingeschätzt werden kann. Weltweit entstehen ganze „Virtual Universities", und die Anbieter für Kurse auf CD-RoM oder über das Internet füllen Messehallen. Die Informatik ist dabei in doppelter Weise betroffen: Zum einen regen die neuen Möglichkeiten in der Telematik und Multimedia-Verarbeitung aufwendige Lehranwendungen ursächlich an, zum anderen ist sie als zu lernendes Fach selbst an prominenter Stelle Inhalt computergestützter Vermittlung.

An deutschen Hochschulen fällt der Rückhall auf diese Entwicklungen im großen und ganzen jedoch noch eher schwach aus. Seit Mitte 1998 betreiben die badischen Universitäten Freiburg, Heidelberg, Karlsruhe und Mannheim ein Pilotprojekt, das diesen Rückstand auszugleichen sucht: die *Virtuelle Hochschule Oberrhein – VIROR*. Das Verbundprojekt ist Teil einer Landesinitiative, die einleitend kurz beschrieben wird. Danach folgt ein Abriß der Projektstruktur, der didaktischen Paradigmen und ihrer technischen Basis. Schließlich werden erste Erfahrungen in diesem Projekt geschildert und mögliche Auswirkungen und Visionen skizziert.

2   Das Förderprogramm Virtuelle Hochschule

„Die neuen Medien werden die Form von Lehre und Studium in den Hochschulen grundlegend verändern"[MWK97]. Diese Überzeugung veranlasste die Landesregierung Baden-Württembergs im Jahr 1997, in diese Entwicklungen selbst gestaltend einzugreifen. Es wurde das Förderprogramm „Virtuelle Hochschule" ausgeschrieben, das insgesamt 50 Mio DM während eines Zeitraums von fünf Jahren bereitstellt. Die Ausschreibung nennt folgende Ziele: *Verbesserung der Qualität und Erhöhung der Effizienz von Lehre und Studium durch die Nutzung von Multimedia und Rechnernetzen, Bereicherung des Lehr- und Studienangebots einzelner Hochschulen durch gemeinsame Nutzung verteilter Resourcen, Entwicklung neuer Lehr- und Lernformen, Verminderung der Zeit- und Ortsabhängigkeit des Studiums, Förderung selbstgesteuerten Lernens, Entwicklung von didaktischen Konzepten für den Einsatz von Multimediatechniken, tragfähige und bleibende strukturelle Veränderungen, Gewährleistung der Alltagstauglichkeit multimedialer Komponenten und Konzepte,* sowie *Sicherung der Qualität des Angebots und Festlegung einheitlicher Schnittstellen und Implementierungsplattformen.*

Von 68 Ideenvorschläge für Verbundprojekte – angesichts des zu erwartenden Aufwands sollten keine Einzelmaßnahmen gefördert werden – wurden sechs bewilligt[1]. Alle Vorhaben sind zunächst auf drei Jahre angelegt, nach einer Evaluation besteht die Möglichkeit der Verlängerung um weitere zwei Jahre. Ergänzend soll das *KMMT – Kompetenzzentrum für Multimedia und Telematik* den Hochschulen und Berufsakademien Beratung, Information und Schulung zum Einsatz der neuen Medien bieten sowie für den Transfer der Erfahrungen und Ergebnisse sorgen[2]. Unter den Projekten stellt VIROR das in jeder Hinsicht umfangreichste dar. An dieser Stelle sei auch für weitere und aktuelle Information auf die Webseiten des Projekts verwiesen[3].

3 Das Verbundprojekt VIROR

3.1 Struktur

Als Besonderheit verfolgen in der Virtuellen Hochschule Oberrhein vier gleichartige Einrichtungen, nämlich die Universitäten Freiburg, Heidelberg, Karlsruhe und Mannheim, die Ziele des Landesprogramms. Dazu haben sich Angehörige der Fachbereiche Informatik, Physik, Statistik, Wirtschaftswissenschaften, Psychologie und Medizin zusammengefunden, um unter diesem gemeinsamen Dach ein multimediales Studienprogramm aufzubauen. Ebenfalls beteiligt sind Rechenzentren und Universitätsbibliotheken sowie verschiedene Industrie- und Verlagsunternehmen.

Der finanzielle Rahmen beträgt für die ersten drei Jahre 5,3 Mio DM, bei positiver Evaluierung und Weiterförderung insgesamt 8,8 Mio für fünf Jahre.

Aufgrund seines Umfangs ist das Gesamtprojekt VIROR in vier Teilprojekte gegliedert. Diese orientieren sich an Aufgabenstellungen und sind örtlich jeweils auf mehrerere Partneruniversitäten verteilt. Das größte Teilprojekt, *Inhaltserstellung*, übernimmt den Aufbau eines Lehrangebots. Hier bot sich eine weitere Unterteilung nach Fächern an. Das zweite Teilprojekt, *Technik*, befaßt sich mit Aufbau, Wartung und Weiterentwicklung der technischen Infrastruktur, also Netzverbindungen, Autorentools, Lehrserver und anderem mehr. Das

---

[1] http://www.virtuelle-hochschule.de
[2] http://kmmt.diff.uni-tuebingen.de
[3] http://www.viror.de

Teilprojekt *Begleitung* liefert Hinweise zur Verbesserung der „Produkte" nach medienwissenschaftlichen, didaktischen und wirtschaftswissenschaftlichen Kriterien.

Der *Organisation* ist ein letztes Teilprojekt gewidmet. Hier ist zum einen das administrative und organisatorische Management des Projekts angesiedelt. Bei einem Vorhaben dieses Umfangs darf der Aufwand zur Mittelverwaltung, Terminabsprache, Öffentlichkeitsarbeit sowie zur internen und externen Kommunikation nicht unterschätzt werden. Zum anderen müssen hier die Weichen gestellt werden, um die neuen Methoden auch außerhalb einer besonderen Förderung an den Hochschulen zu etablieren. Als ein Kernproblem sei hier die unkomplizierte Anerkennung von Studienleistungen genannt, die außerhalb der eigenen Universität erbracht wurden. Dazu ist die Modularisierung von Studiengängen und ein Punktesystem nötig. In der Tat müssen dazu „nachhaltige strukturelle Änderungen in der Lehre bewirkt werden", wie es die Ausschreibung des Ministeriums fordert [MWK97].

3.2 Mittel und Szenarien

Es gibt eine Vielzahl von Mitteln und Wegen, die unter den Begriffen *multimediale Lehre* und *Teleteaching* verstanden werden. Eine Möglichkeit, diese zu klassifizieren, bieten die beiden Dimensionen der Orts- und Zeitabhängigkeit. In die so gebildete Matrix kann man einige der wichtigsten Beispiele wie folgt einordnen:

Ort: gleich	verschieden
Zeit	
gleich traditioneller Unterricht	Teleteaching Verteilte Seminare CSCW[5] Virtuelle Klassenzimmer
verschieden Laborübung Literaturstudium CBT/WBT[4]	Individuelles Fernstudium

Neben der Klassifizierung nach Zeit- und Ortsabhängigkeit sind zwei weitere Kriterien die Form der Betreuung (zwischen Online und Offline) und der kommunikative Wert (mit den Extremen Gruppenlernen und Selbststudium).

Obwohl in VIROR natürlich nur eine begrenzte Anzahl der möglichen Methoden zum Einsatz kommen kann, ist doch ein großer Teil des Spektrums abgedeckt. Es besteht daher mit Recht die Hoffnung, daß das Projekt einen Beitrag

---

[4] Computer/Web Based Training
[5] Computer Supported Cooperative Work

zu Empfehlungen leisten wird, in welchen Situationen der Einsatz welcher Mittel sinnvoll ist. Im folgenden sollen die im Rahmen des Projektes verfolgten Szenarien genauer betrachtet werden.

Übernahme kompletter Vorlesungen Die komplette Übernahme von Vorlesungen dient vor allem der Ergänzung des Lehrangebots an Orten, wo eine entsprechende Kompetenz in der Lehre sonst nicht vorhanden ist. Für dieses Szenario ist bereits eine reiche Erfahrung bei den Partnern vorhanden [E97,EGE97]. Der Export ist unabhängig von der multimedialen Aufbereitung des Stoffes. Es reicht durchaus aus, eine übliche Telepräsentation unter Verwendung von Postscriptfolien verbal zu kommentieren und mit den Werkzeugen eines *Whiteboards* (das elektronische Äquivalent zur Wandtafel) zu ergänzen und markieren. Diese Datenströme (Audio, Video und Whiteboard) werden über ATM-Verbindungen an die anderen Standorte übertragen, in umgekehrter Richtung können Rückfragen realisiert werden. In diesem Zusammenhang gibt es noch viele offene Fragen, die auch außerhalb des Projektrahmens untersucht werden, wie etwa die schrittweise Steuerung einer Animation über das Netz oder die Organisation von Meldung und Aufruf im Netz bei vielen Teilnehmern.

Die synchrone Übertragung einer Veranstaltung läßt sich aber auch dazu nutzen, sie in eine asynchrone Version zu überführen. Ist dieser Schritt bei minimaler manueller Nachbereitung weitgehend automatisiert, spricht man auch von *Notetaking*[6] [BA98]. Vorteilhaft sind hier die geringen Erstellungskosten, Aktualität und ein gewisser Live-Charakter der Aufzeichnung. Soweit erforderlich oder gewünscht können später weitere multimediale oder interaktive Anteile einbezogen werden.

Die *Authoring on the Fly*-, kurz *AoF*- Aufnahme- und Wiedergabe-Umgebung[7] [W98,BMOW97] nimmt die vom Dozenten erzeugten Datenströme (Animationen, Simulationen, Aktionen auf dem Whiteboard) auf Objektebene auf, wandelt sie in direkt zugreifbare Objektlisten um und erlaubt das synchrone Abspielen beliebig vieler Datenströme durch Interprozeßkommunikation. Das Material kann ergänzt und vernetzt werden und erlaubt vor allem auch eine tiefe Analyse. Unter Verwendung entsprechender Werkzeuge, deren Entwicklung allerdings noch nicht abgeschlossen ist, könnte man beispielsweise Anfragen folgender Art stellen: „Finde die Stelle in einer Präsentation, an der der Dozent das Prinzip Rekursion erläutert und eine Animation eingespielt hat".

In VIROR werden die neuartigen AoF-Tools einem harten Praxistest unterzogen. Noch sind AoF und MBone [E94], auf dem AoF aufsetzt, störanfällig und nur für Experten geeignet. Angestrebt wird hier Alltagstauglichkeit, auch für technikferne Nutzer.

Die Übernahme kompletter Vorlesungen wirft jedoch auch viele didaktische Probleme auf: Die bisherige Erfahrung zeigt, daß sich bei Personen, die über das Netz an einer Lehrveranstaltung teilnehmen, leicht eine „Fernseh-Konsumenten-Haltung" einstellt. Es soll daher durch die im Teilprojekt Begleitung geleistete

---

[6] http://www.cc.gatech.edu/fce/c2000/overview/index.html
[7] http://ad.informatik.uni-freiburg.de/chair.ottmann

Arbeit geklärt werden, wie durch technische und organisatorische Maßnahmen eine annähernde Gleichwertigkeit mit einer „normalen" Präsenzvorlesung erreicht werden kann. Insbesondere ist eine gute Betreuung der Studierenden „vor Ort", also auf der Importseite, erforderlich.

Bisher wurden die Vorlesungen *Rechnernetze, Multimediatechnik* sowie *Informatik und Gesellschaft* übertragen. Diese Form des Lehrangebots ist auch geeignet, VIROR durch eine *interdisziplinäre Ringvorlesung* einem breiten Publikum nahezubringen. Auch dabei wird eine Live-Veranstaltung von einem Ort aus an alle Partner übertragen, die aktiv in Diskussionen eingreifen können. Als besonders öffentlichkeitswirksam erwies sich im Herbst 1998 ein Referat des baden-württembergischen Kultusministers von Trotha.

Die im AoF-Verfahren aufgezeichneten Veranstaltungen werden zur Offline-Nutzung auf dem WWW abgelegt und über den VIROR-Lehrserver zugänglich gemacht. Da die anfallenden Datenmengen erheblich sind, lohnt oft auch die Herstellung von CD-RoM's, für die bei den Studierenden durchaus eine Nachfrage besteht. Hier liegt die Vorlesung *Multimediatechnik* vor.

Probleme der zeitlichen und inhaltlichen Abstimmung beim beschriebenen synchronen Szenario führen zur Idee, aufgezeichnete oder eigens entwickelte Teile als Bausteine in die lokale Veranstaltung eines Dozenten vor Ort einzubinden. Dies soll im folgenden noch etwas weiter ausgeführt werden.

Multimediale Bausteine zur mehrfachen Verwendung Zwischen vielen Fächern und Standorten gibt es weite inhaltliche Überschneidungen. Beispielsweise beinhalten die Studiengänge Informatik, Technische Informatik, Wirtschaftsinformatik und Wirtschaftsingenieurwesen an den Hochschulen Freiburg, Karlsruhe und Mannheim jeweils Einführungen in die *Programmierung und Programmiersprachen, Algorithmen und Datenstrukturen, Rechnerarchitektur* und in die *Theoretische Informatik.* Allerdings sind Gewichtung der einzelnen Lehrveranstaltungen, inhaltliche Schwerpunkte und zeitliche Abfolge wegen der unterschiedlichen Zielgruppen verschieden. Eine völlige Anpassung kann auch gar nicht sinnvoll sein, wenn man die spezifischen Profile der einzelnen Studiengänge nicht aufgeben will.

Es bietet sich dennoch an, diese Inhalte multimedial aufzubereiten und soweit möglich gemeinsam zu nutzen. Dazu werden einzeln verwendbare, aber unter den Partnern austauschbare Bausteine entwickelt. Diese Module werden als multimediale und oft auch interaktiv nutzbare Elemente so gestaltet, daß sie sowohl als Telepräsentation von einem Dozenten genutzt werden, als auch Teil von interaktiven Lehrbüchern für das Selbststudium sein können. Die Granularität solcher Bausteine reicht von 5-minütigen Darstellungen verschiedener Verschlüsselungsverfahren bis hin zu einem 1-stündigen Übersichtsvortrag zu *Parallelen Algorithmen.* Zur Erstellung kann auch hier das AoF-Verfahren mit Vorteil eingesetzt werden.

Interaktives Lehrmaterial Im Unterschied zum Import von Bausteinen oder Vorlesungen, der vor allem auf eine (kostengünstige) Erweiterung des Lehrangebots zielt, wird durch die Anreicherung von Lehrveranstaltungen mit interaktivem Material eine Verbesserung der didaktischen Qualität angestrebt. Im Projekt entsteht eine ganze Reihe solchen Materials mit einer großen inhaltlichen, technischen und methodischen Bandbreite. Die Grenzen zum Konzept der Bausteine sind dabei fließend.

Physik In diesem Fach werden Lehrmodule zu den Themen *Fundamentals of Probability Theory and Statistics, Estimation of Parameters, Monte-Carlo Methods in Statistical Physics* sowie zum *Statistik-Praktikum* entwickelt und im Lehrbetrieb erprobt. In Zusammenarbeit mit Verlagen sollen sie schließlich zur Produktreife gebracht werden. Die Anwendungen enthalten Text, Bilder, Animationen, Programmcodes, MatLab-GUI's (Graphical User Interfaces), Movies, Java-Applets und sind für die üblichen HTML-Reader lesbar. Sie werden auf CD-RoM bzw. im Netz bereitgestellt.

Wirtschaftswissenschaften Multimediale Lernumgebungen, die von den Studierenden zu Hause oder in PC-Pools genutzt werden können, werden in Lehrveranstaltungen der Studiengänge Betriebswirtschaft und Informationswirtschaft in Karlsruhe bzw. Freiburg integriert. Beispielsweise wird das Kernstück einer Lernumgebung für das Lehrgebiet *Kosten-& Erlösrechnung* von einer Datenbank gebildet, die Daten einer Modellunternehmung enthält. Die Bereitstellung realitätsnaher multimedialer Daten versetzt die Studierenden in die Lage, angepaßt an ihre individuelle Lerngeschwindigkeit ein ganzheitliches Verständnis des internen Rechnungswesens zu erlangen.

Psychologie Es wird eine multimediale und interaktive Lehr- und Lernumgebung für Ausschnitte des Fachs *Methodenlehre* (Pflichtveranstaltungen im Grundstudium des Diplomstudiengangs Psychologie) entwickelt. Ein Modul umfaßt ein System zur Planung und Durchführung psychologischer Experimente. Es erlaubt die Entwicklung rechnergesteuerter Experimentalprogramme, deren modulare Struktur an Kriterien der statistischen Versuchsplanung ausgerichtet ist. Die Programme werden in Experimentalpsychologischen Praktika zur Datenerhebung benutzt. Ein weiteres Modul knüpft daran an. Es erlaubt die interaktive Visualisierung statistischer Konzepte und der damit verbundenen Datenanalyseverfahren.

Medizin Ausgangspunkt für das Angebot in der Medizin ist eine im Klinikum der Universität Freiburg betriebene Online-Bibliothek für Medizin-Software (InfoServer), sowie das in Heidelberg im WWW eingerichtete Informationssystem zu CBT und WBT in der Medizin. Neben der hochschulübergreifenden Versorgung mit elektronischer Fachinformation wird die Neu- und Weiterentwicklung, der Routineeinsatz und die Evaluation von kursbegleitenden Lernsystemen in den Gebieten *Biomathematik* und *Allgemeine Pathologie* sowie WBT-Fallsimulationen zu *Pädiatrie* und *Infektiologie* verfolgt.

Gemeinsame Gruppenseminare Ein Seminar läßt sich an verteilten Standorten durchführen, indem Vorträge, Diskussion und Besprechung mit Hilfe von MBone übertragen wird. Auch die Vorbesprechungen lassen sich auf diese Weise durchführen. Bisher fanden Seminare zu *Sicherheit in Kommunikationssystemen* und *Distance Learning Technologie* statt. In Zukunft soll technisch auch mit Conference Software auf PC's, didaktisch mit der gemeinsamen Vorbereitung eines Vortrags von Studierenden an verschiedenen Orten experimentiert werden.

3.3 Veränderung der Dozentenrolle

Der Einsatz von interaktivem Lehrmaterial, eigenen und fremden Modulen hat erhebliche Auswirkungen auf Didaktik und die Anforderungen an Lehrende: Zum einen tritt der Anteil der formalen Präsentation gegenüber den Interaktions-, Trainings- und Testteilen in den Hintergrund. Zum anderen haben nach der bisherigen Erfahrung Studierende erhebliche Schwierigkeiten, sich in der Fülle des bereits digital verfügbaren Materials zurechtzufinden. Die Rolle des Dozenten muß sich somit vom reinen Informationsanbieter zum Informationsvermittler und „Trainings–Coach" wandeln, um der zu leistenden Lehraufgabe gerecht zu werden.

3.4 Der Lehrserver

Im Rahmen von VIROR ensteht eine Vielzahl höchst heterogener digitaler Materialien. Wie können diese nun den Studierenden in komfortabler Weise zugänglich gemacht werden, ohne daß der Verwaltungs- und Wartungsaufwand überhandnimmt? Die Architektur eines solchen Lehr/Lernservers wirft eine Fülle von Fragen auf und das endgültige Konzept steht daher noch nicht fest. Im folgenden wird der Stand der Überlegungen skizziert.

Zum Indexieren, Scrolling, Downloading bzw. Streaming der verschiedenen Dokumente in teilweise proprietären Formaten wird jeweils unterschiedlichste Software verwendet. Daher können diese Aufgaben nicht einem allgemeinem Multimedia-Server überlassen werden. Ferner ist es nicht sinnvoll, alle Dokumente zentral abzulegen. Vielmehr liegen diese auf unterschiedlichen Servern bei den VIROR-Partnern, so daß lokaler Zugriff, Updates und Erweiterungen von den jeweiligen Inhaltsanbietern durchgeführt werden können. Auf dem Zentralserver werden nur Metadaten, wie Titel, Autor, Fachbereich, Format, Stichworte usw. als eine Art Katalog der Lehrangebote abgelegt (Ähnlich konzipiert ist der Server der *Western Governors University*[8]). Der Zusammenhang zu den verteilt gespeicherten Dokumenten kann über URL's hergestellt werden. Der Vorteil dieser Architektur ist ihre hohe Flexibilität und Skalierbarkeit. Zur Zeit wird untersucht, inwiefern spezialisierte Kursverwaltungssyteme Vorteile gegenüber klassischen Datenbanklösungen mit WWW-Anbindung aufweisen.

---

[8] http://www.wgu.edu

In engem Zusammenhang mit Metadatenhaltung stehen die Bemühungen um eine internationale Standardisierung, wie sie derzeit auch von der EU betrieben wird[9]. Hier muß der VIROR-Lehrserver kompatibel bleiben. Offen ist auch die Frage, ob die Metadatenverwaltung überhaupt in den einzelnen Verbundprojekten wie VIROR angesiedelt werden sollte oder zentral und gemeinsam für das gesamte Landesprogramm beim Kompetenzzentrum KMMT. Diese Lösung könnte eine projektübergreifende Nutzung von Materialien sehr fördern.

4 Erste Erfahrungen

Schon bald nach Projektbeginn ließ sich beobachten, daß mit derartigen hochschulübergreifenden Großprojekten Neuland betreten wird. Sei es die administrative Abwicklung der Mittelverteilung und -Verwaltung, Planung per Meilensteinen oder das Berichtswesen – in allen Bereichen gab es kaum anwendbare Vorlagen, so daß von allen Beteiligten viel Flexibilität und Arbeit nötig waren und bleiben, um brauchbare Lösungen zu finden.

Unerwartet traten auch Probleme bei der Stellenbesetzung auf. Offensichtlich sind halbe und selbst ganze Stellen an den Hochschulen für qualifiziertes Personal mit entsprechenden Informatikkenntnissen derzeit nicht besonders attraktiv, zumal in einer Region, in der mehrere große Softwarehersteller ihren Sitz haben. Selbst bei wissenschaftlichen Hilfskräften gibt es massive Engpässe. Als Folge konnten in VIROR Stellen nur mit großer Verspätung besetzt werden, wodurch sich Verschiebungen in der Planung ergaben.

Eine weitere Schwierigkeit zeigte sich darin, daß es an den Hochschulen offensichtlich nicht üblich ist, in größeren Strukturen zu denken. Auch ohne den Beteiligten Gruppenegoismen unterstellen zu wollen, stößt man doch oft auf Widerstände, wenn es gilt, Einigungen und Kompromisse im Sinne des Gesamtprojektes zu erzielen, und sei es bei Banalitäten wie unterschiedliche zeitliche Blockung an zwei Partneruniversitäten, die gemeinsam ein Teleseminar durchführen möchten. Es herrscht hier ein Denken in Kategorien wie „mein Lehrstuhl", „meine Universität", „mein Fach" vor, das sich nicht von heute auf morgen in eine „Corporate Identity" überführen läßt. Genau dieses wird aber für die Zukunftsfähigkeit der Lehre unvermeidlich sein: der enorme technische, personelle und finanzielle Aufwand für hochwertige multimediale Lehre wird nur in gemeinsamer Anstrengung zu leisten sein, wie es in den Verbundprojekten beispielhaft erprobt wird.

Von Anfang an hat das Projekt ein überaus großes Interesse bei den Medien gefunden. In den überregionalen Tageszeitungen, im Fernsehen und Radio, aber auch lokal wurde über das Landesprogramm und VIROR zum Teil ausführlich berichtet. Die Reaktion in der breiten Öffentlichkeit und bei Studierenden scheint, soweit feststellbar und ohne einer fundierten Evaluierung vorgreifen zu wollen, eine positiv abwartende. Hier wird es darauf ankommen, die hohen Erwartungen zu erfüllen, indem tatsächlich nach und nach Material bereitgestellt

---

[9] http://www.prometeus.org

wird, das von den Angesprochenen auch subjektiv als nützlich und ansprechend bewertet wird.

Trotz der genannten Schwierigkeiten ist das Projekt bisher mit vielversprechenden Ergebnissen verlaufen, und es gibt keinen Grund daran zu zweifeln, daß die beschriebenen Vorhaben erfolgreich während der Projektlaufzeit zum Abschluß gebracht werden können. Was aber kann und sollte VIROR darüber hinaus bewirken?

5 Auswirkungen und Visionen

Es ist ein bekannter – und oft nicht beherzigter – Grundsatz, daß erst die Struktur und Organisation eines Ablaufs geklärt sein sollte, bevor man seine technische Implementierung in Angriff nimmt. Beim Multimedia- und Telematikeinsatz zur Lehre an den Hochschulen ist es leider eher umgekehrt: Beispielsweise wird der Export einer Vorlesung technisch inzwischen beherrscht und durchgeführt, die routinemäßige Anerkennung einer importierten Veranstaltung (unabhängig von einer ad-hoc Klärung im Einzelfall) ist aber administrativ und von der Prüfungsordnung her nicht möglich. Das Förderprogramm des Landes zielt denn auch klar darauf ab, mit dem Hebel der Verbundprojekte entsprechende Strukturänderungen in Gang zu setzen. Wie könnte nun VIROR bei einigem Realismus am Ende der Projektlaufzeit aussehen?

In einigen Jahren könnten sich die Partneruniversitäten wenigstens in einem Fach, z.B. der Informatik, auf einen modularisierten Studiengang geeinigt und ein entsprechendes Credit-Point-System etabliert haben (z.B. ECTS[10]). Damit ist für jeden Studierenden klar ersichtlich, wie Leistungen einer beliebigen Partneruniversität in den eigenen Studiengang eingebracht werden können. Insbesondere gilt das für Veranstaltungen, die die Partner unter dem Label VIROR exportieren oder elektronisch über das WWW anbieten. Der Name VIROR sollte dabei wenigstens informell den Ruf eines Qualitätssiegels haben. Das Informatikstudium an einer der beteiligten Universitäten wird also gewöhnlich eine Mischung von traditionellen und VIROR-Veranstaltungen sein, wobei letztere über einen attraktiv und komfortabel gestalten Server abgerufen werden können. Durch ein internationales Credit-Point-System können aber auch beliebige andere Studierende einen weithin akzeptierten Leistungsnachweis erwerben.

Da die Anwendungen i.a. in ein nicht-virtuelles Curriculum eingebettet sind, werden von den Studierenden sicherlich auch technisch und designerisch nicht perfekte, dafür aktuelle und kostengünstige Aufzeichnungen nach dem Notetaking-Verfahren akzeptiert werden. Es muß hier also nicht in erster Linie auf Konkurrenzfähigkeit (in Hinsicht auf Gestaltung und Marketing) mit industriellen Produkten geachtet werden, die – zumindest auf kürzere Sicht – von Universitäten kaum zu leisten ist.

Aber auch für Anbieter, sprich Lehrende beliebiger Fachrichtungen, muß der Zugang zu Multimedia- und Netztechnik problemlos sein. Die Universitäten weisen zentrale Hörsäle und Seminarräume auf, die mit multimedialem Equipment

---

[10] http://europa.eu.int/en/comm/dg22/socrates/ects.html

wie Rechnern und Beamern sowie Netzanschluß fest ausgestattet sind (wobei diese Ausstattung gleichzeitig flexibel genug sein muß, um eine Anpassung an die schnelle technische Entwicklung zu erlauben).

Ferner halten die Rechenzentren Servicekapazitäten vor, um Verbindungen aufzubauen und Inhaltsanbieter in den Gebrauch der Technik einzuweisen. Es mag auch sinnvoll sein, Funktionen von Bibliotheken und Rechenzentren teilweise zusammenzuführen. Solche Medienzentren beraten Interessierte, übernehmen zum Teil Design und Technik für Inhaltsanbieter und erleichtern es, vom unübersichtlichen Markt der Lernanwendungen zu profitieren. Auf jeden Fall sind das Procedere und die Ansprechpartner bei spezifischen Wünschen für Interessierte leicht eruierbar.

Schließlich dürfen diese ganzen Aktivitäten nicht nur von einzelnen Fachbereichen oder gar Lehrstühlen betrieben werden, sondern müssen auf die Ebene der Gesamtuniversitäten gehoben werden. Dazu sollte z.B. der Einsatz von Teleteachingbeauftragten in den Rektoraten erwogen werden.

Man sieht, selbst wenn VIROR in absehbarer Zeit nicht die volle Vielfalt wissenschaftlicher Auseinandersetzung mit der Welt, wie man sie mit dem Begriff „Universität" verbindet, virtuell modellieren können wird (und will), so kann sie doch gerade in Verbindung mit den traditionellen universitären Partnern deren Angebotsspektrum ganz erheblich erweitern. Und, was nicht vergessen werden darf: Teile eines Studiums werden ohnehin immer in direkter Kommunikation bestehen müssen. Sei es der Disput mit dem Dozenten, die Lerngruppe, nicht zuletzt die Kaffeepause – bestimmte reale Erfahrungen können und sollen durch virtuelles Lehren und Lernen nicht ersetzt werden. Denn wer möchte sich schon von einem Arzt den Bauch aufschneiden lassen, der einen Blinddarm nur aus der Simulation kennt?

Literatur

[BA98] Jason A. Brotherton and Gregory D. Abowd. Rooms Take Note: Rooms Takes Notes! *Working Papers of AAAI '98 Spring Symposium*, March 1998.

[W98] M. Will: Multimedia and Hypermedia Publishing: Vision and Reality. *Proceedings of ED-MEDIA '98*, Freiburg, Germany, June 1998

[MWK97] Ministerium für Wissenschaft, Forschung und Kunst Baden-Württemberg, *Bekanntmachung über das Förderprogramm „Virtuelle Hochschule" im Rahmen der „Zukunftsinitiative Junge Generation"*, Stuttgart, Germany, 29.4.1997.

[BMOW97] Ch. Bacher, R. Müller, Th. Ottmann, O. Will. Authoring on the Fly – A new way of integrating Telepresentation and Coursewareproduction. *Proceedings of the International Conference on Computers in Education*, Kuching, Sarawak, Malaysia, Dezember 1997.

[E94] H. Eriksson. MBone: The multicast backbone. *ACM Communications*, 37:54–60, 8 1994.

[E97] W. Effelsberg. Das Projekt TeleTeaching der Universitäten Mannheim und Heidelberg. *Proceedings LEARNTEC'97*, Karlsruhe, Germany, January 1997.

[EGE97] W. Effelsberg, W. Geyer, A. Eckert. Project TeleTeaching Mannheim-Heidelberg. *Proceedings 21st Annual Conference of the Society for Classification e. V.*, University of Potsdam, Germany, March 1997.

TRANSTEC
Internet-basiertes multimediales Lernsystem für innovative Hochtechnologien

Prof. Dr. R. Brück
Dipl.-Inf. A. Priebe
Dipl.-Inf. C. Schneider

Universität Siegen
Fachgruppe für Rechnerstrukturen
Hölderlinstraße 3
D-57068 Siegen

Zusammenfassung Im relativ jungen Bereich der Mikrosystemtechnik sind die Innovationszyklen sehr kurz, weswegen Wissenschaftler und Ingenieure ihr Leben lang neues Wissen erwerben müssen. Externe Weiterbildungsveranstaltungen sind ungeeignet, denn es wird (teures) Personal für einen längeren Zeitraum aus der Produktion abgezogen. Das von der EU geförderte Projekt „TRANSTEC" (MM 1026, Internet-based Multimedia Knowledge Transfer for Innovative Engineering Technologies) fördert durch den Einsatz moderner Kommunikationstechnologien berufsbegleitendes Lernen. Das TRANSTEC-Competence-Centre (TCC) stellt per Internet Lerneinheiten, technisches Wissen und Zugänge zu spezieller Software zur Verfügung. Die Lerninhalte sind mit Animationen und Videos multimedial aufbereitet; die Korrektheit des angebotenen Lernstoffes wird durch qualifizierte Projekt-Partner garantiert. Durch integrierte Tests kann der Benutzer seinen Lernfortschritt beurteilen. Zur Unterstützung gemeinschaftlichen Lernens stehen Kommunikations-Schnittstellen zur Verfügung, über die zu festgelegten Zeiten auch Experten Fragen beantworten. Darüber hinaus dient das TCC als Basis für einen Wissens-Pool der Mikrosystemtechnik. Bislang sind sowohl Know-How als auch Produktionseinrichtungen über ganz Europa verteilt. Das TCC unterstützt die Bündelung des Know-Hows und die gemeinsame Nutzung verteilter Ressourcen, um die europäische Führung auf diesem Gebiet zu halten.

1 Motivation und Ziele

Die umfassende Nutzung aktueller Technologien erfordert eine große Anzahl speziell geschulter Fachkräfte für den Entwurf und die Fertigung neuer Produkte. Der schnelle Wandel und das hohe Maß an technologischer Spezialisierung erfordern ein Ausbildungsprogramm, das flexibel und ohne Verzögerungen den sich verändernden Inhalten angepasst werden kann. Es muss außerdem die Möglichkeit bieten, spezifisches Wissen aktuell und authentisch in den Ausbildungsprozess einzubeziehen, und es muss unabhängig von zeitlichen und räumlichen Gegebenheiten wahrgenommen werden können. Die Verwendung Internet-basierter Lehrgänge verspricht diese Anforderungen in idealer Weise zu erfüllen.

Ziel des von der EU geförderten Projektes „TRANSTEC: Internet-based Multimedia Knowledge Transfer for Innovative Engineering Technologies (MM 1026)" ist, ein generelles Konzept für derartige Lehrgänge zu entwickeln, um dann Kurse im gewählten Themenbereich Mikrosystemtechnik zu erstellen.

Das Konzept muss die Tatsache berücksichtigen, dass Wissen über technologische Möglichkeiten einerseits räumlich verteilt vorliegt und für einen Kurs in geeigneter Weise gebündelt werden muss, und dass u.U. spezielle Software notwendig ist, die nicht jedem Teilnehmer auf seinem lokalen Rechner bereitgestellt werden kann.

Aufgrund seiner flächendeckenden Verfügbarkeit stellt das Internet die ideale Basis für den Zugriff auf entfernte Informationen dar. Es unterstützt die Zusammenführung weit verteilter Wissensquellen und liefert die technologischen Möglichkeiten, innovative didaktische Konzepte zu realisieren. Dazu zählt neben der Verwendung audiovisueller Medien auch die Nutzung verteilter Software, die es dem Benutzer ermöglicht, ggf. von seinem Arbeitsplatz aus zentral bei einem Technologieanbieter installierte Software zu verwenden.

So kann die angestrebte Lernumgebung gleichzeitig auch als praxisgerechte, betriebliche Produktionsumgebung gestaltet werden. Sie ermöglicht Experimente und Simulationen praktischer Tätigkeit bis hin zur realen Durchführung von Projekten mit einem einzigen System. Den Lernenden wird nicht nur die Möglichkeit der individuellen Steuerung des Lernfortschrittes, sondern gleichzeitig der graduelle Übergang in den industriellen Betrieb ermöglicht. Dieses „Learning-by-Engineering" genannte Konzept ist ideal für die betriebliche Weiterbildung geeignet.

Der individuelle, zeitlich flexible Informationsaustausch zwischen Tutoren, Experten und Lernenden wird durch die verfügbaren Dienste im Internet ebenso unterstützt, wie eine interaktive Lernzielkontrolle bis hin zu den möglicherweise für die Erlangung von Abschlusszertifikaten erforderlichen Prüfungen.

Die Verwendung des Internets unterstützt eine schnelle Anpassung der Lerninhalte an neue Erkenntnisse. Gerade im Bereich neuer Technologien ist dem Aspekt der Aktualisierung von Studieninhalten besondere Bedeutung beizumessen. Technisches Detailwissen liegt üblicherweise verteilt bei unterschiedlichen Technologieanbietern vor, wo es ständig den jeweils aktuell verfügbaren Möglichkeiten angepasst wird. Das Internet erlaubt eine für den Benutzer transparente Bündelung verteilter Informationsquellen, die unabhängig voneinander aktualisiert und gewartet werden können.

Die methodische Verbindung verschiedenster Unterrichtsmaterialien in Form von Texten, Bildern und Audio/Video-Sequenzen führt dazu, dass gerade komplexe, schwer zu erfassende Sachverhalte didaktisch besser dargestellt werden können, als dies im Rahmen konventioneller Präsenzveranstaltungen der Fall ist. Um einen Internet-basierten Kurs sinnvoll zu gestalten, muss er folgenden Kriterien genügen:

- Möglichkeit der individuellen Steuerung des Lernfortschritts durch dezentrale, zeitunabhängige Abrufbarkeit
- Möglichkeit zur intensiven, individuellen Betreuung der Lernenden ohne zeitliche Beschränkungen
- Möglichkeit zur Einbindung dezentral verfügbarer, häufigen Aktualisierungen unterworfener Wissensinhalte
- Schnelle Anpassbarkeit an Bedürfnisse der Lernenden
- Unterstützung intensiver praktischer Lernphasen durch Übungen mit konkreten Aufgaben unter Nutzung realer Software bis hin zur Durchführung praxisrelevanter Projekte
- Der technischen Komplexität des Inhalts angemessene Mediennutzung.

Zum Zeitpunkt der Antragstellung befanden sich Projekte ähnlich dem hier vorgestellten noch in den Kinderschuhen (s. [15][16][17]), wie überhaupt Multimedia über das Internet noch problematisch war (s. [18]). Aktuelle Projekte haben diese Schwierigkeiten nicht mehr, einige Beispiele finden sich unter [19][20][21]. Allgemeinere Informationen zu Multimedia-Projekten gibt es bei [22][23].

2 Anwendung im Bereich Mikrosystemtechnik ?

Die Mikrosystemtechnik ist ein weites, schnell wachsendes und umsatzstarkes Feld mit einer großen Zahl an Applikationen. Sie wird immer mehr Bestandteil unseres täglichen Lebens, sei es in der Computertechnik, in der Automobilindustrie, der Telekommunikation oder der Biotechnologie. Mit einem Schreib-Lese-Kopf für Festplatten, einem typischen Beispiel für ein Mikrosystem, wird in der EU jährlich ein Umsatz von mehr als 2.500 Millionen Euro erzielt. Firmen, die sich in diesem Bereich betätigen, sind typischerweise mittelständische Unternehmen. Gerade in kleinen und mittelständischen Betrieben ist es nur selten möglich, Personal zur Schulung aus der Produktion abzuziehen. Die Entwicklung in diesem Bereich ist aber so schnell, dass die Notwendigkeit berufsbegleitenden Lernens permanent vorhanden ist. Ein weiteres Problem der Mikrosystemtechnik ist die technologische Diversifizierung. Im Gegensatz zu Standardprozessen in der Mikroelektronik existieren verschiedene Wege, ein Produkt herzustellen. Es kommt sowohl für Manager als auch für Ingenieure die Schwierigkeit hinzu, den Prozess auszuwählen, der den gegebenen Anforderungen an z.B. Zeitbedarf, Kosten oder Herstellgenauigkeit entspricht, was den Lernbedarf weiter erhöht.

Zur Weiterbildung im Bereich der Mikrosystemtechnik werden heute eine Reihe von konventionellen Präsenzkursen angeboten. Beispielsweise können Interessenten an mehrtägigen Veranstaltungen zu allgemeinen Themen wie „Ätztechnologien", „CAD für Mikrosysteme" oder „LIGA-Technik" teilnehmen. Diese Kurse sind in der Regel hochspezialisiert, teuer und nicht sehr aktuell. Es existieren auch einige Lehrbücher (z.B.[1][2][3]), die jedoch nur die technischen Grundlagen beschreiben und unter dem üblichen Mangel von Lehrbüchern leiden, u.U. Informationen zu präsentieren, die nicht mehr dem aktuellen Wissensstand entsprechen. Die Bereiche „Entwurfsmethodik" und „Praxis des Mikrosystementwurfs" werden in diesen Lehrbüchern nur unzureichend behandelt. Darüber hinaus gibt es einzelne konventionelle Präsenzvorlesungen, die sich mit dem Mikrosystementwurf befassen. Die Fachgruppe Rechnerstrukturen der Universität Siegen (Prof. R. Brück) bietet z.B. eine Vorlesung „Mikrosystementwurf" für das Hauptstudium der technischen Informatik an, die jedoch allein wegen der Einbindung in den Lehrbetrieb einer Universität nicht zur berufsbegleitenden Fortbildung geeignet ist.

Die Möglichkeit, sich bei befreundeten Betrieben oder Kollegen Know-How anzueignen, ist in der Mikrosystemtechnik auf Grund geographischer/sprachlicher Gegebenheiten stark erschwert. „Das" Zentrum für Mikrosystemtechnik existiert nicht, die Betriebe bzw. Forschungsinstitute sind über Europa verteilt.

Die oben genannten Gründe legen die Verwendung computerunterstützten Lernens nahe. Es war nicht schwierig, Partner zu finden, die sich an der praktischen Umsetzung eines solchen Projektes beteiligen:

- Institut für Mikrotechnik Mainz GmbH, D-55129 Mainz (Projektleitung)
- Institut für Feinwerktechnik, TU Wien, A-1040 Wien
- Laboratoire pour l'Utilisation du Rayonnement Electromagnétique, F-91898 Orsay
- Exitech Ltd., GB-Oxford
- Carl Hanser Verlag, D-81679 München
- Universität GH Siegen, D-57068 Siegen
- Universität Dortmund, D-44221 Dortmund

Die Hauptaufgabe der vier erstgenannten Partner liegt in der Bereitstellung der Inhalte. Der Carl Hanser Verlag befasst sich mit den Aspekten der Kommerzialisierung. Die Universitäten bringen die notwendige Infrastruktur und ihre Kenntnisse in der pädagogisch korrekten Aufarbeitung der Inhalte ein und erstellen die benötigte Software. Die Universität Siegen verfügt in diesem Bereich über einige Erfahrung: der Lehrstuhl von Prof. Brück ist seit mehreren Jahren am Projekt VHDL-Online beteiligt, eine Kooperation deutscher Universitäten, die sich intensiv mit der Entwicklung Web-basierter Lehrmethodik beschäftigt [4][5][6][7][8][9]. Außerdem befassen sich die Autoren seit mehreren Jahren mit der Mikrosystemtechnik [10][11][12][13][14].

3 Anwendung im Bereich Mikrosystemtechnik !

Basis des Konzeptes war eine Bedarfs-Analyse der Benutzer. Zunächst wurde eine Fragebogenaktion über Fachzeitschriften und Postverteilung z.B. zur technischen Ausstattung, Internetanbindung usw. und zur Selbsteinschätzung bezüglich des Umgangs mit Computern an sich und insbesondere Web-Browsern durchgeführt. Die Auswertung führte zur Einteilung in vier Gruppen, deren Beziehungen zum Server in Abb. 1 dargestellt sind:

1. Der Administrator überwacht das System und seine Sicherheit, verwaltet Benutzer-Konten und Rechte, erstellt Backups, transferiert ggf. Daten zu Mirror-Servern und hält Verbindungen zu Datenbanken oder anderen Servern aufrecht.

2. Die Technologie-Provider stellen Kursmaterial, Software oder Simulationen im Competence-Centre zur Verfügung, überarbeiten oder löschen Daten oder sperren sie zeitweise.

3. Tutoren benutzen die Daten der Provider, um daraus Kurse zu erstellen, nehmen veraltete Kurse aus dem Programm, erstellen Tests für die Selbstüberprüfung der Lernenden und kommunizieren in betreuten Kursen mit den Lernenden über eMail, news und chat oder auch in Echtzeit über Audio-/Video-Conferencing.

4. Die „Lernenden" benutzen das TCC, um Informationen über spezielle Aspekte der Mikrosystemtechnik zu erhalten, Design-Tools kennenzulernen oder damit zu arbeiten.

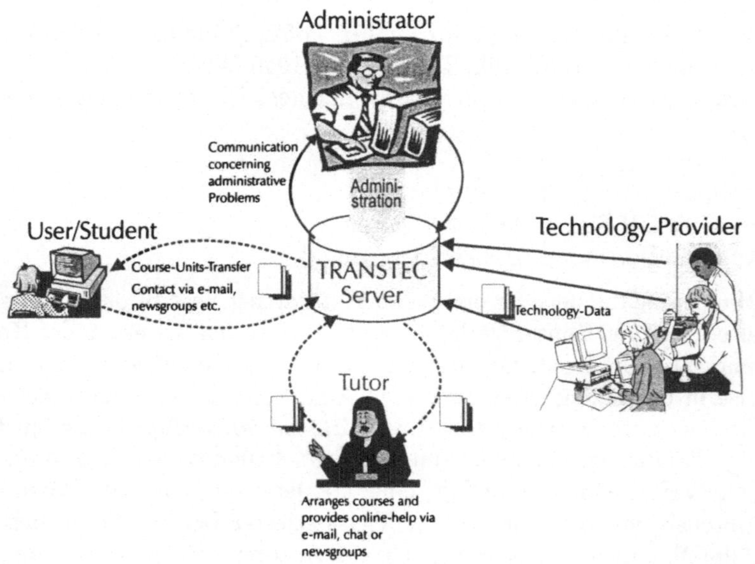

Abbildung1. Beziehungen zwischen Server und Nutzern

Die technische Realisierung des Competence Centre geschieht durch das Zusammenfügen verschiedener Komponenten. Teilweise wird auf vorhandene Software kommerzieller Herkunft oder aus anderen (EU-) Projekten zurückgegriffen, teilweise muss neu implementiert werden. Vorhandene Komponenten wurden, wenn möglich, verwendet, um einerseits die ständige „Neuerfindung des Rades" zu vermeiden und andererseits z.B. den Support der Hersteller solcher Produkte für andere Anwendungen außerhalb des Projekts bzw. nach der Kommerzialisierung nutzen zu können.

Das TCC selbst besteht aus acht Modulen (s. Abb. 2). Basis des gesamten Systems ist ein *Web-Server*, über den die Benutzer transparent auf alle anderen angebotenen Dienste zugreifen. Das im Rahmen eines EU-Projektes entstandene Produkt „Hyperwave", das inzwischen erfolgreich kommerziell vertrieben wird, bietet deutlich mehr Funktionalität als z.B. der frei erhältliche Server „Apache" und wartet mit professionellem Support auf. Es sei hier nur die integrierte Link-Konsistenz-Prüfung genannt (der übliche „Error 404, document not found" kann nicht auftreten).

Für normale Benutzer unsichtbar ist der *Access Manager*, der Zugriffsrechte und Kostenabrechnungen verwaltet. Der *User-Log-Server* zeichnet Aktionen des Benutzers auf, damit z.B. an beliebiger Stelle in Kursen wieder eingestiegen werden kann, ohne dass Inhalte wiederholt präsentiert werden. Der *Tracking-Manager* ist für die Verwaltung der durchgeführten Selbsttests zuständig, um dem Benutzer eine Einstufung seiner Kenntnisse zu ermöglichen. Kursinhalte erheblichen Umfangs werden auf einer CD herausgegeben, um auch Benutzern mit geringer Anschluss-Bandbreite die Nutzung von TRANSTEC zu ermöglichen. Die Aktualisierung dieser Daten kann ggf. durch Download auf die lokale Festplatte des Benutzers geschehen, zuständig für die Abwicklung ist der *Update-Manager*. *Mail-*, *News-* und Chat-Server sind Standard-Produkte. Problematisch ist gegenwärtig noch die Echtzeitkommunikation über den *Communication-Server*. Die Bandbreite zwischen den Projektpartnern ist teilweise so gering, dass schon Audio-Conferencing nicht möglich erscheint.

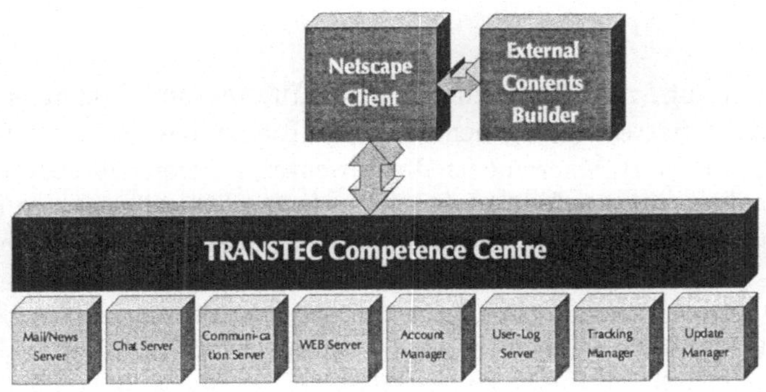

Abbildung2. Aufbau des TRANSTEC-Competence-Centre

Zweite wichtige Komponente des Gesamtsystems ist der Web-Browser auf der Client-Seite. Er stellt das Interface zum Benutzer dar, über das alle Aktionen abgewickelt werden. Die Anforderungsanalyse bei den Benutzern hat ergeben, dass auch andere Plattformen als Windows stark vertreten sind, insbesondere Apple Macintosh und Unix-Derivate. Aus diesem Grunde wird als Standard-Browser „Netscape Communicator" eingesetzt. Wenn möglich, werden aber alle Inhalte so gestaltet, dass sie auch mit anderen Browsern lesbar sind.

Die aktuellen Versionen von Netscape haben integrierte Komponenten zum Anzeigen von HTML, zum Ausführen von Javascript und Java-Code; Mail und

News-clients sowie SSL-Fähigkeit gehören ebenfalls zum Umfang (s. Abb. 3). Die Anzeige von PDF-Dokumenten und das Abspielen von Audio/Video-Daten sind über kostenlos erhältliche Plug-Ins leicht nachzurüsten.

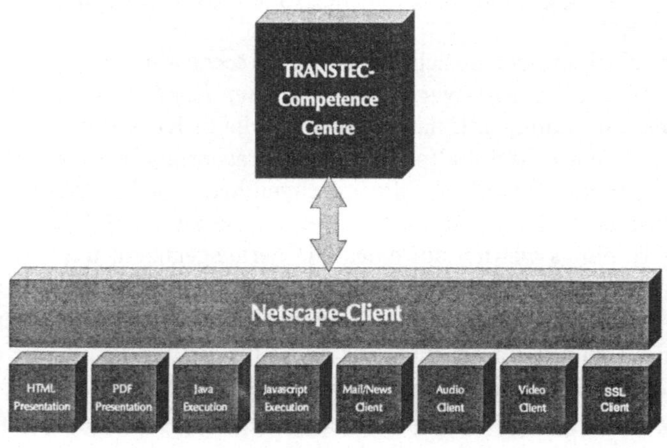

Abbildung3. TRANSTEC-Client (Netscape)

Die Werkzeuge zur Inhaltserstellung für Tutoren und Technologie-Provider sind die dritte System-Komponente. Dieses Toolkit besteht aus verschiedenen Programmen wie z.B. Macromedia Dreamweaver, Macromedia Authorware oder Inprise Jbuilder. Microsoft-Produkte fallen fast vollständig aus, da sie proprietäre Erweiterungen beinhalten, die auf nicht-Windows-Plattformen nicht verwendbar sind. Nach der Herstellung werden die Inhalte direkt per Netscape Navigator vom Arbeitsplatz des Tutors/Providers ins Competence-Centre hochgeladen. Abbildung 4 zeigt die Zusammensetzung des Toolkits:

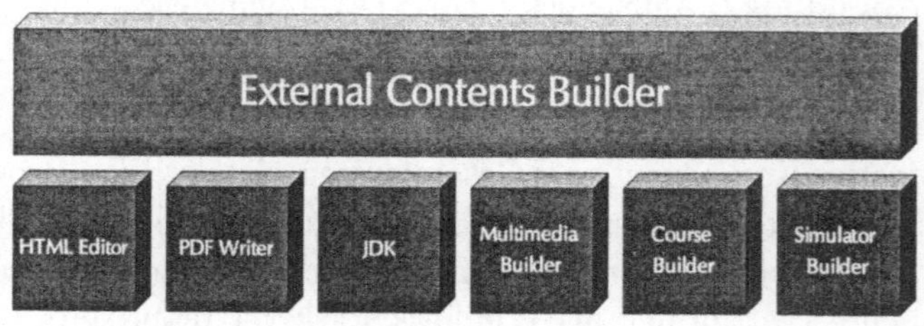

Abbildung4. Externe Werkzeuge zur Inhaltserstellung

4 Konzeption der Inhalte

Das TRANSTEC-Competence-Centre ist nicht einfach ein Web-Server mit einem Kurs „zum Durchklicken", sondern ein zentraler Anlaufpunkt für alle, die im Bereich der Mikrosystemtechnik Informationen oder Dienstleistungen benötigen. Daher ist ein völlig anderer didaktisch/methodischer Ansatz als bei einem „konventionellen" multimedialen Kurs gefragt.

In der Planungsphase entstand z.B. die Idee, eine Firma zu simulieren, die über eine gewisse Zeit „am Leben erhalten" werden muss. Dazu sollte der Benutzer sich alle nötigen Kenntnisse im Competence-Centre aneignen. Dieser Ansatz wurde verworfen, weil schon innerhalb des Konsortiums deutlich wurde, dass es große Akzeptanz-Probleme geben würde: Ein ernsthafter Entwickler/Manager spielt nicht „Firma".

Während der Diskussion wurde immer deutlicher, dass ein Benutzer nur dann auf externe Hilfsmittel/Kurse/Software zurückgreift, wenn er Probleme mit seinem gegenwärtigen Kenntnisstand oder seinen verfügbaren (Software-) Werkzeugen nicht lösen kann. Eine simple Erkenntnis, die einen radikalen Umschwung im Denken der Competence-Centre-Entwickler bedingte: Man verabschiedete sich von der Idealvorstellung, dass sich jemand „ohne Not" fortbildet.

Als neuer Grundgedanke wurde ein problemorientierter Ansatz für alle Inhalte festgeschrieben, der „Learning by engineering" unterstützt. Kursinhalte werden so gestaltet, dass sie auch in Teilen benutzt werden können, um Wissenslücken schnell und effizient schließen zu können. Die meisten Inhalte werden in drei Differenzierungsstufen zur Verfügung gestellt: Für Ingenieure, die an der Lösung technischer Problemen arbeiten, für Manager, die Entscheidungen über zu verwendende Technologien treffen müssen und für Personen, die an die Technologie herangeführt werden sollen (z.B. Studenten). Zum jetzigen Zeitpunkt (ca. halbe Projektlaufzeit) ist der Teil für die Studenten fertiggestellt. Die Idee des „Learning by engineering" findet ihre Fortsetzung in der Bereitstellung von Simulationsprogrammen und realen Mikrosystemtechnik-Werkzeugen. Neu erworbenes oder schon vorhandenes Wissen kann bei Simulationen eingesetzt werden, um Auswirkungen auf bestimmte Produktionsprozesse testen zu können. Mit Werkzeugen, die reale Produktion erlauben, können auch Firmen, die selten spezielle Aufgaben lösen müssen oder für die Standard-Tools im 100.000-Mark-Bereich zu teuer sind, Aufträge durchführen.

Für die zur Problemlösung erforderlichen Dienstleistungen oder Inhalte, die vom TRANSTEC-Competence-Centre nicht zur Verfügung gestellt werden (können), bietet die TRANSTEC-Informationsdatenbank ein Forum sowohl für Technologieanbieter zur Selbstdarstellung, als auch für Nutzer mit interessanten Literaturhinweisen oder Links zu anderen Web-Sites.

Inhaltlich befasst sich der TRANSTEC-Kurs mit drei großen Teilgebieten der Mikrotechnik: LIGA-Technik, Laser-Technologie und Feinwerktechnik. Mindestens ein Projekt-Partner verfügt über das jeweilige Know-How, so dass qualifizierte, aktuelle Informationen zur Verfügung stehen. Gegenwärtig (Februar '99) existiert bereits ein erstes Release des TCC, das jetzt evaluiert wird. Einen Screenshot einer Sitzung zeigt Abbildung 5.

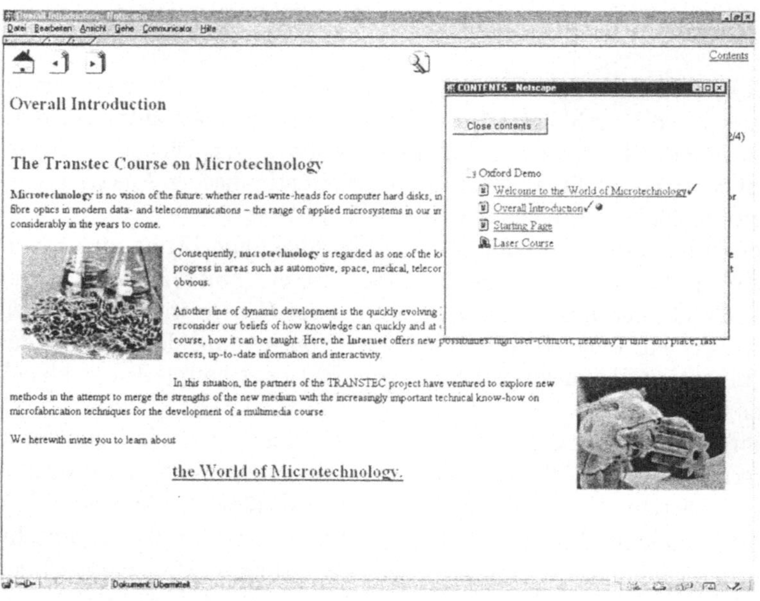

Abbildung5: Screenshot einer TRANSTEC-Sitzung

Parallel zum TRANSTEC-Projekt wird im Rahmen des nordrhein-westfälischen Förder-Programmes „Multimedia in der Lehre" an der Universität Siegen eine Präsenzvorlesung zum Thema Mikrotechnik multimedial aufbereitet. Studenten sollen sich über das Web die Inhalte der Vorlesung zur Nachbereitung ansehen können, sie finden weitere Hinweise oder Materialien und passend gestaltete Übungen zur Prüfungsvorbereitung. Beide Projekte sind ineineinader verzahnt, so dass sich Synergie-Effekte ergeben. Erkenntnisse und Ergebnisse können im jeweils anderen Projekt sofort genutzt werden.

5 Fazit

Das TRANSTEC-Competence-Centre ist eine ausgezeichnete Grundlage für das „Learning by Engineering". Seine Konzeption erlaubt die berufsbegleitende Nutzung in praxisnaher oder sogar realer Umgebung. Es schafft die Möglichkeit, über moderne Kommunikationsmedien geographisch verstreute Ressourcen zu verbinden, Know-How zu transferieren und Tools bereitzustellen, die sonst nicht zugänglich wären. Ingenieure finden Informationen über aktuelle Technologien, Studenten werden grundlegend an die Mikrosystemtechnik herangeführt, Manager erhalten Entscheidungshilfen für die Konzeption ihrer Produkte.

Der technische Aufbau des TCC basiert auf bereits verfügbarer Software und ermöglicht eine Nutzung auch außerhalb der universitären Umgebung, so dass eine erfolgreiche Kommerzialisierung nach Ablauf der EU-Förderung erwartet werden kann.

Eine Anwendung der installierten Infrastruktur für andere Themengebiete ist wegen der Unabhängigkeit des Gesamtkonzepts vom Inhalt sehr leicht möglich, dem Projekt kann bereits nach Ablauf der halben Laufzeit Erfolg bescheinigt werden.

Literatur

1. Bütgenbach, S.: Mikromechanik, B. G. Teubner Verlag, 1994
2. Menz, W., Bley, P.: Mikrosystemtechnik für Ingenieure, VCH Verlag, 1994
3. Heuberger, A.: Mikromechanik - Mikrofertigung mit Methoden der Halbleitertechnologie, Berlin, 1989
4. Wahl, M., Heinkel, U., Conradi, P.: Teaching Synthesis of Digital Systems. Human Factors and Ergonomics Society Conference on Advances in Multimedia and Simulation, Bochum, 1997
5. Heinkel, U., Wahl, M.: Interaktiv lernen - Interaktiv lehren: Multimediaeinsatz bei der Lehre in VHDL. 8. E.I.S.-Workshop, Hamburg, 1997
6. Wahl, M., Conradi, P., Heinkel, U.: Introducing Multimedia in Teaching of Digital System Design. IEEE Conference on Microelectronic Systems Education, Arlington, VA, 1997
7. Bub, J.: Ein Tutorial für XILINX FPGA's. Universität Siegen, FB12, Studienarbeit, 1998
8. Kaminski, J.: Tutorial für VisualHDL. Universität Siegen, FB12, Studienarbeit, 1998
9. Wahl, M.: VHDL Interaktiv lernen. Universität Siegen, FB12, Projektbericht, 1998
10. Brück, R.: Der fertigungsnahe Entwurf von Mikrosystemen - Modelle, Methoden und Werkzeuge, Universität Dortmund, Fachbereich Informatik, Habilitationsschrift, 1996
11. Brück, R.: Mikrosystementwurf, Begleitmaterial zur Spezialvorlesung, Universität Dortmund, 1996
12. Bahnes, T. et al.: Projektgruppe Kolibri Zwischenbericht, Universität Dortmund, 1997
13. Schröder, M.: Internet-basierte Entwurfswerkzeuge für die Mikrotechnik, Universität Dortmund, Fachbereich Informatik, Diplomarbeit, 1997
14. Dierkes, S. et al.: Schnittstelle für interaktive WWW Anwendungen, Endbericht der Projektgruppe 287, interner Bericht, Universität Dortmund, Fachbereich Informatik, 1997
15. European Multimedia Forum, An independent platform for all actors involved in multimedia, EMF Brussels, 1996
16. TelIT: The news of ETIS, Journal der European Telecommunications Informatics Services
17. Learning in a Global Information Society, Journal von LearnTel – The European network for Learning with multimedia Telematics
18. European Multimedia Forum, Memorandum of the Online Educational Multimedia Conference, Brussels, 1997
19. http://wwwfb10.uni-paderborn.de/LTM/mechanim/mecha_f.htm
20. http://nmrc.ucc.ie/projects/modem/
21. http://www.Colorado.EDU/physics/2000/
22. http://www.teleman.org/
23. http://www.concord.cscdc.be/index.php3

Flexible Werkzeugunterstützung für Teleteaching/Telelearning

Katrin Franze, Olaf Neumann, Alexander Schill

TU Dresden, 01062 Dresden
{kfranzelneumannlschill}@ibdr.inf.tu-dresden.de

Zusammenfassung. Dieser Artikel beschreibt den Einsatz des Teleteaching/Telelearning-Systems JaTeK. Dabei wird ein Überblick über die Einsatzszenarien gegeben. Anhand von mehreren Beispielen wird die Leistungsfähigkeit des Systems durch die Verwendung von Schablonen erläutert. Ein Überblick und eine Abgrenzung zu anderen Arbeiten, sowie eine Benutzerumfrage vervollständigen die Beschreibung.

1 Einführung

JaTeK (Java Based Teleteaching/Telelearning Kit) stellt ein Werkzeug zum Bereitstellen und Durchführen von Kursen im Internet dar [21].

Es ermöglicht sowohl das Erstellen von Kursinhalten mit Hilfe eines Authoring-Tools als auch die konkrete Strukturierung der Inhalte in den Kursen. Dazu kann ein Index und ein Glossar angelegt werden. Das Material wird mittels Schablonen erarbeitet und untergliedert sich in die verschiedenen Medien Text, Aufgabe, Video, Experimente und Verweise. Alle Komponenten lassen sich mit Zugriffsrechten versehen. Mittels Cut/Copy & Paste können aus vorhandenen Kursen einfach neue Kurse zusammengestellt werden, die auf bestimmte Nutzergruppen abgestimmt sind. So ist ein transparentes Wiederverwenden von bereits erarbeitetem Material möglich.

Außerdem enthält JaTeK Kommunikationskomponenten, die eine Arbeit in Gruppen ermöglicht. Dieses erlaubt ein weniger anonymes Lernen im Internet. Ähnliche Ansätze werden mit Cobrow (der Lernende bewegt sich in speziellen Lernräumen) verfolgt [6]. Kommunikationswerkzeuge, wie das Chat und das Blackboard erlauben solche Gruppenszenarien wie beispielsweise Brainstorming, Diskussionsgruppen etc. im Netz und können mit dem entsprechenden Material verknüpft werden. Das integrierte Whiteboard und das Shared-Text-Werkzeug werden für kooperatives Erarbeiten neuer Inhalte genutzt. Im Zusammenspiel mit dem am Lehrstuhl Rechnernetze der TU Dresden entwickelten AV-Konferenzsystem VTToolKit sind somit auch synchrone AV-Konferenzen möglich.

Der Einsatz von Schablonen bei der Inhalteerstellung und –darstellung erleichtert u.a. die Integration von Powerpoint-Folien und Audio-Mitschnitten aus der Vorlesung in die Kurse, die den Studenten durch JaTeK über das Internet zu Hause oder im Wohnheim angeboten werden. Weiterhin stellen die Schablonen eine wesentliche Erleichterung bei der Erstellung einfacher (z.B. Multiple-Choice-Aufgaben) sowie komplexerer Aufgaben dar, zu denen beispielsweise Kalkulationsaufgaben, Zuordnungsaufgaben und Diagrammentwurfs-aufgaben gezählt werden können. Somit steht die Lehr-/Lernumgebung JaTeK für eine Vielzahl von Fachgebieten zur Verfügung. Die Funktionsweise der JaTeK-Schablonen wird im Kapitel 4 (Einsatz von JaTeK) näher erläutert.

Auch der Einsatz von Video zur Demonstration von komplexeren Sachverhalten ist möglich. Darüber hinaus bilden spezielle Aufgaben für den Bereich Rechnernetze einen Ansatz, um zu zeigen, wie Lernen im Internet möglich ist. Außerdem konnten Animationen aus dem Teleteaching-Projekt Mannheim-Heidelberg integriert werden, welches den modularen und offenen Charakter des Systems unterstreicht.

Ein Werkzeug zur Fragebogenerstellung rundet das System ab. Ergänzt wird dieses Werkzeug durch die Fähigkeit zum Logging relevanter Zugriffe. So ist eine Evaluation sowohl der entwickelten Lehrmaterialien als auch des Systems im nachhinein möglich.

Im folgenden wird zunächst auf die Einsatzszenarien des Systems eingegangen. Dabei werden verschiedene Lernsituationen und deren Unterstützung durch JaTeK skizziert. Danach werden die Leistungsmerkmale gängiger Systeme aus dem Bereich der Hochschulen und der freien Wirtschaft mit denen von JaTeK verglichen. 3 Beispiele des JaTeK-Systems verdeutlicht die genannten Punkte. Den Abschluß bilden die Ergebnisse einer Umfrage unter den Studenten.

2 Szenarien

Das System JaTeK kann für eine Reihe von Szenarien (Abb. 1) verwendet werden, die im folgenden ausführlicher beschrieben werden:

a) Eine Möglichkeit ist die Nachbereitung von Vorlesungen. JaTeK bietet Werkzeuge, um digitale Audiomitschnitte der Präsenzveranstaltung zusammen mit den entsprechenden Folien im Netz bereitzustellen. Dieses Material kann durch Übungen und Lehrtexte ergänzt werden. Für das Erstellen und Bearbeiten von Übungen existieren Schablonen, die die Arbeit wesentlich erleichtern. Animationen können mit fremden Werkzeugen erstellt werden und in JaTeK integriert werden.

b) Ein weiteres Szenario ist das Durchführen von Gruppenseminaren. Dabei kann sowohl per Chat diskutiert, als auch über ein Blackboard Nachrichten ausgetauscht werden. Mit dem Shared-Text-Werkzeug ist das Arbeiten an gemeinsamen Texten möglich und mit Hilfe des Whiteboards können Skizzen zu Problemstellungen entworfen werden.

c) Das Selbststudium stellt eine weitere Alternative dar. Der Lernende kann zu Hause oder im Wohnheim bestimmte Aufgaben, Texte, Simulationen durcharbeiten und auch per Chat, E-Mail etc. mit einem Tutor kommunizieren.

d) Das System wurde viel für die Prüfungsvorbereitung genutzt. Dieses Szenario ist ähnlich dem Selbststudium, allerdings steht hier die Suche von Material im Vordergrund.

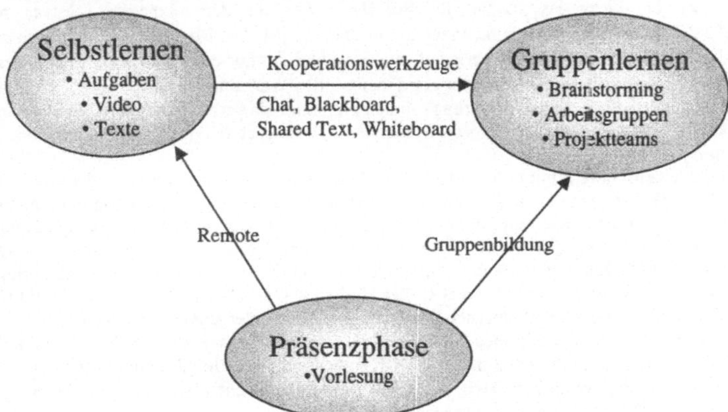

Abb. 1. JaTeK-unterstützte Lernszenarien

Didaktisch werden bei [2] verschiedene Modelle unterschieden. So gibt es z.B. den Arbeitsunterricht (Gruppenunterricht, Projektunterricht), den Fernunterricht (Fernkurs, Fernstudium), den Frontalunterricht, den individuellen Lernplatz etc. Diese Modelle können in einer Lernumgebung ebenfalls auftreten, wobei sich das Medium zwischen den Beteiligten ändert und damit auch die individuellen Möglichkeiten. Oft läßt sich eine derart starke Trennung wie bei [2] nicht vornehmen. So kann beispielsweise der Fernunterricht auch ein Gruppenunterricht sein und einen persönlichen Lernplatz mit einbeziehen. Dies hängt stark von der jeweiligen Gestaltung der Phasen des Unterrichts ab. Das einzige Attribut, welches hier relevant ist, ist die entfernte Anwesenheit des Lernenden.

In der Literatur sind eine Vielzahl von Ansätzen beschreiben, die in Lernumgebungen genutzt werden können. Der Ansatz Cognitive Apprenticeship aus dem Bereich der konstruktivistischen Lernmethoden wird z.B. näher in [3] untersucht. Dabei werden Ergebnisse zu Coaching und Scaffolding präsentiert. Diese Arbeit gibt außerdem einen guten Überblick über die verschiedenen Lernformen. [4] diskutiert z.B. die Vor- und Nachteile der einzelnen erkenntnistheoretischen Ansätze und leitet daraus Evaluationskriterien ab.

Alle Artikel haben die Betrachtung der verschiedenen Lernformen gemeinsam und betonen die zunehmende Rolle des Lernenden, der durch einen Tutor geleitet werden kann und in seiner aktiven Rolle unterstützt werden muß.

3 Stand der Technik

Der Bereich Teleteaching/Telelearning ist in den letzten Jahren deutlich gewachsen. Wo vor einigen Jahren noch wenige Projekte anzutreffen waren, sind nun eine Vielzahl von Aktivitäten zu verzeichnen. Doch die Ausprägung der einzelnen Projekte ist sehr unterschiedlich. Während die Industrie vorwiegend Produkte anbietet, sind in den Hochschulen mehr Aktionsprojekte anzutreffen. Darunter sind Projekte zu verstehen, die versuchen, Strukturen aufzubauen, Szenarios zu vertiefen und genauer zu untersuchen, Lösungen in Bereichen der Netzwerke zu erarbeiten, Seminare in Gruppen durchzuführen und dabei Werkzeuge zu evaluieren und vieles mehr. In diesem Abschnitt sollen die einzelnen Produkte und Projekte näher vorgestellt werden.

Viele der Firmen, die im Bereich Telelearning derzeit tätig sind, haben längere Zeit auf dem Gebiet des Authoring gearbeitet. Dazu zählen z.B. [8], [10] und [11]. Um auch stärker im Bereich Telelearning präsent zu sein, wurden diese Produkte erweitert bzw. Fremdkomponenten integriert. Leider läßt sich die damit entstandene

Inhomogenität der einzelnen Lernplattformen nicht ganz umgehen. So bietet Macromedia ein Paket an, welches Authorware, Dreamweaver und Pathware einschließt. Authorware stellt in diesem Zusammenhang die Autorenkomponente dar, die mit Dreamweaver um Internetfunktionalität und mit Pathware um die Funktionalität zur Strukturierung von Kursen erweitert wird. Asymetrix bietet Toolbook als Autorensystem zusammen mit dem Librarian an. Die Internetfunktionalität wird bei beiden Firmen mittels Plug-Ins erreicht, was die Wahl der Plattform einschränkt. Die Unterstützung der Kommunikation in Gruppen ist bei den meisten Produkten eher schlecht, nur Lotus mit dem LearningSpace ragt positiv heraus [12]. Es bietet neben Applicationsharing in Java auch Werkzeuge zur AV-Kommunikation. Die Firma Allen Communication hebt sich positiv im Bereich der Strukturierung von Kursen ab. Sie bietet nicht nur Werkzeuge zum Erstellen von Inhalten, sondern begleitet auch den Prozeß der Kurserstellung in den Phasen, die davor und danach anzutreffen sind. Das umfaßt zum einen die Medienproduktion, wie auch die Bestimmung der einzelnen Phasen innerhalb eines Kurses, wie die Kommunikationsphase mit dem Tutor, Selbstlernphasen, Frontalunterrichtsphasen, Übungsphasen etc. Nicht zu vergessen ist auch die Firma Hyperwave, die mit Ihrem Produkt, dem Hyperwave-Server, hypermediale Strukturen unterstützt und auch das Maintenance dieser anbietet [9]. Die Materialerstellung wird aber wie z.B. bei [13] und bei [14] zu Drittanbietern verlagert, wo entweder Authorware, Toolbook oder Quest von Allen Communication in Frage kommt. Ein weiteres erwähnenswertes Werkzeug ist das Produkt Synergic von Allen Communication, welches die Kursstrukturierung mit den Autorentools verbindet und ein gutes Beispiel dafür ist, wie man Werkzeuge unterschiedlicher Anbieter zusammenfügt. Es produziert Strukturinformationen für die drei eben genannten Autorentools.

Im Bereich der Hochschule gibt es Projekte, die stark auf das synchrone Lehren und Lernen zugeschnitten sind, als auch Projekte, bei denen mehr die Bereitstellung von Systemen und Lernmaterial im Vordergrund steht. So werden z.B. zwischen Erlangen und Nürnberg seit geraumer Zeit einige Vorlesungen synchron über Video übertragen [18]. Hier ist allerdings auch die Frage nach dem Preis derartiger Veranstaltungen zu stellen. Dieses Szenario wird durch Werkzeuge aus Mannheim, Heidelberg und Freiburg, wie z.B. das Authoring on the Fly [17] oder dem Digital Lecture Board [22] ergänzt. Ein ähnliches Werkzeug ist [7], von der GMD IPSI, welches allerdings stärker auf Gruppenarbeit zugeschnitten ist. Mit dem Interactive-Home-Learning-Projekt arbeitet Mannheim mehr im Bereich asynchrones Lernens [16], wie auch das Projekt [15] an der FU Berlin für Wirtschaftswissenschaftler und Chemnitz mit dem [19]. Außerdem bietet die [20] eine Reihe von Online-Kursen an, arbeitet aber auch verstärkt an Projekten, die Telelearning untersuchen, wie z.B. die Gruppe um Professor Mandl an der Universität München Gruppenszenarios untersucht [5].

Dieses ist sicherlich ein nicht umfassender Ausschnitt aus der Vielzahl von Projekten. Fazit ist jedoch, daß asynchrone und synchrone Werkzeuge häufig noch getrennt vorzufinden sind, bzw. daß Kommunikationskomponenten gar nicht vorhanden sind. Außerdem wird die Inhaltserstellung wenig unterstützt. Es gibt wenige Produkte, die die Verwendung von Schablonen unterstützen bzw. dies nur auf sehr einfachem Niveau tun. So bleibt der Lernende oft nur Zuschauer im System und kann nicht genügend interaktiv eingreifen bzw. Ideen einbringen oder vorhandenes Material bearbeiten und verändern.

4   Einsatz von JaTeK

Die in JaTeK integrierten Dokumente basieren auf dem bereits erwähnten Schablonen-Ansatz. Dabei werden die Dokumentdaten von ihrem Präsentationsformat getrennt abgelegt. Auf diese Art und Weise können sowohl Dokumentdaten als auch Präsentationsformate an anderen Stellen wiederverwendet werden. In der Praxis kann der Erstellende der Dokumente (Texte, Aufgaben etc.) mit Hilfe der Schablonen beispielsweise die Parameter von Aufgaben vorgeben. Außerdem können in JaTeK mit Hilfe spezieller integrierter Werkzeuge u.a. Kapitel und Material angelegt, Einträge ins Glossar vorgenommen und Indexverzeichnisse erstellt werden.

Anhand von drei Beispielen soll demonstriert werden, wie JaTeK in den verschiedenen Fachbereichen eingesetzt werden kann.

a) Flexible Kalkulationskomponente

Die hier vorgestellte Komponente ermöglicht es, Kalkulationen von den Lernenden durchführen zu lassen. Neben einer Aufgabenstellung, die spezifiziert wird, kann eine beliebige Tabelle konstruiert werden, die der Lernende wie eine geläufige Tabellenkalkulation bedienen kann (Abb. 2). Der Erstellende der Übung kann beliebige Zellen vorgeben und für den Studenten unveränderlich gestalten. So kann z.B. ein Teil einer Buchhaltung vorgegeben sein, ein anderer muß dann von dem Lernenden erstellt werden. Diese Komponente läßt sich aber auch in anderen Bereichen verwenden. So ist im Bereich der Mathematik eine Matrix vorstellbar, die vom Lernenden z.B. um Wahrscheinlichkeiten ergänzt werden soll. Eine andere Übung wäre Matrizenmultiplikation.

Wie an den oben dargestellten Beispielen deutlich wird, läßt sich diese Schablone in den verschiedensten Fachrichtungen sinnvoll einsetzen, bietet dem Lernenden die Möglichkeit aktiv zu werden, und bei Problemen während der Ermittlung der Lösung kann diese auch abgefragt werden.

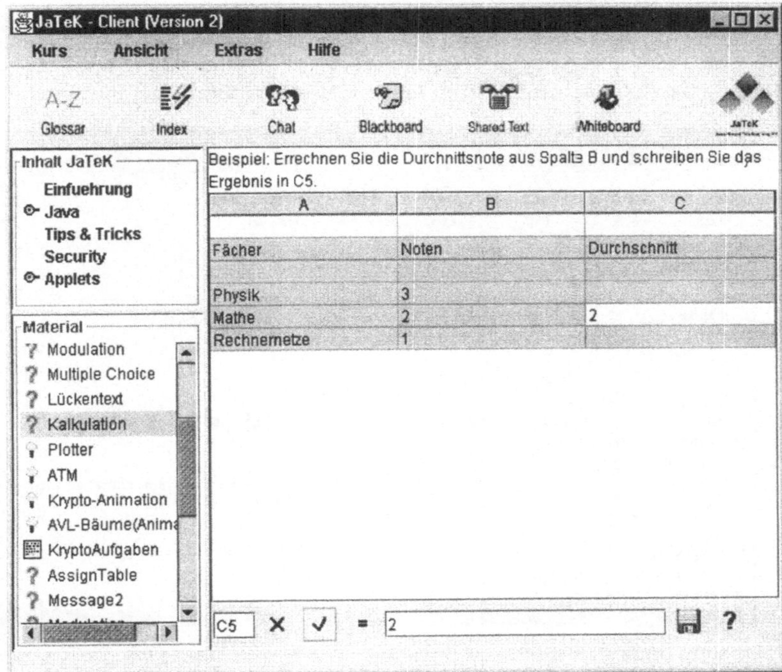

	A	B	C
Fächer		Noten	Durchschnitt
Physik		3	
Mathe		2	2
Rechnernetze		1	

Abb. 2. Übung zur Tabellenkalkulation

b) Übung zu Kryptografie

Ein weiteres Beispiel, welches das Zusammenspiel zwischen Präsentation und Selbststudium zeigt, ist die Verschlüsselung und Signatur von Dokumenten. Dazu gibt es zwei verschiedene Komponenten, die einmal die Vertiefung der Vorlesung und andererseits das Abfragen spezieller Kenntnisse ermöglichen. Die folgend beschriebene Komponente ist eine Animation (Abb. 3) und gestattet dem Student, die einzelnen Szenarien asymmetrischer und symmetrischer Verschlüsselung zu vertiefen.

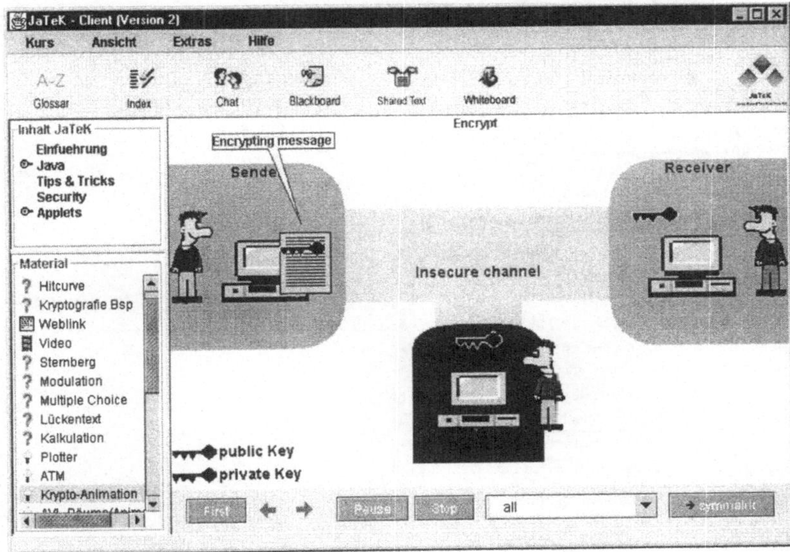

Abb. 3. Kryptographie-Animation

Im Selbststudium muß der Student selbständig Verschlüsselung bzw. Entschlüsselung verschiedener Verfahren vornehmen (Abb. 4). Gleichzeitig kann er auf das Wissen aus der Vorlesung zurückgreifen, indem er im JaTeK-System zu dem entsprechenden Text wechselt oder im Glossar nicht bekannte Schlüsselwörter nachschlägt. Ein Index kann ihm ebenfalls bei der Suche von Material zu Begriffen behilflich sein.

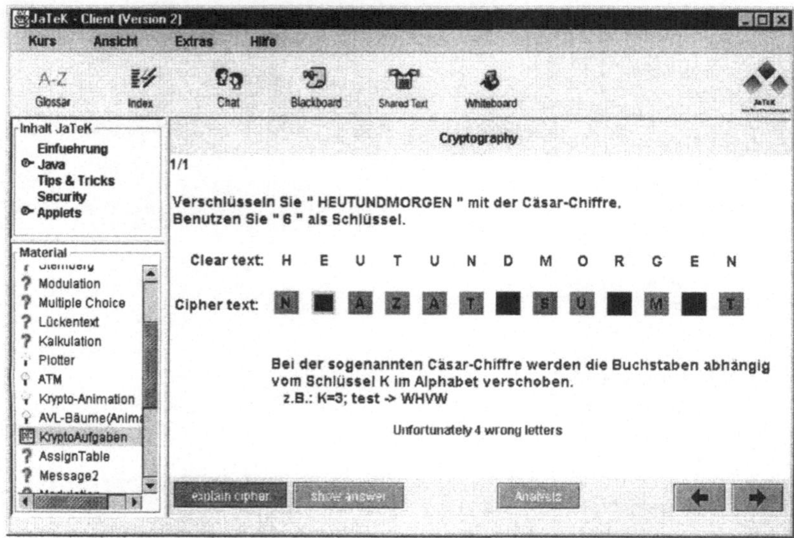

Abb. 4. Beispiel einer Kryptographie-Übungsaufgabe

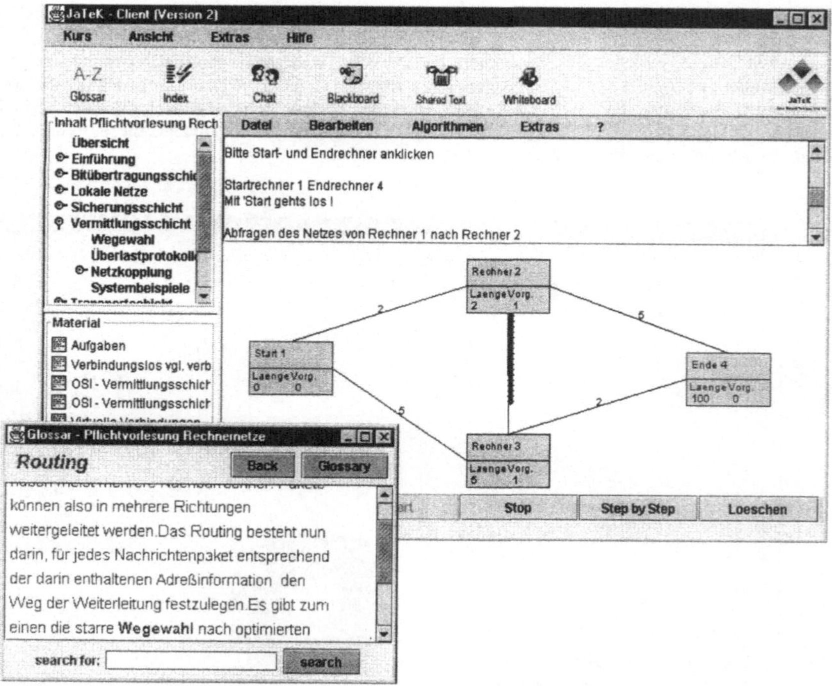

Abb. 5. Integration von "Fremd"-Animationen

c) Einsatz von Komponenten anderer Anbieter

Für die Lehrveranstaltung Rechnernetze konnten durch einen Austausch von lehrrelevanten Animationen mit dem Projekt Interactive-Home-Learning (IHL) der Universität Mannheim neue Komponenten in die Lernumgebung JaTeK integriert werden. Dieses zeigt die Leistungsfähigkeit, die durch die Komponentenarchitektur von JaTeK geboten wird, am Beispiel der Abb. 5 sehr deutlich.

Durch die Vielzahl von Funktionen, die das System JaTeK bietet, wird das System auch für andere Nutzer interessant. So gibt es eine Reihe von Anfragen, die an die Entwickler gestellt wurden, das System auch an anderen Einrichtungen einzusetzen. Im eigenen Haus ist eine Verwendung im Leitprojekt des BMBF "Intermobil" geplant.

5 Umfragen und Evaluation

Seit geraumer Zeit wird die Pflicht-Lehrveranstaltung „Rechnernetze" bei Prof. Schill in Verbindung mit der Nutzung von Materialien in JaTeK durchgeführt. In einer Umfrage zum Semesterende sollten die Studenten die Veranstaltung evaluieren. Da diese Umfrage auch den Einsatz von JaTeK widerspiegelt, werden hier die Ergebnisse dargelegt.

Zu den folgenden Fragen gaben die Studenten ihre Einschätzung auf einer Skala von 0 bis 6, inwieweit die jeweilige Aussage zutrifft:

1. Der/die Lehrende wirkt immer gut vorbereitet.
2. Der Aufbau der Veranstaltung ist gut nachvollziehbar.
3. Relevanz/Nutzen der behandelten Themen wird nahegelegt.
4. Der Vortragsstil ist anregend.
5. Die verwendeten Beispiele sind hilfreich.
6. Der/die Lehrende kann komplizierte Sachverhalte verständlich machen.
7. Der/die Lehrende kann themenübergreifende und methodische Zusammenhänge deutlich machen.
8. Der/die Lehrende bemüht sich festzustellen, inwieweit die Studierenden den Ausführungen folgen können.
9. Der/die Lehrende steht für Rückfragen zur Verfügung.
10. Durch die Veranstaltung habe ich viel gelernt.
11. Mein Interesse am Thema/ an den Inhalten der Veranstaltung wurde gestärkt.
12. Ich wurde zum Mitdenken motiviert.
13. Der/die Lehrende nimmt die Lehre wichtig.
14. Das Tempo der Veranstaltung ist ...
15. Die Anforderungen in der Veranstaltung sind ...
17. Versuche bitte abzuschätzen, wie viele Stunden pro Woche an Vor- und Nacharbeit von Dir für diese Lehrveranstaltung aufzuwenden waren:
    a) Wie viele Stunden hast Du pro Woche für die Vor- und Nacharbeit zu dieser Veranstaltung im Schnitt investiert?
    b) Wieviel Zeitaufwand wäre nach Deiner Schätzung "eigentlich notwendig"?

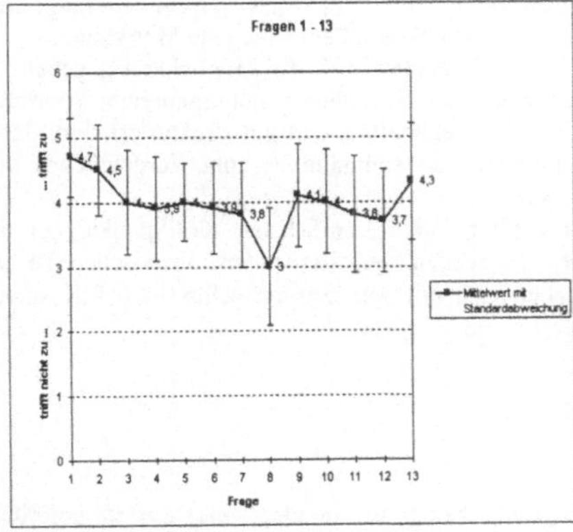

Abb. 6. Evaluierung der Lehrveranstaltung "Rechnernetze", Fragen 1-13

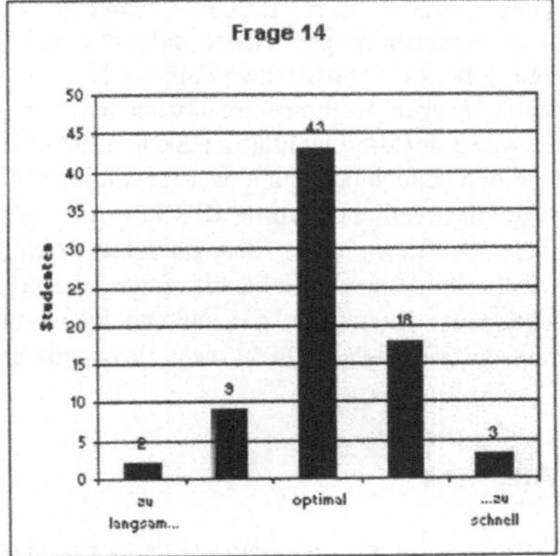

Abb. 7. Evaluierung der Lehrveranstaltung "Rechnernetze", Frage 14

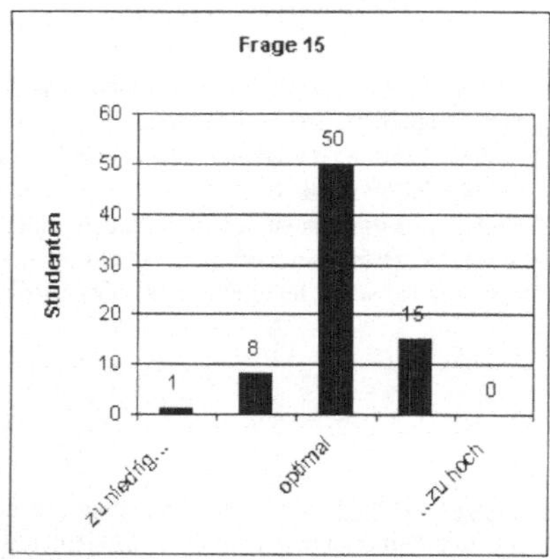

Abb. 8. Evaluierung der Lehrveranstaltung Rechnernetze", Frage 15

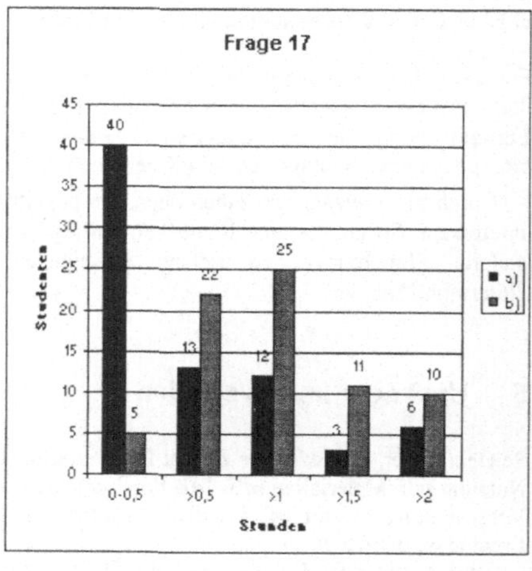

Abb. 9. Evaluierung der Lehrveranstaltung "Rechnernetze", Frage 17

Die eben dargestellten Ergebnisse demonstrieren, daß sich der Einsatz der Online-Lehrmaterialien in Verbindung mit der Durchführung der Lehrveranstaltung auf traditionelle Weise (Vorlesung) bestätigt hat. So lagen die Bewertungen der Fragen aus dem Fragenbereich 1-13, die sich besonders auch auf die Lehrerweiterung mit Hilfe von JaTeK beziehen, auf einer Skala von 1-6 nicht schlechter als bei 3,7. Querverbindungen zwischen der angebotenen JaTeK-Funktionalität und den Evaluationsaussagen können bei den folgenden Fragen gezogen werden:

- Die Frage 3 betraf das Kriterium, inwieweit der Lehrende Relevanz und Nutzen der Themen den Studenten nahegelegt hat. Um dieses Evaluationskriterium zu erfüllen, kann der Lehrende beispielsweise im JaTeK-System die Schablone der Angabe von Literatur- und WWW-Verweisen nutzen. Dadurch kann leicht der Bezug zur Praxis hergestellt werden.
- Auch die Frage 4, die das Einbeziehen hilfreicher Beispiele beinhaltet, wird im JaTeK durch das Einbringen von Informationen mit Hilfe der verschiedenen Schablonen unterlegt. So können an der jeweiligen Stelle z.B. WWW-Verweise eingebracht, Informationen durch Graphiken in dem skalierbaren WMF-Format unterlegt, aber auch Animationen integriert werden.
- Das Verständlichmachen komplizierter Sachverhalte (Frage 6) bestätigt sich in JaTeK durch die Einbindung von Animationen in das System.
- Die Fragen 9-11 betreffen gerade den interaktiven Anteil von JaTeK, aber auch den strukturierten Kursaufbau sowie die Möglichkeit der Integration multimedialer Bestandteile in die Kurse.
- Vor allem die interaktiven und graphisch aufbereiteten Übungen in JaTeK geben der Frage 12 (Motivation zum Mitdenken) die Basis zum guten Ergebnis.
- Die Frage 17 beinhaltet eher zeitliche Charakteristiken der Vor- und Nachbereitung des Kurses. Da jedoch gerade dies der Zielbereich von JaTeK ist, spielt sie eine wesentliche Rolle bei der Evaluierung des Kurses. Das Ergebnis spiegelt die Notwendigkeit der Vor- bzw. Nachbereitung von Lehrveranstaltungen wieder und gibt dem Einsatz von JaTeK in diesem Feld eine hohe Motivation.

Neben dem eher statistischen Teil der Evaluation wurde den Studenten auch die Möglichkeit gegeben, zu bestimmten Fragen Kommentare abzugeben, die die Auswertung der Evaluierung untermauerten. So wurde beispielsweise auf die Qualität der Skripte hingewiesen, die sehr übersichtlich und gut strukturiert sind, deren Schriftgrößen jedoch angepaßt werden mußten. Das Einbeziehen von Animationen zum Verdeutlichen von komplexen Sachverhalten wurde als sehr positiv hervorgehoben.

Frühere Umfragen unter den Studenten ermittelten als einen der wesentlichsten Kritikpunkte bei der Hochschulausbildung die fehlende Interaktivität zwischen Lehrenden und Lernenden. Inzwischen ist die Möglichkeit zur Interaktion mit anderen Systemnutzern, aber auch mit dem System selbst in JaTeK soweit integriert, daß dieser Punkt nicht mehr als negativ eingeschätzt wurde.

6 Ausblick

Wie der Abschnitt „Stand der Technik" und die Umfragen gezeigt haben, ist ein adaptiveres System gefordert. So soll JaTeK derart erweitert werden, daß beliebige Dokumente verändert bzw. mit eigenen Gedanken annotiert werden können. Die so erarbeiteten eigenen Daten sollen organisiert werden und zusammen mit den anderen Daten durchsucht werden können.

Die vorhandenen kooperativen Werkzeuge sollen weiter in das System integriert werden, so daß kooperatives Authoring möglich wird. Dazu ist eine einfache Audiokommunikation und Kooperation beim Entwurf notwendig. Die Schablonen für Animationen und Übungen sollen weiter ausgebaut werden und somit zur Erhöhung der Interaktivität beitragen.

Um effizient zu Hause arbeiten zu können, soll ein Caching implementiert werden, welches auch das spätere Schreiben von Daten des Lernenden auf den Server ermöglicht. Zusammen mit einem Prefetching (vorheriger und automatischer Download von Kursen) kann somit zu weiten Teilen Offline gearbeitet werden und nur in den Phasen intensiver Kommunikation wird eine Verbindung benötigt. Die in Ansätzen bereits implementierte Medienskalierung soll zusammen mit Profiles dazu dienen, dem Übertragungsmedium angepaßte Daten bereitzustellen.

Quellen

1. Multimediale Bildungssysteme, Reihe HMD – Praxis der Wirtschaftsinformatik, Heft 205, Hüthig Verlag, Februar 1999

2. Flechsig, K.H.: Göttinger Katalog didaktischer Modelle; http://www.wiso.uni-goettingen.de/~ppreiss/didaktik/Flechsig.html

3. Norbert M. Seel, Sabine Al-Diban, Susanne Held, Claudia Hess: Didaktisches Design multimedialer Lernumgebungen, in Lernen mit Medien, Juventa Verlag, Weinheim und München, 1998

4. Peter Baumgartner: http://www.uni-klu.ac.at/~pbaumgar/

5. Virtuelles Tutorium: http://infix.emp.paed.uni-muenchen.de/index.html; http://virtuelles.emp.paed.uni-muenchen.de/

6. CoBrow: http://www.cobrow.com/pages/

7. Vital: http://www.darmstadt.gmd.de/concert/software/vital.html

8. Macromedia: http://www.macromedia.com

9. Hyperwave: http://www.hyperwave.com

10. Asymetrix: http://www.asymetrix.com

11. Allen Communication: http://www.allencomm.com/

12. Lotus: http://www.lotus.com/home.nsf/tabs/learnspace

13. WebCT: http://www.webct.com/

14. TopClass: http://www.uni-klu.ac.at/~pbaumgar/

15. Dialekt: http://dialekt.cedis.fu-berlin.de/DIALEKT_Welcome.cfm

16. IHL: http://www.informatik.uni-mannheim.de/informatik/pi4/projects/IHL/index.html

17. Authoring on the fly: http://ad.informatik.uni-freiburg.de/mmgroup.projects.dfn

18. TT Erlangen Nürnberg: http://teleteaching.wi2.uni-erlangen.de/mmtt/index.html

19. Internet Fernstudium: https://hydra.informatik.tu-chemnitz.de/dfn/

20. FernUni Hagen: http://vus.fernuni-hagen.de/

21. JaTeK: http://telet.inf.tu-dresden.de/

22. Digital Lecture Board: http://www.informatik.uni-mannheim.de/~geyer/dlb/dlb.eng.html

Multimodale Interaktion mit einem System zur Virtuellen Konstruktion

Marc Erich Latoschik, Bernhard Jung, Ipke Wachsmuth

AG Wissensbasierte Systeme
Technische Fakultät, Universität Bielefeld
Postfach 100131, D-33501 Bielefeld, Deutschland
e-mail: {marcl, jung, ipke}@TechFak.Uni-Bielefeld.DE

Zusammenfassung Dieser Beitrag stellt ein System für die sprachlich-gestische Interaktion zur Steuerung eines Systems zur Virtuellen Konstruktion vor. Eine Übersicht über verschiedene Manipulationsaufgaben in dieser Domäne dient als Grundlage, um Interaktionsbeispiele zu erläutern. Neben deiktischen Gesten des Benutzers werden mimetische Gesten, die gewünschte Veränderungen "vormachen", betrachtet. Diese werden durch sprachliche oder gestische Trigger eingeleitet und bewirken eine Anpassung in den Funktionsmodi der Auswertung, wobei zwischen diskreten und kontinuierlichen Interaktionen unterschieden wird. Um kontinuierliche Modifikationen in der virtuellen Szene umzusetzen, werden neben dem Konzept der Manipulatoren sogenannte Aktuatoren als Repräsentanten für Benutzermodalitäten sowie Motion-Modifikatoren zur Korrektur unscharfer Sensor-Eingaben eingeführt.

1 Sprach- und Gesten-Interfaces für Multimedia-Systeme

Rahmenthema der dargestellten Arbeiten sind Sprach- und Gesten-Interfaces für Multimedia-Anwendungen. Ziel ist die Entwicklung von Techniken, die dem Benutzer den Einsatz grober, auf Körper-, Arm-, Hand- und Fingerstellung basierender gestischer Kommunikation ermöglichen. Damit sollen Begrenzungen von üblichen Bildschirm-Displays überwunden werden und durch sprachlich-gestische Interaktionstechniken für den Einsatz mit Groß-Displays (Wandprojektionen, Workbenches, Caves) ersetzt werden, die ein freistehendes, komfortables Agieren, und dadurch eine möglichst natürliche Form der Mensch-Maschine-Kommunikation (MMK) erlauben. Die Benutzung auf bildschirmorientierte Arbeitsplätze bezogener Eingabegeräte und Interaktionsmetaphern ist mit diesen neuen Ausgabegeräten nicht mehr adäquat. Versuche, die Eingabemetaphern dieser bisherigen WIMP (Windows, Icons, Mouse, Pointer) Interfaces in die dritte Dimension zu transportieren, führten zu der Entwicklung diverser Pointingdevices wie dem Stylus oder der 3D-Space-Mouse. Gerade eine herausragende Qualität VR-gestützter Anwendungen macht jedoch alternative Interaktionsmöglichkeiten wünschenswert: Durch die Art der Simulation steht nicht mehr der Computer, bzw. Desktop-orientierte Metaphern als Werkzeug, im Zentrum der Interaktion, sondern die Anwendung selbst. Ziel ist damit der Verzicht auf eine vermittelnde Schicht zwischen Benutzer und Benutztem. Tastatur und Maus weichen den natürlichen Modalitäten Gestik und Sprache.
Erste Bestrebungen zur Verwendung der Modalitäten Sprache und Gestik in der Mensch-Maschine-Kommunikation reichen bis in die 80er Jahre zurück. Das Put-That-There System [3] war ein früher Versuch, Gestik und Sprache als Eingabemodalitäten auszuwerten. Als „Gestenerkennung" wurde hier die Zeigerichtung einer Extremität (eines Armes) auf eine zweidimensionale Projektionsfläche mit statischen Objekten ausgewertet; unberücksichtigt blieben zusätzliche Informationen über Körper-, Kopf,

Hand- und Fingerstellung. Der Zeigevektor wurde mit den Ergebnissen eines Wort-basierten Spracherkenners integriert; dabei wurden Plätze verbal unterspezifizierter Referenzen („...this...", „...there...") durch die Auswertung der Position eines ständig präsenten, per Armstellung gesteuerten Cursors ausgefüllt. Die Umsetzung der Benutzerinstruktionen nach der Eingabeanalyse erfolgte ausschließlich als diskrete Zustandsänderungen. Viele der in den 90er Jahren entstandenen Arbeiten konzentrieren sich ganz speziell auf die multimodale Integration. Bei gleichzeitiger graphischer Repräsentation von Objekten steht hier vor allem die Benutzerdeixis, also gestisches Zeigen auf Objekte, deren verbale Benennung oder Blickrichtung im Interesse [5][8][13]. Andere Arbeiten konzentrieren sich zwar konkret auf den Einsatzzweck in VR-Umgebungen [1][2], betrachten aber nur eingeschränkte Gestentypen, zum Beispiel symbolische Gesten, und bilden diese auf Systemkommandos ab (vgl. Übersicht in [9]). Diese Einschränkung wird auch in [16] kritisch bemerkt, wobei der Aspekt der Multimodalität jedoch nicht weiter verfolgt wird. Ein Ansatz, ikonische (formbeschreibende) Gesten zu berücksichtigen, findet sich in [15]. Hier dient eine Hand dazu, Kurven im Raum zu beschreiben und zu verändern. Einige der genannten Arbeiten befassen sich zwar als Einzelaspekt mit der Dynamik der jeweils betriebenen Gestenerkennung, legen aber keine Lösungsansätze für den umfassenderen Aspekt der Interaktionsdynamik vor.

Abbildung 1: Virtuelles Konstruieren an einer interaktiven Wand.

Die im folgenden dargestellten Arbeiten erweitern bisherige sprachlich-gestische Interfaces mit dem Ziel einer möglichst natürlichen Mensch-Maschine-Kommunikation. Dazu werden neben deiktischen auch mimetische („vormachende") Gesten zugelassen; neben diskreten Interaktionen sind auch kontinuierlich ausgewertete Manipulationen möglich; die Interaktionssemantik wird dabei durch den jeweiligen sprachlichen Kontext moduliert. Die Arbeiten sind eingebettet in das SGIM-Projekt (Speech and Gesture Interfaces for MultiMedia), einem Teilprojekt des Multimedia-NRW Verbundprojekts „Virtuelle Wissensfabrik"[1]. Die technische Realisierung der Spracherkennungskomponente ist Teil eines Partnerprojektes innerhalb des Verbundes und ist anderer Stelle erläutert [4]. In diesem Beitrag wird die Konzeption des SGIM-Systems für die multimodale Integration erläutert. Im Hinblick auf die im nächsten Schritt vorgesehene Zusammenführung von Gestik und Sprache sind die Beispiele in Abschnitt 3 und 4 auf koverbale Gesten bezogen.

---

[1] Die Forschungsarbeiten in der Virtuellen Wissensfabrik werden unterstützt vom MSWWF des Landes Nordrhein-Westfalen unter OZ IV A3 -107 032 96

2   Manipulationsaufgaben in der Virtuellen Konstruktion

Als Anwendungsszenario für die dargestellten Forschungsarbeiten zur sprachlich-gestischen MMK dient die Steuerung eines Systems zur interaktiven Montagesimulation in virtuellen Umgebungen, des „Virtuellen Konstrukteurs" [7]. Im diesem werden CAD-basierte Grundbausteine dreidimensional auf einer virtuellen Montagefläche präsentiert; die Aufgabe des Systems liegt in der wissensbasierten Unterstützung des Benutzers beim Zusammenbau dieser Bauteile. Im Virtuellen Konstrukteur bisher verfügbare Interaktionstechniken, sprachliche Instruktionen und (Maus-basierte) direkte Manipulation, beziehen sich auf konventionelle Bildschirm-orientierte Arbeitsplätze. Die hier beschriebenen Arbeiten zielen auf eine sprachlich-gestische Steuerung an Großbild-Displays. Neben der Benutzer-Navigation stellt die Manipulation von Objekten eine zentrale Klasse von Interaktionsaufgaben in virtuellen Umgebungen dar. Im allgemeinen betreffen Manipulationen die folgenden Veränderungen visueller Objektattribute:

- Positionsänderung (Translation)
- Ausrichtungsänderung (Rotation)
- Größenänderung (Skalierung)
- Formänderung (Deformation)
- Erscheinung (Färbung, Texturierung)

Im Zusammenhang der Virtuellen Konstruktion sind insbesondere die ersten drei Manipulationsaufgaben von Interesse. Sie gehören zu den Standardoperationen in CAD- und anderen graphischen Modellierungs Systemen. Im Virtuellen Konstrukteur, der speziell die interaktive Montagesimulation in virtuellen Umgebungen unterstützt, werden zusätzlich folgende Manipulationsaufgaben betrachtet:

- Verbinden von Bauteilen
- Trennen von Bauteilen
- Modifikation von Aggregaten durch Relativbewegung von Komponenten entlang zulässiger Freiheitsgrade von Objektverbindungen

Die Umsetzung dieser Manipulationen basiert im Virtuellen Konstrukteur auf einer wissensbasierten Modellierung der Verbindungsstellen („Ports") und Verbindungsarten zwischen diesen Ports. Abbildung 2 zeigt Beispiele der bisher modellierten Taxonomie von Port-Typen. Eine weitere Taxonomie klassifiziert mögliche Verbindungsarten bezüglich der zulässigen Freiheitsgrade bei eingegangenen Verbindungen [9]; z.B. sind bei Steckverbindungen Translation und Rotation ungekoppelt, während sie bei Schraubverbindungen gekoppelt sind, wodurch Hinein- und Hinausbewegung von Schrauben mit entsprechender Drehung erfolgt.

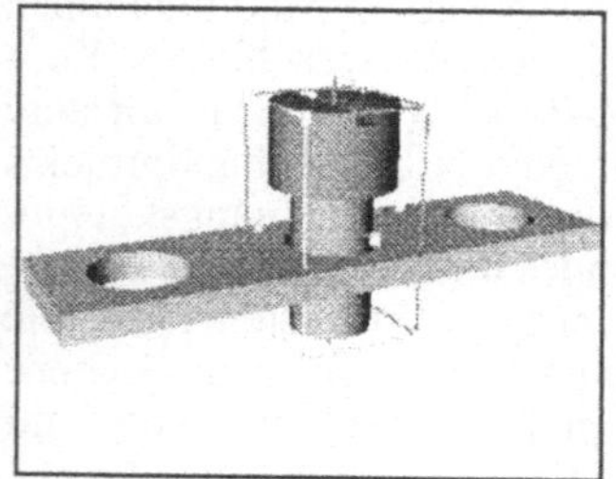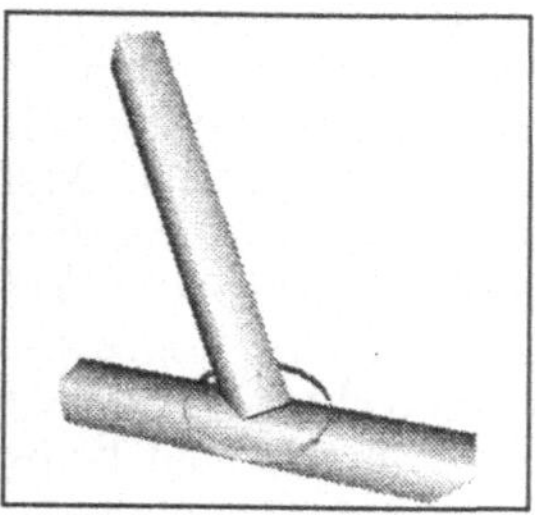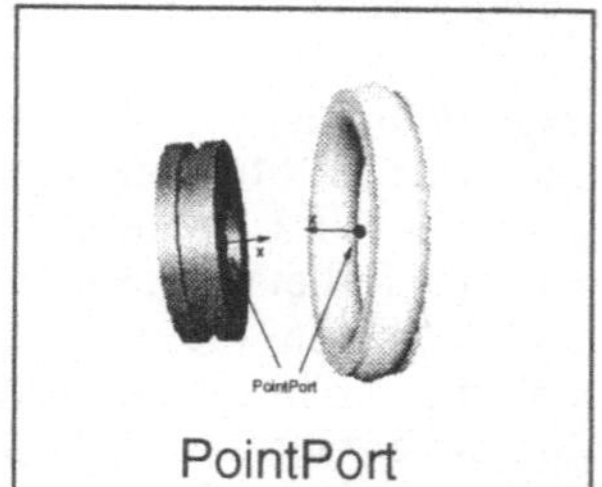

Abbildung 2: Typen von Verbindungsports beim Virtuellen Konstruieren: Extrusion ports (links), plane ports (mitte) und point ports (rechts). Bei Verbindungen zwischen den jeweiligen Ports besteht jeweils ein Freiheitsgrad bzgl. Rotation sowie bis zu zwei Freiheitsgrade bzgl. Translation (Abbildungen nach [7]).

Bei den Manipulationsaufgaben der Virtuellen Konstruktion, wie dem Verbinden oder Trennen von Bauteilen, bestehen somit im Vergleich zu den allgemeinen Manipulationsaufgaben – wie Translation und Rotation von Bauteilen – zusätzliche Randbedingungen die im Virtuellen Konstrukteur explizit modelliert und bei der Auswertung von Benutzerinteraktionen zugänglich sind. So kann z.B. das Verbinden von Bauteilen als Spezialfall der Transformation (Translation und Rotation) eines Bauteils betrachtet werden, bei welcher die Zielposition des transformierten Objekts durch die Verbindungsports beider Bauteile eingeschränkt ist. Auf ähnliche Weise kann die Rotation von Teilaggregaten als Spezialfall der Rotation freier, d.h. unverbundener Bauteile betrachtet werden, wobei jedoch die Rotationsachse durch den Typ der Verbindung festgelegt ist. Diese Interaktionsaufgaben sind zunächst Eingabe-unabhängig. Sie können jeweils durch verschiedene Modalitäten wie Sprache oder Gestik, oder mit Hilfe spezieller Eingabegeräte, beispielsweise Maus-basierter Manipulationen, erfolgen. Bei Verarbeitung gestischer Benutzerinteraktionen werden die geschilderten Konstruktionsrandbedingungen ausgenutzt in dem Ungenauigkeiten bei der Gestenerkennung durch systemseitiges Wissen über den Anwendungsbereich ausgeglichen werden, bzw. ungenau erfolgende gestische Benutzerinteraktionen wissensgestützt justiert werden.

3 Diskrete und kontinuierliche sprachlich-gestische Benutzerinteraktionen

In den bisherigen Abschnitten wurden Manipulationsaufgaben in Virtual Reality Systemen im allgemeinen sowie bei der Virtuellen Konstruktion im speziellen betrachtet. Diese Manipulationsaufgaben stellen die Interaktionsziele für die in unserem System behandelten sprachlich-gestischen Benutzereingaben dar. Zur Durchführung einer Manipulationsaufgabe werden, je nach Art der Manipulation, unterschiedliche Informationen benötigt. Soll zum Beispiel ein Objekt rotiert werden, so müssen das Objekt, die Rotationsachse und die Rotationsweite bestimmt werden. Die Art und Weise, wie diese Informationen kommuniziert werden, bzw. wie Benutzereingaben in Änderungen des Systemzustands umgesetzt werden, legt eine Unterscheidung in zwei unterschiedliche Interaktionsmodi nahe: *diskrete* und *kontinuierliche* Interaktionen. Die Abbildungen in diesem Abschnitt zeigen Beispielinteraktionen mit dem SGIM-Demonstrator.

3.1 Diskrete Interaktion

Bei diskreten Interaktionen werden Änderungswünsche des Benutzers als instantane Zustandsänderungen der virtuellen Umgebung umgesetzt. Diskrete Interaktionen können unimodal geäußert werden, z.B. *„Drehe das gelbe Rad um 45 Grad nach hinten“*, oder multimodal, z.B. *„Stecke <Zeigegeste> dieses Rohr <Zeigegeste> da dran“*. Gestische Interaktionen sind dabei zumeist auf Zeigegesten beschränkt, welche Hinweise auf die auszuwählenden Objekte liefern ([10]; vgl. [3][8]). In multimodalen Konstruktionsdialogen sind die (diskreten und kontinuierlichen) Interaktionen des Benutzers oft unterspezifiziert, so daß eine Ergänzung der Eingaben um Kontextwissen über den Anwendungsbereich – bei der Virtuellen Konstruktion etwa Wissen über die Verbindungsmöglichkeiten der Bauteile – und Vorannahmen notwendig ist. Dies bedingt, daß bei der systemseitigen Interpretation von unterspezifizierten Benutzereingaben Systemzustände erzeugt werden können, die nicht den ursprünglichen Intentionen des Benutzers entsprechen. Bei diskreten Interaktionen, deren Auswirkungen sofort in der virtuellen Szene angezeigt werden, sind Korrekturen nur in folgenden Interaktionsschritten möglich. Der Benutzer hat jedoch keine Möglichkeit, die Interpretation einer Anweisung noch während deren Auswertung zu beeinflussen. Der Einsatz von VR-Techniken zielt jedoch oft gerade darauf, den Benutzer in die Szene zu integrieren und ihm unmittelbare Kontrolle der Manipulationen zu ermöglichen. In vielen Bildschirm-orientierten Anwendungen hat sich dafür der Einsatz direkter Manipulationen mittels Maus-Steuerung als nützlich erwiesen. Im folgenden werden dazu analog kontinuierliche Interaktionen im Kontext der natürlichen Modalitäten Gestik und Sprache betrachtet.

3.2 Kontinuierliche Interaktion

In der menschlichen Kommunikation kommen neben den schon oben behandelten deiktischen Gesten u.a. auch mimetische Gesten vor, die dem „Vormachen" einer beabsichtigten Änderung dienen (vgl. funktionale Klassifikation von Gestentypen in [10]). Dabei werden die Extremitäten (vor allem die Hände) als Platzhalter gebraucht, um dem Kommunikationspartner die Art und Weise der gewünschten Manipulation vorzumachen. Auf virtuelle Umgebungen bezogen legen mimetische Gesten – im Gegensatz zu diskreten Interaktionen – eine über die Dauer des „Vormachens" folgende kontinuierliche Veränderung der virtuellen Umgebung nahe (Abb. 3 u. 4).

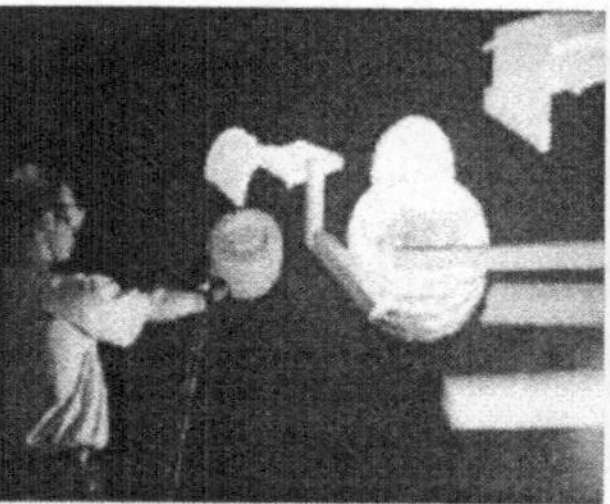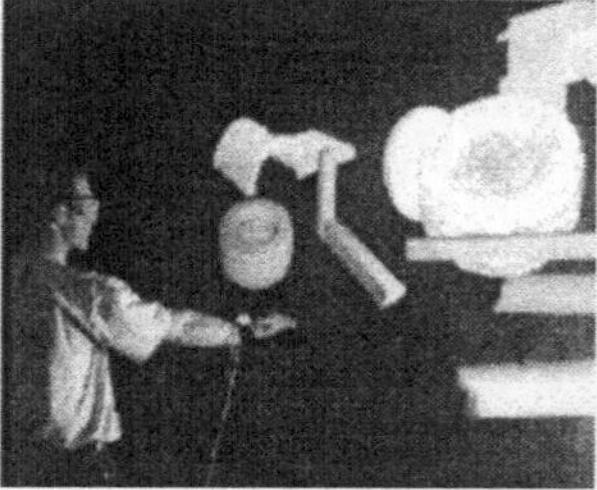

Abbildung 3: Auswahl und Drag & Drop - Der Benutzer selektiert ein Objekt mittels einer Zeigegeste und führt es durch kontinuierliche Interaktion an einen neuen Platz.

In kontinuierlichen multi-modalen Interaktionen ist mimetische Benutzer-Gestik oft begleitet durch spezifische Schlüsselworte in der sprachlichen Äußerung, z.B. *„so"* wie in *„Drehe das Rad <Beginn Rotation> so herum <Ende Rotation>"* (Abb. 4).

Abbildung 4: Kontinuierliche Interaktion mit mimetischer Gestik zur Beschreibung einer Rotation (Trajektorie zur Veranschaulichung hinzugefügt).

Auswertung, Interpretation und Umsetzung kontinuierlicher Interaktionen erfolgen im SGIM-Demonstrator schritthaltend, wobei Benutzereingriffe zur unmittelbaren Korrektur möglich sind. Bei der Analyse dynamischer Gesten muß i.a. eine zeitbezogene Filterung körperbezogenen Daten erfolgen [11]. Die technische Realisierung diskreter und kontinuierlicher Interaktionen ist im folgenden Abschnitt beschrieben.

4 Interaktionsformen in der Systemmodellierung

Die beiden Interaktionsmodi, diskret und kontinuierlich, erfordern konzeptionelle Unterschiede in ihrer technischen Realisierung. Ihre gemeinsame Auswertung in einem realen System zur Virtuellen Konstruktion bedingt ebenfalls zwei Ausführungsmodi. Bei beliebigen Eingaben, also gesprochenen und klassifizierten Worten oder einzelnen erkannten Gesten, wird während der multimodalen Integration versucht, benötigte Integrationsschemata zu füllen. Der Informationsfluß wird von einzelnen parallelen Erkennermodulen getrieben, welche ihre Resultate als singuläre Events an eine Integrationskomponente weiterleiten (s. Abb. 5).

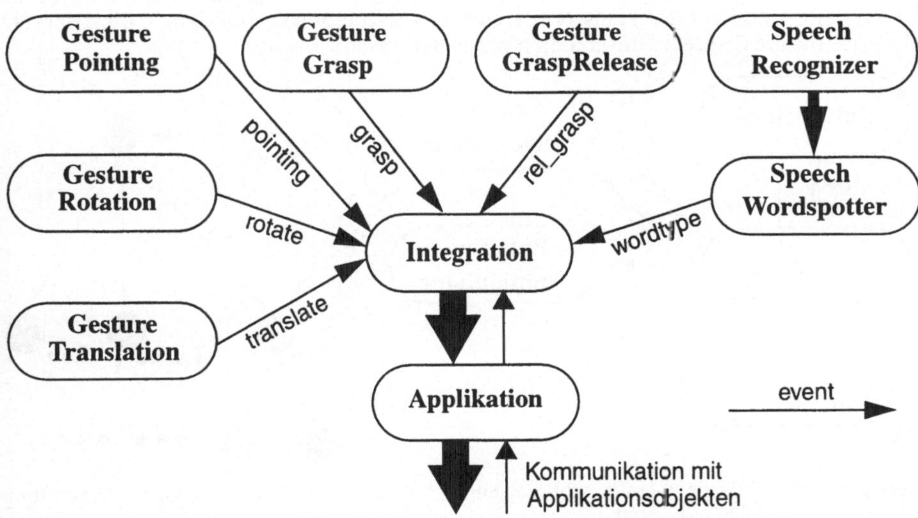

Abbildung 5: Event-getriebene Erkenner und Integrationsstruktur

Die einzelnen Ergebnisse der Erkennermodule werden in der Integration in eine gemeinsame Struktur gebracht. Signifikante Gesten, zum Beispiel ein Zeigen, oder spezielle Aktionswörter, wie „...drehe...", „...schiebe..." oder „...verbinde...", aktivieren jeweils einen speziellen Integrationsframe. Jeder dieser Frames hat spezifische Slots, welche durch die einkommenden Events gefüllt werden. Ein Objekt-Referenzframe benötigt Objektspezifikationen. Verbal können dieses neben Benennungen auch die visuellen Objektattribute Farbe, Lage oder Form sein. Gestisch wird das bedeutete Objekt durch die Richtung während einer Zeigegeste ermittelt. Ziel dieses Referenzframes ist es eine eindeutige Objekt-Instanz zu ermitteln. Dagegen benötigt ein Rotationsframe den Rotationsmittelpunkt, eine Rotationsachse und den Winkel der Änderung. Ist die Integration abgeschlossen, so wird eine mit dem Frametyp assoziierte Funktion ausgeführt. Ein Referenz-Frame aktiviert eine Selektion des referenzierten Objektes, ein Rotations-Frame führt zu einer entsprechenden Objektlage oder -positionsänderung.

4.1 Umsetzung diskreter vs. kontinuierlicher Interaktionen

Der Frame-Abschluß kann durch drei verschiedene Ereignisse ausgelöst werden: Im einfachsten Fall ist der Frame vollständig spezifiziert und die assoziierte Aktion kann im diskreten Ausführungsmodus umgesetzt werden. Ein unterspezifizierter Frame kann durch zwei Arten von Ereignissen in verschiedene Ausführungsmodi gesetzt werden. Detektiert die Spracherkennung das Ende einer Äußerung, und liegt kein Ergebnis eines Gestenerkenners vor, so wird - unter Ergänzung der Eingabe durch Vorannahmen - die Benutzereingabe ebenfalls diskret umgesetzt. Wird ein Triggerwort („...so...") erkannt und eine entsprechende mimetische Geste ausgeführt, so wird in den kontinuierlichen

Modus umgeschaltet und versucht, die unterspezifizierten Werte aus der Gestik zu ermitteln. Kann dieses nicht erfolgen, wird die Interaktion abgebrochen.

4.2   Umsetzung diskreter Interaktionen über Manipulatoren

Die Modellierung graphischer Szenen erfolgt i.a. durch die hierarchische Anordnung der Objekte als Knoten in einem Szenengraphen. Veränderungen werden durch sogenannte *Manipulatoren* ausgeführt. Diese können je nach Art bestimmte Attribute dieser Objekt-Knoten verändern. Für die technische Realisierung einer Selektion und Drehung benötigen wir mindestens zwei Manipulatoren, einen zur Suche des entsprechenden Knotens und anschließender Hervorhebung (Selektion und Highlighting), einen für die Manipulation der Knoten-Transformationsmatrix (Rotation). Abbildung 6 illustriert ein Beispiel für die diskrete Umsetzung einer Rotationsanweisung.

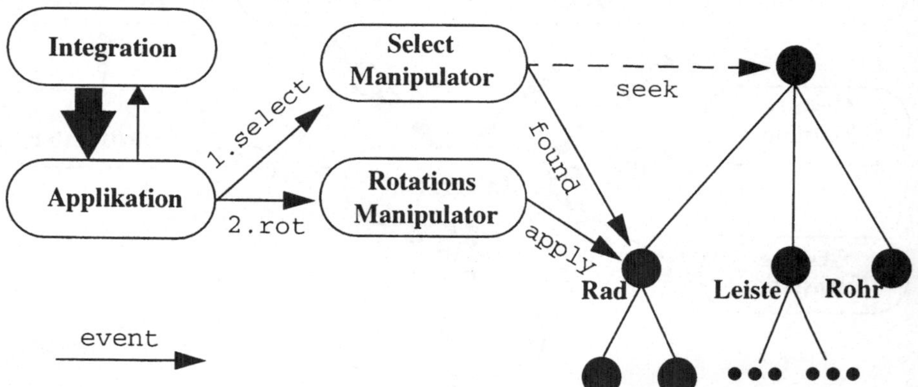

Abbildung 6: Einfache Manipulator-Szenengraphmodifikation bei instantaner Ausführung („Dreh das Rad")

4.3   Umsetzung kontinuierlicher Interaktionen über Aktuatoren und Motion-Modifikatoren

Auf die Funktion bestimmter Trigger als Einleitung einer mimetischen Beschreibung wurde bereits in Abschnitt 3.2 hingewiesen. Auf der Anwendungsebene bewirkt ein Trigger einen Moduswechsel. Nach einem solchen Modustrigger wird die Interaktion nicht in einem kompletten Schritt mittels eines Manipulators umgesetzt; stattdessen wird die gewünschte Manipulation kontinuierlich aus den Bewegungsänderungen des Benutzers ermittelt. Für diesen Vorgang wird ein mehrstufiges Konzept benutzt.

Datenfluß zwischen den Komponenten

Die multimodale Integration arbeitet auf Event-Basis. Das bedeutet, daß die Kommunikation zwischen Integration, Applikation und den Manipulatoren auf dem Vorhandensein von Nachrichten als diskreten Signalen beruht. Im Gegensatz dazu arbeitet die Visualisierung der virtuellen Szene in einer Schleife, der sogenannten Rendering-Loop. Diese ist treibende Kraft und impliziter Taktgeber, um eine stetige Framerate (Anzahl der gerenderten Bilder/Zeiteinheit) zu gewährleisten. Kommunikation mit der Anwendung geschieht in den Zeiträumen zwischen den Berechnungen der einzelnen Bilder. Events übertragen nur den Wechsel zwischen verschiedenen Zuständen und treten vergleichsweise selten auf, die Rendering-Loop wird kaum belastet. Würde auch die Umsetzung einer kontinuierlichen Interaktion und die Auswertung der Benutzergestik vor der Integration erfolgen, so müßte jede erkannte Geste über die Integrationskomponente und die Applikation als Event weitergegeben werden.

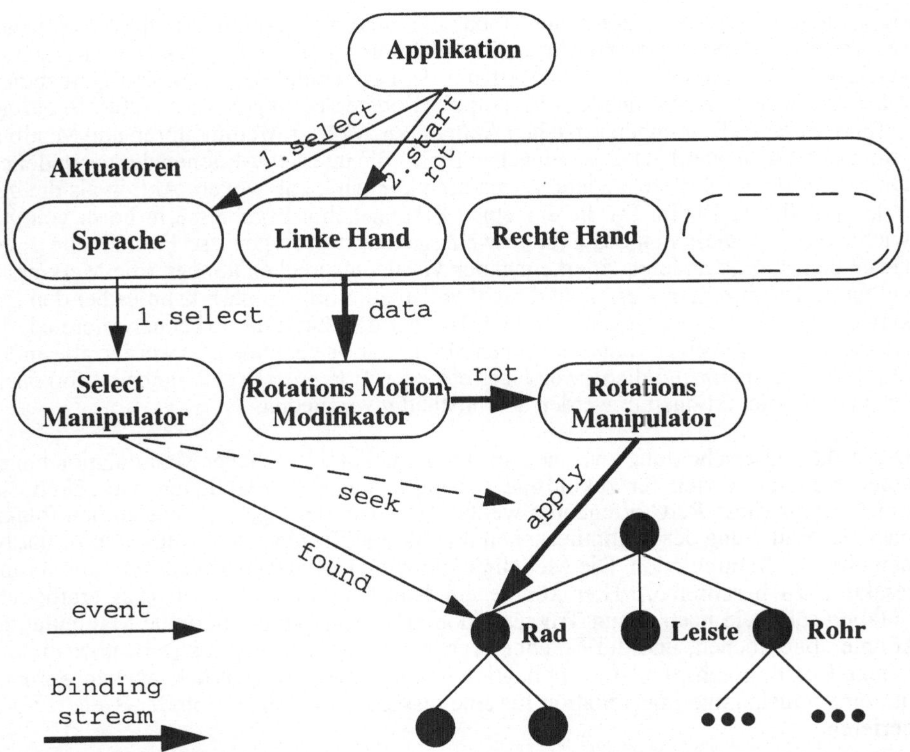

Abbildung 7: Kontinuierliche Interaktion mittels Aktuatoren und Modifikatoren („Dreh das Rad so herum")

Dieser Ansatz würde in einem Daten-Streamingkonzept resultieren und widerspräche grundlegend der Struktur einer Eventauswertung. Weiterhin läuft die Gestenerkennung parallel ab, zu einem beliebigen Zeitpunkt können für die gleiche Extremität gültige, unterschiedlich gewichtete Resultate vorliegen. Diese würden übermittelt, obwohl sie für eine stattfindende kontinuierliche Manipulation nicht relevant wären. Sie erforderten eine vorgeschaltete Filterung der Erkennerresultate, selbst wenn die entsprechende Extremität gerade eine Manipulation ausführen würde. Die asynchrone Kommunikation fände immer statt. Ein derartiges Event-basiertes Modell ist aus Performanzgründen für flüssige kontinuierliche Interaktion in einem virtuellen Szenario nicht akzeptabel. Wir setzen daher einen in Abbildung 7 illustrierten speziellen Anwendungsmodus ein. Die speziellen Trigger-Events veranlassen die Umschaltung in den kontinuierlichen Modus. Kontrolliert und umgesetzt wird die Benutzer-Interaktion von dann aktivierten Modulen, deren Datenfluß synchron und parallel dem der virtuellen Umgebung ist. Gegenseitige Bindungen zwischen diesen Modulen etablieren über den Zeitraum mehrerer Frames hinweg die kontinuierliche Manipulation.

Die Interaktionen des Benutzers werden durch *Aktuatoren* in der Repräsentation der virtuellen Umgebung vermittelt. Für eine Hand sind dies zum Beispiel die aktuelle Lage und Position des Handgelenkmittelpunktes in Weltkoordinaten. *Motion-Modifikatoren* binden an diese Daten und testen, ob der jeweilige Aktuator zwischen jedem Renderschritt die Modifikator-eigenen Bedingungen erfüllt, zum Beispiel weiterhin eine Drehung ausführt [11]. Ist dieses der Fall, so versorgen sie entsprechende Manipulatoren über den Zeitraum der Bindung mit kontinuierlichen, durch Template-Intervallvergleich geglättete Manipulationsanweisungen. Sind die Bedingungen nicht mehr erfüllt, signalisieren die Modifikatoren den Abbau der Bindungen, die Interaktion wird insgesamt beendet. Aktuatoren und Motion-Modifikatoren sind, im Gegensatz zu der Event-getriebenen Erkennung, synchronisiert mit dem Datenfluß der virtuellen Umgebung. Für jedes neue zu berechnende Bild wird ein Update der eingebetteten Objekte durchgeführt. Solange Bindungen zwischen Aktuatoren, Motion-Modifikatoren und Manipulatoren bestehen, werden bei jedem neuen Frame die internen Aktionen der gebundenen Objekte durchgeführt; gebundene Aktuatoren können keine weitere Aktion als die gerade aktuelle ausführen. Da die einzelnen Erkenner ihre Ergebnisse in Form von gewichteten Hypothesen an das System weitergeben, und da gewisse Formanteile einer Geste denen einer anderen zu erkennenden Geste entsprechen können (die Merkmalsvektoren der einzelnen Gesten sind nicht vollständig orthogonal), kann es bei den Erkennern zu Überschneidungen kommen. Ist aber der durch die Erkenner referenzierte Aktuator bereits in einer kontinuierlichen Manipulation gebunden, so werden alle anderen diesen Aktuator möglicherweise betreffenden Erkenner-Events ignoriert. Inkonsistenzen im Interaktionsfluß werden so vollständig vermieden.

Die strikte Unterscheidung zwischen diskreter und kontinuierlicher Manipulation bietet einen weiteren Vorteil für zukünftige Arbeiten. Beispielinteraktionen wie „Dreh die Leiste *so* um diese Rad" offenbaren weitere Herausforderungen. Offensichtlich folgen nach der Einleitung der kontinuierlichen Interaktion (Trigger „so") weitere Informationen über die Manipulation. Die Modalität würde hier *mehrfach* gewechselt, um die Interaktion zu beschreiben. Hier könnte ein Korrekturansatz (wie in [12] erarbeitet) nützlich sein. Die nach einem Trigger schon erfolgende kontinuierliche Manipulation könnte abgebrochen, und die Erkennerergebnisse des Modifikators (z.B. über die erkannte Rotationsachse) an die Applikation und die Integration zurückgegeben werden, um eine vollständige Spezifikation für eine diskrete Manipulation in der Szene zu generieren.

5 Zusammenfassung / Stand der Realisierung

In diesem Beitrag haben wir ein System zur sprachlich-gestischen Steuerung einer Anwendung der Virtuellen Konstruktion vorgestellt. Im Gegensatz zu anderen und als Erweiterung unserer bisherigen Arbeiten, werden dabei, neben deiktischen und symbolischen Gesten, insbesondere auch Gesten mit mimetischem Charakter verarbeitet. Erste Experimente bestätigen die Nützlichkeit dieser Gestentypen in Fällen, wo ausschließlich sprachliche Äußerungen zu komplex, unpräzise oder unnatürlich sind.

Zur Verarbeitung von sowohl diskreten wie auch kontinuierlichen multimodalen Interaktionen wurde ein gemischt Event/Binding-basiertes Architekturkonzept vorgestellt, das unterschiedlich getriebene und synchronisierte Programmkomponenten umfaßt. Die Umsetzung kontinuierlicher Interaktionen erfolgt dabei über Aktuatoren, Motion-Modifikatoren und Manipulatoren, welche durch sprachlich oder gestisch getriggerte Events in den Kontext der VR-spezifischen Rendering-Loop gesetzt und für die Dauer einer Interaktion aneinander gebunden werden. Das vorgeschlagene Architekturkonzept leistet über die Manipulatoren auch die Integration in das Anwendungssystem zur Virtuellen Konstruktion.

Im gegenwärtigen Demonstratorsystem des SGIM-Projekts sind Interaktionen zur Deixis-Auswertung und zur Führung von Objekten vollständig implementiert. Die Auswertung von Rotationen befindet sich im Experimentalstadium. Derzeitige Arbeiten beinhalten u.a. die Portierung des Systems von Performer[2] auf Avocado, einer Plattform zum Rapid Prototyping von VR-Anwendungen [14].

---

[2] Echtzeit- und multiprozessorfähige 3D-Graphikbibliothek der Firma Silicon Graphics.

6 Literatur

1. K. Böhm, W. Hübner & K. Väänänen: *GIVEN: Gesture Driven Interactions in Virtual Environments, A Toolkit Approach to 3D Interactions*. In Interfaces to Real and Virtual Worlds, Montpellier, France, 1992.

2. K. Böhm, W. Broll & M. Sokolewicz: *Dynamic Gesture Recognition Using Neural Networks; A Fundament for Advanced Interaction Construction*. In SPIE Conference Electronic Imaging Science & Technology, San Jose California, USA, 1994.

3. R. A. Bolt: *„Put-That-There": Voice and Gesture at the Graphics Interface*, Computer Graphics 14(3), S. 262-270, 1980.

4. G. A. Fink, C. Schillo, F. Kummert & G. Sagerer: *Incremental speech recognition for multimodal interfaces*. In IECON'98: Proceedings of the 24th Annual Conference of the IEEE Industrial Electronics Society, Vol. 4, IEEE, 1998.

5. A. G. Hauptmann & P. McAvinney: *Gestures with speech for graphic manipulation*. In International Journal of Man-Machine Studies, Vol. 38, S. 231-249, 1993.

6. C. Huls, E. Bos & W. Claassen: Automatic Referent Resolution of Deictic and Anaphoric Expressions. In Computational Linguistics, Vol. 21. No 1, S.59-79, 1995.

7. B. Jung, M. Latoschik & I. Wachsmuth: Knowledge-Based Assembly Simulation for Virtual Prototype Modeling. *IECON'98 -Proceedings of the 24th Annual Conference of the IEEE Industrial Electronics Society, Vol. 4,* IEEE, 1998, 2152-2157.

8. D. B. Koons, C. J. Sparrell & K. R. Thorisson: *Integrating Simultaneous Input from Speech, Gaze, and Hand Gestures*. In M. Maybury (Ed.): Intelligent Multimedia Interfaces, AAAI Press, S. 257-276, 1993.

9. S. Kopp: *Ein wissensbasierter Ansatz zur Modellierung von Verbindungen zur virtuellen Montage*, Diplomarbeit an der Technischen Fakultät der Universität Bielefeld, 1998.

10. M. Latoschik & I. Wachsmuth: *Exploiting Distant Pointing Gestures for Object Selection in a Virtual Environment*. In I. Wachsmuth & M. Fröhlich (Eds.): Gesture and Sign Language in Human-Computer Interaction, (pp. 185-196), Lecture Notes in Artificial Intelligence, Volume 1371, Springer-Verlag, 1998.

11. M. Latoschik, M. Fröhlich, B. Jung & I. Wachsmuth: *Utilize Speech and Gestures to Realize Natural Interaction in a Virtual Environment*. IECON'98 - Proceedings of the 24th Annual Conference of the IEEE Industrial Electronics Society, Vol. 4, IEEE, S. 2028-2033, 1998.

12. B. Lenzmann: *Benutzeradaptive und Multimodale Interface-Agenten*. Dissertation an der Technischen Fakultät der Universität Bielefeld, Infix Verlag, DISKI 184, 1998.

13. M. T. Maybury: *Research in Multimedia and Multimodal Parsing and Generation*. In P. McKevitt (Eds.): Journal of Artificial Intelligence Review: Special Issue on the Integration of natural Language and Vision Processing, Vol. 9, Kluwer, 1995.

14. H. Tramberend: *Avocado: A Distributed Virtual Reality Framework*. In L. Rosenblum, P. Astheimer & D. Teichmann (Eds.): Proceedings of the Virtual Relity'99 IEEE Conference, Houston, USA, S. 14-21, 1999.

15. D. Weimer & S. K. Ganapathy: Interaction Techniques using Hand Tracking and Speech Recognition. In M. M. Blattner & R. B. Dannenberg (Eds.): Multimedia Interface Design, ACM Press, S. 109-126, 1992.

16. A. D. Wexelblat: *An Approach to Natural Gesture in Virtual Environments*. In ACM Transactions on Computer-Human Interaction, Special Issue on Virtual Reality Software and Technology, Vol. 2 #3, 1995.

Computer ohne Monitor – Grenze der Benutzbarkeit?
Braille- und Sprachausgabe für Linux

Roger Butenuth
Universität GH Paderborn, butenuth@uni-paderborn.de

1 Einleitung

In Deutschland leben zur Zeit ca. 155000 blinde Menschen, davon befinden sich ca. 14000 in der Schule oder Ausbildung. Es ist zu erwarten, daß ein großer Teil von ihnen im Berufsleben mit Computern arbeiten wird. Auch die Bedeutung des Internets hat in den letzten Jahren stetig zugenommen. Eine Welt, in der man sich Informationen vorwiegend mit Hilfe von Computern beschafft, bietet für stark sehgeschädigte und blinde Nutzer gleichzeitig Chancen und Probleme: Auf der einen Seite sind in digitalen Formaten vorliegende Daten leicht in diverse Darstellungen umzuwandeln, auf der anderen Seite fordert die Proliferation von neuen Formaten zunehmenden Aufwand für die Erstellung von Umwandlungswerkzeugen. Problembehaftet für blinde Nutzer sind insbesondere Grafiken, deren Inhalt sich schlecht bis überhaupt nicht vermitteln läßt. Der zunehmende Übergang von textbasierten zu grafischen Oberflächen führt auch bei der rein lokalen Nutzung zu Problemen. Die in MS-DOS übliche Textdarstellung ist relativ leicht in Braille- und Sprachausgabe umzusetzen, die grafischen Inhalte von Windows dagegen sind schwer vermittelbar. Trotzdem sollte man nie das Ziel aus den Augen verlieren, blinden Nutzern möglichst alle Programme zugänglich zu machen, da man nicht sagen kann, wer welche Programme nutzt.

Problem ergeben sich bei der Integration von Spezialsoftware in das Betriebssystem: Unter primitiven System ohne jegliche Zugriffskontrollen ist es für ein Programm leicht möglich, den Bildschirminhalt auszulesen. In aktuellen Systemen, die für Mehrbenutzerbetrieb ausgelegt sind, darf ein beliebiges Programm dies natürlich nicht, ansonsten wäre jeglicher Datenschutz Makulatur. Zugriff ist oft nur über Gerätetreiber möglich, die innerhalb des Systemkerns ablaufen. Da ihre Erstellung weitreichende Systemkenntnisse erfordert und sehr aufwendig ist, steht Zugangssoftware für blinde Nutzer oft erst Jahre nach dem Erscheinen eines neuen Betriebssystems zur Verfügung.

Sind die Informationen über Bildinhalt und Tastatureingaben gesammelt, müssen sie auf einem nicht-visuellen Kanal zum Benutzer gelangen. Durchgesetzt haben sich dabei zwei Techniken, die sowohl zusammen als auch getrennt eingesetzt werden: Sprachausgabe und Braillezeile.

In Braille – auch Punkt- oder Blindenschrift genannt – besteht jedes Zeichen aus einem bis sechs Punkten, in zwei Spalten angeordnet. Die somit theoretisch möglichen $2^6 = 64$ Kombinationen reichen in der Praxis für die Darstellung aller Buchstaben (klein und groß), Umlaute, Ziffern und Satzzeichen nicht aus. Deshalb verzichtet man in der »traditionellen« Blindenschirft auf die Unterscheidung von großen und kleinen Buchstaben und behilft sich bei Zahlen und seltenen Sonderzeichen mit »Umschaltzeichen«. So entsprechen die Buchstaben A bis J den Ziffern 1 bis 0, wenn sie einem '#' (Nummernzeichen) folgen. Diese Vorgehensweise wird auch heute bei in Papier gedruckten Büchern aus Platzgründen (und damit Kostengründen) beibehalten. Für die Arbeit am PC sind obengenannte Restriktionen bezüglich der Darstellung von Zeichen nicht akzeptabel. Deshalb wurde die 6-Punktdarstellung durch eine 8-

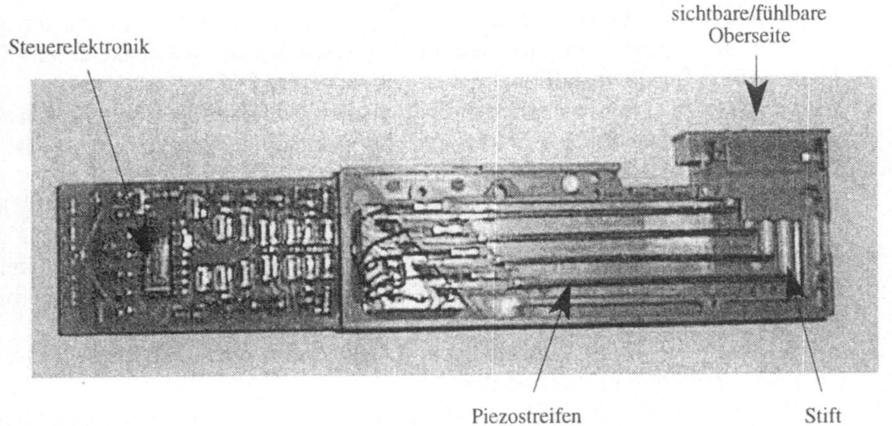

Abb. 1: Ein Braille-Modul von der Seite gesehen. Die vier Stifte, die die linke Hälfte eines Zeichens bilden, sind mit den zugehörigen Betätigungsstreifen aus Piezokeramik zu erkennen. Die Mechanik für die rechte Hälfte befindet sich auf der nicht sichtbaren Rückseite.

Punktdarstellung ergänzt, die, bis auf wenige Ausnahmen, kompatibel ist. Die Punkte 7 und 8 wurden unter die 2*3 Matrix angefügt, also in den Bereich, wo der Tastsinn der Fingerkuppe bereits nachläßt. Deshalb werden hier die Informationen wie Großschreibung kodiert, die für den Lesefluß nicht so relevant sind.

Braillezeilen bestehen typischerweise aus 20 bis 80 Modulen mit je acht Punkten, die über Piezokeramik angesteuert werden (siehe Abb. 1). Neben dieser Reihe von Modulen, die einen Teil einer oder eine vollständige Bildschirmzeile darstellen, existieren meistens noch einige Statusmodule, die Informationen über die dargestellte Zeile enthalten. Aufwendige Mechanik und geringe Stückzahlen führen leider zu sehr hohen Preisen: Je nach Ausstattung fallen 10000,- DM bis 40000,- DM an, ein Mehrfaches des Preises für einen modernen PC.

Eine weitere Möglichkeit in der Vermittlung des Bildschirminhaltes besteht in der Ausgabe von akustischen Informationen, üblicherweise Sprache. Die Sprache kann entweder von einem Hardwaresynthesizer oder vom Rechner selbst generiert werden, im letzten Fall folgt die Ausgabe über die heute in beinahe jedem PC vorhandene Soundkarte.

Auf der Basis der existierenden Hardware existieren kommerzielle Softwarelösungen für MS-DOS, Windows 95/98/NT und OS/2, für die sich der Oberbegriff Screenreader eingebürgert hat. Die geringen Stückzahlen führen auch hier zu hohen Preisen, so kostet zum Beispiel JAWS von der Firma Henter Joyce für Windows NT ca. 5000,- DM. Dies führt dazu, daß viele Benutzer an ihre älteren MS-DOS-Lösungen gebunden sind und aus Kostengründen nicht umsteigen können. Da für MS-DOS praktisch keine neuen Programme mehr entwickelt werden, können sie modernere Entwicklungen wie Email, WWW und andere Netzdienste nur eingeschränkt nutzen. Ein weiteres Hindernis für den Umstieg stellen die fest eingebauten grafischen Benutzungsoberflächen von Windows 95/NT dar: Sie sind ohne Maus und optisches Feedback extrem schlecht bedienbar.

Eine naheliegende Lösung besteht darin, ein modernes Betriebssystem zu verwenden, bei dem die grafische Oberfläche klar vom Rest des Systems getrennt ist und das sich auch ohne sie vernünftig bedienen läßt. Unter diese Klassifikation fallen praktisch alle Unix-Varianten, jedoch sprechen viele Gründe für die Auswahl von Linux:

1. Es ist inklusive aller Quelltexte frei verfügbar, man bezahlt höchstens für eine »Distribution«, eine Zusammenstellung von getesteten Softwarepaketen und Dokumentation. Der Preis dafür beträgt ca. 50,- bis 100,- DM.
2. Es wird aktiv weiterentwickelt, man läuft also nicht Gefahr, in kurzer Zeit in eine Sackgasse zu geraten. Viele große Hersteller haben angekündigt, Softwarepakete für Linux anzubieten oder bieten sie bereits an.
3. Eine steigende Benutzerzahl – sie verdoppelt sich momentan jedes Jahr – läßt auch in der Zukunft Unterstützung bei eventuellen Problemen erwarten.
4. Es existiert eine klare Trennung zwischen dem eigentlichen System mit textueller Ein- und Ausgabe sowie einer optionalen grafischen Oberfläche, heutzutage meistens das X Fenstersystem mit dem K Desktop Environment oder GNOME.
5. Vorhandene MS-DOS-Anwendungen können mit `dosemu` (einem DOS-Emulator) weiterhin benutzt werden.
6. Die Trennung von normalen Anwendern und dem Systemverwalter (`root`) verhindert, daß sich ein Benutzer versehentlich seine gesamte Systemkonfiguration zerstört. Auch das leidige Virenproblem ist damit erledigt, da normale Anwender keine Programmdateien verändern dürfen.

2 Bereits existierende Sprach- und Brailleausgabelösungen

Unter Linux existieren schon verschiedene Projekte, die als Ziel haben, einen Zugang für Blinde Benutzer zu schaffen. Das Pojekt mit den am weitesten gesteckten Zielen versucht die X-Oberfläche zugänglich zu machen, es ist aber noch nicht sehr weit gediehen [7]. Dagegen existieren schon mehrere Lösungen, die sich in der Praxis bewährt haben. Sie sollen kurz vorgestellt werden. Weitere Informationen finden sich auch in [5, 2, 6]. Bei der Definition von XML, dem Nachfolger von HTML, hat man Tags vorgesehen, die eine Sprachausgabe steuern. Dies hilft jedoch nur, wenn man sich ein XML-Dokument passiv vorlesen läßt, nicht bei der interaktiven Zusammenarbeit mit dem Computer. Weiterhin ist zu befürchten, daß die meisten der XML-Dokumente diese Tags nicht enthalten werden, so wie auch viele HTML-Seiten kein blindenfreundliches Design aufweisen.

Das Programm Brltty (*Braille Terminal*, frei verfügbar unter der Gnu Public Licence) unterstützt einen Großteil der auf dem Markt befindlichen Braillezeilen, die über die serielle Schnittstelle mit dem PC gekoppelt sind. Es hat sich im praktischen Einsatz bewährt und ist sehr zuverlässig. Die Bewegung der Braillezeile kann entweder an den Cursor gekoppelt oder von ihm losgelöst werden. Die Steuerung erfolgt über die Tasten an der Braillezeile und erfolgt weitgehend mit den gleichen Tastenkombinationen, die unter MS-DOS und der entsprechenden Braillezeile üblich sind. Dem Benutzer wird somit der Umstieg auf Linux erleichtert. Die meisten Braillezeilen sind mit Tasten über jedem Braillemodul ausgestattet, mit denen sich sogenanntes »Cursorrouting« durchführen läßt: Auf einen Tastendruck hin wird der Bildschirmcursor zu der Stelle bewegt, die aktuell durch das darunterliegende Modul repräsentiert wird. Diese Tasten werden von Brltty in Kombinationen mit weiteren Tasten auch zur Realisierung von cut&paste genutzt. In Verbindung mit einigen Hardwaresynthesizern besteht die Möglichkeit, sich auf Tastendruck die aktuelle Zeile vorlesen zu lassen. Zu dem Paket gehört eine ausführliche Online-Dokumentation in mehreren Sprachen (Ein Web-Link zu dem Paket befindet sich in [3]). Ein Nachteil ist die für reine Anwender nicht leicht durchzuführende Installation: Braillezeile und Synthesizer müssen im Makefile spezifiziert werden, anschließend muß das Programm übersetzt und installiert werden. Von der Firma Papenmeier aus Deutschland wird seit kurzer Zeit auch eine kommerzielle Braillezeilensoftware (Uxdots) komplett mit Installationsservice und Schulung angeboten. Der Preis steht noch nicht fest, dürfte aber bei mehreren Tausend DM liegen.

Das Paket Emacsspeak [9, 10] verfolgt den Ansatz, allein mit Sprachausgabe auszukommen. Dieser Ansatz ist in den USA üblich, da Braillezeilen dort nicht weit verbreitet sind. Wie es der Name schon vermuten läßt, basiert das Paket auf Emacs, einem sehr mächtigem Editor mit eingebautem Lisp-Interpreter. Die Einschränkung, Sprachunterstützung nur innerhalb eines Editors zu besitzen, ist gering, da Emacs neben den üblichen Editierfunktionen auch einen WWW-Client, FTP-Client, Mail-Programm, News-Reader und viele andere Pakete enthält. Über einen Terminalemulator lassen sich auch beinahe beliebige externe Programme nutzen. Darüber bietet die Integration innerhalb einer Lisp-Maschine große Vorteile: Strukturinformationen von Texten sind direkt zugänglich und müssen nicht vom Bildschirminhalt »zurückübersetzt« werden. Zwei Nachteile sprechen jedoch gegen eine Verwendung von Emacsspeak: Es fehlt eine Unterstützung von Braillezeilen, die gegenüber Sprachlösungen den Vorteil der exakten Darstellung von Wörtern besitzen. Es ist kaum zu erwarten, daß Wörter wie »mehr« und »Meer« allein durch Aussprache eines Synthesizers unterscheidbar sind. Weiterhin ist die Bedienung von Emacs für viele Computernutzer nicht sonderlich intuitiv, so daß keine allzugroße Akzeptanz zu erwarten ist. Emacsspeak ist ursprünglich für nur einen bestimmten Hardwaresynthesizer (Dectalk) entwickelt worden, inzwischen existiert jedoch eine Anbindung an die weiter unten beschriebene Softwaresprachausgabe.

Zwei weitere Sprachausgabelösungen arbeiten direkt mit der Linux Textconsole zusammen und eignen sich damit für beliebige textorientierte Programme. Die erste – Screader – ist im Quelltext verfügbar und setzt auf dem ebenfalls frei verfügbaren Paket Screens auf, das zur Emulation mehrerer virtueller Terminals auf einem physikalischen Terminal entwickelt wurde. Die zweite – Svlpro – ist nur als übersetztes Programm erhältlich. Ob und auf welchen anderen Paketen es basiert, ist damit nicht festzustellen. Zu keinem der beiden existiert gedruckte Information, Links zur zugehörigen Webseite sind in [3] zu finden.

3 Basis einer integrierten Lösung

Alle bisher vorgestellten Lösungen haben diverse Nachteile, vor allem fehlt es an der Integration: Brltty bietet eine sehr gute Braillezeilenanbindung, Emacsspeak eine gute Sprachlösung (mit eingeschränkter Hardwareunterstützung). Es fehlt jedoch eine Lösung, die sowohl Sprach- als auch Brailleausgabe unterstützt und die Vorteile kombiniert: Sprachausgabe ist gut für das Vorlesen längerer Texte geeignet, während sich mit der Braillezeile Details wie Groß-/Kleinschreibung leicht kontrollieren lassen. Die Idee, Brltty zusammen mit einem der Sprachprogramme zu starten, führt zu keiner guten Lösung: Die beiden würden nicht zusammenarbeiten, der Benutzer müßte damit zum Beispiel drei Cursor kontrollieren, den »normalen« Cursor, den Sprachcursor und den Braillecursor. Eine integrierte Lösung sollte auch noch ein anderes Problem lösen: Brltty kann momentan nur mit den Tasten an der Braillezeile kontrolliert werden, nicht jedoch mit der PC-Tastatur. Wegen der begrenzten Anzahl der Tasten und der Vielfalt an Funktionen sind so komplizierte Tastenkombinationen für einige Funktionen notwendig. Da eine Sprachlösung auf jeden Fall auch über die normale Tastatur steuerbar sein muß, kann dies auch gleich für die Steuerung des Brailleteils mitgenutzt werden.

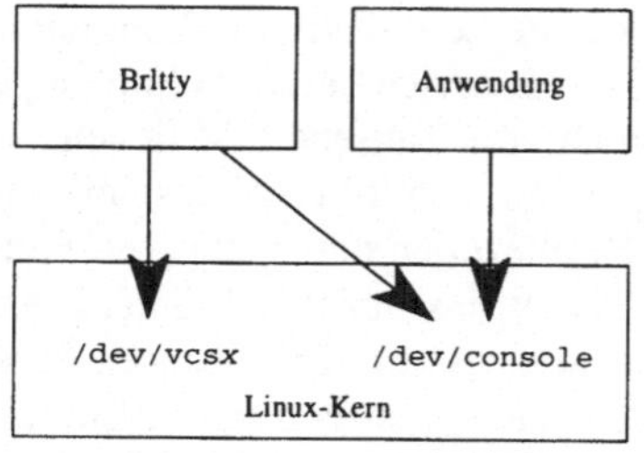

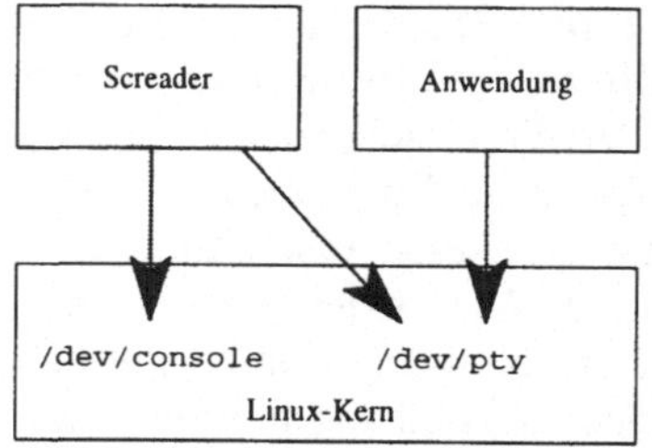

Abb. 2: Terminalanbindung von Brltty (links) und Screader (rechts), der Weg von Ein- und Ausgabedaten ist jeweils grau unterlegt.

Dabei sind einige technische Probleme zu lösen, was dem Brltty-Team bisher nicht gelungen ist.

Es stellte sich die Frage, auf welchem der existierenden Pakete die neue Lösung aufgebaut werden kann. Eine Analyse führte zu einer klaren Entscheidung: Emacsspeak kam nie in die engere Wahl, da es auf Emacs festgelegt ist, zu Svlpro fehlt der Quelltext, so daß es als Basis ebenfalls ausfällt. Es blieben somit nur Screader und Brltty in der engeren Wahl. Beide verwenden grundlegend verschiedene Techniken zur Anbindung an die Bildschirmausgabe und Tastatureingabe. Brltty liest den Bildschirminhalt über eine Gerätedatei (das Device /dev/vcsx) aus. Der Parameter X steht für die ausgewählte virtuelle Console, so daß Brltty auch mit mehreren virtuellen Consolen umgehen kann. Der Benutzer kann damit beispielsweise auf der ersten Console ein Mailprogramm laufen lassen, auf der zweiten eine Shell und auf der dritten einen Editor. Für das Cursorrouting sowie cut&paste wird eine weitere Gerätedatei benutzt (/dev/console), über die sich Daten einspielen lassen, die für das aktuell laufende Programm wie Tastendrücke »aussehen«. Da im Linux-Kern kein Mechanismus vorgesehen ist, um Tastendrücke mitzulesen oder gar abzufangen bleibt Brltty diese Eingabequelle verschlossen. Screader nutzt dagegen den gleichen Mechanismus wie Xterm: Es setzt sich mit Hilfe eines Pseudoterminals (/dev/ptyX) zwischen Anwendung und Ausgabemedium. Statt der grafischen Ausgabe von Xterm benutzt Screader eines der virtuellen Terminals von Linux. Der klare Vorteil der Methode ist die vollständige Kontrolle: Alle Tastatureingaben und Bildschirmausgaben stehen zur Verfügung. Der Nachteil ist, daß die gesamte Funktionalität eines Terminalemulators neu geschaffen wird und man Inkompatibilitäten riskiert, wenn Programme auf die Linux-Spezialitäten der virtuellen Consolen zugreifen. Screader arbeitet nur mit einer der virtuellen Consolen von Linux, möchte man mehrere benutzen, so muß es auf jeder getrennt gestartet werden.

Die Tatsache, daß der erprobte und nützliche Mechanismus der virtuellen Consolen aus dem Kern nochmals neu erfunden wurde, war einer der Gründe gegen die Verwendung von Screader als Basis. Der letzte und wichtigste Punkt ist jedoch die Anbindung der verschiedenen Braillezeilentypen in Brltty: Für jeden existiert ein eigenes Modul mit einer klar definierten Schnittstelle. Dieser Code sollte auf jeden Fall wiederverwendet werden, da er sich bewährt hat und eine Reimplementierung auch von der Länge her (500 - 1000 Zeilen je Typ) aufwendig gewesen wäre.

Vor dem Einsatz ist allerdings noch das Eingabeproblem zu lösen: Zum einen müssen sämtliche Tastendrücke registriert werden, da nur so Funktionen wie Mitlesen von Tastendrücken möglich sind, zum anderen muß die Möglichkeit bestehen, Tastendrücke nicht an die Anwendung, sondern nur an die Braille-/Sprachanbindung weiterzuleiten. Es handelt sich dabei um ein Ausfiltern aller anderen Tastendrücke. Der Linux-Kern bietet dafür keine Schnittstelle an, die Verfügbarkeit des Quelltextes ermöglicht allerdings eine Nachrüstung dieser Schnittstelle, sofern erst einmal die Hürde überwunden ist, den Kern zu modifizieren. Aus einem anderen Projekt waren diese Kenntnisse schon vorhanden, so daß die Änderung von ca. 200 Zeilen schnell vorgenommen war. Dadurch sind zwei Funktionen hinzugekommen (als `ioctl()` im Treiber für `/dev/console` realisiert): Es lassen sich Tastenkombination programmieren, die die Tastatur zwischen »Normalbetrieb« und »Filterbetrieb« umschalten. Im Filterbetrieb bekommen Anwendungen keinerlei Tastendrücke mehr geliefert. Die zweite Funktion erlaubt blockierendes und nicht blockierendes Lesen von der Tastatur, zusätzlich wird bei jedem Tastendruck übermittelt, ob die Tastatur sich zu dem Zeitpunkt im Filterbetrieb befand. Dies reicht für eine erste Version aus, es ist jedoch eine Erweiterung geplant, bei der sich eine Gruppe von Tasten (z.B. der Ziffernblock) generell filtern läßt, so daß diese Gruppe vollständig für die Bedienung von Braillezeile und Sprachausgabe reserviert ist.

4 Struktur

Das als Basis ausgewählte Brltty besteht im wesentlichen aus drei Teilen: Dem Hauptprogramm mit der zentralen Ereignisschleife (komplett in einer riesigen Funktion von mehr als 800 Zeilen), einem Modul für die verwendete Braillezeile (es stehen fünf zur Auswahl) sowie einem Modul für die Terminalanbindung. Zum Hauptmodul gehört noch eine Setup-Funktion, mit der sich Parameter zur Laufzeit einstellen lassen, zum Beispiel, ob der Cursor auf der Braillezeile »blinken« soll. Bis auf die fünf Module für die verschiedenen Zeilen ist der Rest größtenteils neu geschrieben worden, da sein Aufbau unübersichtlich war und in Teilen nicht dem Ansi-C-Standard entsprach. Dabei ist auch die Setup-Funktion aus dem Hauptmodul komplett entfernt worden. Sie erlaubt die Einstellung von binären und ganzzahligen Parametern, denen jeweils eine Variable fest zugeordnet ist. Es ist nicht möglich, an die Änderung eines Wertes einen Funktionsaufruf zu koppeln, sondern die Änderungen werden immer erst wirksam, wenn eines der Module den Wert neu ausliest. Eine weitere Einschränkung ist der eindimensionale Aufbau, der bei den vorhandenen 18 Einträgen schon an die Grenze des Sinnvollen stößt.

Das neue Setup-Modul ist wesentlich generischer aufgebaut und benutzt eine hierarchische Menüstruktur. Jedes Menü besteht aus einem oder mehreren Einträgen, jeder Eintrag kann entweder einen Parameter kontrollieren oder zu einem weiteren Menü führen. Mit den Cursortasten an der Braillezeile oder der normalen Tastatur kann in dem Menügraph navigiert werden: Cursor auf und ab wechseln zwischen Einträgen, Cursor rechts und links verändern sie. Steht man auf einem Eintrag, der ein weiteres Menü repräsentiert, kann man es durch Betätigen der Taste »Cursor rechts« aktivieren. Die Menüs werden ohne Verwendung des Bildschirms »dargestellt«, verwendet wird nur Sprachausgabe und Braillezeile: Die Zeile enthält den Namen des aktuellen Menütitels, den Namen des Eintrags und seinen Wert. Gesprochen werden – außer beim Betreten eines neuen Menüs – nur die letzten beiden Teile. Die gesamte Menüstruktur ist mehrsprachig ausgelegt, momentan Deutsch und Englisch. Statt die Werte nach einem festen Schema zu kodieren, werden sie durch eine zu jedem Menü gehörende Funktion generiert, die auf vier Ereignisse reagieren können muß: »Wert auslesen«, »setzen«, »erhöhen« und »verringern«. Es ist möglich, mehreren Einträgen die gleiche Funktion zuzuordnen, da die Funktion die Einträge über einen bei jedem Aufruf mitgegebenen Zeiger identifizieren kann. So existieren beispielsweise Standardfunktionen für binäre und ganzzahlige Parameter mit festen Unter- und Obergrenzen. Binären Parametern ist für jeden der beiden Zustände ein Text zugeordnet. Bei der Initialisierung wird der gesamte Baum einmal traversiert und mit Werten aus einer Datei gefüllt. Bei jedem Verlassen der Setup-Funktion werden die Werte in die Datei zurückgeschrieben, damit sie beim nächsten Programmstart wieder zur Verfügung stehen. Das Modul exportiert die Konstruktorfunktionen, so daß andere Module eigene Menüs oder Parameter ergänzen können.

Das zweite neue Modul ist die Anbindung an das Terminal, genauer: Tastaturinteraktion und Auslesen des Bildschirminhaltes. Der grundlegende Mechanismus wurde beibehalten, das heißt es handelt sich um den oben schon beschriebenen Zugriff auf einige Gerätedateien im Linux-Kern. Hinzugekommen ist die Möglichkeit, Tastatureingaben mitzulesen und daraus Ereignisse zu erzeugen. Für die Empfänger der Ereignisse ist es weitgehend transparent, ob sie von der Tastatur an der Braillezeile oder der normalen Tastatur ausgelöst wurden. Es ist auch möglich, auf einem unmodifizierten Kern zu arbeiten, natürlich können dann nur noch Tastendrücke von der Braillezeile ausgewertet werden. Zur Terminalanbindung gehört auch das Cursorrouting, mit dem der Cursor in der Anwendung auf eine vorgegebene Bildschirmposition gesetzt werden soll. Da keine Schnittstelle existiert, wie man einer Anwendung eine gewünschte Cursorposition mitteilen kann, muß dies über simulierte Tastatureingaben geschehen. Diese vermeintlich einfache Aufgabe birgt einige Fallstricke: So reicht es nicht aus, die Differenz zwischen Soll- und Istposition zu berechnen und einfach die entsprechende Anzahl von Tastendrücken zu senden. Eine vertikale Bewegung in einem Editor zieht oft auch horizontale Bewegungen nach sich, wenn kurze Zeilen überquert werden. Eine Positionierung erfolgt daher zuerst vertikal, erst anschließend horizontal. Bevor ein zweiter simulierter Tastendruck abgeschickt wird, muß eine Reaktion auf den ersten erfolgen. Mit dieser Flußkontrolle wird verhindert, daß der Cursor über das Ziel hinausschießt. Falls der Cursor nicht innerhalb von zwei Sekunden sein Ziel erreicht, bricht die Routingfunktion ab. Eine Ursache dafür kann der Versuch sein, ein nicht erreichbares Ziel wie eine Statuszeile anzusteuern. Die ursprüngliche Version von Brltty benutzt für das Cursorrouting einen zweiten Prozeß, der mit niedrigerer Priorität läuft. Dieser Aufwand ist nicht notwendig, stattdessen wird in den Warteschleifen die CPU über den Aufruf `sched_yield()` an andere Prozesse (wie die zu steuernde Anwendung) abgegeben.

5 Sprachausgabe mit und ohne Spezialhardware

Bei allen bisher beschriebenen Änderungen und Erweiterungen handelt es sich um Vorbereitungen für die wesentliche Ergänzung, die Sprachausgabe. Die in Brltty bereits existierende Funktionalität beschränkt sich auf das Vorlesen der aktuellen Zeile auf Tastenbefehl hin, was für ein komfortables Arbeiten – selbst mit Braillezeile – nicht ausreicht. Für eine Arbeit ohne Braillezeile ist es vollkommen unzureichend, da keine Kontrolle über die horizontale Position des Cursors oder Darstellungsdetails wie Groß-/Kleinschreibung möglich ist. Als Ersatz für die visuelle Rückkopplung während des Schreibens eignet sich das Mitlesen der gedrückten Tasten, alternativ kann auch wortweise gelesen werden. Horizontale Cursorbewegungen lassen sich gut kontrollieren, wenn Wörter bei der ersten »Berührung« des Cursors vorgelesen werden. Zur Kontrolle der exakten Schreibweise auch ohne Braillezeile dient eine Buchstabieroption. Die hier beschriebenen Funktionen lassen sich zur Laufzeit durch das Setup-Menü konfigurieren, dort finden sich auch Einstellungen für die verwendete Sprache und Parameter der Sprache (Lautstärke, Tonhöhe und Geschwindigkeit). Die Sprache ist für jede virtuelle

Konsole getrennt einstellbar. Zusätzlich ist geplant, eine automatische Umstellung der Sprache mit Hilfe von Wörterbüchern vorzunehmen.

Neben der Verständlichkeit der synthetisierten Stimme ist die Reaktionsgeschwindigkeit eines der wichtigsten Kriterien der Sprachausgabe. Reaktionen auf Benutzereingaben müssen schnell erfolgen, Ausgaben müssen durch neue Ausgaben unterbrechbar sein: Nichts ist schlimmer als eine bis zum Ende gelesene Zeile, bei der man schon beim ersten Wort erkannt hat, daß man eigentlich eine andere Zeile vorgelesen haben möchte. Beim Vorlesen längerer Texte ist eine Flußkontrolle zwischen Steuerprogramm und Synthesizer erforderlich, da ansonsten dessen Puffer überlaufen kann. Dies ist technisch mit dem Setzen von Indizes vergleichbar: In den auszugebenden Text lassen sich Marken einfügen, so daß in dem Moment, in dem die markierte Stelle gesprochen wird, eine Rückmeldung an das Steuerprogramm erfolgt. Dies kann daraufhin die nächste Spracheinheit, zum Beispiel einen Satz oder eine Zeile abschicken.

Eine Suche nach frei verfügbaren Sprachausgabebibliotheken hat gezeigt, daß keine alle der genannten Forderungen erfüllt. Es wurde daher – analog zu den Ansteuermodulen für verschiedene Braillezeilen – eine Sprachausgabebibliothek erstellt, die eine einheitliche Schnittstelle zu verschiedenen Synthesizern bietet. Bisher werden drei verschiedene Synthesizerfamilien unterstützt: Erstens die Modelle von Dolphin: Apollo (an der seriellen Schnittstelle) und Gemini (PCMCIA-Karte), zweitens Infovox 700 (an der seriellen Schnittstelle). Der dritte Synthesizer ist etwas ungewöhnlich, handelt es sich bei ihm um keine Hardware-, sondern eine Softwarelösung, die ebenfalls im Rahmen dieses Projektes entstanden ist. Es ist ein getrenntes Programm, das von der Bibliothek ähnlich wie die Hardwaresynthesizer angesteuert wird, allerdings statt über die serielle Schnittstelle mit zwei Unix-Pipes angebunden ist. Diese einfache Schnittstelle erlaubt eine Ansteuerung aus beinahe beliebigen Programmen, mit etwas zusätzlicher Software (Mbrola Server) kann sie auch von Emacsspeak genutzt werden.

Der Softwaresynthesizer benutzt als Ausgabemedium eine Soundkarte, die heutzutage in praktisch jedem neuen PC vorhanden und ansonsten für weniger als 50,- DM nachrüstbar ist. Es lassen sich so gegenüber einem Hardwaresynthesizer 1000,- DM (oder mehr) einsparen. Wie ist dies möglich und warum wurde es bisher nicht mehr eingesetzt? Einer der Hauptgründe ist die in den letzten Jahren stark gestiegene Leistungsfähigkeit der PCs. Für heutige Rechner ist die Sprachsynthese in Echtzeit kein Problem mehr, die Rechenleistung eines mit 100 MHz getakteten Pentium-Prozessors dürfte ungefähr die Grenze darstellen. Die ansonsten notwendigen Hilfsmittel, Text-Phonem-Konverter und Synthesizer sind für nichtkommerziellen Einsatz frei verfügbar. Verwendet wurden Hadifix [8] und Freespeech [1] als Text-Phonem-Konverter sowie Mbrola [4] als Synthesizer. Mbrola kann –sofern entsprechende Datenbanken zur Verfügung stehen – beliebige Sprachen synthetisieren, Hadifix setzt Deutsch in Phoneme um, Freespeech britisches English.

Die drei genannten Programme können sowohl über Dateien als auch über die Standardein-/ausgabe mit Daten versorgt werden beziehungsweise ihre Ergebnisse wieder abliefern. Kleine Tests lassen sich so direkt aus einer Shell heraus starten, in dem man die Programme in einer Pipe hintereinanderschaltet. In einer interaktiven Umgebung scheitert dieser Ansatz, da so keine exakte Kontrolle über die einzelnen Teile möglich ist. Ein Rahmenprogramm steuert nicht nur die beiden Phonemgeneratoren und den Synthesizer, sondern auch die Einstellungen der Soundkarte wie Sampling-Rate und Lautstärke. Die Struktur des Programms ist in Abb. 3 dargestellt, es besteht aus einem Prozeß. Phonemgenerator und Synthesizer sind separate Prozesse, mit denen über Unix-Pipes kommunizert wird. Auch die Kommunikation mit dem Auftraggeber

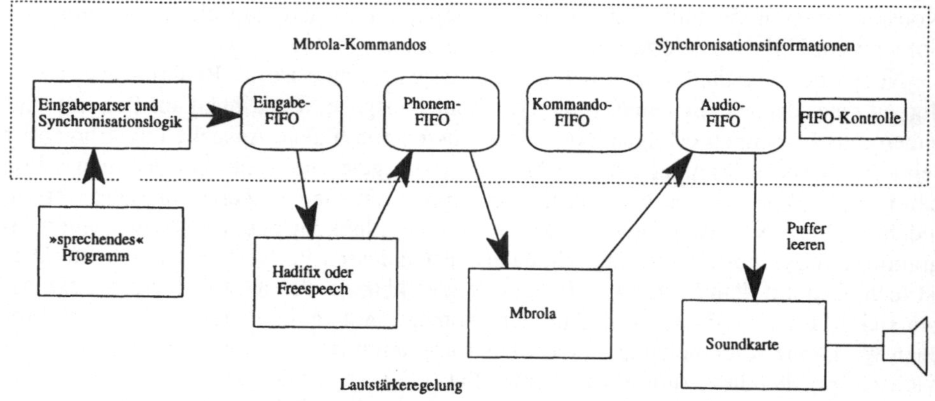

Abb. 3: Struktur des Steuerprogramms für Hadifix/Freespeech und Mbrola.

(»sprechendes« Programm) erfolgt über Pipes, in einer Richtung fließen Text- und Steuerdaten, in der Rückrichtung Synchronisationsinformationen. Der Eingabeparser trennt Text- und Steuerdaten, Textdaten werden direkt in dem FIFO zum Phonemgenerator (Hadifix oder Freespeech, je nach Sprache) abgelegt, Steuerdaten entweder in Kommandos für Mbrola umgewandelt und im Kommando-FIFO abgelegt oder direkt an den Treiber für die Soundkarte weitergeben. Die Daten aus den beiden Eingabe-FIFOS für Mbrola werden priorisiert ausgelesen, Kommandos überholen eventuell vorhandene Daten. In beiden Fällen ist es wichtig, daß die Zeilenstruktur gewahrt bleibt, da jedes Phonem und jedes Kommando für Mbrola in je einer Zeile kodiert ist.

Die Übergabe der Audiodaten von Mbrola an die Soundkarte gestaltet sich etwas komplizierter, da der Treiber den `select()`-Aufruf nicht unterstützt, der das parallele Warten auf Ereignisse an mehreren Filedescriptoren erlaubt. Im Steuerprogramm existiert eine zentrale Wartestelle, die nach dem Empfang eines Ereignisses in die entsprechende Bearbeitungsfunktion verzweigt. Für die Behandlung der Audiodaten mußte daher ein Ausweg gefunden werden, der nicht die Struktur zerstört. Würde man die Audiodaten unkontrolliert aus dem FIFO schreiben, würde irgendwann der Schreibbefehl blockieren und mit ihm das gesamte Steuerprogramm. Es gilt also den Zeitpunkt zu bestimmen, zu dem wieder Daten an den Audiotreiber gesendet werden müssen. Dazu wird ermittelt, wieviel Daten sich noch in seinem internen Puffer befinden und darauf basierend ein Timeout für `select()` berechnet. Ein weiteres Problem ist die korrekte Leerung der gesamten Sprachpipeline, wenn keine Eingabedaten mehr vorliegen. Hadifix und Mbrola benötigen eine explizite Markierung des Eingabeendes, da sie die Sprache immer im Zusammenhang bearbeiten. Da sie hier nicht nach der Eingabe terminieren sollen, muß beim Stopp der Eingabe entsprechend ein »Flush-Symbol« eingefügt werden. Für den Audiotreiber gilt ähnliches, da ansonsten am Ende der Ausgabe ein störendes Knackgeräusch erzeugt wird. Diese Aufgabe wird – zusammen mit der Indexbehandlung – von der FIFO-Kontrolle erledigt.

Während der Tests zeigte sich ein weiteres Problem, das es zu lösen galt: Die drei als separate Prozesse gestarteten Programme sind nicht fehlerfrei, so daß zuweilen Abstürze zu beobachten sind. Der damit verbundene Ausfall der Sprache ist für blinde Benutzer ähnlich katastrophal wie ein vollständiger Absturz des Rechners. Das Steuerprogramm ist daher um einen Recovery-Mechanismus ergänzt worden, der einen abgestürzten Kindprozeß erkennt und neu aufsetzt. Der Benutzer bemerkt dies höchstens durch ein kurzes Knackgeräusch in der Sprache.

6 Zusammenfassung und Ausblick

Die zunehmende digitale Verfügbarkeit von Informationen ist für Blinde einerseits eine große Chance, moderne grafische Benutzungsoberflächen behindern sie jedoch darin, diese Chance zu nutzen. Mit Linux existiert ein modernes, netwzerkfähiges Betriebssystem, das auch noch mit einer guten textorientierten Oberfläche dienen kann. Bisher verfügbare Braille- und Sprachausgabelösungen sind jedoch nur eingeschränkt nutzbar und oft – da sie aus den USA stammen – mit anderen Sprachen als Englisch nicht nutzbar. Die hier vorgestellte Lösung ist explitzit mehrsprachig ausgelegt, Unterstützung für Deutsch und Englisch ist bereits vorhanden. Ein großer Vorteil gegenüber den für Windows und MS-DOS vorliegenden Lösungen ist der Preis. Bis auf eine Braillezeile und einen PC fallen keine weiteren Kosten mehr an, denn die Software ist unter der GNU Public Licence frei mit Quelltext verfügbar. Durch den modularen Aufbau ist es auch leicht möglich, Unterstützung für weitere Braillezeilen oder Hardwaresynthesizer zu ergänzen.

Viele wichtige Ziele sind bereits erreicht, trotzdem bleiben noch einige Aufgaben zu lösen. Man kann zwar die Module für die Braillezeile und Sprachausgabe schon zur Laufzeit laden, es fehlt aber noch an vielen Details und Dokumentation. Dann ist die Basis geschaffen, das vollständige Paket als ein RPM-Archiv anzubieten. RPM – Red Hat Package Manger – ist inzwischen das Standardpaketformat für Linux-Software, das die Installation (und Deinstallation) einfach und komfortabel erlaubt. Ein Rechner ohne Monitor liegt dann dieseits der Grenze der Benutzbarkeit, so daß auch Blinde Benutzer von modernen Technologien nicht länger ausgeschlossen sind. Es ist als positiv zu bewerten, daß auch an anderen Stellen an diesem Thema gearbeitet wird [6].

7 Literatur

[1] A. Black, P. Taylor: »Festival Speech Synthesis System: System Documentation (1.1.1)«, Technical Report HCRC/TR-83, Human Communication Research Centre Edinburgh, 1997.

[2] M. Burschik: »Mit Soundkarte und Braillezeile – Linux-Software für Blinde und Sehbehinderte«, c't, Magazin für Computertechnik, 4/1999, S. 208–210, Heise Verlag, Hannover, 1999

[3] R. Butenuth: »Tips für blinde Linux-Benutzer«, http://www.uni-paderborn.de/cs/heiss/blinux/.

[4] T. Dutoit: »An Introduction to Text-to-Speech Synthesis«, Kluwer Academic Publishers, Dordrecht, Belgium, April 1997.

[5] F. Fremerey: »Den Computer fühlen und hören – Blinux als Wegweiser zu neuen Benutzerschnittstellen«, c't, Magazin für Computertechnik, 4/1999, S. 202–207, Heise Verlag, Hannover, 1999.

[6] J. J. Lazzaro: »Helping the Web help the disabled«, IEEE Spectrum, Vol. 36, No. 3, März 1999.

[7] E. D. Mynatt, W. K. Edwards: »The Mercator Environment: A Nonvisual Interface to the X Window System«, Technical Report GIT-GVU-92-05, Georgia Institute of Technology Atlanta, Februar, 1992.

[8] T. Portele, B. Heuft, F. Höfer, H. Meyer, W. Hess: »A new high quality speech synthesis system for German«, Proceedings of the CRIM/FORWISS-Workshop on Speech Research and Technology, Munich, 284-287, 1994.

[9] T. V. Raman: »Audio System for Technical Readings«, PhD thesis, Cornell University, May 1994.

[10] T.V. Raman: »Emacsspeak – Direct Speech Access«, Conference on Human Factors in Computing Systems, 1996

Aufbau unternehmensweiter
Public Key-Infrastrukturen

Dirk Fox

fox@secorvo.de
Secorvo Security Consulting GmbH
Albert-Nestler-Straße 9
D-76131 Karlsruhe

Zusammenfassung

Die Konzeption unternehmensinterner Public Key-Infrastrukturen (PKI) muß sehr unterschiedlichen Anforderungen genügen, die sich aus der technischen Entwicklung, dem Signaturgesetz (SigG) und dem Einsatz moderner Kommunikationsanwendungen ergeben. Der Beitrag gibt eine Übersicht über die wichtigsten Anforderungen und den Stand der Technik, bereichert um praktische Erfahrungen beim Aufbau von PKIs in Großunternehmen.

1 Einführung

Zweifellos hat der Boom des Internet seit 1994 für ein erheblich gewachsenes Interesse an Sicherheitslösungen gesorgt. Denn wer in seinem Unternehmen für Mitarbeiter den Zugang zum Internet ebnen möchte, will natürlich nicht zugleich die Unternehmensdaten für den Zugriff aus dem Internet freigeben.

Auch gut konfigurierte Firewalls lösen dieses Problem allerdings nicht vollständig. Denn wenn z. B. geographisch auseinanderliegende Teile eines Unternehmens über das Internet in Virtual Private Networks (VPN) integriert werden sollen, dann dürfen Kommunikations- und sensible Unternehmensdaten weder im Klartext übertragen noch während der Übertragung verfälscht werden können. Die derzeitige Entwicklung und Verbreitung von Informations- und Kommunikationssystemen in Unternehmen macht zudem bei VPNs nicht Halt:

• Zunehmend werden moderne Kommunikationstechniken auch für Anwendungen im Business-to-Business-Bereich eingesetzt. Für den Austausch sensibler Daten und Informationen zwischen Unternehmen oder auch bei Verhandlungen dient in wachsendem Umfang E-Mail als Informationsträger. Dabei sind die übertragenen Daten meist nicht angemessen vor unberechtigtem Zugriff und Verfälschung geschützt.

• Papierbasierte unternehmensinterne Abläufe werden aus Kosten- und Effizienzgründen mehr und mehr durch elektronische Vorgänge ersetzt. Dabei muß jedoch nicht nur die Vertraulichkeit von Daten und Dokumenten gewährleistet werden, sondern ist meist auch sicherzustellen, daß einzelne Schritte eines Vorgangs im Falle von Fehlern oder Unstimmigkeiten im Streitfall nachvollzogen werden können.

• Auch ein Teil der Kundenbeziehung wird inzwischen vielfach auf elektronischem Wege abgewickelt. Vorreiter waren dabei u. a. Banken mit der Entwicklung und dem

Angebot von Home-Banking-Lösungen; inzwischen wurde das Internet von vielen Herstellern (und Kunden) als kostengünstiger Vertriebs-, Werbe- und Supportkanal entdeckt. Dieses vielgesichtige Feld der E-Commerce-Techniken hat jedoch eines gemeinsam: einen hohen Bedarf an Sicherheitsmechanismen zum Schutz elektronischer Kundenbeziehungen.

Eine einfache Verschlüsselung der über das Internet übertragenen Daten (z. B. durch Tunneling zwischen zwei Routern oder den Einsatz von IPSec) genügt den aus neuen Entwicklungen erwachsenden Anforderungen vor allem aus drei Gründen nicht:

- Erstens ist zumeist ein „personenbezogener" Ende-zu-Ende-Schutz der Daten (z. B. im Fall von E-Mail-Nachrichten von Sender zu Empfänger) erforderlich, wenn die Kommunikationsinhalte oder Dokumente auch keinem unberechtigten Dritten im eigenen Unternehmen zur Kenntnis gelangen sollen.

- Zweitens müssen Bearbeitungsschritte einzelner Sachbearbeiter in einem Workflow-System dokumentiert und diesem Bearbeiter, analog der Zeichnung mit Namenszeichen oder einer eigenhändigen Unterschrift in herkömmlichen Abläufen, zugeordnet werden können.

- Drittens muß das System offen sein, d. h. eine sichere Kommunikation zwischen beliebigen, auch einander unbekannten Netz-Teilnehmern erlauben.

Sicherheitsprotokolle und -lösungen auf der Grundlage asymmetrischer kryptographischer Verfahren, auch als Public Key-Verfahren bezeichnet, erfüllen diese Anforderungen. Durch die Verwendung öffentlicher Schlüssel erlauben sie die Erzeugung und Prüfung unfälschbarer digitaler Signaturen [Fox_97] sowie den Austausch (hybride) verschlüsselter Dokumente. Für einen Einsatz in offenen Systemen benötigen Public Key-Verfahren eine Schlüsselinfrastruktur zur authentischen Verteilung öffentlicher Schlüssel, auch Public Key-Infrastruktur (PKI) genannt.

2 PKI-Technik

Asymmetrische Kryptoverfahren arbeiten mit Schlüsselpaaren, deren einer Schlüssel vom Schlüsselinhaber geheimgehalten werden muß, während der zweite Schlüssel als öffentlicher Schlüssel des Schlüsselinhabers bekanntgegeben wird.

Die Verschlüsselung von für einen Schlüsselinhaber bestimmten Dokumenten erfolgt mit dessen öffentlichem Verschlüsselungsschlüssel.[1] Mit seinem geheimen Entschlüsselungsschlüssel kann der Empfänger die Nachricht wieder entschlüsseln. Ähnlich können digitale Signaturen erzeugt und geprüft werden: Eine digitale Signatur zu einer gegebenen Nachricht berechnet der Schlüsselinhaber mit seinem geheimen Signierschlüssel. Die Prüfung, ob eine digitale Signatur zu einer vorliegenden Nachricht gehört, kann anschließend jeder mit dem öffentlichen Prüfschlüssel des Signierers vornehmen.

Asymmetrische Verfahren erlauben damit den Aufbau von vergleichsweise einfach

---

[1] Üblicherweise wird dabei ein hybrides Verfahren verwendet: Die Daten werden zunächst mit einem symmetrischen Verschlüsselungsverfahren mit hinreichender Schlüssellänge (mind. 75, besser 90 bit) und einem zufällig gewählten Nachrichtenschlüssel verschlüsselt. Der Nachrichtenschlüssel wird dann mit dem öffentlichen Schlüssel des Empfängers asymmetrisch verschlüsselt und zusammen mit der verschlüsselten Nachricht an den Empfänger geschickt.

strukturierten Sicherheitsinfrastrukturen für offene Kommunikationssysteme: Die öffentlichen Schlüssel zur Verschlüsselung und zur Prüfung digitaler Signaturen können allgemein zugänglich gemacht werden und erfordern keine „geschlossene Benutzergruppe" für eine sichere Kommunikation.

Eine einzige Einschränkung besteht allerdings: Die öffentlichen Schlüssel eines Teilnehmers müssen demjenigen, der ein Dokument an diesen verschlüsseln oder dessen digitale Signatur prüfen möchte, authentisch bekannt sein. Die Authentizität eines Schlüssels läßt sich dabei auf unterschiedliche Art und Weise gewährleisten:

- Das populäre Verschlüsselungsprogramm „Pretty Good Privacy" von Phil Zimmermann verwendet ein „Web of Trust" [Zimm_95, Grim_96]: Erhält jemand von einer Person, der er vertraut, deren öffentlichen Schlüssel, bestätigt er dies, indem er diesen Schlüssel digital signiert. Der Schlüsselinhaber erhält damit mit der Zeit mehr und mehr digitale Signaturen unter seinem Schlüssel, die bestätigen, daß dieser Schlüssel zu ihm gehört. Weitere Personen können damit die Authentizität des Schlüssels prüfen, wenn sie einer der Personen vertrauen, die diese mit einer digitalen Signatur bestätigt haben.

- Die Standardisierung von Public Key-Verfahren bevorzugt ein hierarchisches Verfahren. Zu öffentlichen Schlüsseln werden von zentralen „Zertifizierungsstellen" (Certification Authorities, CA) digital signierte Bestätigungen ausgestellt, die den eindeutigen Namen des Schlüsselinhabers, den öffentlichen Schlüssel und die Gültigkeit der Bestätigung sowie mögliche andere Informationen (z. B. über die Verwendung des Schlüssels) enthalten. Solche Bestätigungen (Schlüsselzertifikate genannt) werden über allgemein zugängliche Verzeichnisse publiziert. Dritte können sich so anhand des Zertifikats davon überzeugen, daß ein ausgewählter Schlüssel zu einer bestimmten Person gehört. Die Authentizität der öffentlichen Schlüssel der Zertifizierungsstellen kann wiederum durch eine diesen übergeordnete Instanz bestätigt werden. Auf diese Weise entsteht ein hierarchischer „Zertifizierungsbaum". Alle Nutzer einer solchen Infrastruktur müssen lediglich den öffentlichen Schlüssel der gemeinsamen „Wurzel-Instanz" (Root-CA) authentisch kennen, um die Authentizität der Schlüssel aller anderen Nutzer direkt prüfen zu können.

Der zentralisierte Ansatz wurde bereits in den frühen IETF-Spezifikationen für E-Mail-Sicherheit Ende der 80er Jahre verfolgt (Privacy Enhancement for Internet Electronic Mail, PEM) [HoPo_94]. Er findet sich wieder bei S/MIME [DHRL_98, DHRW_98], MailTrusT [Baus_96, Bies_99], und in der ITU- bzw. ISO/IEC-Standardisierung für Schlüsselzertifikate, X.509 [ITU_97]. Auch das deutsche Signaturgesetz (SigG) hat sich für diesen Ansatz entschieden [SigG_97].

3 PKIs nach deutschem Signaturgesetz

Mit der Verabschiedung des Signaturgesetzes (SigG) und der Signaturverordnung (SigV) haben Bundestag und Bundesregierung Mitte 1997 Neuland betreten: Vor allen anderen europäischen Ländern und als zweites Land weltweit (nach dem US-Bundesstaat Utah) bekam Deutschland eine gesetzliche Regelung zu digitalen Signaturen [SigG_97, SigV_97].

3.1 Konzeption des Signaturgesetzes

Der in SigG/SigV verfolgte Ansatz weicht – aus gutem Grund – von den Konzepten anderer Staaten und auch dem Regulierungsvorschlag der EU-Kommission ab [EU_99]: Die Rechtswirksamkeit digitaler Signaturen wurde angesichts der Tatsache, daß auch der Beweiswert von eigenhändigen Unterschriften sich erst in vielen Jahren Rechtsgeschichte schrittweise entwickelt hat, nicht gesetzlich festgeschrieben. Statt dessen wurden Sicherheitsanforderungen an eine Infrastruktur für Schlüsselerzeugung, -zertifizierung, -verteilung und -anwendung zusammengestellt, die für eine hohe Vertrauenswürdigkeit solcher digitaler Signaturen, die nach Signaturgesetz erzeugt wurden, sorgen sollen. Dazu zählen insbesondere:

- Für alle nach dem Signaturgesetz anerkannten Zertifizierungsstellen sind ein Sicherheitskonzept sowie regelmäßige Prüfungen vorgeschrieben.
- Die eingesetzten technischen Komponenten müssen hohen Sicherheits-Standards genügen (vorgeschrieben ist eine Sicherheitszertifizierung nach ITSEC, E2/E4 hoch).
- Die geforderten Mindestschlüssellängen für die kryptographischen Verfahren sind so gewählt, daß eine Kompromittierung der Schlüssel unter realistischen Annahmen wenigstens in den nächsten zehn Jahren nicht zu erwarten ist.
- Die geheimen Schlüssel werden in einem physisch geschützten „Sicherheits-Token" (einer Smartcard) erzeugt und gespeichert, den sie zu keinem Zeitpunkt verlassen. Die Nutzung der Schlüssel ist nicht nur an den Besitz der Smartcard („Haben"), sondern an zusätzliche Parameter wie eine PIN („Wissen") oder ein biometrisches Merkmal („Sein") geknüpft.
- Die Wurzel-Instanz („Root-CA") der Schlüsselinfrastruktur nach Signaturgesetz ist bei der Regulierungsbehörde für Post und Telekommunikation (RegTP) angesiedelt.

Es ist zu erwarten, daß der Beweiswert digitaler Signaturen sich auf der Grundlage der Einschätzungen von im Streitfall gerichtlich bestellten Gutachtern in den nächsten Jahren etablieren wird. Daher erscheint es sinnvoll, mit zunehmender Erfahrung im Umgang mit digitalen Signaturen (als Gegenstück zur eigenhändigen Unterschrift in der „Kommunikationsgesellschaft") über eine gesetzliche Verankerung der Rechtswirkung digitaler Signaturen nachzudenken, wie sie heute bereits im Entwurf der EU-Kommission einer EU-Richtlinie zu digitalen Signaturen gefordert wird ([EU_99], auch zu finden unter „http://www.dud.de").

3.2 Kritische Würdigung des Signaturgesetzes

Zweifellos hat allein die Verabschiedung des Signaturgesetzes zu einer erheblichen Marktentwicklung bei PKI-Produkten beigetragen. Denn Signaturgesetz und Signaturverordnung geben Orientierung und damit Investitionsschutz: Sowohl Hersteller als auch Unternehmen, die den Aufbau einer PKI planen, gewinnen die Gewißheit, daß ihre Investitionen in PKI-Produkte nicht durch die Gesetzgebung Makulatur werden, wenn sie sie am Signaturgesetz orientieren.

Zudem legt das Signaturgesetz die „Sicherheits-Latte" hoch und betont damit die Bedeutung eines hohen Sicherheitsstandards in Sicherheitsinfrastrukturen für moderne Kommunikationssysteme. Auch die im Gesetz vorgesehene Kontroll-Infrastruktur, die durch eine Bindung der Betriebsgenehmigung einer Zertifizierungsstelle an regelmäßige unabhängige Prüfungen und Abnahmen für die Erhaltung eines hohen Sicherheitslevels sorgen soll, ist nicht nur für Zertifizierungsstellen nach Signaturgesetz eine wichtige Einrichtung. Nicht zuletzt macht der hohe Sicherheitsstandard des Signaturgesetzes die Anerkennung digitaler Signaturen als Beweismittel vor Gericht sehr wahrscheinlich.

Da das Signaturgesetz jedoch durch die vergleichsweise geringen Erfahrungen mit digitalen Signaturen im praktischen Einsatz eher im Bereich „experimentelle Gesetzgebung" anzusiedeln ist, hat der Gesetzgeber beschlossen, es (als Artikel 3 des Informations- und Kommunikationsdienste-Gesetzes) in Zweijahresfrist einer Evaluation zu unterwerfen, um zu prüfen, ob Korrekturen erforderlich sind. Im September 1999 soll das Ergebnis dieser Evaluation dem Bundestag vorgelegt werden. Aus praktischer Erfahrung und technischer Sicht gibt es an mehreren wichtigen Stellen Korrekturbedarf (wie beispielsweise die Beschränkung auf eine zweistufige CA-Hierarchie und die Forderung einer Online-Zertifikatsprüfung), so daß hier auf Nachbesserungen gehofft werden muß.

3.3 Öffentliche Zertifizierungsstellen

Signaturgesetzkonforme Zertifizierungsstellen müssen den hohen Sicherheitsanforderungen des Signaturgesetzes entsprechen – und unterliegen damit auch den technischen Restriktionen, die das Gesetz vorsieht. Der Prozeß der Anerkennung einer Zertifizierungsstelle nach Signaturgesetz durch die Regulierungsbehörde ist wegen der zahlreichen und hohen Sicherheitsauflagen zeit- und kostenintensiv. Nur wenige Unternehmen werden sich daher die Einrichtung einer signaturgesetzkonformen Zertifizierungsstelle leisten wollen und können. Für kleine und mittelständische Unternehmen sowie für Privatpersonen könnte daher die Möglichkeit zur Nutzung von öffentlichen Zertifizierungsdiensten wichtig werden.

Mehrere Unternehmen haben bereits Anträge bei der Regulierungsbehörde (RegTP) auf Anerkennung als Zertifizierungsstelle nach Signaturgesetz gestellt. Die Root-CA der RegTP hat am 23. September 1998 ihre Arbeit aufgenommen. Betriebsbereit ist allerdings bisher erst eine einzige Zertifizierungsstelle: Seit Januar 1999 kann in T-Punkten eine Signaturgesetz-konforme Smartcard bestellt werden, ausgegeben vom Produktzentrum Telesec der Deutschen Telekom AG.

Daß es eineinhalb Jahre nach Verabschiedung des Signaturgesetzes keine weiteren Zertifizierungsstellen gibt, hat durchaus Gründe: Der Betreiber einer öffentlichen Zertifizierungsstelle nach Signaturgesetz muß bei der Konzeption eine Vielzahl von Randbedingungen berücksichtigen:

• **Kundennähe**: Den größten Teil der Kosten bei der Ausstellung eines Zertifikats verursacht die Registrierung: Wegezeiten für den Schlüsselinhaber, Identifizierung, Einweisung, Dokumentation für den Anbieter. Die Dienstleistung rechnet sich daher nur dann, wenn der Anbieter für die Registrierung ein existierendes eigenes oder externes Filialnetz mit Kundennähe nutzen kann.

• **Konkurrenzproblematik**: Ein Anbieter, der in anderen Geschäftsbereichen seines Unternehmens mit potentiellen Kunden konkurriert, kann ein Akzeptanzproblem haben, insbesondere dann, wenn er die Schlüssel in seiner Zertifizierungsstelle generiert.

- **Einsatzgebiet**: Zertifikate nach Signaturgesetz werden sicherlich zunächst nur in speziellen Anwendungen (z. B. Behördenkontakte oder spezielle Business-to-Business-Applikationen) eingesetzt werden können. Da die Interoperabilitätsspezifikation (SigI) noch nicht abgeschlossen ist, gibt es zur Zeit keine einzige interoperable, Anwendung, die die Verwendung von Signaturgesetz-Zertifikaten erlaubt [Berg_99].
- **Kosten** (Business Case): Die Investitionen in eine Zertifizierungsstelle nach Signaturgesetz müssen sich in einem überschaubaren Zeitraum amortisieren. Der Markt für Zertifikate nach Signaturgesetz ist allerdings eng: Es wird sicherlich mindestens noch zehn Jahre dauern, bis sich das Konzept einer „Signaturschlüssel-Smartcard" bundesweit durchgesetzt hat. Außerdem wirkt die Tatsache, daß Zertifikate nur für natürliche Personen ausgestellt werden, begrenzend. Dazu kommen fixe Kosten (für die Smartcard, die Mitarbeiter in Registrierungsstellen und die Abwicklung von Antragstellung und Dokumentation). Dadurch wird ein realistischer Preis eines Zertifikats nicht unter 50 DM liegen können – auch ein marktbegrenzender Faktor.

Signaturen nach Signaturgesetz sind nur eine spezielle Anwendung von PKI-basierten digitalen Signaturen. In der Praxis sind bereits heute PKIs im Einsatz, meist im Zusammenhang mit Anwendungen, in denen die Frage einer gerichtlichen Würdigung der erzeugten digitalen Signaturen irrelevant ist. Meist genügen hier auch deutlich geringere Sicherheitsanforderungen als die in SigG/SigV geforderten.

4 Unternehmens-PKIs

Viele Großunternehmen, vor allem im Bankenbereich, in der Automobilindustrie und der Telekommunikationsbranche, haben PKIs als eine Sicherheitsinfrastruktur mit zentraler Bedeutung für die Unternehmenssicherheit erkannt und mit dem Aufbau firmeninterner Public Key-Infrastrukturen begonnen. Entscheidende Voraussetzung für die Nutzbarkeit der von PKIs bereitgestellten Schlüsseln und Zertifikaten ist dabei natürlich die Verfügbarkeit von Anwendungen, die auf asymmetrischen Verfahren beruhende Sicherheitsdienste nutzen.

4.1 PKI-Anwendungen

Es lassen sich zwei verschiedene Klassen von PKI-Anwendungen unterscheiden:
- **Kommunikationsinfrastruktur**: Anwendungen, die eine Kommunikationsstrecke zwischen zwei Endpunkten oder spezielle Dienste des Kommunikationsnetzes schützen (DNSsec, IPsec, SSH und SSL/TLS). Asymmetrische Verfahren werden dabei zur Authentifikation, für den Integritätsschutz übertragener Daten und die automatische Vereinbarung von symmetrischen *session keys* bei Verbindungsaufbau eingesetzt. Diese Anwendungen haben die folgenden Eigenschaften gemein:
  - vollständige Transparenz für den Nutzer (Schlüsselmanagement, Authentifikation, Integritätsschutz und Verschlüsselung)
  - Ausstellung von Zertifikaten für Rechner (nicht Personen)
  - keine gesicherte Speicherung geheimer Schlüssel (in der Regel in Software)
  - Zertifikats-Rückruflisten und Verzeichnisdienste oft nicht erforderlich (mitge-

schickte Zertifikate bei Verbindungsaufbau, separate Zugriffskontrolle)
- Verwaltung geschlossener Benutzergruppen in der PKI

- **Nutzer-Anwendungen**: Auf der Ebene von Nachrichten oder Dokumenten wird ein „personenbezogener" Ende-zu-Ende-Schutz benötigt. Dies geht über einen einfachen Ende-zu-Ende-Schutz auf Kommunikationsebene hinaus, denn hier soll mit digitalen Signaturen die Urheberschaft und Originalität einer Nachricht bzw. eines Dokuments bezogen auf eine Person sichergestellt werden. Verschlüsselte Daten sollen allein vom gewünschten Empfänger entschlüsselt werden können. Auch die Einrichtung von Remote Access-Zugängen zu einem Unternehmen und der Aufbau sicherer VPNs über Internet-Verbindungen oder öffentliche Leitungen fällt in diese Klasse, sofern der Schutz personenbezogen realisiert wird. Weitere Anwendungen sind Home-Banking, Bestell- und Bezahlsysteme im Umfeld von E-Commerce, Dokumentenarchivierung und Workflow-Systeme. Für diese Anwendungen sind die folgenden Punkte charakteristisch:
  - Verwendung separater Schlüsselpaare für unterschiedliche Dienste
  - vor dem Zugriff Dritter gesicherte Aufbewahrung geheimer Schlüssel in einem physisch geschützten Bereich („Personal Secure Environment", PSE, z. B. Smart-Card)
  - Mitwirkung des Nutzers gewünscht und erforderlich (z. B. PIN-Eingabe, Smartcard)
  - Problematik des Key Backup/Message Recovery für archivierte Daten
  - Techniken für den Zertifikatsrückruf (Sperrung von Zertifikaten bei Verlust oder Kompromittierung des geheimen Schlüssels oder der PSE) erforderlich

4.2 Interoperabilität

Die Investition in PKI-basierte Anwendungen lohnt nur dann, wenn auch Aussicht darauf besteht, mit externen Geschäftspartnern und Kunden auf diese Weise sicher kommunizieren zu können. Dies hat jedoch die Erfüllung einiger Interoperabilitätsanforderungen zur Voraussetzung:

- **Standardkonformität**: Die Übereinstimmung der eingesetzten Lösungen mit Standards betrifft vor allem drei Bereiche: die Dokumentenaustauschformate, das Zertifikatsformat und das Zugriffsprotokoll auf den Verzeichnisdienst. Hier setzen sich derzeit S/MIME (für E-Mail-Nachrichten und -Anhänge), X.509v3 und LDAPv2/v3 durch.[2]

- **Kommunikation mit Teilnehmern fremder PKIs**: Der Austausch von verschlüsselten E-Mails muß auch mit Teilnehmern von PKIs möglich sein, deren Sicherheitsinfrastruktur weniger verläßlich und sicher erscheint. Auch muß eine Anwendung auf fremde Verzeichnisdienste zugreifen können (und dürfen).

- **Schlüsseltrennung**: Bei bestimmten Anwendungen (z. B. S/MIME-Nachrichten) gehen Hersteller sehr unterschiedlich mit der nach dem Standard prinzipiell möglichen Verwendung getrennter Schlüssel für digitale Signaturen und Verschlüsselung um. S/MIME-Anwendungen müssen jedoch in allen Fällen interoperabel sein. Aus Sicher-

---

[2] S/MIME: Secure/Multipurpose Internet Mail Extensions; X.509v3: ISO/IEC/ITU-Standard für Schlüsselzertifikate; LDAP: Lightweight Directory Access Protocol

heitsgründen ist eine Schlüsseltrennung zu befürworten, da sie aktive Angriffe wie den von Denning/Moore [Denn_84] grundsätzlich verhindert.

Auch die zentralen PKI-Komponenten wie Registrierungs-, Zertifizierungs- und Verzeichnisdienste sollten aus Gründen der Investitionssicherheit Interoperabilitätsanforderungen genügen:

• **Cross-Zertifizierung**: Um im Business-to-Business-Bereich unmittelbar gesichert kommunizieren zu können, kann es erforderlich sein, kurzfristig Wurzel-Zertifikate anderer Unternehmens-PKIs anzuerkennen, damit Zertifikate gegenseitig in den Anwendungen akzeptiert werden. Der PKIX-Standard bietet hierzu ein interoperables Protokoll, das inzwischen von vielen PKI-Produkten unterstützt wird [AdFa_99].

• **Zusammenführung existierender PKIs**: Unterschiedliche externe Anforderungen können die Zusammenführung von Teil-Infrastrukturen oder kompletten PKIs erforderlich machen – Unternehmensakquisitionen, die Unterstützung von Branchen-PKIs, Unternehmenspartnerschaften oder auch die Zusammenarbeit mit öffentlichen PKIs. Die PKI-Komponenten sollten daher die nachträgliche Einführung übergeordneter Zertifizierungsinstanzen unterstützen. Auch die authentische Integration übergeordneter Wurzel-Zertifikate in die Anwendungen muß dabei möglich sein.

• **Verzeichnisdienst**: Damit auf den Verzeichnisdienst einer PKI auch von Nutzern anderer Infrastrukturen zugegriffen werden kann, muß dieser nicht nur skalierbar sein und geeignet dimensioniert werden, sondern auch eine übliche interne Struktur aufweisen, so daß Anwendungen beim LDAP-Zugriff Zertifikate und Sperrlisten an den erwarteten Stellen finden.

4.3 Kontrolle über die PKI

Eine PKI ist eine zentrale Sicherheitsinfrastruktur in einem Unternehmen. An sie werden sowohl hohe Sicherheits- als auch Verfügbarkeitsanforderungen gestellt. Eine solche Infrastruktur sollte daher nicht ohne Not an externe Dienstleister abgegeben werden. Das hat nicht nur Sicherheitsgründe:

• Eine PKI muß eng mit dem Verzeichnisdienst eines Unternehmens verzahnt und in diesen Zertifikate sowie Rückruflisten integriert werden.

• Registrierungsstellen im eigenen Haus verkürzen die Wege der Mitarbeiter bei der Zertifikatsbeantragung und -verteilung.

• PKIs müssen sehr flexibel realisiert werden. Sie müssen sowohl skalierbar sein als auch für zusätzliche Anwendungen (mit möglicherweise speziellen Zertifikatsformaten) erweitert werden können. Die Neuausstellung von Zertifikaten muß effizient erfolgen können, ohne daß dabei die Sicherheit der Infrastruktur beeinträchtigt wird.

• In vielen Unternehmen ist „Branding", d. h. der Namenseintrag im Zertifikat (Name der Zertifizierungsstelle) ein Politikum: Mitarbeiter benötigen möglicherweise (analog verschiedenen Visitenkarten) mehrere Zertifikate von Zertifizierungsstellen mit unterschiedlichem Namen oder aus unterschiedlichen Zweigen einer Hierarchie (z. B. in internationalen Unternehmen). Das macht den Betrieb mehrerer CAs in einer Hierarchie erforderlich.

• Eigene unternehmensweite Sicherheitspolitiken und -Regelungen (z. B. „Vier-Augen-Prinzip") lassen sich wesentlich kontrollierter und konsequenter in einer PKI im eigenen Haus durchsetzen.

- Das Know-How der Sicherheitsabteilung in bezug auf eine PKI sollte im Unternehmen gehalten werden, damit hinsichtlich der Pflege und Weiterentwicklung der eigenen Sicherheitsinfrastruktur keine Abhängigkeit des Unternehmens von externen PKI-Serviceanbietern entsteht.

4.4 Starke Kryptographie

PKI-basierte Sicherheitsmechanismen spielen zunehmend eine zentrale Rolle in Unternehmen. Sie werden in wachsendem Maße dazu eingesetzt, besonders sensible Abläufe vor Verfälschung oder unberechtigter Kenntnisnahme zu schützen. Für solche Abläufe sind kryptographische Verfahren, die aufgrund von Exportregelungen einzelner Staaten (z. B. den USA) häufig mit zu kurzen Schlüsseln oder nicht ausreichend sicheren Verfahren realisiert wurden, prinzipiell ungeeignet. Von einer PKI und den eingesetzten PKI-basierten Anwendungen müssen daher unterstützt werden:

- ausschließlich veröffentlichte und gut untersuchte symmetrische und asymmetrische kryptographische Verfahren (Triple-DES, IDEA, RSA, DSA),
- eine Schlüssellänge von mindestens 75, besser mehr als 90 bit bei symmetrischen Verfahren [BDRS_96] und mindestens 768 bis 2048 bit bei asymmetrischen Verfahren [Fox_97],
- gut untersuchte Hashfunktionen mit einer Mindest-Ausgabelänge von 160 bit wie SHA-1 und RIPEMD-160 [Dobb_97],
- (Pseudo-)Zufallszahlengeneratoren und Schlüsselwahlverfahren, die nicht-vorhersagbar sind und eine geeignete Verteilung liefern.

Insbesondere muß bei den eingesetzten Lösungen sichergestellt sein, daß die Implementierung der Spezifikation entspricht, und nicht bspw. bei der Schlüsselgenerierung nur ein kleinerer Schlüsselraum genutzt wird – sei es aufgrund von Implementierungsfehlern oder aus „politischen" Gründen.

5 Praktische Schwierigkeiten

In der Praxis stellen sich eine Reihe von Schwierigkeiten beim Aufbau und der Einführung unternehmensweiter Public Key-Infrastrukturen. Einige der wichtigsten Aspekte, die entscheidenden Einfluß auf Erfolg und Mißerfolg eins PKI-Projekts haben, sollen hier zusammengefaßt werden.

- **Export-/Import-Beschränkungen**: Wird die PKI für eine weltweite Nutzung aufgebaut, können Export- und Importbeschränkungen einzelner Länder eine konsequente Umsetzung des Konzepts verhindern. Daher sollte eine Evaluation der zu erwartenden Hindernisse möglichst frühzeitig erfolgen, um nachträgliche Änderungen der Konzeption (z. B. Spezifikation der Smartcards, Anwendungen etc.) zu vermeiden.

- **Verfügbarkeit von Smartcards**: Smartcards mit Krypto-Chip, die hohen Sicherheitsanforderungen genügen und zugleich über ausreichend Speicherplatz verfügen, um mehrere verschiedene Zertifikate und Schlüssel aufzunehmen, sind zwar von mehreren Herstellern angekündigt, aber derzeit noch nicht erhältlich.

- **Implementierungsfehler**: Da das Gebiet PKI noch vergleichsweise jung ist, kämpft man bei den heute verfügbaren Produkten noch mit einer Vielzahl von Unzulänglichkeiten. Viele PKI-Produkte, das zeigt die Erfahrung mit der Evaluation aktueller Versionen, haben zudem konzeptionelle Mängel.

- **Proprietäre Lösungen**: Einige Hersteller haben in ihren Produkten proprietäre Erweiterungen von Zertifikaten (spezielle Extensionen, z. B. Netscape) oder eigene Protokolle bzw. Protokollerweiterungen implementiert. Meist können diese Lösungen nur mit Anwendungen (oder Anwendungserweiterungen) von demselben Hersteller interoperieren oder erfordern Anpassungen bei Produkten anderer Hersteller.

- **Standardisierungsprozesse**: Drei im Zusammenhang mit PKIs wichtige Standardisierungsvorhaben der IETF sind derzeit noch nicht abgeschlossen. Das sind die S/MIME-Spezifikation (Version 3), die PKIX-Protokolle (Kommunikation zwischen PKI-Komponenten, Status: RFC) und das Protokoll für Schlüsselaustausch und Authentifikation zu IPsec. In Deutschland spielt auch die im März 1999 abgeschlossene Weiterentwicklung des MailTrusT-Standards (MTT) von TeleTrusT e.V. zu einer PKI-Spezifikation eine wichtige Rolle [Bies_99]. Möchte man die Einführung proprietärer Lösungen vermeinden, bleibt derzeit nur die Wahl von Produkten, die Vorversionen der Standards genügen.

- **Koordination verschiedener PKI-Aktivitäten**: Wegen der Rolle von PKIs als zentrale Sicherheitsinfrastruktur für unterschiedlichste Anwendungen ist es gerade in großen Unternehmen unvermeidlich, daß verschiedene Aktivitäten zum Aufbau einer PKI angestoßen werden. Werden diese Aktivitäten nicht rechtzeitig koordiniert, ist später eine Zusammenführung in eine strukturierte Hierarchie ohne größere Investitionen nicht mehr möglich.

6 Ausblick

Die Einführung von Public Key-Infrastrukturen ist insbesondere in Großunternehmen unvermeidlich, sowohl zur Sicherung der unternehmensinternen Kommunikation als auch (kurzfristig) für Business-to-Business-Anwendungen und (mittelfristig) für die Sicherung elektronischer Kundenbeziehungen. Obwohl die Idee von Public Key-Kryptoverfahren mehr als zwanzig Jahre alt ist, steckt die Entwicklung geeigneter Produkte, die den vielschichtigen praktischen Anforderungen aus heterogenen IT-Umgebungen genügen, z. T. noch in den Kinderschuhen. Dennoch ist zu erwarten, daß innerhalb der nächsten zwei bis drei Jahre die meisten Großunternehmen ihre Infrastruktur um eine PKI erweitern werden. Verwaltungen und größere mittelständische Unternehmen werden nachziehen. Die meisten dieser Infrastrukturen werden sich an den Anforderungen des Signaturgesetzes orientieren, aber aus Kosten- und konzeptionellen Gründen zunächst keine vollständige Signaturgesetzkonformität anstreben. Kleineren Unternehmen, Verwaltungen und Privatpersonen werden öffentliche Zertifizierungsstellen, möglicherweise konform zu einer angepaßten Fassung des derzeitigen Signaturgesetzes, Zertifizierungsdienste anbieten.

Literatur

AdFa_99   Adams, C.; Farrell, S.: *Internet X.509 Public Key Infrastructure, Certificate Management Protocols*. Request for Comments (RFC) 2510, März 1999.

Baus_96   Bauspieß, Fritz (TeleTrusT): *MailTrusT-Spezifikation*. Version 1.1, Stand: 18.12.1996 (elektronisch siehe http://www.secorvo.de).

BDRS_96   Blaze, Matt; Diffie, Whitfield; Rivest, Ronald L.; Scheier, Bruce; Shimomura, Tsutomu; Thompson, Eric; Wiener, Michael: *Minimal Key Lengths for Symmetric Ciphers to Provide Adequate Commercial Security*. BSA Report, Januar 1996.

Berg_99   Berger, Andreas: *Signatur-Interoperabilitätsspezifikation: Zertifikate und Dokumentenformate*. Datenschutz und Datensicherheit (DuD), 4/99, S. 206-212.

Bies_99   Biester, Jobst: *MailTrusT-PKI-Spezifikation*. Datenschutz und Datensicherheit (DuD), 4/99, S. 218-221.

Denn_84   Denning, Dorothy E.: *Digital Signatures with RSA and Other Public-Key Cryptosystems*. Communications of the ACM, Vol. 27, No. 4, April 1984, S. 388-392.

DHRL_98   Dusse, S.; Hoffman, P.; Ramsdell, B.; Lundblade, L.; Repka, L.: *S/MIME Version 2 Message Specification*. IETF Network Working Group, RFC 2311, March 1998.

DHRW_98   Dusse, S.; Hoffman, P.; Ramsdell, B.; Weinstein, J.: *S/MIME Version 2 Certificate Handling*. IETF Network Working Group, RFC 2312, March 1998.

Dobb_97   Dobbertin, Hans: *Digitale Fingerabdrücke. Sichere Hashfunktionen für digitale Signatursysteme*. Datenschutz und Datensicherheit (DuD), 2/97, S. 82-87.

EU_99   *Vorschlag für eine Richtlinie des Europäischen Parlaments und des Rates über gemeinsame Rahmenbedingungen für elektronische Signaturen*. KOM(1998) 297, vorgelegt am 16. Juni 1998, Amtsblatt der Europäischen Gemeinschaften, 23.10.1998, S. 5-11; in Verbindung mit Beschluß des EU-Parlaments vom 13.01.1999, Amtsblatt der Europäischen Gemeinschaften, 14.04.1999, S. 49-56.

Fox_97   Fox, Dirk: *Fälschungssicherheit digitaler Signaturen*. Datenschutz und Datensicherheit (DuD), 2/97, S. 69-74.

Fox_98   Fox, Dirk: *Zu einem prinzipiellen Problem Digitaler Signaturen*. Datenschutz und Datensicherheit (DuD), 7/98, S. 386-388.

Grim_96   Grimm, Rüdiger: *Kryptoverfahren und Zertifizierungsinstanzen*. Datenschutz und Datensicherheit (DuD), 1/96, S. 27-36.

HoPo_94   Horster, Patrick; Portz, Michael: *Privacy Enhanced Mail: Ein Standard zur Sicherung des elektronischen Nachrichtenverkehrs im Internet*. Datenschutz und Datensicherung (DuD), 8/94, S. 434-442.

ITU_97   International Telecommunication Union: *Information Technology – Open Systems Interconnection – The Directory: Authentication Framework*. ITU-T Recommendation X.509 (6/1997).

SigG_97   *Gesetz zur digitalen Signatur (Signaturgesetz – SigG)*. Beschluß des Bundestages vom 13. Juni 1997 (BT-Drs. 13/7934 vom 11.06.97) und Bundesrates vom 4. Juli 1997; in Kraft seit 1. August 1997.

SigV_97   *Verordnung zur digitalen Signatur (Signaturverordnung – SigV)*. Beschluß der Bundesregierung vom 8. Oktober 1997; in Kraft seit 1. November 1997.

Zimm_95   Zimmermann, Philip R.: *The Official PGP User's Guide*. MIT Press, 1995.

Crosszertifizierung nach Wechsel des Sicherheitsankers einer Public-Key Infrastruktur

Michael Herfert

GMD - Forschungszentrum Informationstechnik GmbH
Dolivostr. 15
64293 Darmstadt
`michael.herfert@gmd.de`

Zusammenfassung Mit der zunehmenden Nutzung des Internets werden digitale Signaturen immer wichtiger. Das Papier beschreibt kurz die Komponenten einer Public Key Infrastruktur (PKI), welche für die digitale Signatur erforderlich sind, stellt anschließend die beiden hauptsächlichen Gültigkeitsmodelle vor und vertieft dann das Problem, das durch den regelmäßigen Wechsel des Sicherheitsankers entsteht. Es wird sich zeigen, daß sich dieses Problem effizient durch Crosszertifikate lösen läßt und daß deren Anzahl nur linear in der Zeit wächst.
Das Papier ist auf das deutsche Signaturgesetz zugeschnitten, jedoch lassen sich die Ausführungen auf andere Infrastrukturen übertragen, denn die Probleme treten dort gleichermaßen auf.

1 Einleitung

Das Internet hat sich in den letzten Jahren zu einem weit verbreiteten Kommunikationsmedium entwickelt. Immer mehr wird es auch kommerziell zum Anbieten und Verkaufen von Waren benutzt. Die mangelnde Sicherheit, die mit einem offenen Netz notwendigerweise verbunden ist, ist weithin bekannt. Um dennoch verbindliche Geschäfte abwickeln zu können, ist der Einsatz der digitalen Signatur unerläßlich. Das Signaturgesetz unterstützt die Einführung der digitalen Signatur, indem es Anforderungen an technische Komponenten sowie Dienstleistungen stellt und somit für Rechtssicherheit sorgt. Es beschreibt auch eine Public Key Infrastruktur (PKI), ohne die eine digitale Signatur nicht eingesetzt werden kann.

Die Probleme, die mit einem Wechsel des Sicherheitsankers einer PKI entstehen, sind bis jetzt kaum diskutiert worden. Einige Ansätze finden sich in [4]. Dieses Papier schlägt eine Lösung vor, die auf Crosszertifikaten beruht. Ursprünglich für die Verbindung zweier Hierarchien gedacht, kommen sie hier innerhalb einer Hierarchie zur Anwendung. Software zur Crosszertifizierung kann man beispielsweise von [2] beziehen.

Dieses Papier ist wie folgt gegliedert: Kap. 2 beschreibt die Komponenten einer PKI, Kap. 3 stellt die beiden wichtigsten Gültigkeitsmodelle dar, die später zur Bewertung verwendet werden. Kap. 4 benennt die Problematik und zeigt, wie sich die Anzahl der Crosszertifikate entwickelt. Kap. 5 stellt Anforderungen an die PKI und die Software, um Crosszertifikate praktisch einsetzen zu können.

2 Public Key Infrastruktur (PKI)

2.1 Erzeugung der Signatur

Die digitale Signatur gewährleistet in Verbindung mit einer Public Key Infrastruktur die Integrität, Authentizität und Verbindlichkeit des signierten Dokumentes. Sie wird über ein asymmetrisches kryptographisches Verfahren erzeugt. Ein solches zeichnet sich dadurch aus, daß es einen Schlüssel für die Erzeugung eines Kryptogramms gibt und einen zweiten für die Rückgewinnung des Klartextes. Jeder Teilnehmer (TN) einer PKI-Infrastruktur besitzt ein Schlüsselpaar, bestehend aus einem geheimen und einem öffentlichen Schlüssel. Der geheime Schlüssel darf unter keinen Umständen preisgegeben werden, während der öffentliche über einen Verzeichnisdienst (Abb. 1) bekanntgegeben wird.

Um ein Dokument mit einer digitalen Signatur zu versehen, faltet der Signierer das Dokument mittels einer Hash-Funktion auf eine feste Länge, typischerweise 160 Bits. Auf das Ergebnis wendet er seinen privaten Schlüssel an. Das entstandene Kryptogramm ist die digitale Signatur, die dem Dokument hinzugefügt wird. Die Mathematik garantiert, daß nur der Besitzer des privaten Schlüssels diese Signatur erzeugen kann und daß sie allein mit dem assoziierten öffentlichen Schlüssel verifiziert werden kann. Jeder Empfänger kann nun mit Hilfe des öffentlichen Schlüssels des Urhebers überprüfen, ob Dokument und Signatur zusammenpassen. Wäre in der Nachricht auch nur ein Bit verändert worden, würde die Überprüfung ein negatives Ergebnis liefern.

2.2 Komponenten der PKI

Die eben beschriebene Grundidee der digitalen Signatur läßt noch einige Fragen offen: Woher erhält der Verifizierer den öffentlichen Schlüssel des Absenders? Woher weiß er, daß dieser Schlüssel wirklich dem Absender gehört?

Zur zweiten Frage: Neben den Teilnehmern gibt es Zertifizierungsstellen (CA = Certification Authority), die mit einem Schlüsselpaar ausgestattet sind. Jeder Teilnehmer benötigt ein Zertifikat einer dieser Stellen. Die Zertifizierungsstelle bestätigt damit durch ihre digitale Signatur die Zusammengehörigkeit zwischen dem Namen des Teilnehmers und seinem öffentlichen Schlüssel. Ein Verifizierer, der im Besitz des öffentlichen Schlüssels der Zertifizierungsstelle ist, kann mit diesem das Zertifikat des Absenders überprüfen. Damit hat sich das Problem aber nur verlagert. Woher weiß der Verifizierer, daß der öffentliche Schlüssel wirklich der Zertifizierungsstelle gehört? Die Zertifizierungsstelle besitzt ihrerseits ein Zertifikat. Die Kette läßt sich über beliebig viele Stufen fortsetzen, sie endet in einer Zertifizierungsstelle, die ihr Zertifikat selber unterschreibt. Das Vertrauen in ihren öffentlichen Schlüssel rechtfertigt sie, indem sie ihn an allgemein zugänglich Stellen, beispielsweise im Bundesanzeiger, abdruckt. Das Signaturgesetz legt die Regulierungsbehörde für Telekommunikation und Post (RegTP) als oberste Instanz fest. Sie wird im folgenden mit Top Level Certification Authority (TCA) bezeichnet, ihr öffentlicher Schlüssel heißt Sicherheitsanker oder Wurzelschlüssel.

Unter ihr befindet sich genau eine Schicht von Zertifizierungsstellen. Danach folgen bereits die Teilnehmer. Der Sicherheitsanker, das Zertifikat des Teilnehmers und sein privater Schlüssel können sicher auf einer Smartcard gespeichert wer-

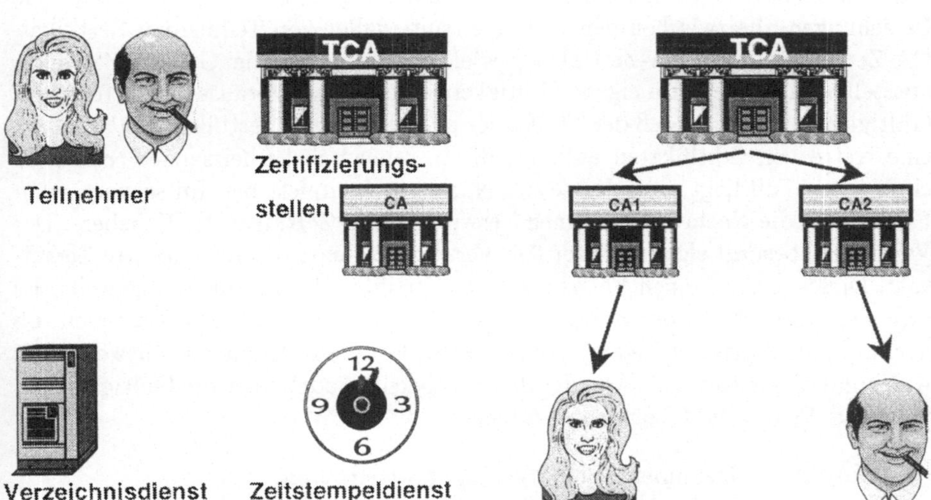

Abbildung1. Komponenten der PKI(links): Die Zertifizierungsstelle bescheinigt die Bindung (Person, Schlüssel). Der Verzeichnisdienst speichert die Zertifikate. Der Zeitstempeldienst garantiert, daß eine Signatur vor einer bestimmten Zeit geleistet wurde. **Zweistufige Hierarchie nach SigG** (rechts): Alice besitzt ein Zertifikat, das von CA1 unterschrieben wurde. CA1 besitzt ein Zertifikat, das von der TCA unterschrieben wurde. Die TCA hat ihr Zertifikat selbst unterschrieben.

Die Zertifikate der Teilnehmer werden im Verzeichnisdienst gespeichert. Gleichzeitig führt dieser Listen über zurückgezogene Zertifikate.

Der Zeitstempeldienst bestätigt, daß eine Signatur vor der gestempelten Zeit vorgelegen hat. Er signiert diese Angabe mit seinem privaten Schlüssel. Die im Zeitstempel angegebene Zeit wird als Signaturzeitpunkt bezeichnet, obwohl dieser schon weit vorher liegen kann.

Ein digital signiertes Dokument besteht somit aus vier Teilen: Dem Dokument, der digitalen Signatur einem Zeitstempel und Angaben über den Absender. Die Absenderangaben können schlicht aus einem Verweis auf das Zertifikat des Urhebers bestehen, optional aber auch das Zertifikat selbst oder sogar den kompletten Pfad beinhalten. Diese Teile sind nicht als Block kryptographisch gesichert. Ein Angreifer könnte also Signatur, Zeitstempel oder die Absenderangaben austauschen.

3 Gültigkeitsmodelle

Ein Zertifikat enthält den Namen des Inhabers, seinen öffentlichen Schlüssel, das Gültigkeitsintervall, einen Verweis auf den Herausgeber des Zertifikates und einige weitere Einträge, die für die Verifikation einer Signatur relevant sein können, hier aber nicht betrachtet werden. Die Untersuchung konzentriert sich nun auf die Beziehungen, die zwischen den Gültigkeitsintervallen von Teilnehmer-Zertifikat, CA-Zertifikat und TCA-Zertifikat bestehen. Darf etwa die CA ein Zertifikat ausstellen, das über ihre eigene Gültigkeit hinausgeht? Voraussetzung für jedes Gültigkeitsmodell ist, daß der Verifzierer ausgehend vom Zertifikat des Urhebers eine Kette von Zertifikaten aufbaut, die in seinem Sicherheitsanker endet. Im einfachsten Fall liegt diese Kette der Nachricht komplett bei. Im schwierigsten Fall enthält die Nachricht nur einen Verweis auf das Zertifikat des Urhebers. Der Verifizierer besorgt sich nun über den Verzeichnisdienst das referenzierte Zertifikat[1]. Dieses enthält einen Verweis auf das Zertifikat der Zertifizierungsstelle. Er ruft also als nächstes deren Zertifikat ab. Nun muß er nur noch feststellen, ob dort auf sein Wurzelzertifikat verwiesen wird. Für dieses Kapitel sei dies der Fall. Aufgrund dieser Kette entscheidet das Gültigkeitsmodell über die Gültigkeit der Signatur. Es hat die folgenden Parameter:

> **Eingabe:** Dokument, Signatur, Signaturzeitpunkt,
> Teilnehmer-Zertifikat, CA-Zertifikat, TCA-Zertifikat
> **Ausgabe:** *Signatur gültig* oder *Signatur ungültig*

Die beiden wichtigsten Modelle sind das Schalenmodell und das Kettenmodell, die im folgenden beschrieben werden.

3.1 Schalenmodell

Das Schalenmodell ist international das Standardmodell für die Beurteilung der Gültigkeit. Es gelten die folgenden rekursiven Definitionen:

(1) Das Wurzelzertifikat heißt gültig zur Zeit t :⇔
 * Das Zertifikat kann mit seinem eigenen public key mathematisch verifiziert werden und
 * t liegt im Gültigkeitsintervall und
 * es ist im Zeitpunkt t nicht gesperrt

(2) Ein Zertifikat heißt gültig zur Zeit t :⇔
 * Das Zertifikat kann mit Hilfe des übergeordneten Zertifikates mathematisch verifiziert werden und
 * t liegt im Gültigkeitsintervall und
 * das Zertifikat war zur Zeit t nicht gesperrt und

---

[1] Das Signaturgesetz sieht vor, daß der Teilnehmer darüber entscheidet, ob sein Zertifikat über den Verzeichnisdienst abrufbar ist. Wenn er sich gegen eine Abrufbarkeit ausgesprochen hat und der Verifizierer das Zertifikat nicht bereits besitzt, ist eine Verifikation der Signatur nicht möglich.

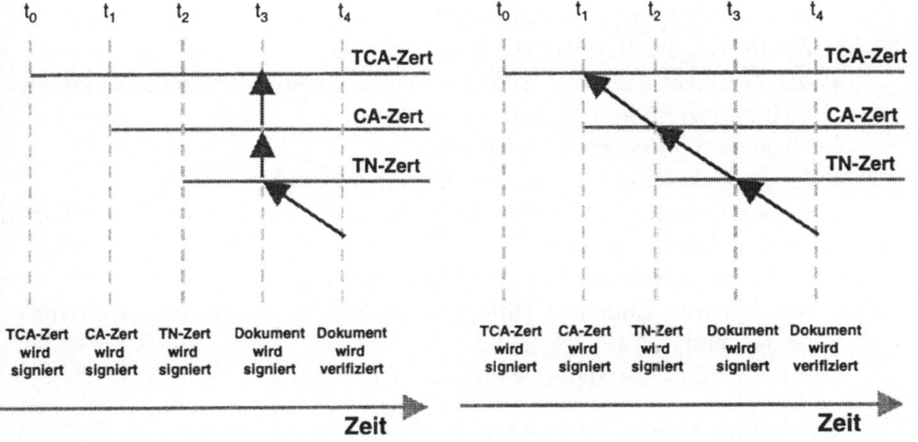

Abbildung2. Schalenmodell(links): Jeder private Schlüssel muß zum Zeitpunkt der Anwendung des TN-private keys ein gültiges Zertifikat besitzen. Eine horizontale Linie steht für die Gültigkeistdauer eines Zertifikates. Eine Pfeilspitze markiert einen Testzeitpunkt für das Zertifikat. **Kettenmodell**(rechts): Jeder private Schlüssel muß zum Zeitpunkt seiner Anwendung ein gültiges Zertifikat besitzen.

- das übergeordnete Zertifikat ist gültig zur Zeit t
(3) Eine zur Zeit t geleistete Signatur heißt gültig :⇔
    - Die Signatur kann mit Hilfe des Zertifikates mathematisch verifiziert werden und
    - das Zertifikat des Signierers ist zur Zeit t gültig.

In der Grafik (Abb. 2) erzeugen diese Definitionen eine Linie, die ausgehend vom Signaturzeitpunkt senkrecht nach oben weist, weil alle Zertifikate zur Zeit t_3 überprüft werden. Die wichtigsten Eigenschaften des Schalenmodells sind:

- Einfachheit.
- Internationalität: Das Modell entspricht den allgemeinen Vorstellungen.
- Üblicher Verzeichnisdienst: Der Verzeichnisdienst braucht Auskünfte nicht zu signieren (vgl. 3.3). Es kann daher ein Standardsystem nach X.500 benutzt werden. Der TN kann einen Verzeichnisdienst seiner Wahl befragen.

3.2 Kettenmodell

Das Kettenmodell wurde im Zusammenhang mit dem Signaturgesetz eingeführt. Seine Definitionen unterscheiden sich nur an der unterstrichenen Stelle von denen des Schalenmodells:

(1) Das Wurzelzertifikat heißt gültig zur Zeit t :⇔
    - Das Zertifikat kann mit seinem eigenen public key mathematisch verifiziert werden und
    - t liegt im Gültigkeitsintervall und

- es ist im Zeitpunkt t nicht gesperrt

(2) Ein Zertifikat Z heißt gültig zur Zeit t :⇔
- Das Zertifikat kann mit Hilfe des übergeordneten Zertifikates mathematisch verifiziert werden und
- t liegt im Gültigkeitsintervall und
- das Zertifikat war zur Zeit t nicht gesperrt und
- das übergeordnete Zertifikat ist gültig zur Zeit $\underline{t}'$, wobei t' der Beginn der Gültigkeit von Z ist[2].

(3) Eine zur Zeit t geleistete Signatur heißt gültig :⇔
- Die Signatur kann mit Hilfe des Zertifikates mathematisch verifiziert werden und
- das Zertifikat des Signierers ist zur Zeit t gültig.

Grafisch führen diese Definitionen zu einem Polygonzug, weil die Zertifikate zu den Zeitpunkten t_3, bzw. t_2, bzw. t_1 geprüft werden. Die wichtigsten Eigenschaften des Kettenmodells sind:

- Effizienz: Die Gültigkeit der CA-Zertifikate muß jeder Teilnehmer nur einmal überprüfen, das Ergebnis kann gespeichert und für zukünftige Verifikationen wiederverwendet werden.
- SigG-Konformität: Ein gesperrtes CA-Zertifikat wirkt sich nicht auf die TN-Zertifikate aus (vgl. 3.3). Das Kettenmodell erfüllt damit die Anforderungen nach SigG §13 Abs. 5 und §8 Abs. 3.
- Zentralität: Jede CA betreibt einen Verzeichnisdienst. Genau dieser muß zur Feststellung der Gültigkeit eines Zertifikates genutzt werden. Er ist somit sehr stark belastet.

3.3 Vergleich der Modelle

Das Schalenmodell beurteilt alle Zertifikate zu dem Zeitpunkt, an dem das Dokument signiert wurde. Das Kettenmodell beurteilt jedes Zertifikat zu einem eigenen Zeitpunkt. Das Schalenmodell ist das „strengere" Modell, d.h. jede Signatur, gültig im Sinne des Schalenmodells, ist auch gültig im Kettenmodell. Die Umkehrung gilt nicht. Beide Behauptungen werden nun bewiesen.

Um zu zeigen, daß es gültige Signaturen im Sinne des Kettenmodells gibt, die nicht das Schalenmodell erfüllen, betrachte man den Fall eines gesperrten CA-Zertifikates. Im Schalenmodell werden mit dem CA-Zertifikat auch alle Teilnehmerzertifikate gesperrt. Im Kettenmodell bleiben sie gültig, selbst dann, wenn der CA-Schlüssel kompromittiert sein sollte. In einem solchen Fall könnte ein Angreifer mit dem privaten Schlüssel der CA ein gefälschtes Teilnehmer-Zertifikat erzeugen. Um dennoch echte und gefälschte Zertifikate unterscheiden zu können, weist das Signaturgesetz dem Verzeichnisdienst eine besondere Verantwortung

---

[2] Dabei wird angenommen, daß t' der Zeitpunkt ist, zu dem Z signiert wurde. Genau betrachtet, kann ein Zertifikat aber auch schon einige Zeit vor seiner Gültigkeit signiert worden sein. [1] definiert für diesen Zweck eine private Erweiterung `dateOfCertGen`.

zu, indem dieser alle Auskünfte signieren muß. Das gefälschte Zertifikat würde nicht den Weg in den Verzeichnisdienst finden und wäre somit erkennbar.

Nun betrachte man eine Signatur, die gültig im Schalenmodell ist. Alle Zertifikate sind somit gültig zum Signierzeitpunkt. Weil Sperrungen niemals rückgängig gemacht werden können, folgt daraus, daß jedes Zertifikat seit seiner Erzeugung gültig war. Somit ist die Signatur auch im Kettenmodell validierbar.

4 Prinzipien der Crosszertifizierung

Von einem Crosszertifikat (CZ) spricht man, wenn ein Schlüssel, der bereits zertifiziert ist, ein weiteres Zertifikat erhält. In der Regel werden Crosszertifikate für Zertifizierungsstellen ausgestellt. Dieser Fall tritt beispielsweise auf, wenn die Wurzelbehörde des deutschen Signaturgesetzes eine ausländische Wurzelbehörde zertifiziert. Crosszertifikate können gegenseitig ausgestellt werden, jedoch ist das keine Notwendigkeit.

Innerhalb einer PKI treten Crosszertifikate auf, wenn ein neues Wurzelzertifikat ausgestellt wird, welches sich mit dem alten zeitlich überschneidet. Das Zertifikat der RegTP beispielsweise soll fünf Jahre gelten, jedoch wird jedes Jahr ein neues herausgegeben. Jeder Schlüssel wird nur im ersten Jahr seiner Gültigkeit zum Zertifizieren benutzt. Im zweiten Jahr übernimmt diese Aufgabe der neue Schlüssel.

Der Kern des Papiers beschäftigt sich nun mit der Frage, wie Teilnehmer, die zwar in der gleichen PKI sind, jedoch unterschiedliche Sicherheitsanker haben, miteinander kommunizieren können.

Um die Darstellung zu vereinfachen, werden keine CAs betrachtet. Die TN werden somit direkt von der TCA zertifiziert. Das ist keine Einschränkung des Anwendungsbereichs, sondern nur eine abkürzende Schreibweise, die davon ausgeht, daß die Zertifizierungspfade TN - CA und CA - TCA korrekt sind und deshalb die abkürzende Darstellung TN - TCA benutzt werden darf.

Um nicht im Voraus das Kettenmodell zu bevorzugen, stellt kein Zertifizierer ein Zertifikat aus, das seine eigene Gültigkeit übersteigt. Die Thematik wird zunächst an einem konkreten Fall mit einer TCA-Gültigkeit von drei Jahren, bei jährlichem Wechsel, untersucht und im folgenden Kapitel verallgemeinert.

4.1 TCA-Zertifikate mit dreijähriger Gültigkeitsdauer

Ein Teilnehmerzertifikat gelte zwei Jahre. Sei nun Alice im ersten Jahr zertifiziert worden und Bob im zweiten, dann entsteht ein Problem, wenn sie miteinander kommunizieren. Zunächst kann Alice nicht Bobs Public Key verifizieren, weil dessen Zertifizierungspfad in einem anderen Wurzelzertifikat endet. Anschließend hat Bob das gleiche Problem, wenn er Alices Signatur überprüft. Um es zu lösen, erstellt die TCA Crosszertifikate. Dabei signiert der neu erzeugte TCA-Schlüssel alle noch gültigen TCA-Zertifikate. Umgekehrt signieren alle noch gültigen TCAs die neue TCA.

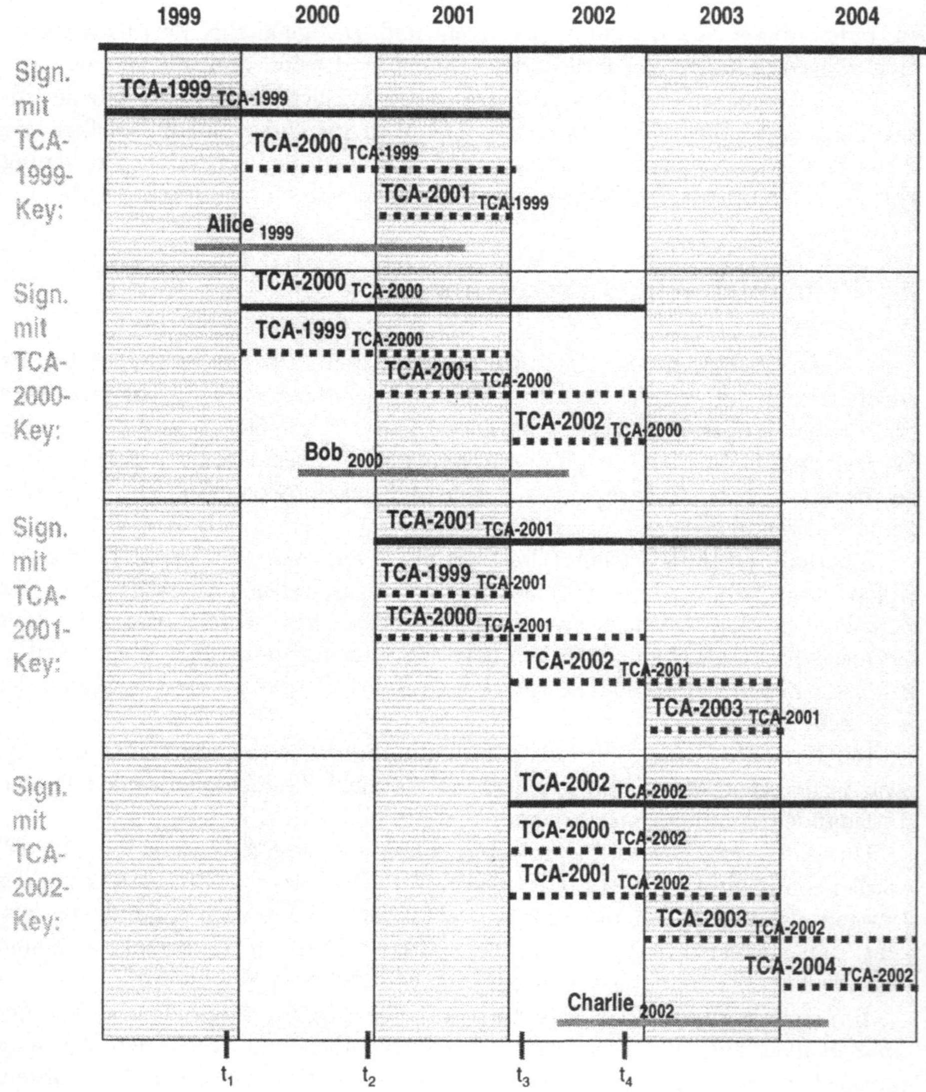

Legende:

TCA-1999 TCA-1999 — Wurzelzertifikat, selbstsigniert

Alice TCA-1999 — Teilnehmerzertifikat, signiert von TCA-1999

TCA-1999 TCA-2000 — Crosszertifikat, signiert von TCA-2000

Abbildung3. Zertifikate der TCA. Jeder neu erzeugt TCA-Schlüssel zertifiziert die noch gültigen alten TCA-Schlüssel. Jeder von diesen zertifiziert im Gegenzug den neuen Schlüssel

Die Anzahl der dabei anfallenden Zertifikate wird nun in drei Schritten berechnet. Zunächst wird ermittelt, wieviele TCA-Zertifikate jährlich erstellt werden (1), dann wieviele gleichzeitig gültig sind (2) und schließlich wieviele Zertifikate die TCA in n Jahren total ausstellt (3).

(1) Anzahl der jährlich neu ausgestellten Zertifikate:

1999	2000	2001	2002	2003
TCA-1999 $_{TCA\text{-}1999}$	TCA-1999 $_{TCA\text{-}1999}$	TCA-1999 $_{TCA\text{-}1999}$		
	TCA-2000 $_{TCA\text{-}1999}$	TCA-2000 $_{TCA\text{-}1999}$		
	TCA-1999 $_{TCA\text{-}2000}$	TCA-1999 $_{TCA\text{-}2000}$		
	TCA-2000 $_{TCA\text{-}2000}$	TCA-2000 $_{TCA\text{-}2000}$	TCA-2000 $_{TCA\text{-}2000}$	
		TCA-2001 $_{TCA\text{-}1999}$		
		TCA-2001 $_{TCA\text{-}2000}$	TCA-2001 $_{TCA\text{-}2000}$	
		TCA-1999 $_{TCA\text{-}2001}$		
		TCA-2000 $_{TCA\text{-}2001}$	TCA-2000 $_{TCA\text{-}2001}$	
		TCA-2001 $_{TCA\text{-}2001}$	TCA-2001 $_{TCA\text{-}2001}$	TCA-2001 $_{TCA\text{-}2001}$
			TCA-2002 $_{TCA\text{-}2000}$	
			TCA-2002 $_{TCA\text{-}2001}$	TCA-2002 $_{TCA\text{-}2001}$
			TCA-2000 $_{TCA\text{-}2002}$	
			TCA-2001 $_{TCA\text{-}2002}$	TCA-2001 $_{TCA\text{-}2002}$
			TCA-2002 $_{TCA\text{-}2002}$	TCA-2002 $_{TCA\text{-}2002}$
				TCA-2003 $_{TCA\text{-}2001}$
				TCA-2003 $_{TCA\text{-}2002}$
				TCA-2001 $_{TCA\text{-}2003}$
				TCA-2002 $_{TCA\text{-}2003}$
				TCA-2003 $_{TCA\text{-}2003}$

Abbildung 4. Anzahl der jährlich ausgestellten Zertifikate: Pro Jahr werden fünf (= $2m-1$) Zertifikate erzeugt. Jeder TCA-Schlüssel unterschreibt im Lauf seiner Gültigkeit fünf (= $2m-1$) Zertifikate (zuzüglich der Zertifikate, welche die TCA im Rahmen ihrer Funktion für CAs ausstellt). $m = 3$ Jahre gibt die Gültigkeitsdauer eines Zertifikates an.

1. Jahr: 1
2. Jahr: $1 + 1 + 1 = 3$ (neues Zertifikat + 2 Crosszertifikate)
3. Jahr: $1 + 2 + 2 = 5$ (neues Zertifikat + 2 CZ für das Neue
          + 2 CZ von dem Neuen)
4. Jahr: $1 + 2 + 2 = 5$
5. Jahr: $1 + 2 + 2 = 5$

Im vierten Jahr werden genauso viele neue Zertifikate ausgestellt, wie im dritten. Das liegt daran, daß für das im ersten Jahr ausgestellte Zertifikat kein CZ ausgestellt wird, weil es abgelaufen ist. Aus dem gleichen Grund stellt dieses Zertifikat auch nicht selbst ein CZ für das soeben erzeugte aus. Im „eingeschwungenen" Zustand stabilisiert sich die Anzahl der jährlich neu ausgestellten Zertifikate also auf 5.

(2) Anzahl der gleichzeitig gültigen Zertifikate:
Die Anzahl der gültigen Zertifikate erreicht im dritten Jahr mit 9 ihr Maximum und bleibt dann konstant, denn mit dem Beginn eines neuen Jahres laufen diese 5 Zertifikate ab:

- Das älteste Zertifikat
- 2 CZ, die für das älteste Zertifikat ausgestellt waren
- 2 CZ, die das älteste Zertifikat für seine Nachfolger ausgestellt hat

(3) Anzahl der nach n Jahren ausgestellten Zertifikate:
Durch Aufaddieren der Zahlen aus (1) erhält man:

1. Jahr: 1
2. Jahr: $1 + 3 = 4$
3. Jahr: $1 + 3 + 5 = 9$
4. Jahr: $9 + 5 = 14$
5. Jahr: $14 + 5 = 19$

Das heißt, die Gesamtzahl steigt zunächst auf 9 Zertifikate im dritten Jahr und wächst dann jährlich um 5.

Ergebnis:

Für eine TCA mit 3-jähriger Gültigkeitsdauer gilt	
Anzahl der jährlich ausgestellten Zertifikate	5
Anzahl gleichzeitig gültiger Zertifikate	9
Anzahl der nach $n(n \geq 2)$ Jahren ausgestellten Zertifikate	$9 + (n - 2) * 5$

4.2 TCA-Zertifikate mit m-jähriger Gültigkeitsdauer

Betrachtet man den allgemeineren Fall, in dem ein TCA-Zertifikat nicht 3, sondern m Jahre gilt und wiederholt die obigen Berechnungen, so erhält man:

(1) Anzahl der jährlich neu ausgestellten Zertifikate:

1. Jahr: 1
2. Jahr: $1 + 1 + 1 = 3$
3. Jahr: $1 + 2 + 2 = 5$

$$\vdots$$

(m-1)tes Jahr: $1 + (m - 1) + (m - 1) = 2m - 1$
             (neues Zert. $+ (m - 1)$ Zert. für es
             $+ (m - 1)$ Zert. von ihm)
m-tes Jahr: $1 + (m - 1) + (m - 1) = 2m - 1$

Auch hier stabilisiert sich die Anzahl der neuen Zertifikate, sobald das System eingeschwungen ist.

(2) Anzahl der gleichzeitig gültigen Zertifikate:
Aufaddieren der Zahlen aus (1) ergibt:

1. Jahr: 1
2. Jahr: $1 + 3 = 4$
3. Jahr: $1 + 3 + 5 = 9$

$$\vdots$$

(m-1)tes Jahr: $1 + 3 + 5 + 7 + \ldots (2m - 1) = m^2$

m-tes Jahr: $m^2 - 1 - (m - 1) - (m - 1) + 1 + (m - 1) + (m - 1) = m^2$

           (m^2 bestehende Zert $- 1$ auslaufendes Zert

           $-(m - 1)$ CZ für es $- (m - 1)$ CZ von ihm

           $+1$ neues Zert $+ (m - 1)$ CZ für es

           $+(m - 1)$ CZ von ihm)

Ab dem m-ten Jahr nimmt auch hier die Anzahl nicht weiter zu, da für abgelaufene Zertifikate keine CZ mehr ausgestellt werden und umgekehrt diese auch selbst keine CZ mehr ausgeben.

(3) Anzahl der nach n Jahren ausgestellten Zertifikate.

Durch Aufaddieren der in (1) gewonnenen Zahlen ergibt sich:

1. Jahr: 1
2. Jahr: $1 + 3 = 4$
3. Jahr: $1 + 3 + 5 = 9$

$$\vdots$$

(m-1)tes Jahr: $1 + 3 + 5 + 7 + \ldots (2m - 1) = m^2$

m-tes Jahr: $m^2 + 1 * (2m - 1)$

Ergebnis:

Für eine TCA mit m-jähriger Gültigkeitsdauer gilt	
Anzahl der jährlich ausgestellten Zertifikate	$2m - 1$
Anzahl gleichzeitig gültiger Zertifikate	m^2
Anz. nach $n(n \geq m - 1)$ Jahren ausgest. Zert.	$m^2 + (n - m + 1) * (2m - 1)$

Diese Zahlen sind unkritisch, weil sie nur linear mit der Zeit wachsen. Für den Spezialfall des Signaturgesetzes mit $m = 5$ bedeutet dies, daß im eingeschwungenen Zustand 25 TCA-Zertifikate gleichzeitig gültig sind und jedes Jahr 9 neue Zertifikate ausgestellt werden.

4.3   Crosszertifikate im Spiegel der Gültigkeitsmodelle

Die beiden letzten Kapitel haben gezeigt, daß die Einführung von Crosszertifikate nicht zu einer Explosion von Zertifikaten führt. Es fehlt noch der Nachweis, daß sie die Kommunikation zwischen Teilnehmern mit verschiedenen Sicherheitsankern ermöglichen. Hierzu sind vier Fälle zu unterscheiden, die jeweils in beiden Gültigkeitsmodellen untersucht werden. Die Darstellung geschieht wieder an dem konkreten Beispiel mit einer dreijährigen Gültigkeit des TCA-Zertifikate. Die Ergebnisse lassen sich jedoch ohne weiteres verallgemeinern. Alice und Bob sind Abb. 3 entnommen.

(1) Alice signiert bevor Bobs Anker gültig war (t_1):
Diese Signatur ist für Bob über Crosszertifikate nicht verifizierbar. Die Ursache des Problems ist, daß es keinen Sinn macht, wenn Bobs Sicherheitsanker

einen Schlüssel zertifiziert, dessen Gültigkeit vor seiner eigenen begonnen hat. Angenommen, Bobs Anker würde diese Regel mißachten und Alices Anker cross-zertifizieren, dann entstünde folgender Pfad:

$$\text{Alice} \rightarrow \text{TCA-1999}_{\text{TCA-1999}}\text{TCA-1999}_{\text{TCA-2000}}$$

($\text{TCA-1999}_{\text{TCA-2000}}$ bedeutet, daß der Schlüssel von TCA-1999 von TCA-2000 signiert wird, vgl. Legende zu Abb. 3).

Man betrachte nun die Gültigkeit dieses Pfades im Licht der beiden Gültigkeitsmodelle:

(a) Kettenmodell.

Es ist zu testen, ob jeder geheime Schlüssel im Zeitpunkt seiner Anwendung ein gültiges Zertifikat besessen hat. Bei Zertifikaten gilt als Zeitpunkt der Anwendung der Beginn des Gültigkeitsintervalls. Somit ist die Signatur der TCA-2000 unter TCA-1999 ungültig, weil TCA-2000 nach TCA-1999 erzeugt wurde.

(b) Schalenmodell.

Es ist zu testen, ob jeder geheime Schlüssel zu dem Zeitpunkt, da Alice ihre Signatur geleistet hat, gültig war. Wiederum ist dies für die Unterschrift der TCA-2000 unter TCA-1999 nicht der Fall. Das Problem ist also mit Crosszertifikaten nicht zu lösen. Weil Bob gleichzeitig unfähig ist, Alices Public Key zu verifizieren und ihr somit keine vertrauliche Nachricht senden kann, ist eine Lösung erforderlich. Bob benötigt eine Liste der noch gültigen TCA-Zertifikate und die Gewißheit, ihnen vertrauen zu können. Wie er dazu kommt, wird in Abschnitt 5 beschrieben.

(2) Alice signiert während Bobs Anker gültig ist (t_2):

Bob baut den folgenden Pfad auf:

$$\text{Alice} \rightarrow \text{TCA-1999}_{\text{TCA-1999}} \rightarrow \text{TCA-1999}_{\text{TCA-2000}}$$

Er wird wieder in beiden Modellen betrachtet:

(a) Kettenmodell.

$\text{TCA-1999}_{\text{TCA-2000}}$ ist gültig, somit ist die Verifikation erfolgreich.

(b) Schalenmodell.

Alle Zertifikate sind zum Zeitpunkt von Alices Signatur gültig, also gilt dies auch für die Signatur.

(3) Bob signiert nachdem Alices Anker abgelaufen ist (t_3):

Alice baut zur Verifikation den folgenden Pfad auf:

$$\text{Bob} \rightarrow \text{TCA-2000}_{\text{TCA-2000}} \rightarrow \text{TCA-2000}_{\text{TCA-1999}}$$

(a) Kettenmodell.

Der Pfad ist gültig, denn TCA-1999 war ein gültiges Zertifikat, als das CZ für TCA-2000 ausgestellt wurde.

(b) Schalenmodell.

Der Pfad ist ungültig, denn TCA-1999 ist zum Zeitpunkt von Bobs Signatur kein gültiges Zertifikat. Es existiert keine Möglichkeit, um einen gültigen Pfad zu TCA-1999 zu konstruieren.

(4) Charlie signiert nachdem Alices Anker abgelaufen ist (t_4):

Charlie, der im Jahr 2002 zertifiziert wird (Abb. 3) steht hier stellvertretend für einen beliebigen zukünftigen Teilnehmer der PKI, der kein CZ für Alices Anker besitzt. Alice konstruiert den Pfad:

$$\text{Charlie} \rightarrow \text{TCA-2002}_{\text{TCA-2001}} \rightarrow \text{TCA-2001}_{\text{TCA-2000}} \rightarrow \text{TCA-2000}_{\text{TCA-1999}}$$

(a) Kettenmodell.
Alle geheimen Schlüssel besitzen im Zeitpunkt ihrer Anwendung ein gültiges Zertifikat. Die Verifikation ist erfolgreich.

(b) Schalenmodell.
TCA-1999 ist zum Zeitpunkt von Charlies Signatur nicht gültig. Die Verifikation scheitert. Es existiert keine Möglichkeit, um einen gültigen Pfad zu TCA-1999 zu konstruieren. Alternativ hätte Alice auch einen kürzeren Pfad konstruieren können:

Charlie $\to$ TCA-2002$_{\text{TCA-2000}}$ $\to$ TCA-2000$_{\text{TCA-1999}}$
Im Ergebnis unterscheidet sich dieser Pfad nicht von dem langen.

Zusammenfassend läßt sich sagen, daß beide Gültigkeitsmodelle die Verifikation von Signaturen ablehnen, die geleistet wurden, bevor der Sicherheitsanker des Verifizierers gültig war. Das Kettenmodell erlaubt die Verifikation einer Signatur, die beliebig lange nach Ablauf des Ankers des Überprüfers geleistet wurde. Die Fälle (3) und (4) treten nur auf, wenn die Verifizierer aus der PKI ausgeschieden sind. Daher unterscheiden sich die beiden Gültigkeitsmodelle in bezug auf Crosszertifizierung nicht wesentlich.

5 Praktischer Umgang mit neuen Sicherheitsankern

5.1 Verteilung neuer Sicherheitsanker

Wenn ein neuer TCA-Schlüssel erzeugt wurde, sind zwei Fälle zu unterscheiden:

(1) Wie erhalten die neuen Teilnehmer die alten TCA-Schlüssel?
Sei Bob ein Teilnehmer, der unter dem neuen TCA-Schlüssel zertifiziert worden ist. Bob könnte in seiner persönlichen Sicherheitsumgebung (PSE = Personal Security Environment) eine Liste vertrauenswürdiger TCA-Zertifikate vorfinden, die er als alternative Wurzelzertifikate benutzt. Genügend Speicherplatz vorausgesetzt, könnte seine Smartcard gleich mit dieser Liste ausgeliefert werden. Das ist die empfehlenswerte Lösung. Falls die Liste nicht als Bestandteil der PSE verteilt wird, kann sie in einem X.500-Verzeichnisdienst bereitgestellt werden, muß dann aber von einer zuverlässigen Instanz aus Bobs Hierarchie unterschrieben werden. Die TCA selbst kann diese Aufgabe nicht wahrnehmen, weil sie durch ihre KeyUsage-Restriktionen daran gehindert wird. Die Verifizierroutine müßte in diesem Fall wissen, wer berechtigt ist, Zertifikatslisten zu verteilen. Alternativ wäre auch die Nutzung des Zertifikatfeldes ExtKeyUsage denkbar. Dort müßte ein Eintrag `CertListSigning` stehen, welcher den Inhaber zum Signieren von Zertifikatslisten berechtigt. Hierzu müßte ein neuer ObjectIdentifier definiert werden, da weder [4] noch [1] etwas derartiges vorsehen. Die Verifizierroutine müßte den ObjectIdentifier kennen. Das Feld ExtKeyUsage sollte als critical markiert werden.

(2) Wie erhalten die bereits zertifizierten Teilnehmer die neuen TCA-Schlüssel?
Nachdem sie einen neuen Schlüssel erzeugt hat, legt die TCA in ihrem X.500-Verzeichnisdiensteintrag die folgenden Zertifikate ab (vgl. Abb. 4): Das neue

TCA-Zertifikat, $m-1$ Crosszertifikate, mit denen der neue Schlüssel die noch gültigen TCA-Zertifikate beglaubigt und m-1 Crosszertifikate, mit denen die alten TCA-Zertifikate das neue anerkennen. Eine gute Software könnte diese Crosszertifikate bei Bedarf automatisch über den Verzeichnisdienst beziehen, ohne daß der Benutzer sich darum kümmern muß. Möglicherweise möchte er aber über den Vorgang oder den besonderen Verifikationspfad mit einer Meldung informiert werden.

5.2   Konstruktion des Zertifizierungspfades

Ein Verifizierer sieht zunächst nach, ob die Signatur geleistet wurde, bevor sein eigener Sicherheitsanker gültig war. Ist dies der Fall, helfen ihm Crosszertifikate nicht weiter. Er muß auf die Liste vertrauenswürdiger TCA-Zertifikate zurückgreifen.

In allen anderen Fällen konstruiert· der Verifizierer zunächst den Pfad des Absenders bis zu dessen Wurzelzertifikat. Überschneiden sich dieses zeitlich mit seinem eigenen, dann existiert ein Crosszertifikat, welches sich der Verifizierer über den Verzeichnisdienst oder seinen lokalen Cache besorgen kann. Gibt es keine Überschneidung, dann stammt die Signatur aus der Zukunft, bezogen auf die Gültigkeit des Ankers des Verifizierers. Er ruft nun alle[3] Zertifikate ab, die unter dem Distinguished Name seiner Wurzelinstanz abgelegt sind und sucht nach Crosszertifikaten, die $(m-1)$ Jahre auseinanderliegen, bis er eine vollständige Kette aufgebaut hat. Crosszertifikate können beim Verifizierer gespeichert und später wiederverwendet werden.

6   Zusammenfassung

Es wurde gezeigt, daß Crosszertifikate eine einfache und effiziente Möglichkeit sind, um mit neuen Sicherheitsankern umzugehen. Die Anzahl der Zertifikate wächst nur linear mit der Zeit. Der Zertifizierungspfad läßt sich über den Verzeichnisdienst konstruieren. Es besteht ein Handlungsbedarf auf der Softwareseite. Die beschriebenen Verfahren sind jedoch einfach zu implementieren und stellen die Softwarehersteller nicht vor große Probleme. Für den Verzeichnisdienst würde man sich eine Optimierungsmöglichkeit wünschen, die es erlaubt ein Zertifikat gezielt abzurufen, auch wenn mehrere Zertifikate in einem Eintrag vorhanden sind. Für die Verteilung vertrauenswürdiger Sicherheitsanker über den Verzeichnisdienst oder per E-Mail wäre ein standardisierter Object-Identifier hilfreich.

7   Dank

Vielen Dank an Petra Glöckner und Andreas Berger für kompetente und anregende Diskussionen.

---

[3] Es ist zur Zeit nicht möglich, Zertifikate aufgrund einer Eigenschaft aus dem Verzeichnisdienst abzurufen.

Literatur

1. Petra Glöckner Wolfgang Schneider Andreas Berger, Alfred Giessler. *Spezifikation zur Entwicklung interoperabler Verfahren und Komponenten nach SigG/SigV. Abschnitt A1: Zertifikate. Version 2.0.* July 1998. http://www.bsi.bund.de/aufgaben/projekte/pbdigsig/download/a1-v2.pdf.
2. GMD - German National Research Center for Information Technology. SECUDE - A General Purpose Security Toolkit. http://www.darmstadt.gmd.de/secude.
3. ITU-T. ITU-T Recommendation X.509: Information Technology - Open Systems Interconnection - TheDirectory: Authentication Framework. June 1997.
4. W. Polk D. Solo: R. Housley, W. Ford. *Internet Public Key Infrastructure, X.509 Certificate and CRL Profile, RFC 2459.* January 1999. ftp://ftp.fu-berlin.de/pub/doc/rfc/rfc2459.gz.

Junge Informatik

Junge Informatik

Berichte über aktuelle Forschung in Sonderforschungsbereichen,
Schwerpunktprogrammen und Graduiertenkollegs

Die Informatik ist noch immer eine junge, dynamische und sich in Theorie und Praxis stürmisch weiterentwickelnde Wissenschaft; viele zukunftsträchtige Gebiete und neue Themen werden an den Universitäten von Doktorandinnen und Doktoranden bearbeitet. Dabei entstehen oft Ideen, deren Wert für die Anwendungsbereiche sich erst Jahre später erschließt.

Eine besondere Rolle in diesem Prozeß nehmen die von der Deutschen Forschungsgemeinschaft (DFG) geförderten Verbundvorhaben ein, die einem größeren, umfassenden Thema gewidmet sind. Zu diesen Einrichtungen gehören Sonderforschungsbereiche, Graduiertenkollegs und Schwerpunktprogramme. Sie bilden einen Rahmen, innerhalb dessen die jungen Forscherinnen und Forscher einen gewissen Freiraum genießen, auch ganz neuen Ideen nachgehen zu können – angeleitet durch Projektverantwortliche und erfahrene Betreuer, die die disziplinäre Verankerung und Einbettung in die spezifische wissenschaftliche *community* gewährleisten. Das Leitthema der Institution – das auf einem ausgearbeiteten und nach strengen Kriterien positiv begutachteten Konzept beruht – stellt dabei eine Orientierung für die eigenen Forschungen dar. Gleichzeitig bieten die Institutionen auch die Möglichkeit, in Teams „gleichaltriger" (beziehungsweise gleich junger!) Personen zusammenzuarbeiten und so auch über das engere Fach hinausgehenden oder sogar interdisziplinär ausgerichteten Fragestellungen nachzugehen.

Viele Promovierte aus diesen sich oft zu *centers of excellence* entwickelnden Einrichtungen bleiben auch später in der Forschung tätig, und nicht wenigen gelingt eine erfolgreiche Hochschulkarriere. Die DFG erweist sich damit als eine ausgezeichnete Institution zur Förderung des wissenschaftlichen Nachwuchses durch praktizierte Spitzenforschung.

Um der Informatik-Fachwelt zu demonstrieren, daß im Nachwuchsbereich in den DFG-Einrichtungen exzellente Forschung betrieben wird, und um den entsprechenden jungen Forschern und Forscherinnen ein Forum zu bieten, wo sie sich präsentieren und gegenseitig kennenlernen können, wurde im Rahmen der Informatik '99 die „Junge Informatik" etabliert – eine Vortrags- und Diskussionsreihe, bei der die Doktorandinnen und Doktoranden aus ihren laufenden Arbeiten berichten, gleichzeitig aber auch ihre Heimatinstitution kurz vorstellen.

Von den rund 30 DFG-Einrichtungen, die schwerpunktmäßig Informatik-Themen bearbeiten, haben 22 jeweils einen ihrer Doktoranden oder frisch promovierten Nachwuchswissenschaftler zu einem Vortrag entsandt – da damit auch die eigene Institution repräsentiert wird, wurde dabei sicherlich eine wohlüberlegte und gute Wahl getroffen! Die Jahrestagung der Gesellschaft für Informatik stellt hierfür den angemessenen Rahmen dar. Die Themen der Vorträge reichen entsprechend des breiten Spektrums, das die Informatik einnimmt, von theoretischen und algorithmischen Fragestellungen über Aspekte der praktischen Informatik und der technischen Informatik bis hin zu ingenieurwissenschaftlichen und anwendungsorientierten Bereichen.

Wir hoffen, mit dem Forum „Junge Informatik" etwas etabliert zu haben, das für die Vortragenden wie für die Teilnehmenden gleichermaßen interessant und nützlich ist. Die Junge Informatik wird von jungen, herausragenden, engagierten und begeisterungsfähigen Informatikerinnen und Informatikern gestaltet – durch sie wird die Zukunft unseres Faches wesentlich geprägt!

Paderborn, im Juni 1999

Friedemann Mattern
TU Darmstadt

Friedhelm Meyer auf der Heide
Universität Paderborn

Kombinatorische Algorithmen zur Netzgenerierung im CAD —
ein Teilprojekt des DFG-Schwerpunktprogramms „Effiziente Algorithmen für diskrete Probleme und ihre Anwendungen"

Matthias Müller-Hannemann

Technische Universität Berlin
Fachbereich Mathematik, MA 6-1
Straße des 17. Juni 136
D-10623 Berlin
mhannema@math.tu-berlin.de
http://math.tu-berlin.de/~mhannema/

Zusammenfassung Nach einer kurzen allgemeinen Einführung in das DFG-Schwerpunktprogramm „Effiziente Algorithmen für diskrete Probleme und ihre Anwendungen" berichtet dieser Aufsatz exemplarisch von einem Teilprojekt zur Netzgenerierung. Dabei geht es um die automatische Generierung oder Verfeinerung von Oberflächen- und Volumennetzen für komplexe Werkstücke, etwa von ganzen Motorgehäusen, was für die Simulation und numerische Analyse mit Finite-Elemente-Methoden beim CAD-Design von eminenter Bedeutung ist. Ausgehend von einer Schilderung des konkreten Anwendungshintergrundes beschreiben wir den schwierigen Modellierungsprozeß, skizzieren den von uns entwickelten neuartigen Ansatz, der auf Netzwerkfluß- und Matchingtechniken sowie anderen Graphenalgorithmen beruht, und berichten von den bisher erzielten praktischen Erfolgen sowie den weiteren Zielsetzungen des Projekts.

1   Das Schwerpunktprogramm

Das Schwerpunktprogramm „Effiziente Algorithmen für diskrete Probleme und ihre Anwendungen", koordiniert von Prof. Dr. Thomas Lengauer am GMD-Forschungszentrum Informationstechnik in Sankt Augustin, wird seit 1995 von der Deutschen Forschungsgemeinschaft (DFG) gefördert. Dieses Programm wurde mit der strategischen Zielsetzung gegründet, die vielfältigen Methoden und Ergebnisse aus der Grundlagenforschung in Theoretischer Informatik und Diskreter Mathematik praktischen Anwendungen in Wissenschaft und Technologie zugänglich zu machen. So werden bei den geförderten Projekten in enger Kooperation mit Partnern aus der Industrie oder Dienstleistungsunternehmen durchweg algorithmische Probleme untersucht, die sich direkt aus Anwendungen ergeben. Diese entstammen unter anderem den Bereichen Molekularbiologie und Chemie, Schaltkreisentwurf und -verifikation, Robotik und Planung, Konstruktion, Fertigung und Computer-Aided Design (CAD) sowie Visualisierung und Animation.

Die algorithmischen Lösungsmethoden kommen aus Teilgebieten wie Datenstrukturen, Graphenalgorithmen, Algorithmischer Geometrie, Computeralgebra, Kombinatorischer Optimierung, Randomisierten Algorithmen sowie Parallelen und Verteilten Algorithmen. Bei aller Praxisorientierung geht es jedoch nicht darum, lediglich existierende Lösungsmethoden an Spezialanwendungen anzupassen. Vielmehr besteht ein wesentlicher Teil der Forschungsaufgabe darin, zunächst eine angemessene Modellierung der praktischen Aufgabe zu finden. So führen häufig die bei der Modellierung gewonnenen Einsichten auf notwendige Erweiterungen von wohlstudierten Standardproblemen der Algorithmik, die völlig neue Ansätze verlangen und so auch die theoretische Forschung vorantreiben.

Die traditionelle Forschung in der Algorithmik hat sich meist damit begnügt, Algorithmen theoretisch unter Worst-Case-Szenarien zu analysieren und praktische Experimente nur auf künstlichen Testdaten auszuführen. Für typische Herausforderungen aus der Praxis greift diese Vorgehensweise jedoch häufig zu kurz. Besonders wichtig erscheint daher, daß dank der Kooperation mit den Anwendern die entwickelten Lösungsmethoden durch Experimente mit echten Anwendungsdaten validiert werden. Die Auswertung der erzielten Ergebnisse mit den Projektpartnern führt nicht selten auf neue interessante Forschungsprobleme, die in den Projekten weiterverfolgt werden. Diese allgemeinen Bemerkungen zum Charakter der Forschungsarbeit in den Projekten sollen im Hauptteil dieses Aufsatzes am Beispiel einer Anwendung aus dem CAD-Bereich verdeutlicht werden.

Ausdruck erster Erfolge der fruchtbaren interdisziplinären Zusammenarbeit der beteiligten Informatiker, Mathematiker und Ingenieure in den über 20 Projekten des Schwerpunktes mit den Experten aus den Anwendungsdisziplinen sind zum Beispiel kommerziell vermarktete Programmsysteme zum automatischen Zeichnen von Diagrammen, zur textilen Schnittmusterberechnung, zur Standortplanung und zum Medikamentenentwurf. Zur weiteren Stärkung des Wissenstransfers zwischen universitärer Forschung und Praxis und zur Anbahnung neuer Kontakte veranstaltet der Forschungsschwerpunkt Kolloquien in Zusammenarbeit mit Industrie- und Handelskammern.

Projektübergreifende Aktivitäten innerhalb des Schwerpunktes manifestieren sich nicht nur in den gemeinsamen Kolloquien und dadurch entstandene bilaterale Kontakte zwischen Projektgruppen, sondern besonders durch regelmäßige Workshops von Untergruppen, die nach Anwendungsgebieten gebildet worden sind, als Beispiel seien hier Workshops zum Thema „CAD" oder zum „Zeichnen von Graphen" genannt. Als sehr hilfreich erwies sich aber auch ein methodenorientiertes Querschnittskolloquium zu „Aspekten der Implementation von Algorithmen", das heißt zur Diskussion von typischen Problemen bei der softwaretechnischen Umsetzung von Algorithmen.

Weitere Informationen über dieses Schwerpunktprogramm, seine Teilprojekte und Projekte im Umfeld, beteiligte Forschergruppen und Verweise auf geschaffene Softwareprodukte findet man unter

```
http://www.gmd.de/SCAI/dfg/dfg-rc.html .
```

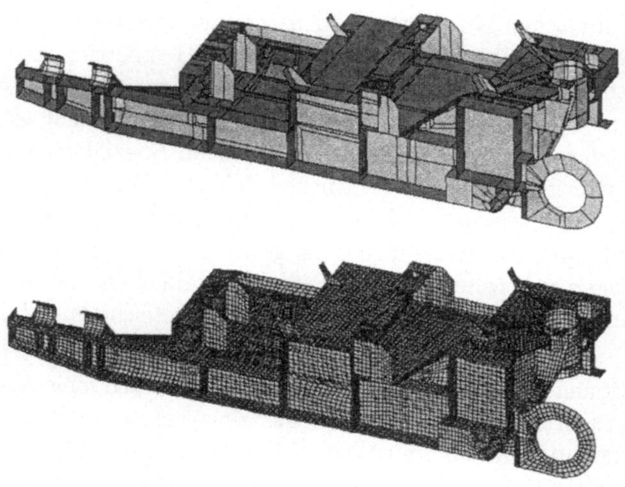

Abbildung 1. Ein CAD-Modell aus dem Fahrzeugbau und seine Verfeinerung durch unseren Algorithmus.

2 Das Projekt „Kombinatorische Algorithmen zur Vierecks- und Hexaedernetzgenerierung"

Seit Gründung des Schwerpunktes, also seit Anfang 1995, ist die Arbeitsgruppe Kombinatorische Optimierung und Graphenalgorithmen unter Leitung von Prof. Dr. Rolf H. Möhring an der Technischen Universität Berlin mit dem genannten Projekt im Schwerpunkt vertreten. Der Anstoß zu diesem Projekt ging ursprünglich von einem Berliner Ingenieurbüro aus, der Dr. Krause Software GmbH, die Spezialsoftware für Finite-Elemente-Methoden erstellt. Deren Leiter wandte sich mit der Frage an uns, ob wir bei der Erstellung von Finite-Elemente-Netzen für Oberflächen behilflich sein könnten.

Im folgenden erläutern wir zunächst den Anwendungshintergrund und beschreiben dann im Abschnitt 4 die wesentlichen Ideen, mit denen es uns gelungen ist, einen neuen, rein diskreten Ansatz für diese Problemstellung zu entwickeln, der in eine inzwischen mehrjährige erfolgreiche Kooperation mit Dr. Krause gemündet hat. Schließlich hat sich als eine natürliche Erweiterung des Projektes die Herausforderung ergeben, auch Netze für massive Körper zu generieren. Wir skizzieren in Abschnitt 5 einen weiteren neuen Ansatz für diese Problematik, die im Mittelpunkt der aktuellen Forschung auf diesem Gebiet steht.

3 Der Anwendungshintergrund

Beim Einsatz von CAD-Werkzeugen im Maschinenbau und in der Fahrzeugentwicklung tritt regelmäßig das Problem auf, ein interaktiv von einem Ingenieur entwickeltes Netz, das Oberfläche oder Volumen eines Prototypen für ein

Werkstück approximiert, so zu verfeinern und aufzubereiten, daß physikalisch-technische Kenngrößen des Werkstücks (z. B. Statik, Stabilität, Plastizität, Eigenfrequenzen) mit Hilfe von Finite-Elemente-Methoden (FEM) analysiert werden können.

Bei einem Oberflächennetz besteht das grobe, vom Ingenieur vorgegebene Netz aus polygonal begrenzten Flächenstücken, meist Dreiecken oder Vierecken, den sogenannten *Makroelementen*, und den zugehörigen Nachbarschaftsbeziehungen. Dieses Netz soll *konform* in ein reines Vierecksnetz verfeinert werden, d. h. zwei Vierecke besitzen in der Verfeinerung entweder eine gemeinsame Seite oder einen gemeinsamen Eckpunkt oder sind völlig disjunkt. Dabei sollen eine vorgegebene, lokal variierende Netzdichte eingehalten und verschiedene Qualitätskriterien erfüllt werden (z. B. Winkel möglichst nahe bei 90°, geringe Verwindung der Vierecke, möglichst uniforme Knotengrade). Durch die ausschließliche Verwendung von Vierecken wird u. a. erreicht, daß die aus dem Netz für die FEM entstehenden linearen Gleichungssysteme eine geringe Bandweite haben und dadurch schneller gelöst werden können.

Bei einem komplexen Werkstück mit mehreren Hundert Makroelementen ist eine manuelle oder auch halbautomatische Verfeinerung und Korrektur für den Ingenieur äußerst zeitaufwendig und fehleranfällig. Hieraus erklärt sich die große praktische Bedeutung der automatischen Generierung von Vierecks-Oberflächennetzen bzw. von Hexaeder-Volumennetzen. Zur Zeit gibt es insbesondere kein Sofwaretool, das in der Lage ist, Hexaedernetze für komplexe Werkstücke in befriedigender Weise zu erzeugen.

Übersichtsartikel und Literaturdatenbanken zu bestehenden Ansätzen für die Netzgenerierung findet man in [Ho88, BE95, Sch, Owe].

4   Vierecksnetze für Oberflächen von Werkstücken

Die Grundidee unseres Ansatzes besteht darin, zunächst von den geometrischen und topologischen Gegebenheiten weitgehend zu abstrahieren und sich auf die kombinatorischen Bedingungen an konforme Netzverfeinerungen zu konzentrieren. In dieser Abstraktion lassen sich Oberflächen-Netzverfeinerungen als Lösungen eines linearen Gleichungssystems über $GF(2)$ (dem Körper mit zwei Elementen) auffassen [MM97]: Für jede gegebene Seite e eines Makroelements sucht man eine Anzahl x_e von Unterteilungspunkten (die in einer konformen Viereckszerlegung zusätzlich auftretenden Eckpunkte), so daß die Summe der Anzahl x_e der Unterteilungspunkte und der Anzahl y_e der bereits vorhandenen Punkte entlang eines jeden Makroelements *gerade* ist. Die Anforderungen an die Dichte übersetzen sich dabei in untere und obere Schranken an die x_e.

Diese Lösungen haben jedoch i. a. ungünstige Struktur, da sie „schlechte" lokale Verfeinerungen zulassen und insbesondere keine Kontrolle der Winkel erlauben. Der Schlüssel zu besseren Lösungen besteht in einer graphentheoretischen Modellierung als *kostenminimales bigerichtetes Flußproblem* oder äquivalent als *kostenminimales kapazitätsbeschränktes b-Matching Problem* [MM97]. Die intuitive Idee, die zu dieser Modellierung führt, besteht darin, daß die in einer Ver-

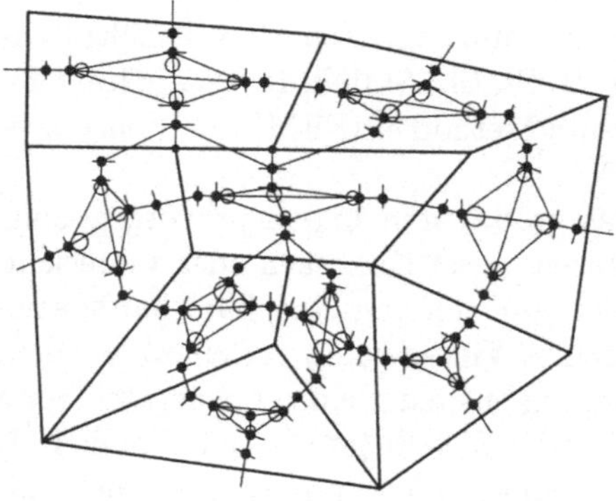

Abbildung 2. Der Graph des bigerichteten Flußproblems für eine künstliche Beispielinstanz.

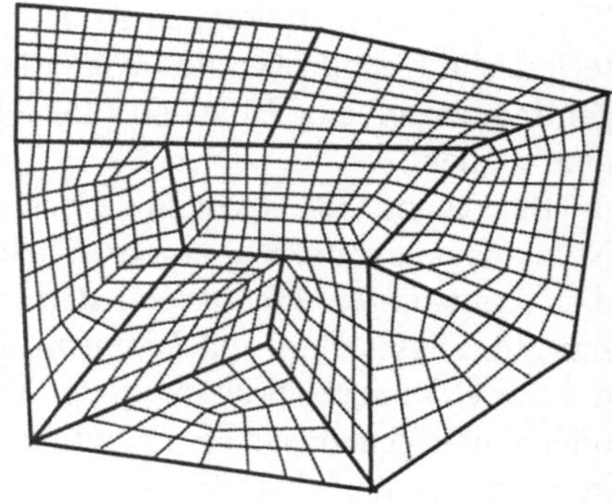

Abbildung 3. Eine Verfeinerung des nebenstehenden Ausgangsnetzes in ein konformes Vierecksnetz.

feinerung zusätzlich auftretenden Linien durch das Innere der Makroelemente „fließen" und am Rand oder an bereits vorhandenen Punkten beginnen und enden.

Die Flüsse sind *bigerichtet*, da Ein- und Ausfluß über eine Kante e eines Makroelements gemeinsam einer Kapazitätsrestriktion unterliegen, die aus der Dichteanforderung resultiert. Dies wird mit einem speziell konstruierten ungerichteten Graphen G modelliert, der sich durch eine gewisse „duale" Konstruktion aus dem Makronetz ergibt, siehe Abbildung 2. Die Variable x_e spielt dann die Rolle des Flusses über die Kante e eines Makroelements. In der Praxis tauchen sehr häufig Netze mit sogenannten *Faltwerken* (mehr als zwei Makroelemente treffen sich an einer Kante) auf, siehe z. B. Abbildung 1. Für solche Netze ist zusätzlich eine Zerlegung in faltwerklose Teilprobleme erforderlich, für die über die Lösung eines linearen Gleichungssystems über $GF(2)$ eine Fixierung der Variablen x_e am Rand vorgenommen wird, die die Lösbarkeit nicht beeinträchtigt.

Durch Variation der Kosten für den Fluß auf den Kanten von G lassen sich die geometrische Gestalt und insbesondere die Winkel der resultierenden Verfeinerungen geeignet steuern. Der Aufwand zur Berechnung einer solchen Lösung ist polynomial in der Größe des Graphen $(O((m \log n)(m + n \log n)))$ und erfordert in der Praxis mit dem von uns implementierten Algorithmus ca. 1–2 Minuten für Netze mit 500 Makroelementen und etwa 10000 Vierecken in der Verfeinerung. Obwohl die hierbei zu lösenden Fluß- bzw. Matchingprobleme von der Theorie her wohlverstanden sind, war es nötig, neue Wege bei der Implementation der auftretenden Verallgemeinerungen dieser Standardprobleme der kombinatorischen Optimierung zu gehen, um diese Effizienz zu erreichen [MS98, MS99].

Zwischen einer praxistauglichen Lösung und der ursprünglichen Problemstellung lag ein längerer Weg: Die erste Problemformulierung ging nämlich, ebenso wie frührere Ansatze [TA93], bei der Verfeinerung von einer kleinen Menge von Unterteilungsmustern aus, deren einschränkende Anforderungen das Verfeinerungsproblem deutlich schwieriger machen, nämlich $\mathcal{NP}$-vollständig im komple-

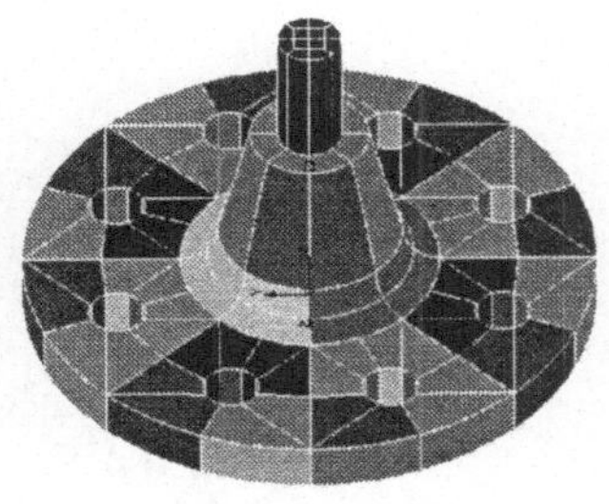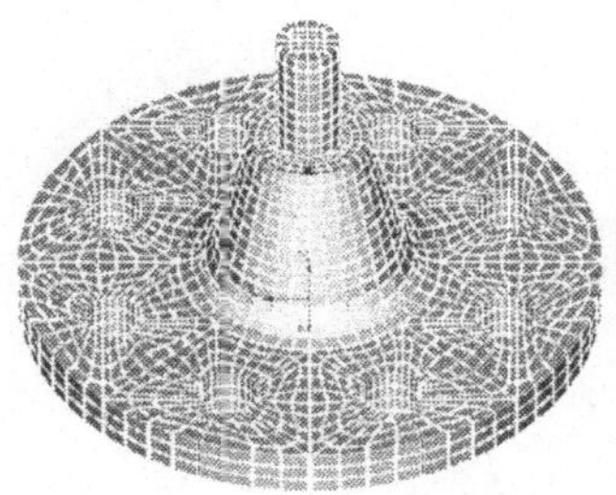

Abbildung 4. Das Modell einer Welle mit Flansch (links; die Graustufen entsprechen verschiedenen Teilregionen) und das von unserem Algorithmus konstruierte Netz bestehend aus 7488 Hexaedern [MH98] (rechts).

xitätstheoretischen Sinne, vgl. [MMW97]. Durch Verallgemeinerung der Unterteilungsmuster konnten wir diese Schwierigkeiten umgehen, ohne die Grundidee des Ansatzes verlassen zu müssen [MM97]. Im weiteren Verlauf des Projektes hat sich herausgestellt, daß unser Ansatz nicht nur auf diese konkrete Variante paßt, sondern auch auf einen großen Bereich von Variationen [MW99]. Das kostenminimale bigerichtete Flußproblem erweist sich daher als ein sehr flexibler Ansatz, gut strukturierte Netze effizient zu berechnen.

Schließlich ist erwähnenswert, daß neben den praktischen Fortschritten bei der Vierecksnetzgenerierung auch rein theoretische Untersuchungen initiiert wurden. Als Beispiel für diesbezügliche Resultate sei die Entwicklung eines Linearzeitalgorithmus genannt, der konvexe Polygone in eine minimale Anzahl strikt konvexer Vierecke zerlegt [MW97b], oder Approximationsalgorithmen für die konforme Verfeinerung eines Netzes in möglichst wenige Vierecke [MW97a].

5 Hexaedernetze für massive Körper

Aus guten Gründen ist es naheliegend, die Generierung eines Hexaedernetzes, d. h. grob gesagt, die Zerlegung eines soliden Körpers in viele kleine Würfel, mit einem guten Vierecksnetz auf der Oberfläche zu starten. Erstens ist nämlich die Netzqualität nahe an der Oberfläche von entscheidener Bedeutung für den Erfolg der nachgeschalteten numerischen Analyse, und zweitens ist es sonst praktisch unmöglich, die Netzkompatibilität zwischen zwei angrenzenden Teilregionen zu sichern.

Thurston und Mitchell haben charakterisiert, unter welchen Bedingungen Hexaedernetze für vorgegebene Oberflächennetze überhaupt existieren. Ähnlich wie bei Oberflächennetzen tritt hier eine Paritätsbedingung auf. Es ist nämlich notwendig und hinreichend für die Existenz einer (kombinatorischen) Hexaederzerlegung eines Körpers, der im topologischen Sinne ein Ball ist, daß die Anzahl der Vierecke des Oberflächennetzes *gerade* ist [Thu93, Mit96]. Leider handelt es sich dabei nur um nichtkonstruktive Existenzbeweise. Auch die Frage, unter welchen Bedingungen man für eine kombinatorische Hexaederzerlegung eine gute geometrische Einbettung finden kann, bleibt offen.

144

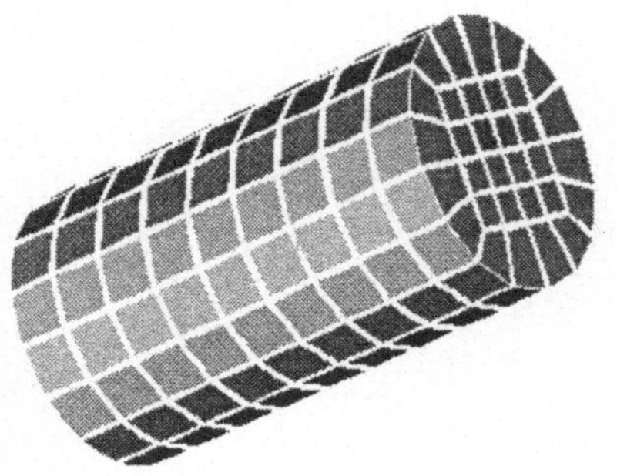 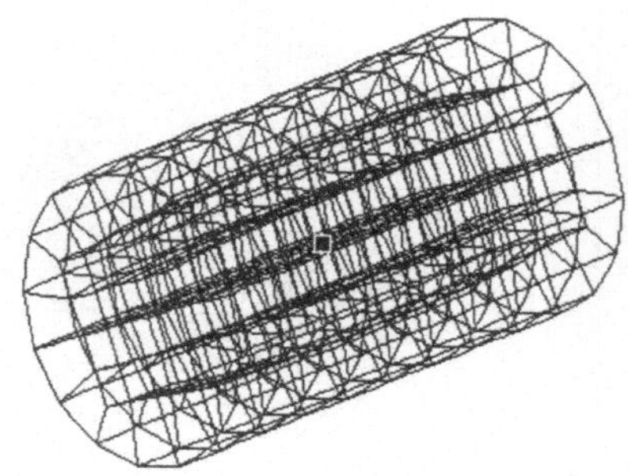

Abbildung 5. Hexaedernetz für einen Zylinder.

Wir verfolgen nun den Ansatz, mit der Generierung eines qualitativ guten Oberflächennetzes aus Vierecken zu starten, um dann nachfolgend in einem *kombinatorischen Schälprozeß* das Werkstück schrittweise in Hexaeder zu zerlegen.

Dieser Schälprozeß nutzt die Zykelstruktur des Dualgraphen des generierten Oberflächen-Vierecksnetzes für einen nach Möglichkeit konvexen Körper (genauer gesagt, setzen wir nur voraus, daß der Körper im topologischen Sinne ein Ball ist; ggf. ist eine entsprechende Zerlegung vorab zu konstruieren). Die Zykelstruktur wird iterativ „geschält" bis man zum Dualgraphen eines Hexaeders gelangt. Durch Reversion des Schälprozesses wird dann eine kombinatorische Hexaederzerlegung konstruiert und schließlich geometrisch eingebettet. Die Kombinatorik dieses Schälprozesses wirft noch viele Fragen auf und ist Gegenstand der aktuellen Forschung [MH98, MH99].

Projektbeteiligte, Kooperationspartner und weitere Informationen

Teile des Projekts wurden in Diplomarbeiten behandelt und waren Grundlage der Dissertation des Autors [MH97]. Neben Rolf Möhring als Projektleiter und dem Autor sind am Projekt maßgeblich Karsten Weihe (Universität Konstanz) und Alexander Schwartz als weitere Wissenschaftler, sowie Benjamin Feldhahn als studentischer Mitarbeiter beteiligt. *Kooperationspartner* sind zwei Berliner Ingenieurbüros, die Dr. Krause Software GmbH, die uns ihren CAD-Präprozessor ISAGEN zur Verfügung stellt, sowie die SFE Gesellschaft für Strukturanalyse in Forschung und Entwicklung GmbH.

Weitere Informationen zu diesem Projekt findet man im Internet unter `http://www.math.tu-berlin.de/coga/research/meshes/` .

Literatur

[BE95]   M. Bern and D. Eppstein, *Mesh generation and optimal triangulation*, Computing in Euclidean Geometry, 2nd Edition (D.-Z. Du and F. Hwang, eds.), World Scientific, Singapore, 1995, pp. 47–123.

[Ho88]   K. Ho-Le, *Finite element mesh generation methods: a review and classification*, Computer-Aided Design **20** (1988), 27–38.

[MH97]   M. Müller-Hannemann, *Quadrilateral mesh generation in computer-aided design*, Doktorarbeit, Fachbereich Mathematik, Technische Universität Berlin, Cuvillier-Verlag Göttingen, 1997.

[MH98]   M. Müller-Hannemann, *Hexahedral mesh generation by successive dual cycle elimination*, Proceedings of the 7th International Meshing Roundtable, Dearborn, Michigan, 1998, pp. 379–393, erscheint in Engineering with Computers.

[MH99]   M. Müller-Hannemann, *Combinatorics helps for hexahedral mesh generation in cad*, Proceedings of the 10th Annual ACM-SIAM Symposium on Discrete Algorithms (SODA'99), 1999, pp. 949–950.

[Mit96]   S. A. Mitchell, *A characterization of the quadrilateral meshes of a surface which admit a compatible hexahedral mesh of the enclosed volume*, Proceedings of the 13th Annual Symposium on Theoretical Aspects of Computer Science (STACS'96), Lecture Notes in Computer Science 1046, Springer, 1996, pp. 465–476.

[MM97]   R. H. Möhring and M. Müller-Hannemann, *Complexity and modeling aspects of mesh refinement into quadrilaterals*, Proceedings of the 8th Annual International Symposium on Algorithms and Computation, ISAAC'97, Singapore, Lecture Notes in Computer Science **1350**, Springer-Verlag, 1997, pp. 263–273.

[MMW97] R. H. Möhring, M. Müller-Hannemann, and K. Weihe, *Mesh refinement via bidirected flows: Modeling, complexity, and computational results*, Journal of the ACM **44** (1997), 395–426.

[MS98]   M. Müller-Hannemann and A. Schwartz, *Implementing weighted b-matching algorithms: Towards a flexible software design*, Proceedings of 2nd Workshop on Algorithm Engineering (WAE'98) (K. Mehlhorn, ed.), 1998, http://www.mpi-sb.mpg.de/~wae98/PROCEEDINGS/, pp. 86–97.

[MS99]   M. Müller-Hannemann and A. Schwartz, *Implementing weighted b-matching algorithms: Insights from a computational study*, Proceedings of the Workshop on Algorithm Engineering and Experimentation (ALENEX'99), erscheint in Lecture Notes in Computer Science, vol. 1619, Springer, 1999.

[MW97a]   M. Müller-Hannemann and K. Weihe, *Improved approximations for minimum cardinality quadrangulations of finite element meshes*, Proceedings of the 5th Annual European Symposium on Algorithms, ESA'97, Graz, Austria, Lecture Notes in Computer Science **1284**, Springer-Verlag, 1997, pp. 364–377.

[MW97b]   M. Müller-Hannemann and K. Weihe, *Minimum strictly convex quadrangulations of convex polygons*, Proceedings of the 13th Annual ACM Symposium on Computational Geometry, Nice, France, ACM, 1997, pp. 193–202.

[MW99]   M. Müller-Hannemann and K. Weihe, *On the discrete core of quadrilateral mesh refinement*, erscheint in Int. J. Numer. Methods in Eng. (1999).

[Owe]   S. Owen, *Meshing research corner*, verfügbar unter http://www.andrew.cmu.edu/user/sowen/mesh.html.

[Sch]   *Information on finite element mesh generation*, verfügbar unter www-users.informatik.rwth-aachen.de/~roberts/meshgeneration.html.

[TA93]   T. K. H. Tam and C. G. Armstrong, *Finite element mesh control by integer programming*, Int. J. Numer. Methods in Eng. **36** (1993), 2581–2605.

[Thu93]   W. Thurston, *Hexahedral decomposition of polyhedra*, Posting to sci.math., 25 Okt. 1993, verfügbar unter http://www.ics.uci.edu/~eppstein/gina/Thurston-hexahedra.html.

Hierarchische Synthese für die Emulation von integrierten Steuerungssystemen[1]

O. Bringmann, W. Rosenstiel

Universität Tübingen
Technische Informatik
Sand 13
72076 Tübingen

Zusammenfassung Der Entwurf von integrierten Steuerungssystemen ist sehr kostspielig und zeitaufwendig, da bislang keine automatischen Entwurfsumgebungen für den schnellen Prototypenentwurf zur Verfügung stehen. Thema des Schwerpunktprogramms „Rapid Prototyping für integrierte Steuerungssysteme mit harten Zeitbedingungen" ist daher die Entwicklung von Rapid-Prototyping-Systemen die direkt mit der realen Umgebung interagieren können und harten Echtzeitanforderungen genügen. Nach einer Einführung in das Schwerpunktprogramm wird im weiteren ein Teilprojekt im Bereich der Hardware-Synthese näher vorgestellt, das die Synthese hierarchischer Schaltungsbeschreibungen mit prozeßübergreifenden Optimierungen unter Berücksichtigung gegebener Zielarchitekturen behandelt.

1   Einführung in das Schwerpunktprogramm

Das DFG-Schwerpunktprogramm „Rapid Prototyping für integrierte Steuerungssysteme mit harten Zeitbedingungen" (SPP RP) wird seit Mai 1996 von der DFG gefördert und besteht aus 15 Teilprojekten, die an 13 Forschungseinrichtungen gebunden sind. Als integrierte Steuerungssysteme werden elektronische Systeme mit fest definierten Aufgaben bezeichnet, die intensiv mit der Umgebung interagieren und dabei harten Echtzeitbedingungen genügen müssen. Sie stellen in vielen volkswirtschaftlichen Bereichen eine Schlüsseltechnologie dar, deren Einsatzbereich sich von der Büroautomation über die Telekommunikation, die Fahrzeugtechnik, den Konsumbereich, die Industrieelektronik, die Umwelttechnik bis hin zur Luft- und Raumfahrttechnik ersteckt. Aufgrund der steigenden Komplexität von integrierten Steuerungssystemen gewinnen der schnelle Prototypenentwurf und eine realitätsnahe Emulation zunehmend an Bedeutung, da nur mit Hilfe eines Prototypen die Funktionsfähigkeit des Systems innerhalb der zu steuernden Umgebung hinreichend genau validiert wer-

1. Diese Arbeit wird unterstützt von der DFG im Rahmen des Teilprojekts „Hierarchische Synthese für anwendungsspezifische Prototypenimplementierungen" innerhalb des Schwerpunktprogramms „Rapid Prototyping für integrierte Steuerungssysteme mit harten Zeitbedingungen" unter Ro1030/4.

den kann. Simulations- oder Verifikationstechniken sind dagegen weniger geeignet, da eine aufwendige Modellierung der Umgebung des Systems erfolgen muß, die in der Regel das reale Verhalten nur unzureichend repräsentiert. Der Entwurf von Prototypen für Steuerungssysteme ist jedoch kostenintensiv und zeitaufwendig, so daß eine schnelle und weitgehend automatische Generierung eines Prototypen anzustreben ist, der direkt innerhalb der zu steuernden realen Umgebung eingesetzt werden kann.

Ziel des Schwerpunktprogramms ist die Entwicklung von „Rapid-Prototyping-Systemen", die eine Eingabebeschreibung weitgehend automatisch in ein Hardware/Software-System umsetzen. Dabei spielen insbesondere die schnelle und korrekte Umsetzung der Eingabebeschreibung in einen Prototypen unter Berücksichtigung realer Umgebungsparameter eine entscheidene Rolle. Im Verlauf des Schwerpunktprogramms haben sich die drei Querschnittsthemen *Spezifikationstechniken*, *Synthesetechniken* und *Zielarchitekturen* herausgebildet, die im folgenden näher beschrieben werden.

1.1 Spezifikationstechniken

Abhängig vom jeweiligen Einsatzgebiet des integrierten Steuerungssystems werden im SPP RP unterschiedliche Systembeschreibungssprachen unterstützt. Für reaktive, protokoll-orientierte Systeme wird SDL/MSC sowie STATEMATE verwendet. Für die Beschreibung von datenflußorientierten Systemen sind Matlab und DSC vorgesehen. Des weiteren werden Standardprogrammiersprachen wie z.B. ADA, C und C++ unterstützt. Um digitale als auch analoge Hardwarekomponenten beschreiben zu können, können außerdem VHDL bzw. VHDL-AMS verwendet werden. Aktive Forschungsarbeiten bezüglich Spezifikationstechniken behandeln u.a. die Erweiterung von SDL mit MSC-Zeitannotationen (Prof. U. Herzog, U Erlangen-Nürnberg), Beschreibungstechniken für mechatronische Systeme (Prof. F. Lückel, U-GH Paderborn) sowie die Modellierung hybrid analog/digitaler Systeme (Prof. K. Waldschmidt, U Frankfurt).

1.2 Synthesetechniken

Das Querschnittsthema Synthesetechniken umfaßt die Themengebiete Partitionierungstechniken, Hardware-Synthese, Codegenerierung, bibliotheksbasierende Abbildungsverfahren und Unterstützung von Test- und Debugging-Methoden. Partitionierungstechniken werden zur Hardware/Software-Partitionierung mit umfangreichen Analyseverfahren (Prof. W. Damm, U Oldenburg; Prof. G. Färber, TU München; Prof. U. Herzog, U Erlangen-Nürnberg; Prof. D. Timmermann, U Rostock) und zur Hardware-Partitionierung auf Multi-FPGA-Zielarchitekturen (Prof. E. Barke, U Hannover; Prof. W. Rosenstiel, U Tübingen) entwickelt, wobei die Integration der Partitionierung in die Synthese im Vordergrund steht. Ein weiterer Hardware-Partitionierungsansatz befaßt sich mit der Partitionierung von hybriden A/D-Systemen (Prof. K. Waldschmidt, U Frankfurt). Im Bereich der Hardware-Synthese sind die Berücksichtigung der zugrundeliegenden Zielarchitektur und der realen Umgebungsparameter sowie die applikationsorientierte Ausrichtung auf integrierte Steuerungssysteme (Prof. E. Barke, U Hannover; Prof. W. Rosenstiel, U Tübingen) Gegenstand der Forschung. Im Themengebiet der Programmcodegenerierung werden neue Ansätze für Spezialprozessoren (Prof. P. Marwedel, U Dortmund) und Multiprozessorarchitekturen mit integrierter Lastverteilung (Prof. R. Ernst, TU Braunschweig) entwickelt. Bibliotheksbasierende Abbildungsverfahren umfassen Arbeiten im Bereich der Kommunikationssynthese (Prof. M. Glesner, TU Darmstadt), der Implementierung von Bildverarbeitungsalgorithmen (Prof. P. Pirsch, U Hannover) und einer Zellbibliothek für Datenflußarchitekturen (Prof. F. Rammig, U-GH Paderborn). Die Unterstützung von Test- und Debugging-Methoden basieren auf der Entwicklung eines spezifikationsgesteuertes Monitors (Prof. U. Herzog, U Erlangen-Nürnberg), eines verteilten Debugging-Konzepts (Prof. G. Färber, TU München) und eines symbolischen Hardware/Software Co-Debugging-Ansatzes (Prof. W. Rosenstiel, U Tübingen).

1.3 Zielarchitekturen

Die Zielarchitekturen reichen von vorwiegend feldprogrammierbaren Hardware-Komponenten, die vorallem für ein Prototyping von sehr schnellen Systemen und von Peripheriefunktionen geeignet sind (Prof. W. Rosenstiel, U Tübingen), über anwendungskonfigurierbare Mehrprozessorsysteme mit feldprogrammierbaren Hardware-Komponenten (Prof. W. Damm, U Oldenburg; Prof. G. Färber, TU München; Prof. U. Herzog, U Erlangen-Nürnberg) bis hin zu spezialisierten für hohe Durchsatzraten geeignete Parallelrechnersystemen (Prof. R. Ernst, TU Braunschweig).

2 Hierarchische Synthese unter Berücksichtigung gegebener Zielarchitekturen

Um einen schnellen Prototypenentwurf von integrierten Steuerungssystemen zu unterstützen, ist ein durchgehender, auf Systemebene beginnender Syntheseablauf notwendig, der es ermöglicht, unterschiedliche Entwurfsalternativen innerhalb einer Hardware/Software-Entwurfsumgebung zu validieren und zu evaluieren. In diesem Zusammenhang nimmt die *High-Level-Synthese* eine zunehmend bedeutendere Rolle ein, da durch deren Einsatz die Lücke im Entwurfsprozeß geschlossen wird und eine schnelle und umfangreiche Evaluierung des Entwurfsraums durchgeführt werden kann. Aufgabe der High-Level Synthese ist die Generierung eines Datenpfads und des zugehörigen Steuerwerks aus einer algorithmischen Schaltungsbeschreibung. Die algorithmische Schaltungsbeschreibung kann in der Hardwarebeschreibungssprache VHDL erfolgen, die die aus imperativen Programmiersprachen (C, ADA) bekannten Kontrollstrukturen sowie Konstrukte zur Spezifikation von Zeitbedingungen enthält. Der Datenpfad beschreibt die strukturelle Verknüpfung von arithmetischen Komponenten (z.B. Addierer, Multiplizierer), Schnittstellenkomponenten, Multiplexern und Registern, deren zeitlicher Ansteuerung durch das Steuerwerk bestimmt wird. Für das Steuerwerk wird eine Beschreibung eines endlichen Automaten generiert. Heutige

High-Level-Synthesesysteme sind jedoch nicht in der Lage, komplexe Systeme, die häufig aus vielen hierarchisch modularisierten Prozessen bestehen, effizient zu synthetisieren und die Zielarchitektur in den Syntheseprozeß einzubeziehen. Die Prozesse eines hierarchisch modularisierten Systems werden bisher unabhängig voneinander synthetisiert, so daß prozeßübergreifende zeitliche Abhängigkeiten unberücksichtigt bleiben und keine prozeßübergreifenden Optimierungen durchgeführt werden können. Als Zielarchitektur finden im Rapid Prototyping bevorzugt Multi-FPGA-basierte Emulationssysteme Verwendung, die hinsichtlich ihres Einsatzgebiets flexibel skalierbar sind und aufgrund ihrer Rekonfigurierbarkeit beliebig wiederverwendet werden können. Jedoch ist für Multi-FPGA-Systeme eine Partitionierung erforderlich, die in der Regel nach der Synthese erfolgt, so daß weder die Zielarchitektur noch die Auswirkungen der Partitionierung insbesondere durch Änderung der Signallaufzeiten bei Interchip-Verbindungen während der Synthese berücksichtigt werden. Eine Partitionierung vor der Synthese führt ebenso zu unbefriedigenden Ergebnissen, da noch keine Kenntnisse über den Datenpfad und das Zeitverhalten der zu synthetisierenden Schaltung vorliegen. In diesem Artikel wird daher ein kombinierter Ansatz zur hierarchischen High-Level-Synthese für gegebene Zielarchitekturen vorgestellt, bei dem die Partitionierung auf das Emulationssystem während der Synthese durchgeführt wird.

3 Hierarchische Synthese

Der an der Universität Tübingen im Rahmen des Teilprojekts „Hierarchische Synthese für anwendungsspezifische Prototypenimplementierungen" entwickelte hierarchische Syntheseansatz erlaubt es, komplexe, hierarchisch modularisierte Multiprozeßsysteme effizient auf eine gegebene Hardware-Emulationsplattform abbilden zu können. Grundidee ist hierbei, die konventionelle manuelle hierarchische Entwurfsmethodik unter Beibehaltung eines hohen Optimierungspotentials auf die automatische Synthese zu übertragen. Dabei werden bereits synthetisierte Schaltungen als Komponenten in einem komplexeren Gesamtsystem wiederverwendet, wobei insbesondere die hierarchische Struktur der Komponenten beachtet wird [1]. Die Berücksichtigung der Komponentenstruktur während der Synthese erlaubt einerseits, Teilkomponenten mit gleicher Funktionalität in unterschiedlichen Hierarchieebenen gemeinsam zu nutzen, und andererseits die automatische Auswahl von optimierten anwendungsspezifischen Komponenten. Dadurch ist es möglich, eine umfangreiche Entwurfsraumexploration der Teilsysteme durchzuführen und die ermittelten Ergebnisse in den Syntheseablauf des Gesamtsystems einzubeziehen. Außerdem erlaubt dieser Ansatz die Mehrfachnutzung von Teilkomponenten bei der Synthese von Multiprozeßbeschreibungen. Die prozeß- bzw. hierarchieübergreifenden Optimierungen erfordern eine umfassende Untersuchung des Kommunikationsverhaltens. Dabei spielt insbesondere die Erkennung von Synchronisationspunkten zwischen den Prozessen eine entscheidende Rolle. Basierend auf den Synchronisationspunkten können die zuvor genannten Optimierungen durchgeführt und die Synthese von Multiprozeßbeschreibungen gesteuert werden. Darüberhinaus ermöglichen die Synchronisationspunkte, prozeßübergreifende zeitliche Abhängigkeiten im System zu erkennen und in den Syntheseprozeß einzubeziehen.

3.1 Bestimmung der Synchronisationspunkte

Ein Synchronisationspunkt innerhalb einer Multiprozeßbeschreibung ist definiert durch eine Inter-Prozeß-Kommunikation, die bewirkt, daß die beteiligten Prozesse anschließend synchron laufen. Das zugrundeliegende Kommunikationsmodell basiert auf einem gepufferten „Message Passing"-Prinzip, bei dem die vier Typen blockierendes/nicht blockierendes Senden und blockierendes/nicht blockierendes Empfangen möglich sind. Eine Kommunikation mit blockierender Sende- und Empfangsoperation stellt a priori ein Synchronisationspunkt dar. Im Gegensatz dazu, kann bei einer Kommunikation des Typs nicht-blockierendes Senden und Empfangen keine Aussage über das Synchronisationsverhalten getroffen werden. Einseitig blockierende Kommunikationen, insbesondere bei dem im Hardware-Bereich verbreiteten Kommunikationstyp nicht-blockierendes Senden und blockierendes Empfangen, ermöglichen eine statische Bestimmung der Synchronisationspunkte, die im folgenden näher beschrieben wird.

Voraussetzung für die statische Synchronisationspunktbestimmung ist der Kommunikations-Abhängigkeits-Graph (*KAG*), dessen Knoten Sende- bzw. Empfangsoperationen und datenabhängige Schleifen repräsentieren. Die Kanten bezeichnen die zeitliche Abhängigkeiten und die Kantengewichte die Anzahl der auszuführenden Taktschritte zwischen zwei Kommunikationsknoten bzw. datenabhängigen Schleifen. Der *KAG* kann nach erfolgter Ablaufplanung aus einem Kontroll-/Datenflußgraphen generiert werden. Zur Reduktion der Komplexität werden hierarchische Kontrollstrukturen verflacht, wobei jeweils die minimale und die maximale Ausführungszeit propagiert werden. Anhand des *KAG* kann für die Kommunikation $C := (v_S \rightarrow v_E)$ die in Ungleichung (1) gegebene *Synchronisationsbedingung (SP)* formuliert werden, wobei v_S den Sendeknoten und v_E den Empfangsknoten der Kommunikation C darstellt und die Mengen SP_S und SP_E die zu v_S bzw. v_E direkt vorhergehenden Synchronisationspunkte repräsentieren.

$$max\{|path_{max}(v \rightarrow v_E)| : v \in SP_E\} \leq min\{|path_{min}(v \rightarrow v_S)| : v \in SP_S\} \qquad (1)$$

Die Synchronisationsbedingung ist dann erfüllt und somit Kommunikation C ein Synchronisationspunkt, wenn der längste Pfad vom Empfangsknoten v_E zu den unmittelbar vorhergehenden Synchronisationspunkten SP_E kleiner oder gleich ist als der kürzeste Pfad vom korrespondierenden Sendeknoten v_S zu den unmittelbar vorhergehenden Synchronisationspunkten SP_S. Problematisch an diese Bedingung ist, daß nur dann der Nachweis eines Synchronisationspunktes erbracht werden kann, wenn die Bedingung bereits für alle vorhergehenden synchronisierenden Kommunikationsknoten bewiesen wurde, wodurch bei Schleifen eine zyklische Abhängigkeit entsteht. Um die zyklische Abhängigkeit zu lösen, wird ein zweistufiges Verfahren angewendet [2]. Das Verfahren setzt voraus, daß die synthetisierten Datenpfade aller Prozesse einen gemeinsamen Takt und jeweils einen ausgezeichneten „Reset"-Zustand besitzen. Diese Forderung kann von den meisten Synthesewerkzeugen erfüllt werden. Da der „Reset"-Zustand per Definition einen Synchronisationspunkt darstellt, beginnt das Verfahren mit der Bestimmung der initialen Synchronisationspunkte (ISP), ausgehend von den „Reset"-Zuständen (Abbildung 1, ISP, 1.). Anschließend werden in Abhängigkeit der bisher ermittelten ISP sukzessive weitere ISP bestimmt, bis alle Kommunikationsknoten einmal behandelt wurden (Abbildung 1, ISP, 2.). Zur eigentlichen Berechnung der

ISP wird ein lineares Gleichungssystem erstellt, indem für alle aufeinanderfolgenden Paare von Interprozeßkommunikationen die zugehörige Synchronisationsbedingung (1) durch Einführung einer Schlupfvariablen in Gleichungsform überführt wird. Die Synchronisationsbedingung einer Kommunikation ist genau dann erfüllt, wenn die korrespondierende Schlupfvariable einen positiven Wert annimmt, der in diesem Fall die minimale Anzahl von Wartezyklen am zugehörigen Empfangsknoten repräsentiert. Aufgrund der total unimodularen Koeffizientenmatrix stellt jede reelle Lösung des linearen Gleichungssystems auch eine ganzzahlige Lösung dar, so daß eine ganzzahlige Lösung effizient bestimmt werden kann.

Zur Bestimmung der globalen Synchronisationspunkte (GSP) d.h. Kommunikationsknoten, die über alle Schleifeniterationen die beteiligten Prozesse synchronisieren, wird im ersten Schritt angenommen, daß alle Kommunikationsknoten Synchronisationspunkte sind (Abbildung 1, GSP, 1.). Danach werden sukzessive diejenigen Kommunikationsknoten einer weiteren Betrachtung entzogen, die die Synchronisationsbedingung nicht erfüllen (Abbildung 1, GSP, 2.). Das Verfahren terminiert, wenn für alle verbleibenden Kommunikationen die Synchronizität durch einen Ringschluß bewiesen werden konnte oder bereits alle Kommunikationsknoten entfernt wurden. Um auch Prozeßsysteme mit mehr als zwei Prozessen behandeln zu können, werden Kommunikationszyklen gebildet, die alle Kommunikationen in ihrer zeitlichen Abfolge zwischen Prozeßpaaren enthalten. Falls innerhalb eines Kommunikationszyklus Kommunikation mit anderen Prozessen auftreten, so müssen sukzessive zusätzliche Gleichungen zur Bestimmung dieser Variablen aufgenommen werden. Kommunikationsknoten mit negativer Schlupfvariable werden dann nur aus dem momentan betrachteten Kommunikationszyklus entfernt. Nach Abschluß des Verfahrens, wird eine Kommunikation genau dann als Synchronisationspunkt betrachtet, wenn diese sowohl initial als auch global die beteiligten Prozesse synchronisiert.

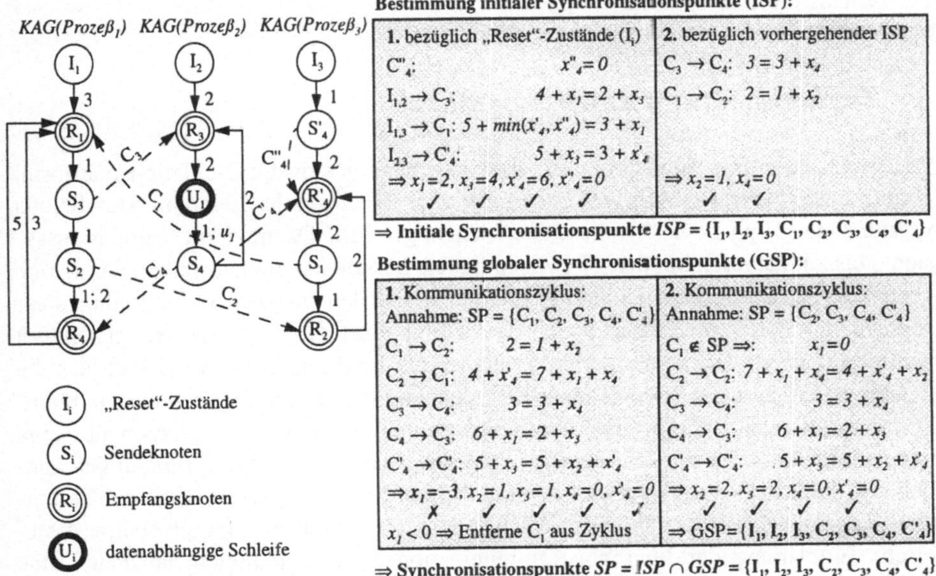

Bestimmung initialer Synchronisationspunkte (ISP):

1. bezüglich „Reset"-Zustände (I_i)	2. bezüglich vorhergehender ISP
C''_4: $\quad x''_4 = 0$	$C_3 \to C_4$: $\quad 3 = 3 + x_4$
$I_{1,2} \to C_3$: $\quad 4 + x_1 = 2 + x_3$	$C_1 \to C_2$: $\quad 2 = 1 + x_2$
$I_{1,3} \to C_1$: $5 + min(x'_4, x''_4) = 3 + x_1$	
$I_{2,3} \to C'_4$: $\quad 5 + x_3 = 3 + x'_4$	
$\Rightarrow x_1 = 2,\ x_3 = 4,\ x'_4 = 6,\ x''_4 = 0$	$\Rightarrow x_2 = 1,\ x_4 = 0$
✓ ✓ ✓ ✓	✓ ✓

$\Rightarrow$ **Initiale Synchronisationspunkte** $ISP = \{I_1, I_2, I_3, C_1, C_2, C_3, C_4, C'_4\}$

Bestimmung globaler Synchronisationspunkte (GSP):

1. Kommunikationszyklus: Annahme: $SP = \{C_1, C_2, C_3, C_4, C'_4\}$	2. Kommunikationszyklus: Annahme: $SP = \{C_2, C_3, C_4, C'_4\}$
$C_1 \to C_2$: $\quad 2 = 1 + x_2$	$C_1 \notin SP \Rightarrow$: $\quad x_1 = 0$
$C_2 \to C_1$: $4 + x'_4 = 7 + x_1 + x_4$	$C_2 \to C_2$: $7 + x_1 + x_4 = 4 + x'_4 + x_2$
$C_3 \to C_4$: $\quad 3 = 3 + x_4$	$C_3 \to C_4$: $\quad 3 = 3 + x_4$
$C_4 \to C_3$: $\quad 6 + x_1 = 2 + x_3$	$C_4 \to C_3$: $\quad 6 + x_1 = 2 + x_3$
$C'_4 \to C'_4$: $5 + x_3 = 5 + x_2 + x'_4$	$C'_4 \to C'_4$: $5 + x_3 = 5 + x_2 + x'_4$
$\Rightarrow x_1 = -3,\ x_2 = 1,\ x_3 = 1,\ x_4 = 0,\ x'_4 = 0$	$\Rightarrow x_2 = 2,\ x_3 = 2,\ x_4 = 0,\ x'_4 = 0$
✗ ✓ ✓ ✓ ✓	✓ ✓ ✓ ✓
$x_1 < 0 \Rightarrow$ Entferne C_1 aus Zyklus	$\Rightarrow GSP = \{I_1, I_2, I_3, C_2, C_3, C_4, C'_4\}$

$\Rightarrow$ **Synchronisationspunkte** $SP = ISP \cap GSP = \{I_1, I_2, I_3, C_2, C_3, C_4, C'_4\}$

Abb. 1. Synchronisationspunktbestimmung am Beispiel eines Ethernet Controllers

3.2 Hierarchieübergreifende Mehrfachnutzung von Ressourcen

Mit Hilfe von Synchronisationspunkte ist es möglich, Intervalle zu definieren in denen die Zustände der beteiligten Prozesse statisch bestimmt werden können. Diese Intervalle werden durch Desynchronisationspunkte, die durch datenabhängige Schleifen verursacht werden, begrenzt. Wenn sich Intervalle unterschiedlicher Prozesse nicht überlappen, so können prozeßübergreifende Optimierungen durchgeführt werden ohne Konflikte zu verursachen. Im anderen Fall müssen die in den Intervallen enthaltenen Kontrollstrukturen näher analysiert und der Taktzyklenraum jedes Zustands berechnet werden [3]. Der Taktzyklenraum eines Zustands bezeichnet dabei die Menge der Taktzyklen, in denen sich der Prozeß in diesem Zustand befindet. Die Lösung des Problems der Mehrfachnutzung besteht nun darin, die Taktzyklenmenge des Zustands, in dem eine Komponenten eines anderen Prozesses benötigt wird, mit den Taktzyklenmengen der Zustände zu vergleichen, in denen die angefragte Komponente bereits benutzt wird. Sind dabei alle Schnittmengen leer, d.h. treten keine Kollisionen auf, kann die angefragte Komponente gemeinsam genutzt werden. Da die Kardinalität der Mengen vom Produkt aller Iterationszahlen einer Schleifenschachtelung abhängt, wurde ein Verfahren entwickelt, das die Mengendarstellung in ein diophantisches Ungleichungssystem überführt. Das Ungleichungssystem kann mit Hilfe der Fourier-Motzkin-Eliminationsmethode gelöst werden, wobei die Komplexität nur noch von der Schachtelungstiefe der Schleifenhierarchie abhängt. Die Mehrfachnutzung ist gesteuert durch eine Kostenfunktion, die die zusätzlich benötigten funktionalen und Verbindungsressourcen sowie eine eventuelle Erhöhung der Laufzeit berücksichtigt. Das Verfahren wurde in das High-Level-Synthesesystem CADDY-II integriert und durch Einsatz des Verfahrens konnten bei einigen Schaltungen eine Performanzsteigerung um bis zu 57% bei fester Ressourcenzahl und eine Flächenersparnis um bis zu 62% bei fester Performanz erreicht werden.

4 Zielarchitekturorientierte Synthese

Die Abbildung der Schaltung auf eine gegebene Hardware-Emulationsplattform, konnte stark verbessert werden, indem die zugrundeliegende Zielarchitektur bereits während der High-Level-Synthese berücksichtigt wird. Da moderne Emulationssysteme bis zu mehreren hundert FPGAs enthalten, besteht das Hauptproblem darin, eine geeignete Schaltungspartitionierung zu finden, die den gegebenen Verbindungsressourcen der Zielarchitektur und den Zeitbedingungen des Systems genügt. Hierzu wurde ein Ansatz zur kombinierten Synthese und Partitionierung entwickelt, der die Leistungsfähigkeit des Systems unter Berücksichtigung der Zielarchitektur maximiert. Da in existierenden High-Level-Synthesesystemen Verbindungsressourcen nur eine untergeordnete Rolle spielen, werden in diesem Ansatz, Interchip-Verbindungen ähnlich wie funktionale Ressourcen interpretiert, um Verbindungslaufzeiten und Verbindungskosten während der Synthese abschätzen zu können. Dies ermöglicht eine strategische Einplanung der Interchip-Kommunikationen zu Zeitpunkten, an denen eine ausreichende Verbindungskapazität zur Verfügung steht und die zusätzlich auftretenden Verbindungslaufzeiten keinen oder nur einen geringfügigen Einfluß auf das Syntheseergebnis haben. Dabei ist zu beachten, das Interchip-Verbindungen erst nach erfolgter Partitionierung entstehen, eine Partitionierung aber erst nach Ablaufplanung und Komponentenbindung sinnvoll anwendbar ist, so daß Synthese und Partitionierung eng verzahnt wurden. Der Ansatz umfaßt außerdem Techniken zur automatischen Mehrfachnutzung von Verbindungsressourcen und zur partiellen oder vollständigen Serialisierung von Interchip-Datentransfers, um den Engpaß von unzureichenden Interchip-Verbindungen, ohne Änderung der Systemausführungszeit zu entschärfen.

5 Kooperationen

Der zuvor beschriebene hierarchische Syntheseansatz unter Berücksichtigung gegebener Zielarchitekturen wurde exemplarisch in das High-Level-Synthesesystem CADDY-II integriert. In diesem Zusammenhang sind innerhalb und außerhalb des Schwerpunktprogramms Kooperationen entstanden, mit dem Ziel, eine durchgehende Entwurfsumgebung für den schnellen Prototypenentwurf zu realisieren. Auf Systemebene finden enge Kooperationen mit den Lehrstühlen von Prof. Herzog (Universität Erlangen-Nürnberg) und Prof. Färber (Technische Universität München) im Bereich der Synthese aus SDL-Spezifikationen statt. Dabei ist ein SDL-nach-VHDL-Übersetzer sowie eine Laufzeitumgebung entwickelt worden, die die SDL-Entwurfsumgebungen der Kooperationspartner an das High-Level Synthesesystem CADDY-II anbinden. Die von CADDY-II generierte Register-Transfer-Beschreibung wurde erweitert, um eine enge Kopplung mit dem an dem Lehrstuhl von Prof. Barke (Universität Hannover) entwickelten PuMA-System zu erzielen. Das PuMA-System stellt ein kombiniertes Abbildungssystem für Multi-FPGA-Emulationsplattformen bereit, das Floorplanning, hierarchische Partitionierung und mehrere Modulgeneratoren umfaßt. Als Emulationsplattform findet das im zweiten Teilprojekt „Entwicklung einer Architektur für das Prototyping von Realzeitsystemen mit Unterstützung von High-Level Debugging-Methoden" entwickelte Weaver-System Verwendung, das außerdem an den Lehrstühlen von Prof. Damm (Universität Oldenburg) und Prof. Waldschmidt (Universität Frankfurt) eingesetzt wird. Mit den ebenfalls im zweiten Teilprojekt entwickelten „Debugging"-Techniken und in Zusammenarbeit mit den genannten Kooperationspartnern ist somit ein „Rapid-Prototyping"-Komplettsystem mit umfangreichen Test- und „Debugging"-Methoden entstanden.

Literatur

[1]   O. Bringmann, W. Rosenstiel: *Cross-Level Hierarchical High-Level Synthesis*. Proceedings of Design, Automation, and Test in Europe (D.A.T.E.), 1998.

[2]   O. Bringmann, W. Rosenstiel, D. Reichardt: *Synchronization Detection for Multi-Process Hierarchical Synthesis*. Proceedings of ISSS, 1998.

[3]   O. Bringmann, W. Rosenstiel: *Resource Sharing in Hierarchical Synthesis*. Proceedings of ICCAD, 1997.

System-Level Synthese
gemischt analog/digitaler Schaltungen

Christoph Grimm

Universität Frankfurt am Main
Professur für Technische Informatik/Prof. Dr. K. Waldschmidt
`grimm@informatik.uni-frankfurt.de`

Zusammenfassung In diesem Beitrag wird ein Überblick über das Schwerpunktprogramm "Entwurf und Entwurfsmethodik eingebetteter Systeme" gegeben. Exemplarisch wird eine im Rahmen des Projekts "Bewertung und Analyse hybrider Systeme" entwickelte Entwurfsmethodik vorgestellt. Diese Methodik unterstützt den Entwurf gemischt analog/digitaler Systeme, indem aus einer Verhaltensspezifikation systematisch Modelle unterschiedlicher Architekturen analog/digitaler Schaltungen generiert werden können.

1   Eingebettete Systeme – heterogene Systeme

Eingebettete Systeme sind elektronische Systeme, die eigens für den Einsatz in einer speziellen Umgebung entworfen werden und dort dedizierte Funktionen ausführen. Immer stärker entscheidet der Elektronikanteil – also das eingebettete System – über die erreichte Innovation und die gesamte Wertschöpfung neuer Produkte. Beim Entwurf eingebetteter Systeme wird einerseits ein immer schnellerer Entwurfsprozeß verlangt, während andererseits besonders effiziente und gut an die spezielle Umgebung angepaßte Lösungen verlangt werden.

Im Schwerpunktprogramms (SPP) "Entwurf und Entwurfsmethodik eingebetteter Systeme" werden 13 Projekte gefördert, die sich zu einem Teil mit dem exemplarischen Entwurf anspruchsvoller eingebetteter Systeme und zum anderen Teil mit der Entwurfsmethodik eingebetteter Systeme befassen. Die Entwurfsmethodik eingebetteter Systeme läßt sich gliedern in die Teilbereiche

– Spezifikationtechniken,
– Synthesemethoden in allgemeinerem Sinne sowie
– Methoden zur Validierung und zum Testen.

Die Spezifikation eingebetteter Systeme formuliert funktionale und nichtfunktionale Anforderungen an das eingebettete System. Hierbei kommen sehr unterschiedliche Beschreibungstechniken zum Einsatz: Differentialgleichungen ebenso wie zeit- und ereignisdiskrete Modelle – ein anspruchsvolles Gebiet, mit dem sich auch ein Projekt des Schwerpunktprogramms beschäftigt.

Ziel der Methoden zur Synthese ist es, die Spezifikation auf eine möglichst effiziente Architektur – bestehend aus Hard- und Software, sowie analogen Komponenten – abzubilden und diese dann weiter zu verfeinern. Von besonderer Bedeutung ist hierbei die qualitative Bewertung unterschiedlicher Architekturen im

Rahmen eines Top-Down Entwurfsablaufs, die im Rahmen eines Projekts zur Bewertung hybrider Systeme bearbeitet wird. Um in einem sinnvollen Zeitrahmen trotz ständig steigender Komplexität zu einem korrekten Entwurf zu gelangen, untersucht ein anderes Projekt die Wiederverwendung von Komponenten.

Nach der Synthese der Teile einer Architektur müssen diese zusammengesetzt und die korrekte Funktion des entworfenen Systems in der Regel durch Simulation validiert werden. Da die zu simulierenden Systeme komplexer und heterogener werden – Software, Hardware, analoge Komponenten sowie die Umgebung müssen gemeinsam modelliert und schnell simuliert werden – werden im Rahmen des SPP neue Methoden zur compilierten Simulation heterogener Systeme und zur objektorientierten Modellierung entwickelt. Neue Anforderungen stellt auch der Test der hergestellten Systeme. Ein Projekt des SPP beschäftigt sich mit der Entwicklung von Methoden zum Test analog/digitaler Systeme, ein weiteres Projekt mit Methoden zum Test des in seine Umgebung integrierten eingebetteten Systems.

Da der Entwurf eingebetteter Systeme von immer mehr unterschiedlichen Werkzeugen bearbeitet wird, ist es wichtig, auch die Durchgängigkeit des Entwurfsprozesses zu beachten. Die hier einzuordnenden Projekte konzentrieren sich auf die speziellen Anwendungsbereiche Automatisierungstechnik und Kommunikationssysteme.

In praxisrelevanten Projekten sowie in Kooperationen mit der Industrie und dem SFB 358 wird der exemplarische Entwurf anspruchsvoller eingebetteter Systeme vorgenommen, wie etwa die Entwicklung eines eingebetteten Systems zum sakkadischen maschinellen Sehen oder die Regelung von Verbrennungsmotoren mit Neuronalen Netzen.

Beschreibungen der einzelnen Projekte sind unter *http://www.fzi.de/sim/people/hergen/sppes/sppes.first.html* zu finden.

2 Der Entwurf analog/digitaler Systeme

Dieser Beitrag beschäftigt sich mit dem Problem der Auswahl der Architekur eingebetteter, gemischt analog/digitaler Systeme. Beim Entwurf analog/digitaler Schaltungen wird das intendierte Verhalten durch ein Blockdiagramm spezifiziert, dessen Blöcke durch diskrete Prozesse oder Übertragungsfunktionen beschrieben werden. Bei der Partitionierung des Systems hat man die Möglichkeit, Übertragungsfunktionen wahlweise analog oder digital – etwa mit einem Mikroprozessor oder einem ASIC – zu realisieren.

Die Partitionierung sowie die Festlegung der mit einer digitalen Realisierung verbundenen Abtastfrequenzen und Bitbreiten wird bisher nicht durch Werkzeuge zum Entwurf analog/digitaler Schaltungen [1–3] unterstützt, obwohl diese Parameter einen wesentlichen Einfluß auf das Systemverhalten haben. In [4, 5] werden erste Ansätze in dieser Richtung unternommen.

Im Rahmen dieses Beitrags wird eine im Rahmen des Projekts "Bewertung und Analyse hybrider Systeme" entwickelte Methodik beschrieben, die die Partitionierung und die Analyse unterschiedlicher Architekturen unterstützt. Ziel ist es dabei nicht, zu einer "besseren" Schaltung als durch einen manuellen Entwurf zu gelangen. Vielmehr soll das manuelle Vorgehen unterstützt und formalisiert werden, um schneller zu korrekten Entwürfen zu gelangen. In Abschnitt 3 wird ein abstraktes Modell des Verhaltens analog/digitaler Systeme eingeführt: Hybride Datenflußgraphen (vgl. [6, 7]). Diesem Verhaltensmodell wird in Abschnitt 4 ein Modell der Zielarchitektur gegenübergestellt. Die vorgeschlagene Methodik zur Synthese analog/digitaler Architekturen wird in Abschnitt 5 beschrieben.

3 Hybride Datenflußgraphen

Hybride Datenflußgraphen $HDFG = (V, E, T)$ beschreiben das Verhalten analog/digitaler Systeme durch die graphische Angabe einer Zustandsübergangsfunktion, die auf inneren Zuständen und Eingaben operiert. Dabei beschreiben die Knoten V elementare Funktionen wie die Integration, Verzögerung sowie übliche arithmetische und boolesche Funktionen. Die Kanten $E = (v_o, V_d, S, \sigma)$ stellen Verbindungen zwischen einem Quellknoten v_o und Zielknoten V_d her und sind Träger von Signalen $\sigma \in S \to T$. Das Kreuzprodukt der Wertebereiche S von Kanten E werde im folgenden als S_E notiert.

Jeder Knoten eines HDFG wird spezifiziert durch $v = (E_{in}, E_{out}, E_a, f, a)$, wobei

- E_{in} Kanten sind, deren Signale Argumente von f sind; diese Kanten werden als *Eingangskanten* bezeichnet.
- E_{out} Kanten sind, deren Signale durch f berechnet werden; diese Kanten werden als *Ausgangskanten* bezeichnet.
- $E_a \subseteq E_{in}$ Eingangskanten sind, von denen f nur die aktuellen Werte $\sigma_{E_a}(t)$ als Argument verwendet. Von den anderen Eingangskanten $E_z = E_{in}/E_a$ verwende f zu $t \in T$ nur Werte des Signals zu $t' \in T$ mit $t' < t$. Knoten mit $E_{in} = E_a$ werden kurz als *Kombinatorische Knoten*, Knoten mit $E_{in} \neq E_a$ als *Zustandsknoten* bezeichnet.
- f eine Funktion $f \in (T \to S_{E_{in}}) \to (T \to S_{E_{out}})$ ist. Informal bildet f Signale, Segmente von Signalen oder einzelne Werte auf Signale, Segmente von Signalen oder einzelne Werte ab.
- a eine aus zwei Teilbedingungen c_t, c_a bestehende *Aktivierungsregel* sei. $c_t : T \to \mathsf{Bool}$ beschreibt die Zeitbasis $T_v = \{t \in T \mid c_t = true\}$ des Knotens v und damit den Typ der Eingabe- und Ausgabesignale. $c_a : S_{E_a} \times S_{E_a} \to \mathsf{Bool}$ wird für alle $t \in T_v$ berechnet. Wenn $c_a = true$, wird der Knoten als *aktiv* bezeichnet, und die Ausgabesignale $\sigma_{E_{out}}$ werden durch f beschrieben. Wenn $c_a = false$, wird der zuletzt durch f berechnete Wert ausgegeben.

Knoten v_o, v_d, die durch eine Kante verbunden sind, können unterschiedliche Aktivierungsregeln a_o, a_d und damit unterschiedliche Signaltypen ($T_o \to S$ bzw. $T_d \to S$) besitzen. In diesem Fall wird der Signaltyp durch die implizite Signaltyp-Konvertierungsfunktion $conv \in (T_o \to S) \to (T_d \to S)$ angepaßt. Für $t \in T_d$ wird das Signal $\sigma_d = conv(\sigma_a)$ durch $conv$ zu

$$\sigma_d(t) = \begin{cases} \sigma_o(t) & \text{if } t \in T_o \\ \sigma_o(t_o^-(t)) & \text{if } t \notin T_o \end{cases}$$

berechnet. Hierbei sei $t_o^-(t)$ der letzte Zeitpunkt $\in T_o$ vor t, zu dem v_o aktiv war.

Die Semantik von HDFG läßt sich informal erklären, indem ein HDFG wie in Abbildung 1 in eine azyklische Partition kombinatorischer Knoten $SDFG$ und eine Menge von Zustandsknoten V_s mit Eingabekanten E_s partitioniert wird (Knoten, deren Signaltyp-Konvertierungsfunktion einen inneren Zustand einführt, werden als Knoten aus E_s angesehen und nicht weiter betrachtet).

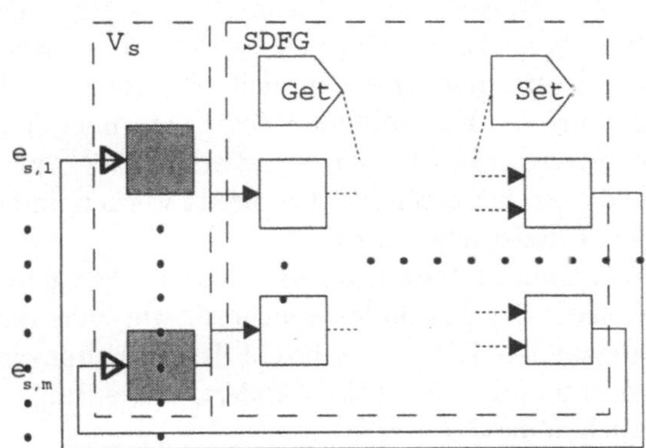

Abbildung1. Schematische Darstellung der Struktur eines HDFG.

Im folgenden sei $E_s = \{e \in E \mid e \in E_z(v), v \in V)\}$ die Menge aller Kanten, die in E_z der Knoten V vorkommen, σ_i das Signal der i-ten Kante aus E_s und $t_{z,i}(t)$ der Zeitpunkt der letzten Aktivierung des Zielknotens v_d der Kante $e_i \in E_s$ (einschließlich des aktuellen Zeitpunkts). Damit beschreibt ein $HDFG$ das folgende dynamische Verhalten [1]:

Start:
Zu $t_1 \in T$ seien alle Knoten aktiv, und damit $t_{z,i}(t_1) = t_1 \forall e_i \in E_s$. Der Zustand Z des $HDFG$ wird durch die Belegung der Kanten $E_s = \{e_1, \ldots e_m\}$ mit Signalen $\{\sigma_1(t_{z,1}(t_1)), \ldots, \sigma_m(t_{z,m}(t_1))\}$ beschrieben.

Zustandsänderung:
Sei $t_2 \in T, t_2 > t_1$ der nächste Zeitpunkt, zu dem mindestens ein Knoten eines HDFG aktiv werde. $SDFG \cup V_s$ beschreibt, wie aus aktuellen, externen Eingaben und $Z(t_1)$ neue Signalwerte $\{\sigma_1(t_2), \ldots, \sigma_m(t_2)\}$ berechnet werden können.

---

[1] Der Einfachheit halber wird angenommen, daß die Signale nur aus einzelnen Werten bestehen (kontinuierliche Signale bzw. Signalsegmente können als aus unendlich vielen einzelnen Stücken bestehend angesehen werden), und daß alle Kanten nur einen Zielknoten besitzen (Kanten mit mehreren Zielknoten können durch einen Knoten mit identischer Abbildung, einem Eingang und mehreren Ausgängen dargestellt werden).

Neuer Zustand:

Der Zustand des $HDFG$ zu $t = t_2$ wird beschrieben durch die Werte der Signale zu den Zeitpunkten, zu denen ihre Zielknoten $v_1, \ldots v_m$ das letzte Mal aktiv waren: $Z(t_2) = \{\sigma_1(t_{z,1}(t_2)), \ldots, \sigma_m(t_{z,m}(t_2))\}$

Zur Darstellung kontinuierlicher Systeme wird die Aktivierungsregel $a_{DESS} ::= (c_t = true \forall t \in T; c_a = true)$ verwendet. Die Aktivierungsregel $a_{DTSS} ::= (c_t = true \forall t \in T \mid t = n*t_c, n \in \mathbb{N}; c_a = true)$ erlaubt die Darstellung zeitdiskret abgetasteter Systeme. Zur Beschreibung ereignisdiskreter Systeme wird die Aktivierungsregel $a_{DEVS} ::= (c_t = true \forall t \in T; c_a = true \forall (\sigma_{E_a}, \sigma_{E_a}) \mid \sigma_{E_a}(t) \neq \sigma_{E_a}(t^-(t))$ [2] verwendet. Zwei spezielle Funktionen *select* und *iterate* erlauben die Darstellung von Kontrollfluß. *iterate* berechnet den Fixpunkt eines als Parameter übergebenen $HDFG$, und *select* erlaubt die Auwahl eines Eingabesignals. $HDFG$ können hierarchisch strukturiert werden, indem die Funktion f durch einen $HDFG$ beschrieben wird.

In einem $HDFG$ können unterschiedliche Aktivierungsregeln kombiniert werden. Damit ändern sich die Zustände asynchron, wie zum Beispiel in Abbildung 2. Der dort abgebildete HDFG beschreibt das Verhalten eines Sägezahngenerators mit eine Zustand, der sich diskret ändert, und einem anderen Zustand, der sich kontinuierlich ändert.

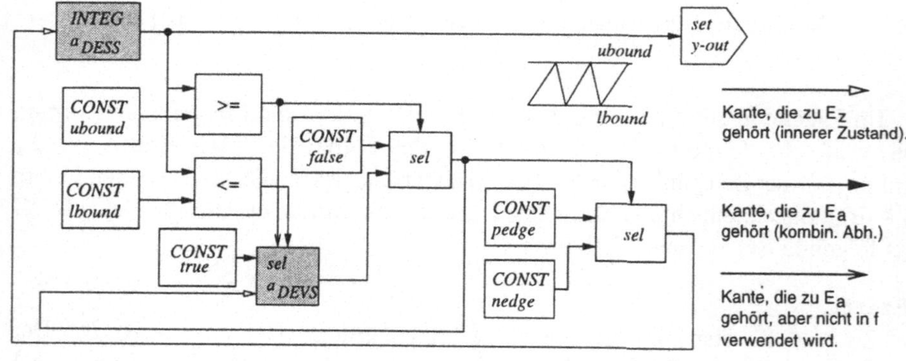

Abbildung2. HDFG-Repräsentation eines Sägezahngenerators.

4   Modell der Architektur analog/digialer Systeme

In diesem Abschnitt wird ein Modell der Zielarchitektur formuliert. Analog/digitale Schaltungen werden auf Architekturebene als eine Struktur funktionaler Blöcke wie Filter, Verstärker, Wandler oder Automaten betrachtet. Der Signalfluß zwischen diesen Blöcken ist gerichtet, alle Ausgänge sind mit einem niederohmigen Ausgang (analog, SC) bzw. einem Register (digital) abgeschlossen.

---

[2] Für den Fall stetiger Signale sei $c_a ::= ddt(\sigma_{E_a})! = 0$.

Mit diesen Voraussetzungen können Rückwirkungen vernachlässigt werden, und die Blöcke können jeweils getrennt entworfen werden. Jeder Block wird in einer bestimmten Implementierungsdomäne realisiert: analog (a), digital (d) oder mit geschalteten Kondensatoren (sc).

Im folgenden bezeichne $fu_{domain,\varphi,i}$ einen instanziierten funktionalen Block der Funktion φ, der in der Implementierungsdomäne $domain \in \{a, d, sc\}$ realisiert sei; i sei ein ganzzahliger Index zur Unterscheidung einzelner Instanzen gleicher Funktion. FU_{domain} bezeichne die Menge aller in einer Domäne realisierbaren Blöcke und $FU_{domain,i}$ die Menge aller instanziierten Blöcke in der Domäne $domain$. Eine Architektur wird durch $arch = (S, C_i, FU_{a,i}, FU_{sc,i}, FU_{d,i})$ beschrieben, wobei

- S die Verbindungsstruktur der instanziierten Blöcke FU_i und Wandler C_i ist,
- C_i die Allokation der instanziierten Wandler (A/D, D/A, A/SC, SC/A, SC/D,D/SC) ist, und
- $FU_{a,i}, FU_{sc,i}, FU_{d,i}$ die Allokation der instanziierten analog, digital und mit geschalteten Kondensatoren realisierten Blöcke ist.

Zur Repräsentation einer Architektur werden Knoten oder Teilgraphen eines $HDFG$ mit einer Relation $uses$ Instanzen $fu_{domain,\varphi,i}$ zugeordnet, wobei φ der Funktion des $HDFG$-Teilgraphen entspricht, und $domain$ durch die Aktivierungsregel bestimmt wird: Der kontinuierlichen Aktivierung von a_{DESS} entspricht eine analoge Realisierung, der diskreten Aktivierung von a_{DTSS} eine SC- oder digitale Realisierung, und die ereignisdiskrete Aktivierung von a_{DEVS} läßt sich mit digitalen Realisierungen nachbilden.

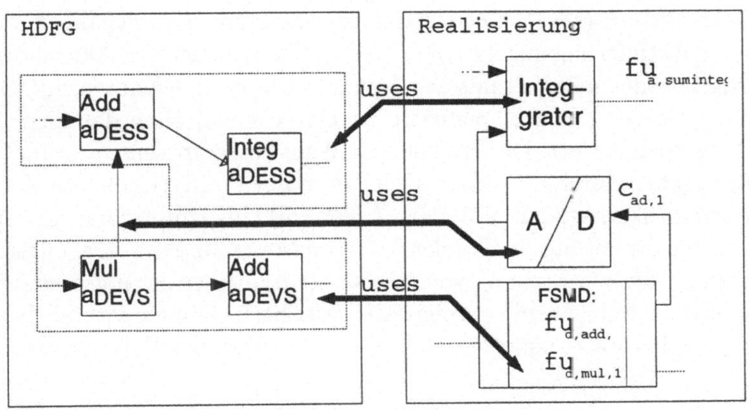

Abbildung3. Zuordnung von Instanzen zu Teilgraphen eines HDFG.

Kanten, die unterschiedlich realisierte Knoten verbinden, wird je ein Wandler c_i zugeordnet. Die Struktur S einer Architektur ergibt sich aus der Struktur des

HDFG. Ein Beispiel für die Repräsentation einer Architektur durch einen mit der Relation *uses* attributierten *HDFG* wird in Abbildung 3 gezeigt.

Eine andere Architektur ließe sich darstellen, wenn man die Integration diskretisieren und ebenfalls mit einem digitalen Addierer realisieren würde. [3].

5 System-Level Synthese analog/digitaler Architekturen

Zur Synthese analog/digitaler Architekturen auf Systemebene wird das folgende Verfahren vorgeschlagen:

1. Umformung der Struktur des *HDFG* in eine bezüglich bestimmter Eigenschaften der Architektur optimierte Struktur durch semantikerhaltende Transformationen (*Compileroptimierungen*).
2. Interaktive Partitionierung des *HDFG* in analog, mit geschalteten Kondensatoren (diese werden im folgenden wie analoge Teile behandelt) und digital zu realisierende Teile (*Re-Partitionierung*).
3. Allokation analoger und digitaler fu, Erzeugung von Modellen zur Bewertung der Architektur.

Aufgabe der **Compileroptimierungen** ist es, die strukturellen Eigenschaften eines *HDFG* soweit wie möglich zu entfernen oder in andere, potentiell günstigere umzuformen. Hierzu können aus dem Compilerbau bekannte Transformationen wie das Falten konstanter Ausdrücke und das Zusammenfassen gemeinsamer Teilausdrücke verwendet werden. Je nach Optimierungszielen kann eine Baumhöhenreduktion Baums durchgeführt werden. Ergebnis der Compileroptimierungen ist ein *HDFG*, dessen Struktur potentiell günstiger zu realisieren ist.

Zur interaktiven **(Re-)Partitionierung** wird davon ausgegangen, daß Knoten mit der Aktivierungsregel a_{DESS} analog, Knoten mit der Aktivierungsregel a_{DTSS} digital oder mit geschalteten Kondensatoren und Knoten mit der Aktivierungsregel a_{DEVS} digital realisiert werden können, ohne daß sich das Verhalten wesentlich ändert. Die Freiheit zur Wahl einer Implementierungsdomäne ist damit gegeben durch die Möglichkeit, die Aktivierungsregeln von Knoten des *HDFG* semantikerhaltend zu ändern (siehe [5]). Im Unterschied zu einer rein blockbasierten Änderung der Implementierungsdomäne etwa von Filtern wie in [4] kann durch die Verwendung von HDFG die Implementierungsdomäne einzelner Operationen frei gewählt werden. An dieser Stelle können interaktiv auch die Bitbreiten und Abtastfrequenzen digital zu realisierender Partitionen festgelegt werden.

Um eine Architektur zu bestimmen, wird eine **Allokation** $FU_{a,i}, FU_{sc,i}, FU_{d,i}$ bestimmt. Da die Partitionierung bereits interaktiv vorgenommen wurde, reduziert sich das Problem darauf, für Partitionen mit

---

[3] Durch ein Attribut $uses-at$ ließe sich dann das Scheduling repräsentieren. Zur Synthese digitaler Teile verwenden wir jedoch kommerzielle Werkzeuge und benötigen dieses Attribut deshalb nicht.

der Aktivierungsregel a_{DESS} eine Allokation $FU_{a,i}$, für Partitionen mit der Aktivierungsregel a_{DTSS} eine Allokation (ggf. ein Scheduling) $FU_{sc,i} \cup FU_{d,i}$ und für die Partitionen mit der Aktivierungsregel a_{DEVS} eine Allokation $FU_{d,i}$ und ein Scheduling zu bestimmen. Die Allokation der digitalen Teile sowie das Scheduling kann mit kommerziellen Werkzeugen zur High-Level Synthese durchgeführt werden; hierzu läßt sich die entsprechende Graph-Partition semantikerhaltend in ein VHDL-Modell übersetzen.

Für die analoge Partition (und ebenso die SC-Partition) wird eine **Analoge High-Level Synthese** [7] durchgeführt. Diese alloziert Instanzen der Menge FU_a und erzeugt ein SPICE-Modell. Für jedes $fu_a \in FU_a$ sei bekannt:

1. Eine $HDFG$-Repräsentationen des idealisierten Verhaltens.
2. Ein SPICE-Makromodell mit den typischen, nichtidealen Eigenschaften einer entsprechenden analogen Grundschaltung in parametrisierbarer Form.

Kann ein Teil eines $HDFG$ durch die Instanziierung eines Blocks aus FU_a realisiert werden, so heißt dies, daß der sein idealisiertes Verhalten repräsentierende $HDFG$ ein Teilgraph des zu realisierenden $HDFG$ ist (Untergraphisomorphismenproblem). Ziel der analogen High-Level Synthese ist es, den zu realisierenden $HDFG$ derart durch fu_a zu überdecken, daß eine Kostenfunktion minimiert wird (Graphüberdeckungsproblem).

Eine heuristische Lösung dieses Problems bestimmt Algorithmus 5.1. Eingabe ist ein hierarchisch flacher $HDFG$ G, sowie eine Menge instanziierbarer Blöcke FU_a. Algorithmus 5.1 versucht, einen durch Blöcke $M \subseteq FU_a$ realisierbaren Teil-

---

Algorithmus 5.1 Allokation in Analoger High-Level Synthese

---

repeat
    Wähle Knoten $v \in G$, der noch nicht überdeckt ist.
    $M \leftarrow$ Menge der FU_a, die die Funktion von v als Teilfunktion enthalten.
    $F_v \leftarrow n$
    repeat
        Wähle Nachbarknoten v_v von F_v aus.
        $F_v \leftarrow F_v + v_v$
        $M_{inst} \leftarrow auswahl(\{m \in M \mid \#Knoten(m) = \#Knoten(F_v)\})$
        $M \leftarrow \{m \in M \mid m \text{ überdeckt } F_v\}$
    until $M = \emptyset$
    $FU_a \leftarrow FU_a + M_{inst}$
until G vollständig überdeckt

---

graphen $F_v \subseteq G$ sukzessive möglichst weit zu vergrößern. Ziel ist es, die Knoten von G durch möglichst wenigen Instanzen zu überdecken. Stehen mehrere Blöcke M gleicher Komplexität zur Verfügung, so kann eine Funktion $auswahl$ einen dieser Blöcke auswählen. Die Funktion $auswahl$ soll in weitergehenden Arbeiten zur Optimierung etwa von Fläche, Verzögerung oder Leistungsverbrauch verwendet werden. Ein SPICE-Modell der analogen Schaltung erhält man, indem man die allozierten Blöcke durch ihre parametrisierbaren SPICE-Makromodelle ersetzt.

Mit Hilfe des so entstandenen SPICE-Modells können unterschiedliche Architekturen und Eigenschaften durch eine Simulation bewertet werden. Für eine detaillierte Vorstellung eines Beispiels fehlt an dieser Stelle der Platz. Sie wurde jedoch anhand einiger Beispiele durchgeführt und führte – ausgehend von einer VHDL-AMS Spezifikation, die in einen HDFG übersetzt wurde – systematisch und schnell zu Architekturen, die auch ein erfahrender Designer gewählt hätte. Wesentlich ist die zur Verfügung stehende Bibliothek von Blöcken FU – sie sollte spezifisch für Anwendungsbereiche zusammengestellte Komponenten enthalten.

Mit der beschriebenen Methodik zur Synthese analog/digitaler Architekturen lassen sich sehr unterschiedliche Architekturen generieren, und zwar durch unterschiedliche Vorgaben von Optimierungszielen während der Compileroptimierungen, durch unterschiedliche Partitionierungen und durch unterschiedliche Abtastfrequenzen. Um die Auswirkungen dieser Entwurfsentscheidungen möglichst schnell beurteilen und dann eine effiziente Architektur wählen zu können, müssen die generierten Architekturen bewertet werden. Hierzu kann die Architektur in ein SPICE/VHDL-Modell übersetzt und simuliert werden. Eine wesentliche Eigenschaft des erzeugten Modells ist, daß dieses die wesentlichen, nichtidealen Eigenschaften der Komponenten seiner Architektur aufweist (Rauschen, Frequenzgang, Abtastfrequenzen, Bitbreiten). Andere Parameter wie etwa die Fläche oder die Verzögerung lassen sich durch Schätzfunktionen bestimmen. Mit Hilfe der generierten Modelle lassen sich somit frühzeitig und schnell die Auswirkungen unterschiedlicher Entwurfsentscheidungen auf Systemebene validieren.

6 Zusammenfassung, Ausblick

Im Rahmen dieses Beitrags wurde eine Methodik zur Synthese analog/digitaler Architekturen vorgestellt, die zu einem großen Teil im Rahmen des SPP "Entwurf und Entwurfsmethodik eingebetteter Systeme" entwickelt worden ist. Diese Entwurfsmethodik basiert auf einem graphischen Modell ($HDFG$) und kann leicht in Form von Algorithmen formuliert werden. Damit stellt sie eine solide Ausgangsbasis für die Entwicklung von neuen Werkzeugen für den Entwurf analog/digitale Schaltungen auf Systemebene dar.

In weiteren Arbeiten wird im Rahmen einer Kooperation mit dem Projekt "Requirements Engineering eingebetteter Systeme" an der Übersetzung der visuellen Beschreibungstechnik $HyCharts$ [8] nach $HDFG$ gearbeitet [9]. Im Rahmen einer weiteren Kooperation mit einem Industrieunternehmen werden Bibliothekselemente und insbesondere die SPICE-Modelle der Bibliothek analoger Grundschaltungen entwickelt.

Literatur

1. Asawaree Kalavade und Edward A. Lee. A Hardware-Software Codesign Methodology for DSP Applications. *IEEE Design & Test of Computers*, pages 16–28, September 1993.

2. S. Donnay, K. Swings, G. Gielen, W. Sansen, W. Kruiskamp, und D. Leenaerts. A Methodology for Analog Design Automation in Mixed-Signal ASICs. In *The European Design Automation Conference (EURO-DAC)*, pages 530–534, Paris, France, February 1994.

3. H. Chang, A. Sangiovanni-Vincentelli, F. Blarin, und E. Charbon et al. A Top-Down, Constraint-Driven Design-Methodology for Analog Integrated Circuits. *Proceedings of the Custom Integrated Circuit Conference*, pages 841–846, May 1992.

4. Peter Oehler, Christoph Grimm, und Klaus Waldschmidt. KANDIS - A Tool for Construction of Mixed Analog/Digital Systems. In *European Design Automation Conference*, Brighton, UK, September 1995.

5. Christoph Grimm und Klaus Waldschmidt. Repartitioning and technology-mapping of electronic hybrid systems. In *Design, Automation and Test in Europe '98 (DATE)*, Paris, France, February 1998.

6. Christoph Grimm und Klaus Waldschmidt. Hybride Datenflußgraphen – Ein systemtheoretisches Modell zur homogenen, graphbasierten Darstellung hybrider Systeme. *Tagungsband "Entwurf komplexer Automatisierungssysteme'99" (EKA'99); TU Braunschweig*, May 1999.

7. Christoph Grimm. *Hybride Datenflußgraphen und ihre Anwendung beim Entwurf analog/digitaler Systeme*. Eingereicht zur Dissertation an der J. W. Goethe-Universität, Februar 1999.

8. Radu Grosu und Thomas Stauner. Visual Description of Hybrid Systems. In *Workshop On Real Time Programming (WRTP'98)*. Elsevier Science Ltd., 1998.

9. Thomas Stauner und Christoph Grimm. Prototyping of Hybrid Systems – From HyCharts to Hybrid Data-Flow Graphs . *Submitted to "Workshop on Distributed Systems" (WDS'99)*, 1999.

Effizienter Austausch von 3D Dokumenten auf Basis von Generativer Modellierung

DFG Forschungsschwerpunkt V^3D^2

Sven Havemann
Institut für ComputerGraphik, TU Braunschweig

1. V^3D^2 – Ein Überblick

Der DFG Forschungsschwerpunkt *Verteilte Vermittlung und Verarbeitung digitaler Dokumente* (V^3D^2) widmet sich mit insgesamt 23 Projekten der Entwicklung neuer Techniken zur Erstellung, Verbreitung und Nutzung von Informationen im Rahmen digitaler Bibliotheken (DLs). Die einzelnen Projekte spannen dabei einen weiten Bogen, von neuen Techniken zur Autorenunterstützung, über Integration von Multimedia-Daten in Dokumenten-Datenbanken, Unterstützung (halb-)automatischer Inhaltserkennung, bis zur Untersuchung von multimedialen Lehr- und Lernsystemen und der effizienten Verwaltung und Abrechnung von Zugriffen auf verteilt gespeicherte Informationsbestände. Zentrale Fragen bei der Nutzbarmachung der Bibliotheksinhalte sind dabei das Problem der *geeigneten Beschreibung* eines Textinhaltes sowie das Problem des *Retrieval*, wenn aus einem großen Datenbestand spezifische Informationen extrahiert werden sollen. Um dies zu erreichen, werden mit Hilfe des *Document Markup* die Eingangsdaten mit Meta- oder Strukturinformationen versehen. Die Extraktion von Informationen über den semantischen Gehalt von multimedialen Dokumenten ist entscheidend, um die inhärente Komplexität einer verteilten digitalen Bibliothek mit Hunderten oder Tausenden miteinander vernetzter Einzeldateien in den Griff zu bekommen. Erschwert wird die sinnvolle Strukturierung einer DL dabei noch durch die Fülle der benutzten Medien und Formate. In einer multimedialen Lernumgebung beispielsweise müssen Audio- und Videodaten mit Vorlesungsskripten in Beziehung gebracht werden; digitale Atlanten bringen verschiedene Informationsschichten mit zweidimensionalen geographischen Daten in Beziehung; Audio-Datenbanken sollen Partituren ebenso verwalten können wie Musikdateien; und im technischen Bereich stellt das Wissen über Entwicklungs- und Produktionsprozesse eine Ressource dar, deren ständige Verfügbarkeit von zentraler Bedeutung ist. All diese Fragestellungen werden im Rahmen von V^3D^2 behandelt, eine detaillierte Beschreibung der einzelnen Projekte ist in [5] zu finden.

Neben der Unterstützung des Markup bestehender Daten wird bei der Entwicklung von Autorenwerkzeugen die Strategie verfolgt, Dokumente bereits bei ihrer Erzeugung für die Aufnahme in eine digitale Bibliothek vorzubereiten. Es ist jedoch noch viel Grundlagenarbeit zur Entwicklung geeigneter Verfahren zu leisten, um das Wissen des Autors über die inhaltliche *Bedeutung* seines Dokumentes explizit zu machen und möglichst transparent, ohne großen Mehraufwand also, im Dokument abzubilden. Nicht zuletzt die lebhafte Diskussion im Kontext von SGML/XML [9] zeigt die Relevanz der Forschung nach geeigneten Formaten zur Repräsentation der Gigabytes von digitalen Dokumenten, die über die Jahrzehnte enstanden sind. Nur auf diese Weise kann vermieden werden, daß riesige "Datengräber" entstehen, in denen zwar relevante Informationen gespeichert sind, diese sich aber nicht mehr unter vertretbarem Aufwand wiederfinden und nutzbar machen lassen.

2. Dreidimensionale Dokumente

In besonders prägnanter Weise stellt sich diese Problematik im 3D-Bereich. Historisch gewachsene, stets erweiterte Lösungen stoßen bei immens komplexer gewordenen Anwendungen mehr und mehr an Grenzen, die es nötig machen, über grundsätzlich neue Ansätze nachzudenken. Interessanterweise stehen 3D-Anwendungen, obwohl historisch älter als digitale Bibliotheken, dabei zunehmend vor Problemen, die im DL-Bereich bereits vor einigen Jahren dediziert angegangen wurden. Die Notwendigkeit, eine integrierte, DL-artige Infrastruktur auch und gerade für 3D-Anwendungen zu entwickeln, wird offensichtlich, wenn man die sprunghaft gestiegene Komplexität der eingesetzten 3D-Welten in verschiedenen Anwendungsfeldern betrachtet.

Nicht zuletzt die breite Verfügbarkeit von 3D-Hardwareunterstützung für Rechner nach Industriestandard (PC) und die starke Zunahme ihrer Rechenleistung hat zur Verbreitung von komplexen 3D-Anwendungen geführt. Die stürmische, extrem innovative Entwicklung im Bereich der verteilten 3D-Computerspiele markiert dabei nur die Speerspitze einer Technologie, die auf dem Wege ist, sich als Standard-Medium zu etablieren, gleichberechtigt neben Textdokumenten, Bildern, Video- und Audioströmen.

Ist die 3D-Technik somit einerseits auf dem Weg zur Standardtechnologie, so fehlen andererseits paradoxerweise die notwendigen technischen Standards, die das Austauschen von Modellen und die Benutzung von 3D "out of the box" ermöglichen. Etablierte Lösungen existieren in Form von OpenGL [17] lediglich für die interaktive Darstellung auf einem sehr niedrigen Abstraktionsniveau. Mit VRML [10] wurde zwar der Versuch gemacht, ein allgemeines Austauschformat zu definieren, das einer XML-artigen Syntax genügt. Beim Entwurf wurde jedoch eine Reihe von Kompromissen eingegangen. So behindert beispielsweise das Fehlen von Freiformflächen (B-Splines, NURBS [4]) den Austausch von Modellen in hoher Qualität. VRML hat dadurch dazu beigetragen, texturierte Polygonmodelle zum de-facto-Standard in netzbasierten Anwendungen zu erheben, die sich als kleinster gemeinsamer Nenner lediglich dazu eignen, Approximationen gekrümmter Flächen darzustellen.

Gleichzeitig sind Polygonmodelle jedoch ein sehr aktives Forschungsgebiet, wie die im Rahmen von V^3D^2 untersuchten progressiven Übertragungsverfahren und neue Techniken zum Glätten von Polygonnetzen (*discrete fairing*, [11]) zeigen.

Der gravierendste Nachteil von polygonalen Approximationen aus der DL-Perspektive ist jedoch das Fehlen einer semantischen Struktur. Zwar gestattet VRML das Benennen von Objekten, eine Suche nach `Stuhl108` scheint jedoch ähnlich sinn- und aussichtslos wie die Vergabe von Objektnamen der Form `Barocktisch_Flandern_17Jh`. Der Unterschied zwischen einem Stuhl und einem Tisch liegt nämlich im wesentlichen in der *Konstruktion*, daher wäre es im Sinne des Document Markup, diese explizit zugänglich zu machen. Durchgehend *parametrisierte* Modelle sind dabei eine Antwort auf zwei Grundprobleme herkömmlicher Modelliertechniken:

– Fertige Modelle erlauben nur begrenzt nachträgliche *Änderungen*
– Lösungen für Modellierprobleme haben geringe *Wiederverwendbarkeit*

Der im folgenden beschriebene generative Ansatz demonstriert, daß eine Parametrisierung nicht nur Vorteile für eine DL-Integration bietet, sondern auch faszinierende Perspektiven im Hinblick auf die Modellierung und die Interaktion mit sehr großen virtuellen 3D-Welten eröffnet.

3. Modellierung großer 3D-Welten

Der am Institut für ComputerGraphik der TU Braunschweig realisierte Ansatz zur Modellierung großer 3D-Welten, **GenMod3D**, ist aus technischer Sicht eine Kombination dreier Ideen, die im folgenden erläutert werden.

3.1 Subdivision Surfaces

Geometrieprimitiv in GenMod3D sind Unterteilungsflächen, sog. *Subdivision Surfaces*. Sie sind nach grundlegenden Arbeiten von Catmull/Clark [1] und Loop [12] bereits seit zwanzig Jahren bekannt, zeichnen sich aber erst in jüngster Zeit als echte Alternative zu klassischen Freiformflächen ab [16]. Entscheidender Vorteil von Subdivision Surfaces als Verallgemeinerung üblicher regulärer B-Spline-Flächen ist die beliebige Topologie des Kontrollnetzes, das somit beliebig *lokal* verfeinerbar ist. Netzkanten können als "scharf" oder "halbscharf" gekennzeichnet werden, um Knicke innerhalb von ansonsten C^1-stetigen Flächen entstehen und enden zu lassen. Unterteilungsschemata existieren für Netze beliebigen Flächengrades [3] und – wie in GenMod3D realisiert – für Drei- und Vierecksnetze [12, 2]. Da beliebige dieser Netze als Kontrollnetze benutzt werden können, reduziert sich die Dateigröße für Modelle mit gekrümmten Oberflächen im Vergleich zur Polygonapproximation bereits um ein bis zwei Größenordnungen.

Die Subdivision-Regeln sind numerisch stabil und gut zu optimieren, erlauben mithin eine adaptive Approximation der Freiformfläche *während* der Interaktion (*adaptive tesselation on the fly*) [15]. Die Darstellungsqualität läßt sich dabei an die Rechen- und Anzeigegeschwindigkeit des Client-Rechners wie auch an die relative Sichtbarkeit eines Flächenstückes anpassen. Eine lokal operierende *Subdivision Render Engine* ermöglicht sogar ein parallelisiertes Rendering auf Mehrprozessor-Systemen.

Aus konzeptioneller Sicht wird mit Hilfe von Subdivision Surfaces die Modellierung von Freiformflächen zurückgeführt auf *Polyedermodellierung*, weil das Kontrollnetz die Geometrie der Oberfläche eindeutig bestimmt. Die Entscheidende Frage ist nun, wie sich Kontrollpunktnetze in einer Weise aufbauen und beschreiben lassen, die den genannten Problemen mangelhafter Änderbarkeit und Wiederverwendbarkeit begegnet.

3.2 Erweiterte Progressive Netze

Bei *Progressive Meshes* (PMs) handelt es sich um eine von Hoppe [8] vorgeschlagene Datenstruktur, die eine kompaktere Darstellung von Polygonnetzen, insbesondere Dreiecksnetzen, ermöglicht. In Verallgemeinerung der "levels of detail"-Idee kann damit praktisch stufenlos ein Detailgrad zwischen höchster Auflösung und einer Reduktion auf ganz wenige Flächen gewählt werden. Progressive Netze benutzen dazu eine lokale Verfeinerungsoperation, den *EdgeSplit*, und die dazu inverse Operation, den *EdgeCollapse*, um eine Platzersparnis der Modelldatei im Vergleich zum üblichen *Indexed Face Set*-Format zu erzielen. Um dies zu erreichen, wird nur das allergröbste Netz zusammen mit der Liste der Verfeinerungsoperationen gespeichert.

Diese Idee kann man jedoch auch auf die *Modellierung* von Polyedern übertragen. Elementare Mesh-Operationen können dazu benutzt werden, ein gegebenes Drei- bzw. Vierecksnetz inkrementell zu verändern, ausgehend von einem Anfangsnetz, etwa einem Würfel. Die Menge der Basisoperationen sollte dabei *abgeschlossen* sein, kein ungültiges Netz kann erzeugt werden, und – im Unterschied zu PMs – *vollständig*, d.h. zu jedem gegebenen Netz existiert eine Sequenz von Operationen, mit denen es aus dem Anfangsnetz erzeugt werden kann.

Die Implementation der Netze orientiert sich bei GenMod3D an Konzepten der Standard Template Library (STL) [19]. Die Template-Parametrisierung eines orientierbaren Graphen gestattet das Unterbringen von Normalvektoren, Farben, Texturkoordinaten oder Radiosity-Links direkt im Netz. Von zentraler Bedeutung ist dabei das Konzept des **Mesh-Iterators**, der eine Stelle in einem Netz bezeichnet: Er zeigt auf eine Fläche des Netzes und einen Knoten dieser Fläche. Mit ihm wird im Netz navigiert, indem Flächen und Knoten im und gegen den Uhrzeigersinn umlaufen oder Kanten zu Nachbarflächen übersprungen werden. Gleichzeitig ist der Zugriff auf die Netzgeometrie und die Attribute, die Template-Parameter also, nur über sie möglich.

3.3 Generative Mesh-Modellierung

Theoretisch führen viele verschiedene Sequenzen von Elementaroperationen zum gleichen Resultat. Praktisch jedoch läßt sich beobachten, daß es jeweils Teilsequenzen gibt, die einander ähneln und sich nur teilweise in den Parametern der Operationen unterscheiden. Gleich strukturierte Sequenzen aber lassen sich abkürzen, indem die Makro-Technik eingesetzt wird. Die Unterschiede in den Sequenzen werden so zu Parametern der Makros. Dies sind etwa 3D-Punkte, Fließkommazahlen, oder einfach die Stelle in einem Netz, wo ein bestimmtes Makro ablaufen soll. Makros sollen dabei ebenfalls in der Lage sein, andere Makros als Parameter zu erhalten.

In der Terminologie der Generativen Modellierung wird auf diese Weise zwischen *elementaren* und *zusammengesetzten* Operationen unterschieden. Insgesamt wird damit der Wechsel vom klassischen Paradigma des *objektbasierten* Modellierens hin zu einem konsequent neuen *operationsbasierten*, eben generativen, Modellieren vollzogen.

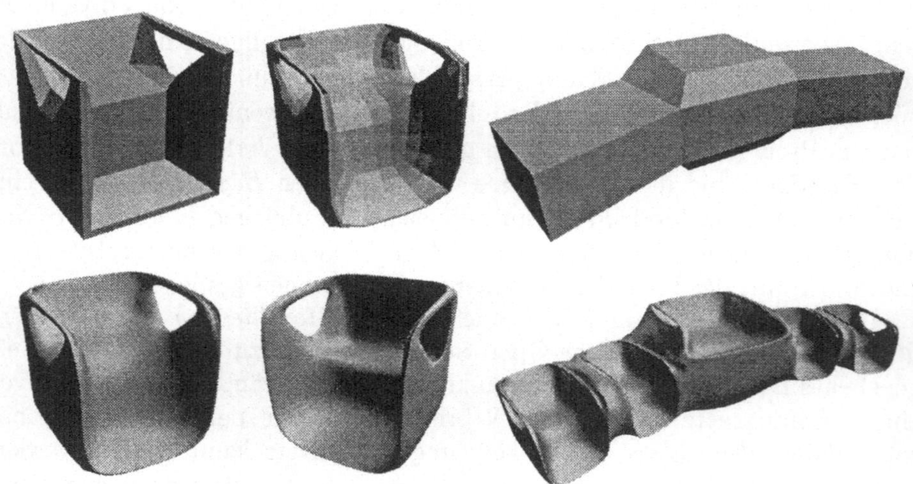

Abb. 3.1. Generative Modellierung: Aus Objekten werden *Werkzeuge*

Statt eine Sammlung von 3D-Objekten anzulegen, eine Objektbibliothek also, hat der Benutzer nun die Möglichkeit, Schritt für Schritt eine maßgeschneiderte Bibliothek von häufig gebrauchten Lösungen für seine Modellierprobleme zusammenzustellen.

In Abbildung 3.1 wird dargestellt, wie ein Objekt **Chair** im generativen Paradigma zu einer parametrisierten Abbildung wird, die auf einer Stelle eines Netzes operiert. Durch Mehrfachanwendung des Werkzeuges wird ein *automatisches Konstruieren* realisiert. Die Beschreibung der Stuhlreihe enthält nur die Beschreibung des **Chair**-Werkzeuges, das Basisobjekt, und fünf Zeilen, die angeben, wo im Basisobjekt das Stuhlwerkzeug anzuwenden ist. Dies stellt eine signifikante Platzersparnis im Vergleich zu den 198 Kontrollflächen der Stuhlreihe oder gar den $198 \cdot 4^4 = 50698$ Flächen nach viermaliger Unterteilung dar.

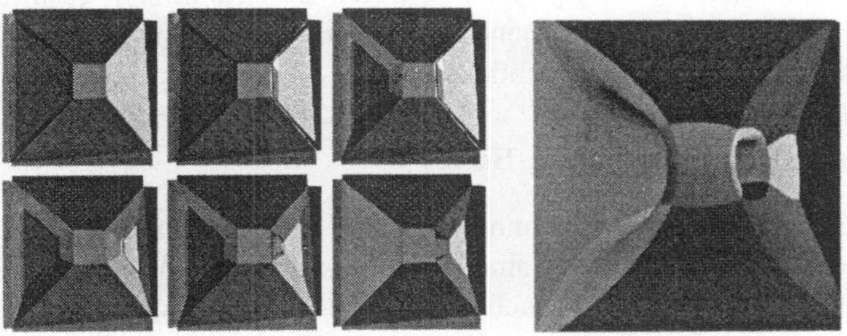

Abb. 3.2. Das Werkzeug ChairArm bei der Arbeit

Die Sequenz der sechs Bilder in Abbildung 3.2 links verdeutlicht die Arbeitsweise der Elementaroperationen und die Verwendung von Iteratoren im folgenden Python-Codebeispiel. Die Armlehne ist als eigenes Werkzeug `ChairArm` realisiert. Damit kann das `Chair`-Werkzeug, dessen Anwendung in Abbildung 3.1 demonstriert wurde, in vier Zeilen beschrieben werden:

```
def ChairArm(i0,scale,sharp):            # Bild 1: i0
    i1 = i0.faceCCW().faceCCW().edgeFlip()
    i2 = i1.faceCCW().faceCCW().edgeFlip()   # Bild 2: i0,i2
    i3 = RefineFace(i0,scale,0.0,sharp)      # Bild 3: i3,i2
    i4 = RefineFace(i2,0.2  ,0.0,sharp)      # Bild 4: i3,i4
    i5 = i4.edgeFlip().faceCCW()
    i6 = RefineFace(i5,scale,0.0,sharp)      # Bild 5: i3,i6
    UnifyFaces(i3,i6)                        # Bild 6: fertig

def Chair(iter,scale,dist,sharp):
    [i0,i1] = Extrude( [iter,iter.edgeFlip()], 0.9,0.0,sharp)
    [i2,i3] = Extrude( [i0,i1], scale,dist,sharp)
    ChairArm(i2.faceCCW().edgeFlip(),0.6,sharp)
    ChairArm(i2.faceCW ().edgeFlip(),0.6,sharp)
```

Generative Modelle sind damit in Analogie zu Progressive Meshes gegeben durch ein Basisnetz und eine Liste von Verfeinerungsoperationen. Diese Operationen sind dabei entweder elementare Mesh-Operatoren oder Aufrufe von zusammengesetzten Operationen, Makros, die ihrerseits wieder Makros rufen dürfen. Die Definition der zusammengesetzten Operationen ist dabei Teil der Modelldatei, das 3D-Modell enthält also seine eigenen Modellierwerkzeuge. Die Konstruktion des Modells kann so auf Empfängerseite zur Visualisierung nachvollzogen werden. Gleichzeitig wird ein Document-Markup effizient realisiert, weil die *Struktur* einer Konstruktion im Modell explizit erhalten bleibt. Werden die Grobstruktur eines Möbelstückes etwa und die speziellen Stilparameter einer gewissen Epoche getrennt, ist auf diese Weise ein *semantischer Level Of Detail* realisiert.

4. Visualisierung großer 3D-Welten

Generativ modellierte Kontrollnetze von Subdivision Surfaces gestatten eine adaptive Tesselation *on the fly*, die sich durch Einsatz zweier Techniken insbesondere für sehr große dreidimensionale Szenerien eignet, wie zum Beispiel komplett ausmodellierte Stadtmodelle.

4.1 Hierarchische Bounding Boxes

Die elementaren Mesh-Operationen besitzen eine *räumliche Signatur*. Das bedeutet, der Wirkungsbereich eines `FaceSplit` etwa läßt sich eng eingrenzen und insbesondere mit einer achsenparallelen Bounding-Box umschließen. Der `FaceSplit` erzeugt drei neue Flächen, auf die weitere Operationen im Verlauf der Konstruktion angewendet werden können. Auf diese Weise ergibt sich ein Abhängigkeitsgraph der einzelnen Konstruktionsoperationen des Modells. Parallel dazu wird eine *Hierarchie* von Bounding-Boxes der Verfeinerungsoperationen erzeugt, indem die Konstruktion einmal komplett *depthfirst* durchgeführt wird, wobei die umschließenden Boxen entsprechen aufgesammelt werden.

Für parametrisierte Makros kann nach diesem Schema eine Bounding Box jedoch erst bestimmt werden, wenn die Parameter instantiiert sind, also bei einem Aufruf im Laufe einer Konstruktion. Um jedoch nicht das gesamte Kontrollnetz auskonstruieren zu müssen, wird für parametrisierte Makros eine *parametrisierte Bounding Box* erzeugt, die entsprechend der Aufrufhierarchie ebenfalls eine hierarchische Struktur besitzt. Somit profitiert nicht nur der semantische Markup von einer möglichst tiefen Staffelung und Parametrisierung der Konstruktion, sondern auch die Generierung der Bounding Box-Hierarchie.

4.2 Lazy Mesh Evaluation

Bei sehr großen 3D-Szenen besitzt trotz der Verwendung von Subdivision Surfaces als Modellier- und Anzeigeprimitiv alleine schon das Kontrollnetz eine mehr als unhandliche Größe. Daher erscheint es wünschenswert, während einer interaktiven Erkundung einer Szene möglichst nur das Kontrollnetz für die wirklich sichtbare Geometrie auszukonstruieren. Aus einer programmiersprachlichen Sicht entspricht das dem Konzept der *lazy evaluation*, das aus der funktionalen Programmierung bekannt ist. Dabei werden die zusammengesetzten Makro-Operationen, die Modellierwerkzeuge des 3D-Modells, als *Funktionen* einer *geometrischen Programmiersprache* angesehen. Das fertige Gesamtmodell entspricht so dem Ergebnis eines Programmlaufes.

Bei einer interaktiven Exploration des Modells werden jedoch nur bestimmte, nämlich die sichtbaren, Teile des Modells benötigt. Das bedeutet, die Szene als Rechenergebnis muß vielmehr Auskunft über *Teil*ergebnisse geben. Aus Sicht einer DL ist die Gesamtszene daher als Datenbank anzusehen, die nicht nur die Beantwortung *semantischer*, sondern auch *räumlicher* Anfragen in effizienter Weise unterstützen sollte.

4.3 Viewer-Architektur

Zusammengefaßt ergibt sich folgender Ablauf bei der interaktiven Visualisierung einer gegebenen großen 3D-Szene.

Gegeben: − Abhängigkeitsgraph der Mesh-Operationen
                − Bounding-Box-Hierarchie
                − Virtuelle Kamera

1. Bestimme die sichtbaren Bounding-Boxen
2. Bestimme die dazugehörigen Mesh-Operationen
3. Führe die Netz-Konstruktion so weit aus,
   wie durch den Abhängigkeitsgraphen vorgegeben
4. Tesseliere den sichtbaren Teil des Kontrollnetzes adaptiv

Der mehrstufige Aufbau des Visualisierungs-Algorithmus macht den Einsatz von Caching-Techniken gleich auf mehreren Ebenen möglich. Zentral für die Wirksamkeit des Verfahrens ist jedoch die schnelle Bestimmung von Sichtbarkeitsinformationen. Nach Arbeiten von Gordon Müller, TU Braunschweig, im Rahmen von V^3D^2 konnte dazu eine Technologie eingesetzt werden, die Standardlösungen weit überlegen ist [13, 14].

5. Ausblick

Generativ modellierte Objekte sind ihrer Natur nach durchgängig parametrisiert. Eine naheliegende Erweiterung des bestehenden Ansatzes ist daher die Variation der Modellparameter über die Zeit. Für die nächste Phase des Projektes *ModNav2000* im Rahmen des Forschungsschwerpunktes V^3D^2 ist geplant, die Modellierung und Visualisierung von Szenen mit **dynamischer Geometrie** zu untersuchen. Dies stellt insbesondere im Hinblick auf das Geometrie-Preprocessing eine große Herausforderung dar, weil dazu inkrementell veränderliche Bounding-Box-Hierarchien nötig sind. Gleichzeitig wird es notwendig sein, das Problem der Kollisionserkennung anzugehen, und somit unterhalb der Elementaroperationen auch die Freiformflächen selber räumlichen Anfragen zugänglich zu machen.

Eine weitere Herausforderung ist die Frage nach der nötigen Ausdrucksfähigkeit der Makro-Operationen. Eine wirkliche geometrische Programmiersprache wird auf bedingte Entscheidungen und Schleifen nicht verzichten können. Offen ist jedoch, ob Generative Modelle selber sinnvollerweise schon Turing-Mächtigkeit besitzen müssen, und falls ja, welches Sprachparadigma angemessen erscheint.

Literatur

1. E. CATMULL, J. CLARK: *Recursively generated B-spline surfaces on arbitrary topological meshes.* CAD 10, 6 (1978), pp. 350-355.
2. T. DEROSE, M. KASS, T. TRUONG: *Subdivision Surfaces in character animation.* Proceedings of SIGGRAPH '99, pp. 85-94.
3. D. DOO, M. SABIN: *Analysis of the Behaviour of Recursive Division Surfaces near Extraordinary Points.* CAD 10, 6 (1978), pp. 356-360.
4. G. FARIN: *Curves and Surfaces For Computer Aided Geometric Design.* Academic Press, San Diego, CA, 1990.
5. D. W. FELLNER: $V^3 D^2$ – *Digital Library Schwerpunktprogramm hat seine Arbeit aufgenommen.* Informatik Forschung und Entwicklung 13, 3 (1998), pp. 163-168
6. D. W. FELLNER, S. HAVEMANN, G. MÜLLER: *Modeling of and Navigation in Complex 3D Documents.* C&G, Vol. 22, No. 6, pp. 645-653, 1998.
7. S. HAVEMANN: *Generative Modellierung.* Diplomarbeit, Rheinische Friedrich Wilhelms-Universität Bonn, Dezember 1997. Erhältlich unter *http://www.cg.cs.tu-bs.de/diplom_havemann.*
8. H. HOPPE: *Progressive Meshes.* Proceedings of SIGGRAPH '96, pp. 99-108.
9. ISO: *Information Processing Systems – Text and Office Systems – Standard Generalized Markup Language (SGML).* IS 8879, 1986.
10. ISO: *Virtual Reality Modeling Language:* International Standard ISO/IEC 14772-1:1997 (VRML 97). Erhältlich unter *http://www.vrml.org*
11. L. KOBBELT ET AL.: *Interactive Multi-Resolution Modeling on Arbitrary Meshes.* Proceedings of SIGGRAPH '98, pp. 104-114.
12. C. LOOP: *Smooth subdivision surfaces based on triangles.* Master's Thesis, Utah University, USA, 1987.
13. M. MEISSNER, D. BARTZ, T. HÜTTNER, G. MÜLLER, J. EINIGHAMMER: *Generation of Subdivision Hierarchies for Efficient Occlusion Culling of Large Polygonal Models.* Institut für ComputerGraphik, TU Braunschweig, Technical Report TUBSCG-1999-01, Juni 1999
14. G. MÜLLER, D. W. FELLNER: *Hybrid Scene Structuring with Application to Ray Tracing.* Proceedings der *International Conference on Visual Computing* (ICVC'99), pp. 19-26, Goa, Indien, Februar 1999.
15. K. PULLI, M. SEGAL: *Fast Rendering of Subdivision Surfaces.* Proceedings of 7th Eurographics Rendering Workshop, Porto, Portugal, pp. 61-70, 1996.
16. P. SCHRÖDER, D. ZORIN (Hrsg.): *Subdivision for Modeling and Animation.* SIGGRAPH '98 Course Notes #36, 1998.
17. SILICON GRAPHICS INC.: *The OpenGL Reference Manual – The Official Reference Document for OpenGL.* Addison-Wesley, Reading, Mass., 1993.
18. J. M. SNYDER: *Generative Modeling for Computer Graphics and CAD.* Academic Press, 1992.
19. A. STEPANOV, M. LEE: *The Standard Template Library.* Hewlett-Packard Laboratories, 1995.

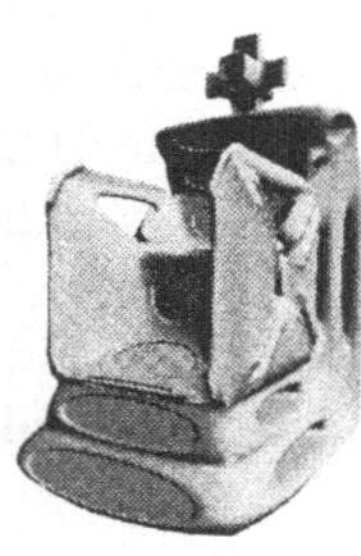

Molekulare Bioinformatik - Informationsfusion zur Genregulation

Niels Grabe

AG Bioinformatik
Institut für Technische Informationssysteme
Otto-von-Guericke-Universität Magdeburg
PF 4120, 39016 Magdeburg
mail: grabe@iti.cs.uni-magdeburg.de
www: http://wwwiti.cs.uni-magdeburg.de/~grabe

Abstract. Die Methoden der Bioinformatik haben zum Ziel unbekannte, große genomische Datenmengen auf ihre Funktion hin zu analysieren. Da dies unter Nutzung bekannter genomischer Datenmengen geschieht, können Methoden der Bioinformatik im weiteren Sinne als algorithmische Fusion verschiedener Informationsquellen verstanden werden. Beispielhaft wird unter dieser Sichtweise ein neues Verfahren vorgestellt, das Genschaltersequenzen in DNA identifiziert, ohne vorher eine Modellrepräsentation dieser zu bilden. Statt dessen werden hochspezifische Modelle der Genschaltersequenzen erst in Zusammenhang mit der zu analysierenden Sequenz gebildet. Das vorgestellte Verfahren ist das derzeit einzige, das Modelle von Genschaltersequenzen selbständig und anwendungsbezogen aus entsprechenden Informationsquellen erzeugt und somit die Vorhersagemethode als Prozeß der Informationsfusion begreift. Das Verfahren wurde implementiert und ist über obige WWW-Adresse als AliBaba2 verfügbar.[1]

Schwerpunktprogramm „Informatikmethoden zur Analyse und Interpretation großer genomischer Datenmengen"

Die umfangreichen Aktivitäten bei der Sequenzierung der Genome ganzer Organismen revolutionieren die Molekularbiologie und Biotechnologie. Bereits über zehn Mikroorganismen sind vollständig sequenziert (Stand März 1997). Sieben Genome sind öffentlich zugänglich, darunter der Eukaryont Hefe mit rund 12 Mio Basenpaaren. Die Sequenzierung des menschlichen Genoms soll bis spätestens zum Jahre 2005 abgeschlossen sein. Das Ergebnis der Sequenzierungen ist eine Datenfülle, die mit herkömmlichen Methoden der Datenanalyse und Modellierung nicht mehr bewältigt werden kann. Hefe, deren Sequenzierung vor kurzem abgeschlossen wurde, hat ca. 6000 Gene. Bereits die Aufgabe, eine Übersicht über diese Datenmenge zu bekom-

---

[1] AliBaba1 erzeugt in einem einmaligen Fusionsprozeß Matrizen aus TRANSFAC für anschließende Prognosen, während AliBaba2 den Fusionsprozeß selbst als Prognose einsetzt. AliBaba1 ist Gewinner des Innovationspreises Bioinformatik.

men, erfordert neuartige Methoden der Datenanalyse. Es reicht nicht mehr aus, sich auf die Betrachtung von Sequenzmustern, Strukturen und Funktionen einzelner Gene, RNA-Moleküle oder Proteine zu konzentrieren. Vielmehr bedarf es neuer Verfahren, um große genomische Datensätze gezielt zu durchsuchen und aufzuarbeiten. Solche Verfahren werden als "Screening Methoden" bezeichnet.

Der Schwerpunkt wendet sich interdisziplinär an Informatiker, Molekularbiologen und Biochemiker. Mit den sequenzierten Genomen stehen jetzt Datensätze zur Verfügung, die alle relevanten Informationen einer Spezies enthalten. Eine detaillierte Zuordnung der Funktionen der genetischen Elemente kann jedoch bisher nur unvollständig vorgenommen werden. Mindestens ein Drittel aller Gene der sequenzierten Organismen sind nicht oder nur unzureichend charakterisiert. Die Aufgabe des Schwerpunkts ist daher die Exploration großer genomischer Datensätze mit den Methoden der Informatik. Diese systematischen Vergleiche von Sequenzmustern sowie Modellierungen von molekularen Strukturen und Wechselwirkungen erlauben es, Beziehungen zwischen Struktur und Funktion aufzuklären, um zelluläre Komponenten in metabolische oder regulatorische Netzwerke einzuordnen. Auf der methodischen Seite spielt die geeignete Modellierung komplexer biologischer Interaktionen sowie die Entwicklung effizienter Algorithmen für den geforderten Datendurchsatz eine Rolle, aber auch Datenhaltungs- und Zugriffsfragen sowie Fragen der visuellen Präsentation komplexer Analysedaten sind wichtig. Schließlich bestehen Screeningsysteme aus vielen Softwarekomponenten, deren Durchgängigkeit und Bedienbarkeit gewährleistet sein muß. Konkret ergeben sich folgende Aufgabenbereiche:

- Sequenzvergleich (Alignment) und Analyse von Sequenzvariabilität
- Systematische Genomvergleiche (z. B. Analyse der genomischen Topologie verwandter pathogener/nichtpathogener Organismen)
- Molekulare Strukturbestimmung mit Informatikmethoden (Proteine, RNA, Komplexe)
- Bestimmung molekularer Funktionen auf der Basis von Sequenz- und/oder Strukturvergleichen
- Molekularbiologische Datenbanken (Organisation, Zugriff, Datenvalidierung, Suche nach Mustern, Klassifikation)
- Rechnermodellierung regulatorischer und metabolischer Netzwerke
- Visualisierung molekularbiologischer Daten

Die als Ergebnisse des Schwerpunktprogramms entwickelten Werkzeuge und Datenbanken sollen an realen biologischen Daten validiert und direkt der Praxis der biologischen Forschung zugänglich gemacht werden.

Informationsfusion

Die Bioinformatik ist derzeit mit exponentiell wachsenden Datenbeständen konfrontiert. Diese Datenbestände sind durch ihr anarchisches und anwendungsbezogenes Wachstum für die Informatik teilweise schwer zu handhaben. Charakterisieren lassen sie sich durch ihre heterogene Struktur, ihre Redundanz, ihre Inkonsistenz und ihre Unvollständigkeit. Des weiteren sind sie in der Regel weltweit verteilt über das Internet verfügbar. Sollen derartige Daten verarbeitet werden, so sind sie zunächst zusammenzuführen. Der durchgeführte Prozeß wird als Datenfusion bezeichnet. Bei der Informationsfusion werden semantisch reichere und interpretierte Daten gewonnen. Methoden und Daten sind gleichberechtigte Elemente, die in einem integrierenden Prozeß zu höherwertigen Informationen verarbeitet werden. Es bestehen wesentliche Anknüpfungspunkte zum Knowledge Discovery in Databases (KDD), das aber im Gegensatz zur Informationsfusion eine relativ strikte Trennung in Datenvorverarbeitung und Methodenanwendung kennt und nicht die semantische Fundierung der verarbeiteten Daten zum Ziel hat. Im Rahmen der von der DFG positiv begutachteten Forschergruppe „Workbench für die Informationsfusion" werden verschiedene Aspekte der Informationsfusion untersucht: u. a. die Datenintegration, die Prozeßintegration, sowie spezielle Methoden zur Analyse genregulatorischer Sequenzen.

Regulatorische Genwirknetze

Innerhalb des Schwerpunktprogramms Informatikmethoden zur Analyse und Interpretation großer genomischer Datenmengen beschäftigt sich die Magdeburger Arbeitsgruppe Bioinformatik mit der Analyse genregulatorischer und metabolischer Netzwerke. Visionäres Ziel ist dabei die interaktive Steuerung von Stoffwechselwegen auf der Basis aktivierter Gene. Stoffwechselwege sind die möglichen biochemischen Reaktionen innerhalb des Cytoplasma einer jeden Zelle und bestimmen wesentlich ihr Leben und ihre Funktion. Ausgehend vom heutigen Wissen über die Aktivierung der Genexpression bezüglich der Transkription (TRANSFAC und Regulon-DB Datenbank) sowie der bekannten Stoffwechselwege (Boehringer Wandtafel, KEGG-System) werden in Abhängigkeit spezifischer Metaboliten die jeweiligen Signale der Promotoren gesetzt und die Proteinsyntheseprodukte auf die Stoffwechselwege angewendet. Das zu entwickelnde System erlaubt die Ermittlung der theoretisch möglichen, biochemischen Stoffwechselwege sowie die interaktive Simulation und Visualisierung der biochemischen Reaktionen auf der Basis der heute verfügbaren Informationen über Gene und Enzyme. Die bis heute statisch gespeicherten molekularen Datenbestände sollen so dynamisiert werden.

Analyse von Genschaltern

In einer Stoffwechselreaktion werden Stoffe in andere umgewandelt, i. d. R. unter der Wirkung von Enzymen. Alle in der Zelle vorhandenen Proteine werden aber letztendlich auf der DNA im Zellkern kodiert. Die DNA ist dabei als lange Sequenz der vier möglichen Nukleotide (Basenpaare) A, C, G oder T zu abstrahieren. Durch die Transkription wird ein auf der DNA kodiertes Gen unter bestimmten Bedingungen abgelesen und als Protein dem Stoffwechsel zur Verfügung gestellt. Ein Promotor ist eine dem Gen vorgelagerte Sequenz von etwa 500 bp Länge. Zusammen mit weiter entfernten regulatorischen Sequenzen, den Enhancern, bildet der Promotor eine komplexe Raumstruktur, die die Transkription initiiert. Die bedingte Bildung dieser Raumstruktur geschieht durch die Anlagerung bestimmter Proteine (Transkriptionsfaktoren) an Promotor und Enhancer, d. h. die Anlagerung von Transkriptionsfaktoren steuert wesentlich den Stoffwechsel einer jeden Zelle. Transkriptionsfaktoren binden nur an hochspezifische DNA-Sequenzen, die bestimmten Mustern genügen. Stark vereinfacht können diese Muster daher als Elemente von Genschaltern verstanden werden. Die Erkennung der Schalterelemente von Genen ist eine wesentliche Grundlage, um aus der Sequenz heraus eine Aussage über die Funktion eines Gens fällen zu können. Das hier im folgenden vorgestellte Verfahren löst diese Aufgabe auf eine neue Art und Weise.

Die bekannten molekularen Sequenzbestände werden weltweit verteilt in Datenbanken gesammelt. Die TRANSFAC-Datenbank stellt das molekulare Wissen bezüglich der Genregulation höherer Organismen zur Verfügung [1]. TRANSFAC ist derzeit in zwei Versionen verfügbar. In der Forschungsversion sind z. Z. etwa 4.000 bekannte Bindungsequenzen mit einer Länge von etwa 10-15 bp enthalten. Die kommerzielle Version enthält in etwa den doppelten Umfang. Es werden Sequenz und Ort regulativer Elemente beschrieben, die Methoden durch die sie identifiziert wurden, sowie der zelluläre Kontext dieser Elemente. Die einzelnen Bindungsstellen werden teilweise zu Nukleotidmatrizen zusammengefaßt. Die Matrix enthält die Häufigkeit eines Buchstabens an einer bestimmten Position. Ermittelt werden die Häufigkeiten durch Vergleich aller bekannter Sequenzen. Die Matrizen repräsentieren somit ein Modell der Bindungsstellen eines bestimmten Transkriptionsfaktors.

Pos	A	C	G	T	Dominant
...					
12	4	4	1	15	T
13	13	2	4	5	A
14	6	5	5	8	N
15	24	0	0	0	A
16	0	24	0	0	C
17	0	0	24	0	G
18	10	0	6	8	N
...					

Fig. 1. Ausschnitt aus Häufigkeits-Matrix des Faktors ABF1 (T00056) als Modell seiner Bindungsstellen in den Positionen 12-18.

Die Nukleotidmatrizen aus TRANSFAC werden von Programmen wie Matinspector [2] oder MatrixSearch [3] zur Prognose von Transkriptionsfaktorbindungsstellen und letztlich zur Promotoranalyse eingesetzt. Einige Verfahren wie TFSearch [4] und TESS [5] sind nur über WWW nutzbar. Alle diese Verfahren nutzen die Matrixbibliothek von TRANSFAC. Die reine Erzeugung von Matrizen aus gegebenen Bindungssequenzen kann z. B. mit Hilfe von Programmen wie MatInd [2] erfolgen. Zusammengefaßt leisten die genannten Verfahren nicht die direkte Extraktion der Bindungssequenzen aus TRANSFAC, sondern verwenden vordefinierte Matrizen oder unterstützen die manuelle Konstruktion dieser.

Zur möglichst genauen Vorhersage von Transkriptionsfaktoren können einige Forderungen formuliert werden, die aus der praktischen Anwendung folgen.

1. Möglichst spezifische Aussage (Welche Art von Transkriptionsfaktor ?)
2. Möglichst spezifisches Modell (Welche Sequenzen ?)
3. Vergleichbarkeit der Aussagen (Verhältnis zu anderen Faktoren)
4. Vermeidung von Redundanz der Aussagen (Gleiche Faktoren erkennen)
5. Algorithmisierung (Wie entsteht die Matrix aus welchen Sequenzen ?)
6. Ausnutzung der verfügbaren Datenbestände

Die Generierung von Matrizen direkt aus der Literatur heraus oder die Erstellung experimenteller Matrizen ermöglicht das Eingreifen eines Experten in den Erstellungsprozeß. Wie an der verdoppelten Sequenzmenge in der kommerziellen Version von TRANSFAC erkennbar, ist aber die algorithmische Generierung von Matrizen zur Vorhersage von Transkriptionsfaktorbindungsstellen einerseits sinnvoll. Andererseits eröffnet sie die Möglichkeit, Matrizen zu konstruieren, die bei der Ermittlung der DNA-Sequenz nicht a priori beabsichtigt waren. Das im folgenden vorgestellte Verfahren leistet dies und bedient auch obige Forderungen vollständig.

Ansatz

Es soll ein Analyseverfahren entworfen werden, das speziell für eine gegebene Sequenz Nukleotidmatrizen aus den verfügbaren Datenbeständen generiert. Die Matrizen sollen dabei gemäß der räumlichen Struktur der DNA-Bindedomäne der Transkriptionsfaktoren gebildet werden, um so die Aussage der Vorhersage zu definieren. Die minimale Spezifizität der Matrizen soll durch den Benutzer wählbar sein. Zunächst sind alle Bindungsstellen an die Promotorsequenz p zu alinieren. Anschließend sind die gefundenen mindestähnlichen Bindungsstellen schrittweise zu größeren Matrizen zu aggregieren. Die Matrizen sind dabei so lange zu vergrößern, bis ihre Spezifizität unter einen gegebenen Schwellenwert sinkt. Die Mindestspezifizität darf dabei nicht so hoch sein, daß die zulässige biologische Variabilität der Bindungssequenz eingeschränkt wird. Das Promotormodell kann auf lediglich einer oder auf mehreren Sequenzen aufgebaut werden. Je mehr Sequenzen zur Verfügung stehen, desto mehr Information liegt über die zulässige Variabilität der untersuchten Bindungssequenzen vor. Das schrittweise Vergrößern der Zahl der zur Modellierung herangezogenen Matrizen soll gemäß der Struktur der Bindungsdomäne der bekannten Transkriptionsfaktoren erfolgen. Dazu stellt Transfac eine Klassifikation der Raumstruktur der Bindungsdomänen von Transkriptionsfaktoren zur Verfügung. Diese Klassifikation reicht allerdings in ihrer Granularität nicht unbedingt für eine hochspezifische Promotormodellierung aus. Daher wird die Klassifikation als Rahmen für die detaillierte Aggregation von Bindungssequenzen zu Matrizen eingesetzt. Es werden dabei Matrizen bis zu einer minimalen Spezifizität auf jeder Ebene der Klassifikation gebildet. Generell sind also zwei Phasen zu durchlaufen:

Phase 1: Durchsuchen der Promotorsequenz p nach bekannten Bindungsstellen.

Phase 2: Bilden hochspezifischer Modelle aus den gefundenen Bindungsstellen.

Phase 1

Das Durchsuchen der Promotorsequenz p nach einer bekannten Bindungsstelle b_i basiert auf der Messung der paarweisen Ähnlichkeit zwischen b_i und p. Je besser diese paarweise Ähnlichkeit der Ähnlichkeit gemäß der im folgenden zu konstruierenden Matrix entspricht, desto genauer kann die Vorauswahl möglicher Bindungsstellen erfolgen. Es werden daher aufeinanderfolgende in beiden Sequenzen gleiche Nukleotide quadratisch anwachsend bewertet. Da oft nicht genau bekannt ist, welche Nukleotide für die Bindung des Transkriptionsfaktors notwendig sind, ist es sinnvoll, eine Erweiterung der Bindungsstellen auf ca. 20bp durchzuführen. Anschließend wird aus jeder Bindungssequenz eine Teilsequenz (Träger) ausgewählt.

Ergebnis der Phase 1 ist die Menge H der 4-Tupel (b, x_p, Φ, x_b), die das Alignment aller Bindungssequenzen b zu der Promotorsequenz p beschreibt. Es ist b die Bindungssequenz, x_p der Beginn der Bindungssequenz im Promotor, Φ die paarweise Ähnlichkeit zwischen b und p und x_b Die Komplexität des Algorithmus Phase 1 in der gezeigten Version ergibt sich aufgrund der (mit der paarweisen Ähnlichkeit) drei geschachtelten Schleifen zu $O(|p| * |b| * |t|)$ mit $|b|$ als Durchschnitt $|b_i|$. Bereits während des Durchlaufes von b_i lassen sich jedoch mittels einer Ring-Datenstruktur alle Trägersequenzen mit p vergleichen. Dadurch kann die Komplexität der Phase 1 auf $O(|p| * |b|)$ reduziert werden. Der aktuelle Trägerkandidat t wird dabei durch einen Ring der Länge τ bewertet. Um Randpositionen des Trägers unterzubewerten, wird bei der paarweisen Ähnlichkeit zusätzlich eine Fuzzy-Funktion über die Trägerposition eingeführt (nicht gezeigt).

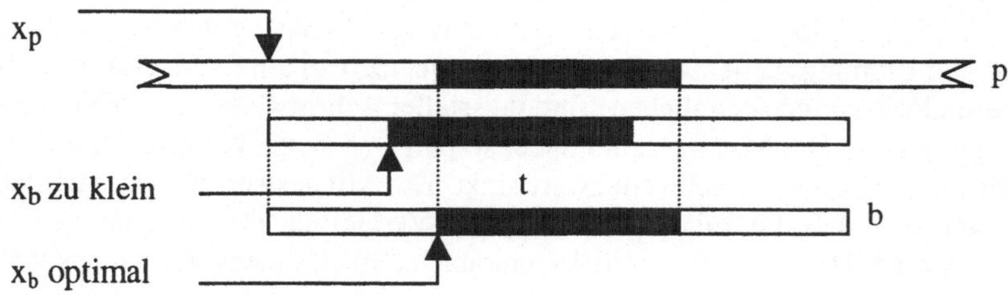

Algorithmus Phase 1

Schiebe mit x_p jede Sequenz b_i durch p:

Schiebe mit x_b den Trägerkandidaten t der Länge τ durch b_i :

$$\Phi := \textit{PaarweiseÄhnlichkeit}\ (t, p, x_p, x_b)$$

$$\text{Wenn } \Phi_{max} < \Phi \text{ dann } \Phi_{max} := \Phi \text{ und } x_{bmax} := x_b$$

$$H := H \cup \{\ (b_i, x_p, \Phi, x_{bmax})\ \}$$

Phase 2

Ziel des Verfahrens ist, neben den eingangs genannten Punkten, auch eine möglichst genaue räumliche Abgrenzung verschiedener Faktoren zu erreichen. Da eine nachträgliche Trennung überlappender Matrizen schwer durchzuführen ist, induziert jeder Treffer in H zunächst eine eigene Matrix m ∈ M. Anschließend werden aus M schrittweise komplexere Matrizen in einem hierarchischen Clusterverfahren aggregiert. Diese Aggregation wird innerhalb der von Transfac gegebenen Klassifikation von Bindungsdomänen und innerhalb der vom Benutzer gegebenen Spezifizität durchgeführt. Es wird also ein nicht-überwachtes, beschränktes maschinelles Lernverfahren zur Selbstorganisation der Treffer aus Phase 1 entworfen. Da die unnütze Konstruktion einer Matrix einen hohen Aufwand erfordert, wird zunächst eine günstige Abstandsmessung zwischen alter Matrix und der hinzuzufügenden Sequenz durchgeführt. Die Spezifizität einer Matrix $m=(p_{B=A,C,G,T\ l=1..n})$ wird anhand ihres mittleren Informationsgehaltes [6] gemessen.

$$specificity\ (m) := \frac{1}{n} * \sum_{l=1..n} \sum_{B=A,C,G,T} p_{Bl} * log_2(\,p_{Bl}\,)$$

Algorithmus Phase 2

    Für alle Teilbäume T der gegebenen Klassifikation:

        Für alle Matrizen $m_s \in$ M von T mit nur einer Sequenz:

            Finde Matrix m ∈ M mit minimaler Distanz(m, m_s) < MaxDist:

                aggregiere m' := (m_s & m)

                Wenn _specificity_ (m) > MinSpec dann m:=m'

Beispielausgabe

Im folgenden wird eine Bindungsstelle des Faktors SP-1 in einer Promotorsequenz des Actin alpha-cardiac Gens prognostiziert. Statt der Matrix ist das Alignment der Transfac-Bindungsstellen gezeigt. Die senkrechten Striche zeigen das Profil des Informationsgehaltes der Matrix über die prognostizierte Bindungsstelle.

```
seq( -120..  -61)        atggccgcgctgCgCCGCcatgGCgccgagccggccaaataa...
Class       lbp  rbp
2.3.1.0     -111 -97              synCkCCGCCmwsGC
2.3.1.0.2   +R00385              cctcgccgccaacgc
2.3.1.0.2   -R04431              ctgcgccgcccaggc
2.3.1.0.2   -R02859              gtcctccgccatggc
                                 |||||||||||||||
                                 ||||||||| ||||||
                                 ||  ||||||||||||
                                 ||  ||||||||  |||
                                  |   ||||||    ||
```

Diskussion

Das vorgestellte Verfahren führt zu einem hochspezifischen Promotormodell. Im Vergleich zu bisherigen Verfahren wird eine Bindungsstelle eines Promotors nicht anhand einer gegebenen Matrix identifiziert. Statt dessen wird die Matrix erst um dieses Promotorelement herum aufgebaut. Es wird somit nicht überprüft, wie weit das Bindungselement vom Konsensus, dem Durchschnitt, einer vordefinierten Matrix entfernt ist, sondern es wird eine Matrix konstruiert, deren Konsensus möglichst der gefundenen Bindungsstelle gleicht. Dies entspricht der grundlegenden Idee des der Matrix zugrundeliegenden statistisch-mechanischen Bindungsmodells von Berg und von Hippel [7]. Das vorgestellte Verfahren ist die erste Umsetzung dieses Ansatzes. Alle bisherigen Verfahren versuchen statt dessen die Ähnlichkeit eines hypothetischen Matrixkonsensus mit der Promotorsequenz abzugleichen. Durch die Definition der Aussage gemäß der räumlichen Struktur der Bindedomäne und die vom Benutzer wählbare Spezifizität genügt das Verfahren dem aufgestellten Forderungskatalog. Aus der Sicht der Informationsfusion zeigt das Verfahren, wie die bisher von Experten durchgeführte Vorgehensweise algorithmisch gefaßt wird. Dabei wird aus gegebenen Datenquellen durch schrittweise Verarbeitung Information einer höheren Qualität gewonnen. Dabei wird zusätzlich auch eine Verflachung des bisher üblichen Prozesses der Datenverarbeitung vorgenommen, indem auf die Generierung von Matrizen als Prognosehilfsmittel verzichtet wird. Statt dessen liefert der Prozeß direkt aus den verwendeten Datenquellen Modelle als Ergebnis der konkreten Vorhersage.

Literatur

1. Heinemeyer, T., *et al.*, *Databases on transcriptional regulation: TRANS-FAC, TRRD and COMPEL.* Nucleic Acids Res., 1998. **26**: p. 362-367.
2. Quandt, K., *et al.*, *MatInd and Matinspector: new fast and versatile tools for detection of consensus matches in nucleotide sequence data.* Nucleic Acids Res., 1995. **23**: p. 4878-4884.
3. Chen, Q.K., G.Z. Hetz, and G.D. Stormo, *Matrix-Search 1.0: A computer program that scans DNA sequences for transcriptional elements using a database of weight matrices.* Comput. Applic. Biosci., 1995. **11**: p. 563-566.
4. Akiyama, Y., *TFSEARCH: Searching Transcription Factor Binding Sites.* 1995.
5. Schug, J. and G.C. Overton, *TESS: Transcription Element Search Software on the WWW,* . 1997, Computational Biology and Informatics Laboratory School of Medicine University of Pennsylvania.
6. Shannon, C.E., *A mathematical theory of communicatin.* Bell Syst. Tech., 1948. **27**: p. 379-423 and 623-656.
7. Berg, O.G. and P.H. von Hippel, *Selection of DNA binding sites by regulatory proteins. Statistical-mechanical theory and application to operators and promoters.* J.Mol.Biol., 1987. **193**: p. 723-750.

Erweiterte Message Sequence Charts für die Verifikation von Statemate-Entwürfen

Jochen Klose*

Carl von Ossietzky Universtität Oldenburg
Fachbereich Informatik
Abteilung Rechnerarchitektur
26111 Oldenburg

1 Einleitung

Moderne technische Systeme enthalten in immer stärkerem Maße mikroelektronische Komponenten. Dies sind zumeist nicht speziell für einen Anwendungszweck entworfene Prozessoren, sondern flexibel einsetzbare Standardbausteine, die nur eine gewisse Grundfunktionalität in Hardware mitbringen. Die Anpassung an die eigentliche Aufgabe erfolgt durch Software. Somit entfällt auf die Softwareentwicklung inzwischen ein Großteil der Entwicklungskosten beim Entwurf solcher technischen Systeme.

Das Festlegen der Eigenschaften des Systems, wie z. B. seine Funktionalität, sein Verhalten und seinen Aufbau, nennt man *Spezifikation*, bzw. *Softwarespezifikation* wenn es sich um ein Softwaresystem handelt. Hinter letzterem Begriff verbirgt sich vor allem die Definition der Anforderungen an das System, aber auch Architektur- und Verhaltensaspekte, nicht mitberücksichtigt werden programmiersprachenabhängige Aspekte. Für die Spezifikationsphase gibt es eine Vielzahl verschiedener Beschreibungstechniken und darauf basierender Werkzeuge, viele davon sind wegen der besseren Verständlichkeit graphisch orientiert. Beispiele für solche graphischen Beschreibungstechniken sind *Statecharts* ([HP96], [HN95]), die parallele, hierarchische Automaten für die Verhaltensbeschreibung des Systems bieten, und *Message Sequence Charts (MSCs)* ([Z120]), die es erlauben, Kommunikationsabläufe zu beschreiben.

Ein Ziel des DFG Schwerpunktprogramms „Integration von Techniken der Softwarespezifikation für ingenieurwissenschaftliche Anwendungen" (kurz *Softwarespezifikation*, [EGK98]) ist es, unterschiedliche Beschreibungstechniken miteinander zu integrieren. Die Integration von Statecharts und MSCs ist gerade die Stoßrichtung unseres Einzelprojektes „Use-case driven Specification of Engineering Applications" (kurz *USE*). Ausgangspunkt ist hier ein STATEMATE[1]-Entwurf, für den sicherheitsrelevante Eigenschaften nachgewiesen (*verifiziert*) werden sollen, die mittels MSCs formuliert werden. Klassische MSCs eignen sich nur bedingt für diesen Zweck und müssen daher um einige Konzepte, wie Lebendigkeit, erweitert werden. Diese Erweiterungen basieren auf [DH99].

Dieser Artikel ist wie folgt aufgebaut: In Abschnitt 2 wird ein Überblick über das Schwerpunktprogramm gegeben, während Abschnitt 3 eine kurze Beschreibung

---

* email: Jochen.Klose@Informatik.Uni-Oldenburg.de
[1] STATEMATE ist ein kommerzielles Werkzeug, das auf Statecharts basiert.

von STATEMATE und der Verifikation von damit erstellten Modellen gibt. Abschnitt 4 erläutert die Konzepte, um die Message Sequence Charts erweitert werden sollen.

2 Das DFG-Schwerpunktprogramm Softwarespezifikation

Komplexe technische Systeme besitzen heutzutage einen hohen Softwareanteil, so daß Informatiker und Methoden der Informatik nötig sind, um sie zu realisieren. Auf der anderen Seite sollen diese Systeme in Maschinen, Fahrzeugen, usw. eingesetzt werden, so daß auch Ingenieure am Systementwurf beteiligt sind. Dabei bedienen sich Informatiker und Ingenieure jeweils unterschiedlicher Mittel und Notationen, um das zu entwerfende System zu beschrieben und zu charakterisieren. Tendenziell sind ingenieurwissenschaftliche Notationen und Methoden eher anwendungsorientiert und informell, während die informatischen eher theoretisch ausgerichtet und mathematisch fundiert sind. Die Verwendung informatischer Methoden und Notationen bietet die Möglichkeit, durch Wiederverwendbarkeit und leichtere Anpaßbarkeit von einzelnen Komponenten Kosten und Entwicklungsaufwand einzusparen. Andererseits ließen sich so ingenieurwissenschaftliche Techniken, die einen formalen Unterbau erhalten, von nur einer, anwendungsspezifischen Lösung auf eine ganze Problemklasse anwenden. Ein Ziel diese Schwerpunktprogramms ist daher die Integration von Techniken und Vorgehensweisen aus Ingenieurwissenschaften und Informatik. Hierzu ist es nicht nur notwendig, Notationen aus den verschiedenen Disziplinen zu integrieren, es sollen auch Vorgehensweisen entwickelt werden, so daß sich Informatiker und Ingenieure beim Entwurf eines Systems verstehen und ergänzen können.

Es wird aber nicht nur eine interdisziplinäre Integration angestrebt, auch innerhalb der Informatik besteht noch Bedarf am Zusammenwirken verschiedener Techniken und Notationen. So existieren eine Vielzahl von Beschreibungssprachen und -werkzeuge, die oftmals allerdings nur wenig formal sind. Eine genaue, formale Festlegung der Bedeutung der Konstrukte der einzelnen Techniken ist jedoch von entscheidender Wichtigkeit, wenn sie in Beziehung zueinander gebracht werden sollen. Vor allem wenn es um den automatischen Nachweis (*Verifikation*) von sicherheitskritischen Eigenschaften geht, die das System erfüllen soll, ist eine mathematische Fundierung der beteiligten Beschreibungssprachen unerläßlich. Ebenso ist eine formale Grundlage wichtig, wenn verschiedene Techniken, die jeweils verschiedene Sichten auf das zu entwickelnde System bieten, miteinander kombiniert werden sollen. Die Integration von Techniken der Softwarespezifikation bildet somit den zweiten Themenbereich des Schwerpunktprogramms.

Die Wirksamkeit der entwickelten integrierten Spezifikationstechniken soll am Beispiel zweier Referenzfallstudien aus den Bereichen Produktionsautomatisierung und Verkehrsleittechnik überprüft werden. An diesen Referenzfallstudien lassen sich einerseits die Schwächen isolierter Ansätze veranschaulichen und Verbesserungsvorschläge finden, andererseits können später die integrierten Techniken der Einzelprojekte untersucht und vergleichen werden.

Ein weiteres Ziel des Schwerpunktprogramms ist es, aus erfolgreichen Integrationen einzelner Spezifikationstechniken Metamodelle der Integration zu entwickeln, die flexibel für verschiedene Integrationsaufgaben verwendet werden können. Diese Metamodelle sollen eine generische Integration verschiedener Techniken ermöglichen. Ein Beispiel hierfür ist die semantische Fundierung des Metamodells der Unified Modeling Language (UML).

3 Verifikation von Statemate-Entwürfen

In diesem Abschnitt soll ein Überblick über die von OFFIS[2] in Zusammenarbeit mit der Universität Oldenburg entwickelte STATEMATE-Verifikationsumgebung gegeben werden. Dazu werden in 3.1 die Grundprinzipien der Verifikation erläutert. In 3.2 wird eine Einführung in STATEMATE, bzw. die zugrunde liegende Spezifikationssprache (Statecharts) geboten, bevor in 3.3 die Verifikationsumgebung selbst erläutert wird.

3.1 Verifikation

Beim Entwurf sicherheitskritischer technischer Systeme, wie z. B. der Airbagsteuerung in der Automobilindustrie, möchte der Designer sicherstellen, daß das System gewisse, für die Sicherheit zentrale Eigenschaften erfüllt. So soll beispielsweise ein Aufprall des Wagens sicher erkannt werden und der Airbag daraufhin schnell genug aufgehen. Ein automatischer Nachweis, daß das im Entwurf befindliche System diese Anforderungen erfüllt, ist daher erstrebenswert. (Formale) Verifikation tut genau dieses, und zwar nicht erst zum Ende des Designprozesses wie beim traditionellen Testen, sondern bereits in der Spezifikationsphase, so daß Fehler früher gefunden werden können und sich so ebenfalls eine Kostenreduktion ergibt.

Verifikation betrachtet im Gegensatz zum Testen nicht nur eine kleine Anzahl von Eingangsbelegungen eines Systems, sondern spielt sämtliche mögliche Kombinationen durch und kann so in Bezug auf die spezifizierten Sicherheitseigenschaften eine einwandfreie Bestätigung dieser Anforderungen liefern. Unerfreulicherweise ergibt sich daraus ein potentielles Komplexitätsproblem, da stets das ganze System für einen Nachweis betrachtet werden muß und dieses sehr groß werden kann. Denn um automatische Methoden anwenden zu können, muß sowohl das Modell des Systems, als auch die Anforderungen in einer Form vorliegen, die eine feste Bedeutung hat. Daher ist die Fundierung von Spezifikationssprachen, die für solche Zwecke verwendet werden, durch eine formale Semantik eine Grundvoraussetzung für die formale Verifikation.

3.2 Statecharts

STATEMATE ist ein kommerzielles Werkzeug, das auf sogenannten *Statecharts* ([HP96], [HN95]) basiert. Statecharts sind eine Erweiterung klassischer Automaten, die in diesem Ansatz durch ein Hierarchiekonzept und Parallelität ergänzt werden. Mittels Hierarchie lassen sich Zustände eines Automaten weiter unterteilen und damit ein Entwurf strukturieren. Parallelität erlaubt es, in mehr als einem Zustand gleichzeitig zu sein.

Abb. 1 zeigt beispielhaft eine Statechart. Der Zustand ZUG_VOR_BU ist unterteilt in drei parallele Unterzustände (NORMAL, FEHLER_SCHRANKE_SCHLIESSEN und FEHLER_AKT_SA), die wiederum weiter strukturiert sind in mehrere Grundzustände. Transitionen zwischen den Zuständen werden durch Pfeile symbolisiert, wie bei

---

[2] Oldenburger Forschungs- und Entwicklungsinstitut für Informatik-Werkzeuge und Systeme

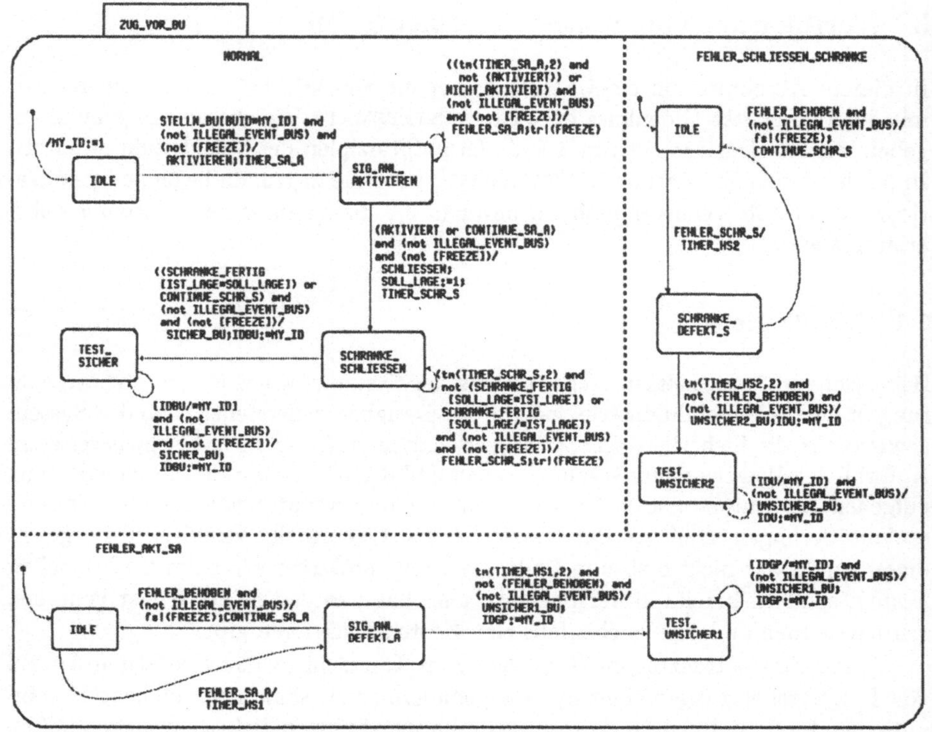

Abbildung1. Statechartbeispiel

gewöhnlichen Automaten auch. Die Transitionen können durch Ereignisse (*events*) ausgelöst werden und müssen darüber hinaus eine optionale Bedingung erfüllen. Wird ein Zustand entlang einer Transition verlassen, kann eine Aktion, wie die Erzeugung eines Ereignisses oder die Veränderung eines Datenwertes, ausgeführt werden.

3.3   Die Verifikationsumgebung

Den automatischen Nachweis, ob ein STATEMATE-Modell die gestellten Sicherheitsanforderungen erfüllt, führt in unserer Verifikationsumgebung ein sogenannter *Modelchecker*. Dieser kann allerdings STATEMATE nicht direkt einlesen, sondern akzeptiert als spezielles Eingabeformat einen normalen endlichen Automaten (Finite State Machine, FSM), in das ein Modell erst übersetzt werden muß. Diese Übersetzung von STATEMATE in das FSM-Format erfolgt über ein unabhängiges Zwischenformat (System Modeling Interface, SMI), so daß in Zukunft auch andere Spezifikationssprachen in der Verifikationsumgebung denkbar sind.

Die Anforderungen an das Modell werden mit Symbolischen Zeitdiagrammen (*Symbolic Timing Diagrams*, STDs, [Sch98]) formuliert. STDs ähneln normalen Zeitdiagrammen, wie sie im Hardwarebereich verbreitet sind. Mit ihnen lassen sich Aussagen über Wertänderungen an der Schnittstelle eines Systems machen. Sie verfügen

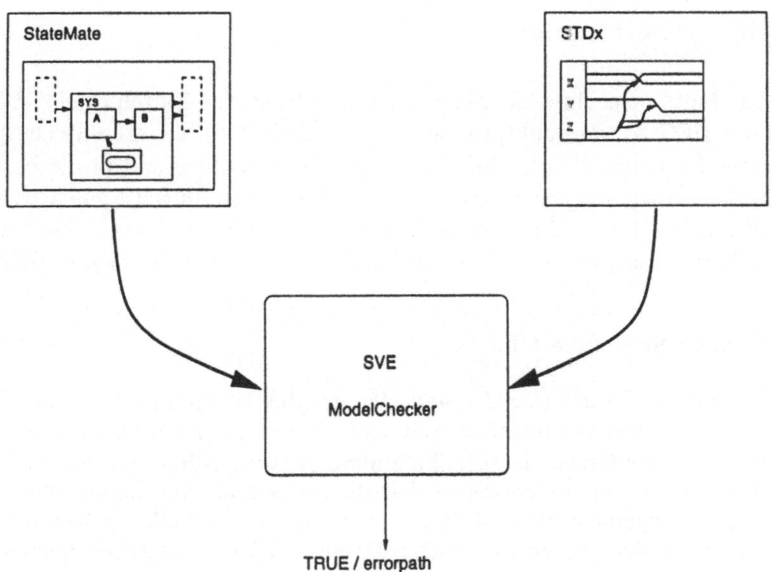

Abbildung2. Überblick über die Verifikationsumgebung

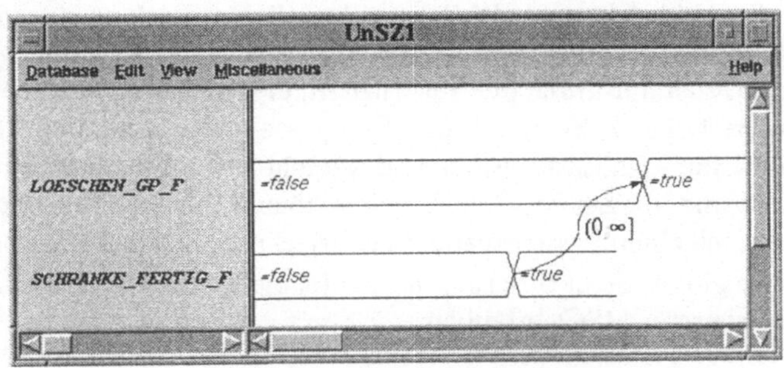

Abbildung3. Beispiel für ein Symbolisches Zeitdiagramm

außerdem über eine formale Semantik, so daß sie automatisch in Formeln der temporalen Logik übersetzt werden können, die der Modelchecker für die Eingabe von Eigenschaften erwartet.

Den Nachweis führt der Modelchecker ebenfalls automatisch und meldet entweder, daß das STATEMATE-Modell die in den STDs spezifizierten Eigenschaften erfüllt, oder er liefert ein Gegenbeispiel, falls das nicht der Fall ist. Dieses Gegenbeispiel kann auf STATEMATE- oder STD-Ebene zurück übersetzt und dort analysiert werden. Daraufhin wird entweder das Modell geändert oder die Anforderung modifiziert, und die Verifikation kann von Neuem gestartet werden.
Abb. 2 zeigt den groben Aufbau der Verifikationsumgebung und Abb. 3 gibt ein Beispiel für ein Zeitdiagramm.

4 MSC-Erweiterungen

Dieser Abschnitt beleuchtet die Forschungsaktivitäten des Einzelprojekts USE innerhalb des DFG Schwerpunktprogramms. Das Ziel ist es, die graphische Sprache der Message Sequence Charts (MSCs) geeignet zu erweitern und in die bestehende Verifikationsumgebung zu integrieren. Dazu bietet 4.1 zunächst einen Überblick über MSCs bevor 4.2 die Erweiterungen und deren geplante Integration vorstellt. Eine detailierte Beschreibung der neuen Sprachkonstrukte findet sich in [DH99].

4.1 Message Sequence Charts

Message Sequence Charts (MSCs) sind eine graphische Spezifikationssprache, die vor allem in der Telekommunikation weit verbreitet und von der ITU (International Telecommunications Union) in [Z120] standardisiert ist. MSCs wurden entwickelt, um die Interaktion von Prozessen in der Telekommunikation darzustellen, lassen sich aber auch allgemein als deskriptive Beschreibungstechnik für Kommunikationsabläufe verwenden. So wird in UML z. B. eine Variante (*sequence diagrams*) für die Darstellung der Objektinteraktionen benutzt.

MSCs beschreiben die Kommunikation zwischen Prozessen/Objekten (*Instanzen* in MSC-Terminologie) mittels Nachrichten. Instanzen werden als senkrechte Linien dargestellt, Nachrichten als Pfeile zwischen diesen. Entlang einer Instanzachse herrscht eine totale Ordnung, eine Beziehung zwischen Ereignissen verschiedener Instanzen ergibt sich nur durch die Nachrichten, die asynchron sind, so daß auf diese Weise eine partielle Ordnung auf den Ereignissen einer gesamten MSC definiert wird. Zeit wird nur qualitativ erfaßt und vergeht von oben nach unten. Weitere Grundelemente, die in einer MSC vorkommen können, sind Bedingungen, die allerdings nur informell einen Systemzustand kennzeichnen, lokale Aktionen und Timer. Darüber hinaus gibt es Strukturierungselemente, die Verfeinerungen einer MSC und Komposition mehrerer MSCs erlauben.

4.2 Life Sequence Charts

MSCs eigen sich sehr gut für die Beschreibung eines Systems in frühen Entwurfsphasen, wenn typische Abläufe des Systems (*use cases*) betrachtet werden. Solche Szenarien zeigen üblicherweise ein *mögliches* Verhalten des zu entwickelten Systems, während in späteren Phasen, wenn das Wissen über das Verhalten detailierter geworden ist, es mehr und mehr erwünscht ist, auch Kommunikationen fordern zu können. Darüber hinaus existiert keine formal fundierte Beziehung zu konstruktiven Beschreibungstechniken wie Statecharts. Abb. 4 zeigt eine einfache Beispiel-LSC.

Um MSCs sinnvoll in Zusammenhang mit STATEMATE zu verwenden, ist es also nötig, auch Abläufe fordern zu können. Aus diesem Grund haben wir unsere Erweiterung der MSCs *Live Sequence Charts (LSCs)* gennannt, wobei Lebendigkeit bedeutet, daß Ereignisse, wie z. B. das Senden einer Nachricht, eintreten *müssen*. Konkret heißt das, daß alle Ereignisse innerhalb einer LSC eine Temperatur erhalten, die anzeigt, ob wir an dieser Stelle bleiben dürfen oder nicht. Eine heiße Stelle bedeutet, daß hier nur endliche Zeit verweilt werden darf und damit die nachfolgende Stelle erreicht werden muß. An einer kalten Stelle dürfen wir uns beliebig lange

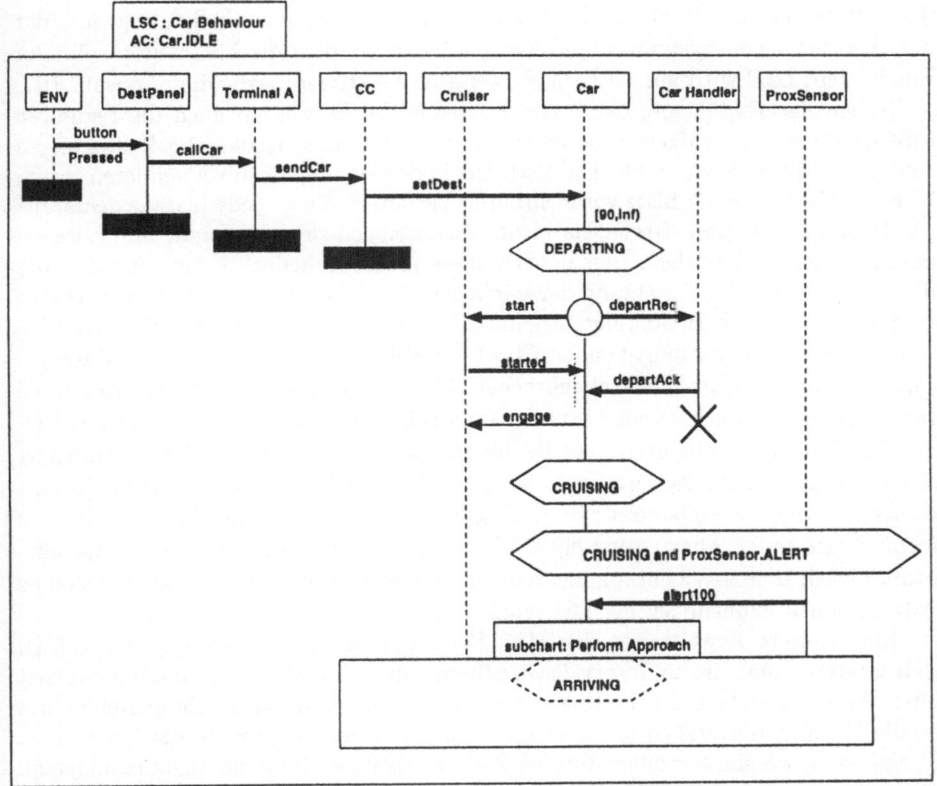

Abbildung4. LSC-Beispiel

aufhalten, können aber zur nächsten Stelle weitergehen. Genauso werden Nachrichten gekennzeichnet, die, wenn sie abgeschickt wurden, entweder ankommen müssen (heiße Nachricht) oder verloren gehen können (kalte Nachricht). Darüber hinaus können Nachrichten noch eines der Attribute *erwartet* oder *zwingend* haben. *Erwartet* bedeutet, daß eine Verletzung der partiellen Ordnung, die durch die Nachrichten definiert wird, ein Verlassen der LSC zur Folge hat, jedoch ohne daß dies zu einem Fehler führt. *Zwingend* hingegen besagt, daß eine Verletzung der partiellen Ordnung einen Fehler erzeugt. Eine weitere Erweiterung des MSC-Nachrichtenkonzepts ist die Einführung synchroner Nachrichten, wobei synchron hier bedeutet, daß der Sender so lange blockiert, bis der Empfänger die Nachricht abgenommen hat. Synchrone Nachrichten sind für die Integration von LSCs mit STATEMATE von zentraler Bedeutung, da STATEMATE nur synchrone Kommunikation kennt.

Die Möglichkeit, innerhalb einer LSC etwas erzwingen zu können, läßt sich auch auf eine ganze Chart übertragen. So ist jetzt möglich, neben der klassischen MSC-Interpretation einer Chart (Eine MSC stellt einen möglichen Kommunikationsablauf dar) ebenfalls fordern zu können, wie ein Ablauf aussehen soll. Diese zwingende Interpretation heißt *universell* („Jeder Lauf des Systems erfüllt die LSC"), die klassische Interpretation wird als *existenziell* („Es gibt einen Systemlauf, der die LSC erfüllt.") bezeichnet wird. Die Ausdruckskraft dieser beiden Interpretationen wird noch weiter erhöht durch die Hinzunahme einer Aktivierungsbedingung, mit der der Designer einen Systemzustand angeben kann, ab dem die LSC gelten soll. Der Inhalt einer LSC wird nur betrachtet, wenn ihre Aktivierungsbedingung wahr ist.

Neben der Einführung der Aktivierungsbedingung werden auch die regulären MSC-Bedingungen aufgewertet, indem sie in LSCs echte Boole'sche Bedingungen sind und nicht mehr nur einfacher Text. Die in den Bedingungen verwendeten Variablen entstammen einer Liste von sichtbaren Variablen, die für jede Instanz deklariert ist. Bedingungen sind, soweit sie nicht Aktivierungsbedingung sind, mit *erwartet* und *zwingend* attributiert. Hier machen diese Attribute jedoch keine Aussage über die Reaktion auf die Verletzung der partiellen Ordnung, sondern darüber, was eine zu falsch evaluierte Bedingung bedeutet. Im *Erwartet*-Fall hat das den Ausstieg (ohne Fehler) aus der umgebenden Chart zur Folge, im *Zwingend*-Fall wird die gesamte LSC mit einem Fehler abgebrochen. Mit Hilfe von Subcharts und erwarteten Bedingungen läßt sich so ein `if-then`-Konstrukt realisieren: Als erstes Element einer Subchart wird eine erwartete Bedingung plaziert, die zum Verlassen Subchart führt, sollte sie zu falsch evaluiert werden. Ein `if-then-else`-Konstrukt ist mit diesen Mitteln ebenfalls darstellbar. Es gibt ebenfalls die Möglichkeit Schleifen zu formulieren, unter Ausnutzung eines Wiederholungselements, daß einer LSC zugeordnet wird. Dieses Wiederholungselement kann eine bestimmte oder auch beliebige Anzahl von Ausführungen der LSC vorschreiben.

Eine weitere Erweiterung der MSC-Konzepte ist die Verwendung von echten Zeitannotationen, die in Intervallschreibweise die Minimal- und Maximallaufzeit einer Aktion angeben. Solche Realzeitintervalle können an Nachrichten stehen und so die Nachrichtenverzögerung ausdrücken oder an der Instanzachse zwischen zwei Ereignissen, wo sie den quantitativen Zeitfortschritt entlang der Instanz angeben. Weiterhin wird ebenfalls die Dauerangabe in der Timerbeschriftung ausgewertet. Die Zeitangaben in Timern und Intervallen beziehen sich, STATEMATE-konform, auf Systemschritte, deren konkrete Dauer parametrisiert werden kann.

Die hier vorgestellten Erweiterungen des MSC-Standards, zusammen mit der zugehörigen, zu entwickelnden formalen Semantik, bieten die Möglichkeit, Anforderungen an ein STATEMATE-Modell als LSCs zu formulieren und zu verifizieren. Die Anbindung der LSCs an die bestehende Verifikationsumgebung erfolgt über das Zwischenformat, das für die Übersetzung von STDs in temporale Logik bereits existiert. Die nächsten Arbeitsschritte sind die Charakterisierung der LSC-Semantik und, darauf aufbauend, die Korrespondenz von LSC- zu STATEMATE-Konstrukten, sowie die Entwicklung eines LSC-Editors plus Übersetzer für die Integration in die Verifikationsumgebung.

Literatur

[DH99]   W. Damm and D. Harel. LSCs: Breathing life into message sequence charts. In *FMOODS'99 IFIP TC6/WG6.1 Third International Conference on Formal Methods for Open Object-Based Distributed Systems*, 1999.

[EGK98] H. Ehrig, R. Geisler, and M. Klar. DFG-Schwerpunktprogramm ab 1998: Integration von Techniken der Softwarespezifikation fuer ingenieurwissenschaftliche Anwendungen. *Informatik Forschung und Entwicklung*, 13:43 – 46, 1998.

[HN95]   D. Harel and A. Naamad. The STATEMATE semantics of statecharts. Technical Report CS95-31, The Weizmann Institute of Science, Rehovot, 1995.

[HP96]   David Harel and Michal Politi. Modeling reactive systems with statecharts: The statemate approach. Technical Report CS95-31, The Weizmann Institute of Science, Rehovot, Israel, 1996.

[Z120]   ITU-TS. *ITU-TS Recommendation Z.120: Message Sequence Chart (MSC)*. ITU-TS, Geneva, October 1996.

[Sch98] Rainer Schlör. *Symbolic Timing Diagrams : A Visual Formalism for Specification and Verification of System-level Hardware Designs*. PhD thesis, Universität Oldenburg, 1999 (to appear).

Architekturen für mehrseitige sichere Telekommunikationsnetze

Uwe Jendricke und Alf Zugenmaier

Institut für Informatik und Gesellschaft, Abteilung Telematik
Albert-Ludwigs-Universität Freiburg, Deutschland
www.iig.uni-freiburg.de/telematik/
{jendricke, zugenmai}@iig.uni-freiburg.de

Zusammenfassung Die Berücksichtigung der Schutzinteressen aller an einer Kommunikation Beteiligten (mehrseitige Sicherheit) gewinnt mehr und mehr an Bedeutung. Heutige Telekommunikationssysteme wie GSM oder das Telefon-Festnetz sind in dieser Beziehung sehr unsichere Systeme. Diese Arbeit vergleicht die aktuellen Netze mit dem neuen Konzept S-DIRC, das schon aufgrund seiner Architektur die Implementierung von mehrseitig sicheren Telekommunikationssystemen vereinfacht.

1 Schwerpunktprogramm „Sicherheit in der Informations- und Kommunikationstechnik"

Informations- und Kommunikationstechnik kann ihr wirtschaftliches Potential nur erschließen, wenn sowohl ökonomische Werte als auch die Privatsphäre der Nutzer vertrauenswürdig geschützt werden können. Um dem Rechnung zu tragen, wurde 1998 von der DFG das Schwerpunktprogramm 1079 „Sicherheit in der Informations- und Kommunikationstechnik" eingerichtet, das von der Abteilung Telematik des Instituts für Informatik und Gesellschaft der Universität Freiburg koordiniert wird[1]. Zudem wurde von der Abteilung Telematik ein Einzelantrag in diesem SPP gestellt. Das SPP befindet sich derzeit in der Entscheidungsphase über die Einzelanträge.

Im Konzept des SPP sollen systemübergreifende Aspekte der Sicherheit berücksichtigt werden. Anhand eines Referenzszenarios soll die Leistungsfähigkeit der Sicherheitsfunktionen nachgewiesen werden. Es wird davon ausgegangen, daß ein allgemeines Vertrauensverhältnis auf keiner Ebene der verwendeten Technologie vorausgesetzt werden kann. Vielmehr müssen die Kommunikationsbedingungen individuell, dem Anlaß und den Umständen angemessen festgelegt werden können. Im Rahmen des SPP soll Forschung in folgenden Schwerpunktbereichen gefördert werden:

– Mechanismen und Bausteine sicherer Systeme,

---

[1] http://www.iig.uni-freiburg.de/telematik/spps/

– Sichere Systeme (Dienstleistungsfunktion, Infrastruktur, Architektur, Protokolle, Hardware, Software),

– Methoden für Entwicklung, Auswahl und Betrieb sicherer Systeme.

Diese Arbeit zeigt ein Forschungsgebiet der Autoren auf. Die Autoren werden, vorbehaltlich der Annahme des Einzelantrages, im Rahmen des SPP beschäftigt und vertreten das SPP 1079 auf der Informatik '99-Tagung.

In dieser Arbeit werden schon existierende und noch entstehende Infrastrukturen für die Telekommunikation miteinander verglichen. Das Referenzszenario des SPP wird hier sehr eng ausgelegt, in dem Sinne, daß keinerlei Vertrauen der Nutzer in die Betreiber – und umgekehrt – existiert.

2 Einleitung

Bei den heutigen offenen Telekommunikationssystemen kann nicht davon ausgegangen werden, daß sich alle Beteiligten vollständig vertrauen. Im Gegenteil sind bei einer Analyse von deren Sicherheit prinzipiell alle Beteiligten auch als potentielle Angreifer zu betrachten. Zudem stellen nicht nur die Systembetreiber, sondern auch die Nutzer hohe Ansprüche an die Sicherheit. Es wird also eine *mehrseitige Sicherheit* gefordert, d.h. die Sicherheitsbelange aller Beteiligten müssen berücksichtigt werden (Rannenberg et al. 1997).

In dieser Arbeit wird untersucht, in wie weit verschiedene Telekommunikationssysteme den Anforderungen der mehrseitigen Sicherheit gerecht werden. Dabei wird insbesondere der Schutz der Anwender eines Systems vor den Betreibern untersucht. In Kapitel 3 werden vier Systeme vorgestellt, die in Kapitel 4 untersucht werden.

3 Architekturen von Telekommunikationsnetzen

3.1 Telefon-Festnetz

Die derzeit verbreitetste elektronische Telekommunikationsinfrastruktur ist das Telefon-Festnetz. Dieses System verfügt über eine hierarchische Struktur: die Endgeräte (Telefone) sind über Ortsvermittlungen, Haupt- und Weitverkehrsvermittlungen verbunden (Tanenbaum 1997, Kap. 2.4). Abbildung 1 zeigt den Aufbau eines solchen Telefonnetzes.

Außer den Endgeräten (Telefone, Faxgeräte, etc.) wird die gesamte Infrastruktur von nur wenigen Betreibergesellschaften gestellt. Auch nach der Deregulierung des Telefonmarktes verfügt in Deutschland die Telekom über den Großteil der Orts- Haupt- und Weitvermittlungsstellen.

3.2 Mobilfunk: GSM

In den letzten Jahren hat die Mobiltelefonie durch den Einsatz von GSM (Global System for Mobile Communication) einen großen Zuwachs erfahren. Ähnlich wie

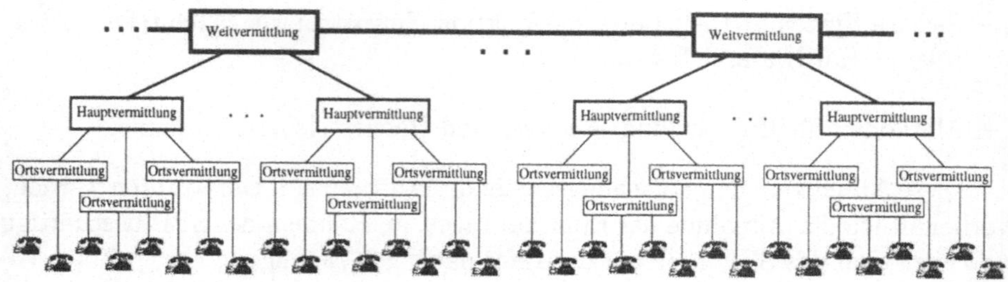

Abbildung1. Aufbau des Telefon-Festnetzes

das Telefon-Festnetz verfügt auch das GSM über eine hierarchische Struktur, die in Abbildung 2 gezeigt ist. Über spezielle Gateways wird die Verbindung zu anderen Netzen, wie beispielsweise dem Telefon-Festnetz hergestellt.

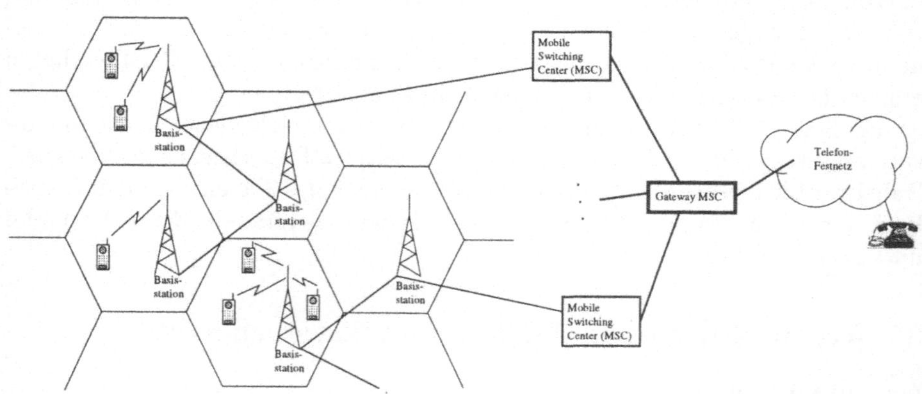

Abbildung2. Aufbau des GSM-Funknetzes

Das GSM-Netz ist in einzelne Zellen aufgeteilt, die jeweils von einer Basisstation bedient werden. Die Verbindung zwischen Mobilstation (Handy) und Basisstation erfolgt per Funkverbindung. Mehrere Basisstationen werden von einem „Mobile Switching Center" (MSC) gesteuert. Die MSCs sind wiederum mit „Gateway Mobile Switching Centers" verbunden. Über die MSCs und GMSCs werden Verbindungen zu anderen MSCs und in andere Netze vermittelt.

Auch bei den GSM-Netzen wird die gesamte Infrastruktur von wenigen Betreibergesellschaft betrieben. Erst das Gateway stellt die Verbindung zu anderen Netzen bereit.

3.3 DIRC Netzwerk

Die DIRC GmbH & Co KG[2] hat mit der Digital Inter Relay Communication (DIRC) ein neues Telekommunikationsnetz vorgestellt, das eine größtenteils dezentrale Struktur aufweist(Meckelburg et al. 1997).

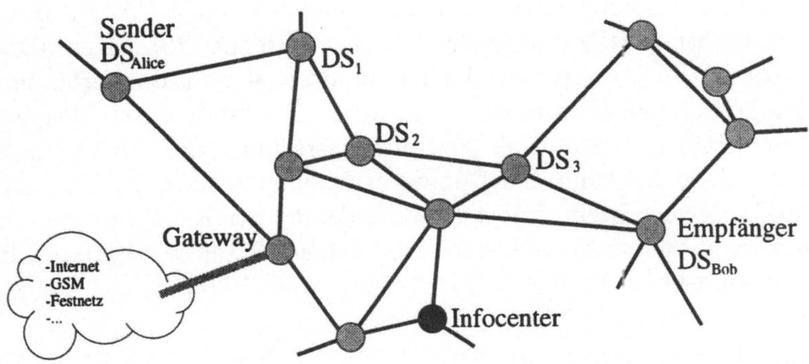

Abbildung3. Struktur eines DIRC-Netzes: DIRC-Stationen (Knoten) sind per Funkverbindung (Kanten) verbunden.

Ein DIRC-Netz besteht aus einer Vielzahl von DIRC-Stationen (DS) und einem Infocenter (Abbildung 3). Die DS werden von den Teilnehmern betrieben und dienen als Netzabschlußknoten, an die Endgeräte wie Telefone oder PCs angeschlossen werden. Die Stationen stellen jedoch neben der Funktionalität des Netzabschlußknotens auch fast alle netzinternen Vermittlungsfunktionen bereit. Dazu stehen die DS jeweils mit ihren in der Nachbarschaft liegenden DS per Funkverbindung in Kontakt, wobei die Stationen je nach den örtlichen Gegebenheiten nur einige Meter oder auch wenige Kilometer weit entfernt voneinander stehen können. Verweilen Teilnehmer an anderen Orten, so können sie ihre DS dort in Betrieb nehmen, und die DS integriert sich automatisch in das Netz am neuen Ort.

Bisher existieren noch keine DS-Prototypen. Die Idee wird jedoch von Unternehmen wie Panasonic und Debis unterstützt (Ebbinghaus 1998).

DIRC Infocenter Das Infocenter ist die einzige zentrale Infrastruktur. Es speichert eine Identifikationsnummer, die geographische Position und den öffentlichen Schlüssel aller DS und stellt diese *Anrufdaten* den DS durch einen Informationsdienst zur Verfügung. Diese Daten werden für den Verbindungsaufbau benötigt. Jede DS meldet sich sofort nach Inbetriebnahme bei ihren Nachbarn an und erhält dabei die Anrufdaten des Infocenters, zu dem sie eine Verbindung herstellt. Die neue DS ermittelt ihre geographische Position per GPS, meldet sich dann beim Infocenter an und übermittelt ihm ihre eigenen Anrufdaten.

---

[2] DIRC GmbH & Co KG, Im Ahorngrund 13, 50996 Köln, http://www.dirc.net/

Verbindungsaufbau Ein Beispiel zeigt den Verbindungsaufbau. Soll DS_{Alice} eine Verbindung mit DS_{Bob} aufnehmen, so dienen die geographisch zwischen den beiden Stationen liegenden DS als Vermittlungsknoten. Verfügt DS_{Alice} noch nicht über die Anrufdaten von DS_{Bob}, so bezieht sie diese vom Infocenter und nimmt Kontakt zu der Nachbarstation DS_1 auf, die in geographischer Richtung der Zielstation DS_{Bob} liegt.

Nach diesem Prinzip nehmen dann auch diese Stationen DS_i mit den jeweils nächsten in Richtung DS_{Bob} liegenden Nachbarstationen DS_{i+1} Kontakt auf, bis die Zielstation DS_{Bob} erreicht ist. Ab diesem Moment steht die Verbindung, und die beiden DS können Nutzdaten austauschen. Die DS auf dem Weg zwischen DS_{Alice} und DS_{Bob} arbeiten als Vermittlungsrechner, um die Verbindung zu ermöglichen. Jede DS kann 105 Duplexverbindungen mit einer Kapazität von jeweils 40 kbit/s vermitteln, wobei eine Bündelung der Kanäle möglich ist. Für Verbindungen in andere Netze können DS auch als Gateway z.B. in das Internet oder das Telefon-Festnetz dienen (Meckelburg et al. 1997).

Das Sicherheitskonzept von DIRC Um die Vertraulichkeit der Vermittlungs- und Nutzdaten zu garantieren, soll ein asymmetrisches Konzelationsverfahren nach RSA (Rivest et al. 1978) eingesetzt werden. Dazu müssen alle Nutzer über ein Schlüsselpaar aus privatem und öffentlichem Schlüssel verfügen. Bei jeder Verbindung verschlüsselt die sendende Station die Nutzdaten jeder Verbindung mit dem öffentlichen Schlüssel der empfangenden Station. Mit dieser Ende-zu-Ende-Verschlüsselung soll die Vertraulichkeit der Daten auf dem Weg zur Zielstation gewährleistet werden.

Da auf der Luftschnittstelle alle Daten verschlüsselt übertragen werden, sind auch die zwischen einzelnen DS übertragenen Vermittlungsdaten durch Abhören der Funkverbindung nicht zu ermitteln.

3.4 Das erweiterte Sicherheitskonzept von S-DIRC

Das derzeitige DIRC-Konzept weist noch Schwächen und Lücken im Sicherheitskonzept auf. Ein Forschungsprojekt am Institut für Informatik und Gesellschaft Freiburg beschäftigt sich mit dem Schließen der Sicherheitslücken im DIRC-Konzept (Jendricke 1999). Es wurden einige Erweiterungen zu DIRC entwickelt. Ein solches erweitertes DIRC bezeichnen wir als S-DIRC.

Statt des RSA-Verfahrens wird ein hybrides Konzelationsverfahren (Schneier 1996, S. 38) eingesetzt, um die Leistung des Systems zu verbessern.

Um die Authentizität der Anrufdaten zu gewährleisten, generieren neue Nutzer ihr persönliches Schlüsselpaar und lassen ihren öffentlichen Schlüssel von einem Trustcenter zertifizieren. Daraufhin signieren die Nutzer ihre geographischen Daten, ihre ID ist vom Trustcenter signiert. Diese Anrufdaten übertragen sie dann einem Infocenter, das die Daten für andere DS bereithält.

Lokale Teilnehmerverzeichnisse und die redundante Auslegung des Infocenters verbessern die Verfügbarkeit des S-DIRC. Mit Anonymisierern kann die Vertraulichkeit der Vermittlungsdaten verbessert werden, was die Erstellung von Kommunikationsprofilen erschwert.

4 Vergleich der Architekturen bezüglich der Sicherheit

4.1 Schutzziele

Anforderungen an eine Kommunikationsarchitektur, die die Sicherheit der Teilnehmer betreffen, werden **Schutzziele** genannt (Rannenberg et al. 1997). *Vertraulichkeit* der Nutz- und Vermittlungsdaten bedeutet, daß der Inhalt und die Umstände der Kommunikation vor Unbefugten verborgen bleiben. Wenn die Kommunikationsdaten vor unbefugten Veränderungen geschützt sind, dann ist deren *Integrität* gesichert. Der Nutzer kann vom System durch die *Authentifizierung* identifiziert werden, beispielsweise durch ein Passwort oder eine PIN. Die Identifikation wird beispielsweise für Abrechnungszwecke benötigt. Schließlich sollte ein Telekommunikationssystem jederzeit nutzbar sein, weshalb die *Verfügbarkeit* gesichert sein muß.

4.2 Einteilung der Angreifer

Es gibt zwei Möglichkeiten, die Schutzziele der Nutzer zu unterlaufen: Beim passiven Angriff werden die vorhandenen Daten zu einem anderem als dem bestimmungsgemäßen Gebrauch abgezweigt. Hierzu gehört das Abhören von Leitungen oder des Funkverkehrs, aber auch das Auswerten der Abrechnungsdaten zur Erstellung von Kommunikationsprofilen. Zum anderen gibt es den aktiven Angriff, bei dem der Angreifer in die Kommunikation eingreift.

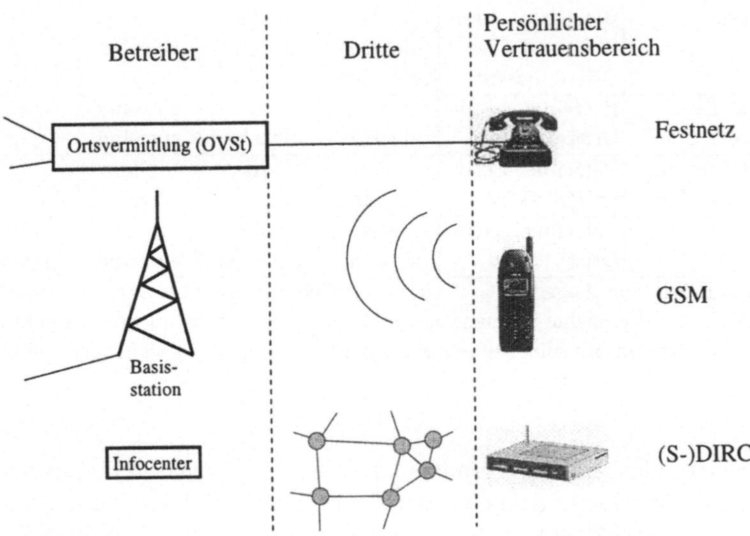

Abbildung4. Abgrenzung der Angreifertypen

Es bietet sich an, mögliche Angreifer nochmals in Betreiber und Dritte zu unterteilen. Die Betreiber benötigen zur Ausübung ihrer Funktion Daten, die sie mißbrauchen könnten. Zudem haben sie dadurch, daß sie die Infrastruktur stellen, mehr Möglichkeiten, die Schutzbedürfnisse des Endnutzers zu mißachten. Unter Dritten hingegen werden diejenigen zusammengefaßt, die keinen Zugriff auf die Infrastruktur des Betreibers, das Kommunikationsnetz, haben. Sie greifen nur in der Verbindung zwischen Endgerät und dem Kommunikationsnetz an (Abbildung 4) und haben physikalischen Zugriff auf die Teilnehmerleitung im Festnetz, bzw. die Funkverbindung mit dem Handy oder der DIRC-Station. Angreifer, die sich irgendwie Zugang zur Infrastruktur des Betreibers verschafft haben, fallen ebenfalls in die Kategorie Betreiber.

Das Endgerät befindet sich im Vertrauensbereich des Endnutzers, Angriffe hierauf werden, ebenso wie Angriffe von Kommunikationspartnern (z.B. „Telefonterror"), im Rahmen dieser Arbeit nicht untersucht.

4.3 Bewertung der Systeme

Die Tabelle 1 zeigt einen Überblick über die von den drei verglichenen Systemen erfüllten Schutzziele.

Schutzziel	Angreifer	Festnetz	GSM	DIRC	S-DIRC
Vertraulichkeit der Vermittlungsdaten	Betreiber, aktiv	alle	alle	alle	√
	Betreiber, passiv	alle	alle	alle	√
	Dritte, aktiv	einzelne	einzelne	einzelne	einzelne
	Dritte, passiv	einzelne	√	einzelne	einzelne
Vertraulichkeit der Nutzdaten	Betreiber, aktiv	alle	alle	einzelne	√
	Betreiber, passiv	alle	alle	√	√
	Dritte, aktive	einzelne	einzelne	einzelne	√
	Dritte, passiv	einzelne	√	√	√
Integrität der Nutzdaten	Betreiber, aktiv	alle	alle	einzelne	√
	Dritte, aktiv	einzelne	einzelne	einzelne	√
Authentifizierung, Teilnehmer–Netz	Betreiber, aktiv	alle	alle	alle	√
	Dritte, aktiv	einzelne	einzelne	einzelne	√
Verfügbarkeit	Betreiber, aktiv	alle	alle	alle	viele
	Dritte, aktiv	einzelne	einzelne	einzelne	einzelne

Tabelle 1. Erfolg von Angriffen. √:Kein erfolgreicher Angriff bekannt; einzelne: Erfolgreicher Angriff auf einzelne Teilnehmer möglich, großer Aufwand pro Teilnehmer; alle: Erfolgreicher Angriff auf alle Teilnehmer möglich, geringer Aufwand pro Teilnehmer.

Die Vertraulichkeit aller Vermittlungsdaten ist bei aktiven und passiven Angreifern auf Betreiberseite im Festnetz und bei GSM nicht gewährleistet, da die Daten unverschlüsselt im Netz vorliegen und die Betreiber Zugriff auf die Vermittlungsrechner haben. Bei DIRC erhält das Infocenter (Betreiber) durch die Abfragen der Anrufdaten die Information, wer wann mit wem Verbindung aufnehmen will. Bei S-DIRC werden die Daten gegenüber dem Infocenter anonymisiert und liegen nur in den vermittelnden DS vor, weshalb ihre Vertraulichkeit gegenüber dem Betreiber gewährleistet ist.

Gegenüber aktiven und passiven Dritten ist die Vertraulichkeit der Vermittlungsdaten von einzelnen Verbindungen im Festnetz nicht gewährleistet, da Dritte Zugriff auf einzelne Teilnehmerleitungen haben können. Bei GSM haben Dritte Zugriff auf die Vermittlungsdaten anderer Nutzer der Zelle beim Einsatz eines IMSI-Catchers. Bei DIRC und S-DIRC liegen in den vermittelnden DS die Vermittlungsdaten unverschlüsselt vor, weshalb ein Zugriff von Dritten auf die in ihren DS bearbeiteten Vermittlungsdaten möglich ist.

Im Festnetz und bei GSM ist der Schutz der Vertraulichkeit der Nutzdaten vergleichbar mit dem Schutz der Vertraulichkeit der Vermittlungsdaten. Bei S-DIRC und DIRC wird eine Ende-zu-Ende Verschlüsselung eingesetzt, weshalb nur die beiden miteinander kommunizierenden Teilnehmer Zugriff auf die unverschlüsselten Daten haben. Somit ist die Vertraulichkeit der Nutzdaten gewährleistet. Aufgrund der mangelnden Authentifizierung der Anrufdaten bei DIRC besteht dort jedoch für aktive Angreifer die Möglichkeit eines Man-in-the-Middle Angriffs (Jendricke 1999, Kap. 3).

Die Integrität der Nutzdaten ist prinzipiell nur bei aktiven Angreifern gefährdet. Bei aktiven Angreifern ist die Problematik gleich wie bei der Vertraulichkeit der Nutzdaten.

Im Festnetz, bei GSM und bei DIRC hat der Betreiber Zugriff auf die Daten, mit denen sich die Nutzer im Netz authentifizieren. Im Festnetz können aktive Dritte über fremde Teilnehmerleitungen telefonieren. In GSM ist die Authentifizierung über die Luftschnittstelle unsicher (ChaosComputerClub 1998). Im DIRC-Netz können gefälschte Anrufdaten an das Infocenter übermittelt werden, der Angreifer kann so seine Identität im Netz ändern. Aufgrund der Zertifizierung der Anrufdaten ist im S-DIRC deren Manipulation nicht mehr möglich.

Erfolgreiche Angriffe auf die Verfügbarkeit können nur von aktiven Angreifern durchgeführt werden. In unserem Vergleich berücksichtigen wir keine physikalische Gewalt (z.B. Zerstörungen). Aktive Betreiber können im Festnetz und bei GSM die Vermittlungen deaktivieren, bei DIRC das Infocenter. Nur bei S-DIRC ist dann noch mit Hilfe der lokalen Teilnehmerverzeichnisse ein eingeschränkter Betrieb möglich. Aktive Dritte können im Festnetz einzelne Leitungen stören, bei GSM, DIRC und S-DIRC den Funkverkehr.

5 Fazit

Die heutigen Telekommunikationssysteme weisen eine hierarchische Architektur auf, bei der sich die Daten an wenigen zentralen Punkten konzentrieren. Dadurch ist den Systembetreibern der einfache und schnelle Zugriff auf diese Daten ermöglicht, was nicht immer im Interesse anderer Nutzer des Systems liegt. Zudem können sehr effektive Angriffe an diesen zentralen Punkten angesetzt werden. Mit DIRC wurde eine Infrastruktur vorgestellt, in der größtenteils auf zentrale Elemente verzichtet werden konnte. Das DIRC-Konzept weist jedoch noch einige Sicherheitsmängel auf, die in S-DIRC größtenteils geschlossen wurden.

Literaturverzeichnis

ChaosComputerClub (1998). *GSM Cloning: Technischer Hintergrund.* http://www.ccc.de/D2Pirat/index.html.

Ebbinghaus, Nikolaus (1998). Telekommunikationsnetz ohne Carrier. *Gateway,* 3/1998.

Jendricke, Uwe (1999). *Mehrseitige Sicherheit im Digital Inter Relay Communication (DIRC) Network.* Angenommener Beitrag für die VIS99.

Meckelburg, Hans-Jürgen, Klaus Jahre & Carsten Kuhfuss (1997). *DIRC Technische Grundlagen.* Machbarkeitsstudie im Auftrag der DIRC KG, http://www.wdr.de/tv/Computer-Club/dirc.htm.

Rannenberg, Kai, Andreas Pfitzmann & Günter Müller (1997). Sicherheit, insbesondere mehrseitige IT-Sicherheit. In Günter Müller & Andreas Pfitzmann (Eds.), *Mehrseitige Sicherheit in der Kommunikationstechnik,* pp. 21–29. Addison-Wesley Longman Verlag GmbH.

Rivest, Ronald L., Adi Shamir & Leonard M. Adleman (1978). A Method for Obtaining Digital Signatures and Public-Key Cryptosystems. *Communications of the ACM,* 21(2):120–126. reprinted: 26/1 (1983) 96-99, http://theory.lcs.mit.edu/~rivest/rsapaper.ps.

Schneier, Bruce (1996). *Angewandte Kryptographie.* Addison Wesley (Deutschland) GmbH. ISBN 3-89319-854-7.

Tanenbaum, Andrew S. (1997). *Computernetzwerke.* Prentice Hall Verlag GmbH. dritte Auflage, ISBN 3-8272-9536-X.

Optimieren über alle kombinatorischen Einbettungen eines planaren Graphen

Petra Mutzel[*,1] und René Weiskircher[**,2]

[1] mutzel@mpi-sb.mpg.de
[2] weiski@mpi-sb.mpg.de

Max–Planck–Institut für Informatik, Saarbrücken

Zusammenfassung Nach einer kurzen Übersicht über das Graduiertenkolleg "Effizienz und Komplexität von Algorithmen und Rechenanlagen" an der Universität des Saarlandes, welches die in diesem Papier vorgestellte Forschung mit finanziert hat, betrachten wir das Problem über alle kombinatorische Einbettungen eines planaren Graphen zu optimieren. Die Motivation für die Untersuchung dieses Problems kommt aus dem Gebiet des automatischen Zeichnens von Graphen, wo die gewählte Einbettung für die Zeichnung eines Graphen einen großen Einfluß auf die ästhetischen Eigenschaften der produzierten Zeichnung hat. Wir charakterisieren die Menge aller kombinatorischen Einbettungen eines planaren zwei-zusammenhängenden Graphen durch ein System von linearen Ungleichungen. Dieses System von linearen Ungleichungen kann mit Hilfe von SPQR-Bäumen und einer neuen Split-Operation rekursiv konstruiert werden. Wir haben unsere Methode in Experimenten auf zwei verschiedene Serien von Testgraphen angewendet und erhielten dabei überraschende Resultate: Obwohl die Anzahl der kombinatorischen Einbettungen eines planaren Graphen exponentiell in der Größe des Graphen wächst, wächst die Anzahl der bei unserer Methode verwendeten Ungleichungen und Variablen nur linear. Für alle getesteten Graphen (mit bis zu 500 Knoten) konnte das System von Ungleichungen in weniger als 6 Minuten berechnet werden.

1 Das Graduiertenkolleg "Effizienz und Komplexität von Algorithmen und Rechenanlagen" an der Universität des Saarlandes

1.1 Forschungsschwerpunkte des Graduiertenkollegs

- Rechnerarchitektur (Prof. Dr. Paul)
- Schaltkreistheorie und VLSI-Entwurf (Prof. Dr. Dr. h.c. mult. Hotz)

* Teilweise unterstützt durch das DFG-Projekt Mu 1129/3-1, Forschungsschwerpunkt "Effiziente Algorithmen für diskrete Probleme und ihre Anwendungen"
** Unterstützt durch das Graduiertenkolleg "Effizienz und Komplexität von Algorithmen und Rechenanlagen"

- Komplexität und effiziente Algorithmen (Prof. Dr. Dr. h.c. mult. Hotz, Prof. Dr. Mehlhorn, Prof. Dr. Seidel)
- Algorithmische Geometrie (Prof. Dr. Mehlhorn, Prof. Dr. Seidel)
- Datenbanksysteme (Prof. Dr. Weikum)
- Programmiersprachen und Übersetzerbau (Prof. Dr. Smolka , Prof. Dr. Wilhelm)
- Semantik und Verifikation (Prof. Dr. Ganzinger)
- Constraintprogrammierung (Prof. Dr. Ganzinger, Prof. Dr. Gert Smolka)
- Kryptographie (Prof. Dr. Pfitzmann)

1.2 Die Mitglieder des Graduiertenkollegs und ihre Forschungsgebiete

- Stefan Burkhard: Schnelle Algorithmen für die Ähnlichkeitssuche in großen genetischen Datenbanken.
- Friedrich Eisenbrand: Ganzzahlige lineare Programmierung und insbesondere der Chvatal-Rang von Polytopen.
- Stefan Funke: Algorithmische Geometrie, insbesondere Fragen der numerischen Robustheit.
- Dierk Johannes: Algorithmische Geometrie und insbesondere kürzeste Pfade in Polygonen
- Daniel Kästner: Konstruktion von Compilern unter Verwendung von ganzzahliger Programmierung.
- Arnd Christian König: Automatisches Tuning von Datenbank-Systemen.
- Piotr Krysta: Approximations-Algorithmen und kombinatorische Optimierung
- Ulrich Carsten Meyer: Parallele Algorithmen, sowohl randomisiert als auch deterministisch.
- Frank Schulz: Algorithmische Informationstheorie und Kolmogoroff Komplexität.
- Peter-Michael Seidel: Rechnerarchitektur, insbesondere Computer-Arithmetik.
- Stephan Thesing: Echtzeit-Systeme und Konstruktion von Compilern.
- René Weiskircher: Automatisches Graphenzeichnen unter Verwendung von Techniken der ganzzahligen Programmierung.
- Mark Ziegelmann: Entwicklung und Implementierung von Algorithmen für externen Speicher.

2 Einführung

Ein Graph heißt *planar*, wenn er eine Zeichnung in die Ebene ohne Kreuzung von Kanten zuläßt. Eine solche Zeichnung heißt dann ebenfalls planar. Es gibt unendlich viele verschiedene planare Zeichnungen eines planaren Graphen, aber man kann diese in endlich viele Äquivalenzklassen unterteilen. Wir nennen zwei planare Zeichnungen eines Graphen *äquivalent*, wenn die Reihenfolge der inzidenten Kanten an jedem Knoten im Gegen-Uhrzeigersinn in beiden Zeichnungen gleich ist. Die so definierten Äquivalenzklassen von planaren Zeichnungen eines Graphen nennen wir *kombinatorische Einbettungen*. Eine kombinatorische Einbettung definiert auch die Menge der gerichteten einfachen Kreise des Graphen, die Regionen in einer entsprechenden Zeichnung begrenzen. Dabei sagen wir daß ein einfacher gerichteter Kreis eine Region begrenzt, wenn diese auf der linken Seite des Kreises liegt.

Hier beschäftigen wir uns mit dem folgenden Optimierungsproblem: Gegeben ist ein planarer Graph und eine Kostenfunktion auf den gerichteten Kreisen dieses Graphen. Finde eine Einbettung Π, die die Summe der Kosten all der Kreise minimiert, die Regionen begrenzen. Setzen wir die Kosten eines Kreises auf 1, wenn er mindestens aus 5 Kanten besteht und auf 0 für alle anderen Kreise, so ist dieses Optimierungsproblem NP-schwer [11].

Die meisten bekannten Algorithmen zum Zeichnen von planaren Graphen benötigen als Eingabe nicht nur einen planaren Graphen sondern auch eine Einbettung dieses Graphen. Die ästhetischen Eigenschaften der produzierten Zeichnung ändern sich häufig dramatisch, wenn eine andere Einbettung gewählt wird.

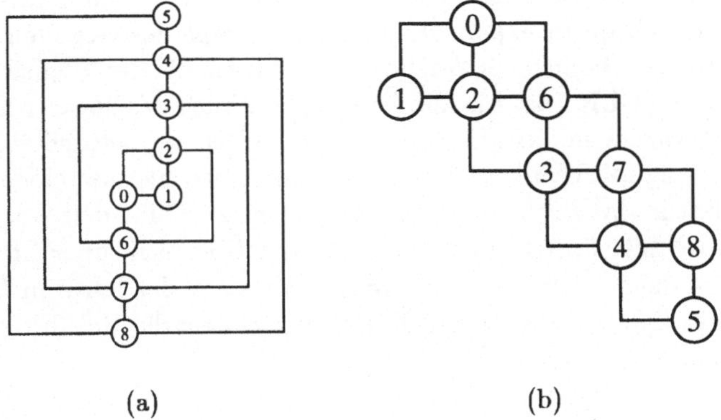

(a)   (b)

Abbildung 1. Der Einfluß der gewählten Einbettung auf die Zeichnung eines Graphen

Abbildung 1 zeigt zwei verschiedene Zeichnungen des selben Graphen, die durch den Algorithmus zur Minimierung von Knicken von Tamassia [10] erzeugt wurden. Es wurde jeweils eine unterschiedliche Einbettung als Eingabe übergeben. Zeichnung 1(a) weist 13 Knicke auf, während Zeichnung 1(b) nur 7 Knicke hat. Deshalb ist es sinnvoll nach der Einbettung zu suchen, die die beste Zeichnung erzeugen wird.

Allgemein ist unsere Motivation, daß es auf dem Gebiet des automatischen Graphenzeichnens oft wünschenswert ist, Kostenfunktionen über alle Einbettungen des zu zeichnenden Graphen zu optimieren. Im allgemeinen sind diese Optimierungsprobleme NP-schwer [7]. So hängt zum Beispiel die Anzahl der Knicke in einer orthogonalen planaren Zeichnung stark von der gewählten Einbettung ab. Bei der Planarisierungsmethode für das Zeichnen von nicht-planaren Graphen ist die Anzahl der Kreuzungen in der generierten Zeichnung ebenfalls von der gewählten Einbettung abhängig, wenn man die zuvor gelöschten Kanten in eine planare Zeichnung des Restgraphen einfügt. Wir hoffen, daß sich bei beiden Problemen unsere Beschreibung aller Einbettungen eines Graphen als ganzzahliges lineares Programm (GLP) als nützlich erweisen wird.

In unserem GLP entspricht die Menge der zulässigen Lösungen genau der Menge aller kombinatorischen Einbettungen eines gegebenen planaren zwei-zusammenhängenden Graphen. Jede der Variablen entspricht dabei einem einfachen gerichteten Kreis in dem Problemgraphen. Der Vorteil unserer Formulierung gegenüber anderen möglichen Formulierungen ist, daß wir nur für die einfachen Kreise des Graphen Variablen einführen, die in mindestens einer kombinatorischen Einbettung des Graphen eine Region begrenzen, wodurch wir die Anzahl der benötigten Variablen sehr stark verringern. Wir erreichen dies, indem wir das GLP rekursiv berechnen, wobei wir SPQR-Bäume benutzen. SPQR-Bäume wurden von Di Battista und Tamassia [1] eingeführt. Man kann sie verwenden, um alle kombinatorischen Einbettungen eines planaren zwei-zusammenhängenden Graphen darzustellen und aufzuzählen. Eine neue Split-Operation für SPQR-Bäume ermöglicht es uns, unsere lineare Beschreibung rekursiv zu konstruieren.

Die Ergebnisse unserer Experimente auf zwei verschiedenen Serien von Graphen waren recht überraschend. Obwohl die Anzahl der kombinatorischen Einbettungen eines Graphen exponentiell mit der Größe des Graphen wächst, beobachteten wir nur ein lineares Wachstum in der Anzahl der Ungleichungen und Variablen unseres GLP. Die Zeit, die für das Berechnen des linearen Programmes benötigt wird wächst sub-exponentiell mit der Größe der betrachteten Graphen.

Wegen der eng beschränkten Seitenzahl können wir hier nur einen recht informellen Einblick in das Problem geben. Ausführlicher behandelt wurde das Thema in [9]. Abschnitt 3 gibt einen skizzenhaften Überblick über SPQR-Bäume. In Abschnitt 4 deuten wir die rekursive Konstruktion des linearen Programmes mittels unserer Split-Operation an. Einige experimentelle Resultate finden sich dann in Abschnitt 4.4.

3 SPQR-Bäume

Hier wollen wir einen kurzen Überblick über SPQR-Bäume geben. Diese Datenstruktur ist für zwei-zusammenhängende Graphen definiert. Ein Graph ist *zwei-zusammenhängend*, wenn er keine aufspaltenden Knoten hat. Ein *aufspaltender Knoten* in einem Graphen ist ein Knoten nach dessen Löschung sich die Anzahl der Zusammenhangskomponenten in dem Graphen erhöht. Ein Paar von Knoten nach dessen Löschung sich die Anzahl der Zusammenhangskomponenten erhöht heißt *separierendes Paar*. Ein Graph, der kein solches Paar besitzt heißt *drei-zusammenhängend*.

SPQR-Bäume wurden von Di Battista und Tamassia entwickelt [1]. Ein solcher Baum repräsentiert eine Zerlegung eines zwei-zusammenhängenden Graphen. Mit jedem Knoten des Baumes ist ein spezieller Graph assoziiert: Das *Skelett* des Knotens ist eine vereinfachte Version des ursprünglichen Graphen, in der bestimmte Teilgraphen durch einfache Kanten ersetzt sind. Die Knotenmenge des Skelettes besteht stets aus Knoten des ursprünglichen Graphen.

SPQR-Bäume werden rekursiv konstruiert, aus Platzgründen gehen wir aber auf den entsprechenden Algorithmus nicht näher ein. In einem SPQR-Baum für einen Graphen G kann es 4 verschiedene Typen von Knoten geben.

- S-Knoten: Das Skelett eines S-Knotens ist ein einfacher Kreis. Jede der Kanten des Kreises repräsentiert einen Teilgraphen von G.
- P-Knoten: Das Skelett eines P-Knotens besteht aus zwei Knoten, die mit mindestens 3 Kanten verbunden sind. Jede der Kanten repräsentiert wieder einen Teilgraphen von G.
- Q-Knoten: Das Skelett besteht aus zwei Knoten, die mit zwei Kanten verbunden sind. Eine der Kanten repräsentiert eine einzelne Kante des ursprünglichen Graphen, die andere den Rest des Graphen. Q-Knoten sind die Blätter des SPQR-Baumes, also die Knoten mit Grad 1.
- R-Knoten: Das Skelett eines R-Knotens ist ein 3-zusammenhängender Graph. Wieder repräsentieren die Kanten Teilgraphen von G.

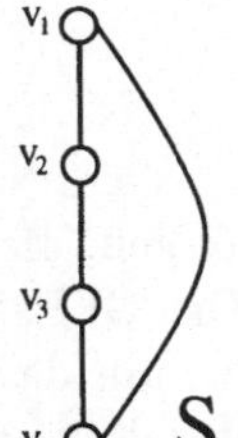
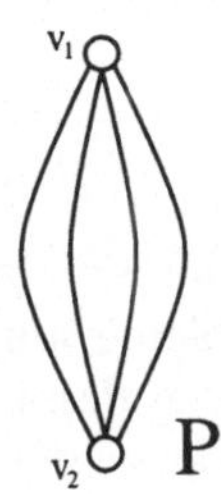
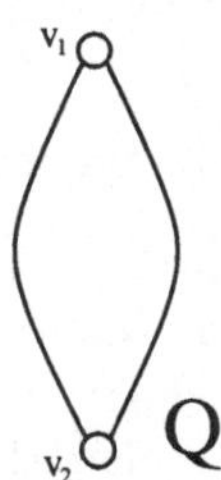
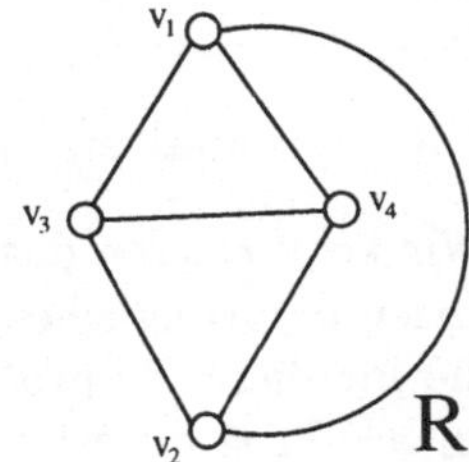

Abbildung2. Beispiele für Skelette der verschiedenen Knotentypen

Wenn wir SPQR-Bäume als wurzellose Bäume betrachten, ist der SPQR-Baum eines Graphen eindeutig definiert. Der Platzbedarf der Datenstruktur ist linear in der Größe des Graphen G, und sie kann in linearer Zeit berechnet werden ([1]). SPQR-Bäume können dazu verwendet werden, alle kombinatorischen Einbettungen eines planaren zwei-zusammenhängenden Graphen darzustellen. Dies geschieht durch Festlegen der Einbettung für das Skelett jedes Knotens in dem Baum. Die Skelette von S- und Q-Knoten sind einfache Kreise und haben deshalb jeweils nur eine Einbettung. Das Skelett eines R-Knotens ist drei-zusammenhängend und hat genau zwei kombinatorische Einbettungen, die Spiegelbilder voneinander sind. Hat das Skelett eines P-Knotens k Kanten, so hat es $(k-1)!$ verschiedene kombinatorische Einbettungen, weil es $(k-1)!$ verschiedene Möglichkeiten gibt, die zyklische Reihenfolge von k Objekten zu wählen. Weil diese beiden Knotentypen die Einbettungen bestimmen und in unserem Verfahren eine entscheidende Rolle spielen, nennen wir sie ab jetzt *Entscheidungsknoten*.

Jede kombinatorische Einbettung von G definiert eindeutig eine kombinatorische Einbettung für jedes Skelett des SPQR-Baumes und umgekehrt. In [2] wurden SPQR-Bäume in einem Branch & Bound Algorithmus dazu verwendet, für einen zwei-zusammenhängenden planaren Graphen eine knickminimale orthogonale Zeichnung über alle Einbettungen zu bestimmen.

4 Die rekursive Konstruktion des GLP

4.1 Die Variablen

Die Variablen des Programmes entsprechen gerichteten einfachen Kreisen in dem Problemgraphen G. Wir sagen ein solcher Kreis *begrenzt eine Region* in einer kombinatorischen Einbettung Π, wenn in jeder Zeichnung des Graphen, die Π realisiert, die linke Seite des Kreises leer ist. Die Anzahl der Kreise, die eine Region begrenzen, ist für einen zwei-zusammenhängenden planaren Graphen mit n Knoten und m Kanten stets $m - n + 2$.

Jede der binären Variablen in unserem linearen Programm entspricht also einem gerichteten Kreis in dem Graphen und die Variable hat in einer Lösung Wert 1 genau dann, wenn in der dargestellten Einbettung der entsprechende Kreis eine Region begrenzt. Um die Anzahl der Variablen klein zu halten, führen wir nur für diejenigen gerichteten Kreise des Graphen Variablen ein, die in zumindest einer Einbettung des Graphen eine Region begrenzen.

4.2 Aufspalten eines SPQR-Baumes

Wir konstruieren das GLP rekursiv, weshalb wir eine Operation benötigen, die unser ursprüngliches Problem in kleinere Teilprobleme aufspaltet. Die GLPs, die für diese Teilprobleme berechnet wurden, werden dann verwendet, um das lineare Programm für das ursprüngliche Problem zu errechnen. Das Aufspalten in Teilprobleme wird dadurch erreicht, daß wir den SPQR-Baum des ursprünglichen Graphen an einem Entscheidungsknoten aufspalten. Die Knoten mit Grad 1 in jedem SPQR-Baum sind stets die Q-Knoten, also ist jeder Entscheidungsknoten ein innerer Knoten des SPQR-Baumes.

Nehmen wir an, bei Löschung des Entscheidungsknotens v zerfällt der SPQR-Baum in die Teilbäume T_1 bis T_k. Dabei berücksichtigen wir nur die Teilbäume, die nicht aus einem einzelnen Q-Knoten bestehen. Wir ersetzen nun jede Kante, die T_i mit v verbunden hat, durch eine neue Kante, an der ein Q-Knoten hängt. Die so erhaltenen Bäume T_1' bis T_k' sind nun wieder SPQR-Bäume (wir müssen die Q-Knoten hinzufügen, um diese Eigenschaft zu garantieren). Wir erzeugen auch aus dem Knoten v einen neuen SPQR-Baum, indem wir alle Kanten, die ihn mit den T_i verbunden haben durch neue Kanten mit inzidenten Q-Knoten ersetzen. Diese Vorgehensweise ist in Abbildung 3 dargestellt. Die so generierten Teilprobleme sind einfacher zu lösen als das ursprüngliche Problem, weil die entstandenen Teilprobleme entweder nur einen Entscheidungsknoten haben oder zumindest einen weniger als das ursprüngliche Problem. Um den Anfang der rekursiven Konstruktion zu beschreiben, müssen wir die GLPs für SPQR-Bäume mit einem einzigen inneren Knoten definieren.

Hat ein SPQR-Baum nur einen einzigen inneren Knoten, so ist der Graph, zu dem der SPQR-Baum gehört, isomorph zu dem Skelett des inneren Knotens. Die GLPs für Graphen, in deren SPQR-Baum der einzige innere Knoten ein S- oder R-Knoten ist, sind recht einfach, weil diese GLPs jeweils nur eine bzw. zwei zulässige Lösungen haben. Ist der einzige innere Knoten ein P-Knoten, so

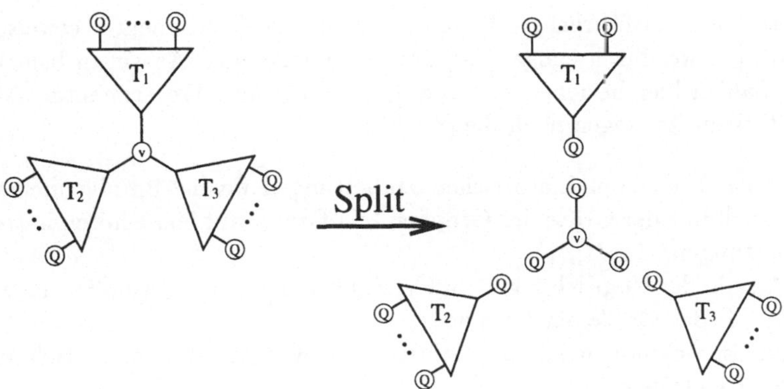

Abbildung3. Aufspalten eines SPQR-Baumes an einem Entscheidungsknoten

nutzen wir aus, daß wir alle Einbettungen eines Graphen aus 2 Knoten und k Kanten auch als Menge der Touren in einem Traveling Salesman Problem (TSP) auf einem vollständigen gerichteten Graphen mit k Knoten darstellen können. Wir können für unser GLP in diesem Fall also die gleiche Struktur wie in der Formulierung des TSP nutzen.

4.3 Konstruktion des GLP für SPQR-Bäume mit mehr als einem inneren Knoten

Nehmen wir an, wir haben den SPQR-Baum aufgespaltet, wie in Abschnitt 4.2 beschrieben und die GLPs für die entsprechenden Teilprobleme berechnet. Wir nennen die Graphen, die durch die im Aufspaltungsprozess entstandenen SPQR-Bäume repräsentiert werden, im folgenden die *Teilgraphen* des ursprünglichen Graphen. Einige der Variablen der Teilprobleme werden wir auch in dem ursprünglichen Problem verwenden, weil die entsprechenden Kreise sowohl in einem der Teilgraphen, als auch in dem ursprünglichen Graphen existieren.

Andere Variablen aus den Teilproblemen werden in der Formulierung des ursprünglichen Problems nicht mehr verwendet. Dafür werden neue Variablen eingeführt, die aus den Variablen der Teilprobleme durch Verschmelzungsoperationen auf den entsprechenden Kreisen hervorgehen. Durch Anwendung einer *Lifting-Operation* auf den Ungleichungen der Teilprobleme können wir Ungleichungen für das Originalproblem generieren, die die neuen Variablen enthalten. Wir konnten zeigen, daß das so konstruierte GLP zusammen mit einigen zusätzlichen Ungleichungen genau die Menge aller kombinatorischen Einbettungen eines planaren zwei-zusammenhängenden Graphen darstellt.

4.4 Experimentelle Resultate und Fazit

Wir haben für unsere Experimente Graphen aus einer Sammlung von der Gruppe um Di Battista ([6]) verwendet und zufällig generierte Graphen mit bis zu

500 Knoten. Für ausführlichere Behandlung unserer Experimente verweisen wir wieder auf [9], wo durch einige Diagramme die folgenden Aussagen belegt werden (die Zahlen hier beziehen sich allerdings auf neuere Experimente, während die qualitativen Aussagen noch die gleichen sind):

- Die Anzahl der kombinatorischen Einbettungen wächst im allgemeinen exponentiell mit der Größe des Graphen (ein Graph mit 500 Knoten hatte 10^{22} Einbettungen).
- Die Anzahl der Ungleichungen und Variablen in unserer Formulierung wächst linear mit der Größe der Graphen.
- Die zur Berechnung des GLP benötigte Zeit wächst sub-exponentiell mit der Größe der Graphen.

Diese Resultate stimmen uns zuversichtlich, daß eine Erweiterung unserer Formulierung zur Lösung des Knickminimierungs-Problems in orthogonalen Zeichnungen und zur Lösung des Kreuzungs-Minimierungsproblems für Graphen realistischer Größe praktikabel ist.

Literatur

[1] G. Di Battista and R. Tamassia. On-line planarity testing. *SIAM Journal on Computing*, 25(5):956–997, October 1996.

[2] P. Bertolazzi, G. Di Battista, and W. Didimo. Computing orthogonal drawings with the minimum number of bends. *Lecture Notes in Computer Science*, 1272:331–344, 1998.

[3] D. Bienstock and C. L. Monma. Optimal enclosing regions in planar graphs. *Networks*, 19(1):79–94, 1989.

[4] D. Bienstock and C. L. Monma. On the complexity of embedding planar graphs to minimize certain distance measures. *Algorithmica*, 5(1):93–109, 1990.

[5] J. Cai. Counting embeddings of planar graphs using DFS trees. *SIAM Journal on Discrete Mathematics*, 6(3):335–352, 1993.

[6] G. Di Battista, A. Garg, G. Liotta, R. Tamassia, E. Tassinari, and F. Vargiu. An experimental comparison of four graph drawing algorithms. *Comput. Geom. Theory Appl.*, 7:303–326, 1997.

[7] A. Garg and R. Tamassia. On the computational complexity of upward and rectilinear planarity testing. *Lecture Notes in Computer Science*, 894:286–297, 1995.

[8] S. MacLane. A combinatorial condition for planar graphs. *Fundamenta Mathematicae*, 28:22–32, 1937.

[9] P. Mutzel and R. Weiskircher. Optimizing over all combinatorial embeddings of a planar graph. In *Proceedings of the Seventh Conference on Integer Programming and Combinatorial Optimization (IPCO)*, volume 1610 of *LNCS*. Springer Verlag, 1999.

[10] R. Tamassia. On embedding a graph in the grid with the minimum number of bends. *SIAM Journal on Computing*, 16(3):421–444, 1987.

[11] G. J. Woeginger. personal communications, July 1998.

Transformationen zur parallelisierten und fehlertoleranten Informationsverarbeitung

Felix C. Gärtner   Marc Theisen

Graduiertenkolleg ISIA
Technische Universität Darmstadt
Karlstraße 15, 64283 Darmstadt
felix@informatik.tu-darmstadt.de
theisen@mes.tu-darmstadt.de

Zusammenfassung Das durch die Deutsche Forschungsgemeinschaft (DFG) geförderte Graduiertenkolleg "Intelligente Systeme für die Informations- und Automatisierungstechnik" (ISIA) untersucht und erarbeitet Methoden und Mechanismen zur verbesserten Entwicklung von intelligenten Systemen. In diesem Artikel werden beispielhaft zwei im Rahmen dieses Projektes entstandene Arbeiten vorgestellt, die ein gemeinsames Grundkonzept in zwei Varianten erforschen. Beide Arbeiten benutzen Eigenschaftstransformationen, zum einen zur Steigerung der Effizienz, zum anderern zur Verbesserung der Zuverlässigkeit/Fehlertoleranz von informationsverarbeitenden Systemen.

1   Einführung

1.1   Das Graduiertenkolleg

Das Graduiertenkolleg "Intelligente Systeme für die Informations- und Automatisierungstechnik" (ISIA, Sprecher Prof. Dr. Dr. h. c. mult. M. Glesner) an der Technischen Universität Darmstadt hat zum Ziel, Forschungsaktivitäten auf dem Gebiet der intelligenten Systeme zu verstärken. Dieses Projekt läuft seit mehr als sieben Jahren, und es sind 14 Institute aus den Fachbereichen "Elektrotechnik und Informationstechnik" und "Informatik" beteiligt. Insgesamt arbeiten an diesem Forschungsprojekt momentan 13 Stipendiaten und vier Kollegiaten, die damit die Gelegenheit bekommen, ihre Promotion innerhalb von drei Jahren durchzuführen.

In diesem Graduiertenkolleg werden unterschiedliche Aspekte von intelligenten Systemen in den Bereichen der Informations- und Automatisierungstechnik untersucht. Im Rahmen der Kommunikationstechnik werden beispielsweise Verfahren zur Geräuschreduktion mit Neuro- bzw. Fuzzy-Systemen oder Schedulingstrategien für Datenströme in multimedialen Systemen untersucht. Kernpunkte der Arbeiten auf dem Gebiet der Regelungs- und Automatisierungstechnik sowie Robotik sind intelligente Regelsysteme und die Fehlerdiagnose mit neuronalen Netzen. Die in diesen Arbeiten entworfenen Konzepte müssen in einem informationsverarbeitenden System integriert und umgesetzt werden. Hierbei spielen unter anderem neue Hochfrequenztechniken, sowie auf dem Gebiet der Rechnersysteme und der mikroelektronischen Systeme Verfahren zur Optimierung, Synthese und Verifikation von hochintegrierten mikroelektronischen Schaltungen eine Rolle. Ein zentraler Gedanke in diesem Graduiertenkolleg ist es, das Zusammenspiel von Hardware und Software genauer zu beleuchten. Daher laufen intensive Arbeiten auf den Gebieten der Betriebssyteme und der Mikroelektronik inklusive Halbleitertechnologie.

1.2 Das gemeinsame Grundkonzept der hier vorgestellten Arbeiten

Allen Arbeiten gemeinsam ist der einheitliche Systemgedanke. Zentrale Anforderungen an die zu entwickelnden Systeme sind, daß die Schaltungen möglichst klein und verlustleistungsarm entworfen werden. Dies ist insbesondere für die mobile Kommunikationstechnik vonnöten. In der Sprach- und Bildverarbeitung ist außerdem ein möglichst hoher Datendurchsatz wichtig. Von hoher Bedeutung ist speziell in der Flugsicherheit, daß sich die Systeme fehlertolerant verhalten. Aufgrund der hohen Komplexität der zu entwerfenden Systeme ist es dem Designer nur mit einem großen Arbeitsaufwand möglich, diese Ziele schnell und effizient in einem System zu konkretisieren. Daher sollen im folgenden exemplarisch für die Arbeiten im Graduiertenkolleg Methoden vorgestellt werden, die es erlauben, daß die Systeme interaktiv oder automatisch bezüglich dieser Kriterien optimiert werden. Dabei wird davon ausgegangen, daß eine Spezifikation (Beschreibung des Systemverhaltens) gegeben ist. Bei der Realisierung muß die Beschreibung dann so verändert werden, daß die Optimierungskriterien erfüllt werden (siehe Abbildung 1). In diesem Prozeß ist der Begriff der Transformation von zentraler Wichtigkeit. Darunter soll im folgenden eine Abbildung $f : S \rightarrow S$ verstanden werden, wobei S eine Beschreibungsdomäne ist. Urbild- und Bildbereich sind also bei den hier betrachteten Transformationen gleich, und es handelt sich jeweils um eine Menge von Systemspezifikationen, beispielsweise einer Verhaltensbeschreibung einer mikroelektronischen Schaltung, eines Programms, etc.

Abbildung 1. Optimierung und Realisierung eines Systems

2 Parallelisierende Transformationen zur Effizienzsteigerung

Schleifen stellen in einem Algorithmus den Teil dar, der am rechenintensivsten ist. Daher wirken sich bei ihnen Transformationen zur Effizienzsteigerung besonders günstig aus. Das Ziel der im folgenden betrachteten Schleifentransformationen [6] soll es daher sein, ein sogenanntes Schleifennest auf seinen optimalen Parallelitätsgrad zu bringen.

Unter einem Schleifennest versteht man ineinander geschachtelte Schleifen. Es muß also der optimale Kompromiß zwischen der benötigten Ausführungszeit und dem Hardwareaufwand gefunden werden. Dieser ist durch die Anzahl der parallel prozessierenden Elemente gegeben [15]. Dazu geht man davon aus, daß das Schleifennest in einer Hardwarebeschreibungssprache (hier VHDL) spezifiziert ist (als Beispiel siehe Abbildung 2 oben links). Diese Spezifikation wird syntaktisch analysiert und der Indexraum und die Indexfunktionen aus dem Schleifennest extrahiert. Daraus ergeben sich die Abhängigkeiten zwischen den Feldzugriffen, also die Abhängigkeitsvektoren und die Abhängig-

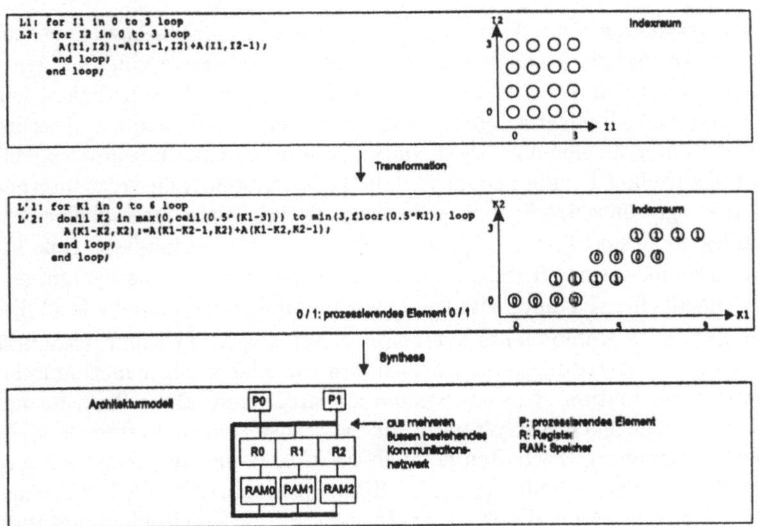

Abbildung 2. Strukturelle Schleifenparallelisierung und Architekturmodell

keitsmatrix. Im nächsten Schritt wird das nur sequentiell ausführbare Schleifennest so transformiert, daß einige Instruktionssequenzen parallel ausgeführt werden können. Dies kann durch eine unimodulare Transformation [4, 5, 17] erreicht werden, die das Schleifennest so transformiert, daß es mit dem maximalen Parallelitätsgrad ausgeführt werden kann. Aber eine Hardwarerealisierung, die mit dem maximalen Parallelitätsgrad arbeitet, ist häufig nicht die effizienteste Ausführungsmöglichkeit, d.h. in vielen Zeitschritten ruht ein hoher Anteil der prozessierenden Elemente und nur in einigen wenigen rechnen alle Elemente gleichzeitig. Um die Effizienz zu steigern, wird daher der Parallelitätsgrad reduziert. Dazu wird der Indexraum einer Koordinatentransformation unterzogen. Nun kann die Relation berechnet werden, die den Zusammenhang zwischen der Anzahl der zur vollständigen Ausführung benötigten Zeitschritte und dem Parallelitätsgrad, also der Anzahl der prozessierenden Elemente, darstellt. Schließlich kann aufgrund der aufgestellten Relation und einer Kostenfunktion, die von der Anwendung der Schaltung und von der zugrundeliegenden Hardwarearchitektur abhängt, der optimale Kompromiß zwischen Fläche und Zeit ermittelt wird. Im nächsten Schritt muß diese parallelisierte Verhaltensbeschreibung zu einer Schaltung synthetisiert werden, d.h. es müssen die Operationen den Ausführungselementen und den Zeitschritten zugeordnet werden. In dem in Abbildung 2 (Mitte) dargestellten Beispiel repräsentiert die äußere sequentielle Schleife die Zuordung zu den einzelnen Zeitschritten und die innere Schleife die Zuordnung zu den prozessierenden Elementen. Durch dieses Verfahren ist also eine optimierte Synthese gelungen.

3 Transformationen zur Verbesserung der Fehlertoleranz

Effizienz ist nur eine von vielen möglichen Eigenschaften, die man durch Transformationen verbessern kann. Andere Eigenschaften, die in der Praxis immer wichtiger werden, sind Zuverlässigkeit, Verfügbarkeit und Sicherheit von technischen Systemen.

Die Steuerungssysteme eines Verkehrsflugzeuges müssen beispielsweise so entworfen sein, daß die Wahrscheinlichkeit eines Totalausfalles bei einem einstündigen Flug in der Größenordnung von 10^{-9} liegt [14]. Zur Erhöhung der Zuverlässigkeit kann man natürlich ausschließlich zuverlässige Komponenten verwenden. Jedoch unterliegt jedes physikalische System ab einem gewissen Zeitpunkt einem Ermüdungsprozeß; Fehler und Fehlverhalten einzelner Komponenten sind die Folge. Systeme, die trotz interner Fehler immer noch ein gewünschtes Systemverhalten aufweisen, nennt man *fehlertolerant*.

Fehlertoleranz basiert immer auf irgendeiner Form von Redundanz. Eine Form von Redundanz besteht darin, kritische Komponenten mehrfach in das System einzubringen. Beim Ausfall einer Komponente kann eine andere Komponente (sofort) die Aufgaben der ausgefallenen Komponente übernehmen [16]. Die Idee ist nun, Redundanz und die dazugehörigen Verwaltungsmechanismen in mehr oder weniger mechanischer Form durch eine Transformation R in ein System zu integrieren. Diese Transformation ist dergestalt, daß sie, gegeben ein System A, für das transformierte System $A' = R(A)$ bestimmte Fehlertoleranzeigenschaften herstellt und formal nachweisbar garantiert. Dies vereinfacht die notwenige Validierung des Systems: Bestimmte Fehlertoleranzmechanismen werden ein für alle mal durch eine Transformation beschrieben und ihre Eigenschaften verifiziert. Ausgehend von den Eigenschaften von A kennt man nun auch die Eigenschaften von A'. Würde man die Mechanismen wie früher immer im Einzelfall "von Hand" einbauen, müßte man jedes fehlertolerante System A' neu verifizieren; ein mühsames Unterfangen.

3.1 Verifikation, Spezifikation, Verhalten und Korrektheit

Jeder Ansatz zu einer Verifikation benötigt eine möglichst genau formulierte Spezifikation. Für die formale Verifikation basieren derartige Spezifikationen auf einem formalen Systemmodell, welches Systeme als nichtdeterministische Automaten modelliert. Ein solcher Automat ist gegeben durch eine Zustandsmenge Z, eine Teilmenge von Startzuständen $I \subseteq Z$ und eine Zustandsübergangsrelation δ. Ein möglicher zeitlicher Ablauf des Systems entsteht wie folgt: ausgehend von einem Zustand z_0 aus I wird durch Benutzung von δ ein Folgezustand z_1 berechnet. Durch wiederholte Inspektion von δ kann man nun $z_2, z_3, \ldots$ bestimmen. Offensichtlich gibt es jedoch wegen des inhärenten Nichtdeterminismus nicht nur einen möglichen Ablauf sondern viele mögliche Systemabläufe.

Eine formale Spezifikation S (manchmal auch *Eigenschaft* genannt) ist in diesem Modell gegeben als Menge von (gewünschten) Abläufen. In der formalen Verifikation geht es nun darum zu zeigen, daß ein System A dieser Spezifikation entspricht. Dies ist gewährleistet, wenn jede mögliche Ausführung von A auch in S enthalten ist. So wird *Korrektheit* definiert. Wenn A also einen Ablauf zeigen kann, der nicht in S liegt, ist A nicht korrekt bezüglich S. Technisch gesehen "reduziert" sich das Problem der Verifikation auf den Nachweis der Gültigkeit einer logischen Formel in einem formalen System [12].

3.2 Arten von Fehlertoleranz

Fehlertoleranz bedeutet im wesentlichen *Korrektheit unter Fehlereinflüssen*. Um diesen Terminus formal zu fassen, muß man also auch den Begriff "Fehler" formalisieren. Hierzu werden formale Fehlermodelle herangezogen [8, 9]. Ein *Fehlermodell* ist eine präzise

Beschreibung, wie sich das Verhalten von Komponenten aufgrund eines Fehlers ändert. Ein oft herangezogenes Beispiel ist das Fehlermodell *Teilausfall* (engl. *crash*). Es besagt, daß von einer gegebenen Menge von n gleichen Komponenten maximal $t < n$ plötzlich und dauerhaft aufhören zu arbeiten. Ein Fehlermodell ist immer systembezogen.

Fehlermodelle verändern offensichtlich die Eigenschaften von Systemen (und können darum interessanterweise auch als Transformationen aufgefaßt werden [10, 13]). Wenn man also ein System A konstruiert hat, welches einer Spezifikation S genügt, dann wird A unter einem gegebenen Fehlermodell F möglicherweise nicht mehr dieselben Eigenschaften haben wie vorher. Das System ist dann möglicherweise nicht mehr korrekt bezüglich der Originalspezifikation S sondern genügt lediglich einer "schwächeren" Spezifikation S'.

Nun gibt es zwei grundlegende Klassen von Systemeigenschaften, die als *Sicherheitseigenschaften* (engl. *safety*) und *Lebendigkeitseigenschaften* (engl. *liveness*) bezeichnet werden [1, 11]. Informal besagt eine Sicherheitseigenschaft, daß eine Menge von erwünschten, guten, sicheren Systemzuständen nie verlassen wird. Auf der anderen Seite beschreiben Lebendigkeitseigenschaften, daß das System nach und nach auch einen Fortschritt zeigt und gewünschte Systemzustände annimmt. Basierend auf dieser Unterteilung kann man drei grundlegende Arten von Fehlertoleranz unterscheiden [3].

Nehmen wir also an, wir haben ein System A, welches der Spezifikation S genügt. Wenn unter dem Fehlermodell F sowohl die Sicherheits- als auch die Lebendigkeitseigenschaften von A erhalten bleiben, dann spricht man von *maskierenden Fehlertoleranz* (formal: A maskiert F bezüglich S). Maskierende Fehlertoleranz ist die stärkste und natürlich auch teuerste Art von Fehlertoleranz, die man erreichen kann. Doch offensichtlich gibt es immer Systemeigenschaften, die bei einem hinreichend "bösartigen" Fehlermodell nicht bewahrt werden können (wenn beispielsweise vorübergehende Störeinflüsse wie kosmische Strahlung auf Raumfahrzeuge nur lange genug anhalten, können bestimmte Echtzeiteigenschaften nicht eingehalten werden). Maskierende Fehlertoleranz kann also manchmal schlichtweg unmöglich sein.

Wenn das Fehlermodell nur die Lebendigkeitseigenschaften beeinflußt und die Sicherheitseigenschaften nicht berührt, dann spricht man von *fail-safe-Fehlertoleranz* (formal: A ist *fail-safe*-fehlertolerant für F bezüglich S). Diese Form von Fehlertoleranz ist immer dann sinnvoll, wenn es eine *"safe alternative to normal operation"* [14] existiert. In Atomkraftwerken ist man beispielsweise daran interessiert, daß das System in einen sicheren Zustand herunterfährt, wenn bestimmte Fehler auftreten.

Statt den Lebendigkeitseigenschaften könnte das Fehlermodell aber auch die Sicherheitseigenschaften beeinflussen. Es ist bisher noch unklar, ob Systeme, die ausschließlich *"live"* sind (und nicht *"safe"*) irgendeine praktische Bedeutung haben können. Darum fordert man bei der dritten Art von Fehlertoleranz, daß die Sicherheitseigenschaften aus S zwar verletzt werden können, das System aber nach endlicher Zeit wieder in einen sicheren Zustand zurückkehrt. In diesem Fall spricht man von *nichtmaskierender Fehlertoleranz* (formal: A ist nichtmaskierend-fehlertolerant für F bezüglich S). Beispiele für nichtmaskierend-fehlertolerante Systeme kommen aus dem Gebiet der Selbststabilisierung [7]. Dort ist gefordert, daß ein System nach dem Auftreten eines *beliebigen* vorübergehenden Fehlers nach endlicher Zeit wieder in einen sicheren Systemzustand übergeht. Praktische Anwendung findet dieses Konzept immer dann, wenn die Möglichkeiten anderer Fehlertoleranzarten aufhören. Beispielsweise werden Flugzeugsteuerungen so entworfen, daß sie eine bestimmte (vorher festgelegte) Anzahl und Art von Fehlern tolerieren. Sollte es der Fall sein, daß kurzzeitig diese Fehlerannahme verletzt wird (zum Beispiel wenn im letzten noch funktionierenden Steuerungsrechner ein Bit "kippt"), so möchte man zumindest die Zeit, in der sich das System in einem unsicheren Zustand befindet "minimieren".

3.3   Fehlererkennung und Fehlerkorrektur

Nun stellt sich natürlich die Frage, wie man bestimmte Arten von Fehlertoleranz durch einen möglichst mechanischen Konstruktionsprozeß für ein beliebiges System mit Spezifikation S erreichen kann? Im Hinblick auf eine Antwort auf diese Frage gibt es ein interessantes theoretisches Resultat: Man kann jede Form von Fehlertoleranz mittels zweier einfacher Komponenten erreichen. Diese Komponenten werden *Detektoren* und *Korrektoren* genannt [2]. Informal gesprochen ist ein Detektor eine Systemkomponente, die einen bestimmten Systemzustand erkennt und meldet. Ein Korrektor hingegen ist eine Komponente, die auf Anweisung einen bestimmten Systemzustand "herstellt". (Detektoren und Korrektoren sind im wesentlichen Formalisierungen von Sensoren und Aktoren, die aus vielen Ingenieurbereichen bekannt sind.) Man kann nun zeigen [3], daß Detektoren notwendig und hinreichend sind, um Sicherheitseigenschaften zu gewährleisten. Auf der anderen Seite sind Korrektoren notwendig und hinreichend für die Beibehaltung von Lebendigkeitseigenschaften.

Angenommen wir haben nun ein System A, welches eine der drei Arten von Fehlertoleranz bezüglich einer Spezifikation S erreichen soll. Der Entwurfsablauf für eine "fehlertolerante Version" von A kann nun in die folgenden drei Schritte gegliedert werden:

1. Festlegung des Fehlermodells F. Das Problem hierbei liegt darin, ein Fehlermodell zu finden, welches einerseits "bösartig" genug ist, um alle im Einsatzbereich erwarteten Fehler abzudecken, und gleichzeitig "gutartig" genug, um mit möglichst wenig zusätzlichen Fehlertoleranzmechanismen auszukommen.
2. Entwurf und Realisierung eines Fehlertoleranzverfahrens. Hierzu werden ausgehend vom gegebenen Fehlermodell entsprechende Detektoren und Korrektoren in das System integriert.
3. Verifikation und Validierung. Hierbei wird überprüft, ob das System unter Fehlereinflüssen aus F tatsächlich die geforderte Art von Fehlertoleranz garantiert. Dies kann wie oben beschrieben auch mit Methoden der formalen Verifikation geschehen.

Die Idee ist nun, für bestimmte vorher festgelegte Systemmodelle die Schritte 2 und 3 automatisiert im Rahmen einer Transformation R durchzuführen. Aus dem originalen System A entsteht ein transformiertes System $A' = R(A)$, welches die geforderten Fehlertoleranzeigenschaften für F bezüglich S hat. Dabei sollen die Eigenschaften von A direkt ableitbar sein aus der Beschaffenheit von R.

3.4   Beispiel einer Fehlertoleranztransformation

Die in Abbildung 2 (oben) gegebene Schleife ist auf das Ziel hin transformiert worden, daß sie einer effizienten Realisierung in einer mikroelektronischen Schaltung entspricht (Abbildung 2, Mitte). Diese beiden Spezifikationen sind unter dem Namen S1 und S2 in Abbildung 3 dargestellt. Die Spezifikation S2 besitzt noch keine Fehlertoleranzeigenschaften. Diese sollen mittels einer zweiten Transformation hinzugefügt werden. S2 besitzt die Systemeigenschaft, bei zwei prozessierenden Elementen zur vollständigen

Ausführung zehn Iterationsschritte zu benötigen. Diese Eigenschaft soll so transformiert werden, daß das beschriebene System auch bei Ausfall eines prozessierenden Elementes funktioniert. Es besteht einerseits die Möglichkeit, die Systemeigenschaften durch eine Fehlertoleranztransformation R1 derart zu verändern, daß ein drittes prozessierendes Element hinzugefügt wird (Spezifikation S3). Hier ist zu prüfen, ob die Systemanforderungen an die auf dem Chip zur Verfügung stehende Fläche erfüllt bleiben. Andererseits kann die Spezifikation durch eine alternative Transformation R2 so verändert werden, daß sie auf nur einem prozessierenden Element ausgeführt wird (Spezifikation S3*). In diesem Fall ist insbesondere bei einem Echtzeitsystem sicherzustellen, daß die Zeitanforderungen gewahrt bleiben. Insbesondere der Übergang von S2 nach S3* zeigt, daß es Tranformationen mit sich gegenseitig aufhebenden Zielen gibt.

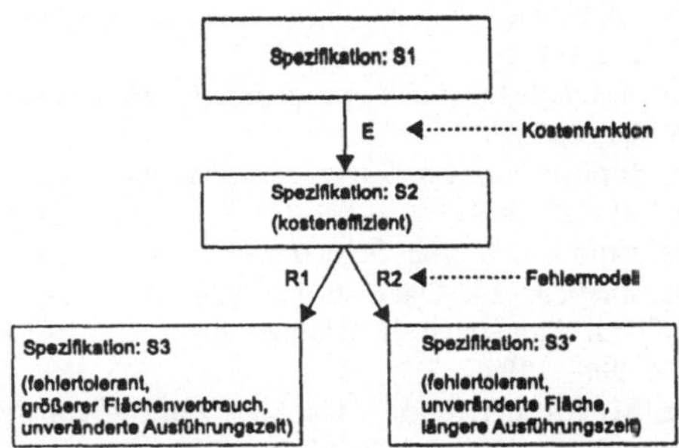

Abbildung 3. Komposition von Transformationen.

4 Ausblick

Wie in Abbildung 3 deutlich wird, können Transformationen auch hintereinander ausgeführt werden. Beispielsweise sei E sei Transformation aus Abschnitt 2 und R die Transformation aus obigem Beispiel, ist dann das System $R(E(S1))$ parallelisiert und fehlertolerant?

Antworten auf diese und ähnliche Fragen sind nicht immer einfach. Grundlage einer Antwort wird immer eine genaue Beschreibung der Wirkung einer Transformation auf die Systemeigenschaften sein. Die Untersuchung solcher Fragestellungen ist Grundlage unserer weiteren interdisziplinären Zusammenarbeit.

Literatur

1. B. Alpern und F. B. Schneider. Defining liveness. *Information Processing Letters*, 21:181–185, 1985.
2. A. Arora und S. Kulkarni. Detectors and correctors: A theory of fault-tolerance components. In *Proc. of the 18th IEEE Int. Conf. on Distr. Comp. Sys.*, Mai 1998.
3. A. Arora und S. S. Kulkarni. Component based design of multitolerant systems. *IEEE Transactions on Software Engineering*, 24(1):63–78, Jan. 1998.
4. U. Banerjee. *Loop Transformations for Restructuring Compilers: The Foundations*. Kluwer Academic Publishers, 1993.
5. U. Banerjee. *Loop Transformations for Restructuring Compilers: Loop Parallelization*. Kluwer Academic Publishers, 1994.

6. J. Becker. *A Partitioning Compiler for Computers with Xputer-based Accelerators.* Dissertation, Universität Kaiserslautern, 1997.
7. E. W. Dijkstra. Self stabilizing systems in spite of distributed control. *Communications of the ACM*, 17(11):643–644, 1974.
8. K. Echtle. Fehlermodellierung bei Simulation und Verifikation von Fehlertoleranz-Algorithmen für Verteilte Systeme. In F. Belli, S. Pfleger, und M. Seifert (Hg.), *Software-Fehlertoleranz und -Zuverlässigkeit*, Inf.-Fachberichte (Bd. 83), S. 73–88. Springer, 1984.
9. K. Echtle und A. Masum. Understanding cooperative byzantine failures: A novel failure classification to enable efficient fault-tolerant protocols. In *Proc. of the IEEE Workshop on Fault-Tolerant Parallel and Distr. Sys.*, San Juan, Puerto Rico, USA, Apr. 1999. Kluwer.
10. F. C. Gärtner. Specifications for fault tolerance: A comedy of failures. Technischer Bericht TUD-BS-1998-03, TU Darmstadt, Fachbereich Informatik, Okt. 1998.
11. L. Lamport. Proving the correctness of multiprocess programs. *IEEE Transactions on Software Engineering*, 3(2):125–143, März 1977.
12. L. Lamport. A simple approach to specifying concurrent systems. *Communications of the ACM*, 32(1):32–45, Jan. 1989.
13. Z. Liu und M. Joseph. Transformation of programs for fault-tolerance. *Formal Aspects of Computing*, 4(5):442–469, 1992.
14. J. Rushby. Critical system properties: Survey and taxonomy. *Reliability Engineering and System Safety*, 43(2):189–219, 1994.
15. O. Schneider. Transformationen von Schleifenindizes zur Parallelisierung von VHDL-Verhaltenscode. Diplomarbeit, TU Darmstadt, 1999.
16. A. Spector und D. Gifford. The space shuttle primary computer system. *Communications of the ACM*, 27(9):874–900, 1984.
17. M. Theisen, J. Becker, M. Glesner, und T. Caohuu. Parallel hardware compilation in complex hardware/software systems based on high-level code transformations. In *ARCS'99: 15. GI/ITG-Fachtagung: Architektur von Rechensystemen*, Jena, Okt. 1999.

Neue Architekturen für ein optisches Internet

Hagen Woesner

Technische Universität Berlin
Fachgebiet Kommunikationsnetze
`woesner@ee.tu-berlin.de`

1 Das GK "Kommunikationsbasierte Systeme" Berlin

1.1 Zusammenfassung

Ein Arbeitskreis der beteiligten Professoren des Fachbereichs Informatik der TU
Berlin, des Instituts für Informatik der FU Berlin, des Instituts für Technische
Informatik der Humboldt-Universität zu Berlin und der GMD FOKUS in Berlin
trägt das Graduiertenkolleg. Es definiert ein Programm zur Erforschung und zum
Studium von Systemen, deren Charakteristika Verteiltheit und Nebenläufigkeit
sind und deren Einbindung in die Anwendungsumgebungen die Realisierung von
Anforderungen wie Offenheit, Autonomie oder auch Echtzeitverhalten erfordern.
Neben der Forschung im Rahmen eines Projektes absolvieren die Kollegiaten
einen ihren Vorkenntnissen und ihrer Orientierung entsprechenden Studienplan.

1.2 Forschungsprogramm

Die Entwicklung nebenläufiger und verteilter Systeme, deren hohe marktwirt-
schaftliche Bedeutung außer Zweifel steht, erfolgt derzeit im Rahmen von Kooperationen zwischen Industrie, Forschungseinrichtungen und Hochschulen und
wird in starkem Maße durch nationale (DFG/BMBF) und internationale (ES-
PRIT, RACE, IST) Förderprogramme unterstützt. Für wissenschaftliche Fragestellungen in diesem Bereich bieten die derzeitigen Förderprogramme nicht
genügend Raum. Das Graduiertenausbildungsprogramm schließt diese Lücke mit
einer forschungsorientierten wissenschaftlichen Ausbildung.

Bedingt durch die beteiligten Fachgebiete und deren Arbeitsrichtungen ergeben sich drei Orientierungsrichtungen für die Arbeit im GK: Anwendungsori-
entierung, Systemorientierung und Konzeptorientierung. Die Integration dieser
drei Orientierungen in einem Forschungsprogramm soll dabei die oben genannte
allgemeine Zielsetzung einer Verbindung von technologischer und wissenschaftlicher
Entwicklung stützen und zur gegenseitigen Befruchtung von Theorie und Praxis
beitragen.

1.3 Anwendungsorientierung

Verteilte Betriebssysteme, verteilte Datenbanken, offene Netze, verteilte Informa-
tions- und Kommunikationssysteme und verteilte Echtzeitsysteme werden heute

weniger auf der Grundlage allgemeiner Überlegungen entwickelt, sondern zumeist aus konkreten Anwendungssituationen heraus und auf der Basis neuer technischer Möglichkeiten. Durch vielfältige Kooperation mit anderen Forschungsinstituten, mit der Industrie und mit Kliniken besteht für das Forschungs- und Studienprogramm des Graduiertenkollegs ein direkter Bezug zu solchen Anwendungen und zu neuen Techniken vornehmlich im Kommunikationsbereich. Folgende Schwerpunkte der anwendungsorientierten Seite des Forschungs- und Studienprogramms wurden gesetzt:

- Modellierung und Bewertung fehlertoleranter, verteilter Echtzeitsysteme
- Einsatz von Spezifikations- und Implementierungstechniken für verteilte und parallele Systeme
- Responsive Systeme zur Transportsystem- und Prozeßsteuerung
- Kommunikationsstrukturen und Transportsysteme
- Erbringung von geforderten Kommunikationsdienstqualitäten

1.4 Systemorientierung

Für die Entwicklung verteilter Anwendungssoftware stellen sich vielfältige Fragen, die sich auf Art und Qualität von Programmiersprachen, auf Struktur und Eigenschaften von Systemarchitekturen, auf Modelle der Interaktion zwischen kooperierenden autonomen Einheiten, auf Mittel der Spezifikation und auf den Prototypentwurf und schließlich auf die Methodik und Werkzeuge der Spezifikation, Validierung, Verifikation und Entwicklung dieser Software beziehen. Eine Beantwortung dieser Fragen kann sich nur vereinzelt auf fundierte Vorarbeit stützen, wie etwa auf objektorientierte Sprach- und Architekturkonzepte oder auf theoretische Konzepte nichtsequentieller kooperierender Prozesse. Systematisierende und fundierende Arbeiten zu diesen Fragen bilden das grundlegende Thema des Forschungs- und Studienprogramms. Folgende Schwerpunkte sind hier gesetzt worden:

- Entwicklung und Verwaltung verteilter Objektsysteme
- Fehlertolerante und verteilte Architekturen und Netze
- Integration von Sprachkonzepten für interaktive Systeme
- Grundlagen verteilter Systeme
- Systemunterstützung für Multimedia-Strukturen
- Konfiguration und Rekonfiguration Verteilter Systeme
- Strukturen und Protokolle für Heterogene Kommunikationsnetze

1.5 Konzeptorientierung

Die Entwicklung kommunikationsbasierter Systeme muß sich auf Modelle, Kalküle und Spezifikationsmethoden stützen, durch die ein gesicherter Entwurf, Verifikation, Analyse und Verständnis möglich werden. Hierzu gehören Netz- und Graphkalküle, basierend auf Petri-Netzen und Graphgrammatiken, Kalküle wie CSP, CCS, modale und temporale Logik, oder auch stream-processing-functions, Modul-Spezifikationen, Prozeß-Algebren und Projektionsspezifikationen. Die Schwerpunkte für das Forschungs- und Studienprogramm lauten:

- Integration von Datentyp,- und Prozeßspezifikationsmethoden
- Mathematische Modellierung von nebenläufigen und verteilten Prozessen
- Integration und Fundierung unterschiedlicher Konstruktionstechniken für verteilte und parallele Systeme
- Architekturstile und Interaktionsmuster bei verteilten Objektsystemen
- Grundlagen von responsiven Systemen
- Entwicklung deklarativer semantischer Modelle und syntaktischer Repräsentationen für Nebenläufigkeit und Parallelität
- Architektur Verteilter Systeme
- Unterstützung der Leistungsanalyse und der Entwicklung von Prototypen durch Formale Methoden

1.6   Studienprogramm

Das Studienprogramm hat zum Ziel, die vertiefte und spezialisierte Forschungsarbeit der Kollegiaten in einem der Projekte durch die Teilnahme an Vorlesungen, Seminaren und Workshops einerseits zu unterstützen und andererseits um eine breitere Beschäftigung mit dem Themenbereich zu ergänzen. Zu den verschiedenen Orientierungsrichtungen und den Schwerpunkten des Forschungsprogramms werden von den beteiligten Hochschullehrern, von Gastwissenschaftlern und später Senior-Kollegiaten bzw. Postgraduierten Lehrveranstaltungen angeboten. Zusätzlich nehmen die Kollegiaten an Vorträgen und Kompaktkursen von Gastwissenschaftlern teil. Halbjährlich berichten die Kollegiaten im Graduiertenkolleg über ihre Arbeit und es werden ihnen Studienaufenthalte bei Kooperationspartnern ermöglicht.

2   Neue Architekturen für ein optisches Internet

2.1   Einführung

Seit zu Beginn der 80-er Jahre der Grundstein für das gelegt wurde, was heute als INTERNET ein weltumspannendes Computernetz ist, hat sich die Technologie in fast allen Bereichen entscheidend gewandelt: Auf der Ebene der Bitübertragung haben Glasfaser und Funk das herkömmliche Übertragungsmedium Kupfer verdrängt und die Übertragungsraten sind um mehrere Größenordnungen gestiegen. Völlig neue Anwendungen wie WWW sind entstanden (WWW-Verkehr macht im Backbone heute weit über 90% des gesamten Verkehrs aus). Nur das Internet Protokoll (IP) ist nahezu unverändert geblieben. Wesentliche Eigenschaften von IP sind hierbei:

- unterschiedliche Länge der Datagramme
- unterschiedliche Wege der Datagramme zwischen Sender und Empfänger
- unterschiedliche Reihenfolge der Datagramme beim Empfänger

Die dargestellten Eigenschaften von IP-Datagrammen sind eher hinderlich, wenn es darum geht, Dienstqualitäten zuzusichern. Dennoch hat sich IP gegen andere Ansätze wie ATM (Asynchronous Transfer Mode) durchgesetzt, hauptsächlich aufgrund der großen Übermacht der Web- bzw. TCP/IP-basierten Anwendungssoftware und der Schwächen des ATM-Standardisierungsprozesses. Optisches IP bedeutet heute im allgemeinen IP über WDM (Wave Division Multiplexing) in Punkt-zu-Punkt-Verbindung. Das heißt, daß die Übertragungskapazität der vorhandenen Glasfasern schrittweise durch die Installation weiterer Laser vervielfacht wird. Das Problem dabei sind die IP-Router, die einen Adress-Lookup für jedes Packet durchzuführen haben. Dieser dauert eine gewisse Zeit und begrenzt somit die Anzahl der weitergeleiteten Pakete auf derzeit einige Millionen pro Sekunde [1], was abhängig von der zugrundegelegten mittleren Paketgröße bis zu einigen 10 Gbit/s pro Ausgang des Routers entspricht. Trotz beeindruckender Verbesserungen in der jüngsten Zeit werden die IP-Router der Engpaß bleiben. Es ist aus diesem Grunde unumgänglich, die Router zu entlasten und einen Teil der Wegewahl in der Optik durchzuführen. Bevor wir jedoch zu einer Diskussion der Möglichkeiten dafür kommen, soll im folgenden kurz der Transport von IP beschrieben werden, wie er heute stattfindet.

2.2 IP in klassischen Glasfasernetzen

IP über ATM Um die vorhandene ATM-Infrastruktur zu nutzen und dennoch IP-Packete zu transportieren, sind verschiedene Anpassungen nötig. Einerseits müssen IP-Packete in das ATM-Zellformat von 48+5 byte zerhackt werden, was einen Overhead von etwa 10 bis 25% bedeutet, andererseits müssen in der ATM-Wolke Virtual Circuits (meist PVC-Permanent VC) geschaltet werden, um die IP-Router zu verbinden. MPLS (Multiprotocol Label Switching) sieht einen dynamischen Aufbau von VCs vor (SVC- Switched VC), um die Routing-Entscheidung nur einmal pro IP-Fluß zu treffen und ansonsten innerhalb der ATM-Wolke die IP-Packetfragmente zu switchen, also die billigeren und schnelleren ATM-Schaltmatrizen zu nutzen [8]. Aufgrund des Fehlens von ATM-basierten Anwendungen und des immanenten Overheads ist die Entwicklung schneller ATM-Switches zum Transport von IP allerdings fast eingestellt. In diesem Jahr werden zum ersten Mal IP-Router mit höheren Linkgeschwindigkeiten (STM-64≈10 Gbit/s) als ATM-Switches (STM-16≈2,5 Gbit/s) angeboten.

IP über SDH/SONET (Packet over SONET - POS) Ein erster Schritt zur Beschleunigung des IP-Transports ist der Verzicht auf ATM. [4] Allerdings müssen Funktionen, die ATM bisher erfüllt hat, durch andere Protokolle übernommen werden. Diese Funktionen umfassen:

- die Begrenzung des IP-Datagramms
- Fehlerkontrolle

Die derzeit meist verwandte Methode, IP-Datagramme über SONET/SDH zu übertragen, benutzt das Point-to-Point-Protocol (PPP) [5]. Das Verpacken der PPP-(eigentlich: HDLC-ähnlichen) Rahmen in SONET-Container (Synchronous

Payload Envelope - SPE) geschieht wie folgt: Ein HDLC-Rahmen beginnt direkt hinter dem Path-Overhead (POH) des SONET-SPE und wird zeilenweise eingeschrieben. Mehrere Rahmen werden also in einem SPE übetragen. Ein großer Teil der SONET/SDH-Funktionalität wird allerdings gar nicht benötigt, da kein Multiplexing verschiedener Ströme auf SDH-Ebene mehr stattfindet und somit die zeitlichen Anforderungen viel geringer sind. Der nächstfolgende Schritt ist daher der Verzicht auf SONET/SDH.

2.3 Wie könnte ein optisches Internet aussehen?

Wenn von einem rein-optischen Netz (all-optical network) die Rede ist, dann bedeutet das einen Transport von Daten zwischen Eingangs- und Ausgangsrouter, ohne daß eine Umwandlung der optischen in elektrische Signale geschieht. Sicher ist, daß für eine flächendeckende Einführung die optischen Bauelemente billig und robust sein müssen. Zusätzlich wird jede Wellenlänge als shared-medium benutzt werden, d.h. zwischen verschiedenen Routern aufgeteilt. Drittens müssen die verwendeten Bausteine ein packetbezogenes Schalten (möglichst, aber nicht unbedingt auf IP-Packetebene) ermöglichen, also innerhalb von Nanosekunden schalten. Viertens sollte das Netz bezüglich Datenrate und Kanalkodierung transparent sein. Diese Eigenschaft ist wünschenswert, um bei einer Weiterentwicklung der Technologie die bestehende Infrastruktur nicht ändern zu müssen.
Wie bereits erwähnt, wird WDM heutzutage vor allem im parallelen Punkt-zu-Punkt-Betrieb eingesetzt. Der Grund hierfür liegt in der relativen Unausgereiftheit optischer Wellenlängenschalter oder -konverter. Generell kann man feststellen, daß die Schaltzeiten dieser Konverter eine schnelle Packetvermittlung heute noch nicht zulassen. Wenn also aktive Bauelemente zu langsam und/oder zu teuer sind, dann kann es nur das Ziel sein, diese zu vermeiden. Stattdessen bieten sich passive Wellenlängenrouter an, die billig und robust sind, aber nicht rekonfigurierbar. Ein Teil der Wegewahl verlagert sich also an den Rand des Netzes, wo entschieden wird, auf welcher Wellenlänge das Packet am schnellsten zu seiner Bestimmung findet.

Wave Division Multiplexing Nach Mukherjee[2],[3] kann man WDM-Netze im lokalen und Metro-Bereich in Single-Hop und Multihopnetze unterteilen. In Single-Hop-Netzen erreicht ein Datenpacket den Empfänger in genau einem Hop. Dazu müssen die Stationen entweder über (N-1) Empfänger und einen festen Sender verfügen (jede Station benötigt dann eine Wellenlänge), oder die Sender und Empfänger müssen sich mit Hilfe eines Zugriffsprotokolls verständigen, auf welcher Wellenlänge die Übertragung stattfinden soll. In Multihop-Netzen besitzt jede Station nur wenige (z.B. 2) feste Sender und Empfänger, dafür durchlaufen die Datenpackete aber eine Anzahl zwischenliegender Stationen auf dem Weg zum Empfänger. In diesen Stationen wird die Wellenlänge gewechselt, und zwar meist durch eine opto-elektrische Umwandlung, eine Routing-Entscheidung in der Elektronik und eine elektro-optische Umwandlung.

2.4 Arrayed Waveguide Grating Multiplexer (AWGM)

Ein AWGM, auch Waveguide Grating Router (WGR) oder Dragone Router (nach C. Dragone, einem der Erfinder), ist ein optischer Spektrograph, der in planaren Lichtwellenleitern realisiert ist.[7] Dieses Gitter besteht aus bogenförmig angeordneten Monomode-Lichtwellenleitern, deren Längendifferenz $\Delta L = m * \lambda_c/n_c$ beträgt, wobei λ_c die zentrale Wellenlänge ist, n_c der effektive Index der Lichtwellenleiter und m eine ganze Zahl, die die Ordnung des AWGM beschreibt. Der freie Spektralbereich (free spectral range - FSR) eines AWGM beträgt $FSR = \lambda_c/m$. Kanäle der benachbarten Ordnungen (m-1, m+1,m+2...) erscheinen periodisch an den Ausgängen des AWGMs. Logisch

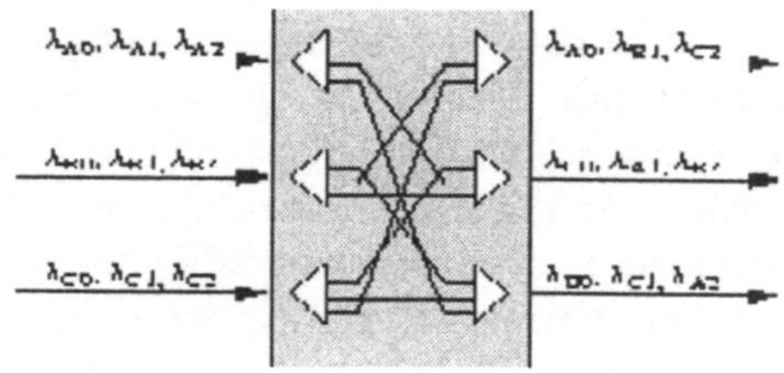

Fig. 1. Logische Konfiguration eines 3x3 AWG

ist dieses Gerät als eine Kombination von optischen Multiplexern und Demultiplexern vorstellbar. Diese sind so verschaltet, wie in Abbildung 1 zu sehen. Eine Wellenlänge auf einem Eingang 1 wird zu Ausgang 3 geroutet, dieselbe Wellenlänge wird wegen der Symmetrie des AWGMs von Eingang 3 auf Ausgang 1 geroutet. Auf diese Weise erscheint eine bestimmte Wellenlänge immer nur an einem Ausgang und Kollisionen, wie sie bei passiven Sternkopplern auftreten, sind hier nicht möglich. AWGMs sind somit sowohl als Multiplexer als auch als Demultiplexer als auch als passiver Wellenlängenrouter einsetzbar. Die logischen Topologien, die auf AWGMs aufgebaut werden können, sind vielfältig und reichen von Multihop-Netzen wie Manhattan Street Network (MSN) über Ringe bis zur Vollvermaschung. In [9] ist ein Konzept für ein WDM-LAN beschrieben, das auf einer physikalischen Sterntopologie beruht. Die Stationen sind über je zwei Fasern mit einem AWGM verbunden, und zwar jeweils so, daß eine Station an Eingang E1 und Ausgang A1, die nächste an E2 und A(N-1), E3/A(N-2),..., EN/A2 verbunden ist. Es entstehen dadurch virtuelle Ringe auf jeder Wellenlänge. Unter der Voraussetzung, daß die Anzahl der Stationen N eine Primzahl ist, verbindet jeder dieser Ringe alle Stationen, ansonsten entstehen kleinere Ringe, die disjunkte Teilmengen von N umfassen. Die N-1 Ringe verbinden die Stationen in unterschiedlicher Reihenfolge, so daß je zwei dieser Ringe eine entgegengesetzte Richtung haben. Eine Anzahl von 5 Stationen ist also potentiell in 2 bidirektionale Ringe aufteilbar.

Aus Kostengründen kann zunächst mit nur einem Laser pro Station ein unidirektionaler Ring aufgebaut werden, bei Bedarf kann durch die Installation weiterer Laser neue Bandbreite installiert werden. Hiermit wird auch die virtuelle Topologie durch den Wechsel bzw. die Hinzunahme einer Wellenlänge verändert. Im vollen Ausbau, d.h. mit einer Bank von N-1 Lasern pro Station, wird eine Vollvermaschung, d.h. ein Single-Hop-Netz, erreicht. Vorgeschlagen ist, ein Buffer-Insertion-Protokoll auf den Doppelringen zu verwenden. Dadurch, daß mit zunehmender Zahl der Wellenlängen die durchschnittliche Hop-Anzahl abnimmt, ist ein Protokoll erforderlich, das eine Wiederverwendung von Bandbreite gestattet, das also ein Entfernen des Datenpackets vom Ring durch den Empfänger vorsieht. Zu diesem Zweck muß das Datenpacket aber erkannt werden, bevor die Entscheidung darüber getroffen wird, ob es vom Ring genommen wird. Dazu müssen die IP-Packete entsprechend markiert werden.

Optisches Labelling Für das Markieren von IP-Packeten werden derzeit verschiedene Ansätze diskutiert, auf deren technologische Details hier nicht eingegangen werden kann (siehe an entsprechender Stelle auch die Literaturhinweise):

- Eine separate Wellenlänge ausschließlich zur Übertragung der Markierungen
- SCM (Subcarrier Modulation) [10]
- Orthogonale Kodierungsmechanismen (DPSK für die Labels, ASK für Daten)
- Spektrales CDMA zur Übertragung der Labels

Alle Ansätze haben gemeinsam, daß keine Erkennung des Datenpackets notwendig ist, um eine Routingentscheidung zu treffen. Desweiteren ist davon auszugehen, daß die Datenrate der Labelübertragung wesentlich geringer als die der Nutzdaten sein wird. Während die erste Variante Probleme bei der Erhöhung der Anzahl der Wellenlängen aufwerfen kann, erfordern die anderen Varianten eine Aufteilung des Signals (damit verbunden ist immer eine Dämpfung). Wie letztlich aber die Übertragung des Labels aussehen wird, sie wird im allgemeinen parallel zum Datenpacket erfolgen. Eine Übertragung vor dem Datenpacket hätte zur Folge, daß das Packet gespeichert werden muß, um denselben Abstand zwischen Markierung und Paket auch an der nächsten Station zu halten. Diese Speicherung ist ebenso bei einer parallelen Übertragung notwendig. Ein mögliches Funktionsprinzip eines optischen Labels ist in Abbildung 2 dargestellt. Ein ankommendes Datenpacket wird in einer Glasfaserschleife um die Zeit verzögert, die benötigt wird, die Markierung zu erkennen, auszuwerten und die Entscheidung zu treffen, ob das Packet vom Ring genommen werden kann. Danach wird ein optischer 2x2-Schalter betätigt, der, wenn das Packet vom Ring genommen wird, gleichzeitig den Weg freigibt für das Senden eines Packetes von der Station. Da das Label mit einer niedrigeren Datenrate als das Datenpacket übertragen wird (40 Mbit/s bei 10 Gbit/s), ist eine Mindestpacketgröße von z.B. 16 kbyte vonnöten, wenn 64 byte Header-Informationen übertragen werden sollen. Dies entspricht einer Länge der Verzögerungsschleife von etwa 2,5 km. Nur wenn die Verzögerungsschleife leer ist, darf die Station ein Datenpacket senden. Das dargestellte Szenario ermöglicht die Anwendung bestehender Zugriffsprotokolle,

222

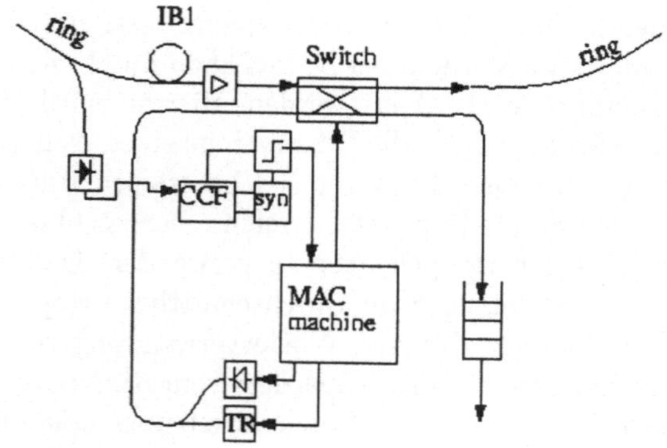

Fig. 2. Ein mögliches Stationsdesign für Optisches Labelling

die auf Insertion-Buffer-Techniken basieren. Ein mögliches MAC-Protokoll – METARING – wurde in [6] vorgestellt. Die Kombination von passiven Wellenlängenroutern und optischer Packetmarkierung stellt eine kostengünstige und dem derzeitigen Stand der Technologie entsprechende Variante dar, ein optisches INTERNET zu realisieren.

References

1. C.Guillemot, F.Clerot: *Opticla Packet Switching for WDM IP Gigabit Routers* Proceedings of ECOC'98, 20.-24. September 1998, Madrid, Spain, 433f
2. B. Mukherjee: *WDM-based Local Lightwave Networks- Part I: Single-Hop Systems* IEEE Network, vol. 6, May 1992; pp.12-27
3. B. Mukherjee: *WDM-Based Local Lightwave Networks - Part II: Multihop Systems,* IEEE Network, vol. 6, No. 4, pp. 20-32, Juli 1992
4. J. Manchester, J. Anderson, B. Doshi, S. Dravida: *IP over SONET* IEEE Communications Magazine; May 1998; pp. 136-142
5. W. Simpson: *PPP over SONET/SDH* IETF RFC 1619; May 1994
6. I. Cidon, Y. Ofek: *MetaRing - A full duplex ring with fairness and spatial reuse* IEEE Transactions on Communications, Vol. 41, no. 1, 1993; pp. 110-119
7. Y. Tachikawa, Y. Inoue, M. Ishii, T. Nozawa: *Arrayed-Waveguide Grating Multiplexer with Loop-Back Optical Paths and Its Applications*; Journal of Lightwave Technology, Vol. 14, No. 6; June 1996; pp.977-984
8. A. Visvanathan et al.: *Evolution of Multiprotocol Label Switching* IEEE Communication Magazine, Mai 1998, Vol 36, No. 5 pp. 165-173
9. H. Woesner: *All-optical LAN archtictures based on Arrayed Waveguide Grating Multiplexers* SPIE Conference on All-Optical Networking: Architecture, Control and Management Issues, Boston, November 1998, SPIE Vol. 3531, pp. 158 - 163
10. M.D. Vaughn, D.J. Blumenthal: *All-Opticla Updating of Subcarrier Encoded Packet Headers with Simultaneous Wavelength Conversion of Baseband Payload in Semiconductor Optical Amplifiers* IEEE Photonics Technology Letters, 9 (6), pp 827-829, June 1997

Analytical Methods for Multilevel Graph-Partitioning

Robert Preis [*]

Graduate College, Heinz Nixdorf Institut
University of Paderborn, D-33102 Paderborn, Germany
preis@hni.uni-paderborn.de

Abstract. The multilevel strategy is widely used for graph partitioning. We discuss analytical methods for the central parts of this approach, i.e. for the graph coarsening and the local improvement.

1 Introduction

The research area 'Foundation of Parallel Computing' plays a central part in the Graduate College 'Parallel Computer Networks in Production Technique' in Paderborn. An important problem in this area is to simplify the load balancing of computational tasks on parallel machines. For many applications, this reduces to the problem of partitioning the task-graph into as many equally sized pieces as there are parallel processors, while keeping the overhead (number of crossing edges, cut) as small as possible.

The calculation of a balanced partition, i.e. load distribution, with minimal cut is NP-complete [8]. Many heuristics have been developed in the past, and the multilevel strategies have been shown to be very powerful approaches for efficient graph-partitioning (e.g. [9, 14]). Their efficiency is dominated by two parts: graph coarsening and local improvement. Several methods have been developed to solve these problems, but their efficiency has only been proved on an experimental basis. For both steps we will use methods with analytically proved worst-case performance. For the coarsening part we use a new approximation algorithm for maximum weighted matching in general edge-weighted graphs [19]. It calculates a matching with an edge weight of at least $\frac{1}{2}$ of the edge weight of a maximum weighted matching in linear time. For the local improvement we use the Helpful-Set method [11, 5, 16], which origins from a constructive proof for upper bounds on the bisection width of regular graphs. Overall, the combination of analytical methods for the two parts of the multilevel approach lead to an efficient graph-partitioning concept, which is implemented in the software library PARTY [20].

The research areas of the Graduate College are described in Sect. 2. Sect. 3 defines the graph partitioning problem and describes the analytical methods for the graph coarsening and local improvement parts of the multilevel strategy. Experiments in Sect. 4 show the efficiency on real test examples.

---

[*] Supported by DFG Graduate College 'Parallel Computer Networks in Production Technique' (Graduiertenkolleg 'Parallele Rechnernetze in der Produktionstechnik')

2 Graduate College 'Parallel Computer Networks in Production Technique'

The research in the Graduate College 'Parallel Computer Networks in Production Technique' ('Parallele Rechnernetze in der Produktionstechnik') is concentrated on the borderline between computer science, engineering and economy. It covers basic research on parallel computing, mechatronics, and computer integrated manufacturing with an emphasis on interdisciplinary fields. The research is focussed on the following four areas.

1. **Foundation of Parallel Computing** The design and efficient use of parallel systems raises basic questions concerning physical and algorithmic foundations of communication devices, reliability of parallel systems, basic services for supporting program development, and paradigms for designing efficient algorithms. The Graduate College focuses on specific aspects of these questions: We support program development by designing and analyzing schemes for load balancing, scheduling, and graph partitioning, and provide efficient algorithms for geometric problems and graph problems. Some of the current topics include:

   Placement of Independent Tasks In the case of load-balancing independent tasks we consider randomized algorithms to obtain feasible solutions for the task distribution. Although only a few servers are asked for their current workload, the fast and simple randomized choice ensures a near optimal distribution. Independent tasks also occur in online resource management problems. We develop deterministic online algorithms for this problem and apply competitive analysis to prove bounds for the worst case ratio of the quality of an online solution compared to the optimal off-line solution.

   Load Balancing and Graph-Partitioning Dependent tasks lead to the graph-partitioning problem which occurs in several areas such as parallel numerical simulation. The task dependencies can be modeled as a graph and each part of this graph is assigned to a different processor. The goal is to ensure equally balanced parts with as few as possible dependencies between tasks of different parts in order to keep the communication overhead between processors small. We are studying upper and lower bounds on the bisection width of regular graphs, which often occur in real-world problems, in order to develop efficient partitioning heuristics.

   Combinatoral Optimization Many problems in real-world applications can be formulated as combinatorial optimization problems. They pose a real challenge in the sense that it is hard to solve realistically large problem instances in reasonable computation times. This has led to the development of many heuristic algorithms and motivates the use of parallel computers. We develop new methods for the performance evaluation of parallel heuristic algorithms and do research on the cooperation techniques between several optimization algorithms. The application field we test and evaluate our research on is the airline schedule optimization problem.

Computation Model There is no 'general' model for existing parallel computers. Some real-world applications work with huge amounts of data which do not fit into internal memory and need to solve these problems in external memory. Our work concentrates on exploring a model for both problems - parallel and external computation - because they are closely related to each other. The main research includes practical considerations like usability, feasibility and influence on existing applications.

Geometric Searching Problems Another research topic is the examination of real-time aspects in the design of algorithms and data structures for the management of large geometric scenes. Only a small piece of the scene is visible for the prospective visitor and it is important to find out which objects are potentially visible from his current position. Only such objects will be rendered. The subjects of our research are static and dynamic data structures for two and higher dimensional spaces that allow to report all potentially visible objects in real-time.

2. **Foundation of Computer Integrated Manufacturing** The design of mechatronic systems is a very complex problem, by far more complex than the design of traditional systems, because dynamic interdependencies between dynamic systems have to be considered. The complex process of manufacturing such systems has to be supported, too. Subsystems may not be designed separately neither in the design nor in the manufacturing process, because of the complex kinematic of the products, the complex assembly and handling for different lot sizes, etc. Therefore, we try to support the design and manufacturing of mechatronic systems by methods and tools in a unifying framework.

3. **Application in Production Technique** Complex problems in manufacturing are investigated that require high computing power, e.g. problems in cooperative simulation of heterogeneous systems and simulation of robots, but also problems in image processing and production control in complex manufacturing systems like flow shops with multiple production lines. In these problems, objects change their location dynamically. In cooperation with computer science, efficient algorithms for these problems have to be developed. In this context, we especially investigate the use of parallel systems.

4. **Physical Foundations of Computer Science, Humanities and Social Science** Information technology is based on physical developments and strongly influences our society. Therefore, we integrate relevant aspects from physics, humanities and social science in our research and education program. We investigate new materials and technologies which are going to have decisive influence on future information systems, like optical signal transmission. We further reflect the potential impact of new advances in computer science on our society, under cultural and social aspects.

The remainder of this paper focuses on the graph-partitioning problem as described in the first area of research. The advisors of this topic are Prof. B. Monien and Prof. F. Meyer auf der Heide.

3   The Multilevel Strategy for Graph Partitioning

3.1   The Graph Partitioning Problem

Graph-Partitioning problems occur in a wide range of applications. The task is to divide the set of vertices of a graph into a given number of parts, while restrictions and cost functions have to be considered.

In the following let $G = (V, E)$ be a graph with vertices V and undirected edges E. Let $\pi : V \rightarrow \{0, 1, ...p - 1\}$ be a p-**partition** of a graph G that distributes the vertices among p parts $V_0, V_1, ...V_{p-1}$. In the case of $p = 2$, π is also called a **bisection** of G. A partition π is called **balanced** if $|V_i| \leq \lceil \frac{|V|}{p} \rceil$ for all $0 \leq i < p$. The **cut** of a partition is defined as $cut(\pi) := |\{\{v, w\} \in E; \pi(v) \neq \pi(w)\}|$. In the edge-weighted case, the cut is the sum of the weights of all cut edges. The task of the **partitioning problem** is to find a balanced partition π that minimizes the cut. If the graph models the dependencies (edges) between single execution tasks (vertices), a balanced partition ensures an equal work load on all processors (parts) and a small cut ensures a small processing overhead.

For the bisection problem ($p = 2$) define the **bisection width** $bw(G) = min\{cut(\pi); \pi$ is balanced bisection of G$\}$. The problem of calculating the bisection width for an arbitrary graph is NP-complete [8]. The bisection width is known for some specific graphs classes and can be computed for very small graphs by using efficient enumeration schemes. Therefore, efficient heuristics are used for arbitrary graphs to calculate partitions with low cut sizes.

3.2   The Multilevel Strategy

In recent years the need for partitioning very large graphs with up to millions of vertices has grown fast. Classical heuristics for graph partitioning are often too slow or do not deliver the requested accuracy if applied to such large graphs. The solution is to coarsen the large graph in several levels to smaller and smaller graphs with a similar structure, to partition the smallest graph and to project the partition back through the levels to a partition of the original graph. This multilevel strategy (Fig. 1) has previously been used in e.g. [10, 14].

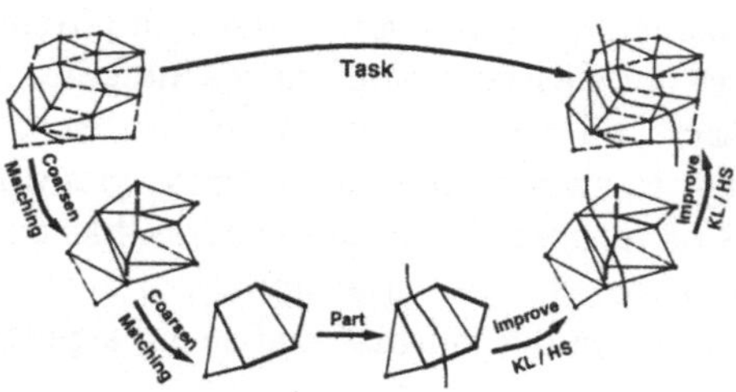

Fig. 1. The Graph Coarsening and the Local Iterative Improvement are the central parts of the Multilevel Graph-Partitioning Approach.

The single coarsening steps between two levels are usually performed by matchings, i.e. a matching of the graph is calculated and the vertices incident to a matching edge are contracted to a super-vertex. The matching algorithm should (i) be very fast so that it is more time efficient than standard partitioning methods applied to the initial graph, (ii) calculate a matching with a high edge weight, because edges of high weight are very unlikely to be cut in a partition with a low cut size and (iii) calculate a matching with a high cardinality in order to decrease the number of vertices at each level significantly. Generally, the use of a maximum weighted matching would benefit the coarsening step most, but the super-linear time complexity of an optimal algorithm is too high for real examples. Therefore, we use a fast approximation algorithm for maximum weighted matching as described in Sect. 3.3.

Any known partitioning heuristic can be used to partition the coarsest graph and even optimal methods can be used if the coarsest graph is small enough. Furthermore, it is also possible to coarsen the graph down to as many vertices as there should be parts.

Finally, the coarse graph is un-coarsed again in the levels by projecting the partition of a level to the graph of one higher level. Since combined vertices are split in the un-coarsening process, the projected partition may not be exactly balanced anymore and the partition may also incorporate some local areas for improvement of the cut. Therefore, local iterative improvement heuristics such as Kerninghan-Lin [15] or Helpful-Set [5, 16] can be applied to balance and further improve the partition as will be described in Sect. 3.4.

3.3 Matching Algorithms for Graph Coarsening

Graph Matching is a fundamental topic in graph theory. A matching of a graph $G = (V, E)$ with vertices V and edges E is a subset $M \subset E$, such that no two edges of M are adjacent. As stated before, the matching calculated for the coarsening step of the multilevel graph-partitioning strategy should include many edges with high weight, because it is most likely that those edges do not connect vertices of different parts in a partition with a low cut. Therefore, it is desirable to take a *Maximum Weighted Matching* M_{MWM} with the highest edge weight among all matchings of G. Unfortunately, the fastest algorithm for calculating a maximum weighted matching by Gabow [7] takes time $O(|V| \cdot |E| + |V|^2 log(|V|))$.

Commonly used matching algorithms for the multilevel strategy (e.g. [10, 14, 18]) include the *random-edge* matching, *heavy-edge* matching and many different variants. They all follow the same strategy. Starting with an initial empty matching, the vertices of the graph are visited in a specific order. For each visited vertex v, it is checked if v is free and if v is adjacent to at least one free vertex. If v is free and all neighbors are already matched, v remains free. Otherwise, if v is free and at least one free neighbor exists, the edges to free neighbors are rated and an edge with highest rating is added to the matching. The methods differ in the order in which the vertices are visited and the rating of the incident edges. In addition, they may also differ in the way in which possible ties in the ordering and rating are broken. A first attempt to analyze the random-edge and heavy-edge matching strategies under several assumptions has been done in [13]. All these strategies are fast and try to calculate a matching with high matching cardinality and matching weight. But it is possible to construct examples for which these methods calculate matchings with a weight much lower than that of a maximum weighted matching.

A new approximation algorithm LAM for maximum weighted matching in general edge-weighted graphs is presented in [19]. The idea is to iteratively include *locally-heaviest* edges to the matching which ensures that the weight of the matching can not be much lower than the weight of a maximum weighted matching. The search for these edges is done in a BFS manner in order to find several edges in one search and to keep the time complexity low. The matching algorithm LAM calculates a matching with an edge weight of at least $\frac{1}{2}$ of the edge weight of a maximum weighted matching and has a linear time complexity of $O(|E|)$. Furthermore, the matching has also at least $\frac{1}{2}$ as many edges as a matching with the maximum number of edges. Thus, it is well suited to be used for the graph coarsening process.

3.4 Local Improvement Heuristics

Most currently used local improvement heuristics for graph partitioning are based on the work of Kernighan and Lin [15], which exchanges single vertex-pairs between parts. Unfortunately, there is no significant worst-case analysis of the cut size for this method.

The Helpful-Set heuristic [5] is based on an exchange of larger sets of vertices. It origins from a constructive proof for an upper bound on the bisection width of 4-regular graphs [11]. Please note that the calculation of the bisection width is also NP-complete for graphs with regular vertex degree [2]. It has been shown in [11] that $bw \leq \frac{|V|}{2} + 1$ for large 4-regular graphs and generalized in [16] for d-regular graphs (d even) to $bw \leq \frac{(d-2) \cdot |V|}{4} + 1$. Currently, slightly stronger upper bounds on the bisection width of 3- and 4-regular graphs have been achieved with an improved version of the Helpful-Set technique by the same people.

The Helpful-Set heuristic starts with a given bisection and searches for a small set in one part of the partition which, when moved to the other part, decreases the cut. Then, it searches for an equally large set in the over-weighted part which, if moved to the under-weighted part, results in a balanced partition with overall smaller cut size. This procedure is then repeated until no appropriate sets can be found. The problem is the search for those appropriate sets. But as long as the cut is larger than the upper bounds stated above, the proof technique guarantees that such sets exist and shows how to find them.

The construction with the Helpful-Set technique uses simple combinatorial arguments and incorporates an algorithmic strategy which can be used for local iterative improvement of existing partitions. The limitation to regular graphs simplifies the proof and is also a kind of "worst case consideration". Regular graphs are the most dense among the bounded degree graphs and, thus, the ones with the largest expected cut size. Thus, the bound still applies with respect to the maximum degree of the graph.

4 Experiments

We will show experimental results for the combination of the matching algorithm *LAM* and the Helpful-Set heuristic within the multilevel strategy. Both are implemented in the PARTY graph-partitioning library [20] developed at the Graduate College in Paderborn. PARTY has successfully been used in several applications like e.g. parallel sparse matrix factorization [21], parallel FEM-simulation [6], user modeling critiquing systems [1], simulation of mechatronic systems [4], data layout for parallel web servers [12] or graph-mapping [3].

The graphs *brack2* and *wave* are widely used test graphs for graph-partitioning, the graph *hermes* has been provided by R.J. Benko, University of Michigan, and the graphs *3dtube*, *cfd1*, *cfd2* and *nasasrb* are taken from the benchmark suite of the University of Florida, [17]. A 100x100 square grid and a De Bruijn graph of dimension 20 complete the list.

Due to space limitations we only compare the resulting partition ($p = 2$) of our new approach with the partitions calculated by existing graph-partitioning tools in Tab. 1. We have chosen the Multilevel method of Chaco [9], together with the standard settings of the Jostle [22] and Pmetis [14] tools. Method LAM+HS corresponds to using *LAM* for coarsening the graph down to 2 vertices and using the Helpful-Set heuristic for local improvement.

Table 1. Comparison of *LAM*+HS to existing partitioning tools. The lowest cuts are boxed, cuts within 10% of the best are underlined and within 20% of the best are bold. Small values in brackets state the unbalance of a partition and small numbers below the cuts state the time in seconds on a 200 MHz UltraSPARC.

	$|V|$	$|E|$	degree	Chaco2.0	Jostle2.0	Pmetis4.0	LAM+HS
brack2	62631	366559	3-32	743	864 (1.44)	751	757
				0.96	1.54	0.99	1.53
wave	156317	1059331	3-44	9542	9423 (2.16)	9336	9316
				3.53	4.89	2.79	4.45
hermes	320194	3722641	4-56	18135	18044 (0.06)	18088	17890
				6.48	15.14	6.67	11.98
3dtube	45330	1584144	9-2363	42666	46767 (3.00)	35590	35586
				2.69	14.13	2.16	3.64
cfd1	70656	878854	11-32	9100	8297 (2.26)	6904	7322
				1.63	3.3	1.60	2.61
cfd2	123440	1482229	7-29	9330	9617 (1.73)	8980	8911
				2.62	5.80	2.70	4.23
nasasrb	54870	1311227	11-275	4334	4792 (0.31)	4310	4695
				1.31	4.33	1.66	3.19
Grid100x100	10000	19800	2-4	100	148	124	100
				0.10	0.11	0.07	0.14
DEBR20	1048576	2097149	2-4	100286	100255	99428	90794
				44.60	41.57	15.78	61.13

The results show that the new approach results in partitions with lower cuts for most graphs. Although the calculation time of the new approach is not as low as for e.g. the tools Chaco and Pmetis, it is only about a factor of 2 higher, but it seems reasonable for calculating partitions with a lower cut. It shows that the combination of analytical methods for the single parts of the multilevel graph-partitioning strategy lead to an efficient graph-partitioning concept.

References

1. E.G. Arias, K. Schneider, and S. Thies. Creating virtual stakeholders for design. *J. of Planning and Design*, 1998.
2. T.N. Bui, S. Chaudhuri, F.T. Leighton, and M. Sisper. Graph bisection algorithms with good average case behaviour. *Combinatorica*, 7(2):171–191, 1987.
3. F. d'Amore, L. Becchetti, S.L. Bezrukov, A. Marchetti-Spaccamela, M. Ottaviani, R. Preis, M. Röttger, and U.-P. Schroeder. On the embedding of refinements of 2-dimensional grids. In *Euro-Par'97*, volume 1300 of *LNCS*, pages 950–957, 1997.
4. T. Decker and R. Diekmann. Mapping of coarse-grained applications onto workstation-clusters. In *5th Euromicro Workshop on Parallel and Distributed Processing (PDP'97)*, pages 5–12. IEEE Comp. Soc. Press, 1997.
5. R. Diekmann, B. Monien, and R. Preis. Using helpful sets to improve graph bisections. In Hsu, editor, *Interconnection Networks and Mapping and Scheduling Parallel Computations*, DIMACS Series in Disc. Math., pages 57–73. 1995.
6. R. Diekmann, R. Preis, F. Schlimbach, and C. Walshaw. Aspect ratio for mesh partitioning. In *Euro-Par'98*, volume 1470 of *LNCS*, pages 347–351, 1998.
7. H.N. Gabow. Data structures for weighted matching and nearest common ancestors with linking. In *SODA'90*, pages 434–443, 1990.
8. M.R. Garey and D.S. Johnson. *Computers and Intractability - A Guide to the Theory of NP-Completeness*. Freemann, 1979.
9. B. Hendrickson and R. Leland. The chaco user's guide: Version 2.0. Technical Report SAND94-2692, Sandia National Laboratories, Albuquerque, NM, 1994.
10. B. Hendrickson and R. Leland. A multilevel algorithm for partitioning graphs. In *Proc. Supercomputing '95*. ACM, 1995.
11. J. Hromkovič and B. Monien. The bisection problem for graphs of degree 4 (configuring transputer systems). In Buchmann, Ganzinger, and Paul, editors, *Festschrift zum 60. Geburtstag von Günter Hotz*, pages 215–234. B.G. Teubner, 1992.
12. J. Jensch, R. Lüling, and N. Sensen. A data layout strategy for parallel web servers. In *EURO-PAR'98 Parallel Processing*, volume 1470 of *LNCS*, pages 944–952, 1998.
13. G. Karypis and V. Kumar. Analysis of multilevel graph partitioning. In *Proc. of 7th Supercomputing Conf.*, 1995.
14. G. Karypis and V. Kumar. A fast and high quality multilevel scheme for partitioning irregular graphs. *SIAM J. on Scientific Computing*, 1998. to appear.
15. B.W. Kernighan and S. Lin. An effective heuristic procedure for partitioning graphs. *The Bell Systems Technical J.*, pages 291–307, 1970.
16. B. Monien and R. Diekmann. A local graph partitioning heuristic meeting bisection bounds. In *8th SIAM Conf. on Parallel Processing for Scientific Computing*, 1997.
17. University of Florida. Graphs. ftp://ftp.cise.ufl.edu/pub/faculty/davis/matrices.
18. R. Ponnusamy, N. Mansour, A. Choudhary, and G.C. Fox. Graph contraction for mapping data on parallel computers. *Scientific Programming*, 3:73–82, 1994.
19. R. Preis. Linear time $\frac{1}{2}$-approximation algorithm for maximum weighted matching in general graphs. In C. Meinel and S. Tison, editors, *Symposium on Theoretical Aspects of Computer Science*, volume 1563 of *LNCS*, pages 259–269, 1999.
20. R. Preis and R. Diekmann. PARTY - A software library for graph partitioning. In B.H.V. Topping, editor, *Advances in Computational Mechanics with Parallel and Distributed Processing*, pages 63–71, 1997.
21. J. Schulze, R. Diekmann, and R. Preis. Comparing nested dissection orderings for parallel sparse matrix factorization. In *PDPTA'95*, pages 280–289, 1995.
22. C. Walshaw, M. Cross, and M.G. Everett. A localised algorithm for optimising unstructured mesh partitions. *Int. J. Supercomputer Appl.*, 9(4):280–295, 1995.

Mobile Agenten zur Unterstützung kooperierender Managementprozesse – Eine Arbeit im Rahmen des Graduiertenkollegs "Informatik und Technik"

Steffen Lipperts, RWTH Aachen

Das Graduiertenkolleg „Informatik und Technik"

Der Einsatz von Methoden der Informatik dringt in zunehmendem Maße in andere Disziplinen vor, z.B. Elektrotechnik, Maschinenwesen, Medizin, Wirtschaftswissenschaften und selbst Sprachwissenschaften. Dies hat zur Folge, daß hier die Entwicklung der Konzepte und der problemorientierten Methoden nicht mehr isoliert durch einzelne Fachdisziplinen durchgeführt werden kann, sondern durch einen interdisziplinären Verbund angegangen werden muß.

Aus diesem Grund wurde im Oktober 1991 das interdisziplinäre Graduiertenkolleg „Informatik und Technik"[1] von der Deutschen Forschungsgemeinschaft (DFG) und dem Land Nordrhein-Westfalen an der RWTH Aachen [2] eingerichtet. Dieses Graduiertenkolleg wird durch das Forum Informatik [3] getragen, einer Arbeitsgruppe von Wissenschaftlern aus allen Fakultäten der RWTH. Es soll die Aktivitäten auf den Gebieten Informatik und Informationstechnik und ihre Anwendungen über Fakultätsgrenzen hinweg bündeln und zu einer verstärkten interdisziplinären Zusammenarbeit beitragen. Ziele sind dabei das Auffinden innovativer Anwendungen für informatische Methoden und Systeme und die Bearbeitung und Lösung neuartiger Fragestellungen, die durch technische Anwendungen entstehen. Letzteres beschreibt somit die Anforderungen an die Informatik von außen. Diese sollen zusammen mit den Anforderungen von innen, nämlich bezogen auf die adäquate Nutzung neuer technologischer Möglichkeiten, die Grundlage für die interdisziplinäre Zusammenarbeit bei der Bearbeitung komplexer Probleme bilden.

In den beiden letzten Bewilligungszeiträumen (10/94-9/97 und 10/97-9/00) erfolgte eine Fokussierung des Graduiertenkollegs auf drei Fakultäten, die mathematisch-naturwissenschaftliche (diese enthält den Studiengang Informatik) und die Fakultäten für Maschinenwesen und für Elektrotechnik. Diese Fokussierung war die Konsequenz aus den Erfahrungen des ersten Bewilligungszeitraums, die verdeutlichten, daß die Zusammenarbeit bezüglich der Probleme der Informatik zwischen eben diesen Fakultäten erheblich intensiver ist als bei anderen Fachrichtungen. Die deutlich stärkere Durchdringung des Maschinenwesens und der Elektrotechnik mit Konzepten und Lösungsmethoden der Informatik eröffnete die Möglichkeit, die Intensität der interdisziplinären Zusammenarbeit in einem Maße zu verstärken, welches sich mit anderen Fachrichtungen zu diesem Zeitpunkt noch nicht realisieren ließ und auch gegenwärtig noch nicht zu vollziehen ist. Die Erfahrungen bis zum heutigen Tag haben gezeigt, daß selbst in diesem auf technische Fachrichtungen beschränkten Kreis in Bezug auf Terminologie, Methodiken und Lösungsansätzen immense Anforderungen an die Interdisziplinarität entstehen. Zugleich aber hat die erfolgreiche Durchführung des Graduiertenkollegs, in dessen Verlauf bislang 21 Promotionen beendet wurden, die besondere Wichtigkeit des weiteren Zusammengehens dieser Disziplinen verdeutlicht und ermutigende Ansätze für ein gemeinsames Vorgehen aufgewiesen. Außerdem hat sich gezeigt, wie die Einbeziehung unterschiedlicher Vorgehensweisen und anderer Perspektiven in Problemlösungsprozesse das Auffinden innovativer Ansätze fördert.

Die momentan im Rahmen des Graduiertenkollegs verfolgten Forschungsschwerpunkte konzentrieren sich auf die folgenden drei Gebiete:

- Methoden und Werkzeuge der Informatik für technische Anwendungen,
- Parallelverarbeitung in technisch-wissenschaftlichen Anwendungen sowie
- Kommunikation und Verteile Systeme.

In den letztgenannten Themenbereich ist auch die nachfolgend dargestellte Forschungsarbeit einzugliedern. Sie befaßt sich mit dem Einsatz mobiler Agenten, einer neuartigen Technologie für Verteilte Systeme und Netzwerke, im Bereich des System- und Netzwerkmanagement.

Mobile Agenten zur Unterstützung kooperierender Managementprozesse

Obwohl die gleichzeitige Verwendung des Begriffs eines *Agenten* in den unterschiedlichsten Bereichen der Informatik, wie z.B. der Softwaretechnik, Robotik und in Verteilten Systemen, eine klare Definition der beinhalteten Eigenschaften lange erschwert hat, sind mittlerweile drei herausragende Merkmale allgemein akzeptiert. Ein Agent ist eine in sich geschlossene Einheit, die fähig ist, autonom zu handeln, mit anderen Agenten und mit dem sie umgebenden System zu kommunizieren, und dabei gezielt einen vorgegebenen Auftrag zu erfüllen versucht. Über ein zunehmendes Maß an Aufmerksamkeit erfreut sich die vor wenigen Jahren zuerst vorgestellte Technologie *der mobilen Agenten* [4], welche aus der *Remote Evaluation* [5] hervorging. Mobile Agenten verkörpern nicht nur die soeben vorgestellten Eigenschaften, sondern zeichnen sich vor allem durch ihre Fähigkeit zur Migration aus, d.h. ein mobiler Agent kann die Ausführung seines Prozesses auf einem System – auch als *Wirtssystem* oder *Agentensystem* bezeichnet – beenden und auf einem anderen fortsetzen, nachdem sowohl sein Code als auch sein aktueller Zustand zu diesem System transferiert worden sind. Voraussetzung hierfür ist die Unterstützung durch das Agentensystem, welches durch Bereitstellung eines Agententransferprotokolls und von Mechanismen zur

Serialisierung und Deserialisierung die Migration der Agenten ermöglicht. Insgesamt bietet die Technologie mobiler Agenten somit eine Alternative zum traditionellen Client/Server-Ansatz, der auf der Technik des *Remote Procedure Calls* (RPC) beruht, und stellt einen neuen Ansatz für den Aufbau von Verteilten Systemen dar.

Mobile Agenten und ihr Potential

Das starke Interesse, welches die mobilen Agenten hervorgerufen haben, basiert auf der Vielzahl von potentiellen Vorteilen, die durch ihren Einsatz entstehen. Ein wichtiges Charakteristikum ist hierbei die Autonomie der Agenten. Sie ermöglicht es, Aufgaben an einen Agenten zu delegieren, welche dieser dann autonom bearbeitet. Die Fähigkeit der Kommunikation gestattet es dabei, daß mehrere Agenten Informationen austauschen und gemeinschaftlich einer Aufgabe nachkommen können. Somit kann der Benutzer von Aufgaben befreit werden, was in Anbetracht der zunehmenden Komplexität heutiger und zukünftiger Systeme und Anwendungen von großer Bedeutung ist.

In Verbindung mit der Fähigkeit zu migrieren kommt der Autonomie der Agenten jedoch eine noch viel weitreichendere Bedeutung zu. Bevor sie kommunizieren, können mobile Agenten zuerst zu dem entsprechenden Zielsystem wechseln, welches den Kommunikationspartner enthält, um den Vorteil einer vielfach schnelleren lokalen Kommunikation auszunutzen. Außerdem kann die Übertragung großer Datenmengen über ein Netzwerk durch die Übertragung eines Agenten, welcher anschließend lokal auf diesen Daten operiert, ersetzt werden. Somit lassen sich Ausführungszeiten und Netzwerklast reduzieren. Mittels mobiler Agenten lassen sich ferner die starren Strukturen Client/Server-basierter Systeme aufbrechen. Während bislang das Ersetzen von Systemkomponenten ein aufwendiger Vorgang war, welcher zumeist einen kompletten Neustart erforderte, ermöglicht der Einsatz mobiler Agenten flexible Architekturen, da die Agenten, die keinerlei statische Bindungen aufweisen, einfach erweitert und ersetzt werden können. Obwohl die Trennung der Agentenwelt von den zugrundeliegenden Hardware- und Betriebssystemeigenschaften noch zahlreiche andere Vorteile mit sich bringt [6], wie die erhöhte Stabilität und Fehlertoleranz durch das Klonen von Agenten [7], sowie die Unterstützung heterogener Umgebungen und das Rapid Application Development, soll an dieser Stelle lediglich auf einen weiteren, aber entscheidenden Vorteil eingegangen werden. Die Kombination aus Autonomie und Migrationsfähigkeit ermöglicht die völlige Loslösung der Ausführung einer Aufgabe vom Ort ihres Ursprungs, was als *Disconnected Operation* bezeichnet wird. Während der RPC Mechanismus vorsieht, daß eine Anfrage gestellt und bis zum Erhalt einer Antwort die Verbindung aufrecht erhalten wird, ermöglichen mobile Agenten die Formulierung und Versendung einer Aufgabe, woraufhin die Verbindung nicht länger erforderlich ist. Der Agent kehrt erst nach Beendigung seiner Aufgabe und bei dann wieder vorhandener Verbindung zurück. Dies ist besonders bei großen Bearbeitungszeiten und bei teuren, temporären und fehleranfälligen Verbindungen der Fall, so etwa im Bereich des Mobilfunks.

Einsatzfelder der Agententechnologie

Obwohl die zahlreichen Vorteile mobiler Agenten schon frühzeitig identifiziert wurden, plagten sich und plagen sich noch heute die Verfechter dieser neuartigen Technologie mit zwei Problemen. Das erste betrifft die Organisation und Verwaltung der mobilen Agenten, deren neue Möglichkeiten auch neue Probleme aufwerfen. Wie steht es um die Sicherheit von Code und Daten, die ihr ursprüngliches System verlassen? Wenn mehrere Agenten gemeinsam eine Aufgabe erledigen sollen, wie tauschen sie dann die hierfür benötigten Informationen aus? Wie steht es um die Intelligenz dieser Agenten? Wie kann man autonom migrierende Agenten überhaupt wiederfinden? Was geschieht, wenn mobile Agenten nicht zu ihrem ursprünglichen System zurückkehren können? Wird ein Fehlverhalten und Versagen von Agenten überhaupt bemerkt? Diese und weitere Fragen sind Gegenstand der heutigen Agentenforschung.

Das zweite Problem ist grundlegenderer Natur und wird von Kritikern der Technologie mobiler Agenten als Hauptangriffspunkt gesehen. Es handelt sich dabei um die Frage nach dem Mehrwert, der durch Agenten erzielt werden soll. In Anbetracht der noch zu lösenden Probleme – einige sind durch obige Fragen angesprochen – geben sich Skeptiker mit den im letzten Abschnitt dargestellten Verbesserungsaussichten nicht zufrieden, sondern stellen vielmehr die Frage, ob mobile Agenten etwas leisten können, das vor dem Aufkommen dieser Technologie nicht möglich war. Dies wird im Allgemeinen als die Frage nach der „ Killer-Application" bezeichnet. Und obwohl diese Frage zum momentanen Zeitpunkt sicherlich noch verneint werden muß, sind bereits vielversprechende Anwendungsgebiete bestimmt worden. Für *Electronic Commerce* bilden mobile Agenten mit Hilfe der Migration und dem dadurch realisierbaren *Meeting Concept*, bei dem sich die Agenten an elektronischen Marktplätzen treffen, um dort lokal zu verhandeln und Geschäfte abzuwickeln [8], ein mächtiges Mittel zur Konstruktion innovativer Anwendungen. *Aktive Intelligente Netze* können durch die Integration mobiler Agenten in die Knoten Intelligenter Netze erschaffen werden, wodurch sich eine höchst flexible und dynamische Netzstruktur ergibt [9]. Durch die direkte Modellierung mobiler Benutzer ermöglichen mobile Agenten im Bereich der benutzerspezifischen Dienstanpassung und Benutzerlokalisierung eine neuartige Struktur moderner *Telekommunikationsnetzwerke* [10]. Die im letzten Abschnitt beschriebenen Disconnected Opertations ermöglichen einen neuen und effizienten Zugang zu *Mobilfunknetzen* im Umfeld von nicht-permanenten Verbindungen und unterstützen die Benutzermobilität [11].

Als letztes Beispiel ist das System- und Netzwerkmanagement anzuführen, wo mobile Agenten die Delegation von Funktionalitäten und Verantwortlichkeiten ermöglichen. Die Auswirkungen dieser Delegation und Probleme bei ihrer Realisierung sind Inhalt der dargestellten Arbeit, welche die Integration der Technologie mobiler Agenten in ein CORBA-basiertes System- und Netzwerkmanagement untersucht [12]. Neben den Integrationsaspekten liegt der Schwerpunkt der Arbeit auf drei Teilproblemen, die nach einer Bereitstellung der grundsätzlichen Integrationsmechanismen zu bewältigen sind. Zuerst handelt es sich dabei um die Frage, wie Intelligenz mit Hilfe der in ihrer Größe und Funktionalität beschränkten mobilen Agenten zu fassen ist. Ansätze zur Kooperation von Agenten [13] und zur Korrelation von Ereignissen [14] werden entwickelt, um die Ermöglichung einer verteilten und autarken Form von Intelligenz zu untersuchen. Hierfür ist der Aspekt der Kommunikation von mobilen Agenten [15], der das zweite behandelte Teilproblem darstellt, von ausschlaggebender Bedeutung. Das dritte Teilproblem der Arbeit, das Auffinden mobiler Agenten, welches eine Grundvoraussetzung für die übrigen Ansätze bildet, wird im folgenden anhand einer Diskussion und Bewertung von Lösungsansätzen behandelt.

Methoden zur Lokalisierung mobiler Agenten

Die Autonomie und die Migration mobiler Agenten sind mächtige Konzepte, die – wie in den vorangegangenen Abschnitten gezeigt – große Potentiale in sich bergen. Zugleich werden durch sie allerdings auch völlig neuartige Fragen aufgeworfen. So ergibt sich das Problem, daß zu einem gegebenen Zeitpunkt, an dem ein mobiler Agent kontaktiert werden soll, dessen Aufenthaltsort nicht nur unbekannt ist, sondern sich im weiteren Zeitverlauf auch noch ändern kann. Ein wichtiges Beispiel hierfür ist bei der Kommunikation von Agenten zu sehen. Während einige Kommunikationsformen wie die Kommunikation über Blackboards oder Postfächer [16] kein Wissen über den Aufenthalt eines Agenten erfordern, sind es die in vielen Fällen notwendigen direkten Kommunikationsmechanismen, welche dies voraussetzen. Es müssen somit Mechanismen bereitgestellt werden, die eine Lokalisierung der mobilen Agenten ermöglichen.

Ein naheliegender Ansatz zum Auffinden eines mobilen Agenten ist die explizite Befragung der beteiligten Agentensysteme, ob sie den gesuchten Agenten momentan beherbergen. In diesem Fall kann eine weitere Migration des Agenten verhindert werden, so daß einen Kontaktaufnahme möglich ist. Obwohl dieser Ansatz sehr einleuchtend ist, bleibt seine Durchführbarkeit dennoch auf kleine Teilsysteme beschränkt. Dies liegt daran, daß der Broadcast, der zur Benachrichtigung aller Systeme erforderlich ist, in großen Systemen nicht effizient durchführbar ist. Wenn zudem häufig Lokalisierungen von Agenten notwendig sind, führt dieser Ansatz zu einer hohen Netzbelastung.

Ein alternativer Ansatz, der diese Netzbelastung auch in offenen Systemen verhindert, sieht deshalb vor, daß die mobilen Agenten eine Spur ihres Pfades hinterlassen. Diese Spur wird vom Agentensystem mittels Zeigern realisiert, die auf das nächste Ziel des Agenten verweisen. Falls ein Agent zu einem System zurückkehrt, wird der Kreis von Zeigern gelöscht, um Loops zu verhindern und die Länge der Zeigerketten zu reduzieren. Nichtsdestotrotz ist es eben diese Länge der Zeigerketten, die den Hauptnachteil dieses Ansatzes ausmacht. Denn für mobile Agenten, die eine Vielzahl von Systemen besucht haben, wächst die zur Lokalisierung benötigte Zeitspanne derart an, daß in großen Systemen der effiziente Systembetrieb behindert wird. Außerdem ist ein mobiler Agent nicht mehr aufzufinden, sobald die Zeigerkette an einer Stelle unterbrochen wird, z.B. durch ein Systemversagen oder eine Fehlfunktion.

Ein Ansatz, der sowohl das Problem der Netzwerklast als auch der Zuverlässigkeit löst, sieht einen speziellen Verzeichnisdienst vor, der vom Agentensystem bereitgestellt wird. Diese Komponente protokolliert den Aufenthaltsort der Agenten, indem bei jeder Migration ein entsprechender Eintrag geändert wird. Somit liegt im Falle einer Lokalisierung der aktuelle Ort des mobilen Agenten direkt vor. Dieser Ansatz wird auch in der Mobile Agent System Interoperability Facility (MASIF) [17], einer Standardisierung von Agentensystemen zur Gewährleistung von Interoperabilität, in Form des MAFFinder verfolgt, der auf Agentensystemebene unterstützt werden soll. Allerdings wird die genaue Natur dieser Komponente nicht spezifiziert. Sicherlich ist ein verteilter Ansatz notwendig, um dieses Konzept auch in großen Systemen einsetzen zu können. Trotzdem beinhaltet das Konzept einen Nachteil, der in dem entstehenden Overhead zu sehen ist. Da die Aktualisierung der Position bei jeder Migration eines Agenten vorgenommen werden muß, wird die Migrationsdauer weiter erhöht.

Obwohl dieser Overhead in vielen Fällen in einem vertretbaren Rahmen gehalten werden kann, ist dennoch ein Suche nach weiteren Ansätzen zur Lokalisierung von mobilen Agenten vonnöten. Während im Rahmen der Arbeit auch kombinierte, hierarchische Ansätze der genannten Methoden auf ihre Effizienz und Skalierbarkeit untersucht werden, soll im folgenden ein völlig anders gearteter Ansatz Gegenstand der Diskussion sein. Es handelt sich hierbei um einen wahrscheinlichkeitstheoretischen Modellierungsansatz.

Dieser Ansatz basiert auf der Annahme, daß die Bedienzeiten der mobilen Agenten auf den einzelnen Systemen abschätzbar und der Migrationspfad zumindest in Teilabschnitten festgelegt ist. Während die erste Annahme nicht für alle Klassen von Diensten sinnvoll ist, resultiert die zweite Annahme aus der Tatsache, daß die mobilen Agenten, die in ihrer Komplexität beschränkt sind, zur Erfüllung ihrer Aufgaben Dienste in Anspruch nehmen müssen. Diese Dienste werden bei einem Trader angefragt, der die notwendigen Informationen über den Migrationspfad bereitstellen kann. Sei nun A_i ein Agentensystem, wobei i die Position des Systems in der Reihenfolge der zu besuchenden Systeme angibt. Ferner sei $\lfloor \min_i, \max_i \rfloor$ das Intervall der Bedienzeiten eines Servers und $\lfloor Min_i, Max_i \rfloor$ das Intervall der summierten Bedienzeiten der ersten i Systeme. Ausgangspunkt der Modellierung ist die Wahrscheinlichkeit, daß ein mobiler Agent ein Agentensystem zu einem Zeitpunkt k noch nicht verlassen hat.

$$p_k^{(n)} = \binom{n}{k} \cdot p^k q^{n-k} \text{ , wobei n} = \max_i - \min_i \text{ } \textbf{\textit{(I)}}$$

Die Binomialverteilung der Wahrscheinlichkeit über dem Intervall $\lfloor \min_i, \max_i \rfloor$ **(I)** kann mittels eines Wertes von p=0,5 vereinfacht werden. Die Wahrscheinlichkeit C, daß ein mobiler Agent das Agentensystem A_i zum Zeitpunkt t bereits verlassen hat, läßt sich somit modellieren als:

$$C_{A_i}(t) = \sum_{k=0}^{t} \binom{n}{k} \cdot 0,5^n = \sum_{k=0}^{t} \binom{\max_i - \min_i}{k} \cdot 0,5^{\max_i - \min_i} \qquad \textbf{\textit{(II)}}.$$

Als nächstes sei eine Kette von Agentensystemen betrachtet, wobei jedes der Systeme wie unter *(II)* gezeigt modelliert ist. Die Wahrscheinlichkeit, daß ein mobiler Agent die ersten i-1 Agentensysteme zum Zeitpunkt t verläßt, kann nun als Produkt der Wahrscheinlichkeiten der einzelnen Systeme ausgedrückt werden, was durch die vereinfachte Annahme der binomialverteilten Abgangszeiten der Agenten möglich ist.

$$\prod_{l=1}^{i-1} p_t^{(n_l)} = \binom{Max_i - Min_i}{t} \cdot 0{,}5^{Max_i - Min_i} \qquad (III)$$

Mithilfe dieser Beschreibung kann nun die Wahrscheinlichkeit formuliert werden, daß der Agent sich zum Zeitpunkt t genau an einem Agentensystem A_i aufhält. Dies ist nämlich die Summe der Wahrscheinlichkeiten, daß der Agent die Kette der vorherigen Systeme in einer Zeit r < t verlassen hat und in der verbleibenden Zeit t-r das i-te System noch nicht verlassen hat, d.h.

$$P_{S_i}(t) = \begin{cases} \overline{C}_{S_i}(t), & falls\ i = 1 \\ \left(\prod_{l=1}^{i-1} p_t^{(n_l)}\right) \cdot \overline{C}_{S_i}(0) + \left(\prod_{l=1}^{i-1} p_{t-1}^{(n_l)}\right) \cdot \overline{C}_{S_i}(1) + \ldots + \left(\prod_{l=1}^{i-1} p_{t-\max_i}^{(n_l)}\right) \cdot \overline{C}_{S_i}(\max_i), & sonst \end{cases}$$

Vereinfacht gibt dies *(IV)*.

$$P_{S_i}(t) = \begin{cases} \overline{C}_{S_i}(t), & falls\ i = 1 \\ \sum_{j=0}^{\max_i}\left(\prod_{l=1}^{i-1} p_{t-j}^{(n_l)}\right) \cdot \overline{C}_{S_i}(j), & sonst \end{cases} \qquad (IV)$$

Mittels *(IV)* lassen sich die benötigten Wahrscheinlichkeiten, welche für die Bestimmung der Position der mobilen Agenten notwendig sind, bestimmen. Im weiteren Verlauf der Tätigkeit im Rahmen des Graduiertenkollegs sollen die Restriktionen des Modells – die diskreten Zeitschritte, die vernachlässigten Migrationszeiten der Agenten und die Einschränkung des Modells auf bestimmte Agentenklassen – aufgehoben werden.

Zusammenfassung und Ausblick

Die Ausführungen haben gezeigt, was für ein bedeutendes Potential der Technologie mobiler Agenten zuzurechnen ist. Einige der Einsatzfelder wurden beschrieben und gezeigt, daß viele Fragen bezüglich des Einsatzes mobiler Agenten dabei noch offen sind. Allerdings darf nicht zu ungeduldig an diese noch sehr junge Technologie herangegangen und über sie geurteilt werden. Die hier beschriebene Arbeit im Rahmen des Graduiertenkollegs „Informatik und Technik" kann hoffentlich einen kleinen Teil dazu beitragen, daß sich mobile Agenten als eine innovative und effiziente Methodik für Verteilte Systeme behaupten können. Dabei ist nicht zu erwarten, daß sie die traditionelle Client/ Server-Strukturen ablösen werden. Vielmehr versprechen sie eine sinnvolle und bereichernde Erweiterung.

Referenzen

[1]   URL des Graduiertenkollegs „Informatik und Technik" an der RWTH Aachen: http://www-i4.informatik.rwth-aachen.de/Kolleg/

[2]   URL der Rheinisch-Westfälischen Technischen Hochschule Aachen (RWTH): http://www.rwth-aachen.de/

[3]   URL des Forum Informatik an der RWTH Aachen: http://www.rwth-aachen.de/fi/

[4]   Harrison, C.; Chess, D.; Kershenbaum, A.: Mobile Agents: Are they a good idea? Technical Report RC 1987, IBM Res., März 1995

[5]   Baldi, M.; Gai, S.; Picco, G.: Exploiting Code Mobility in Decentralized and Flexible Network Management. In: Proceedings of First International Workshop Mobile Agents '97, Berlin, Deutschland, April 1997

[6]   Bieszczad, A.; Pagurek, B.; White, T.: Mobile Agents for Network Management. In: IEEE Communications Surveys, September 1998

[7]   Shehory, O.; Sycara, K.; Chalasani, P. et al.: Agent Cloning: An Approach to Agent Mobility and Resource Allocation. In: IEEE Communications Magazine, Juli 1998

[8]   Boger, M.: Migrating Objects in Electronic Commerce Applications. In: Proceedings of the International IFIP/GI Working Conference "Trends in Distri b- uted Systems for Electronic Commerce", Hamburg, Deutschland, 1998

[9]   Breugst, M.; Magedanz, T.: Mobile Agents - Enabling Technology for Active Intelligent Network Implementation. In: IEEE Network, Mai/Juni 1998

[10]   Küpper, A.; Park, A.: Stationary vs. Mobile User Agents in Future Mobile Telecommunication Networks. Mobile Agents 98, Stuttgart, Deutschland, Sep- tember 1998

[11]   Lipperts, S.; Park, A.: An Agent-based Middleware: A solution for Terminal and User Mobility. In: Computer Networks Journal, 1999

[12]   Lipperts, S.; Thißen, D.: CORBA Wrappers for A-posteriori Management: An Approach to Integrating Management with Existing Heterogeneous Systems. In: Second IFIP International Working Conference on Distributed Applications and Interoperable Systems, Helsinki, Finnland, Juni/Juli 1999

[13]   Lipperts, S.; Kreller, B.: Mobile Agents in Telecommunications Networks - A Simulative Approach to Load Balancing. In: Fifth International Conference on I n- formation Systems Analysis and Synthesis, Orlando, USA, August 1999

[14]   Lipperts, S.: Enabling Alarm Correlation for a Mobile Agent based System and Network Management - A Wrapper Concept. In: IEEE International Conference On Networks 1999, Brisbaine, Australia, Oktober 1999

[15]   Lipperts, S.: CORBA for Inter-Agent Communication of Management Information. In: 5th International Workshop on Mobile Multimedia Communic a- tion, Berlin, Deutschland, Oktober 1998

[16]   Park, A.; Lipperts, S.; Kreller, B.; Schiemann, B.: Mobility Support with a Mobile Agent System. To be published in: 3rd International Workshop on Intelli- gent Agents for Telecommunication Applications, Stockholm, Schweden, August 1999

[17]   The Object Management Group (OMG): Mobile Agent System Interoperability Facilities Specification. November 1997

Gestaltung und Simulation hardware-rekonfigurierbarer Rechnersysteme

Sergej Sawitzki

Fakultät Informatik
Technische Universität Dresden
D-01062 Dresden
Telefon: +49 351 463 - 8452, Fax: +49 351 463 - 8324
e-Mail: sawitzki@ite.inf.tu-dresden.de

Zusammenfassung Rechnersysteme mit rekonfigurierbarer Hardware haben insbesondere in letzter Zeit an Bedeutung gewonnen. Während es viele leistungsfähige Einzellösungen gibt, fehlt es bisher an allgemeiner Entwurfssystematik und durchgängiger Werkzeugunterstützung für solche Systeme. Im Rahmen eines Forschungsvorhabens im Graduiertenkolleg 191 „Werkzeuge zum effektiven Einsatz paralleler und verteilter Rechnersysteme" werden Ansätze und Methoden zur Lösung dieses Problems erarbeitet. In diesem Beitrag werden nach einer Kurzvorstellung des Graduiertenkollegs die bisher erreichten Ergebnisse präsentiert.

1 Kurzvorstellung des GK 191

Das Graduiertenkolleg 191 „Werkzeuge zum effektiven Einsatz paralleler und verteilter Rechnersysteme" wird von der DFG seit 1995 an der Fakultät Informatik der Technischen Universität Dresden gefördert. Im Herbst 1997 bestätigte die DFG in Auswertung eines Fortsetzungsantrages die Weiterführung der Förderung bis Anfang 2001. Gegenwärtig arbeiten 9 Hochschullehrer, 8 Stipendiaten und 4 Kollegiaten im Graduiertenkolleg zusammen. Zwei Promotionsverfahren wurden bereits erfolgreich abgeschlossen.

Fachübergreifende Vortragsreihen, Vorträge von Gastdozenten und ein häufiger Erfahrungsaustausch versetzen die Graduiertenstudenten in die Lage, ihre Doktorarbeiten in einem weitgehend interdisziplinären Kontext zu verfassen und darüber hinaus die akademische Diskussion an der Fakultät zu beleben. Verteilte und parallele Systemarchitekturen sind infrastruktureller Hintergrund für zukünftige Anwendungen. Der Stand der Entwicklung solcher Architekturen weist heute ein Ungleichgewicht auf; während der immense Fortschritt im Bereich der Hardware enorme Verarbeitungskapazitäten und Kommunikationsbandbreiten geschaffen hat, fehlen zweckmäßige Software-Umgebungen und Werkzeuge, die diese Vorteile effizient nutzbar machen. Im Rahmen des Graduiertenkollegs wird gegenwärtig an einer Reihe von Problemstellungen auf dem Gebiet der parallelen und verteilten Systeme gearbeitet. Sie sind eingebettet in die Forschungsprojekte der einzelnen am Graduiertenkolleg beteiligten Professuren.

An der Professur für Rechnernetze konzentrieren sich die Arbeiten derzeit auf das Schließen der Lücken zwischen den neuen Netztechnologien und deren praktischen Anwendungen. Im Teilthema „Kommunikationsarchitekturen und Netzmanagement" sollen als Basis neue Kommunikationsarchitekturen entwickelt und realisiert werden, die hochleistungsfähige Interaktionsmechanismen auf ATM-Basis unter Verwendung neuer Transportprotokolle bereitstellen. Im Teilthema „Anwendungen unter Rechner- und Benutzermobilität" werden aufsetzend auf bisher entwickelte Systemarchitekturen neue Lokalisierungsstrategien für mobile Objekte entwickelt.

Das Ziel der Arbeiten an der Professur für Datenbanken ist die vollständige Spezifikation und prototypische Implementierung eines mehrbenutzerfähigen und verteilten Informationssystems, das multimediale Daten jeglicher Art speichern und wieder zur Verfügung stellen kann.

Das Forschungsprogramm an der Professur für Betriebssysteme hat die Schaffung von Betriebssystemvoraussetzungen zur Garantie von Echtzeitanforderungen, wie sie aktuelle reservierungsbasierte Übertragungsprotokolle oder die Bearbeitung multimedialer Daten erfordern, zum Ziel. Es wird insbesondere Wert darauf gelegt, daß nicht nur einzelne Komponenten eines Betriebssystems QoS-Anforderungen garantieren können, sondern alle Komponenten eine Kette QoS-fähiger Module bilden.

In der bisherigen Bearbeitung des Themas „Formale Semantik paralleler Objektsysteme" an der Professur für Algebraische und logische Grundlagen der Informatik konnte eine formale Grundlage für dynamische Systeme mittels terminaler Coalgebren geschaffen werden. Darauf aufbauend ist der Nachweis zu führen, daß auch „echte Parallelität" in adäquater Weise formalisiert und analysiert werden kann. Eine weitere aktuelle Zielstellung ist die Schaffung einer „Typentheorie für Prozeßinteraktionen" auf deren Basis modulare Systemspezifikationen realisierbar werden sollen.

Wesentliche Zielstellung der Themenbearbeitung an der Professur für Technische Informationssysteme ist es, die Lücke zwischen dem erreichten Stand der Netztechnologien und strukturellen Entwurfswerkzeuge einerseits und den Mängeln bei der Verifikation des dynamischen Verhaltens, der Inbetriebnahme und Diagnose andererseits zu schließen.

Bei dem Thema „Innovative Sprachen für die Parallelverarbeitung" an der Professur für Programmiersprachen liegt der Schwerpunkt der Arbeiten auf der Erschließung, Effektivierung und Verwendung deklarativer Programmiersprachen für die Parallelverarbeitung.

Die Forschungsschwerpunkte an der Professur für Multimediatechnik konzentrieren sich auf die Teilthemen „Kooperative multimediale Applikation Frameworks, Systemerweiterungen und Entwicklungswerkzeuge", „Intelligente multimediale Benutzeroberflächen verteilter Anwendungen und Dokumente" und „Architektur von Medienservern zur transparenten Integration multimedialer Offline- (CD/DVD) und Online-Medien (WWW, I-TV) bzw. -Anwendungen".

An der Professur für verteilte und parallele Verarbeitung steht unter dem Thema „Laufzeitunterstützung paralleler Programme zur anforderungsorientier-

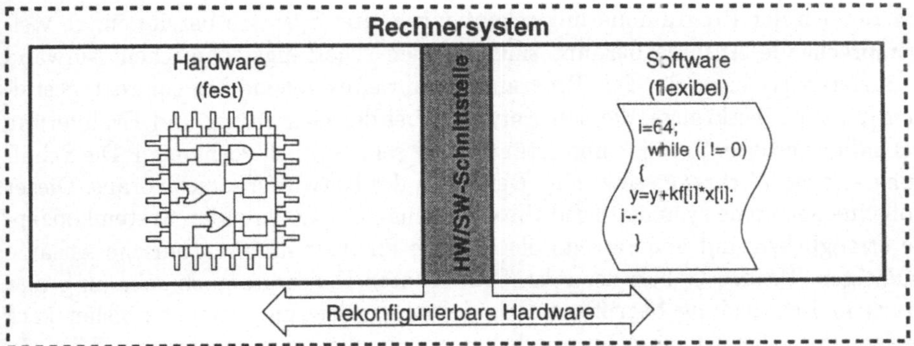

Abbildung1. Rechnersystem mit rekonfigurierbarer Hardware

ten Steigerung der Verläßlichkeit" die Entwicklung moderner Techniken der Fehlererkennung und -behandlung paralleler Prozesse im Vordergrund. Im Rahmen eines weiteren Forschungsvorhabens werden Ansätze und Techniken zum effektiven Einsatz rekonfigurierbarer Hardware in parallelverarbeitenden Systemen untersucht. Im folgenden werden die ersten Erkenntnisse und der aktuelle Stand dieses Vorhabens dargestellt.

2 Begriffsdefinitionen und Entwurfsraumbeschreibung

Der Hauptunterschied zwischen gewöhnlichen und rekonfigurierbaren Rechnersystemen besteht in der Flexibilität der Hardwarebasis. Während die Funktionalität der gewöhnlichen Rechnersysteme nur durch Programmierung (Software) verändert werden kann, erlauben die rekonfigurierbaren Rechnersysteme zusätzlich eine schaltungstechnische Veränderung ihrer Hardware. Dadurch können die Verarbeitungseinheiten und Verbindungsstrukturen besser an die speziellen Anforderungen jeder einzelnen Anwendung angepaßt werden. Die üblichen Realisierungtechniken für rekonfigurierbare Hardware sind *Field Programmable Gate Arrays* (FPGA) und *Complex Programmable Logic Devices* (CPLD). Diese Schaltkreise bestehen aus einer gleichmäßigen Anordnung von gleichartigen Blöcken und Netzwerken zur Verbindung dieser Blöcke. Die schaltungstechnische Funktion der Logikblöcke sowie deren Verbindungsstruktur kann in Abhängigkeit von der Belegung der auf dem Chip verteilten SRAM-Zellen, deren Gesamtheit als Konfigurationsspeicher oder -kontext bezeichnet wird, verändert werden. Durch den Einsatz rekonfigurierbarer Logik kann die Hardware/Software-Schnittstelle eines Rechnersystems flexibler gestaltet werden, wie es die Abbildung 1 verdeutlicht. Diese Eigenschaft rekonfigurierbarer Rechner kommt auch in der Bezeichnung *Custom Computing Machine* (CCM) zum Ausdruck, die oft alternativ verwendet wird. Die Erhöhung der Flexibilität und bessere Leistung rekonfigurierbarer Rechnersysteme müssen mit dem Zusatzaufwand bei der Programmierung erkauft werden: Die Erstellung einzelner Konfigurationen bedarf guter Kenntnisse auf den Gebieten des Schaltkreisentwurfs und der CAD-Umgebungen. Während im Bereich der Programmierung rekonfigurierbarer Systeme bereits einige vielversprechende Ansätze bekannt sind, die den schaltungstechnischen Aufwand reduzieren [1] bzw. für den Programmierer weitestgehend transparent gestalten [2], sind Werkzeuge, die den Entwerfer bei der Gestaltung und Evaluierung rekonfigurierbarer Systeme unterstützen, nur sehr spärlich vorhanden. Die Schaffung solcher Werkzeuge setzt eine Definition des Entwurfsraumes voraus. Dieser soll einerseits eine systematische Untersuchung der existierenden Systemkonzepte ermöglichen und andererseits die Nischen für neue architektonische Ansätze aufzeigen. Da das Gebiet der rekonfigurierbaren Hardware noch sehr jung und stark in Entwicklung begriffen ist, sind Systematisierungsversuche bisher karg ausgefallen. Dies ist umso bedauerlicher, da die allgemein akzeptierten Klassifikationsschemata für gewöhnliche Rechnersysteme [3–5] die Aspekte der Rekonfigurierbarkeit nicht ausreichend beschreiben und deswegen an dieser Stelle nur bedingt zum Einsatz kommen können. Die ersten Klassifikationsansätze wie das Drei- [6] und das Vierklassenmodell [7] sind zu grob für detaillierte Untersuchungen des Entwurfsraumes, während der durch 16 Parameter charakterisierte RP-Raum [8] zu komplex ist und zu viele halbleitertechnologisch bedingte Kennwerte enthält. Eine in [9] eingeführte Taxonomie von rekonfigurierbaren Rechnersystemen baut auf vier Kriterien auf, deren Auswahl allerdings recht subjektiv ist. So wird unter anderem der Zweck der Rekonfigurierbarkeit (Leistungs- oder Verfügbarkeitssteigerung) betrachtet, jedoch z.B. nicht die Speicherkopplung oder das Programmiermodell. Die wachsende Anzahl von praktisch implementierten CCMs (allein unter [10] sind bereits fast 100 Beispiele erfaßt) liefert genug Material für weiterführende Untersuchungen der Entwurfssystematik, die zu folgenden Kriterien führt (eine ausführliche formale Beschreibung des Entwurfsraumes ist in [11] enthalten).

Hardwaremodell. Die Rekonfigurierbarkeit kann sich auf die Logikblöcke oder Verbindungsstrukturen beziehen. Bei den bereits erwähnten FPGA- und CPLD-Architekturen sind beide Komponenten rekonfigurierbar. Es existiert jedoch eine Reihe von Systemen, die nur einen Freiheitsgrad zulassen.

Flexibilitätsmodell. Eine Einordnung von nicht-hardware-rekonfigurierbaren Architekturen in den Entwurfsraum wird durch die Unterscheidung zwischen Programmierbarkeit (DSP, Mikroprozessoren u.ä.) und echter Rekonfigurierbarkeit (FPGA, PLD u.ä.) ermöglicht.

Granularität. Die Komplexität der rekonfigurierbaren Funktionsblöcke erlaubt eine grobe Einteilung in 3 Klassen: grobgranular (Rechenwerke), mittelgranular (komplexe Logikblöcke, wie z.B. Lucent ORCA Serie 3) und feingranular (einfache Logikblöcke, wie. z.B. Xilinx XC6200 oder Actel Integrator Familien).

Host-Kopplungsdichte. Die Kopplungsdichte zwischen festverdrahteten und rekonfigurierbaren Komponenten kann als lose (Bussystem eines Hostrechners), mitteleng (benachbarte Schaltkreise auf einer Leiterplatte) und eng (beide Komponenten in einem Schaltkreis) betrachtet werden.

Speicher-Kopplungsdichte. Die rekonfigurierbaren Ressourcen können über einen eigenen Speicher verfügen oder einen gemeinsamen Speicher mit dem Host-Prozessor teilen.

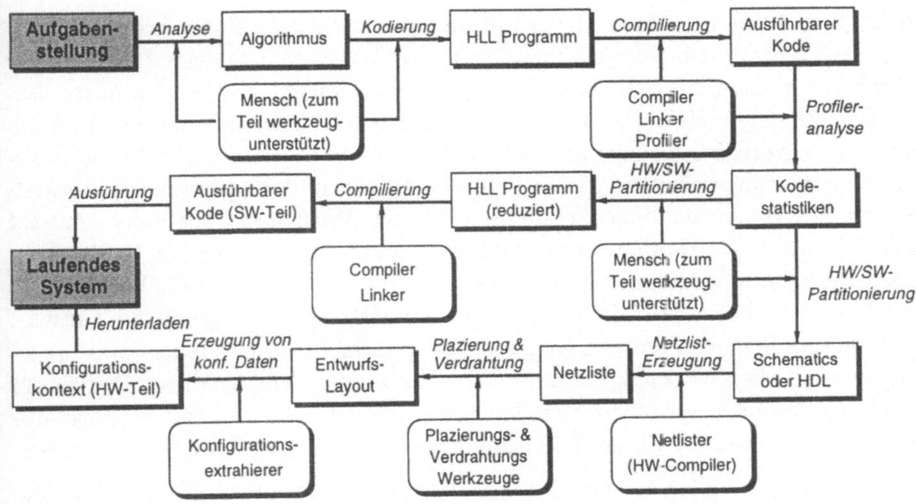

Abbildung2. Entwurfsablauf für rekonfigurierbare Rechnersysteme

Rekonfigurierungszeit. Die Rekonfigurierungszeit wird meistens entscheidend von der Kopplungsdichte beeinflußt. Bezüglich dieses Parameters haben sich zwei Klassen herausgebildet, die man als statisch (Größenordnung von mehreren Millisekunden und darüber, kaum während der Laufzeit) und dynamisch (Größenordnung von wenigen Millisekunden und darunter, oft während der Laufzeit) rekonfigurierbar bezeichnet.

Softwaretechnische Anbindung. Bei der Integration rekonfigurierbarer Komponenten in das Programmiermodell stellen sich die Fragen der programmtechnischen Realisierung (Spezialbefehle oder Bereiche im globalen Adreßraum) und der zeitlichen Interaktion zwischen den Systemkomponenten (synchron zum globalen Takt oder asynchron, z.B. über Interrupts).

Die vorgestellte Beschreibung des Entwurfraumes erlaubt eine flexible Modellierung verschiedener Rechnersysteme. Zur Entwicklung eines Simulationskonzeptes ist zusätzlich eine Analyse des Entwurfsflusses und der vorhandenen Schnittstellen notwendig, die im folgenden vorgenommen wird.

3 Entwurfsablauf und Simulationskonzept

Der in Abbildung 2 dargestellte Entwurfsablauf verdeutlicht die Komplexität der Probleme, mit denen der Entwerfer eines rekonfigurierbaren Systems konfrontiert wird. Diese Komplexität steigt noch weiter, wenn man die aus Übersichtlichkeitsgründen nicht eingezeichneten Simulations- und Fehlersuchzweige mitbetrachtet. Meist folgt der Analyse der Aufgabenstellung ein Softwareentwicklungszyklus, der zu einem ersten Lösungsansatz führt. Der dabei entstehende Kode wird durch Profiler oder ähnliche geeignete Werkzeuge analysiert, um die laufzeitkritischen Teile zu bestimmen. Diese sind für eine Hardwareimplementierung prädestiniert und bilden die Grundlage für die Hardware/Software-Partitionierung. Der ursprüngliche Kode wird durch die Schaltungssynthese für die Hardware-Teile kompaktiert. Diese geschieht ausgehend von den Blockschaltbildern *(Schematics)* oder einer Spezifikation in einer Hardwarebeschreibungssprache *(hardware description language, HDL)*, wobei zuerst eine formale Darstellung der Schaltung in Form einer Netzliste erzeugt wird. Diese Netzliste wird dann durch Plazierungs- und Verdrahtungsschritte auf die Funktionsblöcke und Verbindungsstrukturen der im System vorhandenen rekonfigurierbaren Hardware abgebildet. Zuletzt muß nur noch der Konfigurationskontext erzeugt werden, der als Bitstrom in das System heruntergeladen wird. Zusammen mit dem Software-Teil entsteht so eine lauffähige Lösung für die vorgegebene Aufgabenstellung. Bei jedem Entwurf nach diesem Schema kommen eine Vielzahl verschiedener hersteller- und umgebungsspezifischer Werkzeuge zum Einsatz. Ein Zusammenspiel dieser Werkzeuge ist ohne standardisierte Schnittstellen nicht möglich. Die wichtigsten Formalismen zur Beschreibung dieser Schnittstellen sollen hier kurz vorgestellt werden.

- *Graphen* und *abstrakte Syntaxbäume* (abstract syntax trees, AST) treten auf verschiedenen Ebenen des Entwurfs auf. So werden sie z.B. während der Übersetzung der Hochsprachen und Kodeanalyse aber auch zur Darstellung der Netzlisten beim Schaltkreisentwurf erzeugt. Eine gute Beschreibungsform für AST liefern z.B. die Klassenbibliotheken der SUIF-Compiler [12].
- Mit Hilfe bereits erwähnter *Hardwarebeschreibungssprachen* ist eine Beschreibung des Verhaltens oder der Struktur einer Schaltung auf verschiedenen Abstraktionsebenen möglich. Die am weitesten verbreiteten industriell standardisierten HDLs sind Abel, Verilog und VHDL.
- Zur Beschreibung und Simulation von Netzlisten haben sich neben den HDLs auch eine Reihe weiterer Formalismen durchgesetzt. So werden von den meisten CAD-Systemen das Neztlistenformat *EDIF* und die Zeitverzögerungsformate *STF* und *SDF* unterstützt.

Durch die Vielfalt unterschiedlicher Formate, Werkzeuge und Entwurfstechniken liegt die Überlegung nahe, daß eine sinnvolle Unterstützung des Entwerfers nicht durch neue Compiler, Simulatoren oder CAD-Module, sondern unter anderem durch Integration und Vereinheitlichung bereits vorhandener Werkzeuge in einem Framework erfolgen muß. Eine mögliche Skizze für ein solches Framework ist in Abbildung 3 dargestellt. Die Hauptmodule Frontend, Kernel und Backend bilden drei Teilschritte des Entwurfsprozesses nach, nämlich die Spezifikation, die Simulation und die Auswertung der Ergebnisse. Während der Spezifikationsschritt komplett durch vorhandene Werkzeuge und Formalismen abgedeckt ist, muß die Simulation durch eine Reihe von zusätzlichen Submodulen unterstützt werden. So sollen die Systemparameter entsprechend dem im Abschnitt 2 vorgestellten Modell beschreibbar sein. Der Simulatorkern nutzt diese Beschreibung, um den Simulationsfluß und die Kommunikation zwischen verschiedenen Submodulen zu kontrollieren. Die Aspekte der Host- und Speicherkopplung werden durch den Speichersimulator erfaßt, der die Kommunikation über externe Verbindungsstrukturen, aber auch Caching-Effekte nachbildet. Die Auswertung der Ergebnisse im Backend erfolgt durch ein Statistik-Modul, wobei auch vorhandene CAD-Werkzeuge unterstützend mitwirken können. Zur Ermittlung der

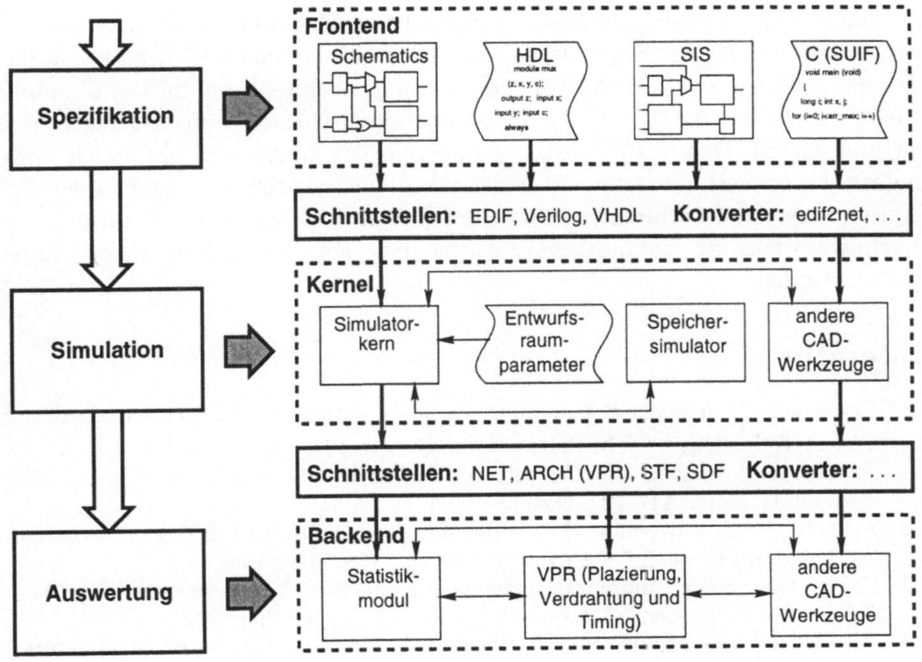

Abbildung3. Konzept eines Simulations-Frameworks

Leistungswerte der in rekonfigurierbarer Hardware implementierten Schaltungen soll das an der University of Toronto entwickelte VPR-System [13] genutzt werden. Das Hardwaremodell und die Granularität der rekonfigurierbaren Ressourcen können in VPR mittels Konfigurationsdateien vorgegeben werden, so daß dieses System flexibel einsetzbar ist (bei Bedarf kann auch auf herstellerspezifische Plazierungs- und Verdrahtungswerkzeuge zurückgegriffen werden). Um den Datenaustausch zwischen den in den einzelnen Hauptmodulen eingesetzten Komponenten zu ermöglichen, ist die Kommunikation ausschließlich über die vordefinierten Systemschnittstellen zu realisieren. Diese Schnittstellen basieren auf den bereits diskutierten Formaten wie VHDL, EDIF, STF sowie SDF und stellen auch Konvertierungsfunktionen zur Verfügung, damit der Simulationsablauf für den Nutzer transparent bleibt.

4   Ausblick

Das vorgestellte Framework-Konzept soll demnächst praktisch umgesetzt werden, wobei die erste Ausbaustufe den Einsatz des SIS Schaltkreissynthesesystems [14], ergänzt durch den SUIF C-Compiler [12], zur Spezifikation vorsieht. Der Kernel soll durch das Systemmodell, den Simulatorkern und den Speichersimulator implementiert werden, während das Backend sich auf das Statistik-Modul und VPR-System beschränken soll. In einer weiteren Ausbaustufe ist die Einbindung kommerzieller Werkzeuge in das Framework geplant.

Die Hauptaufgabe des in diesem Beitrag konzipierten Frameworks besteht in der Unterstützung des Entwerfers bei der Gestaltung einer CCM. So sollen die Zusammenhänge zwischen Aufgabenklassen und Architekturen im Detail untersucht werden, um die Anzahl der später im Entwurfsprozeß auftretenden Fehler zu minimieren. Damit können unter anderem die Fragen der optimalen Granularität und Verbindungsstruktur der rekonfigurierbaren Ressourcen oder des Aufbaus der Speicherhierarchie bzw. der Busstruktur eines rekonfigurierbaren Rechnersystems für eine bestimmte Anwendung oder Anwendungsklasse beantwortet werden.

Literatur

1. Casselman, S.; Schewel, J.; Beaumont, C. IP Validation for FPGAs Using Hardware Object Technology^{TM}. In Bagherzadeh, N. (Hrsg.), *International Conference on Parallel Architectures and Compilation Techniques, Workshop on Reconfigurable Computing*, Seiten 117–122, Oktober 1998
2. Athanas, P.M.; Silverman, H.F. Processor Reconfiguration through Instruction-Set Metamorphosis. IEEE Computer, 26(3):11–18, März 1993
3. Flynn, M.J. Some Computer Organisations and their Effectiveness. IEEE Transactions on Computers, C-21(9), Seiten 948–960, September 1972
4. Händler, W. The Impact of Classification Schemes on Computer Architectures. Proceedings of the 1977 International Conference on Parallel Processing, Seiten 7–15, Baco Raton, Florida, August 1977
5. Giloi, W.K. A Complete Taxonomy of Computer Architecture Based on the Abstract Data Type View. IFIP Workshop on Taxonomy in Computer Architecture, Seiten 19–38, Juni 1981
6. Wittig, R.D.; Chow, P. OneChip: An FPGA Processor with Reconfigurable Logic. Proceedings of IEEE Workshop on FPGAs for Custom Computing Machines, Seiten 126–135, Napa, CA, April 1996
7. Guccione, S.A.; Gonzalez, M. Classification and Performance of Reconfigurable Architectures. In Moore, W.; Luk, W. (Hrsg.) *Field-Programmable Logic and Applications: 5th International Workshop*, Seiten 439–448, Springer-Verlag, 1995
8. DeHon, A. Reconfigurable Architectures for General-Purpose Computing. Massachusetts Institute of Technology, Artificial Intelligence Laboratory, A.I. Technical Report No. 1586, Oktober 1996
9. Radunović, B.; Multinović, V. A Survey of Reconfigurable Computing Architectures. In Hartenstein, R.W.; Keevallik, A. (Hrsg.) *Field-Programmable Logic and Applications: From FPGAs to Computing Paradigm. Proceedings of the 8th International Workshop*, Seiten 376–385, Springer-Verlag, 1998
10. Guccione, S.A. List of FPGA-based Computing Machines. http://www.io.com/~guccione/HW_list.html, Stand Mai 1999
11. Sawitzki, S.; Spallek, R.G. A Concept for an Evaluation Framework for Reconfigurable Systems. In *Proceedings of the 9th International Workshop on Field-Programmable Logic and Applications*, Springer-Verlag, 1999
12. Wilson, C. The SUIF Guide. Stanford University, 1998
13. Betz, V.; Rose, J.; Marquardt, A. Architecture and CAD for Deep-Submicron FPGAs. Kluwer Academic Publishers, 1999
14. Sentovich, E.M.; Singh, K.J. u.a. SIS: A System for Sequential Circuit Synthesis. Technical Report No. UCB/ERL M92/41, University of California, Berkeley 1992

Von N^2 nach $\log^2 N$

Zur algebraischen Berechnungskomplexität allgemeiner Fouriertransformationen

Björn Grohmann und Martin Rötteler

Institut für Algorithmen und Kognitive Systeme
Universität Karlsruhe
D-76128 Karlsruhe, Germany
{grohmann,roettele}@ira.uka.de

Zusammenfassung Wir geben in dieser Arbeit eine Übersicht über bestehende und neue Methoden zur Berechnung allgemeiner Fouriertransformationen in verschiedenen Rechnermodellen, u. a. die Realisierung einer ADFT$_N$ in $O(N)$ arithmetischen Operationen. Außerdem wird ein Beispiel für eine nichtabelsche Fouriertransformation im Quantenrechnermodell vorgestellt. Die Einbettung dieser Arbeit in das Graduiertenkolleg geht aus dessen Kurzbeschreibung im Anhang hervor.

1 Einleitung

Kaum ein anderer Algorithmus verdeutlicht das Zusammenspiel von angewandter Algebra, Informatik und Physik so gut wie die diskrete Fouriertransformation (DFT). Weitreichende Anwendungen von Spracherkennung und -verarbeitung bis hin zu bildgebenden Verfahren in der Medizin seien hier genannt.

Gemeinsame Grundlage der hier vorgestellten Betrachtungen ist das Bestreben, eine Fouriertransformation und einige ihrer Verwandten effizient zu realisieren. Unterschiede ergeben sich durch die verschiedenen Hardwaremodelle, auf denen die gewünschte Transformation durchgeführt werden soll.

Diese Arbeit ist wie folgt gegliedert: Im ersten Abschnitt wird die DFT vorgestellt, sowie ihre schnelle Realisierung (FFT) diskutiert. Thema des nächsten Abschnitts sind sogenannte Grundkörpertransformationen, die als natürliche Verallgemeinerung der DFT angesehen werden können. Es wird eine Variante vorgestellt, die sie sich in $O(N)$ elementaren Schritten realisieren läßt und ohne Multiplikationen auskommt.

Den Abschluß bildet das Maschinenmodell des Quantenrechners, dem in letzter Zeit großes Interesse zuteil wurde. Die DFT, aufgefaßt als unitäre Zustandstransformation eines solchen Rechners, kann in $O(\log^2 N)$ vielen elementaren Quantenoperationen ausgeführt werden. Wir geben eine verallgemeinerte Fouriertransformationen an, die ebenfalls effizient auf einem Quantenrechner realisiert werden kann.

2 Die DFT$_N$ – Von N^2 nach $N \log N$

Bezeichne $\mathbb{C}$ den Körper der komplexen Zahlen. Für $N \geq 2$ und $\omega := e^{2\pi i/N}$ ist die DFT$_N$ definiert als lineare Transformation

$$\text{DFT}_N : \mathbb{C}^N \longrightarrow \mathbb{C}^N, \text{ mit } A_N := (\omega^{kl})_{k,l=0,\ldots,N-1}$$

als Transformationsmatrix. Faßt man die Komponenten des Eingangsvektors $c = (c_0, \ldots, c_{N-1})$ als Koeffizienten eines Polynoms $C(z) := c_0 + c_1 z + \cdots + c_{N-1} z^{N-1}$ auf, so berechnet die DFT$_N$ den Vektor $\hat{c} := (\hat{c}_0, \ldots, \hat{c}_{N-1})$, mit $\hat{c}_j = C(\omega^j)$. Anders ausgedrückt realisiert die DFT$_N$ also den, durch den Chinesischen Restesatz gegebenen, Isomorphismus $\mathbb{C}[z]/(z^N - 1) \longrightarrow \bigoplus_{j=0}^{N-1} \mathbb{C}[z]/(z - \omega^j)$. Aus dieser Definition ergibt sich für die Berechnung einer einzelnen Komponente $\hat{c}_j$ des Vektors $\hat{c}$ der Aufwand für die Auswertung des Polynoms $C(z)$ an der Stelle ω^j:

$$\hat{c}_j = C(\omega^j) = c_0 + (c_1 + (\ldots (c_{N-2} + c_{N-1}\omega^j)\,\omega^j)\ldots)\,\omega^j,$$

d. h., $O(N)$ Operationen in $\mathbb{C}$. Sollen alle N Komponenten des Vektors $\hat{c}$ berechnet werden, so stellt das obige Verfahren (für größere N) allerdings keine Verbesserung gegenüber dem klassischen N^2-Algorithmus zur Matrix-Vektor-Multiplikation dar.

Wir betrachten nun den Fall $N = 4$. Für $\omega := i$ geht die Matrix A_4 durch Vertauschung der mittleren beiden Spalten über in

$$\tilde{A}_4 = \begin{pmatrix} 1 & 1 & 1 & 1 \\ 1 & -1 & i & -i \\ 1 & 1 & -1 & -1 \\ 1 & -1 & -i & i \end{pmatrix} = \begin{pmatrix} 1 & & 1 & \\ & 1 & & 1 \\ 1 & & -1 & \\ & 1 & & -1 \end{pmatrix} \begin{pmatrix} 1 & & & \\ & 1 & & \\ & & 1 & \\ & & & i \end{pmatrix} \begin{pmatrix} 1 & 1 & & \\ 1 & -1 & & \\ & & 1 & 1 \\ & & 1 & -1 \end{pmatrix},$$

bzw. in Tensorschreibweise $\tilde{A}_4 = (A_2 \otimes \mathbf{1}_2)(\mathbf{1}_2 \oplus T_2)(\mathbf{1}_2 \otimes A_2)$, wobei $T_2 := \text{diag}(1, i)$ bezeichnet. Diese Zerlegung liefert nun einen Algorithmus, welcher mit nur 9 arithmetischen Operationen die Komponenten des Vektors $\hat{c}$ berechnet, wenn auch in permutierter Reihenfolge; im Vergleich dazu werden 16 Operationen bei der naiven Berechnung via A_4 benötigt.

Allgemein ergibt sich für $N = 2^n$ das folgende Schema. Durch eine geeignete Spaltenpermutation Π_n geht die Matrix A_N über in die Matrix

$$\tilde{A}_N = (A_2 \otimes \mathbf{1}_{N/2}) \begin{pmatrix} \mathbf{1}_{N/2} & \\ & T_{N/2} \end{pmatrix} (\mathbf{1}_2 \otimes A_{N/2}). \tag{1}$$

Hierbei ist $T_{N/2} := \text{diag}(1, \omega, \omega^2, \ldots, \omega^{N/2-1})$ die sogenannte Drehmatrix. Die von Null und Eins verschiedenen Einträge von $T_{N/2}$ heißen Drehfaktoren (engl.: twiddle factors). In Abb. 1 a) ist das Flußdiagramm des resultierenden Algorithmus, die sogenannte Fast Fourier Transform (FFT), für den Fall $N = 8$ dargestellt. Für $R(N)$, die Anzahl der zur Realisierung der DFT$_N$ benötigten arithmetischen Operationen, gilt demnach $R(N) = 2R(N/2) + O(N)$, d. h., durch rekursive Anwendung des obigen Verfahrens ergibt sich $R(N) \in O(N \log N)$; siehe [2].

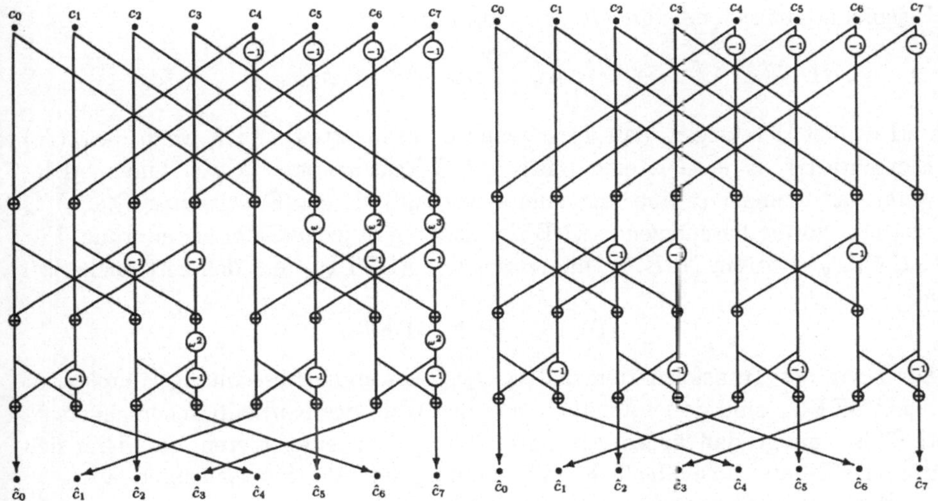

Abbildung 1. Flußdiagramm a) zur FFT_8 und b) zur SAFT_8

3 Die Algebraische Diskrete Fouriertransformation

In diesem Abschnitt soll eine Verwandte der DFT, die sogenannte Algebraische Diskrete Fouriertransformation (ADFT) vorgestellt, und ihre Berechnungskomplexität diskutiert werden. Vom Typus handelt es sich bei der ADFT um eine Grundkörpertransformation. Wir motivieren dieses Konzept am Beispiel der bekannten Diskreten Hartley-Transformation (DHT).

Sei $\mathbb{R}$ der Körper der reellen Zahlen. Für $N \geq 2$ ist die DHT_N definiert als lineare Transformation $\mathrm{DHT}_N : \mathbb{R}^N \longrightarrow \mathbb{R}^N$ mit Transformationsmatrix $H_N := (\sin(2\pi kl/N) + \cos(2\pi kl/N))_{k,l=0,\ldots,N-1}$. Der Zusammenhang mit der DFT ist nun der folgende. Zunächst beschränken wir den Definitionsbereich der DFT_N auf $\mathbb{R}^N$; der Spektralbereich bleibt dabei unverändert, d. h., die Komponenten $\hat{c}_j$ sind nach wie vor Elemente aus $\mathbb{C}$. Auf $\mathbb{C}$, aufgefaßt als $\mathbb{R}$-Vektorraum, definieren wir für $\alpha \in \mathbb{C}^\times$ eine Linearform $\phi_\alpha : \mathbb{C} \longrightarrow \mathbb{R}, \ c \longmapsto c\alpha + \overline{c}\alpha$, wobei $\overline{x}$ die komplexe Konjugation bezeichne. Anwendung auf das Spektrum der DFT_N ergibt eine lineare Transformation $\Phi_\alpha \circ \mathrm{DFT}_N : \mathbb{R}^N \longrightarrow \mathbb{R}^N, \ (c_0, \ldots, c_{N-1}) \longmapsto (\phi_\alpha(\hat{c}_0), \ldots, \phi_\alpha(\hat{c}_{N-1}))$. Es läßt sich zeigen, daß diese neue Transformation genau dann invertierbar ist, wenn die Elemente $\alpha, \overline{\alpha}$ eine Basis des $\mathbb{R}$-Vektorraums $\mathbb{C}$ bilden. Die DHT_N ergibt sich nun bei Wahl von $\alpha := (1 + i)/2$ als $\mathrm{DHT}_N = \Phi_{(1+i)/2} \circ \mathrm{DFT}_N$.

Das obige Beispiel demonstriert die Grundidee der (rationalen) ADFT. Diese ist wie folgt definiert. Bezeichne $\mathbb{Q}$ den Körper der rationalen Zahlen. Nach Einschränkung des Definitionsbereichs der DFT_N auf $\mathbb{Q}^N$ liegen die Komponenten des Spektralvektors im N-ten Kreisteilungskörper $\mathbb{Q}(\omega_N)$. Die Ordnung der Galoisgruppe der Erweiterung $\mathbb{Q}(\omega_N)/\mathbb{Q}$ sei bezeichnet mit $\varphi(N) := |G_N|$.

Für $\alpha \in \mathbb{Q}(\omega_N)^\times$ definieren wir auf dem $\varphi(N)$-dimensionalen $\mathbb{Q}$-Vektorraum $\mathbb{Q}(\omega_N)$ die Linearform $\phi_\alpha : \mathbb{Q}(\omega_N) \longrightarrow \mathbb{Q}, \ c \longmapsto \sum_{\sigma \in G_N}(c\alpha)^\sigma$. Gemäß obigem

Beispiel ergibt sich eine lineare Transformation

$$\Phi_\alpha \circ \mathrm{DFT}_N : \mathbb{Q}^N \longrightarrow \mathbb{Q}^N, \ (c_0, \dots, c_{N-1}) \longmapsto (\phi_\alpha(\hat{c}_0), \dots, \phi_\alpha(\hat{c}_{N-1})),$$

und es läßt sich zeigen, daß diese genau dann invertierbar ist, wenn die $\varphi(N)$ Elemente α^σ, $\sigma \in G_N$, eine Basis des $\mathbb{Q}$-Vektorraums $\mathbb{Q}(\omega_N)$ bilden, d. h., wenn das Element α eine sogenannte Normalbasis der Erweiterung $\mathbb{Q}(\omega_N)/\mathbb{Q}$ erzeugt. Normalbasenerzeuger (NBE) existieren in jeder Galoiserweiterung. Für $\alpha \in \mathbb{Q}(\omega_N)^\times$, α ein NBE, ist die (rationale) $\mathrm{ADFT}_{N,\alpha}$ nun definiert (siehe [2]) als

$$\mathrm{ADFT}_{N,\alpha} := \Phi_\alpha \circ \mathrm{DFT}_N.$$

Die Form der Transformationsmatrix $Q_{N,\alpha}$, sowie die Berechnungskomplexität der $\mathrm{ADFT}_{N,\alpha}$ sind dabei abhängig von der Wahl des Normalbasenerzeugers α. In [3] ist gezeigt, daß für jedes N Normalbasenerzeuger existieren, bez. derer sich die ADFT unter ausschließlicher Verwendung der Addition realisieren läßt.

Wir beschränken uns nun wieder auf den Fall $N = 2^n$. Es existiert dann ein NBE α der Erweiterung $\mathbb{Q}(\omega_N)/\mathbb{Q}$, bez. dessen die Transformationsmatrix Q_N nach geeigneter Spaltenpermutation in eine Matrix $\tilde{Q}_N$ der Form

$$\tilde{Q}_N = (A_2 \otimes \mathbf{1}_{N/2}) \begin{pmatrix} Q_{N/2} & \\ & S_{N/2} \end{pmatrix}$$

übergeht. Bei der Matrix $S_{N/2}$ handelt es sich um eine Basiswechselmatrix; sie geht durch geeignete Zeilenpermutation über in die Matrix $\tilde{S}_{N/2} = (S_{N/4} \oplus \mathbf{1}_{N/4})(A_2 \otimes \mathbf{1}_{N/4})$. In Abb. 1 b) ist das Flußdiagramm des resultierenden Algorithmus, der sogenannten Schnellen Algebraischen Fouriertransformation (SAFT), für den Fall $N = 8$ dargestellt.

Wie man erkennt, ist die SAFT_N der FFT_N sehr ähnlich, allerdings kommt sie ohne Multiplikationen aus; die Drehfaktoren sind verschwunden. Für die Anzahl der zur Realisierung der $\mathrm{ADFT}_{N,\alpha}$ benötigten arithmetischen Operationen ergibt sich somit, für obiges α, $R_\alpha(N) = R_\alpha(N/2) + O(N)$, d. h., $R_\alpha(N) \in O(N)$ (siehe [3]).

4 Fouriertransformationen auf Quantenrechnern

Dem Maschinenmodell des Quantenrechners wurde in letzter Zeit einige Aufmerksamkeit zuteil, nicht zuletzt weil es unter der Annahme eines solchen Rechners möglich wäre, Zahlen in polynomialer Zeit zu faktorisieren — ein Ergebnis, das bislang auf klassischen Rechnern nicht gezeigt werden konnte.

Ein wesentlicher Bestandteil des Shor–Algorithmus zum Faktorisieren großer Zahlen (siehe [7]), der auf einem skalierbaren und dekohärenzfreien Quantenrechner eine asymptotische Komplexität von $O((\log n)^2 (\log \log n)(\log \log \log n))$ besitzt, ist die Fouriertransformation, die zum Zwecke des Findens der Ordnungen von Elementen in Restklassenringen eingesetzt wird. Im folgenden geben wir eine kurze Einführung in das Rechnermodell der Quantenregistermaschine, wobei wir [6] folgen. Der Systemzustand einer solchen Maschine ist durch einen normierten Zustand $|\Psi\rangle$ in einem Hilbertraum $\mathcal{H}_n$ der Dimension 2^n gegeben. Dieser Raum besitzt eine natürliche Struktur als Tensorprodukt $\mathcal{H}_n = \mathbb{C}^2 \otimes \ldots \otimes \mathbb{C}^2$ (n Faktoren). Ein *Qubit* ist hierbei ein normierter Zustand einer Tensorkomponente $|\varphi\rangle = \alpha|0\rangle + \beta|1\rangle$ mit $|\alpha|^2 + |\beta|^2 = 1$ und $\alpha, \beta \in \mathbb{C}$. Die möglichen Operationen, die ein Quantenrechner ausführen kann, sind die Elemente der unitären Gruppe $\mathcal{U}(2^n)$. Diese Operationen kann man durch elementare Quantenoperationen ausdrücken, genauer betrachtet man folgendes System primitiver Gatter:

- Lokale unitäre Operationen der Form $U^{(i)} := \mathbf{1}_{2^{i-1}} \otimes U \otimes \mathbf{1}_{2^{n-i}}$, mit einer Matrix U aus der Gruppe $\mathcal{U}(2)$ der unitären 2×2 Matrizen.
- Das sogenannte *controlled NOT* Gatter $\mathrm{CNOT}^{(i,j)}$, das auf den Qubits i (Quelle) und j (Ziel) wirkt und eingeschränkt auf die Qubits i und j gegeben ist durch $\mathrm{CNOT}^{(i,j)}|00\rangle = |00\rangle$, $\mathrm{CNOT}^{(i,j)}|01\rangle = |01\rangle$, $\mathrm{CNOT}^{(i,j)}|10\rangle = |11\rangle$, $\mathrm{CNOT}^{(i,j)}|11\rangle = |10\rangle$.

Die Annahme, daß diese elementaren Quantengatter mit konstantem Aufwand ausgeführt werden können, führt zu einem Komplexitätsmodell für Schaltkreise. Ein wichtiges Resultat, das in [1] bewiesen wurde, ist die Tatsache, daß man auf diese Weise eine universelle Menge von Gattern für den Quantenrechner erhält, d. h., jede unitäre Transformation aus $\mathcal{U}(2^n)$ kann in eine Abfolge von CNOTs und lokalen unitären Operationen faktorisiert werden.

Wir wenden uns nun dem Problem zu, die diskrete Fouriertransformation QFT_N, mit der unitären Transformationsmatrix $\frac{1}{\sqrt{N}}(\omega^{kl})_{k,l=0,\ldots,N-1}$, auf einem Quantenrechner zu berechnen. Hierbei ist stets $N = 2^n$, da Matrizen dieser Kantenlänge in natürlicher Weise auf die Architektur, welche durch Qubits gegeben ist, passen.

Die Realisierung der QFT geht von der Cooley-Tukey-Zerlegung (1) aus. Unter Verwendung der Tensorzerlegung der Drehmatrix

$$T_{N/2} = \mathrm{diag}(1, \omega_N^{n-1}) \otimes \ldots \otimes \mathrm{diag}(1, \omega_N),$$

läßt sich $\mathbf{1}_{N/2} \oplus T_{N/2}$ durch Gatter mit nur einer Kontrolleitung realisieren, d. h., $T_{N/2}$ kann in $O(\log N)$ elementaren Operationen realisiert werden. Die Permutation Π_n ist eine Vertauschung der Qubits und kann ebenfalls in $O(\log N)$ Operationen ausgeführt werden (siehe [4]).

Da Tensorprodukte in diesem Berechnungsmodell nichts kosten, erhalten wir für den Berechnungsaufwand $R_q(N)$ der Transformation QFT_N auf einem Quantenrechner die Rekurrenz $R_q(N) = R_q(N/2) + O(\log N)$ und somit eine obere Schranke von $R_q(N) = O(\log^2 N)$.

Im folgenden zeigen wir, daß es auf Quantenrechnern ebenfalls möglich ist, für verallgemeinerte Fouriertransformationen (siehe [2]) zu gewissen *nichtabelschen* endlichen Gruppen, effiziente Schaltkreise anzugeben (siehe [5]).

Das Kranzprodukt $G \wr H$ einer Gruppe G mit einer Untergruppe $H \subseteq S_n$ ist isomorph zu einem semidirekten Produkt der sogenannten Basisgruppe $B := G \times \ldots \times G$, die ein n-faches direktes Produkt unabhängiger Kopien von G

252

ist, mit H. In Zeichen $G \wr H = B \rtimes H$, wobei H via Permutation der direkten Faktoren von B operiert.

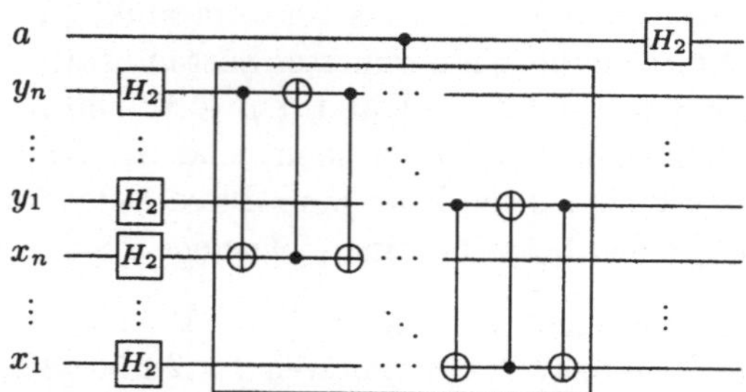

Abbildung 2. Die Fouriertransformation zur Gruppe $Z_2^n \wr Z_2$

Eine effiziente Realisierung einer Quanten-Fouriertransformation QFT_{W_n} für die Gruppen $W_n := Z_2^n \wr Z_2$ (hierbei wurde $Z_2 := \mathbb{Z}/2\mathbb{Z}$ gesetzt) kann man durch Anwendung allgemeiner Entwurfsprinzipien für Fouriertransformation erhalten (siehe [4]). Inbesondere liefert die Tensorprodukt–Rekursionsformel

$$(\mathbf{1}_2 \otimes \mathrm{DFT}_B) \cdot \bigoplus_{t \in T} \bar{\rho}(t) \cdot (\mathrm{DFT}_{Z_2} \otimes \mathbf{1}_{N/2})$$

eine Zerlegung der QFT_{W_n} in ein Produkt von QFTs kleineren Grades. Hierbei bezeichnet $\bar{\rho}(t)$ die Erweiterung der regulären Darstellung ρ des Normalteilers B an der Transversalen T zu einer Darstellung von W_n. Die Fouriertransformation zur Basisgruppe ist die Fouriertransformation zur Z_2^{2n} und damit das Tensorprodukt $H_2 \otimes \ldots \otimes H_2$ von $2n$ Hadamard–Matrizen.

Der Schaltkreis für die QFT_{W_n} ist in Abb. 2 visualisiert (für die graphische Notation und Definitionen siehe [4] und [5]). Im Maschinenmodell des Quantenrechners ist seine Komplexität linear in der Anzahl der Qubits, da jede lokal ausgeführte Hadamardtransformation H_2 nur eine Operation kostet und die konditionierte Operation ebenfalls mit einer konstanten Anzahl von Operationen ausgeführt werden kann.

Literatur

1. A. Barenco, Ch. H. Bennett, R. Cleve, D. P. DiVincenzo, N. Margolus, P. Shor, T. Sleator, J. A. Smolin und H. Weinfurter. Elementary gates for quantum computation. *Physical Review A*, 52(5):3457–3467, November 1995.
2. Th. Beth. *Verfahren der schnellen Fouriertransformation*. Teubner, 1984.
3. B. Grohmann. Über die rationale Algebraische Diskrete Fourier-Transformation. Manuskript, 1996.
4. M. Püschel, M. Rötteler und Th. Beth. Fast Quantum Fourier Transforms for a Class of Non-abelian Groups. LANL e–preprint quant-ph/9807064, to appear 1999 in Proc. AAECC-13.
5. M. Rötteler und Th. Beth. Polynomial-Time Solution to the Hidden Subgroup Problem for a Class of Non-abelian Groups. LANL preprint quant-ph/9812070.
6. M. Rötteler, M. Püschel und Th. Beth. Fast Signal Transforms for Quantum Computers. In *Proc. Workshop on Physics and Computer Science, Heidelberg*, 1999.
7. P. W. Shor. Algorithms for Quantum Computation: Discrete Logarithm and Factoring. In *Proc. FOCS 94*, S. 124–134. IEEE Computer Society Press, 1994.

Anhang: Das Graduiertenkolleg Beherrschbarkeit komplexer Systeme

Im Januar 1992 nahm das von der Deutschen Forschungsgemeinschaft und dem Land Baden-Württemberg gemeinsam geförderte Graduiertenkolleg *Beherrschbarkeit komplexer Systeme* seine Tätigkeit auf. 1997 wurde es für eine dritte dreijährige Phase (bis Ende 2000) verlängert. Derzeit wird es von elf Professoren der Fakultät getragen, und zwar den Herren Abeck, Beth, Deussen, Goos, Krüger, Lockemann, Menzel, Rembold, Schweizer, Tichy und Vollmar. Gegenwärtig gehören ihm ein Postdoktorand, eine Stipendiatin und elf Stipendiaten an. Der Sprecher des Graduiertenkollegs ist Prof. Dr. R. Vollmar. Die inhaltliche Ausrichtung des Graduiertenkollegs erfolgt durch die Bearbeitung von Themen aus den Bereichen Konstruktionsmethoden, Synthese und Verifikation sicherer Software, Datensicherheitstechnik und Parallelität. Im folgenden wird die Arbeit der Stipendiatinnen und Stipendiaten im einzelnen kurz vorgestellt.

Zur Verbesserung des Cacheverhaltens hat Daniela Genius mehrere auf Graphfärbung basierende Verfahren entwickelt, die neue Datenlayouts bestimmen. Die Zahl der Konflikte wird erheblich reduziert bei geringer zusätzlicher Laufzeit. Das Verfahren wird nun in weiteren Arbeiten im Rahmen des EU-Projektes JOSES in ein industrielles Übersetzer-Rahmenwerk integriert.

Martin Giese untersucht neue Methoden im Gebiet der automatischen Theorembeweiser. Fast alle Verfahren zur Beweissuche beruhen bisher auf dem Prinzip des Backtracking; bei erfolgloser Suche wird der gesamte Zustand zurückgesetzt. Mit Beweisprozeduren ohne Backtracking könnte die in erfolglosen Beweisversuchen erzeugte Information für die weitere Suche mitverwendet werden.

Während in der klassischen Zahlentheorie vorwiegend die Frage nach Existenz und Eindeutigkeit einer Lösung im Vordergrund steht, beschäftigt sich die algorithmische Zahlentheorie mit der Effektivität bzw. Effizienz der Berechnung einer solchen Lösung. Björn Grohmann untersucht derartige Fragestellungen, die neben rein theoretischer Relevanz auch kryptographische Bedeutung haben.

Björn Hein arbeitet an Fragestellungen, die auf einem am Institut für Prozeßrechentechnik, Automation und Robotik entwickelten on-line Bahnplaner für Industrieroboter basieren. Vor allem zeit- bzw. energieoptimale Eigenschaften kollisionsfreier Roboterbahnen werden untersucht. Gerade in industriellen Fertigungsprozessen stehen solche Ansätze im Mittelpunkt des Interesses, da hier schon kleine Verbesserungen die Produktionskosten erheblich reduzieren können.

Begriffsbildungen zu wiederverwendbaren objekt-orientierten Bibliotheken, Rahmenwerken, Entwurfsmustern als Operationen auf Programmstrukturen, sowie Metaprogrammierung und aspektorientiertes Programmieren beschreiben verschiedene Seiten einer einheitlichen Technik der Programmanipulation, deren Kern eine objekt-relationale Datenbank bildet. Dirk Heuzeroth beschäftigt sich mit einer konkreten Formulierung dieser Technik und dem Entwurf einer entsprechenden Übersetzerarchitektur.

Ziel der Arbeit von Thomas Höniger ist die Entwicklung eines Konzeptes zur Robotersteuerung, das die kooperative Handhabung von Objekten durch Menschen und Roboter ermöglicht. Diese Kooperation bietet den Vorteil, die komplementären Eigenschaften des Menschen und des Roboters zu kombinieren. Dabei werden hohe Anforderungen an die Kommunikation, die Koordination und die Kooperation zwischen den beiden Partnern gestellt.

Programmierkonzepte wie Generizität, Mehrfachvererbung oder Prototypen werden nicht von jeder Programmiersprache unterstützt, sondern müssen z. T. als Entwurfsmuster nachgebildet werden. Andreas Ludwig beschäftigt sich mit der Automatisierung von Programmtransformationen dieser Art durch Techniken aus dem Übersetzerbau. Eine Bibliothek für Transformationen auf Quelltextebene (COMPOST) soll dies maßgeblich erleichtern.

Die Diskrepanz zwischen Berechnungs- und Kommunikationsgeschwindigkeit wird in massiv parallelen Rechnern immer größer. Matthias Müller untersucht im Projekt Latenzzeitverbergung in datenparallelen Sprachen „Software Controlled Access Pipelining" (SCAP), das durch gezieltes Vorladen entfernter Datenelemente die jeweiligen Zugriffszeiten verdeckt. Das Ziel ist die Weiterentwicklung, Implementation innerhalb eines Übersetzers und Bewertung von SCAP auf einer Parallelrechnerarchitektur.

Dr.-Ing. Frank Padberg entwickelt stochastische Modelle für Softwareprojekte. In einem solchen Modell werden die Wahrscheinlichkeiten der einzelnen Verläufe berechnet, die ein geplantes Projekt nehmen kann. Wichtige Ziele seiner Arbeit sind verbesserte Zeit- und Kostenschätzungen, Risikoabschätzungen und Verfahren zur Optimierung der Ablaufpläne von Projekten.

Frank Reffel beschäftigt sich mit der Verifikation nebenläufiger Systeme. Mit der Modellprüfung können durch den Einsatz von BDDs Systeme mit mehr als 10^{20} Zuständen bearbeitet werden. Es wird an einer speziellen BDD-Variante gearbeitet, die Systeme mit identischen Komponenten noch kompakter repräsentieren kann.

Die Forschungsinteressen von Ralf Reusner liegen im Bereich der Softwareentwicklung für parallele und verteilte Systeme. Im SKaMPI-Projekt beschäftigt er sich mit der Messung von für Softwareentwickler relevanten Leistungsdaten von Parallelrechnern. Weiterhin wurde mit der Entwicklung eines Kalküls als Typsystem zur Kopplung von (ggf. verteilten) Softwarekomponenten begonnen. Dieser soll Softwarekomponenten auf bestimmte Fehler bereits vor der Laufzeit testen können.

Viele bekannte Signaltransformationen besitzen inhärente Symmetrie, die sich mit Methoden der Gruppen- und Darstellungstheorie untersuchen läßt. Forschungsgegenstand der Arbeit von Martin Rötteler ist es, ausgehend von einer gegebenen Symmetrie, schnelle Realisierungen von Signaltransformationen für das theoretische Modell des Quantenrechners zu finden.

Rainer Steinwandt beschäftigt sich mit der Zerlegung von polynomialen Gleichungssystemen. Ziel ist der Entwurf von Algorithmen, die es ermöglichen ein gegebenes Gleichungssystem so in „Teilsysteme" zu zerlegen, daß eine Vereinfachung des Lösungsvorgangs erreicht wird. Die dabei benutzten Methoden hängen eng mit algorithmischen Fragestellungen bei endlich erzeugten Körpererweiterungen zusammen.

Beherrschbarkeit komplexer Systeme

Im Januar 1992 nahm das von der Deutschen Forschungsgemeinschaft und dem Land Baden-Württemberg gemeinsam geförderte Graduiertenkolleg *Beherrschbarkeit komplexer Systeme* seine Tätigkeit auf. 1997 wurde es für eine dritte dreijährige Phase (bis Ende 2000) verlängert. Derzeit wird es von elf Professoren der Fakultät getragen, und zwar den Herren Abeck, Beth, Deussen, Goos, Krüger, Lockemann, Menzel, Rembold, Schweizer, Tichy und Vollmar. Gegenwärtig gehören ihm ein Postdoktorand, eine Stipendiatin und elf Stipendiaten an. Der Sprecher des Graduiertenkollegs ist Prof. Dr. R. Vollmar. Die inhaltliche Ausrichtung des Graduiertenkollegs erfolgt durch die Bearbeitung von Themen aus den Bereichen Konstruktionsmethoden, Synthese und Verifikation sicherer Software, Datensicherheitstechnik und Parallelität. Im folgenden wird die Arbeit der Stipendiatinnen und Stipendiaten im einzelnen kurz vorgestellt.

Zur Verbesserung des Cacheverhaltens hat Daniela Genius mehrere auf Graphfärbung basierende Verfahren entwickelt, die neue Datenlayouts bestimmen. Die Zahl der Konflikte wird erheblich reduziert bei geringer zusätzlicher Laufzeit. Das Verfahren wird nun in weiteren Arbeiten im Rahmen des EU-Projektes JOSES in ein industrielles Übersetzer-Rahmenwerk integriert.

Martin Giese untersucht neue Methoden im Gebiet der automatischen Theorembeweiser. Fast alle Verfahren zur Beweissuche beruhen bisher auf dem Prinzip des Backtracking; bei erfolgloser Suche wird der gesamte Zustand zurückgesetzt. Mit Beweisprozeduren ohne Backtracking könnte die in erfolglosen Beweisversuchen erzeugte Information für die weitere Suche mitverwendet werden.

Während in der klassischen Zahlentheorie vorwiegend die Frage nach Existenz und Eindeutigkeit einer Lösung im Vordergrund steht, beschäftigt sich die algorithmische Zahlentheorie mit der Effektivität bzw. Effizienz der Berechnung einer solchen Lösung. Björn Grohmann untersucht derartige Fragestellungen, die neben rein theoretischer Relevanz auch kryptographische Bedeutung haben.

Björn Hein arbeitet an Fragestellungen, die auf einem am Institut für Prozessrechentechnik, Automation und Robotik entwickelten on-line Bahnplaner für Industrieroboter basieren. Vor allem zeit- bzw. energieoptimale Eigenschaften kollisionsfreier Roboterbahnen werden untersucht. Gerade in industriellen Fertigungsprozessen stehen solche Ansätze im Mittelpunkt des Interesses, da hier schon kleine Verbesserungen die Produktionskosten erheblich reduzieren können.

Begriffsbildungen zu wiederverwendbaren objekt-orientierten Bibliotheken, Rahmenwerken, Entwurfsmustern als Operationen auf Programmstrukturen, sowie Metaprogrammierung und aspektorientiertes Programmieren beschreiben verschiedene Seiten einer einheitlichen Technik der Programmanipulation, deren Kern eine objekt-relationale Datenbank bildet. Dirk Heuzeroth beschäftigt sich mit einer konkreten Formulierung dieser Technik und dem Entwurf einer entsprechenden Übersetzerarchitektur.

Ziel der Arbeit von Thomas Höniger ist die Entwicklung eines Konzeptes zur Robotersteuerung, das die kooperative Handhabung von Objekten durch Menschen und Roboter ermöglicht. Diese Kooperation bietet den Vorteil, die komplementären Eigenschaften des Menschen und des Roboters zu kombinieren. Dabei werden hohe Anforderungen an die Kommunikation, die Koordination und die Kooperation zwischen den beiden Partnern gestellt.

Programmierkonzepte wie Generizität, Mehrfachvererbung oder Prototypen werden nicht von jeder Programmiersprache unterstützt, sondern müssen z. T. als Entwurfsmuster nachgebildet werden. Andreas Ludwig beschäftigt sich mit der Automatisierung von Programmtransformationen dieser Art durch Techniken aus dem Übersetzerbau. Eine Bibliothek für Transformationen auf Quelltextebene (COMPOST) soll dies maßgeblich erleichtern.

Die Diskrepanz zwischen Berechnungs- und Kommunikationsgeschwindigkeit wird in massiv parallelen Rechnern immer größer. Matthias Müller untersucht im Projekt Latenzzeitverbergung in datenparallelen Sprachen „Software Controlled Access Pipelining" (SCAP), das durch gezieltes Vorladen entfernter Datenelemente die jeweiligen Zugriffszeiten verdeckt. Das Ziel ist die Weiterentwicklung, Implementation innerhalb eines Übersetzers und Bewertung von SCAP auf einer Parallelrechnerarchitektur.

Dr.-Ing. Frank Padberg entwickelt stochastische Modelle für Softwareprojekte. In einem solchen Modell werden die Wahrscheinlichkeiten der einzelnen Verläufe berechnet, die ein geplantes Projekt nehmen kann. Wichtige Ziele seiner Arbeit sind verbesserte Zeit- und Kostenschätzungen, Risikoabschätzungen und Verfahren zur Optimierung der Ablaufpläne von Projekten.

Frank Reffel beschäftigt sich mit der Verifikation nebenläufiger Systeme. Mit der Modellprüfung können durch den Einsatz von BDDs Systeme mit mehr als 10^{20} Zuständen bearbeitet werden. Es wird an einer speziellen BDD-Variante gearbeitet, die Systeme mit identischen Komponenten noch kompakter repräsentieren kann.

Die Forschungsinteressen von Ralf Reusner liegen im Bereich der Softwareentwicklung für parallele und verteilte Systeme. Im SKaMPI-Projekt beschäftigt er sich mit der Messung von für Softwareentwickler relevanten Leistungsdaten von Parallelrechnern. Weiterhin wurde mit der Entwicklung eines Kalküls als Typsystem zur Kopplung von (ggf. verteilten) Softwarekomponenten begonnen. Dieser soll Softwarekomponenten auf bestimmte Fehler bereits vor der Laufzeit testen können.

Viele bekannte Signaltransformationen besitzen inhärente Symmetrie, die sich mit Methoden der Gruppen- und Darstellungstheorie untersuchen läßt. Forschungsgegenstand der Arbeit von Martin Rötteler ist es, ausgehend von einer gegebenen Symmetrie, schnelle Realisierungen von Signaltransformationen für das theoretische Modell des Quantenrechners zu finden.

Rainer Steinwandt beschäftigt sich mit der Zerlegung von polynomialen Gleichungssystemen. Ziel ist der Entwurf von Algorithmen, die es ermöglichen ein gegebenes Gleichungssystem so in „Teilsysteme" zu zerlegen, daß eine Vereinfachung des Lösungsvorgangs erreicht wird. Die dabei benutzten Methoden hängen eng mit algorithmischen Fragestellungen bei endlich erzeugten Körpererweiterungen zusammen.

Probabilistische Analyse am Beispiel des k-Zentrumsproblems

Till Nierhoff*

Institut für Informatik
Humboldt-Universität zu Berlin
D-10099 Berlin

Zusammenfassung Das Graduiertenkolleg "Algorithmische Diskrete Mathematik" in Berlin wird vorgestellt. Es folgt eine Übersicht der Dissertation, die ich als Stipendiat des Graduiertenkollegs angefertigt und im März 1999 verteidigt habe. Das Thema liegt im Schnitt der Gebiete Graphenalgorithmen und probabilistische Methoden.

Das Graduiertenkolleg "Algorithmische Diskrete Mathematik"

Das Graduiertenkolleg "ALGORITHMISCHE DISKRETE MATHEMATIK" besteht seit Oktober 1991 am Fachbereich Mathematik und Informatik der Freien Universität und wird von den drei Berliner Universitäten – Freie Universität, Technische Universität und Humboldt-Universität – und dem Konrad-Zuse-Zentrum für Informationstechnik getragen. Es finanziert sich aus Mitteln der Deutschen Forschungsgemeinschaft (DFG) und bietet Stipendien zur Promotion für die Dauer von zwei Jahren.

Es nehmen zur Zeit 7 Stipendiaten und 2 Postdoktoranden daran teil und es beteiligen sich weiterhin über 40 Doktoranden als assoziierte Kollegiaten.

Die Kollegiaten sollen sich ein breites, aktuelles und forschungsorientiertes Wissen innerhalb der algorithmischen diskreten Mathematik, welches über die spezielle Thematik ihrer jeweiligen Dissertation hinausgeht, aneignen. Dies wird durch Förderung der Kommunikation unter den Kollegiaten, durch zahlreiche Seminare im Kolleg sowie rege Kontakte zu international renommierten Wissenschaftlern unterstützt. Zur Verwirklichung finden folgende Veranstaltungen statt:

– Forschungsorientierte Vorlesungen zu Themen aus Kombinatorik, Graphentheorie, Kombinatorischer Optimierung, Codierungstheorie, Graphenalgorithmen, Entwurf und Analyse von Algorithmen, diskreter und algorithmischer Geometrie und ähnlichem;

---

* Das Graduiertenkolleg "Algorithmische Diskrete Mathematik" wird gefördert durch die Deutsche Forschungsgemeinschaft (GRK 219/3)

- Doktorandenseminare zu den Gebieten, welche Vorhaben aller Stipendiaten und assoziierter Mitglieder umfassen;
- Spezialschulen (ein- bis zweimal jährlich) zu aktuellen Themen;
- Kollegsvorlesung und -kolloquium an jedem Montag des Semesters mit Vorlesungen/Vorträgen von Dozenten des Kollegs und Gästen bzw. der Stipendiaten.

Inhaltliche Zielsetzung

Aus den klassischen Gebieten wie Kombinatorik oder Graphentheorie hat sich die diskrete Mathematik unter Einbeziehung des algorithmischen Standpunktes zu einem Themenkreis entwickelt, der Aspekte der Grundlagen wie auch der angewandten Wissenschaften vereint. Im Graduiertenkolleg wird beides untersucht: zum einen Grundlagen wie Graphentheorie, Kombinatorik und diskrete Geometrie, aber vor allem auch deren algorithmische Anwendungen in der Optimierung, der algorithmischen Geometrie, der geometrischen Mustererkennung, der Codierungstheorie und in Graphenalgorithmen. Naturgemäß sind demnach sowohl Dozenten aus Mathematik- als auch aus Informatik-Fachbereichen der Berliner Universitäten im Graduiertenkolleg tätig. Gemeinsame Richtschnur ist das Verstärken der Fähigkeit, diskrete Probleme zu modellieren, zu analysieren und effiziente Algorithmen zu ihrer Lösung zu entwickeln.

Erfolgsbilanz

Durch die besondere Situation Berlins mit seinen zahlreichen Forschungseinrichtungen kann das Kolleg eine Reihe von Gruppen mit vielen gemeinsamen Interessen verbinden und ermöglicht damit eine besonders erfolgreiche Zusammenarbeit. In den acht Jahren seit Gründung des Kollegs wurden 34 Doktoranden und 7 Postdoktoranden gefördert. Die Doktoranden haben durchschnittlich 40 Monate vom Diplom bis zur Promotion gebraucht, davon wurden durchschnittlich 24 Monate vom Kolleg gefördert.

Die Dokoranden erhielten einen Carl-Ramsauer-Preis, einen GMÖOR-Dissertationspreis und zwei Ernst-Reuter-Preise für ihre Dissertationen. 19 der geförderten Kollegiaten sind nach Ende der Förderung weiter an Universitäten und anderen Forschungseinrichtungen tätig, die restlichen haben Positionen in der Wirtschaft.

Die Professoren des Kollegs erhielten zwei Leibnizpreise, einen Gerhard-Hess-Preis, einen Max-Planck-Preis, einen Lester-R.-Ford-Award, sowie zahlreiche Rufe, von denen nur einer, an die ETH Zürich, angenommen wurde.

Kontakte und Informationen

Auskünfte sind über die Koordinatorin des Graduiertenkollegs Montag, Dienstag und Donnerstag 10.00 – 13.00 Uhr erhältlich. Für interessierte Studenten oder Externe besteht die Möglichkeit, sich in den Informations- und Veranstaltungsverteiler aufnehmen zu lassen.

Koordination/Sekretariat: Bettina Felsner
 Tel. (030) 838 75104, Fax: 030-838 75109
 E–mail: `bfelsner@inf.fu-berlin.de`
 Internet: `http://www.inf.fu-berlin.de/inst/theo/gk.html`

Sprecher des Graduiertenkollegs: Prof. Dr. Helmut Alt
 Tel. (030) 838 75160
 E–mail: `alt@inf.fu-berlin.de`

Kollegsadresse:
 Freie Universität Berlin,
 Institut für Informatik,
 Takustraße 9, 14195 Berlin

Das k-Zentrumsproblem und r-unabhängige Mengen

Viele Berechnungsprobleme der Informatik sind kombinatorische Optimierungsprobleme. Typischerweise sind diese zwar in endlicher Zeit exakt lösbar, allerdings sind viele NP-schwer. Daher sind keine *effizienten*, d.h. polynomiellen, Algorithmen für sie bekannt und es existieren wahrscheinlich auch keine.

Wie geht man mit solchen Problemen um? Ad hoc-Ansätze bestehen meistens in heuristischen Verfahren, die lokal optimal sind, aber global gesehen beliebig uneffektiv sein können. Daher sind Algorithmen gesucht, deren Güte nachgewiesen werden kann.

Sehr verbreitet ist es, die Worst Case Güte eines Algorithmus zu bestimmen. Zur Messung der Güte bietet es sich an, den sogenannten Approximationsfaktor zu bestimmen. Dieser ist der maximale Faktor, um den sich algorithmische und optimale Lösung unterscheiden. Für einige Probleme gibt es sogenannte polynomielle Approximationsschemata, für andere sind sogenannte untere Schranken bekannt.

Ein Approximationsschema liefert für jeden Fehler $\epsilon > 0$ einen polynomiellen Algorithmus mit Approximationsfaktor höchstens $1+\epsilon$. Eine untere Schranke für ein Problem ist ein Wert $C > 1$, so daß die Existenz eines effizienten Algorithmus mit kleinerem Approximationsfaktor als C zur Folge hätte, daß $P = NP$ oder etwas ähnlich unwahrscheinliches gilt.

Für manche Probleme gibt es sowohl eine untere Schranke, als auch einen effizienten Algorithmus mit dem entsprechenden Approximationsfaktor. In solchen Fällen — man spricht vom Approximationsschwellenwert — ist die erreichbare Worst Case Güte natürlich ausgereizt. Dieser Stand kann aus Anwendungssicht unbefriedigend sein: Im Fall des Independent Set Problems in Graphen liegt die untere Schranke bei $n^{1-\epsilon}$, wobei n die Anzahl der Knoten ist und $\epsilon > 0$ beliebig!

Hier — wie auch in anderen Situationen — liegt die Anwendung probabilistischer Analyse nahe. Dabei wird die Güte nicht mehr für den Worst Case bestimmt, sondern es wird eine Wahrscheinlichkeitsverteilung über den Instanzen angenommen und die Güte für eine zufällige Instanz gemäß dieser Verteilung ermittelt.

Alternativ ist natürlich denkbar, nicht die Güte, sondern die Laufzeit als Zufallsvariable zu betrachten. Die entsprechenden Algorithmen haben dann im allgemeinen im Worst Case superpolynomielle Laufzeit. Als Beispiel sei hier das Färben K_{l+1}-freier Graphen in erwartet linearer Laufzeit [8] genannt. Auf diese Variante ist auch die Theorie der Average Case Complexity gemünzt (siehe z.B. [1]).

Das k-Zentrumsproblem

Folgende Notation wird für einen Graphen $G = (V, E)$ verwendet: $d(u, v)$ bezeichnet die Länge eines kürzesten Weges zwischen $u, v \in V$; $\Gamma(u, r) := \{v \in V | d(u, v) \leq r\}$.

Definition 1. Sei $G = (V, E)$ ein Graph und $k \in \mathbb{N}$. Das k-Zentrumsproblem besteht darin, ein $W \subset V$ mit $|W| \leq k$ zu finden, so daß der Radius $r(W) := \max\{d(v, W) | v \in V \setminus W\}$ minimiert wird.

Eine Anwendung des k-Zentrumsproblems könnte zum Beispiel die Verteilung von k Servern in einem heterogenen Netzwerk sein. Im Modell würden die Segmente des Netzes durch Knoten repräsentiert und eine Kante eingefügt, falls zwei Segmente durch ein Gateway verbunden sind. Ein k-Zentrum entspräche dann den Segmenten, in denen die Server angeschlossen würden. Unter der Annahme, daß die Übertragung innerhalb eines Segments sehr viel schneller ist, als über ein Gateway hinweg, wäre die Kommunikationsverzögerung proportional zum Radius.

Durch eine Reduktion, beispielsweise von der Entscheidungsversion des Vertex Cover Problems, läßt sich zeigen, daß bereits die Entscheidung, ob es ein k-Zentrum mit Radius 1 gibt oder nicht, NP-Vollständig ist. Dadurch ergibt sich die untere Schranke von 2 für die effiziente Approximierbarkeit des k-Zentrumsproblems. Andererseits gibt es einen Algorithmus mit Approximationsfaktor von 2, der sogenannte r-unabhängige Mengen verwendet [5]:

Definition 2. Sei $G = (V, E)$ ein Graph und $r \in \mathbb{N}$. Eine Menge $W \subset V$ heiße r-unabhängig, falls $d(v, w) > r$ für alle $v, w \in W$.

Eine (inklusionsweise) maximale r-unabhängige Menge hat Radius r. Eine einfache Greedy-Strategie findet maximale r-unabhängige Mengen:

GREEDY-r-INDEPENDENT SET
1. Eingabe $G = (V, E)$; $r \in \mathbb{N}$.
2. $W \leftarrow \emptyset$; $U \leftarrow V$.
3. Wähle $v \in U$; $W \leftarrow W \cup \{v\}$; $U \leftarrow U \setminus \Gamma(v, r)$.
4. Falls $U \neq \emptyset$, fahre fort mit Schritt 3.
5. Ausgabe GREEDY-r-INDEPENDENT SET$(G, r) := W$.

Der 2-Approximationsalgorithmus für das k-Zentrumsproblem benötigt eine Routine, die maximale r-unabhängige Mengen erzeugt. GREEDY-r-INDEPENDENT SET bietet sich dazu an:

GREEDY-k-CENTER
1. Eingabe $G = (V, E)$; $k \in \mathbb{N}$.
2. $r \leftarrow 0$.
3. $r \leftarrow r + 1$; $W \leftarrow$ GREEDY-r-INDEPENDENT SET(G, r).
4. Falls $|W| > k$, fahre fort mit Schritt 3.
5. Ausgabe $:= W$.

Der Approximationsfaktor von GREEDY-k-CENTER ist 2. Dies kann man zeigen, indem man die strukturelle Eigenschaft von Graphen nutzt, daß die Kardinalität einer $2r_{\mathrm{opt}}$-unabhängigen Menge höchstens k sein kann, wenn r_{opt} der optimale Radius eines k-Zentrums ist.

Da hier also ein Problem vorliegt, für das der Approximationsschwellenwert bekannt ist, stellt sich die Frage nach der probabilistischen Analyse von GREEDY-k-CENTER. Als erstes wird ein Zufallsmodell für den Eingabegraphen G benötigt. Da es keinen Grund gibt, bestimmte Graphen anderen vorzuziehen, wäre die naheliegendste Wahl die Gleichverteilung auf allen Graphen mit n Knoten. Diese ist durch das $G_{n,p}$-Modell mit $p = \frac{1}{2}$ gegeben. Das Zufallsexperiment, das $G_{n,p}$ zugrundeliegt, ist folgendes: Sei $V := \{1, \ldots, n\}$. Eine Kante $e \in \binom{V}{2}$ wird, unabhängig von den anderen, mit Wahrscheinlichkeit p in E eingefügt. Das Resultat ist der Graph $G_{n,p} = (V, E)$.

Es ist bekannt, daß der Abstand zweier Knoten in $G_{n,p}$, $p \in (0, 1)$, mit hoher Wahrscheinlichkeit 2 ist. Die probabilistische Analyse würde also bei Wahl von $G_{n,\frac{1}{2}}$ als Eingabemodell trivial. Daher muß p mit steigender Knotenzahl abnehmen, genauer: $p = p(n) \ll n^{-1+1/r}$. Auf diese Art bleiben Graphen gleicher Dichte gleich wahrscheinlich, lediglich die Dichte wird angemessen reduziert. Als

Voraussetzung technischer Natur sei außerdem $p \geq \frac{\log n}{n}$. Da $G_{n,p}$ mit hoher Wahrscheinlichkeit erst ab diesem Wert zusammenhängend wird, ist diese Voraussetzung sicher vernünftig. Alle weiteren Aussagen über $G_{n,p}$ gelten, so wie die über den Abstand zweier Knoten, nur mit hoher Wahrscheinlichkeit; der Kürze halber wird dies nicht weiter erwähnt.

Die Analyse von GREEDY-k-CENTER beruht im wesentlichen auf einer Analyse von GREEDY-r-INDEPENDENT SET. GREEDY-1-INDEPENDENT SET ist eine alte Greedy-Strategie für das Independent Set Problem, die von Grimmett und McDiarmid [3,6] probabilistisch untersucht wurde. Sie zeigten, daß die Größe der Ausgabe mit der Größe einer minimum dominierenden Menge (der Dominierungszahl) bis auf Terme kleinerer Ordnung übereinstimmt. Da die Dominierungszahl eine untere Schranke für die Größe einer (inklusionsweise) maximalen unabhängigen Menge ist, besagt dieses Resultat, daß der Algorithmus für $r = 1$ im wesentlichen eine kardinalitätsminimale inklusionsmaximale unabhängige Menge liefert.

Definition 3. Sei $G = (V, E)$ ein Graph und $r \in \mathbb{N}$. Eine Menge $W \subset V$ heiße r-dominierend, falls $d(v, W) \leq r$ für alle $v \in V$. Definiere

$$\gamma_r(G) := \min\{|W| \,|\, W \text{ ist } r\text{-dominierend}\}.$$

Die Ausdehnung des Resultats von Grimmett und McDiarmid auf den Fall $r > 1$ würde sich besonders positiv auf das probabilistische Verhalten von GREEDY-k-CENTER auswirken, und tatsächlich gilt

Theorem 4. *Sei $g_r(G)$ die Kardinalität der Ausgabe von* GREEDY-r-INDEPENDENT SET(G, r). *Für $r \geq 1$ und $p = p(n) = \omega(\log n / n)$ gilt*

$$g_r(G_{n,p}) \approx \gamma_r(G_{n,p}) \approx \frac{\log d^r}{t d^{r-1}},$$

wobei $t := -\log(1 - p)$.

Aus diesem Theorem folgt nun, wie sich GREEDY-k-CENTER probabilistisch verhält:

Theorem 5. *Sei r_{opt} der Radius eines optimalen k-Zentrums in $G_{n,p}$, $k \leq n$. Sei r_{greedy} der Radius von* GREEDY-k-CENTER$(G_{n,p}, k)$. *Dann gilt*

$$r_{\mathrm{opt}} \leq r_{\mathrm{greedy}} \leq r_{\mathrm{opt}} + 1.$$

Sei $A := \{k \leq n \,|\, r_{\mathrm{opt}} < r_{\mathrm{greedy}}\}$. Dann ist $|A| = o(n)$.

Damit ist GREEDY-k-CENTER also ein Algorithmus der probabilistisch nicht nur eine $1 + o(1)$-Approximation liefert, sondern sogar eine sogenannte Differenzgarantie von einer Einheit besitzt. Hochbaum [4] bezeichnet diese Situation im Kontext deterministischer Algorithmen als "wonderful", der Steigerung von "better than best". Bezieht man die Wahl von $k \leq n$ in das probabilistische Modell mit ein, z.B. indem man annimmt $k \in \{1, \ldots, n\}$ sei gleichverteilt, dann folgt aus $|A| = o(n)$ sogar, daß GREEDY-k-CENTER optimal ist.

Modellierungsfragen

Das probabilistisch gute Verhalten von GREEDY-k-CENTER beruht wesentlich auf Theorem 4. Es wäre natürlich denkbar, daß beispielsweise alle r-unabhängigen Mengen in $G_{n,p}$ die gleiche, minimale Größe haben. Dann würde das gewählte Modell keine nicht optimalen Lösungen zulassen. Das ist nicht erwünscht.

Definition 6. Sei $G = (V, E)$ ein Graph und $r \in \mathbb{N}$. Definiere

$$\alpha_r(G) := \max\{|W| \,|\, W \text{ ist } r\text{-unabhängig}\}.$$

Im Fall $r = 1$ haben Grimmett und McDiarmid gezeigt, daß in $\alpha_r(G_{n,p}) \approx 2\gamma_r(G_{n,p})$. Gälte diese Aussage ebenfalls für alle $r \geq 1$, dann ließe das Modell auch nicht-optimale Lösungen zu. Ganz konnte diese Verallgemeinerung nicht erzielt werden. Zumindest konnte sie aber als Ungleichung erzielt werden, sowie als Gleichung für $r = 2, 3$ und einen eingeschränkten Bereich von p. Dies sollte zumindest als Indiz dafür dienen, daß das Modell nichttrivial im oben genannten Sinn ist:

Theorem 7. *Sei $\epsilon > 0$ und $p = p(n) \geq d_\epsilon/n$, wobei die Konstante d_ϵ nur von ϵ abhängt. Dann gilt*

$$\alpha_r \leq (1 + \epsilon)\frac{2 \log d^r}{d^r} n.$$

Sei $0 < \theta < 1 - \frac{3}{4r}$. Falls sogar $r \in \{2, 3\}$ und $p \geq n^{-\theta}$, dann gilt auch

$$\alpha_r(G_{n,p}) \geq (1 - \epsilon)\frac{2 \log d^r}{d^r} n.$$

Bei der Einführung des Zufallsmodells $G_{n,p}$ wurde schon der Bereich von p, für den das Modell trivial würde, ausgeschlossen. Es ist ein bekanntes Phänomen, daß die Wahl des Modells eine gewisse Sorgfalt erfordert. Beispielsweise zeigte schon Wilf [9], daß die NP-vollständige Entscheidung, ob ein Graph dreifärbbar ist, bei Wahl eines bestimmten Modells probabilistisch in konstanter Zeit lösbar ist.

Auch in den Fällen, in denen schlechte Lösungen möglich sind, beruht die Qualität eines probabilistisch guten Algorithmus auf den strukturellen Eigenschaften des verwendeten Modells. Das $G_{n,p}$-Modell ist sicher eines der verbreitetsten, aber es gibt noch einige andere, beispielsweise mit konstanter Kantenzahl oder konstanter Gradsequenz. Die Anzahl der Modelle, die auf diese Art immer besser verstanden werden, nimmt zu. Eine umfangreiche Übersicht zu probabilistischer Analyse von Graphenalgorithmen mit verschiedensten Modellen bietet [2].

In konkreten Anwendungen sind die Instanzen natürlich nicht zufällig. Wenn dort nur eine oder zwei (oder auch siebzehn) Instanzen wichtig sind, ist der Worst Case Ansatz mit exakten Verfahren, fortgeschrittenen Schätztechniken und etwas Glück sicher angemessen. Variieren die Instanzen jedoch stärker, ist dies nicht mehr möglich. Dann, so die Vision, könnte man Wiederkehrendes in ein Zufallsmodell codieren und die Variation als Zufall darin interpretieren. Die Vision könnte umso eher Realität werden, je mehr Bausteine die probabilistische Analyse zur Verfügung stellt und je besser diese kombiniert werden können.

Literatur

1. I. Biehl. *Eine Grundlegung der Average-Case Komplexitätstheorie*. Teubner-Texte zur Informatik. Teubner, Stuttgart, 1996.
2. A. Frieze and C. McDiarmid. Algorithmic theory of random graphs. *Random Structures & Algorithms*, 10:5–42, 1997.
3. G. Grimmett and C. McDiarmid. On colouring random graphs. *Proceedings of the Cambridge Philosophical Society*, 77:313–324, 1975.
4. D. Hochbaum, editor. *Approximation algorithms for NP-hard problems*. PWS Publishers, Boston, 1996.
5. D. Hochbaum and D. Shmoys. A best possible heuristic for the k-center problem. *Mathematics of Operations Research*, 10(2):180–184, 1985.
6. C. McDiarmid. Colouring random graphs. *Annals of Operations Research*, 1:183–200, 1984.
7. T. Nierhoff. *The k-Center Problem and r-Independent Sets*. Dissertation, Humboldt-Universität zu Berlin, 1999.
8. H. J. Prömel and A. Steger. Coloring clique-free graphs in linear expected time. *Random Structures and Algorithms*, 3(4):375–402, 1992.
9. H. Wilf. Backtrack: An $O(1)$ expected time algorithm for the graph coloring problem. *Information Processing Letters*, 18:119–121, 1984.

Globale Anfragebearbeitung mit verteilten und heterogenen Datenquellen

Ulf Leser[1]

Technische Universität Berlin, Fachbereich 13
Einsteinufer 17, D-10587 Berlin
Email: leser@cs.tu-berlin.de.

1. Einleitung

Im Rahmen des Berlin/Brandenburger Graduiertenkolleg „Verteilte Informationssysteme" (GKVI[2]) arbeiten zur Zeit 15 Stipendiaten an verschiedenen Aspekten der Konzeption, Erstellung und des Betriebs von Informationssystemen in verteilten und heterogenen Umgebungen. Die prinzipiell interdisziplinäre Ausrichtung des GKVI, die eine fruchtbare Verbindung zwischen Wirtschaftsinformatik, Datenbanktechnik und Aspekten der Softwaretechnik sucht, schafft ein breites Themenspektrum, das von Internet-Pricing [20] und Indexstrukturen [8] über objektorientierte Middleware [6] bis zur Modellierung von Benutzerschnittstellen [15] reicht.

Einen großen Raum nimmt die Forschung über verschiedene Aspekte der Informationsintegration ein. Die Bedeutung dieses Gebietes hat seit dem Erfolg des World Wide Web nicht nur erheblich zugenommen, sondern sich auch in ihrem Charakter verändert. Während man es in den 80er Jahren typischerweise mit einer relativ überschaubaren Menge von wohlstrukturierten Datenquellen zu tun hatte, ist man heute an der Entwicklung von Systemen interessiert, die eine weit größere Anzahl von heterogenen, vollständig autonomen und potentiell weltweit verteilten Quellen zu integrieren versuchen. Ein typisches Anwendungsszenario für föderierte Datenbanken ist ein Unternehmen, das eine Anzahl von relationalen Abteilungsdatenbanken in ein unternehmensweites Data Warehouse integrieren möchte. Dagegen adressieren Digital Library Projekte im Umfeld des WWW hunderte von Datenquellen, die ihre Informationen über verschiedenste Schnittstellen zugänglich machen und unterschiedliche Darstellungsformate benutzen.

Aus diesen veränderten Rahmenbedingungen entstanden eine Reihe von neuen Ansätzen für die Integration von Informationssystemen:

• Durch semistrukturierte Datenmodelle versucht man, die Heterogenität der Daten in unterschiedlichen Quellen besser abbilden zu können. Anfragen können dann durch Graphtransformationen beschrieben werden [4]. Neuartige Techniken sind dabei

---

[1] Diese Arbeit wird unterstützt von der Deutschen Forschungsgemeinschaft durch das Berlin - Brandenburger Graduiertenkolleg "Verteilte Informationssysteme", Antrag GRK 316.
[2] http://www.wiwi.hu-berlin.de/gkvi

auch für die Anfrageoptimierung [2] notwendig. In eine ähnliche Richtung geht auch das insbesondere im eCommerce - Umfeld wichtige XML.

- Die Integration von Daten aus einer Vielzahl von nahezu unbekannten Quellen kann kaum noch ausschließlich unter logisch - semantischen Kriterien erfolgen. Statt dessen gewinnt die Qualität der Daten eine besondere Bedeutung [17].
- Die Variabilität der Zugriffsmethoden verlangt nach ihrer expliziten Modellierung und besonderer Behandlung. Zum Beispiel können Anfragebeschränkungen, die sich aus der Integration von formularbasierten WWW Schnittstellen ergeben, nicht innerhalb einer konventionellen Anfrageoptimierung berücksichtigt werden [5].
- Durch den hohen Grad an Autonomie der Quellen verschärft sich das Problem, daß die beteiligten Systeme evolutionären Weiterentwicklungen unterworfen sind. Ein Integrationssystem muß darauf entsprechend reagieren können. Ansätze dazu basieren beispielsweise auf der Verwendung geeigneter Metainformationen [9].
- Neben der Integration von Daten gewinnt auch die Verteilung von Operationen im Sinne eines Software - Leasing zunehmend an Bedeutung [7].

Als Anwendungsgebiete werden innerhalb des GKVI zum Beispiel Umweltinformatik [19], digitale Bibliotheken [4] und Molekularbiologie [12] untersucht. Der letzte Bereich soll nun stellvertretend kurz beschrieben werden, um die dabei auftretenden Probleme zu verdeutlichen. Der später vorgestellte Ansatz zu ihrer Lösung ist aber prinzipiell unabhängig vom Anwendungsgebiet.

2. Integration molekularbiologischer Datenquellen

Weltweit sind zur Zeit mehr als 400 Informationssysteme mit molekularbiologischen Daten öffentlich zugänglich [16]. Die überwiegende Mehrzahl bietet ihren Inhalt über das WWW an. Daten können dabei in der Regel über Suchmasken oder Stichworte gezielt selektiert werden. Neben dem WWW erlangt auch CORBA eine zunehmende Bedeutung, und erste Datenbanken sind über entsprechende IDL - basierte Schnittstellen erreichbar [1].

Die Modellierung molekularbiologischer Daten in einer Datenbank erfordert in der Regel komplexe Schemata mit unter Umständen mehreren hundert Klassen. Anfragen an solche Schemata zu formulieren ist für Biologen nicht zumutbar. Deshalb basieren die Schnittstellen in der Regel auf einer begrenzten Anzahl von vordefinierten Anfragen, die vom Benutzer mit Parametern versehen werden können (sogenannten „canned queries").

Die 400 verschiedenen Quellen sind potentiell überlappend, sowohl auf der intensionalen Ebene, d.h. sie speichern dieselbe Art Daten, als auch in Bezug auf ihre Extensionen, d.h. sie speichern Informationen über dieselben Objekte. Da die Daten oft experimentell erhoben wurden, kann es Widersprüche zwischen verschiedenen Quellen geben. Das bedeutet, daß es oftmals sinnvoll und notwendig ist, für dasselbe Datum mehrere Quellen zu befragen. Des weiteren gibt es eine Vielzahl forschungsrelevanter Fragen, die nicht durch die Benutzung einer einzelnen Quelle beantwortet werden können, sondern die Kombination von Teilergebnissen voraussetzen. Aus diesen

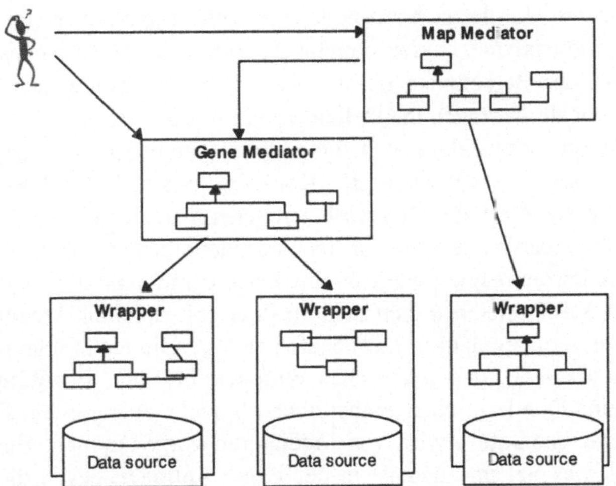

Abbildung 1. Hierarchische, Mediator - basierte Integrationsarchitektur.

Gründen gilt die Datenintegration als eine wichtige Voraussetzungen für den weiteren Erfolg molekularbiologischer Forschung [18].

3. Integrationsmethodik

Aus den im vorigen Abschnitt erläuterten Gegebenheiten können eine Reihe von Anforderungen an eine mögliche Integrationsarchitektur abgeleitet werden. Um einen ausreichenden Grad an Integration und Komfort zu gewährleisten, wird eine *enge Kopplung* angestrebt, d.h. das Integrationssystem basiert auf einem globalen Schema. Eine auf Materialisierung basierende Integration ist aufgrund der kurzen Updatezyklen der Quellen nicht möglich. Deshalb wird eine virtuelle Integration angestrebt, bei der globale Anfragen online in Anfragen an Quellen übersetzt werden. Außerdem sind auf Schemaintegration basierende Ansätze in derart komplexen und semantisch heterogenen Umgebungen kaum anwendbar. Statt dessen wurde ein auf Mediatoren basierender Ansatz gewählt. (siehe Abb. 1 und [21]).

Mediator - basierte Informationssysteme (MBIS) unterscheiden sich von föderierten Datenbanken (FDBS) im wesentlichen in der Herangehensweise. MBIS werden Top-Down entwickelt, d.h., man geht von einem initial vorhandenen globalen Informationsbedürfnis aus, das durch das MBIS erfüllt werden soll. Das globale Schema modelliert die dafür notwendigen Daten; erst in einem zweiten Schritt werden die Daten in den verfügbaren Quellen in ihrem Verhältnis zum globalen Schema durch *Schemakorrespondenzen* beschrieben. Diese Korrespondenzen bilden später die Grundlage für die Ausführung von Anfragen gegen das globale Schema.

FDBS verwenden in der Regel die umgekehrte Methode (Bottom-Up). Ihre Motivation ist die Entwicklung eines Integrationssystems für eine gegebene Menge von Quellen. Das globale Schema muß dementsprechend die Vereinigung der Daten aller

Quellen umfassen. Um das sicherzustellen, verwendet man einen semi-automatischen Schemaintegrationsprozeß, dessen Eingabe *Korrespondenzen zwischen Quellschemata* sind. Während der Berechnung des globalen Schemas werden die Abbildungsvorschriften für globale Anfragen in Quellanfragen mit erzeugt.

Die Top-Down Entwicklung von Integrationssystemen führt, verglichen mit dem FDBS Ansatz, zwar zu einer geringeren Kohärenz innerhalb des Systems, bietet dafür aber eine Reihe von Vorteilen in stark heterogenen und sich häufig ändernden Umgebungen [11]. Beispielsweise kann auf Schemaänderungen in Quellen durch Änderung von Korrespondenzen reagiert werden; eine Re-Integration ist nicht notwendig.

FDBS und MBIS gleichen sich aber in ihrer prinzipiellen Architektur. In MBIS wird das Integrationsproblem in zwei Stufen zerlegt. Die technische und syntaktische Heterogenität wird von quellspezifischen Wrappern behoben. Ein Wrapper ermöglicht es also, auf eine Quelle in einer einheitlichen Sprache zuzugreifen. Die semantische und strukturelle Integration wird von Mediatoren vorgenommen. Ein Mediator verwaltet ein internes Schema und ist in der Lage, Anfragen gegen dieses Schema zu beantworten. Dafür greift er auf die Wrapper zu. Bei der Integration komplexer Domänen ist außerdem eine Modularisierung vorteilhaft. Dazu verwendet man eine Menge von hierarchisch angeordneten Mediatoren.

Im folgenden betrachten wir der Einfachheit halber ein System mit nur einem Mediator. Als globales Datenmodell verwenden wir das Relationenmodell. Wrapper bieten zum Zugriff auf ihre Quellen ein relationales Exportschema an. Sie müssen in der Lage sein, einige, aber nicht notwendigerweise alle, Anfragen gegen dieses Wrapperschema zu beantworten (beschränkte Wrapper).

4. Query Correspondence Assertions

Das eigentliche Ziel jedes MBIS ist die Beantwortung von globalen Anfragen. Dazu muß der Mediator auf die verfügbaren Datenquellen zugreifen, da er selber keine Daten speichert. Die Anfrageübersetzung muß zum Zeitpunkt der Anfrageformulierung geleistet werden: Eine gegebene globale Anfrage Q wird in eine Menge von Anfragen Q_i übersetzt, so daß die geeignet kombinierten Ergebnisse korrekte Antworten auf Q ergeben. Die Q_i müssen wrapperspezifisch sein; betrachtet man beschränkte Wrapper, muß außerdem beachtet werden, daß nur solche Q_i erzeugt werden, die auch ausführbar sind. Um die semantische Korrektheit der Übersetzung zu gewährleisten, benutzt der Mediator die vorab spezifizierten Korrespondenzen.

Deshalb kommt dem Mechanismus zur Definition von Korrespondenzen innerhalb eines MBIS eine überragende Bedeutung zu. Seine Ausdrucksfähigkeit sollte groß genug sein, um eine Vielzahl von verschiedenartigen Heterogenitäten zwischen Schemata überbrücken zu können; andererseits wird sie begrenzt dadurch, daß sie möglichst effiziente Übersetzungsalgorithmen erlauben muß. Im wesentlichen gibt es drei Klassen:

(M1) Viele Methoden basieren auf 1:1 Entsprechungen zwischen Relationen des globalen Schemas und Relationen von Wrapperschemata;

(M2) Ansätze, die auf Sichten basieren, erlauben die Korrespondenz zwischen einer globalen Relation (der Sicht) mit einer Anfrage an ein Wrapperschema;

(M3) Eine Variante der vorherigen Methode basiert auf der Darstellung von Wrapperrelationen als Sichten auf das globale Schema [14].

Für jedes dieser Verfahren lassen sich Fälle finden, bei denen eine korrekte Beschreibung nicht möglich ist. Diese resultieren meist aus unterschiedlichen Intensionen der Schemata. Beispielsweise möchte man einen Mediator M für Gene auf dem X Chromosom von Säugetieren entwickeln. Eine Quelle S_1, die Daten sämtlicher Chromosomen von Säugetieren enthält, läßt sich wie folgt mit (M2) darstellen[3], aber nicht mit (M3), da die Anfrage an die Quelle eine Bedingung enthalten muß:

$$M.gene(Sp, Chr, Obj) \leftarrow S_1.daten(Sp, Chr, Obj), Chr = ``X";$$

Dagegen wäre eine Quelle S_2, die nur X Chromosom Daten von Menschen enthält, mit (M3), aber nicht mit (M2) beschreibbar, da nun eine Bedingung in der Anfrage an das globale Schema notwendig ist:

$$M.gene(Sp, Chr, Obj), Sp = ``Human" \rightarrow S_2.daten(Chr, Obj);$$

Aus diesem Grund wurde eine neue Methode zur Definition von Schemakorrespondenzen entwickelt, die auf sogenannten Query Correspondence Assertions beruht (QCAs). QCAs kombinieren (M2) und (M3), indem sie die Definition von (intensionalen) Korrespondenzen zwischen einer Anfrage an das globale Schema und einer Anfrage gegen ein Wrapperschema gestatten. Eine Quelle S_3, die Daten beliebiger Chromosomen das Menschen enthält, kann durch folgende QCA beschreiben werden, aber weder durch (M2) noch (M3):

$$M.gene(Sp, Chr, Obj), Sp = ``Human" \leftarrow S_3.daten(Chr, Obj), Chr = ``X";$$

Die intensionale Aussage einer QCA ist damit ist die Äquivalenz zwischen zwei Anfragen: Eine gegen das globale Schema, und eine gegen ein Wrapperschema, deren Ausführbarkeit garantiert ist. Beispielsweise kann so die Bedeutung einer „canned query" einer WWW Schnittstelle in Bezug auf das globale Schema definiert werden. Extensional sichert eine QCA zu, daß sämtliche Tupel, die durch die Ausführung der Wrapperanfrage berechnet werden, korrekte Tupel für die globale Anfrage sind. Damit ist die Extension der rechten Anfrage per Definition eine Untermenge der (zunächst nur virtuell existierenden) linken Anfrage.

5. Anfrageübersetzung mit QCAs

Dem Entwickler von MBIS ist mit QCAs ein mächtiges Hilfsmittel zur Beschreibung von Zusammenhängen zwischen heterogenen Schemata an die Hand gegeben. Damit alleine ist aber noch nichts gewonnen: Der Mediator muß schließlich in der Lage sein,

---

[3] Wir verwenden DATALOG Notation für Anfragen. Die genauen Schemata sind aus Platzgründen nicht angegeben.

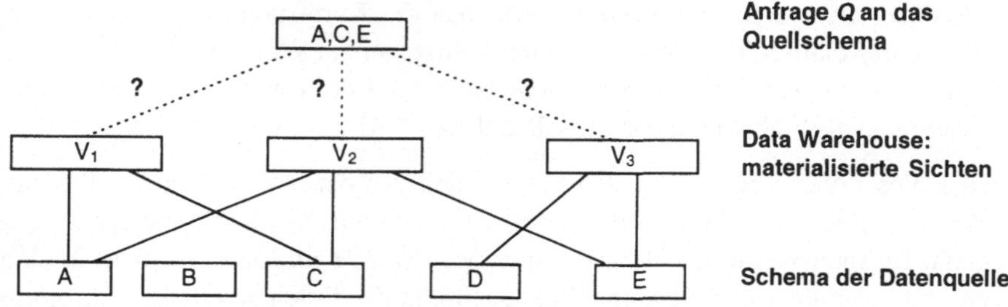

Abbildung 2. Wie kann man Q nur mit Hilfe der materialisierten Sichten beantworten ?

eine *beliebige* globale Anfrage Q zu beantworten. Nur in Ausnahmefällen wird sich Q genau mit einer linken Seite einer QCA decken.

Deshalb muß der Mediator eine Kombination von QCAs (einen *Plan*) finden, so daß die geeignet kombinierten Ergebnisse korrekte Antworten für Q liefern. QCAs werden dabei durch die Einführung von Joins kombiniert. Ist ein korrekter Plan gefunden, werden die rechten Seiten der in ihm enthaltenen QCAs ausgeführt und die Ergebnisse im Mediator zwischengespeichert. Zur Zeit werden Joins auf diesen temporären Ergebnissen berechnet, da z.B. im WWW ein Verschieben der Joinoperation in eine Quelle nicht möglich ist. Existieren mehrere korrekte Pläne, werden alle ausgeführt, da die in ihnen enthaltenen QCAs potentiell verschiedene Quellen adressieren und damit unterschiedliche Extensionen liefern können.

Damit wird der gesamte Vorgang der Anfragebearbeitung in drei Teilschritte untergliedert:

1. *Anfrageplanung*: Berechnet die Menge der korrekten Pläne;
2. *Anfrageausführung*: Optimiert die korrekten Pläne und übergibt ihre Teilanfragen zur Ausführung an die entsprechenden Wrapper;
3. *Ergebnisintegration*: Nimmt die Integration der Ergebnisse verschiedener Pläne vor, indem z.B. die Daten von identischen Objekte zusammengeführt werden.

In vielen realen Anwendungen ist Schritt 3 der „schwierigste", da es oftmals nahezu unmöglich ist, festzustellen, ob die Daten aus zwei Quellen dem gleichen Objekt zugeordnet werden können oder nicht. In solchen Fällen muß die Entscheidung dem Benutzer überlassen werden. Schritt 2 kann auf Forschungsergebnisse im Bereich verteilter Datenbanken zurückgreifen, wenn auch einige Erweiterungen zur Berücksichtigung beschränkter Wrapper notwendig sind.

Der konzeptionell schwierigste Schritt ist der erste. Er verlangt eine Umkehrung der klassischen Sichtexpansion und läßt sich am besten durch eine Analogie beschreiben: Gegeben sei ein Data Warehouse, das aus einer OLTP Datenbank durch Sichtmaterialisierung gebildet wird. Zu einem bestimmten Zeitpunkt ist die Quelle nicht verfügbar. Wie kann man nun eine Anfrage Q an das Quellschema beantworten, die nicht einer materialisierten Sicht entspricht (siehe Abb. 2) ?

Im Falle von konjunktiven Sichtdefinitionen und einer konjunktiven Anfrage ist dies möglich. Man sucht dazu Konjunktionen von Sichten, die semantisch äquivalent zu Q sind [3]. Eine Anfrage Q ist semantisch äquivalent zu einem Plan P, wenn Q und

P dasselbe Schema adressieren und für jede mögliche Instanz dieses Schemas dasselbe Ergebnis berechnen. In [13] wird gezeigt, daß dieses Problem entscheidbar, aber NP-vollständig ist. Eine Methode zu seiner Lösung besteht darin, daß man alle Kombinationen von Sichten, die nicht in sich widersprüchliche Bedingungen enthalten, aufzählt und für jede dieser Kombinationen, d.h. für jede Konjunktion ihrer Definitionen, testet, ob sie semantisch äquivalent zu Q ist.

Im unserem Fall bildet das globale Schema des Mediators das Schema der OLTP Datenbank. Die materialisierten Sichten sind die Daten der Quellen, die jeweils über eine Sicht (die linke Seite einer QCA) auf das globale Schema definiert sind. Nur die Daten der Sichten sind direkt erreichbar; das globale Schema existiert nur virtuell.

6. Erweiterungen

Der Integrationsrahmen, der in den vorherigen Kapiteln skizziert wurde, kann an vielen Stellen noch wesentlich verbessert werden. Beispielsweise kann der angegebene Algorithmus zur Feststellung der semantischen Äquivalenz dadurch beschleunigt werden, daß man die Tatsache ausnutzt, daß eine Anfrage des Äquivalenz-Tests konstant bleibt (das ist Q), und die anderen Anfragen jeweils aus einer vorab gegebenen Menge von Blöcken zusammengesetzt werden (den QCAs). Daraus ergeben sich erhebliche Laufzeitverbesserungen, wenn auch die prinzipielle Komplexität erhalten bleibt [10].

Des weiteren kann man Erweiterungen des Ansatzes in Bezug auf die Ausdrucksmächtigkeit von QCAs auf elegante Weise in der Anfrageplanung berücksichtigen. In der oben beschriebenen Version sind QCAs z.B. nicht in der Lage, schematische Heterogenität zu überbrücken. Außerdem können sie keine Generalisierungen im globalen Schema erlauben, was die Verwendung einer objektorientierten Modellierungsmethode für das Mediatorschema unmöglich macht. Beide Beschränkungen können durch Modifikationen des Algorithmus aufgehoben werden, was die Einsetzbarkeit von QCAs erheblich erweitert.

Ein weiterer wichtiger Punkt ist die in der Einleitung erwähnte Bedeutung von Informationsqualität für die Datenintegration. In [17] erweitern wir das hier beschriebene Verfahren dahingehend. Dazu annotieren wir QCAs mit Qualitätseinschätzungen für Kriterien wie z.B. die Verläßlichkeit, Vollständigkeit, und Konsistenz der Daten. Es stellt sich heraus, das QCAs das ideale Ziel für Qualitätsbemessungen sind, da man so die Qualität unterschiedlicher Anfragen an eine Quelle unterschiedlich bewerten kann. Damit ist beispielsweise eine Aussagen wie: „Diese Quelle ist sehr vollständig für Informatikliteratur, aber nur unvollständig im Bereich Medizin“, modellierbar. Die Bewertung einzelner QCAs wird zur Bewertung von Plänen aggregiert, wobei jedem Kriterium eine spezifische Aggregatfunktion zugeordnet wird. Über eine benutzerabhängige Gewichtung kann man die relative Bedeutung der einzelnen Kriterien angeben. Mittels der aggregierten Planbewertungen, zusammen mit der Benutzerwichtung, können Pläne dann gemäß ihrer Qualität sortiert werden.

Literaturangaben:

[1] Barillot, E., U. Leser, et al. (1999). A Proposal for a Standard CORBA Interface for Genome Maps. Bioinformatics 15(2): 157-169.

[2] Bergholz, A. and J. C. Freytag (1999). Matching Schemata by Using Constraint Satisfaction Techniques. Workshop on Query Processing for Semistructured Data, Jerusalem, Israel.

[3] Chandra, A. K. and P. M. Merlin (1977). Optimal Implementation of Conjunctive Queries in Relational Databases. 9th ACM Symposium on Theory of Computing.

[4] Faulstich, L. and M. Spiliopoulou (1998). Building HyperNavigation Wrappers for Publisher Web-Sides. 2nd European Conf. on Digital Libraries; LNCS 1513, Heraklion, Krete.

[5] Garcia-Molina, H. and R. Yerneni (1999). Coping with Limited Capabilities of Sources. 8th GI Fachtagung: Datenbanksysteme in Büro, Technik und Wissenschaft, Freiburg, Germany.

[6] Jacobsen, H.-A. and B. Kraemer (199). A Design Pattern Based Approach for Generating Synchronization Adaptors from Annotated IDL. IEEE Int. Conf. on Automated Software Engineering.

[7] Jacobsen, H.-A., G. Riessen, et al. (1999). MMM - Middleware for Method Management on the WWW. Workshop on Web Engineering (WWW8), Toronto, Canada.

[8] Jürgens, M. and H.-J. Lenz (1999). PISA - Performance Models for Index Structures with and without Aggregated Data. 11th SSDBM, Cleveland, Ohio.

[9] Kutsche, R.-D. and A. Sünbül (1999). A Meta-Data Based Development Strategy for Heterogeneous, Distributed Information Systems. 3rd IEEE Metadata Conference, Bethesda.

[10] Leser, U. (1998). Combining Heterogeneous Data Sources through Query Correspondence Assertions. Workshop on Web Information and Data Management, Washington, D.C.

[11] Leser, U. (1998). Maintenance and Mediation in Federated Databases. 8th Workshop on Information Technology and Systems, Helsinki, Finland.

[12] Leser, U. (1999). Designing a Global Information Resource for Molecular Biology. 8th GI Fachtagung: Datenbanksysteme in Büro, Technik und Wissenschaft, Freiburg, Germany.

[13] Levy, A. Y., A. O. Mendelzon, et al. (1995). Answering Queries using Views. 14th ACM Symposium on Principles of Database Systems, San Jose, CA.

[14] Levy, A. Y., A. Rajaraman, et al. (1996). Querying Heterogeneous Information Sources Using Source Descriptions. 22nd Conference on Very Large Databases, Bombay, India.

[15] Lewerenz, J. (1999). On the Use of Natural Language Concepts for the Conceptual Modelling of Interaction in Information Systems. 4th Int. Conf. on Applications of Natural Language to Information Systems, Klagenfurt, Austria.

[16] NAR Jan. 1998 (1998). Nucleic Acids Research. January 1998 Issue.

[17] Naumann, F., U. Leser, et al. (1999). Quality-driven Integration of Heterogeneous Information Systems. 25th Conference on Very Large Database Systems, Edinburgh.

[18] Robbins, R. J. (1995). Information Infrastructure for the Human Genome Project. IEEE Engineering in Medicine and Biology 14(6): 746-759.

[19] Röttgers, J., L. Faulstich, et al. (1997). Ein Verweis- und Kommunikationsservice fuer den betrieblichen Umweltschutz. BUIS'97, Strassburg, Frankreich.

[20] Rupp, B., R. Edell, et al. (1998). INDEX: A Platform for Determining how People Value the Quality of their Internet Access. 6th IEEE/IFIP Workshop on QoS, Napa, California.

[21] Wiederhold, G. (1992). Mediators in the Architecture of Future Information Systems. IEEE Computer 25(3): 38-49.

Modal Logic for Coalgebras

Martin Rößiger

Dresden University of Technology, Institute of Algebra,
Mommsenstr. 13, 01062 Dresden, Germany

Abstract. Coalgebras are a general model for a great variety of dynamic systems. The kind of system is determined by the corresponding functor. We investigate how to derive a modal language for coalgebras from the underlying functor. This is explicitly demonstrated for the case of polynomial functors. All languages considered are expressive enough to distinguish up to bisimilarity. Under certain restrictions to the underlying functor, a complete calculus is presented. Finally we discuss the relationship to similar approaches.

1 The Ph.D. programme

The Ph.D. programme "Specification of discrete processes and process systems by operational models and logics" (sponsored by the German research Foundation (DFG)) started in January 1997 and thus its first support phase ends at the end of 1999.

The focus of this programme is on reactive and distributed systems which are used in industry and public administration in many different ways. The goal of this research and educational programme is to develop mathematical formalisms for designing the above mentioned systems and to prove their properties. Special emphasis is given to the theory of traces, logic and logic programming, universal algebra and category theory, the theory of formal languages, and term rewriting systems. One speciality of this Ph.D. programme is the fruitful cooperation between theoretically oriented computer scientists and mathematicians.

Besides the research focus, a continuous study programme provides an atmosphere of intensive discussion. There are regular weekly meetings in which compact lectures are given by the five professors of the programme. Guests from outside, but also members of the Ph.D. programme contribute by talks. We have organized (and we will do so in the future) international workshops with a dedicated subject (Nov. 1997 "Traces and Logic", Nov. 1998 "Multiagentensysteme und Fluentkalkül", April 1999 "Grammars, Automata, and Logic on Graphs and Trees", May 1999 "Logik in der Informatik", Oct. 1999 "Categorical Models of Concurrency") to bring expertise and up-to-date knowledge to our Ph.D. programme.

At the time being, the six Ph.D. students are buzy with writing down their Ph.D. thesis. Most of them have presented their work at international workshops and conferences and have published in scientific journals.

Here we present part of research which was developed under the title "Algebraic and logical aspects of coalgebras" in the Ph.D. programme.

2 Coalgebras

Coalgebras have been investigated in mathematics as well as in computer science. First studies of coalgebras appeared in the area of mathematics, ranging even back to 1966 ([Fre66]). Nevertheless, there are only comparatively few papers dealing with the concept of coalgebras in this field. The structures considered here consist of an underlying set A equipped with cofunctions $f : A \to A^{\sqcup n}$ that map A to the n-th disjoint union of itself. They appeared e.g. in [Fre66,Csa85,Sze89]. In [Csa85], B. Csákány introduces the notion of clones of cofunctions and characterizes all clones of cofunctions on a two-elementary set. Duals of well-established concepts in universal algebra were defined. For instance, (quasi-)covarieties are considered in [Drb71,Mar85]. In analogy to [Csa85], the notion of a corelation is given in [PoeR97], leading to a General Galois Theory for cofunctions and corelations. The approach yields a characterization of clones of both cofunctions and corelations.

Computer science followed a very different path in investigating coalgebras: from the categorical point of view (turning the approach of cofunctions into a special case). For a given functor $F : \mathcal{C} \to \mathcal{C}$, an F-coalgebra is an object S of $\mathcal{C}$ equipped with a morphism $\alpha : S \to F(S)$. Particularly in the nineties, coalgebra theory has experienced a fast development in this area. One of its main reasons is the fact that coalgebras are suitable models to specify a wide range of systems as, for instance, various kinds of transition systems, automata, or data structures (see e.g. [Rut99]). Thus they represent an excellent model for a unified view on all of these systems.

Coalgebras also serve as models for the theory of non-wellfounded sets (see e.g. [Acz88,BarM96]). In [Acz88] P. Aczel also introduces a coinduction proof principle called strong extensionality which is based on the notion of bisimulation (cf. e.g. [Mil80]). In the same way as coalgebras are the duals of algebras coinductive definition and proof methods are the duals of inductive definition and proof methods, respectively (see e.g. [RutT98,Rut98,Hen99]).

There is much emphasis on the construction of terminal coalgebras. They can e.g. be used to describe the semantics of object systems ([Rei95,Jac96]). J. Rutten and D. Turi ([RutT98]) give access to terminal coalgebras via canonical domain equations. Other authors do so by using non-wellfounded set theory ([AczM89,BarM96]). In [Bar93] M. Barr shows the existence of terminal coalgebras of certain functors by exploiting the special adjoint functor theorem. A number of examples of terminal coalgebras can e.g. be found in [JacR97].

Since coalgebras give a unified view on a large variety of dynamic systems it has been of great interest to develop some kind of language to describe them. For instance, in [HenR95] and [Jac95], equations are used for that purpose. In [Cor97], A. Corradini introduces an equational calculus for coalgebras of certain polynomial functors. H. Gumm ([Gum98]) and A. Kurz ([Kur98a]) prove that covarieties can be characterized by some kind of co-equations (the dual version of Birkhoff's theorem). L. Moss first shows that the shape of a coalgebra (given by the corresponding functor) determines in a canonical way a generalized modal language. In [Mos99] he derives a coalgebraic logic for coalgebras on a large class of functors and shows that this language is expressive enough to distinguish elements up to bisimilarity. For uniform functors he gives characterizing formulas that uniquely determine the "future behaviour" of an element, i.e. each such formula corresponds uniquely to some element of the terminal coalgebra. A. Baltag follows these ideas in [Bal99] where he defines infinitary modal logics to capture simulation and bisimulation. This leads to a new perspective on games that are used in logic.

A. Kurz presents in [Kur98b] a modal logic for coalgebras on certain polynomial functors using nexttime-operators and atomic propositions. He shows its relevance for specification purposes and also gives a complete axiomatization. A similar language is presented in [Roe98] for polynomial functors and is generalized in [Roe99] to datafunctors. Both papers also introduce a complete axiomatization. B. Jacobs ([Jac99]) first uses also lasttime-operators in addition to nexttime-operators. He investigates coalgebras that also allow to model nondeterministic systems and relates them to Galois algebras.

The present paper demonstrates how to derive a modal language for F-coalgebras at the example of polynomial functors F (for a more detailed presentation see [Roe98]). The preceeding section gives the definition of these functors and a representation of them using the notion of a syntax tree. This is then used in Section 4 to state the language and give its semantics. Proposition 1 shows that bisimilarity coincides with logical equivalence and Theorem 1 constitutes a completeness result. In Section 5 we investigate how this approach generalizes to other functors and show the relationship to the coalgebraic logic presented in [Mos99]. First, we start with defining some coalgebraic notions. Note that in the remainder coalgebras are defined on the category **Set**.

Definition 1. *Let* $F :$ **Set** $\to$ **Set** *be a functor. A* **coalgebra** *is a pair* (S, α) *consisting of a set* S *and a mapping* $\alpha : S \to F(S)$*. A mapping* $h : S \to S'$ *is a* **homomorphism** *between two coalgebras* (S, α) *and* (S', α') *if* $F(h) \circ \alpha = \alpha' \circ h$*. A relation* $R \subseteq S \times S'$ *is called a* **bisimulation relation** *if there exists some* $\alpha_R : R \to F(R)$ *such that the corresponding projections* $\pi_S : R \to S$ *and* $\pi_{S'} : R \to S'$ *are homomorphisms. Elements* $s \in S$ *and* $s' \in S'$ *are called* **bismilar** *if there exists a bisimulation relation* R *with* $(s, s') \in R$*.*

3 Functors and Syntax Trees

Definition 2. *A functor* $F :$ **Set** $\to$ **Set** *is* **polynomial** *if* F *is inductively constructed from the identity functor* $\mathsf{Id} : S \mapsto S$ *and constant functors* $C : S \mapsto C$ *using product* $\times$*, coproduct* $+$*, and exponentiation* $E \Rightarrow -$ *with some fixed set* E*. Following the structure of* F*, we define the syntax tree* tr_F *as follows:*

$$F = \mathsf{Id} : \qquad\qquad \mathsf{Id}$$
$$F = C : \qquad\qquad C$$

$$F = T_1 \times T_2 :$$

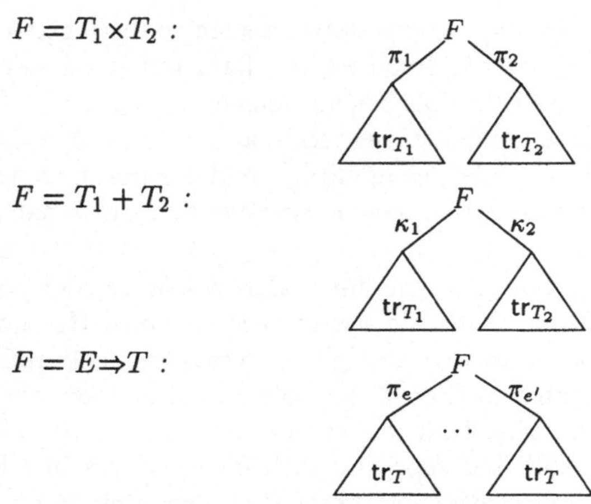

$$F = T_1 + T_2 :$$

$$F = E \Rightarrow T :$$

Coalgebras (S, α) of polynomial functors represent a great variety of deterministic systems. As a running example, we will consider the functor $F = A \times \mathsf{Id} + 1 : S \mapsto A \times S + 1$ where 1 denotes a one-elementary set. The corresponding coalgebras exactly model deterministic transition systems with output alphabet A: in each state s such a transition system can either perform a transition $s \xrightarrow{a} t$ or terminates. That corresponds exactly to the cases $\alpha : s \mapsto (a, t) \in A \times S$ or $\alpha : s \mapsto * \in 1$, respectively. The syntax tree for $F = A \times \mathsf{Id} + 1$ is then as follows:

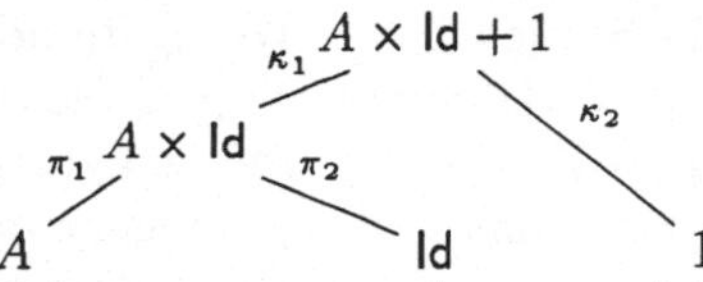

Labellings of branches of the syntax tree play a crucial role. We distinguish them according to their respective leaves and thus collect them in the following sets where C is some constant set occuring in F:

$$\mathrm{Pos}_C := \{w \mid w \text{ is the labelling of a branch with leaf } C\},$$
$$\mathrm{Pos}_{\mathsf{Id}} := \{w \mid w \text{ is the labelling of a branch with leaf } \mathsf{Id}\}.$$

Now the concept of syntax trees leads to a representation of $F(S)$ where S is some set. For that purpose we define a subtree of tr_F to be elementary if it is non-empty, contains with each $(T_1 \times T_2)$-node and each $(E \Rightarrow T)$-node all of its children, and with each $(T_1 + T_2)$-node exactly one of its children. Given such an elementary subtree we can replace each C-leaf by some $c \in C$ and each Id-leaf by some $s \in S$. That yields a representation of some element of $F(S)$:

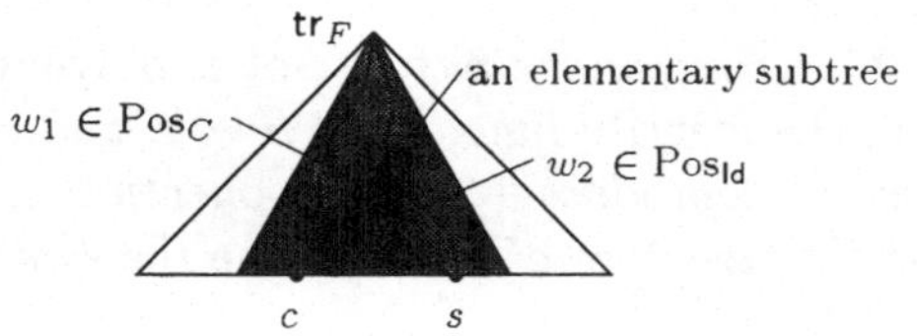

For instance, for the functor $F = A \times \mathsf{Id} + 1$, elements (a, s) and $*$ of $F(S)$ are represented by the following trees, respectively:

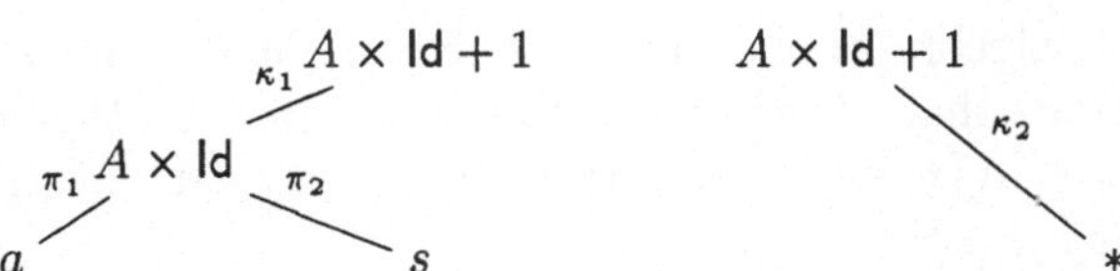

Conversely, each element of $F(S)$ is uniquely represented by such a tree. In fact, the above representation is functorial: for each $f : S \to S'$ the mapping $F(f) : F(S) \to F(S')$ is given by a relabelling of each tree representing some element of $F(S)$ where each leaf $s \in S$ is replaced by $f(s)$.

Moreover, given some $z \in F(S)$ that is represented by such a tree we can access the leaves of it: Let w be the labelling of the corresponding branch of some leaf. We regard each π_i and π_e in w as the actual projection and each κ_i as the partial mapping that inverts the corresponding injection of the coproduct. Then w is a partial mapping from $F(S)$ to either some constant C (if $w \in \mathrm{Pos}_C$) or S itself (if $w \in \mathrm{Pos}_{\mathsf{Id}}$). For $F = A \times \mathsf{Id} + 1$ we get the partial mappings

$$\kappa_1 \pi_1 : F(S) \to A,$$
$$\kappa_1 \pi_2 : F(S) \to S,$$
$$\kappa_2 : F(S) \to 1$$

with domains $A \times S \subseteq F(S)$ for $\kappa_1 \pi_1$ and $\kappa_1 \pi_2$ and domain $1 \subseteq F(S)$ for κ_2. An element $(a, s) \in A \times S$ is then mapped to a and s by $\kappa_1 \pi_1$ and $\kappa_1 \pi_2$, respectively.

4   The Modal Language

For an introduction into modal logic see e.g. [Gol87,Pop94].

Definition 3. *Given some polynomial functor F, we define the language $\mathcal{L}^F_{\omega_0}$ as follows:*

$$\varphi ::= \quad \bot$$
$$\mid \varphi \to \psi$$
$$\mid (w)c \quad \text{where } w \in \mathrm{Pos}_C, c \in C$$
$$\mid [w]\varphi \quad \text{where } w \in \mathrm{Pos}_{\mathsf{Id}}.$$

For the functor $F = A \times \mathsf{Id} + 1$, we get (up to the boolean connectives) the following language:

$$(\kappa_1 \pi_1)a, \ (\kappa_2)*, \ [\kappa_1 \pi_2]\varphi.$$

Definition 4. *Let (S, α) be an F-coalgebra and $s \in S$. The satisfaction relation $\vDash$ is defined as follows:*

$$(S, \alpha), s \nvDash \bot,$$
$$(S, \alpha), s \vDash \varphi \to \psi \quad :\Leftrightarrow \quad (S, \alpha), s \vDash \varphi \text{ implies } (S, \alpha), s \vDash \psi,$$
$$(S, \alpha), s \vDash (w)c \quad :\Leftrightarrow \quad w(\alpha(s)) \text{ is defined and } w(\alpha(s)) = c,$$
$$(S, \alpha), s \vDash [w]\varphi \quad :\Leftrightarrow \quad \text{if } w(\alpha(s)) \text{ is defined then } (S, \alpha), w(\alpha(s)) \vDash \varphi.$$

Let (S, α) be a coalgebra of the functor $F = A \times \mathsf{Id} + 1$ and $s \in S$. Then $(S, \alpha), s \vDash (\kappa_2)*$ means that (S, α) terminates in s. On the other hand, if we have $(S, \alpha), s \vDash (\kappa_1 \pi_1) a \wedge [\kappa_1 \pi_2] \varphi$ then a transition in s yields the output a and a new state t in which φ holds.

Now the language $\mathcal{L}^F_{\omega_0}$ can be used to specify systems that are equivalent to F-coalgebras for polynomial functors F. For more details and examples see e.g. [Kur98b]. Moreover, the approach yields a canonical method to derive a language for F-coalgebras which only depends on F itself. By induction on formulas one can show that this language is "compatible" with its models: homomorphisms preserve formulas. In fact, we even can state a stronger result: $\mathcal{L}^F_{\omega_0}$ is expressive enough to distinguish elements up to bisimilarity which is a usually desired property of modal languages.

Proposition 1. *Let (S, α) and (S', α') be F-coalgebras and let $s \in S$, $s' \in S'$. Then the following are equivalent:*

(i) *s and s' are bisimilar,*
(ii) *$\forall \varphi \in \mathcal{L}^F_{\omega_0} : \ (S, \alpha), s \vDash \varphi \ \Leftrightarrow \ (S', \alpha'), s' \vDash \varphi$.*

The representation of the functor F described in Section 3 is the key for a complete axiomatization of $\mathcal{L}^F_{\omega_0}$. We can define a set Σ^F of axioms which basically expresses that each "one-step-future" of some element has a tree representation that is elementary with the labellings of the leaves being functional. That yields the following strong completeness result where $\vdash_\mathsf{K}$ denotes the calculus K from modal logic that is closed under modus ponens, necessitation, substitution instances of boolean tautologies, and the rule K.

Theorem 1. *Let F be a polynomial functor that is constructed from only finite constant sets, let $\Phi \subseteq \mathcal{L}^F_{\omega_0}$ and $\varphi \in \mathcal{L}^F_{\omega_0}$. Then we have*

$$\Phi \vDash \varphi \ \Leftrightarrow \ \Sigma^F \cup \Phi \vdash_\mathsf{K} \varphi.$$

5 Conclusion

The approach described above gives canonical languages for a wide range of deterministic systems. However, it is still possible to allow for a more general class of functors, so-called datafunctors. Additional construction principles are the terminal coalgebra and the initial algebra carrier functor (see e.g. [HenJ97]). They enable for instance to have coalgebras of lists and streams. A representation of datafunctors F similar to the one described on page IV is given in [Roe99]. It immediately leads to a functional description of the terminal F-coalgebra, generalizing a result in [Jac96]. It also provides a language $\mathcal{L}^F_\infty$ (featuring conjunctions on arbitrary sets of formulas) for F-coalgebras that generalizes the language given in Definition 3. This language turns out to be expressive enough to distinguish up to bisimilarity. For the finitary fragment $\mathcal{L}^F_{\omega_0}$ of $\mathcal{L}^F_\infty$ one obtains a complete axiomatization provided F is constructed from no initial algebra carrier functors and only finite constant sets. For the countable fragment $\mathcal{L}^F_{\omega_1}$ of

$\mathcal{L}_\infty^F$ a complete axiomatization is possible if all constant and exponent sets in F are countable and if all initial algebra carrier functors occuring in F yield lists.

The above mentioned representation of a given datafunctor F provides a concrete syntax for the coalgebraic logic $\mathcal{L}_F$ introduced by L. Moss in [Mos99]. In case F is a datafunctor this yields translations from $\mathcal{L}_F$ to $\mathcal{L}_\infty^F$ and vice versa ([Roe99]). Hence both languages are equivalent and one can transfer results from one approach to the other.

However, coalgebras on datafunctors only model deterministic systems. In order to allow for nondeterminism one has to add the power set functor to the construction principles of the functor. For instance, in [Jac99] B. Jacobs considers coalgebras on functors that are constructed as polynomial ones but also allow for the power set functor (which may be applied in a nested way). A recent own approach defines a language for coalgebras on such functors that generalizes the language given in Definition 3. As a special case, one obtains the usual modal logic for Kripke-structures since they are coalgebras for the functor $F = \mathcal{P}(\mathsf{Id}) \times \mathcal{P}(P)$ where P denotes the set of atomic propositions. The language is again of sufficient expressivity: bisimilarity coincides with logical equivalence if the structures are image-finite. For functors with only finite constant sets a complete calculus can be given. The approach uses a different definition and proof technique. Instead of considering a syntax tree a two-level induction is applied: the outer one running on the structure of formulas and the inner one on the structure of the functor (cf. [Roe99], Definition 4.4).

In [Jac99] B. Jacobs also defines always-operators in the language. A further investigation of such extensions of the logic might be of great interest. For instance, on also could allow for fixed points in the logic similar to the modal μ-calculus.

References

[Acz88]   ACZEL, P., *Non-well-founded sets*, CSLI Lecture Notes **14**, Stanford, 1988.

[AczM89]   ACZEL, P. and MENDLER, N., *A final coalgebra theorem*. In: Category Theory and Computer Science, D.-H. Pitt, A. Poigné, and D.E. Rydeheard (eds.), LNCS **389** (1989) 357-365.

[Bal99]   BALTAG, A., *Truth-as-Simulation: towards a coalgebraic perspective on logic and games.* (unpublished manuscript)

[Bar93]   BARR, M., *Terminal coalgebras in well-founded set theory*, TCS **114(2)** (1993) 299-315.

[BarM96]   BARWISE, J. and MOSS, L., *Vicious Circles: On the Mathematics of Non-wellfounded Phenomena*, CSLI Lecture Notes **60**, CSLI, 1996.

[Cor97]   CORRADINI, A., *A complete calculus for equational deduction in coalgebraic specification*, Report SEN-R9723, National Research Institute for Mathematics and Computer Science, Amsterdam, 1997.

[Csa85]   CSÁKÁNY, B., *Completeness in coalgebras*, Acta Sci. Math. **48** (1985) 75-84.

[Drb71]   DRBOHLAV, K., *On quasicovarieties*, Acta F. R. N. Univ. Comen. Math., mimoriadne Čislo, 1971, 17-20.

[Fre66]   FREYD, P., *Algebra valued functors in general and tensor products in particular*, Colloq. Math. **14** (1966) 89-106.

[Gol87] GOLDBLATT, R., *Logics of time and computation*, CSLI Lecture Notes **7**, CSLI, 1987.

[Gum98] GUMM, H.P., *Equational and Implicational Classes of Coalgebras*, RelMiCS'4. The 4th International Seminar on Relational Methods in Logic, Algebra and Computer Science, Warsaw, 1998.

[Hen99] HENSEL, U., *Definition and Proof Principles for Data and Processes*, Ph.D. thesis, Techn. Univ. Dresden, 1999.

[HenJ97] HENSEL, U. and JACOBS, B., *Proof Principles for Iterated Datatypes*. In: E. Moggi and G. Rosolini (eds), Category Theory and Computer Science, LNCS **1290** (1997) 220-241.

[HenR95] HENSEL, U. and REICHEL, H., *Defining equations in terminal coalgebras*. In: Recent Trends in Data Type Specification, Egidio Astesiano, Gianna Reggio, and Andrzej Tarlecki (eds.), LNCS **906** (1995) 307-318.

[Jac95] JACOBS, B., *Mongruences and cofree coalgebras*. In: Algebraic Methods and Software Technology, V.S. Alagar and M. Nivat (eds.), LNCS **936** (1995) 245-260.

[Jac96] JACOBS, B., *Objects and classes, co-algebraically*. In: Object-Orientation with Parallelism and Persistence, B. Freitag, C.B. Jones, C. Lengauer, and H.-J. Schek (eds.), Kluwer Acad. Publ., 1996, 83-103.

[Jac99] JACOBS, B., *The Temporal Logic of Coalgebras via Galois Algebras*, Technical Report CSI-R9906, Computing Science Institute, University of Nijmegen, 1999.

[JacR97] JACOBS, B. and RUTTEN, J., *A tutorial on (co)algebras and (co)induction*, EATCS Bulletin **62** (1997) 222-259.

[Kur98a] KURZ, A., *A Co-Variety-Theorem for Modal Logic*, Proceedings of Advances in Modal Logic, Uppsala, CSLI, Stanford, 1998.

[Kur98b] KURZ, A., *Specifying coalgebras with modal logic*, ENTCS **11** (1998), 57-71.

[Mar85] MARVAN, M., *On covarieties of coalgebras*, Arch. Math. Brno **21** (1985) 51-63.

[Mil80] MILNER, R., *A Calculus of Communicating Systems*, LNCS **92** (1980).

[Mos99] MOSS, L., *Coalgebraic logic*, Ann. Pure and Appl. Logic, 1999. (to appear)

[PoeR97] PÖSCHEL, R. and RÖSSIGER, M., *A General Galois Theory for Cofunctions and Corelations*, Algebra Universalis. (to appear)

[Pop94] POPKORN, S., *First steps in modal logic*, Cambridge University Press, 1994.

[Rei95] REICHEL, H., *An approach to object semantics based on terminal coalgebras*, Math. Struct. in Comp. Science **5** (1995) 129-152.

[Roe98] RÖSSIGER, M., *From Modal Logic to Terminal Coalgebras*, Preprint MATH-AL-3-1998, Techn. Univ. Dresden, 1998.

[Roe99] RÖSSIGER, M., *Languages for coalgebras on datafunctors*, ENTCS **19** (1999).

[Rut99] RUTTEN, J., *Universal coalgebra: a theory of systems*, TCS, 1999. (to appear)

[Rut98] RUTTEN, J., *Automata and coinduction (an exercise in coalgebra)*. In: Proceedings of CONCUR '98, D. Sangiorigi and R. de Simone (eds.), LNCS **1466** (1998) 194-218.

[RutT98] RUTTEN, J. and TURI, D., *On the foundations of final semantics: non-well-founded sets, partial orders, metric spaces*, Math. Struct. in Comp. Science **8** (1998) 481-540.

[Sze89] SZÉKELY, Z., *Maximal clones of co-operations*, Acta Sci. Math. **53** (1989) 43-50.

Infrastruktur für den elektronischen Markt – Vertrauen durch Recht

Heiner Fuhrmann

Graduiertenkolleg Infrastruktur für den elektronischen Markt
TU Darmstadt, Wilhelminenstraße 7, D-64283 Darmstadt

1 Das Kolleg „Infrastruktur für den elektronischen Markt"

Mit Versprechungen von praktisch unbegrenztem Wachstum und allerlei Zukunfts-
phantasien genießt Electronic Commerce die Aufmerksamkeit der Medien[1]. Für Informatiker erscheint manche öffentliche Aufregung über altbekannte technische
Möglichkeiten übertrieben und doch läßt sich feststellen, daß im Zusammenspiel
technischer und gesellschaftlicher Entwicklungen eine neue Dynamik entsteht.

Das Graduiertenkolleg „Infrastruktur für den elektronischen Markt" hat sich zum
Ziel gesetzt, die grundlegenden Bedingungen für einen tatsächlichen Erfolg des Electronic Commerce zu erforschen. Mit der Infrastruktur wird die Gesamtheit der materiellen, institutionellen und personellen Einrichtungen und Gegebenheiten angesprochen, die der arbeitsteiligen Gesellschaft zur Verfügung gestellt werden[2]. Aus technischer Sicht betrifft das vor allem die Entwicklung von Standards und Mechanismen,
die heterogene Systeme integrieren, so daß eine große Zahl von Anwendern fertige
Module in ihre Geschäftsprozesse übernehmen kann. Der Abstraktionsgrad kann
dabei beliebig variiert werden, etwa von der Betrachtung einzelner kryptographischer
Probleme bei der Punkt-zu-Punkt-Kommunikation über die Optimierung eines darauf
aufbauenden Bezahlsystems bis hin zur Untersuchung der wirtschaftlichen und sozialen Auswirkungen bei der Einbettung in ganze Geschäftsprozesse.

Zwischen diesen Ebenen bestehen starke Wechselwirkungen, so daß eine kompetente Bearbeitung der Probleme nur im intensiven Austausch zwischen den einzelnen Forschungsgebieten möglich ist. Das Graduiertenkolleg ist aus diesem Grund
konsequent interdisziplinär ausgerichtet. Mit der Ansiedlung an der Technischen
Universität Darmstadt wird ein großes Potential an informationstechnischer Kompetenz erschlossen, das von den theoretischen Grundlagen bis zu praxisnahen Entwicklungen integrierter Systeme reicht. Enge Kontakte zur Industrie sichern die Anknüp-
fung an gegenwärtige kommerzielle Problemstellungen ohne den wissenschaftlichen
Blick für größere Zusammenhänge zu verstellen. Hierzu trägt auch die sozialwissen-
schaftliche, juristische und ökonomische Kompetenz bei, die über die beteiligten
Stipendiaten und Lehrstühle, auch außerhalb von Darmstadt, fruchtbar gemacht wird.

Eine entscheidende Erfolgsbedingung für die Erforschung von Infrastrukturen ist
der regelmäßige Austausch partikularer Projektergebnisse und das Zusammenfügen
zu einem Ganzen, das die Summe seiner Teile übertrifft. Zu diesem Zweck finden
regelmäßig Seminare der Stipendiaten, Professoren und interessierter Dritter aus
Wirtschaft und Wissenschaft statt. Dabei werden sowohl neueste technische Entwicklungen als auch das weltweite rechtliche und wirtschaftliche Umfeld intensiv
diskutiert und die Fähigkeit zu vernetztem Denken gefördert. Die Stipendiaten sollen

---

[1] So etwa in Titelgeschichten im Spiegel 51/98 und Manager Magazin 3/99.
[2] Ausführlich bei *Hermes* 1998, 168 f.

mit dem Rüstzeug ausgestattet werden, um auch nach dem Abschluß ihrer Forschungsarbeiten die Entwicklung der elektronischen Märkte in Wirtschaft und Gesellschaft aktiv mitzugestalten.

Zu den untersuchten Erfolgsbedingungen für den Electronic Commerce gehören alle Maßnahmen, die zur Stabilität und Sicherheit vernetzter Systeme beitragen. Sie können auf der technischen oder der institutionell-organisatorischen Ebene ansetzen und schaffen die Voraussetzungen dafür, daß sich möglichst viele Personen in die Netzwelt begeben. All diese Entwicklungen geschehen im Rahmen einer historisch gewachsenen staatlichen und rechtlichen Ordnung. Der folgende Beitrag gibt einen Überblick über eine der juristischen Forschungsarbeiten im Kolleg, die sich mit der Frage befaßt, wie sich mit rechtlichen Mitteln die Entstehungsbedingungen für Vertrauen fördern lassen und welche Konsequenzen die dezentrale und unkörperliche Natur der verteilten Kommunikation für die bestehenden Rechtssysteme hat.

2 Vertrauen als Schlüssel zum Erfolg der elektronischen Märkte

Trotz beachtlicher Umsätze einiger mit viel Medienaufmerksamkeit begleiteter E-Businesses ist das Volumen der wirtschaftlichen Transaktionen im Internet verglichen mit den bereits jetzt vorhandenen Zugangsmöglichkeiten gering. Ein häufig genannter Grund hierfür ist der Vertrauensmangel bei potentiellen Anwendern. Verstärkt durch manche negative Medienberichte fühlen sich viele Verbraucher unübersehbaren Gefahren ausgeliefert und verzichten auf wirtschaftlich bedeutsame Transaktionen über das Internet. Als zentrale Probleme werden die mögliche Bedrohung der Privatsphäre und die Furcht vor finanziellen Verlusten durch unsichere Transaktionen genannt[3]. Ohne eine deutliche Steigerung des Vertrauens werden sich die elektronischen Märkte nicht im gewünschten Maße entwickeln.

2.1 Komplexität gefährdet Handlungsfähigkeit

Ein privater Internetnutzer sieht das Netz durch das Fenster seines Browsers. Je nach Einstellung und persönlichem Wissen können dabei Zweifel an der Identität der Kommunikationspartner oder an der Vertraulichkeit der elektronischen Transaktionen präsent sein. Wollte der einzelne Gewißheit über die Folgen seines Handelns erlangen, so müßte er detaillierte Informationen über komplexe sozio-technische Abläufe sammeln und bewerten. Hierzu gehörten u.a. die genaue Funktionsweise des PCs, der gesamten Software vom Betriebssystem über den Browser bis zu allen zusätzlichen Anwendungen, alle Datenflüsse, die Identität und der Aufenthaltsort aller Beteiligten sowie die rechtlichen Auswirkungen der Transaktionen.

Ein Vorgehen nach diesem Muster würde in einer technisierten arbeitsteiligen Umgebung zur Handlungsunfähigkeit führen. Um als Individuum den Überblick zu behalten, kann die zu verarbeitende Komplexität durch Selektierung und Generalisierung auf ein erfolgreich verarbeitbares Maß zurückgeführt werden, d.h. die Betrachtung kann auf eine kleine Zahl als wichtig empfundener Elemente konzentriert und durch verallgemeinerte Aussagen auf größere Klassen von Situationen erweitert werden. Werden diese Reduktionsleistungen von einzelnen Personen abstrahiert, so können sie innerhalb eines sozialen Systems anderen zur Verfügung gestellt werden und damit die gesamtgesellschaftliche Fähigkeit zum Umgang mit Komplexität steigern.

---

[3] Vgl. *Wang* et al. CACM 1998, 63 f. und *Blackburn* et al. 1997.

2.2 Reduktion von Komplexität durch Vertrauen

Streng genommen eröffnet jede Handlung einen völlig unüberschaubaren Ereignisraum, da nie alle Wechselwirkungen mit der Umwelt berücksichtigt werden können. Dennoch handeln Individuen, indem sie sich auf Erwartungen über zukünftige Entwicklungen verlassen, indem sie vertrauen. Vertrauen ist eine riskante Vorleistung hinsichtlich einer ungewissen Zukunft und enthält ständig die Möglichkeit einer Enttäuschung. Funktional stellt es einen mächtigen Mechanismus zur Reduktion von Komplexität dar und erweitert die Handlungsfähigkeit beträchtlich[4].

Wie bildet sich nun Vertrauen und woran knüpft es an? Eine grundlegende Form ist das persönliche Vertrauen, die Erwartung an Personen, sich im Sinne ihrer sozial dargestellten Persönlichkeit zu verhalten. Durch wechselseitige kleine riskante Vorleistungen wird bei ausbleibenden Enttäuschungen im Laufe der Zeit ein immer höheres Vertrauensniveau erreicht. Auf einer höheren Abstraktionsstufe befindet sich das für komplexe Sozialsysteme äußerst wichtige Systemvertrauen, bei dem natürliche Personen als Vertrauensanker ersetzt werden durch technisch-organisatorische Gesamtheiten. Die Vertrauensbildung läuft auch hier in kleinen Schritten über zeitlich verteilte positive Erfahrungen, sie kann jedoch viel effektiver vor sich gehen, weil an die Stelle einer persönlichen Kontrolle einzelner Vertrauensvoraussetzungen das Vertrauen in die Funktion systemimmanenter Kontrollmechanismen tritt. Ein solches Vorgehen erleichtert das Erlernen neuer komplexer Handlungsabläufe, erschwert jedoch die eigene Überprüfung der Vertrauensbasis. Das Vertrauen wird in der Regel nicht bei jeder kleinen Störung in Frage gestellt, kann jedoch bei Erreichen einer gewissen Verdachtsschwelle komplett entzogen werden. Ein gutes Beispiel hierfür ist das Geld- und Finanzsystem, auf dessen Funktionieren sich die meisten Menschen nahezu automatisch verlassen, das aber bei Zweifeln über die Zahlungsfähigkeit der dahinterstehenden Staaten in kurzer Zeit an den Rand des Zusammenbruchs geraten kann, wie die jüngsten Krisen in Asien, Rußland und Südamerika zeigen.

2.3 Vertrauensbildung gegenüber neuen Technologien

Im Bereich des Electronic Commerce stellen sich eine Reihe neuer Herausforderungen für das Vertrauen der Nutzer. Die prinzipiell unbeschränkte Anzahl von Kommunikationspartnern läßt das Beziehungsnetz unüberschaubar werden. Viele gewohnte Geschäftsabläufe, die auf persönlichem Kontakt oder papiergebundenem Schriftverkehr beruhten, verändern sich. Zudem fällt durch die der Informationstechnik möglichen Trennung der Programmfunktionen von sinnhaft erfahrbaren Formen eine wichtige Beherrschbarkeitsfiktion weg.

Die Vertrauensbildung gegenüber neuen Technologien kann angesichts der kurzen Innovationszyklen nur sehr begrenzt auf schrittweiser persönlicher Erfahrungssammlung beruhen. Anknüpfungspunkte müssen durch langlebigere, vertraute Strukturen geschaffen werden. Im einfachsten Fall wird den Anwendern die neue Qualität eines Prozesses gar nicht bewußt, da sie ihn in einem vertrauten Umfeld erleben und keinen Anlaß sehen, die Voraussetzungen der Vertrauensgewährung im Detail zu überprüfen. So können beispielsweise Kreditkartenzahlungen über das Internet als natürliche Fortsetzung einer vertrauten Bankdienstleistung mit grundsätzlich unveränderter vertraglicher Haftungsverteilung erfahren werden. Angesichts einer empfun-

---

[4] Ausführlich zur Vertrauensproblematik *Luhmann* 1989; aus ökonomischer Sicht *Ripperger* 1998, 34 ff.

denen Bedrohung durch die neue Netzdimension ist aber ebenso ein Vertrauensentzug und die Nachfrage nach neuen Gewißheiten möglich. Hier zeigt sich die Mächtigkeit des oben beschriebenen Systemvertrauens zur Reduktion von Komplexität mit der gleichzeitigen Gefahr des plötzlichen Zusammenbruchs.

Vertrauen und Erfahrung bedingen einander. Vertrauen beruht auf positiven Erfahrungen und neue Erfahrungen können nur gewonnen werden, wenn der vertrauensvolle Schritt zum Handeln vorausgeht. Durch eine Infrastruktur des Vertrauens kann das Erfahrungsproblem überwunden werden. Solch eine Struktur stellt vielfältige Vertrauensanker bereit, auf die Geschäftsparteien zurückgreifen können. Hierzu gehören etwa technische und wirtschaftliche Standards, private und staatliche Überwachungs- und Bewertungsverfahren, die aktuellen Sicherungstechniken, Mechanismen der Verantwortungszurechnung sowie Streitschlichtungsverfahren mit Sanktionsmöglichkeiten. Im Idealfall reduziert sich damit die für die Vertrauensbildung notwendige Information auf die verläßliche Auskunft, daß das zu nutzende Techniksystem in ein solches Verfahren eingebettet ist.

3 Vertrauen durch Recht

Die beschriebene Infrastruktur entsteht nur teilweise von selbst. Verschiedene Akteure müssen sich zusammentun und ihre Schritte koordinieren. Für die Wirtschaftlichkeit vieler Angebote ist das Erreichen einer kritischen Masse von Teilnehmern Voraussetzung, so daß Handlungsblockaden möglich sind. Auch können unübersichtliche Schadens- und Haftungsrisiken prohibitiv wirken. Hier kann das Recht Innovationen ermöglichen, indem es bestimmte Koordinationsformen fördert oder über funktionale Regelungen zukünftige Konfliktfelder strukturiert und so das Risiko für die Handelnden abschätzbar macht. In dieser Rolle unterscheidet sich das Regulierungsmodell von der klassischen Folgenregulierung, die Technikfolgen nachträglich zu begrenzen sucht und erst auf bereits vorhandene Innovationen reagieren kann.

Allerdings steht auch das Rechtssystem vor einer Bewährungsprobe. Seiner Aufgabe, Komplexität zu reduzieren, kann es nicht gerecht werden, wenn die Bestimmung der anzuwendenden Rechtsregeln selbst einen hochkomplexen Prozeß darstellt und nicht einmal mehr grobe Umrisse der zukünftigen Auswirkungen erkennbar sind. Im Internet zeigt sich dieses Problem besonders deutlich anhand der verschiedenen nationalen Rechtsordnungen, die nebeneinander Geltung im internationalen Netzraum beanspruchen. Weitere Vertrauensverluste können entstehen, wenn die Fähigkeit zur Durchsetzung von Rechtsfolgen angesichts der nationalstaatlichen Beschränkung von Zwangsmitteln in Zweifel gerät. Solchen Problemen kann einerseits durch eine internationale Harmonisierung der Rechtsnormen und gegenseitige Vollstreckungshilfe entgegengewirkt werden, andererseits muß das Recht bei der Wahl der Steuerungsmittel den veränderten tatsächlichen Umständen Rechnung tragen. Wenn eine unmittelbare Kontrolle dezentraler Vorgänge nicht effektiv ist, so kann der Selbstschutz der Anwender oder eine vertrauenswürdige technische Entwicklung gefördert werden[5].

---

[5] *Roßnagel* ZRP 1997, 29. Im Idealfall führt ein solches Vorgehen zu der Entwicklung von mißbrauchshindernder Technik – Handlungen, die technisch unmöglich sind, brauchen nicht verboten zu werden. Zu den möglichen Konzepten im Datenschutz s. *Hoffmann-Riem* AöR 1998, 537 f.

3.1 Formen staatlichen Handelns

Bei dem Entwurf der Regelungssysteme besteht ein großer Gestaltungsspielraum. Soll nur ein weit gefaßter Rahmen errichtet werden, innerhalb dessen Hilfsmittel zur Durchsetzung privatautonomer Vereinbarungen bereitgehalten werden oder sollen einzelne Rechte und Pflichten fest normiert und durchgesetzt werden? Die Skala staatlicher Verantwortung beginnt bei der unmittelbaren Erfüllungsverantwortung, bei der der Gesetzgeber feste Ver- und Gebote vorgibt und mit Zwangsmitteln bewehrt. Bei dem Einsatz selbstregulativer Konzepte verdünnt sich diese Verantwortung zu einer Gewährleistungs- oder Auffangverantwortung, die erst bei Nichterreichen des Regelungsziels mittels Selbstregulierung eingreift. Am Ende der Verantwortungsskala befindet sich die Rahmenverantwortung für das Privatrechtssystem, das grundsätzlich inhaltlich unbeschränkte vertragliche Abmachungen ermöglicht.

In Anbetracht komplexer werdender Regelungsgegenstände und des Bedürfnisses nach Adaptionsmöglichkeiten läßt sich eine Tendenz von imperativem zu kooperativem Staatshandeln ausmachen, das vermehrt auf selbstregulative Konzepte setzt[6]. Ein gutes Beispiel hierfür findet sich bei den Telekommunikationsnetzen[7], bei denen zunächst der Staat die Bereitstellung selbst gewährleistet hat und dieses heute privaten Anbietern überläßt, denen nur allgemeine Ziele gesetzt werden, bei deren Verfehlung Eingriffe angedroht werden[8].

3.2 Aktuelle Beispiele

Innerhalb der Europäischen Union findet unter der Flagge eines einheitlichen Binnenmarkts seit langem eine Harmonisierung gesetzlicher Regelungen der Mitgliedsstaaten statt. Zusammen mit den unionsweiten Möglichkeiten der Rechtsdurchsetzung und einer einheitlichen Währung kann so innerhalb eines der weltweit wichtigsten Märkte ein vertrauenswürdiges Umfeld geschaffen und mit einer gemeinsamen Position die Entwicklung globaler Regelungen beeinflußt werden. Die konkreten Beiträge zur Vertrauensbildung werden im folgenden am Beispiel der Regelungen zu Digitalen Signaturen und zum Datenschutz dargestellt.

3.2.1 Digitale Signaturen

Für eine zurechenbare und vertrauliche Kommunikation zwischen Fremden über offene Netze bedarf es einer Infrastruktur mit vertrauenswürdigen dritten Parteien unter Zuhilfenahme kryptographischer Verfahren. Die notwendige Software ist auf dem Markt erhältlich[9] und es existieren konkurrierende Infrastrukturen für die Zertifizierung und die Schlüsselverwaltung. Ein recht bekannter kommerzieller Zertifizierungsdienst ist Verisign[10]. Dort werden, preislich gestaffelt, Schlüsselzertifikate in verschiedenen Sicherheitsklassen angeboten.

---

[6] *Hoffmann-Riem* 1996, 13.

[7] Zum staatlichen Ordnungrahmen bei der Erbringung von Infrastrukturdiensten s. *Hermes* 1998, 390 ff.

[8] Ein staatlich garantiertes Ziel ist z.B. der Universaldienst (Recht auf Zugang zu Telekommunikationsdienstleistungen zu einem erschwinglichen Preis). Das Regelungsmodell des § 18 TKG besteht darin, zunächst nur den Markt hinsichtlich der tatsächlichen Gewährleistung dieses Ziels zu betrachten. Erst bei Marktversagen kann die Regulierungsbehörde hoheitliche Maßnahmen ergreifen.

[9] Ein bekanntes Produkt ist Pretty Good Privacy, vgl. http://www.thur.de/ulf/krypto/pgp.html.

[10] Http://www.verisign.com.

Prinzipiell ist es über digital signierte Nachrichten möglich, Verträge unabstreitbar abzuschließen. Das Problem bei einem Rechtsstreit liegt jedoch darin, daß eine Partei die Einmaligkeit ihres privaten Schlüssels und damit die ausschließliche Verknüpfung mit ihren Handlungen anzweifeln kann. Unter dieser Voraussetzung wäre es Dritten möglich, *originale* elektronische Unterschriften fremder Personen zu erzeugen und ein Gericht wird es ablehnen, Rechte zuzuerkennen, die nur auf digital signierte Dokumente gestützt werden. Dem Problem der Einmaligkeit privater Schlüssel kann durch die technische Gestaltung der Generierung und der Speicherung begegnet werden. So bietet Verisign die Speicherung auf einer Chipkarte an. Allerdings sind auch hier die Sicherheitsvoraussetzungen im Streitfall detailliert zu beweisen und können vom Gericht als Erfahrungssätze erst nach langer Praxis vorausgesetzt werden.

Bisher spielen digitale Signaturen in der Hand der Verbraucher keine große Rolle, es werden hauptsächlich die Server der Diensteanbieter zertifiziert. Soll aber persönliches rechtsverbindliches Handeln im Netz zuverlässig abgebildet werden, stößt man angesichts der Probleme im Rechtsstreit auf das oben 2.3 erwähnte Vertrauensparadox – ohne Erfahrung kein Anhaltspunkt für Vertrauen, ohne Vertrauen keine schnelle Nutzung neuer Techniken. Hier kann das Recht ganz konkret Innovationen fördern, indem es funktionelle Anforderungen an eine Zertifizierungsinfrastruktur formuliert und als Belohnung für deren Einhaltung Beweiserleichterungen gewährt[11]. Wird die Einhaltung dieser Kriterien vorab kontrolliert, bleibt für die potentiellen Nutzer das Prozeßkalkül gegenüber traditionell geschlossenen Verträgen zunächst unverändert – sie können sich auf eine elektronische Unterschrift verlassen[12].

Die Signaturrichtlinie und das deutsche Signaturgesetz zielen beide darauf, die faktische Sicherheit digitaler Signaturen und damit das letztlich entscheidende Kriterium für die Beweiseignung zu verbessern. Die deutsche Regelung setzt dabei auf eine Vorabkontrolle der Sicherheitsanforderungen, während die Richtlinie Verbesserungsanreize über Schadensersatzansprüche erzielen möchte. In beiden Fällen handelt es sich um Regelungsangebote, die Entwicklungen außerhalb des vorgegebenen Rahmens nicht ausschließen. Die Entstehung einer der physikalischen Welt vergleichbaren Rechtsgeschäftsinfrastruktur kann mit der regulatorischen Unterstützung jedoch stark beschleunigt werden[13].

3.2.2 Datenschutz

Auf dem Gebiet des Datenschutzes wird ein regelrechter Glaubenskrieg zwischen den USA und der Europäischen Union ausgetragen. Während in Nordamerika unter dem Banner der Selbstregulierung Industriekonsortien eigenverantwortlich für die Erreichung von Datenschutzzielen sorgen wollen, setzt die Europäische Union auf die Normierung verbindlicher Grundsätze der Nutzerinformation und -einwilligung[14]. Bei der Verwendung der Schlagworte ist allerdings Vorsicht angebracht, verstehen doch

---

[11] Zu den Beweiswirkungen des deutschen Signaturgesetzes *Roßnagel* NJW 1998, 3312 ff.; anschaulich zum Beweisrisiko am Beispiel des EC-Kartenmißbrauchs *Rüßmann* DuD 1998, 397 f.

[12] Schlampereien der Zertifizierungsstelle oder unzureichende gesetzliche Sicherheitsanforderungen lassen sich weiterhin vorbringen, doch kann zunächst von der Verläßlichkeit der Signatur ausgegangen werden.

[13] Der europäische Ansatz schafft auch ein überschaubareres Umfeld als in den USA – dort hat nahezu jeder Bundesstaat seine eigene Regelung getroffen. Vgl. ILPF 1997; *Schumacher* CR 1998, 758 ff.

[14] Eine gute Übersicht über die unterschiedlichen Regelungskonzepte findet sich bei *Dix / Mörs* 1998.

viele Interessenvertreter unter Selbstregulierung in Wirklichkeit die Abwesenheit jeglicher Regulierung[15].

Ein prominentes Selbstregulierungssystem wird von TRUSTe[16] betrieben. Die Lizenznehmer werden vor allem verpflichtet, ihre Datenschutzpraktiken zu veröffentlichen und die dort gemachten Aussagen überprüfen zu lassen. Dritte haben die Möglichkeit, über Beschwerden Untersuchungen zu veranlassen, die zu Rügen der Lizenznehmer oder schlimmstenfalls zu deren Ausschluß aus TRUSTe führen können. Das TRUSTe-Siegel signalisiert dem Internetnutzer kein spezifisches Datenschutzniveau, er kann lediglich nachlesen, wie der Anbieter mit seinen Daten umgeht und sich bei Nichtgefallen ganz gegen die Nutzung eines Angebots entscheiden[17]. Damit ist weder eine flexible Reaktion auf empfundene Bedrohungen noch eine einfache symbolische Kontrolle möglich. Viele Sorgen von Verbrauchern werden durch dieses Siegel gar nicht abgedeckt, wie etwa der Fall der von Microsoft bei der Installation von Windows 98 ohne Einwilligung übertragenen Kundenidentifikationsnummern zeigt, der von TRUSTe ungerügt blieb[18].

Ohne einen einheitlichen Rahmen bleibt die Aussagekraft von Qualitätssiegeln sehr begrenzt. Außerdem kann ein erhöhtes Schutzniveau nur erreicht werden, wenn die Pflicht der Anbieter über die bloße Auskunft über ihre Praktiken hinausgeht. Hier bestimmt der deutsche und europäische Regelungsrahmen konkrete Ziele und stellt über das Einwilligungserfordernis die Berücksichtigung der Nutzerinteressen sicher. Dabei sollen in der Umsetzung moderne selbstregulatorische Instrumente, wie ein Datenschutz-Audit, eingesetzt werden, um zu erreichen, daß die entstehenden Strukturen in zunehmendem Maße aus sich heraus in der Lage sind, die informationelle Selbstbestimmung der Bürger zu gewährleisten. Damit kann ein Sozialraum geschaffen werden, in dem sich der einzelne ohne Angst vor einem schleichenden Kontrollverlust bewegen kann. Das Recht kann auch hier eine Vertrauensinfrastruktur fördern und den Weg für eine breite Nutzung der Netze bereiten.

4 Vertrauen durch Recht – Zusammenfassung

Die vielversprechenden Möglichkeiten der offenen Netze können in vollem Umfang nur genutzt werden, wenn der einzelne Anhaltspunkte dafür hat, daß Mechanismen für einen gerechten Interessenausgleich existieren und er sich ohne zeitaufwendige Vorerkundigungen seinen Geschäften widmen kann. Hierzu bedarf es einer Infrastruktur, die Anknüpfungspunkte für Vertrauen bietet. Dem Recht kommt dabei eine wichtige gestaltende Rolle zu.

Der Schutzauftrag des modernen Staates hat sich in der zivilisatorischen Entwicklung von Leib und Leben über Freiheit und Eigentum auf den Schutz der Persönlichkeit und die Schutzgüter aller Grundrechte ausgeweitet[19]. Die ursprüngliche Schutzrichtung gegenüber staatlichen Freiheitseingriffen wird zunehmend durch die

---

[15] *Swire* 1997 weist in seinem Beitrag für das Department of Commerce darauf deutlich hin und beschreibt die Anschubwirkung drohender Gesetzesvorhaben auf die Entwicklung effektiver Selbstregulierungen.

[16] Http://www.truste.org; eine Beschreibung des Konzepts bieten *Blackburn* et al. 1997.

[17] Als Beispiel eignet sich die Datenschutzerklärung von Yahoo unter http://docs.yahoo.com/info/privacy/. Dort wird dem Nutzer erklärt, daß mit seinen Daten jede nur denkbare Verarbeitung vorgenommen wird.

[18] Http://www.heise.de/tp/deutsch/inhalt/te/1983/1.html. Juristisch ist die Vorgehensweise wohl unangreifbar, da das vorgeworfene Verhalten nicht von der zertifizierten Domain microsoft.com ausgegangen ist.

[19] *Isensee* HStR I, § 13 Rn. 79 f.; *Isensee* HStR V, § 111 Rn. 84 f., 103 ff.

Aufgabe ergänzt, das öffentliche Zusammenleben hinsichtlich einer allgemeinen Freiheitsentfaltung zu optimieren. Es ist also nach Mechanismen zu suchen, die einen Ausgleich der widerstreitenden Interessen – darunter die persönliche und die wirtschaftliche Handlungsfreiheit – ermöglichen. So setzen etwa Verbraucherschutzgesetze der Vertragsfreiheit bei ungleicher Verhandlungsmacht Grenzen und ermöglichen Wettbewerbs- und Kartellgesetze staatliche Eingriffe bei Mißbrauch von Marktmacht.

Auf der Basis offener Kommunikationsnetze beginnt sich ein körperloser Sozialraum zu entwickeln. Rechtliche Regelungsmechanismen können darauf hinwirken, die Entwicklung dieses Raumes so zu gestalten, daß dort ein Maximum an Freiheitsentfaltung für alle Beteiligten möglich ist. Das dadurch entstehende Vertrauen wird immer mehr Personen veranlassen, sich in diesen Raum zu begeben und den Aufbruch in neue Dimensionen tatsächlich ermöglichen.

Literaturverzeichnis

Blackburn / Fena / Wang (1997): A Description of the eTRUST Model, in: U.S. Department of Commerce: Privacy and Self-Regulation in the Information Age, Washington D. C., 1997, http://www.ntia.doc.gov/reports/privacy/privacy_rpt.htm.

Dix / Mörs (1998): Datenschutz in der Telekommunikation, in: Müller / Stapf (Hrsg.): Mehrseitige Sicherheit i. d. Kommunikationstechnik, Bd. 2, Bonn, 1998, 397 - 420.

Hermes (1998): Staatliche Infrastrukturverantwortung, Tübingen, 1998.

Hoffmann-Riem (1996): Innovationen durch Recht und im Recht, in: Schulte (Hrsg.): Technische Innovation und Recht, Heidelberg, 1996, 3 - 32.

Hoffmann-Riem (1998): Informationelle Selbstbestimmung in der Informationsgesellschaft, AöR 123, 513 - 540.

ILPF – Internet Law & Policy Forum (1997): Survey of Electronic and Digital Signature Legislative Initiatives in the United States, http://www.ilpf.org/digsig/.

Isensee / Kirchhof: Handbuch des Staatsrechts der Bundesrepublik Deutschland, Bd. 1, Heidelberg, 2. Aufl., 1995, Bd. 5, Heidelberg, 1992.

Luhmann (1989): Vertrauen, Stuttgart, 3. Aufl., 1989.

Ripperger (1998): Ökonomik des Vertrauens, Tübingen, 1998.

Roßnagel (1997): Globale Datennetze: Ohnmacht des Staates - Selbstschutz der Bürger, ZRP 1/1997, 26 - 30.

Roßnagel (1998): Die Sicherheitsvermutung des Signaturgesetzes, NJW 45/1998, 3312 - 3320.

Rüßmann (1998): Haftungsfragen und Risikoverteilung bei ec-Kartenmißbrauch, DuD 7/1998, 395 - 400.

Schumacher (1998): Digitale Signaturen in Deutschland, Europa und den U.S.A., CR 12/1998, 758 - 763.

Swire (1997): Markets, Self-Regulation and Government Enforcement in the Protection of Personal Information, in: U.S. Department of Commerce: Privacy and Self-Regulation in the Information Age, Washington D. C., 1997, http://www.ntia.doc.gov/reports/privacy/privacy_rpt.htm.

Wang / Lee / Wang (1998): Consumer Privacy Concerns about Internet Marketing, CACM 3/1998, 63 - 70.

Entwurf verteilter Systeme im Sonderforschungsbereich 342

Jan Philipps *
philipps@in.tum.de

Institut für Informatik
Technische Universität München
80290 München

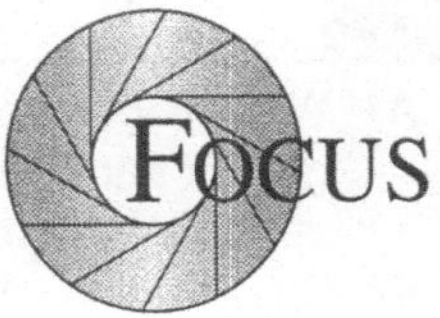

1 Einführung

Seit seiner Gründung im Jahr 1990 werden im Sonderforschungsbereich 342 „Werkzeuge und Methoden für die Nutzung paralleler Rechensysteme" Techniken zur Unterstützung der verschiedenen Entwurfsphasen wie auch der Ausführung paralleler Systeme entwickelt. Ziel ist es, die Programmierung verteilter und paralleler Systeme beherrschbar und ihre Nutzung effizient und zuverlässig zu machen.

Die Arbeiten erfolgen unter Berücksichtung der ganzen Bandbreite von Rechnerarchitekturen, Programmiermodellen und Kommunikations- und Parallelisierungskonzepten. Der Schwerpunkt des SFB 342 liegt auf Systemen mit verteilten Speichern, da dieses Modell einerseits mit dem zunehmenden Einsatz von Workstation-Netzen an Bedeutung gewinnt, andererseits durch das Programmiermodell der nachrichtengekoppelten Kommunikation am weitesten von der klassischen sequentiellen Programmierung entfernt ist.

Die im SFB entwickelten Techniken werden in unterschiedlichsten Anwendungsbereichen erprobt, teils an der TU München selbst, teils in industriellen Begleitprojekten sowie in Kooperation mit externen industriellen Partnern.

Die Arbeiten des SFB haben auch Auswirkungen über die unmittelbaren Projektpartner hinaus: So gibt es Kooperationen mit Graduiertenkollegs, dem Leibniz-Rechenzentrum und dem von der Bayerischen Forschungsstiftung geförderten Verbundprojekt FORSOFT.

Der nächste Abschnitt gibt einen Überblick über die Struktur des SFB 342. Der Schwerpunkt dieses Berichts ist die Darstellung der Arbeiten des Teilprojekts A6, das sich vornehmlich mit mathematischen fundierten Entwurfstechniken für verteilte Systeme beschäftigt: In §3 werden die in A6 entwickelten Techniken kurz vorgestellt, §4 beschreibt mit der Architekturverfeinerung von verteilten Systemen eine Anwendung dieser Techniken.

Weitere Informationen finden sich auf den WWW-Seiten des SFB 342:
`http://www.informatik.tu-muenchen.de/~sfb342`

---

* Diese Arbeit entstand im Teilprojekt A6 des SFB 342 der Deutschen Forschungsgemeinschaft.

<table>
<tr><td colspan="3" align="center">Sonderforschungsbereich 342</td></tr>
<tr>
<td>A Grundlagen und Werkzeuge</td>
<td>B Methoden und Anwendungen</td>
<td>C Industrielle Partner</td>
</tr>
<tr>
<td>

A1 Werkzeugumgebungen für parallele und verteilte Systeme
A3 Spezifikation, Analyse und Modellierung
A5 Parallelisierung in Inferenzsystemen
A6 Entwurfsmethodik für verteilte Systeme
A7 Effiziente parallele Algorithmen und Schedules
A8 Konstruktion heteromorph paralleler Systeme
</td>
<td>

B1 Parallelisierung von Entwurfsverfahren für höchstintegrierte Schaltungen
B2 Parallelisierung von Datenbanksystemen
B3 Parallelisierung hierarchisch strukturierter numerischer Algorithmen
B4 Parallele Simulation digitaler Systeme mit hoher Komplexität
</td>
<td>

C1 Lastverteilung und Fehlertoleranz verteilter Systeme
C3 Parallele und verteilte Simulation komplexer Systeme
</td>
</tr>
</table>

Abbildung 1. Struktur des SFB 342

2 Struktur des SFB 342

Der SFB 342 gliedert sich in drei Teilbereiche (Abbildung 1). Projektpartner sind Lehrstühle der Fakultät für Informatik der TU München, der Lehrstuhl für rechnergestütztes Entwerfen der Fakultät für Elektrotechnik und die Zentralabteilung Forschung und Technik der Siemens AG.

Projektbereich A: Grundlagen und Werkzeuge für die Virtualisierung paralleler Architekturen

In diesem Bereich werden Methoden zur Parallelisierung und Verteilung und Techniken für den Entwurf und die Analyse paralleler und verteilter Verfahren und Architekturen entwickelt.

Die Teilprojekte des Bereichs A decken dabei alle Entwurfsebenen ab, von Modellierungs- und Spezifikationstechniken für verteilte Anwendungen über Analyse- und Verifikationstechniken für Komponenten verteilter Systeme bis zur Entwicklung von Schedulingstrategien für unterschiedliche Netzwerktopologien. Für die spezielleren Anforderungen der Parallelisierung von Theorembeweisern und Schedulingalgorithmen werden eigene Verteilungsstrategien entwickelt.

Zur Unterstützung der späteren Entwurfsebenen und der Ausführung paralleler Systeme werden Werkzeuge – etwa zum Monitoring und zur Leistungsbewertung – entwickelt, die sich für nachrichtengekoppelte Systeme wie auch für Systeme mit verteiltem gemeinsamen Speicher, etwa SCI-basierten PC-Clustern, einsetzen lassen.

Projektbereich B: Methoden und Anwendungen für die Virtualisierung paralleler Architekturen

In diesem Projektbereich werden die im Bereich A entwickelten Grundlagen und Methoden anhand praxisnaher Anwendungen evaluiert und prototypisch genutzt. Umgekehrt beeinflussen die dabei gewonnenen Erkenntnisse die Arbeiten im Projektbereich A.

Ziel der Anwendungsprojekte ist es einerseits Konzepte zu evaluieren, andererseits aber auch konkrete parallele Implementierungen für erstellen, die für praktische Probleme bessere Lösungen schneller berechnen, als dies mit herkömmlichen sequentiellen Systemen möglich ist. Die Projekte in diesem Bereich behandeln daher mit Schaltungsentwurf, Simulation, Datenbanken und numerischen Algorithmen Gebiete, bei denen herkömmliche Techniken schnell an ihre Grenzen stoßen.

Projektbereich C: Industrielles Begleitprojekt

Die Projekte dieses Bereichs werden von der Zentralabteilung Forschung und Technik der Siemens AG durchgeführt.

Im Bereich C werden Fragen zur Lastverteilung in heterogenen verteilten Systemen behandelt. Ein zentrales Thema ist der Einsatz von Middleware wie CORBA. Der seit einiger Zeit zunehmende Einsatz mobiler Systeme erfordert dabei neue Paradigmen und Techniken, um Lastverteilung und Fehlertoleranz auch bei temporären Verbindungen zu erreichen.

Die Siemens AG untersucht zudem Partitionierungstechniken zur Simulation hochkomplexer Systeme. Ein konkretes Problem ist etwa die Simulation von Schaltkreisen auf Transistorebene, die mit sequentiellen Systemen nur unbefriedigend langsam erfolgt.

Querschnittsthemen

Orthogonal zu der dargestellten Projektstruktur werden in einer Reihe von Querschnittsthemen Fragen von übergreifendem Interesse behandelt. Die Teilprojekte kooperieren darin in Themen wie Lastverteilung, Entwicklung heuristischer Techniken und Beweisunterstützung.

3 Teilprojekt A6

Im Teilprojekt A6 wird mit Focus eine Methodik zur mathematisch fundierten Entwicklung verteilter Systeme entwickelt [5, 2]. Im Sinne von Focus besteht ein System aus einem Netz von interagierenden Komponenten, die über Nachrichtenkanäle kommunizieren. Das Verhalten einer Systemkomponente wird durch die Relation zwischen der Folge der ein- und ausgehenden Nachrichtenfolge festgelegt.

Mathematische Grundlagen. Der Nachrichtenaustausch zwischen den Komponenten eines Netzwerks wird durch gezeitete *Nachrichtenströme* modelliert. Ein Strom enthält alle Nachrichten, die über einen Kanal gesendet werden, sowie Information darüber, in welchem Zeitintervall eine Nachricht übertragen wird. Dazu wird von einer globalen, diskreten Systemzeit ausgegangen. Das Voranschreiten der Zeit wird durch das Einfügen von speziellen Symbolen $\sqrt{}$, sogenannten Zeitticks, in den Strömen dargestellt. So beginnt der Strom

$$a \sqrt{} \; ab \sqrt{} \sqrt{} \; bca \sqrt{} \ldots$$

mit den Nachrichten *aabbca*. Im ersten Zeitintervall wird *a*, im zweiten *a* gefolgt von *b* übertragen; im dritten Zeitintervall findet keine Nachrichtenübertragung statt, im vierten werden die Nachrichten *b*, *c*, *a* übertragen. Eine vollständige Kommunikationsgeschichte eines Kanals wird durch einen Strom mit unendlich vielen Zeitticks modelliert.

Das Verhalten einer Komponente ist eine Relation zwischen Eingangs- und Ausgangsströmen; es wird durch ein Prädikat spezifiziert, dessen freie Variablen mit Ein- und Ausgangsströmen belegt werden. Dabei gibt es Randbedingungen, die sicherstellen daß die Komponentenrelation total ist (für jede mögliche Eingangsnachrichtenfolge gibt es Ausgabefolgen) und daß sie kausal korrekt ist (Ausgaben einer Komponente dürfen nicht abhängig sein von Eingaben zu einem späteren Zeitpunkt).

Unter diesen Randbedingungen lassen sich Komponenten zu Systemen zusammenfügen. Dazu stehen parallele und sequentielle Komposition sowie Rückkopplung zur Verfügung. Das Ein-/Ausgabeverhalten eines zusammengesetzten Systems ergibt sich eindeutig aus dem Verhalten der einzelnen Komponenten durch Konjunktion der Komponentenprädikate.

Beschreibungstechniken. Für die eigentliche Modellierung von Systemen bietet FOCUS eine Reihe von Beschreibungstechniken, die es ermöglichen, ein System aus verschiedenen Sichten zu beschreiben. Jede dieser Beschreibungstechniken hat eine mathematisch-logisch definierte präzise Semantik. Mit den im folgenden kurz skizzierten Beschreibungstechniken kann damit spezifiziert werden, ohne die mathematischen Formalismen explizit verwenden zu müssen.

Mit *Systemstrukturdiagrammen* (SSDs) wird die Kommunikationsstruktur eines Systems durch Datenflußdiagramme, gegeben durch die Kanalverbindung der Komponenten sowie ihre syntaktischen Schnittstelle, definiert. Neben einer graphischen Darstellung sind auch textuell orientierten Darstellungsformen durch Operatoren und Gleichungen möglich. *Zustandsübergangsdiagramme* (STDs) beschreiben das Verhalten von Komponenten als erweiterter endlicher Automat. Für die Übergänge werden jeweils Vor- und Nachbedingungen auf den (Daten-)Zustandsvariablen sowie Ein- und Ausgabeaktionen auf den Kanälen definiert. Durch *Erweiterte Ereignisdiagramme (EETs)* werden Abläufe des Gesamtsystems als Interaktionen zwischen den Systemkomponenten angegeben.

Die genannten Beschreibungstechniken werden von dem CASE-Tool Auto-Focus unterstützt [6, 1]; mit AutoFocus können Systeme modelliert, animiert und über eine Multimediaschnittstelle visualisiert werden. AutoFocus erlaubt auch Konsistenzprüfungen zwischen verschiedenen Dokumenten und hat erste prototypische Schnittstellen zu Verifikationswerkzeugen und zur Codegenerierung.

Verfeinerungen mit Focus. Bei einer formalen Entwicklung komplexer, verteilter Systeme wird der gewünschte Detaillierungsgrad ausgehend von einer abstrakten Spezifikation durch eine schrittweise Verfeinerung des Systems bis hin zu einer Implementierung erreicht. Focus bietet hierfür die folgenden Verfeinerungskonzepte an [3, 4]:

Verhaltensverfeinerung reduziert Unterspezifikation. Was auf abstrakter Ebene noch irrelevant und daher unspezifiziert war, wird dabei durch Entwurfsentscheidungen konkretisiert.

Strukturelle Verfeinerung verfeinert den statischen Aufbau des verteilten Systems, indem Komponenten durch Netzwerke von interagierenden Komponenten ersetzt werden.

Schnittstellenverfeinerung verändert Anzahl und Typen der Kommunikationskanäle. Eine typische Anwendung für Schnittstellenverfeinerung ist das Ersetzen von Datentypen für die Kommunikation zwischen Komponenten durch implementierungsnähere Typen.

Für alle Varianten stehen Beweisregeln zur Verfügung, die die Vorbedingungen für die Verfeinerungsschritte festlegen.

4 Architekturverfeinerung

Die Techniken des Teilprojekts A6 dienen dem Entwurf verteilter Systeme durch schrittweise Verfeinerung von abstrakten Spezifikationen hin zu konkreten Implementierungen. Bei jedem Verfeinerungsschritt werden neue Entwurfsentscheidungen getroffen.

In der Praxis ist es zusätzlich zu dem Entwurf neuer System oft erforderlich, aufgrund neuer Anforderungen ein existierendes System zu modifizieren, oder nachträglich Entwurfsentscheidungen zu revidieren, etwa um die Effizienz zu steigern. Die oben erwähnten Verfeinerungskonzepte und -regeln eignen sich für nachträgliche Veränderungen an bereits bestehenden Systemen und Systemarchitekturen weniger.

Solche *evolutionären* Systemveränderungen erfordern zunächst einen präzisen Architekturbegriff für Softwaresysteme. Für Datenflußarchitekturen [10] bietet Focus die nötigen Grundlagen. Erlaubte Veränderungen an einem System können dann mit eigenen Architekturverfeinerungsregeln beschrieben werden, die ein *Glasbox*-Verfeinerungskonzept darstellen: Komponentennetzwerke können durch Komponentennetzwerke ersetzt werden.

Eine genauere Darstellung der verwendeten Techniken und ihrer mathematischen Grundlagen findet sich in [7, 8].

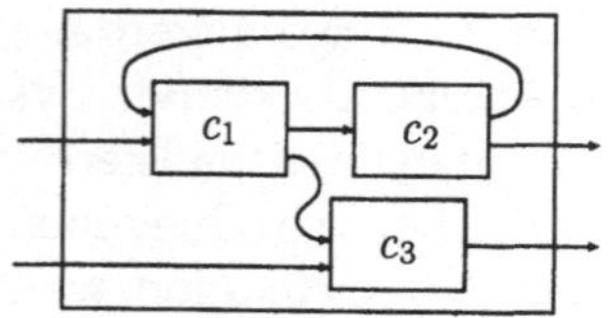

Abbildung 2. Datenflußkomponente und -system

Komponenten und Systeme. Eine Datenflußsystem (Abbildung 2) besteht aus Eingabe- und Ausgabekanälen sowie einer Menge von Komponenten und einer Verbindungsstruktur, die folgenden Anforderungen genügen muß: Komponenten haben keine gemeinsamen Ausgabekanäle, jeder Komponenteneingangskanal ist entweder Ausgabe einer anderen Komponente oder Eingabe des Systems, kein Systemeingangskanal ist Ausgabekanal einer Komponente und jeder Ausgabekanal des Systems ist auch Ausgabekanal einer Komponente.

Unter diesen Umständen kann eine Blackbox-Sicht des Systems gebildet werden, indem nur das Verhalten auf den Systemeingängen und -ausgängen berücksichtigt wird, nicht aber die interne Struktur.

Verfeinerungsregeln. Die in §3 erwähnten Verfeinerungsregeln basieren auf Systembeschreibungen über eine abstrakte Syntax aus Komponentenspezifikationen und Kompositionsoperatoren. Im Gegensatz dazu nehmen die Architekturregeln Bezug auf einzelne Kanäle und Komponenten: Oft müssen bestehende Systeme verändert werden, für die die abstrakte Strukturbeschreibung nicht mehr vorliegt.

Die Architekturregeln erlauben folgende Veränderungen eine Systems:

- Einführen und Entfernen von Komponenten aus einem System,
- Einführen und Entfernen von Eingabekanälen einer Komponente,
- Einführen und Entfernen von Ausgabekanälen einer Komponente,
- Verfeinerung des Komponentenverhalten, ggf. unter Einbeziehung einer Invariante über das Systemverhalten,
- Ersetzen einer Komponente durch ein Komponentennetzwerk und umgekehrt.

Die Regeln erhalten die oben erwähnten Anforderungen an die Systemarchitektur. Jede dieser Regeln hat Vorbedingungen, die teils syntaktischer Natur sind, teils Aussagen über das Verhalten der betroffenen Komponente oder der Komponenten in ihrer Umgebung erfordert. Die Regeln, ihre Vorbedingungen und ihre mathematische Rechtfertigung auf der Grundlage von Focus finden sich in [8].

Beispiel. Abbildung 3 zeigt die Architekturverfeinerung eines einfachen Datenerfassungssystems. Die Komponente PRE sammelt Daten, führt einige Berechnungen auf ihnen durch und schickt sie zu einer entfernten Datenbank

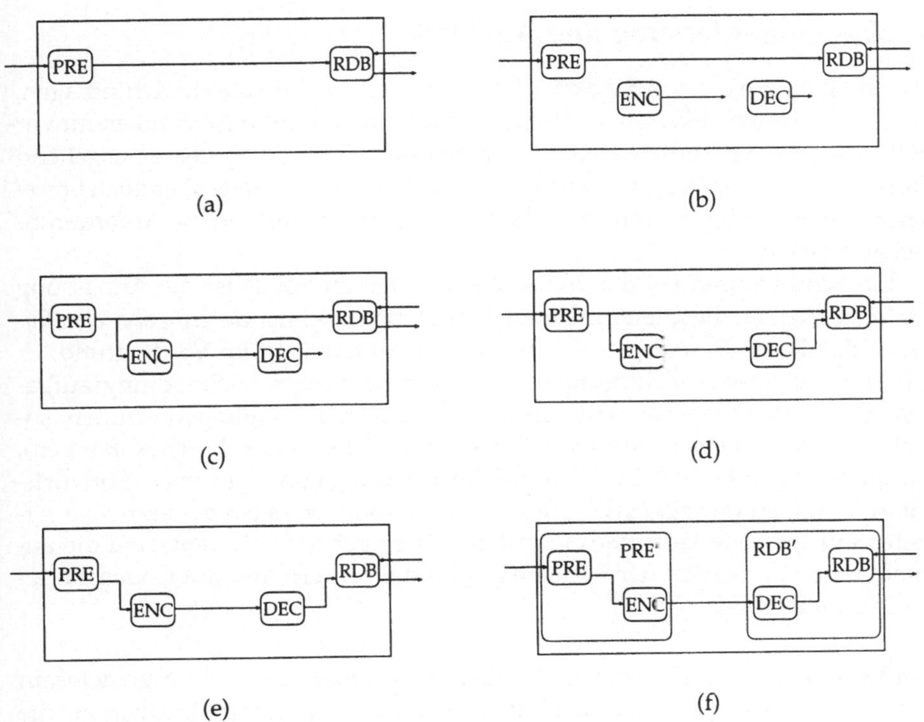

Abbildung 3. Architekturverfeinerung

RDB. Um die Übertragungszeit der Daten zu verringern, sollen in einer neuen Version des Systems nur die Differenz der aktuellen Daten zu den vorher gesendeten Daten übertragen werden. Die sechs Strukturdiagramme zeigen die Verfeinerungsschritte, die dazu erforderlich sind: Einführen der Codierungs- und Decodierungskomponenten ENC und DEC, Verbinden dieser Komponenten mit dem bestehenden System, Entfernen der bisherigen Verbindung zwischen PRE und RDB und Kombinieren von PRE und ENC sowie RDB und DEC zu neuen Erfassungs- und Speicherkomponenten.

Die meisten dieser Schritte sind rein syntaktisch; nur der Schritt von (d) zu (e), bei dem die bestehende Verbindung gelöst wird, erfordert eine formale Rechtfertigung: Es muß gezeigt werden, daß die codierten Daten im wesentlichen dieselbe Information enthalten wie die ursprüngliche Verbindung. Der Beweis dazu findet sich in [8].

Das Beispiel zeigt auch, wie sich die Architekturverfeinerungsregeln zu komplexeren anwendungsorientierten Verfeinerungsmustern zusammensetzen lassen. Es werden nur sehr schwache Annahmen über das Verhalten von PRE und RDB gemacht, so daß sich dieses Beispiel ohne weitere Beweisverpflichtung auf ähnliche Situationen anwenden läßt.

5 Zusammenfassung und Ausblick

Das im Teilprojekt A6 entwickelte Focus umfaßt mathematische Grundlagen, Beschreibungstechniken sowie Verfeinerungs- und Evolutionstechniken für verteilte Systeme. Mit diesen Techniken lassen sich einerseits Systeme ausgehend von ersten abstrakten Anforderungen entwerfen, andererseits aber auch bestehende Systemarchitekturen verändern, um sie an neu enstandene Anforderungen anzupassen.

Ein Schwerpunkt bei den aktuellen Arbeiten zu Focus ist die Anpassung der Techniken an die immer mehr an Bedeutung gewinnenden *eingebetteten Systeme*. Bei diesen Systemen steht der Softwareanteil nicht im Vordergrund: Er erfüllt eingebettet in elektrische oder mechanische Systeme Steuerungsaufgaben. Eingebettete Systeme müssen besondere Randbedingungen erfüllen, sowohl für die einzelnen Produkte (Speicher- und Rechenzeitbeschränkungen), wie auch für den Entwicklungsprozeß (Verwendung von Prototypen, Entwurfsentscheidungen im HW/SW-Codesign). Insbesondere zielen die aktuellen Arbeiten auf spezielle Verfeinerungsmuster für eingebettete Systeme, auf die automatische Verifikation der Systeme mit Modellprüfern und auf Codegenerierungstechniken [9].

Danksagung. Die Arbeiten zur Architekturverfeinerung erfolgen gemeinsam mit Bernhard Rumpe. Ich danke Katharina Spies und Thomas Ludwig für die konstruktive Kritik zu einer Vorversion dieses Berichts.

Literatur

[1] Das AUTOFOCUS-Projekt. http://autofocus.informatik.tu-muenchen.de/.

[2] M. Breitling, U. Hinkel, and K. Spies. Formale Entwicklung verteilter reaktiver Systeme mit Focus. In *Formale Beschreibungstechniken für verteilte Systeme, 8. GI/ITG Fachgespräch*, 1998.

[3] M. Broy. Compositional refinement of interactive systems. Working Material, International Summer School on Program Design Calculi, August 1992.

[4] M. Broy. (Inter-) action refinement: the easy way. Working Material, International Summer School on Program Design Calculi, August 1992.

[5] M. Broy, F. Dederichs, C. Dendorfer, M. Fuchs, T. F. Gritzner, and R. Weber. The Design of Distributed Systems: An Introduction to Focus—Revised Version. Technical Report TUM-I9202-2, Institut für Informatik, Technische Universität München, 1993.

[6] F. Huber, B. Schätz, A. Schmidt, and K. Spies. Autofocus—a tool for distributed systems specification. In *Proceedings FTRTFT'96 — Formal Techniques in Real-Time and Fault-Tolerant Systems*, LNCS 1135, 1996.

[7] J. Philipps and B. Rumpe. Refinement of information flow architectures. In *IC-FEM'97*, 1997.

[8] J. Philipps and B. Rumpe. Refinement of pipe and filter architectures. In *FM'99*, 1999. To appear.

[9] J. Philipps and A. Schmidt. Enwurf und Implementierung eingebetteter Systeme. In *Formale Beschreibungstechniken für verteilte Systeme, 8. GI/ITG Fachgespräch*, 1998.

[10] M. Shaw and D. Garlan. *Software Architecture*. Prentice Hall, 1996.

Caching in Networks

Matthias Westermann*

Department of Mathematics and Computer Science,
and Heinz Nixdorf Institute,
University of Paderborn,
D-33102 Paderborn, Germany
marsu@uni-paderborn.de

Abstract. We present a general framework for the development of on-line algorithms for data management in networks. These algorithms dynamically create and delete copies of shared data objects that can be read or written by the nodes in the network. Our algorithms aim to minimize the congestion (i.e., the maximum communication load over all network resources) while respecting memory capacity constraints, so that none of the links in the network become a communication bottleneck.
This work is conducted as part of the project A2 "Universal Basic Services" of the SFB 376 "Massively Parallel Computing: Algorithms, Design Methods, Applications".

1   A short description of the SFB 376

The SFB 376 "Massively Parallel Computing: Algorithms, Design Methods, Applications" aims to develop methods to fully exploit the computation power of large parallel systems, and to make such methods easily usable for applications in science, engineering, and manufacturing technology.

The project integrates the three major parts A: Algorithms, B: Design methods, and C: Applications. All these parts are strongly related to each other. On the one hand, the new algorithmic techniques and design methods provide an important basis for the application-oriented parts of the project. On the other hand, the demands of the applications motivate many algorithmic and methodic problems. Further, the applications play an important role in the evaluation of new algorithms and design methods. This project structure demands cooperation and interdisciplinary research between experts in different application areas. In the following we present the three parts in more detail.

A: Algorithms. Designing algorithms that fully exploit the computation power of large parallel systems is much more sophisticated than in the sequential case.

- The design of parallel algorithms for a large number of processors often requires new algorithmic approaches.

* Supported by DFG-Sonderforschungsbereich 376 "Massively Parallel Computing: Algorithms, Design Methods, Applications".

- Even algorithms which exploit "natural" parallelism of the underlying problems are difficult to implement on massively parallel systems because of their highly dynamic behavior concerning process generation and communication.

We design and analyze protocols for basic services like, e.g., load balancing, routing, and data management in processor networks. The results are made available to users in and beyond the SFB as easy-to-use libraries.

B: Design methods. Design methods for massively parallel real-time systems and tools for the development and implementation of parallel applications are investigated in this part. In particular, we work at the following methods and tools.

- Support of the design of very complex, naturally parallel, reactive technical systems with real-time constraints.
- A tool-system that automates the systematically solvable tasks occurring in the design process of parallel applications.

These methods and tools use results from part A, and are strongly connected to applications from part C.

C: Applications. Applications with high economic and scientific relevance are investigated in this part. The following criteria are common to all this applications.

- The applications have computational demands which are beyond the capabilities of standard computer systems.
- Every application is highly dynamic with respect, e.g., to load generation, communication, and data access patterns.

In particular, we develop applications, e.g., in the areas of production planing and real-time data servers.

In the following we concentrate on the work that is done in the project A2 "Universal Basic Services". A general framework for the development of on-line algorithms for data management in networks is presented. These algorithms dynamically create and delete copies of shared data objects that can be read or written by the nodes in the network. Our algorithms aim to minimize the congestion (i.e., the maximum communication load over all network resources) while respecting memory capacity constraints, so that none of the links in the network becomes a communication bottleneck.

2   Caching in networks

Additional memory for caching data objects can help reducing the bandwidth requirements in networks. This phenomenon is well known and often explored in practice, e.g., in the Internet where WWW pages are cached in order to reduce network congestion. When a user issues a read request for a WWW page then the requested page is transferred from a node holding a copy of the page through the network to the user's computer. Usually, the page is *cached*, that is, a copy of the accessed page is kept in the user's local storage device or in another storage device lying on the path traversed by the data. In this way, subsequent requests addressed to this page can be served locally. Similar caching mechanisms are used to speed up parallel and distributed computations using virtual shared memory on massively parallel processors (MPPs) or networks of workstations (NOWs). The common idea of all of these approaches is to use memory recourses in order to reduce the bandwidth utilization.

Caching is used for speeding up single computers, too. Here a small, fast memory module, which is called cache, is added to the processor in order to reduce the communication on the bus connecting the processor with a much larger main memory module. Data is partitioned in small blocks, called cache lines. Whenever the processor accesses a piece of data that is not already stored in the cache, the whole cache line is moved from the main memory to the cache. The major problem is to decide which cache line is dumped, i.e., removed from the cache, when the cache is full. This problem is usually referred to as "paging" as it was investigated first in the context of virtual memory where the data is usually divided in so-called pages. Paging has been investigated intensively in the past as well in practice (e.g., [4, 6, 14]) as in theory (e.g., [5, 9, 12, 13]). In all these analyses it turned out that although the idea of caching is very simple, its analysis is not an easy task.

Analyzing and developing strategies for caching in networks is even more complicated than for single computers because several caches interact and sometimes creating a copy of a data object on a node induces additional communication instead of reducing it as this copy may need to be updated or invalidated later. In [7, 8, 11] we introduce data management strategies for trees, meshes, and Internet-like connected networks. These strategies decide, where to place copies of data objects and how to realize read and write access to these objects including the routing and data tracking. The goal is to minimize the congestion, which is modeled by the maximum flow of communication passing through the same link in the network. In order to simplify the problem, however, we assume unlimited memory capacities, that is, we neglect the paging problem. In [10] we describe a general framework how to combine these data management strategies with well-known single processor paging algorithms. As a result we obtain the first algorithms for meshes, fat-trees, and completely connected networks that minimize the congestion while respecting memory capacity constraints.

2.1 The cost model

A network application consists of read and write requests each of which is issued at an individual processor. Each of these requests is directed to a data object x from a finite set X of data objects. The network is modeled by an undirected graph $G = (V, E)$. Each node represents a processor with local memory module of fixed size. Each edge represents communication links between pairs of processors, each having a fixed bandwidth.

The data objects in X are stored in the local memory, possibly with redundancy. Initially, only a single node contains a copy of each object $x \in X$. During the execution of an application, copies may be deleted, copies may be migrated, or new copies may be created as long as each node v obeys its memory bound $m(v)$. But always, there must be stored at least one copy of each data object in some of the nodes. A read request to an object x requires access to a copy of x, a write request requires updating all copies of x. The copies can be reallocated during the execution of the application. Each of these actions requires the sending of messages along the communication links, which increases the *communication load* on the involved edges.

The communication load for different operations is defined as follows. If a read request for x occurs at a node v, the read request can be served by any processor u holding a copy of x. For that, a path through the network from v to u has to be allocated. The communication load on each edge on this path increases by one. In contrast, a write request to an object x requires to allocate a multicast tree connecting the writing node with all nodes holding a copy of x, i.e., a Steiner tree. The communication load on each edge in the Steiner tree increases by one. Object migrations from one node to another can be done along an arbitrary path. The communication load on each edge e on this path increases by one. The *congestion* of a data management algorithm on an application is defined as the maximum, over all edges, of the edge's load divided by its bandwidth.

In the following we will use algorithms for *single computer caching* as subroutines. Here we assume a graph G that includes two nodes u and v connected by a single edge e. Both nodes have memory modules, the capacity of v's module is unlimited, whereas the capacity of u's module is bounded in some fashion. Only u is allowed to issue requests. Note that in this case there is no significant difference between read and write requests. The cost considered in the single computer case is simply the load on edge e.

2.2 Competitive analysis

The caching strategies can be viewed as on-line algorithms. They are evaluated in a competitive analysis. This kind of analysis was introduced by Sleater and Tarjan for the analysis of on-line algorithms [13]. The costs of these on-line algorithms are compared with the costs of an "optimal" off-line algorithm.

In order to obtain a simple, unambiguous model, we assume that an adversary initiates a sequence $\sigma = \sigma_1\sigma_2\sigma_3 \cdots$ of read and write requests each of which is issued by one of the nodes in the network. This assumption, however, does not mean that we want to model sequential applications. The assumption of a sequence is the simplest way to determine that the on-line and the off-line algorithm have to serve the requests in the same order. Note that allowing the off-line algorithm to use a different order than the on-line algorithm would enable it to reduce its congestion almost arbitrarily. The adversary specifying the sequence is assumed to be *oblivious*, i.e., the requests do not depend on the decisions of the algorithms.

When the on-line algorithm serves a request, it does not know future requests. In contrast, the off-line algorithm is assumed to have full knowledge about the whole sequence including future requests. This assumption gives much more power to the off-line algorithm than to the on-line algorithm. In fact, it turns out that this advantage is too large in the case of bounded memory size: In their seminal paper on competitive analysis, Sleator and Tarjan show that the worst-case ratio between the cost of a deterministic paging algorithm and an optimal off-line algorithm grows linearly with the memory size [13]. In the case of randomized algorithms this ratio grows logarithmically with the memory size [5]. In order to compensate the advantage of knowing the future Sleator and Tarjan suggest to restrict the off-line by reducing its memory capacity. They show that, if the memory capacity of the off-line algorithm is reduced by a factor of two, then a constant ratio of two can be achieved, e.g., for the LRU (least recently used) paging strategy, which is the paging strategy used most in practice.

We use a similar approach for the evaluation of caching strategies in networks. Given a network with limited memory capacity at its nodes. Let $m(v)$ denote the memory capacity of node v. We compare an on-line algorithm whose individual memory capacities have been increased by a factor of m, for some fixed m, with an off-line algorithm obeying the given memory capacities. (For simplicity in notation, we increase the capacities of the on-line algorithm rather than decreasing the capacities of the off-line algorithm.) For a given sequence σ, let $C_{opt}(\sigma)$ denote the minimum congestion produced by the optimal off-line algorithm, obeying the memory bound $m(v)$ for each node v. A (randomized) on-line algorithm is said to be (m,c)-*competitive* if it obeys the memory bound $m \cdot m(v)$ at each node v, and if it has (expected) congestion at most $c \cdot C_{opt}(\sigma) + \kappa$, for any application σ, where κ is a term that does not depend on the sequence. The value c is also called the *competitive ratio* of the algorithm. If $\kappa = 0$ then the on-line algorithm is called *strictly (m,c)-competitive*.

2.3 Related work

The most comparative work was done by Awerbuch, Bartal, and Fiat who considered the dynamic file allocation problem in arbitrary networks [1, 2]. The major difference is that they consider a different cost measure than we do, that is, they consider the total communication load, i.e., the sum over all edge loads, rather than the congestion, i.e., the maximum over all edge loads.

In [1] they present a centralized algorithm that achieves an optimal competitive ratio $O(\log n)$ and a distributed algorithm that achieves competitive ratio $O\left((\log n)^4\right)$ for the dynamic file allocation problem on an arbitrary networks with n nodes and unbounded buffers. In [2] the distributed algorithm is adapted to networks with bounded memory capacities resulting in an algorithm that is (polylog n, polylog n)-competitive. All competitive ratios are with respect to the total communication load instead of the congestion. We believe that the congestion measure is more appropriate for the design of algorithms than the total communication load as it prevents some of the links from becoming bottlenecks.

We give a brief description of the very intriguing distributed algorithm of Awerbuch et al. because this will illustrate the influence of the cost measure on the design of data management strategies. Their algorithm uses a hierarchical network decomposition, introduced in [3], that decomposes the network in a hierarchy of clusters with geometrically decreasing diameter. If a node accesses a file x that has no copy in a cluster of some hierarchy level then the cluster leader is informed and increases a counter for the file. When the counter is D, the requesting node gets a copy of x, where D denotes the ratio between the cost for migrating and the cost for accessing a file. This strategy ensures that the total communication load is minimized up to a some logarithmic factors in the size of the network, which gives a good competitive factor with respect to the total communication load. The cluster leaders, however, can become bottlenecks. In particular, the edges incident to the leader of the top level clusters may become very congested. As a consequence, the competitive ratio in our congestion based cost model becomes bad.

2.4 A general framework for caching in networks

The algorithms introduced in [8, 11] for data management in mesh networks with unbounded memory capacity are based on a randomized but locality preserving embedding of "access trees" into the mesh. Basically, this so-called access tree strategy simulates a simple 3-competitive algorithm for a tree T on the original mesh network G. This tree T is a binary tree whose leaf nodes correspond to the processors of the mesh network G.

The analysis of this strategy uses a bi-simulation between the mesh network G and the tree T. At first, it is shown that the tree T can simulate the mesh network G. In this simulation, each leaf node of T issues the same read and write requests as its counterpart in G. It is shown that any application σ that produces congestion C when it is executed on G can be executed on T with congestion C, too. At second, it is shown that the mesh network G can simulate the tree T in such a way that the congestion in G is only $O(\log n)$ times larger than the congestion in the tree T (n denotes the number of nodes in G).

The latter simulation is that one which is done in the access tree strategy. From the results on the congestion of these simulation in combination we can obtain the competitive ratio of the access tree strategy. In the simulation of G by T we loose a factor of $c_1 = 1$; the on-line strategy looses a factor of $c_2 = 3$ against the off-line strategy on T; finally, in the simulation of T by G we loose a factor of $c_3 = O(\log n)$. Altogether, we achieve a competitive ratio of $c = c_1 \cdot c_2 \cdot c_3 = O(\log n)$.

The problem with the adaption of this approach to the case of bounded memory capacities is that we do not have a simple caching strategy for trees in this case. It is even not clear how the tree should look like. One possibility is to allow that only the leaf nodes, which correspond to the processors in G, have memory modules, another possibility is that all nodes have memory modules which then have to be simulated by the nodes of the network G. For both of these alternatives, however, we do not know an efficient caching algorithm, and we will see that we do not need one.

In [10] we present the following general framework for caching in networks. Define a *bandwidth tree* T to be a tree of maximum height h, which leaf nodes correspond to the processors in G. Each of the leaf nodes in T has a memory module of the same size as the respective processor in G. The inner nodes do not have memory modules. Define the *memory tree* T^* to be a tree that is isomorph to T. Each of the leaf nodes in T^* has a memory module that is k times larger than the one of its counterpart in T. Each inner node in T^* has a memory module, which capacity is equal to the sum of the capacities of its children. The exact topology of these trees is defined in dependence on the underlying network G.

Suppose the bandwidth tree T can simulate the off-line strategy running on G while increasing the congestion only by a factor of c_1; suppose the on-line strategy on T^* produces only a congestion that is a factor of c_2 larger than the congestion of the off-line strategy on T; and suppose the on-line strategy on T^* can be simulated on G so that the congestion in G is only a factor of c_3 larger than the congestion in T^* while the required memory capacities in G are h times the memory capacities of the corresponding leaf nodes in T^*. Then the resulting strategy is $(k \cdot h, c_1 \cdot c_2 \cdot c_3)$-competitive.

The major problem in this construction is the comparison of the on-line algorithm on T^* with the off-line algorithm on T. In fact, we use another tree T' in order to make the moves of optimal off-line strategy more understandable. This almost reduces the problem to the single processor paging problem so that we can use an algorithm for this problem as a subroutine. Suppose the competitive ratio of the single processor strategy is ℓ. For example, $\ell = 2$ for LRU if we use twice the memory of the off-line strategy, which means $k = 2$. In [10] we show that the congestion on T^* is at most $3 + 2 \cdot \ell$ times the congestion on T. This result as itself is not very interesting as it considers the congestion on two different networks. However, we will illuminate its significance by several examples.

2.5 Results

The framework described above can be applied to several classes of networks. Given any network G, the bandwidth tree T and the memory tree T^* can be constructed by a hierarchical decomposition of G into subnetworks. The quality of the resulting caching algorithm depends on the properties of this decompositions and in especially on the height of T. Although it is not clear which properties can be obtained for general networks, applying the framework to almost any standard network yields interesting results. In [10] the following examples are presented.

- *Meshes:* Let $M = M(n_1, \ldots, n_d)$ denote the d-dimensional mesh with side length $n_i \geq 2$ in dimension i. This graph represents a network of $n = n_1 \cdots n_d$ processors, all of them with the same memory capacity, and $\sum_{i=1}^{d} n_1 \cdots n_{i-1} \cdot (n_i - 1) \cdot n_{i+1} \cdots n_d$ communication links, all of them with the same bandwidth. By constructing bandwidth trees of different heights, we obtain a tradeoff between the bandwidth and memory utilization.
  For any $1 \leq h \leq \log_2 n$, we obtain a caching strategy for the d-dimensional mesh $M = M(n_1, \ldots, n_d)$ with n nodes that is strictly $(2h + 1, O(d \cdot h \cdot n^{1/h}))$-competitive. If we set $h = \log_2 n$, the caching strategy is $O(d \cdot \log n)$-competitive. It is known that this competitive ratio is optimal up to a factor $\Theta(d^2)$ [8].
- *Fat-trees:* Define a fat-tree to be a graph that has the topology of a tree. The tree is assumed to be symmetric, that is for each inner-node the subtrees rooted at the children of the node are isomorph. The fat-tree represents an indirect network, that is, only the leaf nodes are processors with memory modules of uniform capacity, the inner nodes are only routing switches. Usually, the edges on higher levels in this kind of network have higher bandwidth than the edges on lower levels. This assumption, however, is not necessary for our result, we assume only that all edges on the same height have the same bandwidth. Interestingly, we obtain almost the same tradeoff for the fat-tree than for the mesh.
  For any $1 \leq h \leq \log_2 n$, we obtain a strictly $(2h + 1, O(h \cdot n^{1/h}))$-competitive caching strategy for fat-trees with n nodes.
- *Hypercubic networks:* For n-node hypercubes, butterflies, and DeBruijn networks, we obtain caching strategies that are $(3, O(\log n))$-competitive.
  If the butterfly network is used as indirect network, that is, only the nodes of level 0 are used as processors with memory modules whereas all other nodes are only routing switches then the obtained algorithm is $(3, O(1))$-competitive.

– *Complete networks:* Some massively parallel computers, e.g., Cray T3E and T3D or Intel Paragon, have a network with very high bandwidth, so that not the network is the bottleneck but the individual memory modules. In particular, remote accesses to these modules are expensive as local accesses are supported by additional local caches. These systems are well modeled by a complete network of nodes with memory modules of uniform size. We aim to minimize the congestion at the nodes due to remote accesses, that is, remote accesses increase the load at any node by one whereas local accesses are free.

Applying our framework to complete networks with free local accesses results in an $(3, O(1))$-competitive algorithm with respect to the congestion at the nodes (rather than the edges).

All of the derived algorithms are randomized. The bounds on the congestion specified by the competitive ratio, however, do not only hold on expectation, but with high probability, i.e., with probability $1 - n^{-\alpha}$, where n denotes the number of processors in the network, and α is an arbitrary constant.

References

1. B. Awerbuch, Y. Bartal, and A. Fiat. Competitive distributed file allocation. In *Proc. of the 25th ACM Symp. on Theory of Computing (STOC)*, pages 164–173, 1993.
2. B. Awerbuch, Y. Bartal, and A. Fiat. Distributed paging for general networks. *Journal of Algorithms*, 28:67–104, 1998.
3. B. Awerbuch and D. Peleg. Sparse partitions. In *Proc. of the 31th IEEE Symp. on Foundations of Computer Science (FOCS)*, pages 503–513, 1990.
4. L. A. Belady. A study of replacement algorithms. *IBM Systems Journal*, 5:78–101, 1966.
5. A. Fiat, R. M. Karp., M. Luby, L. A. McGeoch, D. D. Sleator, and N. E. Young. Competitive paging algorithms. *Journal of Algorithms*, 12(2):685–699, 1991.
6. P. A. Franaszek and T. J. Wagner. Some distribution-free aspects of paging performace. *Journal of the ACM*, 21:31–39, 1974.
7. C. Krick, F. Meyer auf der Heide, H. Räcke, B. Vöcking, and M. Westermann. Data management in networks: Experimental evaluation of a provably good strategy. In *Proc. of the 11th ACM Symp. on Parallel Algorithms and Architectures (SPAA)*, 1999.
8. B. M. Maggs, F. Meyer auf der Heide, B. Vöcking, and M. Westermann. Exploiting locality for networks of limited bandwidth. In *Proc. of the 38th IEEE Symp. on Foundations of Computer Science (FOCS)*, pages 284–293, 1997.
9. L. A. McGeoch and D. D. Sleator. A strongly competitive randomized paging algorithm. *Algorithmica*, 6(6):816–825, 1991.
10. F. Meyer auf der Heide, B. Vöcking, and M. Westermann. Caching in networks. Manuscript, 1999.
11. F. Meyer auf der Heide, B. Vöcking, and M. Westermann. Provably good and practical strategies for non-uniform data management in networks. In *Proc. of the 7th European Symposium on Algorithms (ESA)*, 1999.
12. P. Raghavan and M. Snir. Memory versus randomization in on-line algorithms. *IBM Journal of Research and Development*, 38(6):683–707, 1994.
13. D. D. Sleator and R. E. Tarjan. Amortized efficiency of list update and paging rules. *Communications of the ACM*, 28(2):202–208, 1985.
14. J. R. Spirn. *Program Behavior: Models and Measurements*. Elsevier Computer Science Library. Elsevier, Amsterdam, 1977.

Prozeßintegrierte Designwerkzeuge
für die Verfahrenstechnik

Klaus Weidenhaupt

Lehrstuhl für Informatik V
RWTH Aachen
weidenh@informatik.rwth-aachen.de

Birgit Bayer

Lehrstuhl für Prozeßtechnik
RWTH Aachen
bayer@lftp.rwth-aachen.de

Zusammenfassung: Der SFB IMPROVE untersucht seit August 1997 neuartige informatische Konzepte zur Unterstützung kooperativer Entwicklungsprozesse in der Verfahrenstechnik. Dieser Beitrag befaßt sich speziell mit der direkten, erfahrungsbasierten Entwickleranleitung durch prozeßintegrierte Entwurfswerkzeuge, die dem Entwickler situativ auf Basis explizit definierter Prozeßmodellfragmente und aufgezeichneter Erfahrungsdaten Hilfestellung bieten. Ansatzpunkt prozeßintegrierter Werkzeugunterstützung ist das sog. *Fließbild*, das im Zentrum verfahrenstechnischer Entwicklungsprozesse steht.

1 Einleitung

1.1 Übersicht über den SFB 476 IMPROVE

Unter einem *verfahrenstechnischen Prozeß* versteht man die Verknüpfung physikalischer, chemischer, biologischer und informationstechnischer Vorgänge, um Ausgangsstoffe nach Art, Eigenschaft und Zusammensetzung so zu verändern, daß ein gewünschtes stoffliches Produkt entsteht. Dieser Prozeß läuft auf einer Anlage ab. Der Entwurf oder die Modifikation eines verfahrenstechnischen Prozesses und seiner anlagentechnischen Umsetzung ist Ziel des *Entwicklungsprozesses*. Ausgehend von einer groben Problemstellung wird im Team eine vollständige Spezifikation von Prozeß und Anlage erarbeitet, die damit das *Produkt des Entwicklungsprozesses* darstellt.

Der seit August 1997 von der DFG geförderte SFB IMPROVE entwickelt neuartige, informatische Konzepte zur Unterstützung dieser kooperativen Entwicklungsprozesse [NaWe99]. Die Unterstützung konzentriert sich dabei auf die frühen Phasen, die den konzeptionellen Entwurf und das Basic-Engineering umfassen. Die dort getroffenen Entscheidungen legen bereits bis zu 80% der Herstellungskosten (Betriebs- und Investitionskosten) fest [McJo88]. Der Entwicklungsprozeß besteht aus schwer formalisierbaren, derzeit kaum unterstützten Aufgaben eines Teams von Spezialisten unterschiedlicher Fachrichtungen, die häufig geographisch verteilt und in mehrere Projekte eingebunden sind.

In einem ganzheitlichen Ansatz führt der SFB die bisher weitgehend entkoppelten Entwurfsinseln zu einem abgestimmten Entwicklungsprozeß zusammen, um sowohl verschiedene Bereiche, wie Chemie- und Kunststofftechnik, als auch verschiedene Aufgaben, wie Gestaltung und Regelung von Prozeßschritten, zu integrieren. Voraussetzung hierfür ist die Kenntnis der einzelnen Schritte des Entwicklungsprozesses und ihres Zusammenspiels. Interdependenzen zwischen Produkten sowie Prozessen und Produkten müssen geklärt und formalisiert werden. Daran arbeiten Teilprojekte aus den Bereichen Verfahrenstechnik und Kunststoffverarbeitung (Projektbereich A, vgl. Abb. 1). Ergebnis ist ein einheitliches Prozeß- bzw. Produktmodell für die kooperative Entwicklung, das gleichwohl keine globale oder statische Vorgabe darstellt, sondern der Dynamik solcher Prozesse und ihrer Verschiedenartigkeit Rechnung trägt. Die technischen Grundlagen hierfür sollen ein *Process Data Warehouse* zur Informationsflußverwaltung sowie eine CORBA-basierte *Diensteverteilung* bieten (Projektbereich C).

Die Kooperations- und Arbeitsprozesse der beteiligten Personen werden durch die folgenden *neuartigen informatischen Konzepte* und entsprechenden Werkzeugfunktionalitäten verbessert (Projektbereich B): *Direkte Prozeßunterstützung* durch Beobachtung von Prozeßabläufen bei Entwicklern und Anbieten von für gut befundenen Abläufen zur Wiederverwendung; *indirekte Prozeßunterstützung* durch Sicherung von Struktur- und Konsistenzbedingungen der entstehenden komplexen Produkte mit Hilfe von Integrationswerkzeugen; *informelle, multimediale Kooperation* der Prozeßbeteiligten; Projektkoordination durch ein *reaktives Administrationssystem*.

Ein integrierter Verbund abgestimmter Entwicklungsumgebungen setzt die informatischen Konzepte in neue Werkzeugfunktionalität um. Zur Realisierung des Verbundes wird ein wiederverwendbares, offenes *Rahmenwerk* für die a-posteriori-Integration existierender Entwicklungswerkzeuge (Teilprojekt I3) entwickelt.

In einer integrativen Vorgehensweise arbeiten Ingenieure und Informatiker gleichgewichtig, aber mit unterschiedlichen Schwerpunkten an den dabei auftretenden Problembereichen. Die iterative Formalisierung der Prozesse, die Realisierung des integrierten Verbunds und die Validierung der Ergebnisse werden entlang eines *Referenzszenarios* (Teilprojekt I1) vorangetrieben. Begleitende *arbeitswissenschaftliche Analyse und Validierung* sollen Benutzerakzeptanz sichern (Teilprojekt I2).

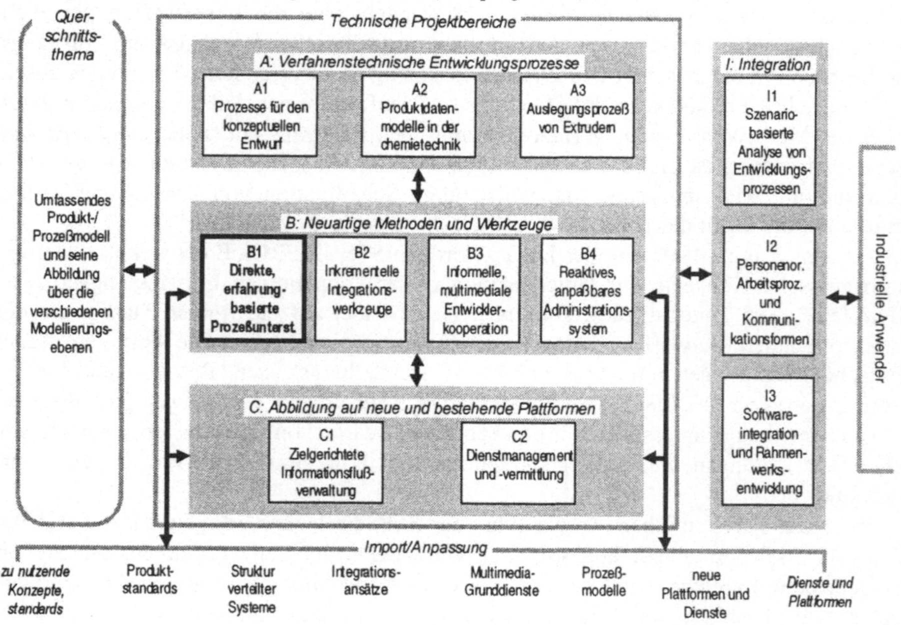

Abb. 1: Struktur des SFB IMPROVE

1.2 Direkte, erfahrungsbasierte Prozeßunterstützung durch Prozeßintegration

Im Zentrum dieses Beitrags steht die *direkte Prozeßunterstützung* der kooperativen Entwicklung verfahrenstechnischer Prozesse auf Basis aufgezeichneter *Erfahrungsdaten* (dick umrandeter Kasten der Ebene „Neuartige Methoden und Werkzeuge" in Abb. 1). Im Gegensatz zur eher grobgranularen, administrativen Projektkoordination auf Managementebene zielt die direkte Prozeßunterstützung auf die feingranulare, methodische Anleitung des Entwicklers am technischen Arbeitsplatz ab.

Grundlage ist die explizite, formale Modellierung von Entwurfsvorgängen als eine Abfolge von Arbeits- und Entscheidungsschritten in den unterschiedlichen technischen Softwarewerkzeugen. Ähnlich den frühen Phasen der Softwareentwicklung ist der konzeptuelle Entwurf einer verfahrenstechnischen Anlage eine im hohen Maße kreative Tätigkeit, die sich einer umfassenden und durchgängigen Präskription entzieht. Das bedeutet aber nicht, daß keine Prozeßunterstützung möglich ist. Es existieren durchaus bestimmte gutverstandene Bausteine [JaMa96; Döm*96; Lohm98], die in vielen Entwicklungsprozessen auftreten und als sog. *Prozeßfragmente* generell definierbar sind.

Direkte Prozeßunterstützung präsentiert sich dem Benutzer durch *prozeßintegriertes Verhalten* der in den Arbeitsabläufen verwendeten (interaktiven) Entwurfswerkzeuge. Unter Prozeßintegration [Poh*99] verstehen wir die Anpaßbarkeit von Werkzeugen an die prozeßmaschinengesteuerte Interpretation von Prozeßfragmenten. Dazu gehört der automatisierte Aufruf einzelner Werkzeugaktionen durch die Prozeßmaschine, aber auch Prozeßanleitung und -beratung durch die dynamische Einschränkung des Zugriffs auf bestimmte Funktionalitäten (z.B. durch Deaktivierung von Menüpunkten) oder das Hervorheben aktuell relevanter Entwurfsobjekte an der Benutzeroberfläche gemäß dem aktuellen Zustand der Prozeßfragmentinterpretation.

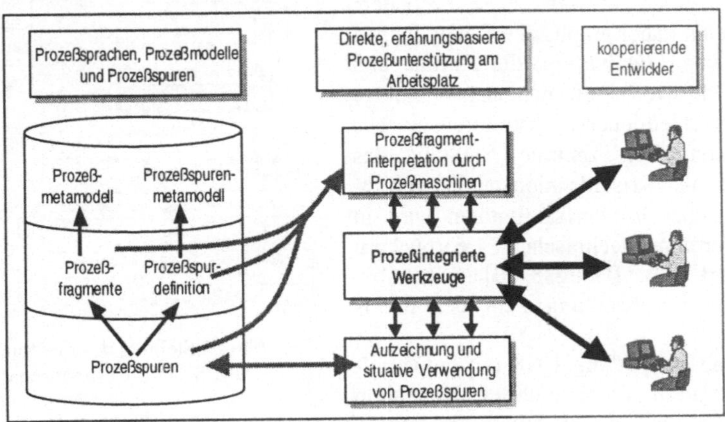

Abb. 2: Grundstruktur der direkten, feingranularen Prozeßunterstützung

Mangelnde Dokumentation, geschweige denn Standardisierung verfahrenstechnischer Entwicklungsprozesse erschwert die Identifikation und Formalisierung feingranularen Vorgehenswissens. Daher muß die Prozeßunterstützung ganz wesentlich von konkreten, fallspezifischen Erfahrungen in Entwurfsprozessen ausgehen. Voraussetzung ist die Aufzeichnung und Verwendung von Erfahrungsdaten in Form sog. *Prozeßspuren*.

Prozeßintegrierte Werkzeuge protokollieren während ihrer Verwendung Prozeßspuren, z.B. die Ergebnisse und Abfolgen von Werkzeugaktionen oder die vom Benutzer getroffene Auswahl zwischen Handlungsalternativen. Bei der Durchführung ähnlicher Entwicklungsprozesse kann das in den Prozeßspuren hinterlegte Erfahrungswissen dann bedarfsgerecht und situativ wiederverwendet werden. Abb. 2 verdeutlicht die Grundstruktur der direkten, feingranularen Prozeßunterstützung.

Die für die direkte Prozeßunterstützung erforderliche enge Integration mit der Prozeßmodellinterpretation stellt hohe Anforderungen an die Offenheit existierender Entwurfswerkzeuge und ist mit einem gewissen Zusatzaufwand für die Entwicklung geeigneter Wrapper verbunden. Aus diesem Grund konzentrieren wir uns in der Anfangsphase auf solche Teilbereiche des im SFB zu unterstützenden Gesamtszenarios, die besonders von der Assistenzfunktion direkter Prozeßunterstützung profitieren können.

In Abschnitt 2 motivieren wir, daß das sog. *Fließbild* eine Art Masterdokument der Verfahrenstechnik darstellt und prozeßintegrierte Werkzeugunterstützung daher primär bei Aktivitäten rund um das Fließbild ansetzen sollte. Wir zeigen auf, daß heutige Fließbildwerkzeuge häufig Arbeitsabläufe festschreiben. Prozeßintegration kann hier zu einer Flexibilisierung beitragen. Ferner diskutieren wir Anforderungen aus Sicht der verfahrenstechnischen Produktdatenmodellierung. In Abschnitt 3 skizzieren wir die Realisierung des prozeßintegrierten Fließbildwerkzeugs. Abschnitt 4 faßt die bisherigen Resultate zusammen und liefert einen Ausblick auf anstehende Arbeiten.

2 Das Fließbild im verfahrenstechnischen Entwurfsprozeß

Im Zuge der Verfahrensentwicklung entsteht eine Fülle von Informationseinheiten, die ständig weitergepflegt und zugriffsbereit gehalten werden müssen. Eine besondere Rolle spielen dabei graphische Darstellungen in Form von *Fließbildern*, die Aufbau und Funktion der verfahrenstechnischen Anlage auf unterschiedlichen Abstraktionsniveaus wiedergeben. Die zentrale Stellung des Fließbilds als Kristallisationspunkt verfahrenstechnischer Entwurfsaktivitäten wird in vielen verfahrenstechnischen Lehrbüchern betont (vgl. z.B. [Doug88; Blas97]), aber auch durch Beobachtungen in der Praxis untermauert.

So ergab ein Anfang 1998 mit industriellen Anwendern durchgeführter Workshop

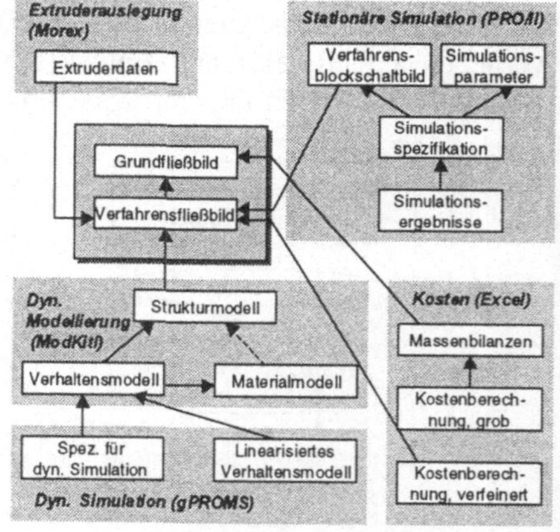

Abb. 3. Stellung des Fließbilds im IMPROVE-Gesamtszenario

[Jar*98], daß sich die einzelnen am Entwicklungsprozeß beteiligten Personengruppen (z.B. Verfahrensingenieure, Chemietechniker, Sicherheitstechniker und Manager) mit ihren jeweiligen Vorstellungen von der Anlage im aktuellen Fließbild problemlos wiederfinden. Das Fließbild eignet sich daher hervorragend als gemeinsames Kommunikationsmedium zwischen den inhaltlich teilweise weit auseinanderliegenden Arbeitsbereichen. Hervorgehoben wurde ferner die Bedeutung des Fließbilds als Ankerpunkt und Strukturierungshilfsmittel für Informationseinheiten wie Simulationsergebnisse, Kostenschätzungen, Entscheidungsdokumentationen und sicherheitstechnische Überlegungen.

Die vielfältigen Querbezüge des Fließbilds zu anderen Informationseinheiten spiegeln sich in Abb. 3 wider, die ausschnittsweise die im IMPROVE-Gesamtszenario verwendeten Werkzeuge und Dokumenttypen in den einzelnen Arbeitsbereichen und deren Beziehungen untereinander darstellt.

2.1 Fließbildwerkzeuge in der verfahrenstechnischen Praxis

In der Praxis werden Fließbilder noch häufig mit reinen Zeichentools oder CAD-Systemen erstellt, die kaum spezifisch verfahrenstechnische Unterstützung bieten, den Anwender aber mit einer Fülle nicht benötigter Funktionalität konfrontieren.

Andererseits werden jedoch auch dedizierte verfahrenstechnische Werkzeuge, z.B. Simulationsprogramme, zunehmend mit am Fließbild orientierten Benutzeroberflächen ausgestattet. Dieser pragmatische Trend reflektiert den engen inhaltlichen Bezug zwischen Fließbildentwurf und -analyse und ermöglicht aus Sicht des Anwenders ein komfortables Arbeiten – allerdings nur solange er innerhalb der Grenzen des jeweiligen Werkzeugs bleibt (ähnlich eng integrierten Programmierumgebungen für die Softwareentwicklung). Die Integration von Simulations- und Fließbildfunktionalität führt zumeist zu monolithischen, schwer wartbaren Softwaresystemen, die nur selten offene Schnittstellen anbieten. Als Folge solcher Insellösungen müssen Fließbildinformationen häufig an mehreren Stellen redundant eingegeben werden, wenn unterschiedliche Simulationsprogramme verwendet werden. Außerdem ist es in den Fließbildeditoren der gängigen Simulationsprogramme i.a. nicht möglich, einzelne Fließbildteile mit Ergebnissen anderer Arbeitsbereiche zu annotieren.

Aus der Tatsache, daß das Fließbild im Zentrum vielfältiger Entwicklungsprozesse steht, resultiert also ein gewisses Spannungsfeld: aus Sicht des Anwenders soll das Fließbild möglichst nahtlos in die jeweiligen Arbeitsschritte (Simulation, Kostenschätzung, Sicherheitstechnik etc.) und die dort verwendeten Werkzeuge eingebunden sein, während aus systemtechnischer Sicht die enge Verquickung von Fließbild- mit anderen Werkzeugfunktionen aus den oben geschilderten Gründen unerwünscht ist.

Prozeßintegration ermöglicht hier eine substantielle Flexibilisierung bei gleichzeitig hoher Unterstützungsqualität für den Anwender. Explizite, einfach rekombinierbare Prozeßfragmente leiten den Anwender bei werkzeugübergreifenden Vorgängen an, während die Werkzeuge selbst jeweils nur einen abgegrenzten Sachverhalt abdecken. Damit stellt Prozeßintegration eine ideale Ergänzung zu Datenintegrationmechanismen dar, die strukturelle Korrespondenzen zwischen Dokumenten unterschiedlicher Werkzeuge warten [Nagl96], und zu komponentenbasierten Ansätzen, wie sie etwa im europäischen CAPE-OPEN Projekt für die low-level-Interoperabilität zwischen unterschiedlichen Fließbildsimulatoren auf Basis von (D)COM und CORBA untersucht werden [Jar*99].

2.2 Anforderungen aus der verfahrenstechnischen Produktdatenmodellierung

Eine zur Grundidee der Prozeßintegration komplementäre Strategie wird bei der Definition und Realisisierung des umfassenden, konzeptuellen Produktdatenmodells[1] des SFBs verfolgt. Das Datenmodell, in dem alle den Entwicklungsprozeß betreffenden Daten abzubilden sind, wird dazu in logische Cluster zerlegt (Chemischer Prozeß, Anlage, Material, Kostenschätzung, Simulation, Betrieb u.a.). Diese sog. Partialmodelle entsprechen einzelnen Arbeitsbereichen im Entwicklungsprozeß [BaSM99]. Ein Metamodell

---

[1] Anwendungsseitig im Teilprojekt A2 *Integrierte Produktdatenmodelle in der Chemietechnik* und informatisch im Teilprojekt C1 *Zielgerichtete Informationsflußverwaltung im Process Data Warehouse*

abstrahiert elementare Gemeinsamkeiten; Abhängigkeiten zwischen den Partialmodellen werden explizit beschrieben. Das Fließbild steht in enger Beziehung zu mehreren Partialmodellen, insbsondere zu den beiden tragenden Säulen *Chemischer Prozeß* und *Anlage*. Im folgenden beleuchten wir zwei spezifische Anforderungen, die sich aus diesen Partialmodellen ergeben: den Umgang mit komplexen Verfeinerungsstrukturen und die Organisation von Fließbildbausteinen innerhalb eines reichhaltigen Typsystems.

2.2.1 Komplexe Verfeinerungsstrukturen

Fließbilder werden über unterschiedliche Abstraktionsniveaus hinweg verfeinert und in jeweils spezifischen Repräsentationen dargestellt. Im Rahmen des SFBs interessieren besonders zwei der drei in DIN 28004 genormten Fließbildvarianten: das *Grund-* und das *Verfahrensfließbild²*.

Das Grundfließbild stellt die Gesamtfunktion des verfahrenstechnischen Prozesses dar. Diese kann durch Aufteilung in Teilfunktionen und Grundoperationen sowie das Festlegen von Verknüpfungen zwischen Teilfunktionen und Operationen hierarchisch strukturiert werden. Im Grundfließbild wird noch nicht über die apparatetechnische Realisierung eines Funktionselements entschieden. In der graphischen Darstellung verwendet man rechteckige Kästen für die Funktionen und Grundoperationen und gerichtete Kanten für die verbindenden Stoffströme. Das Verfahrensfließbild dient der Darstellung der verfahrenstechnischen Anlage auf der Geräteebene. Teilfunktionen der Funktionsstruktur werden durch geeignete Apparate und Maschinen realisiert, in denen chemische, physikalische oder biologische Wirkungsabläufe stattfinden. In der graphischen Darstellung

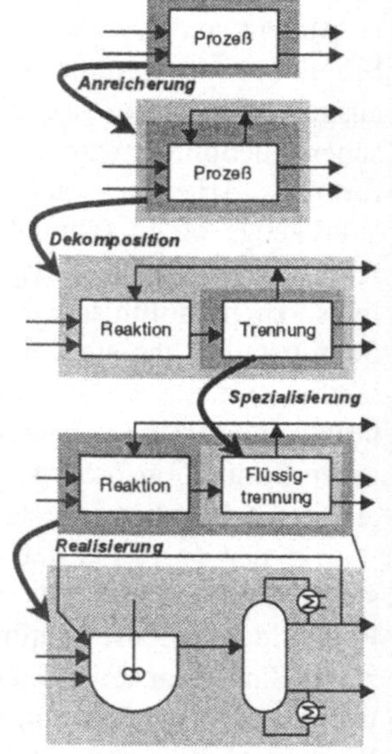

Abb. 4: Fließbild-
verfeinerung

werden abstrahierte Symbole der für die Realisierung vorgesehenen Geräte verwendet.

Abb. 4 illustriert die schrittweise Ausgestaltung der Prozeßstruktur bis hin zur groben anlagentechnischen Umsetzung. Man erkennt bereits an diesem kleinen Beispiel, daß rasch komplexe Verfeinerungsstrukturen entstehen, die durch vielfältige Verfeinerungsbeziehungen zwischen Fließbildausschnitten charakterisiert sind (Dekomposition, Anreicherung, Spezialisierung, Realisierung). Für eine „korrekte" Verfeinerung sind eine Reihe von Konsistenzbedingungen zu beachten, z.B. Balancierungsregeln für die ein- und ausgehenden Ströme oder Typkonsistenzen zwischen verfeinerten und verfeinernden Fließbildelementen.

2.2.2 Reichhaltiges und erweiterbares Typsystem von Fließbildbausteinen

Ein ausdrucksstarkes Typsystem für Fließbildbausteine stellt ein unverzichtbares Hilfsmittel zur Steuerung der konsistenten Verfeinerung von Fließbildausschnitten dar. Ein solches Typsystem muß Kompatibilitäten zwischen Bausteintypen entlang mehrerer Dimensionen ausweisen (z.B. daß ein U eine *Spezialisierung* von V darstellt oder daß X als Teil einer *Dekomposition* von Y auftreten kann) und eine semantisch reichhaltige

---

² Darüber hinaus existiert das *Rohr- und Instrumentenfließbild*, das jedoch erst zur detaillierten Auslegung der Anlagenelemente und zur Spezifikation regelungstechnischer Sachverhalte eingesetzt wird und somit innerhalb der vom SFB betrachteten frühen Entwurfsphase nur eine nachgeordnete Rolle spielt.

Charakterisierung einzelner Bausteintypen erlauben (z.B. wenn sich die Siedepunkte von zwei zu trennenden Stoffen um mehr als 10°C unterscheiden, kann eine Destillationskolonne als Trenngerät in Frage kommen).

Das Typsystem muß anpaßbar und erweiterbar sein, da sich das Wissen über Bausteintypen und ihre Eigenschaften im ständigen Wandel befindet. Außerdem soll der Verfahrenstechniker bei der Definition eigener Bausteintypen unterstützt werden, um deren Wiederverwendung in anderen Anwendungskontexten zu forcieren. Benutzerdefinierte Bausteintypen entstehen z.B. durch Parametrierung generischer Bausteine oder Aggregation aus einfacheren Bausteintypen (z.B. die Hintereinanderschaltung mehrerer Kompressoren und Wärmetauscher). Das Wissen über Fließbildbausteine sollte daher nicht in ein Fließbildwerkzeug fest einkodiert werden, sondern wird in der Meta-Datenbank des Process Data Warehouse deklarativ spezifiziert.

3 Realisierung des prozeßintegrierten Fließbildwerkzeugs

Das Fließbildwerkzeug wurde gemäß der a-posteriori-Philosophie des SFBs auf Basis eines existierenden Werkzeugs realisiert. Eine Untersuchung kommerzieller Werkzeuge ergab, daß keines der verfügbaren Produkte die verfahrenstechnischen Anforderung bezüglich Fließbilddekomposition und erweiterbarer Bausteinbibliotheken erfüllte. Infolgedessen avancierte die Existenz offener Schnittstellen, die neben der Prozeßintegration auch die Umsetzung der o.g. Anforderungen ermöglichen, zum entscheidenden Kriterium bei der Auswahl des zu integrierenden Werkzeugs. Die Wahl fiel schließlich auf Visio, ein (nicht nur) in der Verfahrenstechnik weitverbreitetes Werkzeug zur Erstellung technischer Zeichnungen. Visios Stärken liegen in der umfassenden und anpaßbaren Symbolbibliothek und den auf COM-Schnittstellen basierenden Erweiterungsmechanismen, die den feingranularen Zugriff auf Visios internes Objektmodell durch externe Zusatzkomponenten erlauben.

Abb. 5 zeigt die Grobarchitektur des Fließbildwerkzeugs. Im Zentrum steht Visio, das die wesentlichen GUI-Funktionalitäten zur Konstruktion von Fließbildern bereitstellt. Das Datenmodell erweitert das Visio-Objektmodell um Verfeinerungsstrukturen und sorgt für die Persistenz der Fließbilder in einem (relationalen) Datenbanksystem. Als wichtige Voraussetzung für die Erweiterbarkeit des Bausteintypsystems werden im Datenmodell des Fließbildwerkzeugs selbst nur die obersten Klassen des Typsystems festgelegt (*Process*, *ProcessStep*, *UnitOperation* bzw. *ProcessEquipment*). Informationen über konkrete Bausteintypen und die Verfeinerungsverträglichkeit zwischen Bausteintypen werden in der Metadatenbank des Process Data Warehouse verwaltet, aus der das Fließbildwerkzeug zur Laufzeit die verfügbaren Bausteintypen anfragt.

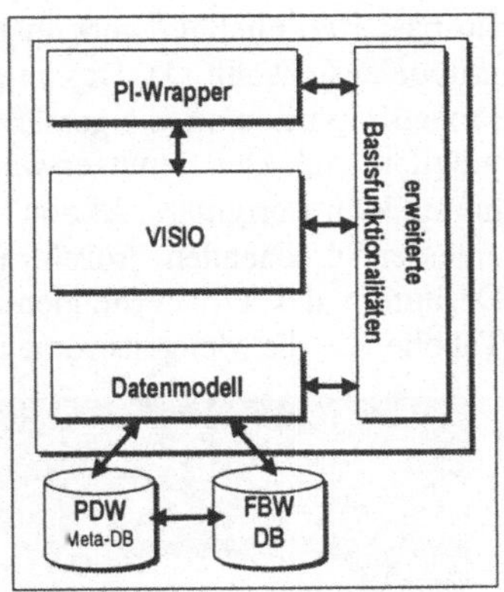

Abb. 5: Grobarchitektur des Fließbildwerkzeugs

Die Visio-GUI-Funktionalitäten und das Datenmodell werden von den erweiterten Basisfunktionalitäten verwendet, die Operationen wie das Einfügen einer neuen Verfeinerungsebene oder das Navigieren zwischen Verfeinerungsebenen realisieren. Oberhalb des erweiterten Fließbildwerkzeugs ist ein Wrapper für die Anbindung mit der Prozeßfragmentausführung angesiedelt.

3.1 Wrapper für Prozeßintegration

Zur Integration des Fließbildwerkzeugs mit der Prozeßfragmentausführung haben wir den PRIME-Ansatz für prozeßintegrierte Umgebungen [Poh*99] adaptiert. Dieser basiert auf der verzahnten Modellierung von Prozessen und den für ihre Ausführung verwendeten Werkzeugen. Die werkzeugseitige Interpretation der integrierten Prozeß/Werkzeugmodelle erlaubt die dynamische Anpassung interaktiver Werkzeuge an die Prozeßdefinition und die aktuelle Prozeßsituation und wird in PRIME durch ein generisches C++-Objektframework realisiert. Ursprünglich als Rahmenwerk für die *Neuentwicklung* prozeßintegrierter Werkzeuge gedacht, läßt sich das Objektframework auch zum *Wrapping* existierender Werkzeuge verwenden. Dazu muß das Werkzeug eine Reihe von Programmierschnittstellen (APIs) anbieten: (1) *Dienstaufruf und Feedback:* Aufruf einzelner Dienste des (laufenden) Werkzeugs und Übermittlung der Resultate an die Prozeßmaschine; (2) *Kommandoerweiterung*: Einfügen neuer Kommandoelemente (z.B. Menüpunkte) in die Benutzeroberfläche und Bindung an Prozeßfragmente; (3) *Produktanzeige*: Hervorheben aktuell relevanter Produktteile in der Benutzeroberfläche; (4) *Selektierbarkeit*: Einschränkung der Auswahl von Produktteilen und Kommandos; (5) *Selektionsnotifikation*: Mitteilung von Produkt- und Kommandoauswahl nach außen. Das PRIME-Framework nutzt diese APIs bei der Interpretation der für das Werkzeug relevanten Prozeß-Werkzeugdefinitionen und vermittelt die Interaktion des Werkzeugs mit der Prozeßmaschine. Uns gelang die nahezu vollständige Prozeßintegration von Visio. Lediglich die prozeßsensitive Einschränkung der Visio-Funktionalität erwies als etwas umständlich, da Visio sehr viele Menüsets anbietet, die durch das PRIME-Framework verwaltet werden müssen.

3.2 Beispiel für ein werkzeugübergreifendes Prozeßfragment

Abb. 6 zeigt die Ausführung eines werkzeugübergreifenden Prozeßfragments. Im Visio-basierten Fließbildwerkzeug (links) hat der Benutzer die Verfeinerung einer Prozeßgruppe ausgewählt (1). Das aufgeklappte Menü bietet alle sinnvollen Basisaktionen und Prozeßfragmente an, die gemäß der Prozeßdefinition auf der ausgewählten Prozeßgruppe möglich sind. Der Benutzer wählt den Menüpunkt *Simulation in Excel* (2). Da sich dahinter keine originäre Aktion des Fließbildwerkzeugs verbirgt, wird die Ausführung eines entsprechenden Prozeßfragments durch Prozeßmaschine aktiviert (3). Gemäß der Definition des Prozeßfragments ruft die Prozeßmaschine Excel auf und erzeugt eine Tabelle, die die Mengenströme in der ausgewählten Prozeßgruppe berechnet (4).

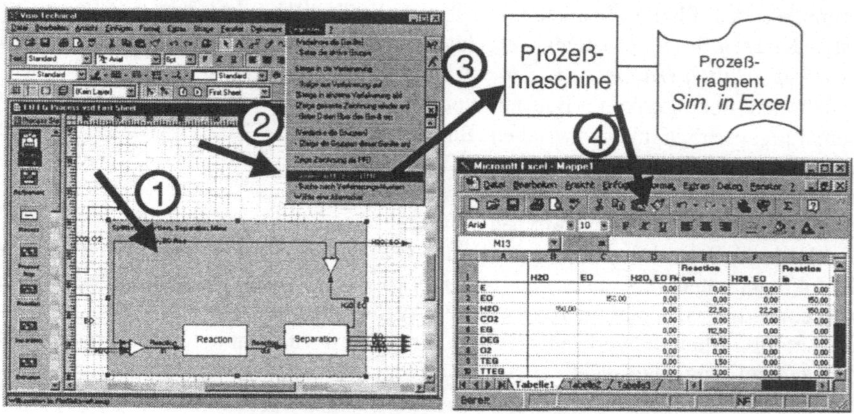

Abb. 6: Prozeßfragmentgesteuerte Werkzeugintegration

4 Zusammenfassung und Ausblick

In diesem Beitrag haben wir einen Teilbereich der im SFB untersuchten neuartigen Informatikkonzepte zur Unterstützung verfahrenstechnischer Entwicklungsprozesse genauer beleuchtet: direkte, erfahrungsbasierte Entwickleranleitung mit Hilfe prozeßintegrierter Werkzeuge. Als Ausgangspunkt für die Prozeßintegration im IMPROVE-Gesamtszenario haben wir das Fließbild gewählt, da es sich im Zentrum vielfältiger verfahrenstechnischer Arbeitsabläufe befindet. Unter Berücksichtigung zusätzlicher verfahrenstechnischer Anforderungen (Fließbildverfeinerung, Bausteintypsystem) haben wir auf Basis eines existierenden Werkzeugs einen prozeßintegrierten Fließbildeditor realisiert.

Während heutige verfahrenstechnische Werkzeuge dazu tendieren, das Fließbild nur in enger Verbindung mit spezifischen Arbeitsbereichen (insbesondere Simulation) zu sehen, erlaubt das Anstoßen explizit definierter Prozeßfragmente aus dem Fließbildwerkzeug heraus neben der feingranularen Entwickleranleitung auch für die flexible Integration mit anderen Entwicklungswerkzeugen (MS Excel im skizzierten Beispiel).

Zukünftige Arbeiten werden sich verstärkt der Nutzung von Erfahrungsdaten in Prozeßabläufen widmen. Ferner wird die Verzahnung mit den anderen im SFB entwickelten Unterstützungskonzepten untersucht, etwa die Kopplung von Prozeßdefinitionen mit dem im Process Data Warehouse definierten Bausteintypsystem oder die Interaktion der direkten Prozeßunterstützung am Arbeitsplatz mit der administrativen Projektkoordination.

Referenzen

[BaSM99] Bayer, B., Schneider, R. und Marquardt, W.: Product Data Modeling for Chemical Process Design. In: Proc. European Concurrent Engineering Conference, Erlangen, Germany, April 1999.

[Blas97] Blass, E.: Entwicklung verfahrenstechnischer Prozesse - Methoden, Zielsuche, Lösungssuche, Lösungsauswahl. Springer Verlag Berlin Heidelberg, 1997.

[Döm*96] Dömges, R., Pohl, K., Jarke, M., Lohmann, B. und Marquardt, W.: PRO-ART/CE - An Environment for Managing Chemical Process Simulation Models. In: Proc. 10th European Simulation Multiconference, Budapest, Hungary, 1996, S. 1012-1016.

[Doug88] Douglas, J.: Conceptual Design of Chemical Processes. McGraw-Hill, 1988.

[JaMa96] Jarke, M. und Marquardt, W.: Design and Evaluation of Computer-Aided Process-Modeling Tools. Proc. Intl. Conf. on Intelligent Systems in Process Engineering, AIChE Symposium Series Vol. 92, No. 312, S. 97-109, 1996.

[Jar*98] Jarke, M., List. Th., Nissen. H., Lohmann, B. und Hubbuch, F.: Bericht zum Workshop „Verfahrenstechnische Datenbanken", Bayer AG, Interner Bericht, 1998.

[Jar*99] Jarke, M., Tresp, Ch., Becks, A., Köller, J. und Braunschweig, B.: Designing Standards for Open Simulation Environments in the Chemical Industries: A Computer-Supported Use-Case Approach. In: Proc. 9th Intl. Symposium of the International Council on Systems Engineering, INCOSE '99, Brighton, England, June 1999.

[Lohm98] Lohmann, B.: Verfahrenstechnische Modellierungsabläufe. Dissertation, RWTH Aachen, VDI Verlag Düsseldorf, Fortschritts-Berichte VDI, Reihe 3, Nr. 531, 1998.

[McJo88] McGuire. M.L. und Jones, J.K.: Maximizing the Potential of Process Engineering Databases. In: AIChE Annual Technical Meeting, Houston, TX, USA, 1988.

[Nagl96] Nagl, M. (Hrsg.): Building Tightly Integrated Software Development Environments: The IPSEN Approach. Springer-Verlag, LNCS 1170, 1996.

[NaWe99] Nagl, M. und Westfechtel, B. (Hrsg.): Integration von Entwicklungssystemen in Ingenieuranwendungen - Substantielle Verbesserung der Entwicklungsprozesse. Springer, 1999.

[Poh*99] Pohl, K., Weidenhaupt, K., Dömges, R., Haumer, P., Jarke, M. und Klamma, R.: PRIME: Towards Process-Integrated Environments. Erscheint in: ACM Transactions on Software Engineering and Methodology.

Systematische Integration von
Prozeß- und Produktmanagement

Stefan Vorwieger

Universität Kaiserslautern, Fachbereich Informatik
SFB 501 "Entwicklung großer Systeme mit generischen Methoden"
Postfach 3049
D-67653 Kaiserslautern
vorwiege@informatik.uni-kl.de

Zusammenfassung. Versions- und Konfigurationsmanagement sind zentrale Instrumente zur intellektuellen Beherrschung komplexer Softwareentwicklungen. In stark wiederverwendungsorientierten Softwareentwik-klungsansätzen —wie vom SFB 501 bereitgestellt— muß der Begriff der Konfiguration von traditionell produktorientierten Artefakten auf Prozesse und sonstige Entwicklungserfahrungen erweitert werden. In dieser Veröffentlichung wird ein derartig erweitertes Konfigurationsmodell vorgestellt. Darüberhinaus wird eine Ergänzung traditioneller Projektplanungsinformationen diskutiert, die die Ableitung maßgeschneiderter Versions- und Konfigurationsmanagementmechanismen vor Projektbeginn ermöglichen.

1 SFB 501: "Entwicklung großer Systeme mit generischen Methoden"

Am 1. Januar 1995 wurde von der Deutschen Forschungsgemeinschaft der Sonderforschungsbereich 501 im Fachbereich Informatik der Universität Kaiserslautern eingerichtet. Sein Thema ist die systematische Konstruktion und Fertigung von Software nach ingenieursmäßigen Prinzipien. Im Zentrum stehen Methoden, die eine systematische Wiederverwendung von Software, den zu ihrer Fertigung benutzten Prozessen sowie sonstiger Erfahrungen zum Gegenstand haben [3, 6, 7].
Heutige Verfahren zur Softwareentwicklung weisen im allgemeinen die folgenden Defizite auf:

- In der Planung wird von einer initial vollständigen Problemspezifikation ausgegangen. Diese ist jedoch üblicherweise initial unvollständig und laufenden Änderungen während der Projektdurchführung unterworfen.
- Eine Wiederverwendung von Software-Entwicklungsartefakten findet unsystematisch und meist nur auf Kode-Ebene beschränkt statt.

Die Ideen des SFB 501 beruhen zum einen darauf, den Umgang mit Unvollständigkeiten und Änderungen durch die Entwicklung generischer Beschreibungstechniken, die fixe von variablen Teilen unterscheiden (s. z.B. [8]), zu erleichtern. Des weiteren wird angestrebt, Wiederverwendung auf alle SE-Erfahrungen[1] auszuweiten und Methoden

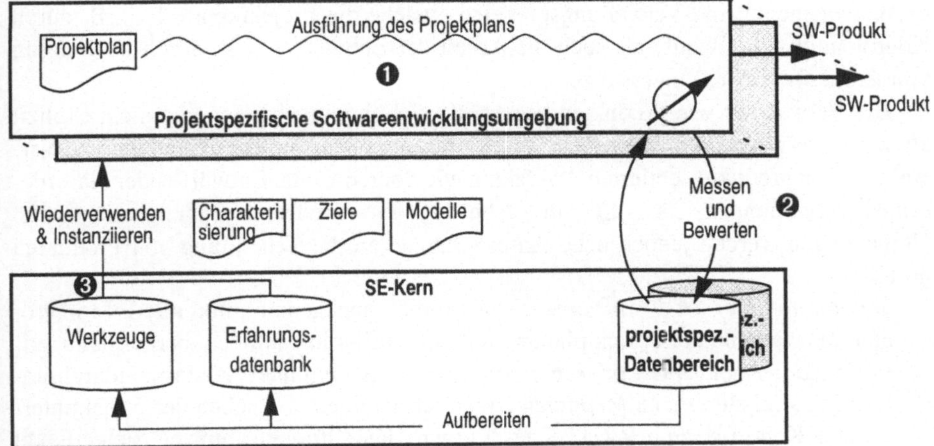

Abb. 1: Rahmenarchitektur einer domänenspezifischen Softwareentwicklungsumgebung

für die kontinuierliche Erfassung und Wiederverwendung von SE-Erfahrungen anzubieten. Ziel ist es, die Entwicklung von Software-Systemen in einer überschaubaren Domäne mit weniger Aufwand, höherer Qualität und in kürzerer Zeit zu ermöglichen. Die empirische Bestätigung dieser Annahmen ist ebenfalls Teil der Aufgaben des SFB 501.

Zum Erreichen dieses Ziels wird ein SE-Modell [1] (s. Abb. 1) zugrunde gelegt, das die Rahmenarchitektur einer domänenspezifischen Softwareentwicklungsumgebung beschreibt und auf den folgenden drei Prinzipien aufbaut: ❶ Es unterstützt die Planung und Ausführung eines Projekts auf der Basis expliziter Projektpläne. ❷ Es erlaubt die meßbasierte Projektverfolgung und -kontrolle und ❸ Es ermöglicht projektübergreifendes Lernen durch Erfahrungsaufbereitung und -wiederverwendung.

Die folgenden Kapitel beschreiben meine Forschungsarbeit zum Thema "Integriertes Produkt- und Prozeßmanagement" und deren Einbettung in das SE-Modell des SFB 501. Eingeschränkt auf den projektspezifischen Datenbereich des SE-Kerns (s. Abb. 1) werden im zweiten Kapitel die Anforderungen an ein erweitertes Konfigurationsmodell aufgestellt. Kapitel drei leitet davon die Zielsetzung der eigenen Forschung ab: die Erweiterung des Konfigurationsbegriffs sowie die Integration des Produktmanagements in die Projektplanung. Kapitel vier und fünf beschreiben einen konzeptionellen Lösungsansatz zur Realisierung dieser Ziele.

2   Anforderungen an ein umfassendes Produktmanagement

Die Verwaltung von Artefakten der Software-Entwicklung ist eine zentrale Komponente bei der Entwicklung großer Software-Systeme [2]. Versions- und Konfigurati-

---

[1.] Als SE-Erfahrungen werden im SFB 501 alle wiederverwendbaren Artefakte verstanden. Dies sind neben produktorierntierten Entwicklungsartefakten insbesondere Meßdaten, projektbegleitend erfaßt werden, qualitative Erfahrungen (wie z. B. Lessons learned), und aus diesen Erfahrungen abgeleitete Modelle wie Prozeß-, Produkt- oder Qualitätsmodelle.

onsmanagement[2] sind Verwaltungsprozesse, welche die Projektkontrolle (z.B. durch Koordination von Teams) als auch die Arbeit der Entwickler (z.B. durch Verwaltung von Arbeitsbereichen) unterstützen.

Die Verwaltung von Produkten beschränkt sich in Umgebungen, die nicht explizit als wiederverwendungsorientierte Entwicklungsumgebung ausgelegt sind, auf die Verwaltung von produktorientierten Artefakten wie Source-Code, Entwürfe oder Anforderungsbeschreibungen (s. **ⓐ** in Abb. 2). In wiederverwendungsorientierten Umgebungen werden jedoch neue Anforderungen an die Verwaltung von Produkten gestellt:

- *Verwaltung aller SE-Erfahrungen*: Das Produktmanagement muß **alle** Informationen, die während der Projektplanung und -durchführung anfallen, berücksichtigen:
  - *Meßdaten und qualitative Erfahrungen*: Zum Zeitpunkt der Projektdurchführung sind zum einen *Meßdaten* zu berücksichtigen, die neben der projektinternen Kontrolle zum Zwecke des Lernens über Projekte hinweg zielgerichtet erfaßt werden. Zum anderen werden *informell erfaßte Erfahrungen* (im weiteren *qualitative Erfahrungen* genannt) abgelegt, in denen Auffälligkeiten oder Probleme, deren Kontext, Ursache und Symptome sowie Lösungsempfehlungen dokumentiert sind (**ⓑ**). Beispielsweise ist die folgende Anfrage der Post-Mortem-Analyse zur Aufdeckung von Schwachstellen sinnvoll: *Liefere alle Aufwandsdaten zu derjenigen Überarbeitung (Prozeßmaß) des Teilsystems GUI-1, in der Version 3.4 der Komponente "Window-2" erstellt wurde.* Es wird ein Prozeßmaß erfragt, dessen zugehörige Prozeßinstanz nur aus dem Bezug zu einer Version des bearbeiteten Produkts abgeleitet werden kann.
  - *Modelle und Projektplan*: Gleichermaßen wie zu Projektbeginn eine initial nur unvollständige Aufgabenbeschreibung möglich ist, ist folglich auch die Planung eines Projekts initial unvollständig und kann erst im Verlauf der Durchführung vervollständigt und verfeinert werden. Die Dokumentation des Prozesses der "Umplanung" ist für das Verständnis einer Projektentwicklung

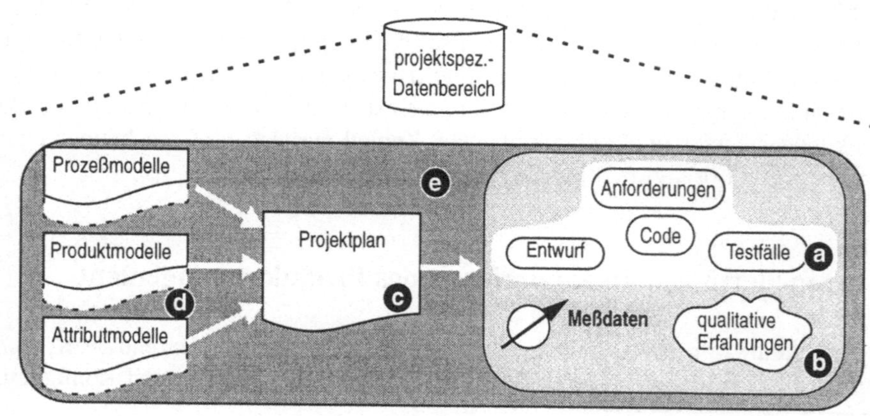

Abb. 2: Inhalte des projektspezifischen Datenbereichs

[2.] Im weiteren wird der Begriff *Produktmanagement* bzw. *Verwaltung von Produkten* im Sinne einer Disziplin mit Schwerpunkt auf Konfigurations- und Versionsmanagement verwendet.

sowie für das Lernen über Projekte hinweg maßgeblich. Für die Post-Mortem-Analyse, die u.a. Modelle für nachfolgende Projekte erstellt, ist jedoch eine reine Dokumentation der Projektplanungsevolution (Projekttrace) nicht ausreichend. Unterschiedliche Modelle und Projektpläne, die zwischenzeitlich Gültigkeit hatten, müssen reproduzierbar und deren Unterschiede entsprechend dokumentiert sein[3].

- *Konsistente Planung von Entwicklungsprozessen und Produktmanagement*: Für die Planung von Projekten werden im SFB 501 unterschiedliche Artefakte erstellt: *Modelle*, welche Abstraktionen von Produkten und Prozessen beschreiben sowie deren Instanziierung und Integration zu einem *Projektplan*, welcher die Basis für die Abwicklung eines Projekts darstellt. Modelle beschreiben den prinzipiellen Ablauf der Entwicklung sowie Abhängigkeiten zwischen Prozessen, Produkten, Ressourcen und Maßen. Sie sind ein geeignetes Mittel zur Darstellung von SE-Erfahrungen und unterstützen die Wiederverwendung durch eine an das konkrete Projekt maßgeschneiderte Instanziierung zum Projektplan.

  Die Planung von Mechanismen des Produktmanagements orientiert sich derzeit an der zu erstellenden Produktstruktur und läßt Entwicklungsprozesse weitgehend unbeachtet. Das Produktmanagement sollte jedoch seine Mechanismen an die Art des durchzuführenden Entwicklungsprozesses anpassen. So darf bspw. einer Testerin die zu testenden Code-Komponente nicht schreibbar verfügbar gemacht werden, obwohl Codierern in der Implementierungsphase die Bearbeitung erlaubt ist.

3 Zielsetzungen

Aus den Anforderungen lassen sich u.a. folgende Ziele für ein umfassendes Produktmanagement ableiten:

- *Erweiterung des Konfigurationsbegriffs:* Für die *Verwaltung der Meßdaten und qualitativer Erfahrung* werden Mechanismen etabliert, mit denen Meßdaten Prozessen und Produkten zugeordnet, diesbezüglich abgelegt und wiedergefunden werden können. Meßdaten werden mit Versionen und Konfigurationen von Produkten und Prozessen in Verbindung gebracht.

  Die *Verwaltung von Modellen und dem Projektplan* erlaubt eine Dokumentation der Modell- und Projektplanänderungen, die Anforderungen der Post-Mortem-Analyse genügen. Des weiteren wird eine Differenz-Reportfunktion für Modelle und Projektpläne zur Verfügung gestellt, die geänderte und unveränderte Modelle sowie Änderungen im Projektplan angibt.

- *Integration des Produktmanagements in die Projektplanung*: Um das Prinzip des empirischen Lernens (d.h., kontrollierte Wiederverwendung über Modelle) auch auf das Produktmanagement zu erweitern, wird die Projektplanung um Konzepte des Produktmanagements erweitert (❻ u. ❼ in Abb. 2). Die Erweiterung betrifft hauptsächlich Produkt-, Prozeß- und Attributmodelle und fügt weitere Modelle

---

[3.] Die Evolution der Modelle und des Projektplans während der Durchführung der Entwicklung wird im folgenden *Projektevolution* genannt.

hinzu. Sie dient als Basis für eine Formalisierung der Produktmanagement-Planung und stellt —durch gemeinsame Instanziierung zu einem Projektplan— die Konsistenz zwischen Produkt- und Prozeßplanung sicher. Eine Plattform zur Unterstützung des geplanten Produktmanagements wird zur Verfügung gestellt ("generiert").

4   Erweiterung des Konfigurationsbegriffs

Maße als Modell von Meßdaten lassen sich auf Modell-Ebene als Attribute von Prozeßmodellen und Produktmodellen beschreiben. Für die Erfassung während der Ausführung muß jedoch ein Mechanismus etabliert werden, der bspw. die Bewahrung von Maßen gelöschter Produkte, die Beziehung zu Prozessen oder die mehrfache Erfassung von Erfahrungen zu demselben Objekt[4] erlaubt. Daher werden Maße als eigenständige Produkte verwaltet, denen zum Erfassungszeitpunkt (s. *Trigger* in Abb. 3) ein Objekt zugeordnet werden kann (s. *Objekt-Beziehung* in Abb. 3). Für Meßdaten geschieht diese Zuordnung zu Objekten im Projektplan automatisch gemäß der Beziehungen im Prozeßmodell. Zu qualitativen Erfahrungen werden zum Erfassungszeitpunkt alle Objekte, die in der Kontextbeschreibung maßgeblich sind, eingetragen. Referenzierbar sind konkrete (versionierte) Artefakte, Elemente aus dem Projektplan und Modelle im allgemeinen.

Zur *Definition* eines Meßdatums gehört neben dem Datentyp (kompatibel zum Typ des Attributs im Prozeßmodell) auch die Angabe von Defaultwerten. Die *Definition* einer qualitativer Erfahrung enthält die Felder, die zu deren Dokumentation benötigt werden (z.B. Problem, Ursache, Lösungsvorschlag). Ebenso wie Entwicklungsprodukten können auch Maßen und qualitativer Erfahrung weitere Attribute zugewiesen werden, wie z.B. das Datum der Erfassung oder der Erfasser.

Abb. 3: Elemente zur Verwaltung von Meßdaten und qualitativer Erfahrung

Die explizite Dokumentation von Prozeß-, Produkt- und Qualitätsmodellen sowie deren Integration zu einem Projektplan erlaubt deren Verwaltung als Produkte, d.h. auf ihnen ist Versions- und Konfigurationskontrolle möglich. Eine einfache, syntaktische Versionierung ist jedoch nicht ausreichend. Die gezielte Annotation der Projektevolution ist essentiell für eine Post-Mortem-Analyse, da sie die Ursachenbeschreibung für eine Änderung zur Bewertung einzelner Evolutionsstufen benötigt.

Im folgenden werden zwei Arten von Änderungen unterschieden: *Planänderungen ohne Änderung der Modelle* sowie *Änderung der Modelle mit anschließender Ände-*

---

[4] Unter Objekt werden in diesem Abschnitt Produkte, Prozesse sowie jegliche Art von Modellen verstanden.

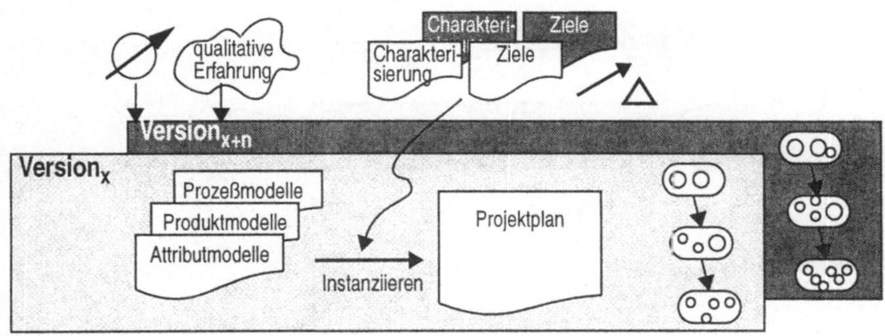

Abb. 4: Projektevolution: Verwaltung von Planungs- und Ausführungsartefakten als Konfiguration

rung des Plans. Planänderungen ohne Änderung der Modelle werden hauptsächlich durch Änderung der Zielsetzung (z. B. Änderung von Milestones) oder des Kontextes (d. h. Änderungen im Parametersatz für die Instanziierung) eingeleitet. Diese werden zu der Beschreibung der Änderung an den Projektplan angehängt und mitversioniert (s. Abb. 4). Die *Änderung eines der Modelle* wird häufig durch projektbegleitende Analyse von Meßdaten oder durch das Erkennen einer ungünstigen Situation, die in Form qualitativer Erfahrung notiert wird, initiiert. Diese werden an die neue Version des Modells angehängt. In beiden Fällen von Änderungen wird eine neue Version der Konfiguration bestehend aus allen Modellbeschreibungen und dem Projektplan erzeugt.

5 Integration des Produktmanagements in die Projektplanung

Im weiteren werden die Konzepte der Prozeßmodellierung[5] anhand der im SFB 501 zur Projektplanung eingesetzten Sprache MVP-L[6] erläutert und gezeigt, welche Erweiterungen zur Integration des Produktmanagements sinnvoll sind.

Bei der Prozeßmodellierung steht die Modellierung des Entwicklungsprozesses im Mittelpunkt (s. Abb. 5); weitere Elemente wie Produkte (z. B. Source Code), Ressourcen (z. B. ausführende Personen), Attribute (z. B. meßbare Eigenschaften) werden ebenfalls modelliert. Produkte können von Prozessen produziert und konsumiert werden. Ressourcen können Prozessen zugeordnet werden. Attribute können für Produkte, Prozesse und Ressourcen definiert werden. Attribute können auch zur Formulierung von Entry- und Exit-Bedingungen genutzt werden [4].

Für die Erweiterungen[7] mit Mechanismen des Produktmanagements können *Ressourcen* auch Produkten zugeordnet werden[8]. Dies erscheint sinnvoll, da in einem Prozeß auf unterschiedliche Produkte von unterschiedlichen Werkzeugen und Entwicklern

---

[5] Die grafische Darstellung sowie die Konzepte sind der Prozeßmodellierungssprache MVP-L entlehnt [5].

[6] Es wird davon ausgegangen, daß MVP-L alle wichtigen Konzepte zur präskriptiven Modellierung von Entwicklungsprozessen besitzt.

[7] Abb. 6 zeigt die Erweiterungen durch dunklere Färbung an.

[8] In MVP-L können Ressourcen nur Prozessen zugeordnet werden.

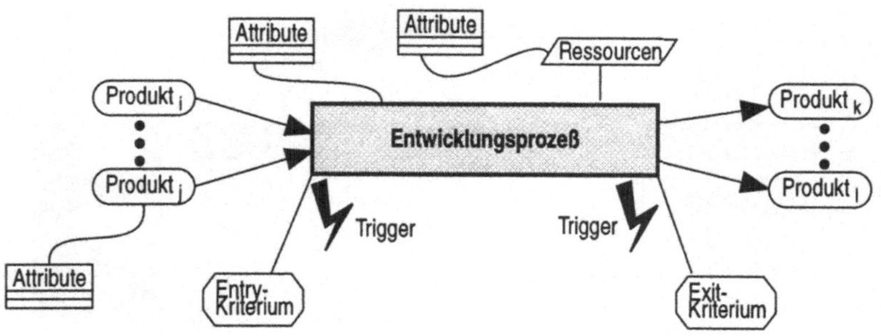

Abb. 5: Elemente eines Entwicklungsprozeßmodells

zugegriffen werden kann. Die Konsistenz zu Ressourcen des Prozesses und den daran beteiligten Produkten muß gewährleistet sein: Die Produktressourcen müssen eine Teilmenge der Prozeßressourcen sein.

Im *Versionenmodell* wird beschrieben, wie Versionsnummern gestaltet sind und welche Inkrementfunktionen existieren, um Versionsnummern zu manipulieren. Diese Funktionen können ebenfalls durch Trigger im Prozeßmodell aufgerufen werden, um automatische Versionierung zu unterstützen. Gleiches gilt für Versionierung von Konfigurationen als ein Mittel zur Fixierung von konsistenten Zuständen.

Das *Attributmodell* für Produkte wird um Werte erweitert, die für das Produktmanagement erfaßt werden müssen, bspw. beim Erzeugen einer neuen Version. Neben der üblichen Angabe des Typs eines Attributs muß festgelegt werden, ob das Attribut für eine Version oder das gesamte Produkt Gültigkeit hat. Versionierte Attribute müssen beim Erzeugen einer neuen Version erneut bestimmt werden, z. B.: Datum der Versionserzeugung (versioniert), Kurzbeschreibung des Produkts (nicht versioniert). Des weiteren ist es wünschenswert, manche versionierte Attribute ändern zu können, ohne die Versionsnummer zu erhöhen (Beispiel: der Status eines Produkts kann sich nach einem erfolgreichen Test ohne Fehler von 'testable' auf 'tested-ok' ändern). Das Attributmodell ist ebenso anwendbar auf versionierte Konfigurationen.

Das *Typ-Modell* für Produkte dient hauptsächlich zur Einstellung eines Produktmanagement-Werkzeugs und soll daher hier nicht weiter ausgeführt werden. Im *Typ-Modell* einer Konfiguration werden die Elemente einer Konfiguration definiert. Neben einer aufzählenden Liste von Produkten kann auch eine Liste von Prozessen angege-

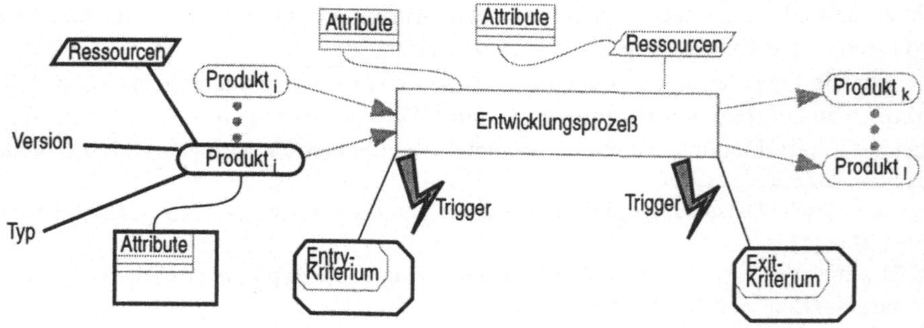

Abb. 6: Erweiterung eines Prozeßmodells um Produktmanagement-Konzepte

ben werden; die Konfigurationselemente ergeben sich dann aus allen Produkten, die in den Schnittstellen der aufgelisteten Prozesse aufgeführt sind. Des weiteren können zur Bestimmung der Versionen der Elemente Attributwerte hinzugezogen werden.

Die *Trigger*-Möglichkeiten im Prozeßmodell werden erweitert: Hier können Funktionen aus dem Versionenmodell von Produkten und Konfigurationen aufgerufen werden. So können Versionen von Produkten und Konfigurationen automatisch beim Ein- oder Austritt aus einem Prozeß aktiviert werden.

Entry- und Exit-Kriterien im Prozeßmodell können zur Auswertung ihrer Bedingungen zusätzlich die Attribute von Konfigurationen oder Versionsnummern heranziehen. So ist es bspw. leicht möglich, nach dem Testen eines Teilsystems diejenigen Komponenten direkt dem nachfolgenden Systemintegrationsprozeß zu übergeben, bei denen sich durch eine Überarbeitung keine Änderungen ergeben haben (d.h. die Versionsnummer hat sich nicht geändert).[9]

Danksagung

Ich danke Prof. Dr. Dieter Rombach für sein kritisches Lesen früherer Fassungen und dem damit verbundenen konstruktivem Feedback. Ihm obliegt die Leitung des Teilprojekts A1 (SE-Labor) des SFB 501, in dem die Arbeiten entstanden sind.

Literatur

1. Basili, V.R., Caldera, G., McGarry, F., Pajerski, R., Page, G., Walegora, S.: The Software Engineering Laboratory — An Operational Software Factory. Proc 14th Int. Conf. on Software Engineering, 370-381 (1992)
2. Bersoff, E. H., Henderson, V. D., Siegel, S. G. *Software Configuration Management: An Investment in Product Integrity*, Prentice Hall, 1980.
3. Frakes, W., Terry, C.: Software Reuse: Metrics and Models. ACM Computing Surveys 28(2), 415-435 (1996)
4. Alfred Bröckers, Christopher M. Lott, H. Dieter Rombach, and Martin Verlage. MVP–L language report version 2. *Technical Report 265/95, Department of Computer Science, University of Kaiserslautern*, 67653 Kaiserslautern, Germany, 1995
5. Bröckers A., Differding, C., Hoisl, B., Kollnischko, F., Lott C. M., Münch J., Verlage M. and Vorwieger S. A graphical representation schema for the software process modelling language MVP-L. *Technical Report 270/95, Department of Computer Science, University of Kaiserslautern*, Germany, 1995
6. Mili, H, Mili, F., Mili, A.: Reusing Software: Issues and Research Directions. IEEE Transactions on Software Engineering Vol. 21(6), 528-562 (1995)
7. Rombach, H.D., Basili, V.R., Selby, R.W. (eds): Experimental Software Engineering Issues: Critical Assessment and Future Directions. Dagstuhl Workshop, Sept. 1992, Lecture Notes in Computer Science 706, Berlin: Springer 1993
8. Rossak, W., Kirova, V., Jololian, L., Lawson, H., Zemel, T.: A Generic Model for Software Architectures. IEEE Software, 84-92 (1997)

---

[9] Die Elemente haben sich im bisherigen praktischen Einsatz als ausreichend erwiesen. Jedoch erhebt das Modell keinen Anspruch auf Vollständigkeit.

Konstruktion von Fuzzy-Inferenzmechanismen aus Inferenzbausteinen unter Anwendung von Methoden der Schaltwerktheorie

Stephan Lehmke

Universität Dortmund
Lehrstuhl Informatik I
Stephan.Lehmke@cs.uni-dortmund.de

Zusammenfassung Im vorliegenden Artikel wird auf einen Teilaspekt der Untersuchungen im *DFG-Sonderforschungsbereich 531 — Design und Management komplexer Prozesse und Systeme mit Methoden der Computational Intelligence* eingegangen.
Nach einem kurzen Überblick über Thematik und bisherige Ergebnisse des Sonderforschungsbereichs wird ein Teilaspekt herausgegriffen, der die theoretischen Untersuchungen zum CI-Thema *Fuzzy-Logik* betrifft.
Anhand dieses Teilaspekts, der *Strukturierung von Fuzzy-Inferenzmechanismen*, wird erläutert, wie Begriffsbildungen des Informatik-Teilgebietes der *Schaltwerktheorie* helfen, zu einem tieferen Verständnis der Struktur von Fuzzy-Inferenzmechanismen zu gelangen. Die für diese Anwendung schaltwerktheoretischer Begriffe spezifischen Probleme erlauben es jedoch nicht, bestehende Konzepte starr anzuwenden, sondern das Repertoire der Schaltwerktheorie muß um neue Begriffsbildungen und Methoden erweitert werden, die diesen Fragestellungen Rechnung tragen.

1 Über den SFB 531

Der DFG-Sonderforschungsbereich 531 wurde von H.-P. SCHWEFEL und U. HAMMEL ausführlich in [6] anläßlich der Gründung des SFB 531 vorgestellt. Hier daher nur eine kurze Zusammenfassung der Ziele, Aufgaben und bisherigen Ergebnisse des Sonderforschungsbereichs.

Der Sonderforschungsbereich trägt den Untertitel „Design und Management komplexer Prozesse und Systeme mit Methoden der Computational Intelligence".
„Methoden der Computational Intelligence" (kurz CI-Methoden) steht hier für *Fuzzy-Systeme, Neuronale Netze, Evolutionäres Rechnen*, aber auch weitere Paradigmen aus dem Umfeld des *naturanalogen parallelen Problemlösens*.

BEZDEK [1] charakterisiert CI-Methoden unter anderem durch die Eigenschaften Anpassungsfähigkeit, Fehlertoleranz, Ausnutzung inhärenter Parallelität und ein günstiges Verhältnis von Lernaufwand zu Fehlerhäufigkeit.

CI-Methoden sind in der Informatik größtenteils schon längere Zeit bekannt und werden auch erfolgreich angewendet (hauptsächlich dort, wo 'klassische' Methoden versagen). Die theoretischen Grundlagen der häufig ad hoc nach dem

„Trial-and-Error" Prinzip entworfenen Systeme sind jedoch bislang noch sehr unvollkommen erforscht.

Ein wichtiges Merkmal der CI-Methoden ist ihre Orthogonalität: Sie können nicht nur hintereinander ausgeführt werden (d. h. eine Methode bildet die Vorverarbeitung für die andere), sondern auch in einem einzigen System praktisch beliebig und nutzbringend kombiniert werden.

Der SFB 531, der mit Beginn des Jahres 1997 seine Arbeit aufnahm, stellt an sich selbst die Forderung, wesentliche Beiträge zu den drei folgenden Themenkreisen zu leisten:

- die existierenden Methoden weiterzuentwickeln, untereinander und mit traditionellen Techniken zu koppeln,
- ihre Leistungsfähigkeit an verschiedenen, in ihrer Komplexität zunehmenden Problemen zu messen – insbesondere auch im Vergleich mit existierenden anderen Verfahren,
- ihre formalen Grundlagen zu analysieren und so ihre Möglichkeiten und Grenzen zu erkennen.

Um diese Ziele innerhalb des SFB in Kooperation verschiedener Fachbereiche verwirklichen zu können, wurde das Forschungsspektrum in folgende Projektbereiche eingeteilt:

A (CI-Methoden): Grundlagenforschung zu verschiedenen CI-Methoden;
B (Operationalisierung): Umsetzung in anwendbare Methoden und Werkzeuge; insbesondere Kombination von CI-Techniken;
C (Anwendungen): Prototypische Anwendungen von CI-Methoden in den Ingenieurwissenschaften.

Nach Ablauf der ersten zwei Jahre kann man feststellen, dass im SFB 531 bereits einige Fortschritte zur Verwirklichung der genannten Ziele gemacht wurden und dass die Entwicklung der CI heute durch den SFB 531 mitgeprägt wird.

Dies drückt sich einerseits dadurch aus, dass Mitglieder des SFB 531 sich an praktisch allen bedeutenden internationalen Tagungen und Fachzeitschriften zum Thema beteiligt haben, zum Teil in verantwortlicher Position.

Es sind natürlich auch konkrete Forschungsresultate zu vermelden, von denen hier nur stichpunktartig einige genannt werden sollen.

Was die Grundlagen angeht, so wurden im Bereich der *Fuzzy-IF-THEN Regelbasen* wesentliche Beiträge zur formalen Beschreibung der Semantik geleistet. Im Bereich evolutionärer Algorithmen wurden Analyse und Design in verschiedenen Richtungen vorangebracht, insbesondere was die komplexitätstheoretische Einordnung und Generalisierungsfähigkeit angeht.

Bei der Operationalisierung wurden wesentliche Fortschritte im Bereich der datenbasierten Fuzzy-Modellierung unter Verwendung evolutionärer Algorithmen sowie in Bezug auf die Kombination von neuronalen Netzen und genetischer Programmierung erzielt.

Durch Anwendungen in den Bereichen Chemietechnik, Elektrotechnik und Maschinenbau konnte die prinzipielle Eignung der verwendeten Ansätze gezeigt werden. Darüber hinaus wurden für einige Anwendungen interessante Methodenvergleiche vorgenommen.

2   Einleitung

Im folgenden gehe ich auf einen Aspekt der Untersuchungen zum Thema *Semantik von Fuzzy-Inferenzmechanismen* (Projektbereich A, Teilprojekt A1) ein und zeige, wie man durch Anwendung von Begriffsbildungen aus der Schaltwerktheorie neue Erkenntnisse über Fuzzy-Inferenzmechanismen gewinnen kann.

2.1   Grundlagen aus der Schaltwerktheorie

Ich wiederhole einige grundlegende Definitionen aus der Schaltwerktheorie, wie sie in einschlägigen Lehrveranstaltungen (etwa in der Stammvorlesung „Theorie des Logikentwurfs" am Fachbereich Informatik der Universität Dortmund [5]) bzw. Lehrbüchern (vgl. [2,3]) in dieser oder ähnlicher Form vermittelt werden.

Viele dieser Konzepte werden üblicherweise zunächst wesentlich allgemeiner behandelt. Der knappen Darstellbarkeit zu Liebe werden hier alle Begriffe gleich im Kontext der **Fuzzy-Inferenzmechanismen** angegeben.

Syntax. Ich starte mit einer **zweisortigen Signatur**, d. h. einer Menge Op von Operatorsymbolen und den beiden Sorten *crisp* und *fuzzy*. Es sei eine Abbildung $so : Op \rightarrow \{crisp, fuzzy\}^{+}$ gegeben, die einem Operatorsymbol $op \in Op$ sowohl seine Stelligkeit als auch Ein- und Ausgabesorten zuordnet, sowie Variablenmengen V_{crisp} und V_{fuzzy}, die den entsprechenden Sorten zugeordnet sind.

Definition 1 (Formel)
Formeln sowie ihre *Eingabesorten* und ihre *Ausgabesorte* werden rekursiv wie folgt definiert.

1. *Jedes $v \in V_\sigma$ ist eine Formel mit Ein- und Ausgabesorte σ (für $\sigma \in \{crisp, fuzzy\}$).*
2. *Gegeben sei eine natürliche Zahl $n \geq 0$ sowie Formeln $F_1, \ldots, F_n$, wobei F_i für $i \in \{1, \ldots, n\}$ die Eingabesorten $s_{i,1}, \ldots, s_{i,m_i}$ und die Ausgabesorte s_i hat. Weiterhin existiere ein Operatorsymbol $op \in Op$ mit $so(op) = s_1 \ldots s_n s$. Dann ist $op(F_1, \ldots, F_n)$ eine Formel mit Eingabesorten $s_{1,1}, \ldots, s_{1,m_1}, \ldots, s_{n,1}, \ldots, s_{n,m_n}$ und Ausgabesorte s.*

Die Menge aller Formeln bezeichne ich mit Frm.

Definition 2 (Schaltungsbeschreibung)
Gegeben sei eine natürliche Zahl $n \geq 1$ sowie Formeln $F_1, \ldots F_n$ und Variablen $v_1, \ldots, v_n \in V_{crisp} \cup V_{fuzzy}$, wobei v_i für alle $i \in \{1, \ldots, n\}$ von der Ausgabesorte von F_i ist. Dann heißt das Gleichungssytem $v_1 = F_1, \ldots, v_n = F_n$ eine **Schaltungsbeschreibung**.

Variablen, die in der Schaltungsbeschreibung vorkommen, aber nicht als eine der v_i, heißen **Eingangsvariablen**; *Variablen, die als v_i für ein $i \in \{1, \ldots, n\}$ vorkommen, jedoch nicht in einem der F_i, heißen* **Ausgangsvariablen**.

Definition 3 (Syntaktisch kombinatorische Schaltungsbeschreibung)
Eine Schaltungsbeschreibung S heißt **syntaktisch kombinatorisch**, *wenn sie sich schreiben läßt als $v_1 = F_1, \ldots, v_n = F_n$ mit der Eigenschaft: wenn v_i in F_j vorkommt, so gilt $i < j$.*

Bemerkung

Aus der Schaltwerktheorie wissen wir, dass man aus Schaltungsbeschreibungen die bekannten Darstellungen als gerichtete Graphen („Schaltbilder") erhält, indem man zunächst den Formeln Bäume zuordnet und diese dann an den durch die Variablennamen bezeichneten Stellen 'verbindet'.

Ebenso erhält man aus der Graphdarstellung eine Schaltungsbeschreibung, indem man alle Ein- und Ausgänge sowie die internen Verbindungen mit verschiedenen Variablennamen beschriftet und dann die Gleichungen unmittelbar abliest.

Ist eine Schaltungsbeschreibung syntaktisch kombinatorisch, so bedeutet dies, dass ihr ein *azyklischer Graph* zugeordnet ist.

Ist eine Schaltungsbeschreibung nicht syntaktisch kombinatorisch, so erhält man einen Graph, der Zyklen enthält. Man spricht dann von einer **sequentiellen** (oder **rückgekoppelten**) Schaltung.

Semantik Auch hier betrachte ich die Begriffe bezüglich der speziell gewählten zweisortigen Signatur. Sei dazu U eine beliebige nichtleere Menge (genannt Universum) und $\mathfrak{F}(U) =_{\text{def}} \langle 0, 1 \rangle^U$ die Menge aller Fuzzy-Mengen über U. Um die **Zuordnung der Grundbereiche zu den Sorten zu erleichtern, setze ich $G_{crisp} =_{\text{def}} U$ und $G_{fuzzy} =_{\text{def}} \mathfrak{F}(U)$.**

Weiter sei eine Menge *Fkt* von Funktionen gegeben, so daß jedem Operationssymbol $op \in Op$ mit $so(op) = s_1 \ldots s_n s$ (für eine natürliche Zahl $n \geq 0$) eine Funktion $fkt_{op} \in Fkt$ zugeordnet werden kann mit $fkt_{op} : G_{s_1} \times \cdots \times G_{s_n} \to G_s$. (Im Fall $n = 0$ erhalten wir $fkt_{op} \in G_s$.)

Die Variablenmengen V_{crisp}, V_{fuzzy} seien fixiert. Eine **Belegung** der Variablen ist eine Abbildung $\alpha : V_{crisp} \cup V_{fuzzy} \to U \cup \mathfrak{F}(U)$, wobei jeder Variablen aus V_{crisp} ein Element von U und jeder Variablen aus V_{fuzzy} ein Element von $\mathfrak{F}(U)$ zugeordnet wird. Die Menge aller Belegungen bezeichne ich mit *Bel*.

Definition 4 (Wertfunktion)

*Ich ordne jeder Formel $F \in Frm$ und jeder Belegung $\alpha \in Bel$ einen **Wert** aus dem ihrer Ausgabesorte entsprechenden Grundbereich gemäß folgender induktiver Festlegung zu:*

1. *falls $F \in V_{crisp} \cup V_{fuzzy}$, so $Val(F, \alpha) =_{\text{def}} \alpha(F)$,*
2. *falls Formeln $F_1, \ldots, F_n$ sowie ein Operatorsymbol $op \in Op$ existieren mit $F = op(F_1, \ldots, F_n)$, so sei $Val(F, \alpha) =_{\text{def}} fkt_{op}(Val(F_1, \alpha), \ldots, Val(F_n, \alpha))$. (Im Fall $n = 0$ erhalten wir $Val(F, \alpha) = fkt_{op}$.)*

Definition 5 (Statische Semantik)

Eine natürliche Zahl $n \geq 1$ und eine Schaltungsbeschreibung S, dargestellt durch $v_1 = F_1, \ldots, v_n = F_n$ sei gegeben.

*Eine Belegung $\alpha \in Bel$ heißt **Lösung** von S $=_{\text{def}}$ für alle $i \in \{1, \ldots, n\}$ gilt $\alpha(v_i) = Val(F_i, \alpha)$.*

*Die **statische Semantik** von S ist die Menge aller Lösungen von S.*

2.2 Struktur eines Fuzzy-Reglers

Bevor ich im nächsten Abschnitt auf Strukturen beliebiger Fuzzy-Inferenzme-chanismen eingehe, möchte ich kurz das im A1-Projekt des SFB 531 betrachtete 'Standardmodell' eines Fuzzy-Reglers vorstellen.

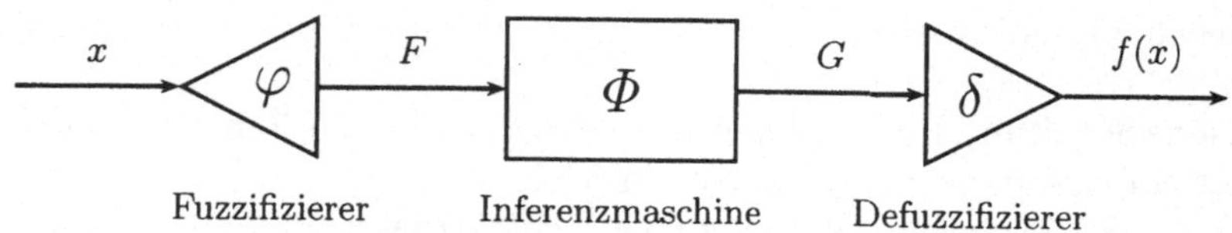

Abbildung1. Einfacher Fuzzy-Regler

Ein solcher Regler ist (in einer extrem vereinfachten Ausführung) in Abbildung 1 dargestellt. Ein Eingabewert x aus dem Universum U wird zunächst vom **Fuzzifizierer** φ in eine Fuzzymenge F umgewandelt. Aus dieser wird dann durch die (regelbasierten) **Inferenzmaschine** Φ die Ausgabefuzzymenge G berechnet, die durch δ zum Ausgabewert $f(x)$ des Fuzzyreglers **defuzzifiziert** wird.

Insgesamt erhalten wir also die **Übertragungsfunktion** f des Reglers als Hintereinanderausführung ihrer Einzelkomponenten: $f = \varphi \circ \Phi \circ \delta$.

Die Grundlagen und Einzelheiten dieses Vorgangs sind recht kompliziert und wurden anhand dieses einfachen Modells im Teilprojekt A1 eingehend aus dem Blickwinkel der *Funktionalanalysis* studiert (vgl. [4, 7, 8]). Hier soll darauf nicht näher eingegangen werden. Im folgenden Abschnitt erhalten wir noch einige Einblicke unter schaltwerktheoretischen Gesichtspunkten.

3 Anwendung schaltwerktheoretischer Begriffe auf Fuzzy-Inferenzmechanismen

Es ist offensichtlich, daß die in Abschnitt 2.1 entwickelten Begriffsbildungen es erlauben, aus den in Abschnitt 2.2 angedeuteten Operatoren beliebig komplizierte Fuzzy-Inferenzmechanismen (in Form von Schaltungsbeschreibungen) zu konstruieren.

Ich gehe im folgenden auf die sich dabei stellenden Aufgaben und Probleme ein. Die im Abschnitt 2.1 eingeführten Sorten *crisp* und *fuzzy* stellen sicher, dass es bei geeigneter Wahl der Ein- und Ausgabesorten der verwendeten Operatoren nicht zu Konflikten zwischen den in Fuzzy-Inferenzmechanismen auftretenden scharfen und unscharfen Werten kommt. Es bleibt festzulegen, welche Operatoren zur Konstruktion von Fuzzy-Inferenzmechanismen zugelassen sind, welche besonderen Fragestellungen sich im Vergleich zur traditionellen Schaltwerktheorie ergeben, und welche Techniken für die Analyse und Synthese von Fuzzy-Inferenzmechanismen angewendet werden können.

3.1 Inferenzmodule

Ich beschäftige mich in diesem Abschnitt mit den Operatoren, aus denen sich ein Fuzzy-Inferenzmechanismus zusammensetzt. Zur Vermeidung von Mißverständnissen werden diese als **Inferenzmodule** bezeichnet. Abhängig von den Ein- und Ausgabesorten unterscheidet man mehrere Klassen von Inferenzmodulen:

Fuzzifizierer $(so(op) = crisp\,fuzzy)$. In einem Fuzzy-Inferenzmechanismus können Fuzzifizierer einerseits die triviale Funktion ausüben, einen beliebigen scharfen Wert in die weitere Verarbeitung einzuspeisen. In diesem Fall verwendet man typischerweise einen trivialen sog. *Singleton-Fuzzifizierer.* Andererseits kann ein Fuzzifizierer dazu dienen, einen bekannten Meßfehler im Sinne einer *unscharfen Eingabe* zu berücksichtigen.

Inferenzmaschine $(so(op) = fuzzy\,fuzzy)$. Dies ist das Herzstück eines jeden Fuzzy-Inferenzmechanismus. Im Teilprojekt A1 betrachten wir ausschließlich *regelbasierte* Inferenzmaschinen. Diese beruhen auf einer *IF-THEN-*Regelbasis, in der Fuzzy-Mengen über dem Universum vorkommen. Aus der Regelbasis wird mittels eines umfangreichen Satzes an Parametern (*Interpretation* genannt) der Funktionaloperator Φ berechnet, der im Endeffekt die Semantik einer Inferenzmaschine bildet.

Defuzzifizierer $(so(op) = fuzzy\,crisp)$. Ein Fuzzifizierer berechnet zu einer Fuzzy-Menge, die Ergebnis einer Fuzzy-Inferenz ist, einen 'plausiblen' Wert des Universums, der als Ausgabe des Fuzzy-Inferenzmechanismus dienen kann. Im Gegensatz zur Fuzzifizierung ist die Defuzzifizierung äußerst schwierig, da sie einen erheblichen Informationsverlust darstellt und eine gute Defuzzifizierung von vielen Kriterien abhängt.

Modifikator $(so(op) = fuzzy\,fuzzy)$. Ein nicht regelbasierter Funktionaloperator. Die Abgrenzung zu den Inferenzmaschinen einfach über die Eigenschaft „nicht regelbasiert" ist etwas schwierig, im allgemeinen soll ein Modifikator aber eine 'einfache' Manipulation darstellen (Verschieben, Verstärken oder Abschwächen einer Fuzzy-Menge).

Rechnen mit unscharfen Werten $(so(op) = fuzzy\,fuzzy)$. In der Praxis ist es interessant, Inferenzergebnisse nicht mit einer weiteren Inferenzmaschine zu verarbeiten, sondern mit Fuzzy-Mengen zu 'rechnen' (etwa Addition unscharfer Werte). Dies wird mit dem *Erweiterungsprinzip* realisiert.

Vollständigkeit von Bausteinsätzen. In der klassischen Schaltwerktheorie ist der Begriff der *Vollständigkeit* eines Bausteinsatzes (d. h. daß sich mit ihm alle BOOLEschen Funktionen realisieren lassen) von großer Bedeutung. Dies ist aufgrund der einfachen Struktur einer zweiwertigen BOOLEschen Algebra auch mit kleinen Bausteinsätzen zu bewerkstelligen, und durch den Satz von POST werden einige Eigenschaften eines Bausteinsatzes angegeben, die zusammen die Vollständigkeit sicherstellen.

In unserem Fall ist aufgrund der äusserst komplexen Struktur der betrachteten Semantik (Fuzzy-Mengen über U) die Vollständigkeit praktisch nicht zu erreichen. Umso mehr muß angestrebt werden, eine möglichst hohe und für die

Anwendungen ausreichende *Ausdruckskraft* der verwendeten Inferenzmodule zu erreichen. Das Hauptaugenmerk richtet sich dabei auf die *Inferenzmaschine*, die im Teilprojekt A1 auch vordringlich untersucht wird [4].

Der im Satz von POST realisierte Ansatz, Bausteinsätze über Eigenschaften der Inferenzmodule zu charakterisieren, ist auch hier sehr vielversprechend. Manche im Satz von Post betrachtete Eigenschaften, etwa die *Linearität*, sind bereits nutzbringend auf Inferenzmaschinen übertragen worden [8]. Es sind aber auch Eigenschaften von Inferenzmodulen betrachtet worden, deren Relevanz sich spezifisch aus der Problematik der Fuzzy-Inferenz ergibt. Hier ist die *Stetigkeit* zu nennen, oder speziell für die regelbasierten Inferenzmaschinen die *Korrektheit*, die angibt, ob der erzeugte Funktionaloperator die in der Regelbasis ausgedrückten Zusammenhänge richtig wiedergibt. Von einer vollständigen Charakterisierung der Inferenzmodule durch solche Axiome wie im Satz von POST sind wir noch weit entfernt, es gibt aber durchaus schon Ergebnisse, die darauf hindeuten, dass durch die von uns betrachteten Eigenschaften Klassen ausdrucksstarker, aber trotzdem beherrschbarer Inferenzmodule charakterisiert werden.

3.2 Analyse von Fuzzy-Inferenzmechanismen

Unter dem Begriff *Analyse* versteht man in der Schaltwerktheorie die Bestimmung der einer Schaltungsbeschreibung zugeordneten Semantik (im kombinatorischen Fall eine BOOLEsche Funktion). Wir stehen vor dem Problem, daß es im allgemeinen unmöglich ist, die Semantik (Lösungsmenge) eines Fuzzy-Inferenzmechanismus in 'geschlossener Form' anzugeben: Die Schaltungsbeschreibung selbst ist (nach Einsetzen der Wertfunktionen) die beste Darstellung der Semantik, die wir finden können. Das Analyse-Problem ist somit ein wenig anders gelagert als in der Schaltwerktheorie. Es gilt, sinnvolle Methoden zu finden, mit denen man von Eigenschaften der Inferenzmodule auf semantische Eigenschaften eines Fuzzy-Inferenzmechanismus schließen kann. Eine Frage in diesem Umfeld ist die Feststellung der *Korrektheit* eines Gesamt-Inferenzmechanismus. Aber schon eine so einache Frage wie z. B. „Welche Auswirkungen hat es, wenn man zwischen zwei Inferenzmaschinen einmal defuzzifiziert und dann wieder fuzzifiziert?" kann zu interessanten und gehaltvollen Untersuchungen Anlass geben.

3.3 Synthese von Fuzzy-Inferenzmechanismen

Auch das Hauptproblem der traditionellen Schaltwerktheorie, zu einer gewünschten Semantik die passende Schaltungsbeschreibung zu finden, ist in der Welt der Fuzzy-Inferenzmechanismen anders zu stellen. Hier ist im allgemeinen keine zu realisierende Semantik exakt vorgegeben. Stattdessen verfügt man entweder über eine punktweise Definition des gewünschten Übertragungsverhaltens in Form von Beispielen, oder gar nur über vages 'Expertenwissen' darüber, wie der Inferenzmechanismus so ungefähr funktionieren sollte. Methoden, in so einem Fall tatsächlich einen konkreten Inferenzmechanismus zu synthetisieren, stehen in anderen Teilprojekten des SFB 531 im Vordergrund. Im Teilprojekt A1 interessiert uns auch im Zusammenhang mit der Synthese wieder das genaue *Verständnis* der Semantik des resultierenden Inferenzmechanismus, und welche Auswirkungen gewisse Entwurfsentscheidungen auf diese haben.

4 Zusammenfassung und Ausblick

In den vorangegangenen Abschnitten wurden viele Aspekte nur überblickartig, andere gar nicht angesprochen. Insbesondere in Abschnitt 3 wurde ein wichtiges Problem gar nicht erwähnt: das der *Transformation von Fuzzy-Inferenzmechanismen*. Diese Problematik, die in der traditionellen Schaltwerktheorie kaum eine Rolle spielt, erhält in einem Gebiet, wo es unmöglich ist, die Semantik in geschlossener Form anzugeben, zentrale Bedeutung. Wie können wir einen gegebenen Fuzzy-Inferenzmechanismus, möglichst unter Erhaltung der Semantik, zielgerichtet so umformen, dass er bestimmte Kriterien (z. B. einfache oder effiziente Darstellung) gut erfüllt, beziehungsweise welche Veränderungen der Semantik können wir unter Ausnutzung der Fehlertoleranz von Fuzzy-Systemen in Kauf nehmen, um eine besonders günstige Darstellung zu erreichen?

Weiters habe ich im Abschnitt 2.1 den Begriff der *statischen Semantik* zwar eingeführt und im weiteren intuitiv verwendet, aber nicht konkret für Fuzzy-Inferenzmechanismen aufgelöst. Auf andere wichtige Begriffe, die sich insbesondere im Zusammenhang mit Rückkopplungen ergeben, wie die dynamische Semantik, wurde gar nicht eingegangen.

Einige Aspekte werden im Vortrag an Beispielen vertieft. Der überwiegende Teil dessen, was hier im Stile eines Pflichtenheftes dargestellt ist, bleibt als Aufgabenstellung für die zukünftigen Untersuchungen im Sonderforschungsbereich.

Literatur

1. BEZDEK, J. C.: *What is computational intelligence?*. In ZURADA, J. M., R. J. MARKS II, and C. J. ROBINSON (eds.): *Computational Intelligence Imitating Life*, pp. 1–12. IEEE Press, New York, 1994.
2. DEMICHELI, G.: *Synthesis and Optimization of Digital Circuits*. McGraw Hill, 1994.
3. HACHTEL, G. D. and F. SOMENZI: *Logic Synthesis and Verification Algorithms*. Kluwer, 1996.
4. LEHMKE, S., B. REUSCH, K.-H. TEMME, and H. THIELE: *On interpreting fuzzy if-then rule bases by concepts of functional analysis*. Techn. Rep. CI-19/98, University of Dortmund, Collaborative Research Center 531, Feb. 1998.
5. REUSCH, B.: *Skriptum zur theoretischen Stammvorlesung „Theorie des Logikentwurfs"*. Fachbereich Informatik, Universität Dortmund, Sommersemester 1998.
6. SCHWEFEL, H.-P. und U. HAMMEL: *SFB 531 — Design und Management komplexer Prozesse und Systeme mit Methoden der Computational Intelligence*. In: *Informatik '97 — 27. Jahrestagung der GI*, S. 102–110, Aachen, 24.–26. Sep. 1997.
7. TEMME, K.-H.: *Fuzzy Inference Methods as Functional Operator Definitions*. In: *Third Int. ICSC Symposia on Intell. Indu. Autom. and Soft Computing*, Genova, Italy, Juni 1–4, 1999.
8. THIELE, H.: *Investigating approximate reasoning and fuzzy control by concepts of functional analysis*. In *KES '97*, vol. 2, pp. 493–500, Adelaide, Australia, May 21–23, 1997.

Workshops

5. Workshop des GI-Arbeitskreises 5.2.1.2.: Zeitorientierte betriebliche Informationssysteme (ZoBIS) "Temporale Aufgaben in Informations- und Kommunikationssystemen

Prof. Dr. Joachim Fischer Universität Paderborn(Organisation)
Prof. Dr. Gerhard Knolmayer, Universität Bern (Sprecher der ZobIS)

Der Jahrtausendwechsel hat die zentrale Rolle der Zeit in betrieblichen Informationssystemen betont. Auch in betrieblichen Datenbanken und Kommunikationssystemen (z. B. INTRANET) und im Electronic Commerce spielen Aspekte der zeitlichen Integrität und Aktualität eine zunehmende Rolle. Der 5.Workshop des 1995 gegründeten Arbeitskreises ZoBIS befaßt sich mit den Aufgaben in konzeptioneller, logischer und externer Sicht, die aus Zeiten in betrieblichen und überbetrieblichen Informations-und Kommunikationssystemen resultieren. Dabei werden neben Problemen und deren Lösung speziell auch die Chancen beleuchtet, die temporale Strukturen und Methoden für die Steuerung und Koordination von Geschäftsprozessen in einer dynamischen und komplexen Welt bieten.

International Workshop on Communication and Data Management in Large Networks

organized by
GI-Fachgruppe 0.1.3 "Parallele und verteilte Algorithmen"
in cooperation with
SFB 376 "Massive Parallelität" at Paderborn University and
SFB 342 "Nutzung paralleler Rechnerarchitekturen" at TU München.

This workshop addressed the whole spectrum of recent work related to communication and data management in large networks.

Topics of interest included

- Modeling, design, and analysis of networks reflecting new technological trends like:

  - optical networks
  - reconfigurable networks
  - mobile networks
  - ad hoc networks
  - heterogeneous networks

- Different types of applications:

  - parallel computing
  - distributed (media) data servers
  - telecommunication protocols

- Control of access to network resources:

  - Differentiated services
  - Resource reservation
  - Policy based access control
  - Authentication, authorization, and accounting

- Routing, data management, scheduling, load balancing, fault tolerance.

Invited Speakers were *Bruce M. Maggs* (Carnegie Mellon University) and *Martina Zitterbart* (TU Braunschweig).

The programme committee consisted of Arndt Bode (TU München), Peter Martini (Universität Bonn), Ernst W. Mayr (TU München), Friedhelm Meyer auf der Heide (Universität Paderborn), and Burkhard Monien (Universität Paderborn).

The members of the board of GI-Fachgruppe 0.1.3 "Parallele und verteilte Algorithmen," Friedhelm Meyer auf der Heide (Paderborn), Ernst W. Mayr (München), and Rolf Wanka (Paderborn) acted as organizers of the workshop.

The workshop included about eight submitted contributions, in addition to the invited lectures. Extended abstracts of the contributions are available on the conference, they appear in the series of Technical Reports of SFB 376 "Massive Parallelität." The report can be downloaded from http://www.uni-paderborn.de/SFB376/techreports/.

Workshop "Die Außenseiter der globalen Informationsgesellschaft"

Dr. Nazir Peroz

Technische Universität Berlin, Fachbereich Informatik, Franklinstr. 28/29, 10587 Berlin
nazir@cs.tu-berlin.de

1 Einleitung

Das gegenwärtige Weltgeschehen wird durch die Entwicklung der „Globalisierung" charakterisiert, auch bzw. insbesondere im Bereich der Informations- und Kommunikationstechnologie (IKT). Globalisierung ist eine Realität der modernen Gesellschaft, eine unausweichliche Tatsache unseres Lebens. Alle Menschen sind davon betroffen, denn Globalisierung ist nicht nur ein ökonomisches, sondern auch ein kulturelles, politisches, ethisches und ökologisches Phänomen.
Schon frühzeitig, in den 80 Jahren, begannen Industrieländer, die technische Infrastruktur und das Know-How im Umgang mit den neuen Technologien ständig zu verbessern. Einkommensschwache Länder wie die Entwicklungsländer können mit der rasanten Entwicklung auf dem Gebiet der IKT nicht mithalten. Damit diese Länder nicht zu Außenseitern der globalen Informationsgesellschaft werden, greifen zahlreiche Projekt unterstützend ein.

2 Starthilfe für Entwicklungsländer

In den letzten Jahren beschäftigten sich eine Reihe hochrangiger Konferenzen mit der Fragestellung, wie die Verbreitung von IKT gefördert werden könne. (G7 Conference on the Information Society 1995 in Brüssel, Conference on the Information Society 1996 in Südafrika, Conference on Knowledge for Development in the Information Age der Weltbank 1997 in Kanada).
Die Anstrengungen sind nicht ohne Folgen geblieben.
1995 verfügten z.B. nur acht afrikanische Staaten über einen Internetzugang. Ende 1997 waren es schon zweiundvierzig, zur Jahrtausendwende fehlen nur noch Libyen, Eritrea, Somalia und den Komoren öffentlich nutzbare Internetzugänge.
Bis zum Jahr 2001 will Rascoms (Regional African Satellite Communication System), die 1993 gegründete Afrikanische Satellitenkommunikations-Organisation, die gesamte afrikanische Landmasse - und große Teile des indischen Subkontinents - mit Sprache, Bild und Text versorgen können. „Africa One", ein 1995 in Tunis vereinbartes Vorhaben, das Rascom, die panafrikanische Organisation für Telekommunikation (PATU), der US-Konzern AT&T und Alcatel (Frankreich) gemeinsam in Angriff genommen haben, sieht die Verlegung eines 39.000 km langen und 1,9 Milliarden US$ teuren Unterwasser-Glasfaserkabels vor, das sich um den gesamten afrikanischen Kontinent winden und über Anschlußknoten 41 Staaten und Inselgruppen an den Superhighway anschließen soll.
Zukunftsperspektiven bieten auch satellitengestützte Kommunikationsformen. Im Mai 1998 hatten zwölf afrikanische Länder Verträge über die Teilnahme am ersten satellitengestützten Mobiltelefon der Welt abgeschlossen. Das Iridium-Netz, das 66 auf erdnahen Umlaufbahnen stationierte Telefonsatelliten verbindet, die keine Bodenfunkstationen benötigen, soll bereits Ende 1998 betriebsbereit sein. Das Netz bietet afrikanischen Ländern die Chance, zu weitaus geringeren Investitionskosten als bei herkömmlichen Telefonen die Anschlußdichte zu erhöhen
Ein weiteres Großprojekt soll bis zum Jahr 2005 über 500.000 neue, solarbetriebene Telefonzellen installieren, so daß die derzeitige Durchschnittsentfernung zwischen benachbarten Telefonen von fünfzig Kilometern auf dann fünf Kilometer reduziert wird. Es ermöglicht satellitengestützt lokale und internationale Fernsprechverbindungen ohne aufwendige Verkabelungen.
Auch die Universitäten werden durch die IKT erschlossen. Seit Juni 1995 verbindet die Association of African Universities mit Sitz in Accra, Ghana, 119 afrikanische Universitäten und Forschungseinrichtungen aus 42 Ländern per e-mail.
1995 wurde von der Weltbank im Rahmen ihres InfoDev-Programs die African Virtual University (AVU), initiiert und finanziert. Hierbei handelt es sich um ein Satelliten basiertes Projekt zur distance education. Es soll Länder des

südlichen Afrikas in der Universitätsausbildung im Bereich von Naturwissenschaft und Ingenieurwesen unterstützen und damit die Zahl der Studenten afrikaweit erhöhen.

3 Erwartungen

Es wird erwartet, daß neue Möglichkeiten für Entwicklungsländer durch den Einsatz neuer Technologien entstehen. Bildung und Fortbildung können z.B. um Fernkurse ausgeweitet werden. Marktinformationssysteme und Kommunikationsnetze verbessern die Wettbewerbsfähigkeit von Handel und Produzenten.
Kleine und mittlere Betriebe können ihre Informationsbasis verbessern und neue Märkte erschließen. Umwelt- und Städteplanung werden durch die Installation von Informationssystemen vereinfacht. Satellitennavigationssysteme verbessern die Sicherheit und Effizienz des Verkehrs. Forschung und Wissenschaft profitieren von einem verbesserten Zugang zu Datenbanken. Auf gesellschaftspolitischer Ebene kann die Rolle der Zivilgesellschaft durch die Verbreitung der neuen Medien ebenso gestärkt werden wie die Popularität lokaler Kulturen.

4 Probleme

Die Realisierung dieser Potentiale ist allerdings mit großen Herausforderungen für Entwicklungsländer verbunden. Neben Versorgungslücken existieren erhebliche Qualitätsmängel, generelle Wartungsprobleme aufgrund von klimatischen Faktoren, administrativen Unzulänglichkeiten, mangelndes Know-how im Technikumgang, Transportschwierigkeiten usw. Dies führt dazu, daß Verbindungen oft nicht zuverlässig aufgebaut werden können und die Übertragungsqualität schlecht ist. Daher ist eine Hauptforderung, menschliche Ressourcen sicherzustellen, damit die neuen Technologien überhaupt erst effektiv genutzt werden können. Darüberhinaus ist mit sozialen und gesellschaftlichen Konsequenzen zu rechnen. Die zunehmende Globalisierung durch die Einführung der IKT verzahnt lokale und globale Elemente, was den Prozeß der Dezentralisierung ausgelöst. Einzelnen Ländern wird weniger Möglichkeiten einräumt, globale Trends zu beeinflussen bzw. sich von ihnen zu isolieren. Multinationale Unternehmen gewinnen an Bedeutung und vor allem technisches Wissen. Die Kluft zwischen Arm und Reich verläuft nicht mehr zwischen den Nationen, sondern quer durch Nationen hindurch. Grenzen bestehen nicht länger nur zwischen Armen und Reichen, sondern zwischen Wissen-Habenden und nicht Wissen-Habenden. Die Realität einer ungleichen Verteilung von Macht und Reichtum, von Armut und Nichtwissen stellt jedoch eine Herausforderung für die globale Gemeinschaft dar. Das häufig verwendete Bild vom „globalen Dorf" (global village) ist irreführend. In der neuen Situation fehlt es an genau dem Gefühl von Gemeinschaft, Zugehörigkeit und gegenseitiger Verantwortung, das typisch für das dörfliche Leben ist.

5. Ziele des Workshops

Der Workshop liefert nicht nur Fakten über den Entwicklungsstand einer globalen Informationsgesellschaft, sondern setzt sich auch kritisch mit deren Problemen und Auswirkungen auseinander. Es gilt bestehende Projekte zur Verbreitung der IKT zu werten, Erfolge und Defizite aufzuzeigen und Verbesserungsvorschläge zu erarbeiten. Dabei stehen folgende Fragen im Mittelpunkt des Workshops:
Wie kann der Entwicklungsprozeß zur Informationsgesellschaft in einigen „Entwicklungsländern" beschleunigt werden, insbesondere in ländlichen Gebieten?
Welche Konzepte zur Sicherung von menschlichen Ressourcen gibt es jenseits der African Virtual University (AVU)?
Welchen Nutzen bringen die neuen IKT für die interkulturellen Kommunikation?

Literatur

Altvater, E., Mahnkopf, B.: Grenzen der Globalisierung, Münster, 1996.
Greider, W.: Endstation Globalisierung, Neue Wege in eine Welt ohne Grenze, München, 1999.
Sachs, W.: Globalisierung und Nachhaltigkeit. epd 1/1999
Seibel, S., Müller-Falcke, D., Bertolini, R.: Informations- und Kommunikationstechnologie in Entwicklungsländern. ZEF-Discussion Papers on Development Policy, Bonn, 1999.
http://demiurge.wn.apc.org:80/afstat.htm
http://www.worldbank.org/wdr/

Unternehmen Hochschule

H.J. Appelrath, OFFIS, Universität Oldenburg,

U. Marquardt, Wissenschaftsministerium NRW, Düsseldorf,

H.C. Mayr, Universität Klagenfurt

Mit der zunehmenden Autonomie der Hochschulen, ihrer Eingliederung in eine globale Umwelt und dem dadurch wachsenden Wettbewerb ist auch die Qualität ihrer Verwaltungsdienstleistungen stetig zu verbessern. Dies führt zu neuen Anforderungen an die Informationssysteme für das "Unternehmen Hochschule". Die GI setzt sich daher seit einiger Zeit verstärkt mit dem Thema operativer Systeme für ein modernes Hochschulmanagement auseinander. Erste erfolgreiche Workshops fanden unter dem Titel „Unternehmen Hochschule" und „Informationssysteme für das Hochschulmanagement" bereits während der GI-Jahrestagungen Informatik'96 und '97 in Klagenfurt und Aachen statt. Diese Serie wird nun anläßlich der Informatik'99 in Paderborn fortgesetzt.

Ziel des Workshops ist die Diskussion verschiedener Modellierungsansätze, Architekturkonzepte, Leistungsportfolios, Oberflächen-Paradigmen und Systemplattformen für den Aufbau eines modernen, vernetzten Hochschulmanagements, die Vorstellung dafür verfügbarer Informationssysteme sowie der Austausch von Erfahrungen mit der Einführung und Nutzung entsprechender Systeme.

Als Themen werden im Rahmen des Workshops sowohl allgemeine informationstechnische Herausforderungen an ein Unternehmen Hochschule, mögliche Anwendungsbereiche der neuen Technologien als auch konkrete operative Informationssysteme in Richtung webbasierter Dienstleistungen behardelt. Es wird der Einsatz Neuer Medien im Unternehmen Hochschule ins Blickfeld gerückt und die für die Kooperation und Vernetzung von Hochschulen untereinander erforderlichen Organisations- und Infrastrukturen diskutiert. Ausserdem wird über Erfahrungen, die in jüngster Vergangenheit bei der Einführung und beim Betrieb von Hochschul-Informationssystemen gewonnen werden konnten, berichtet.

Wie in den Vorjahren wendet sich dieser Workshop an einen Teilnehmerkreis, der sich nicht nur aus Informatik-Sicht sondern auch aus der Sicht des Hochschulmanagements mit Fragen der Planung, der Entwicklung und des Einsatzes von Informationssystemen beschäftigt.

Zum Workshop wird ein eigener Tagungsband herausgegeben, den alle Teilnehmer des Workshops erhalten. Detaillierte Informationen zum Workshop sowie das genaue Workshop-Programm finden sich unter http://www.ifi.uni-klu.ac.at/Conferences/UH99/.

Workshop "Geschichte des Computers in Museum und Universität"

Ulf Hashagen

Heinz Nixdorf MuseumsForum
Fürstenallee 7
D-33102 Paderborn

&

Reinhard Keil-Slawik

Universität Paderborn
Heinz Nixdorf Institut
Fürstenallee 11
D-33102 Paderborn

Während in den USA und in Großbritannien eine ganze Reihe von Wissenschafts- und Technikhistorikern zur Geschichte des Computers beziehungsweise zur Geschichte der Informationstechnik forschen und publizieren, ist dieses Forschungsgebiet in Deutschland nur relativ schwach vertreten.

In den USA wird nicht nur an den großen Museen – wie dem *National Museum of American History*[1] und dem *Air and Space Museum*[2] in Washington D. C. – intensive Forschungsarbeit geleistet, sondern es existiert mit dem an der University of Minnesota angesiedelten *Charles Babbage Institute*[3] ein nationales Forschungsinstitut zur Computergeschichte, das sich auch das Sammeln und Bewahren von Archivmaterialien zur Aufgabe gestellt hat. Darüber hinaus wird das Fachgebiet von einer Reihe von renommierten Wissenschafts- und Technikhistorikern an amerikanischen Universitäten in der Lehre und in der Forschung vertreten.

Dagegen hat die Geschichte der Informationstechnik in Deutschland eine eher schwache institutionelle Basis. Zwar existieren mit dem *Deutschen Museum*[4] in München, dem *Deutschen Technikmuseum*[5] in Berlin und dem *Heinz Nixdorf MuseumsForum*[6] in Paderborn drei größere Museen mit Ausstellungen zur Computergeschichte, aber an diesen Institutionen wird sehr viel weniger Forschung zur Computergeschichte betrieben als an den amerikanischen Einrichtungen. Ebenso gibt es in Deutschland weder ein nationales Forschungsinstitut zur Computergeschichte noch eine wissenschafts- oder technikhistorische Professur, die

---

[1] http://www.si.edu/nmah
[2] http://www.nasm.edu
[3] http://www.cbi.umn.edu
[4] http://www.deutsches-museum.de
[5] http://www.dtmb.de
[6] http://www.hnf.de

das Fachgebiet Computergeschichte im internationalen Rahmen vertritt. Obwohl die Gesellschaft für Informatik einen Präsidiumsarbeitskreis *Geschichte der Informatik*[7] eingesetzt hat, ist es bisher nicht gelungen, die institutionellen Grundlagen für die Forschung in diesem Bereich entscheidend zu verbessern. Dies ist auch daran erkennbar, daß zwar eine Reihe von ausgezeichneten anglo-amerikanischen Gesamtdarstellungen zur Computergeschichte vorliegen, denen aber keine einzige seriöse deutsche Publikation gegenübersteht.[8]

Der Workshop *Geschichte des Computers in Museum und Universität* will den Rahmen einer GI-Jahrestagung nutzen, um einen Überblick über die Forschungsaktivitäten zur Computergeschichte an deutschen Museen und Universitäten zu geben. Dabei sollen Probleme und Perspektiven in einzelnen Bereichen der Computergeschichte diskutiert sowie die Frage nach der Rolle der Computergeschichte für die Informatikausbildung erörtert werden.

Die Organisatoren des Workshops haben eine Reihe von Lehrveranstaltungen zur Computergeschichte an der Universität Paderborn durchgeführt und sind zu der Meinung gelangt, daß eine Grundausbildung in Computergeschichte für möglichst viele Informatikstudierende angestrebt werden sollte. Gerade die Informationstechnik steht in einer engen Wechselwirkung mit der gesellschaftlichen Entwicklung. Bei dem hohen Innovationstempo ist es deshalb wichtig, die Genese einzelner technischer Entwicklungen und ihre Einbettung in den jeweiligen Nutzungskontext nachzuvollziehen, um sich über die spezifischen Entwicklungsbedingungen der Informatik Klarheit zu verschaffen. Seminarveranstaltungen zur Computergeschichte können Studierenden der Informatik wichtige Schlüsselqualifikationen des wissenschaftlichen Arbeitens vermitteln, die beim traditionellen Studienaufbau tendenziell zu kurz kommen. Dazu gehören u. a. sorgfältige Literaturrecherchen und Bewertung der Authentizität von Quellen, selbständige Erschließung eines fremden Sachgebietes, kritische Reflexion des eigenen Entwicklungshintergrundes und generell die Stärkung der Diskursfähigkeit, die insbesondere das Vermitteln von Fachinhalten an interessierte Dritte umfaßt. Weiterhin lassen sich an historischen Beispielen vor allem auch Grundbegriffe der Informatik und deren Bedeutungswandel illustrieren. Dies ermöglicht ein fundierteres Verständnis des eigenen Fachgebietes und trägt auf diese Weise auch zur Identitätsbildung des Faches bei.

---

[7] http://aki.fbi.fh-darmstadt.de/~gi.pak.gdi
[8] M. R. Williams, *A history of computing technology,* Englewood Cliffs 1985; W. Aspray (Ed.), *Computing before computers*, Ames 1990; M. Campbell-Kelly/W. Aspray, *Computer: a history of the information machine*, New York 1996; P. E. Ceruzzi, *A history of modern computing*, Cambridge 1998.

Workshop "Telekooperative Verwaltung"

Organisation:
Klaus Lenk
Universität Oldenburg
Fachbereich Sozialwissenschaften
D-26111 Oldenburg
lenk@uni-oldenburg.de

Telekooperation

Telekooperation spielt für die verschiedenen Ebenen und Zweige der öffentlichen Verwaltung eine besonders wichtige Rolle. Sequentielle oder simultane Kooperation bei der Entscheidungsfindung, Sitzungen, Verhandlungen, Bürgerkonsultationen prägen den Alltag. Telekooperation, also Kooperation ohne die Fesseln räumlicher oder zeitlicher Bindungen kann das Arbeiten der öffentlichen Verwaltung auf völlig neue Grundlagen stellen.

Die Perspektiven, die sich hier ergeben, stehen in starkem Gegensatz zur Bescheidenheit der heutigen Internet-Nutzung durch Verwaltungen, mit ihrer Dominanz einfacher Kommunikations- und Informationsbereitstellungsvorgänge. Hinter diesen ersten Gehversuchen stehen aber Perspektiven eines mit einer nunmehr weithin ausgereiften Informationstechnik möglichen Neubaus der Verwaltung.

Denn Verwaltungsarbeit ist zum allergrößten Teil Informationsarbeit. Eine Vielzahl von Tätigkeitselementen im Umgang mit Information, welche vor der Verbreitung der Informationstechnik nur von Menschen durchgeführt werden konnten, bieten sich an für maschinelle Tätigkeitsbeiträge im Rahmen telekooperativer Zusammenarbeit zwischen mehreren Bearbeitern. Multimediale Videokonferenzen sowie Information Sharing werden sich zunehmend als die beiden Säulen rechnergestützter Kooperation erweisen, sowohl innerhalb der Verwaltung als auch im Kontakt mit Bürgern und der Wirtschaft.

Damit können praktisch alle Phasen des Umgangs mit Information bei der Erarbeitung eines Verwaltungsakts oder der Erstellung einer öffentlichen Dienstleistung von der Informationstechnik profitieren. Traditionelle sequentielle und arbeitsteilige Vorgangsbearbeitung kann ebenso unterstützt werden wie Besprechungen und Verhandlungen. Gerade auch Funktionen der Politik- und Gesetzesvorbereitung durch die Ministerialbürokratie, Managementfunktionen, Hilfsfunktionen, Verhandlungen zwischen Verwaltungen und in Netzwerken geraten damit ins Blickfeld.

Electronic Government

Verbreitet sich Telekooperation, so ist der Einstieg in ein "Electronic Government" vorgezeichnet. Es zeichnet sich aus durch eine ganzheitliche Sicht der Arbeitsvorgänge, Kommunikationen und Informationsressourcen; Außenperspektive und Binnensicht verschmelzen, wodurch auch organisatorische Abgrenzungen zu den Adressaten des Handelns verschwimmen. Die immer wieder angestrebte Integration des Verwaltungshandelns rückt ihrer Verwirklichung näher.

Wenn die neuen Möglichkeiten in großem Umfang Eingang finden in die Arbeitsweisen der Verwaltung, dann ermöglichen sie auf längere Sicht einen grundlegenden Neubau der Verwaltung. Die Vorbereitung dieses aus unserer Sicht unabdingbaren Neubaus ist die Leitlinie, die dem Workshop seine Ausrichtung gibt.

Vor einem grundlegenden Neubau der Verwaltung

Die Möglichkeiten, mithilfe der Informationstechnik Zeit und Raum zu überbrücken sowie Informationen und Arbeitsflüsse über organisatorische Grenzen hinwegzuführen, können als Einstieg in eine "virtuelle" Verwaltung gesehen werden, deren tatsächliche Aufbauorganisation nicht in Erscheinung tritt. Eine fragmentierte Verwaltung erscheint dann von außen her gesehen als Ganzes. Der Zugang zu einer Stelle eröffnet den Kontakt mit allen anderen Verwaltungsstellen.

Auch verwaltungsintern können sich über Entfernungen und Organisationsgrenzen hinweg künftig völlig neuartige Kooperationen ergeben. Sie werden unter anderem die Ansiedlung und Auslastung von Spezialisten von den Beschränkungen lösen, die sich heute aus der Größe der Verwaltungsbehörden und ihrer Einzugsgebiete ergeben. Kommunale Lastverbünde können dazu beitragen, brachliegende Arbeitskapazitäten auszunutzen..

Mit der Lockerung räumlicher Bindung verlieren Fragen des Standorts von Behördensitzen und Arbeitsplätzen an Bedeutung. Die räumliche Ansiedlung von Arbeitsstellen wird flexibler: von der Tele-Heimarbeit über Satellitenbüros bis hin zur Wiederbelebung von im Zuge von Gebietsreformen stillgelegten Rathäusern gibt es zahlreiche Möglichkeiten. Mit der Möglichkeit, Geschäftsprozesse aus ihrer örtlichen Bindung zu lösen und insbesondere (informationelle) Dienstleistungen in Arbeitsteilung zwischen räumlich voneinander entfernten Mitarbeitern zu erbringen, können künftig auch die Mitarbeiter einer gesamten Verwaltung auf mehrere Standorte verstreut arbeiten, ohne daß der persönliche Kontakt darunter leiden muß.

Noch weiter gedacht kann man von einer Verringerung der "Bodenhaftung" der Verwaltung sprechen. Die Territorialbindung der Verwaltung nimmt ab. Im Hinblick auf die Gegenstände, auf die sich ihr Handeln richtet, wird künftig zu entscheiden sein, ob die handelnde Stelle in unmittelbarer räumlicher Nähe zur beabsichtigten Wirkung angesiedelt sein muß. Bei der Feuerwehr ist das der Fall, bei Unterricht als Dienstleistung nur noch teilweise und bei Vorgängen wie der Zulassung von Kraftfahrzeugen, von ganz wenigen Handgriffen im Front Office abgesehen, überhaupt nicht mehr. Soweit nicht physisch interveniert werden muß, etwa durch die Polizei, steht damit der räumliche Zuschnitt von Behörden in anderer Weise zur Disposition als es in den Gebietsreformen der vergangenen Jahrzehnte wahrgenommen wurde. Dies kann bis hin zu einer bis hin zu einer völligen Neukonzeption des Gefüges öffentlicher Organisationen gehen.

Zu den Beiträgen des Workshop

In diese weiten Zusammenhänge, die an Bedeutung dem Electronic Commerce sicher gleichkommen, wollen die Beiträge zu dem vom Fachausschuß 6.2. (Verwaltungsinformatik) ausgerichteten Workshop einführen. Sie behandeln technische und organisatorische Grundlagen, Gestaltungsprobleme und -methoden, Anwendungsszenarien sowie den zu erwartenden Nutzen und gesellschaftliche Implikationen räumlich und organisatorisch verteilten Verwaltungshandelns. Erfahrungen aus den POLIKOM-Projekten werden ebenso einbezogen wie jüngste Entwicklungen bei Gewinnern des MEDIA@KOMM-Wettbewerbs. Daneben wird die Bedeutung der Verwaltungsinformatik bei der Ausfüllung der nunmehr eröffneten Gestaltungsspielräume verdeutlicht.

Vier von den sechs Vortragenden auf dem Workshop sind zudem mit Beiträgen vertreten in einem gerade in der Schriftenreihe Verwaltungsinformatik im Verlag Decker/Heidelberg erschienenen Buch „Öffentliche Verwaltung und Informationstechnik - Perspektiven einer radikalen Neugestaltung der öffentlichen Verwaltung mit Informationstechnik" (hrsg. von Klaus Lenk und Roland Traunmüller).

Workshop "Rechtssicherheit im Internet"

Organisation: Prof. Dr. Dr. Herbert Fiedler, Prof. Dr. Roland Traunmüller

Kurzbeschreibung

Das Internet als Infrastruktur für die verschiedensten angebotenen Dienste (email, filetransfer, Informationsdienste, ...) mit ihren weiteren Anwendungen ist ein Paradebeispiel für die heute untrennbare Verknüpfung zwischen Informationstechnik, Informatik und Recht. Diese Feststellung ist bereits eine wichtige Botschaft des Workshops. Das verdient hervorgehoben zu werden, weil diese Botschaft (so naheliegend sie scheint) gegenwärtig weder von Informatikern noch von Juristen wirklich angenommen worden ist.

Die gewünschten Nutzungen des Internet:

- Setzen voraus oder verlangen vielfach wirksame rechtsverbindliche Regeln (z.B. schon über Domains und Domain-Namen, Urheberrechte, Verbraucher- und Daten-Schutz, Erstellung und Bedeutung digitaler Signaturen, Verantwortlichkeiten von Service-Providern ...).

- Bieten aber andererseits damit auch wichtige Chancen für die Gestaltung rechtsrelevanter Vorgänge (z.B. Information, Informationsaustausch, Marketing, aber auch Vereinbarungen, Transaktionen, insbes. Bestell- und Zahlungsvorgänge, "electronic commerce" und "electronic business").

Die vielfältigen Facetten dieser Wechselbeziehungen sind noch zu wenig durchdacht, um z.B. die heutige Euphorie über die Entwicklungen und Folgen des electronic commerce wirklich begründen zu können. Statt von "Hochrechnungen" und "Prognosen" eines unbegrenzt "exponentiellen" Wachstums sollte man lieber von (verschiedenen, einander z.T. widersprechenden) "Szenarios" künftiger Entwicklungen sprechen.

Auch hier müssen wir uns auf die Betrachtung einiger Facetten beschränken - in der Hoffnung, dadurch die Aufmerksamkeit auf ein Gebiet vielfach noch unsicherer Chancen und Risiken lenken zu können (deren Szenario sich - technisch und rechtlich - beinahe täglich ändert).

Vor Jahren wurde die Frage gestellt, ob das Internet ein "rechtsfreier Raum" sei - mit der beruhigenden Antwort "Das Internet ist kein rechtsfreier Raum". Damit ist allerdings die nächste Frage nicht beantwortet: Wie läßt sich das Recht im Internet durchsetzen, die Rechtsdurchsetzng gewährleisten? Recht ohne Durchsetzungsfähigkeit nutzt niemandem und verliert schließlich selbst seine Geltung. Die Frage nach Sicherheit und Verläßlichkeit von Recht und Rechtsdurchsetzung muß ebenso gestellt werden wie die nach der Sicherheit und

Verläßlichkeit informationstechnischer Systeme. Diese Problematik wird nicht allein dadurch gelöst, daß man den Einzelnen auf individuellen Selbstschutz z.B. durch den Gebrauch kryptographischer Instrumente der Informatik verweist: Auch diese funktionieren letztlich nur vor dem Hintergrund der Möglichkeit eines wirksamen Schutzes von Gemeinschaftsinteressen (Rechtsstaat, Verfassungsstaat, demokratisch legitimierte überstaatliche Instanzen).

Damit ergeben sich Schwerpunkte unseres Workshops, welche dessen in seinem Titel angesprochenes Gebiet natürlich nur fragmentarisch abdecken können:

- "Rechtsprobleme im Internet" als Hintergrund, welcher nicht nur das juristisch problematische, sondern ebenso die Chancen des "Internet für Juristen" etwa in der Rechtspflege umfaßt.

- "Sicherungsinfrastrukturen" als Skizze organisatorischer und informationstechnischer Grundlagen für die "Rechtssicherheit im Internet" (z.B. hinsichtlich Vertraulichkeit, Authentizität, Integrität; Trusted Third Parties; Zertifizierungsstellen für digitale Signaturen ...). Vgl. z.B. Cerny, D.; Pohl, H.: Trusted Third Parties und Sicherungsinfrastrukturen. WI-Schlagwort, Wirtschaftsinformatik 6, 616 - 622, 1997.

- "Rechtsprobleme des electronic commerce" als Reflexion wiederum des nicht nur rechtlich problematischen, sondern auch der (realistisch zu bewertenden) Chancen des electronic commerce im Internet.

- "Electronic Law Enforcement - der Staat im Cyberspace" als Erinnerung daran, daß es für die Rechtssicherheit im Internet nicht nur auf die Proklamation rechtlicher Prinzipien (wie z.B. Verbraucher- und "Daten"-Schutz), sondern auch auf deren Durchsetzung ankommt. Der Rechtsstaat darf daher nicht nur als "big brother" abqualifiziert werden; zu "1984" muß ergänzend ein komplementäres Szenario der informationellen Ohnmacht des Rechtsstaats entwickelt werden. Vgl. z.B. Fiedler, H.: Rechtsprobleme des Cyberspace. Datenschutz und Datensicherheit 9, 521 - 523, 1998.

Insgesamt hoffen wir, entsprechend dem Aufgabenbereich von FB 6 (und insbesondere FA 6.1) in der GI einen Beitrag zur Fortentwicklung von Rechtsinformatik und Informationsrecht erbringen zu können.

Beiträge:

1) Rechtsprobleme im Internet
   (Prof. Dr. F. Haft, Univ. Tübingen)
2) Sicherungsinfrastrukturen
   (Prof. Dr. H. Pohl, FH Rhein-Sieg, St. Augustin)
3) Rechtsprobleme des Electronic Commerce
   (Prof. Dipl. Ing. Dr. Dr. G. Quirchmayr, Univ. Wien)
4) Electronic Law Enforcement - Der Staat im Cyberspace
   (Prof. Dr. Dr. H. Fiedler, Univ. Bonn)

Gesamtkonzept der informatischen Bildung

L. Humbert, S. Schubert

Die Gesellschaft für Informatik (GI) förderte bisher mit stufenbezogenen Empfehlungen die Informatik in der Schule. Nun wird ein Gesamtkonzept der informatischen Bildung für die Primarstufe und die Sekundarstufen I und II vorbereitet. Die GI-Jahrestagung 1999 bietet sich zur Vorstellung und Diskussion des Entwurfs an.

Um die Bildung im nächsten Jahrtausend abzusichern, ist die informatische Bildung als derjenige Teil der Allgemeinbildung, der Sach-, Handlungs- und Beurteilungskompetenz im Umgang mit Informationen und Informatiksystemen ausbildet, unverzichtbar. Die Informatik entwickelt ein Grundverständnis für die Nutzung von Computern in anderen Unterrichtsfächern und im Alltag. Dies ist Teil eines umfassenden Konzepts zur Integration neuer Medien in die verschiedenen Schulfächer; von der Mathematik bis zur Musik, von der Philosophie bis zur Physik und von der Geographie bis zur Geschichte. Das Gesamtkonzept orientiert sich an folgenden Leitlinien:

1. Interaktion mit Informatiksystemen,

2. Wirkprinzipien von Informatiksystemen,

3. Informatische Modelle,

4. Gesellschaftliche Einbettung von Informatiksystemen.

In allen Phasen der informatischen Bildung ist die Informatik die Bezugswissenschaft. Sie fördert fächerübergreifendes Lernen, da sie die Werkzeuge zur Verknüpfung von Informationen aus verschiedenen Fachgebieten bereitstellt und somit die Schülerinnen und Schüler in die Lage versetzt, komplexe Problemstellungen umfassend bearbeiten zu können. Durch den enormen Zuwachs an Wissen und Information steht nicht mehr deren Vermittlung im Zentrum schulischer Arbeit, sondern vielmehr die Aneignung von Methoden des Problemlösens, wie sie die Informatik bereitstellt. Bereits in der Sekundarstufe I sind kontinuierlich und für alle Schülerinnen und Schüler verbindlich Stunden für das Fach Informatik zur Verfügung zu stellen, damit der Übergang zur Berufs- bzw. zur Allgemeinbildung in der Sekundarstufe II auf ein verbindliches Curriculum mit wohldefinierten Anforderungen erfolgen kann. Zielgerichtetes Recherchieren, Analysieren, Strukturieren, Visualisieren und Verteilen von Informationen müssen in einem solchen Informatikunterricht systematisch thematisiert werden. Erst dadurch kann die Informatik ihrer Aufgabe als Schlüsseldisziplin der Wissensgesellschaft gerecht werden und im erforderlichen Maße zur Lebensorientierung beitragen. Die Fähigkeit, einen Informationsraum mit Informatiksystemen zu strukturieren und in solchen Strukturen zu navigieren, d.h. die gewünschte Informationsteilmenge mit vertretbarem Aufwand zu ermitteln und zu bewerten, gehört ebenso zur Allgemeinbildung wie die aktive und verantwortungsbewußte Gestaltung und Verteilung von elektronischen Präsentationen.

Primarstufe

Hier findet eine erste Begegnung mit Informatiksystemen in der Schule statt. Diese
muss pädagogisch und fachlich sehr verantwortungsbewußt gestaltet werden. Mit
der Produktion von Dokumenten wird das Eingeben, Bearbeitung und Ausgeben
von Daten erlernt. Informatiksysteme als Einheit von Hardware und Software werden benutzt. Die Thematisierung von aufgabenbezogenen Systemkomponenten und
Funktionen (z. B. Programme, Scanner, Drucker) wird empfohlen. Ein attribut-
bezogenes Objektmodell kann auf phänemenologischer Ebene vorbereitet werden,
indem Objekte identifiziert, Operationen auf ihre Sinnfälligkeit bezüglich dieser Objekte überprüft und der Datenbegriff eingeführt wird. Die Konsequenzen konkreter
Anwendungssituationen auf Individuen soll bewußt gemacht werden (z. B. Compu-
terspiele hinterfragen, Netiquette vorstellen).

Sekundarstufe I

Diese Stufe leistet den Beitrag zur Allgemeinbildung aller Lernenden aller Schular-
ten. Die problembezogene Auswahl und Anwendung geeigneter Anwendungssy-
steme führt zum Kennen und Nutzen informatischer Handlungsstrategien. Aufbau,
Arbeitsweise und Klassifikation typischer Informatiksysteme sind zu erlernen. Rechnerarchitektur (von–Neumann–Architektur), Rechnernetze (Client–Server–Architektur, Protokollbegriff), Betriebssysteme (Dienste, Zugriffsrechte) und die Daten– und
Kontrollstrukturen von Algorithmen werden als Grundkonzepte der Informatik thematisiert. In die Digitalisierung und Codierung von Informationen zu Daten wird
zielgerichtet eingeführt. Das Klassifizieren von Objekten und die Konstruktion ob-
jektbasierter Lösungen wird als wesentliche Strategie der Informatik erlernt (ohne Polymorphie). Informationsräume (Verzeichnisstruktur, Hypertext, Datenbank,
Rechnernetz) werden strukturiert. Suchstrategien sind anzuwenden und mit der
Bewertung von Informationen im Hinblick auf ihre Zuverlässigkeit zu verbinden.
Die Verantwortung für selbstgestaltete und präsentierte Informationen ist schrittweise bei den Lernenden zu entwickeln. Die Sensibilisierung für Datenschutz und
Datensicherheit ist um den Bereich der Informations- und Kommuniaktionssysteme
zu erweitern.

Sekundarstufe II

Sie ist der Standort für die wissenschaftspropädeutische Ausbildung der Lernenden, die eine solche Vertiefung wählen. Grundkonzepte der Berechenbarkeit und
Entscheidbarkeit werden eingeführt, mit abstrakten Maschinenmodellen und formalen Sprachen verbunden, um die Wirkprinzipien von Informatiksystemen fachlich zu untersetzen. Exemplarisch bringt man so Transparenz in die Prozess- und
Betriebsmittelorganisation sowie die Rechteverwaltung von Betriebsystemen. Im
Bereich der Rechnerarchitektur sind alternative Konzepte (z. B. neuronale Netze)
vorzustellen. Der Zugang zu Rechnernetzen erfolgt über Topologien, Protokolle
und Protokollschichten Die Einführung in die systematische Software-Entwicklung,
auch von verteilten Systemen, ist mit Grundkonzepten der Software-Ergonomie zu
verbinden. Prinzipien und Methoden der Datensicherheit sollen vertieft werden.
Für das Problemlösen werden schrittweise komplexere, objektorientierte Modelle

von den Lernenden konstruiert. Beurteilungsfähigekit bezüglich der Zuordnung von Aufgabenklassen zu den verschiedenen Sprachkonzepten (funktional, prädikativ, imperativ) ist zu entwickeln. Die Verletzbarkeit der Informationsgesellschaft kann von den Lernenden mittels kritischer Reflexion der Möglichkeiten und Grenzen der Informatik verstanden werden.

Arbeitstagung Programmiersprachen '99

Arbeitstagung Programmiersprachen '99

Vorwort

Die Arbeitstagung „Programmiersprachen" bietet ein deutschsprachiges Forum für Beiträge mit Bezug zum Thema Programmiersprachen. Nach der erfolgreichen Tagung 1997 in Aachen fand sie dieses Jahr zum zweiten Mal statt, wiederum im Rahmen der GI-Jahrestagung. Diesjähriger Schwerpunkt war das Thema „Sichere Programmausführung". Die Tagungsreihe wird von den GI-Fachgruppen 2.1.3 und 2.1.4 veranstaltet.

Das Programm der Arbeitstagung bestand aus einem eingeladenen Vortrag von Herrn Prof. Langmaack mit dem Titel „Wird die Informatik den Bau ihrer großen Systeme rechtfertigen können?", aus sieben Hauptbeiträgen, die nach den üblichen Qualitätsmaßstäben für wisssenschaftliche Tagungen aus den dreizehn eingereichten Aufsätzen ausgewählt wurden und im folgenden abgedruckt sind, sowie aus drei Kurzbeiträgen, in denen noch unabgeschlossene Arbeiten vorgestellt wurden. Insgesamt bot das Tagungsprogramm ein interessantes fachliches Spektrum mit Vorträgen zum Entwurf und zur Analyse von Programmiersprachen, zu semantischen Fragestellungen, zu neuartigen Implementierungs- und Optimierungstechniken sowie zu Verifikationserfahrungen.

Der herzliche Dank der Organisatoren geht an die Mitglieder des Programmkomitees und die von ihnen hinzugezogenen Gutachter für die geleistete Arbeit bei der Auswahl der Beiträge. Dank für die Vielfalt und Qualität der Beiträge gebührt den Autoren. Dem Fachausschuß 2.1 „Softwaretechnik und Programmiersprachen" der Gesellschaft für Informatik danken wir für die Unterstützung. Nicht zuletzt sei der Leitung und den Mitgliedern des Programmkomitees und des Organisations-Teams der GI-Jahrestagung „Informatik '99" herzlich für die Kooperation und Unterstützung bei der Vorbereitung und Organisation der Arbeitstagung gedankt.

Kiel und Hagen   Wolfgang Goerigk
Juni 1999   Arnd Poetzsch-Heffter

Programmkomitee

Christoph Crasemann, IC&C   Erhard Ploedereder, Uni Stuttgart
Walter Dosch, MU Luebeck   Arnd Poetzsch-Heffter, Uni Hagen (Vorsitz)
Jürgen Ebert, Uni Koblenz   Wolfgang Reif, Uni Ulm
Wolfgang Goerigk, Uni Kiel   Günter Riedewald, Uni Rostock
Michael Hanus, Uni Aachen   Wilhelm Schäfer, Uni Paderborn
Uwe Kastens, Uni Paderborn   Hartmut Schmeck, Uni Karlsruhe
Jens Knoop, Uni Dortmund   Gregor Snelting, Uni Passau
Herbert Kuchen, Uni Münster   Wolf Zimmermann, Uni Karlsruhe
Hans Langmaack, Uni Kiel

Combining Strict and Soft Typing
in Functional Programming

Manfred Widera, Christoph Beierle

Fachbereich Informatik, FernUniversität Hagen, 58084 Hagen
email: {Manfred.Widera, Christoph.Beierle}@FernUni-Hagen.de

Abstract. We discuss the properties of strictly typed languages on the one hand and soft typing of the other and identify disadvantages of these approaches to type checking in the context of powerful type languages. To overcome the problems we develop an approach that combines ideas of strict and soft typing. This approach is based on the concept of complete typing that is guaranteed to accept every well-typed program. The main component of a complete type checker is defined.

1   Introduction

Types are a component of many higher programming languages following different programming paradigms, e.g. C [8], C++ [11], Standard ML [13] and Haskell [6]. In functional programming there are two commonly used approaches to type checking:

- In dynamically typed languages like, e.g. Scheme [7] every data object carries a type tag that is used for type checking at runtime.
- Statically typed languages like ML and Haskell use type inference for type checking at compile time. These languages reject every program that cannot be proven to be well-typed.

Types normally express sets of values with common properties. Early languages focussed on system dependent common properties, e.g. a common internal representation with a fixed size. Recent functional programming languages on the other hand focus on the programmer's view of types and allow to define new types that have common properties from the programmer's point of view (e.g. Standard ML [13] or Haskell [6]). A very exact and powerful type language could be helpful to the programmer in detecting errors, but unfortunately too powerful type languages can cause problems for sound type systems. They tend to force a type checker to reject too many programs that should indeed be accepted.

A further approach in dynamically typed languages, called soft typing (see e.g. [3]), employs static type checking in order to identify function calls that need a runtime check because they might be ill-typed. Runtime checks for calls that can be statically proven to be well-typed can be dropped. In contrast to statically typed languages soft typing has the disadvantage that it does not reject *any* programs. If the programmer ignores the type warnings this may result in runtime errors. Furthermore, for every warning the programmer has to decide whether the warning results from a type error or from a weakness of the type checker.

In this paper we propose an approach to type checking that tries to avoid these weaknesses of both sound, but too strict and soft typing approaches in the context of powerful type languages. We introduce the concept of *complete type checking* that is guaranteed to accept every well-typed program. It also extends soft typing by rejecting programs that cannot be executed properly without generating a runtime error. Our type checking and inferencing method supports powerful type languages including subtyping and is applicable to dynamically typed languages like Scheme.

The paper is organized as follows: In Sec. 2 we give a motivation for complete type checking and explain the benefits of combining complete typing with soft typing. Section 3 defines the main component of a complete type checker and summarizes its main properties. Section 4 gives a summary of related work. Section 5 contains some conclusions.

2 The Use of Complete Type Checking

2.1 Disadvantages of Sound Type Checking

The usual approach to type checking is *sound* type checking that is used either in strongly typed languages or as a soft type checker in dynamically typed languages. Soundness of a type checker means that it accepts just programs that cannot generate a runtime type error. In other words sound type checkers follow Milner's slogan [9] "Well-typed programs cannot go wrong".

No matter in which way sound type checking is used the expressiveness of the type language must be restricted in order not to reject too many correct programs. Such a situation is given in Ex. 1:

Example 1. Consider the following function definition.

```
(define (with-div x y)
  (/ x (f y)))
```

Suppose f is an arbitrary function with result type num and 0 is not part of the value set of f. Suppose further that there is a sound type checker and that the type system can express the type of all numbers excluding 0. We normally cannot prove that f does not yield zeros for the whole set of possible inputs for y (see e.g. [12]). Thus, we cannot prove *with-div* free of type errors. □

The example shows a program that cannot go wrong, but is ill-typed with respect to the sound type checker. This can cause the following consequences:

- In a strongly typed language we observe that programs that cannot go wrong, but are not well-typed with respect to the type checker are rejected. By increasing the expressive power of the type language and the exactness of the typings for predefined functions we must expect the number of such correct but rejected programs to increase.

– A soft typing system would have to raise a warning for a function call that is indeed well-typed. When the number of such warnings on well-typed (with respect to runtime type errors) calls increases the system provides less help to the programmer to find real type errors quickly.

A further problem for soft typing is shown by the following example Ex. 2:

Example 2. Consider the following erroneous implementation of the function reverse and its use:

```
1    (define (reverse l)
2      (if (null? l)
3          '() ; reversed empty list is empty
4        (append (reverse (cdr l))
5                 ; reverse rest
6               (car l))))
7                  ; append first element at the end.

8  (define (generate n)
9    (if (= 0 n) ()
10        (cons n (generate (- n 1)))))

11  (define (f n)
12    (reverse (generate n)))
```

There is an error in the second argument (line 6) of the call to the predefined function *append* (lines 4-7) because from the call to *reverse* in f (line 12) it can be inferred that $(car\ l)$ in line 6 is not a list in every case. But although there is a call that must go wrong in the given context the soft typing system does not reject the program. □

As this example shows soft typing reacts "too soft" on real *provable* type errors. Altogether, the user would have to check a lot of warnings of a soft typing system with a powerful type language in order to detect a single type error.

2.2   Motivating the New Approach

The following properties of functional programs are needed to explain the completeness of a type checker:

Let f be a predefined function and $dom(f)$ the set of input values f is applicable to. A *misapplication* of f is a call $(f\ a)$ where $a \notin dom(f)$.

Let P be a functional program and e an expression in P. e *(always) goes wrong* if every evaluation of e causes a misapplication of some predefined function f.[1] The program P *goes wrong* if P contains an expression e that goes wrong.

An expression e in a program P *conditionally goes wrong* if an execution path in P starting at e leads to the misapplication of a predefined function. P *conditionally goes wrong* if an expression e in P conditionally goes wrong.

---

[1] We assume the functional language to be strict and to use eager evaluation.

Example 3. In the program of Ex. 2 the call to *reverse* in f conditionally goes wrong because of the execution path to *append* in *reverse*.

An example for a call that (always) goes wrong (with respect to the program in Ex. 2) is $(f\ 3)$; please note that the call $(f\ 0)$ does not cause a misapplication because the else-part in *reverse* containing the ill-typed *append*-call is never reached. Another example for a call that goes wrong is $(*\ 'a\ 3)$ because the first argument of $*$ is not a number. $\qquad\qquad\qquad\qquad\qquad\qquad\qquad\qquad\qquad\qquad\qquad\qquad\qquad\Box$

By completeness of a type checker we mean the following property: If a program P does not go wrong then P is not rejected by the type checker.

A complete type checker circumvents the problem of a strongly typed language to reject programs that cannot go wrong. On the other hand it is not as weak as a soft typing system because the complete type checker can reject provably ill-typed programs.

The combination of soft typing with complete typing divides the output messages of the system into *errors* that cause the rejection of the program and therefore must be corrected, and *warnings* that mark calls which could not be proven to be well-typed, but are not *provably* wrong. This structure of output messages has a number of further advantages for the programmer both in debugging programs and in proving certain correctness statements:

In debugging a program one can start correcting the fatal errors of the program before taking care of the type warnings (i.e., either proving type correctness of the calls or correcting them). By getting the output messages structured into errors and warnings the programmer is guided through the increased number of calls that are not provably well-typed due to a more powerful type language. In no case the program has to be changed just to satisfy the type checker.

One common argument for strongly typed languages is the fact that one gets a partial correctness proof for every accepted program. On the one hand by the absence of type *errors* the complete type checker yields such a prove automatically for at least a subset of type errors. On the other hand type *warnings* spot on all those calls for which a correctness prove could not be generated automatically. When the programmer proves the necessary properties of these calls the resulting prove yields stronger results than the type checker of a strongly typed languages without restricting the expressive power of the language.

2.3 Realizing a complete type checker

This section explains the intended behaviour of a complete type checker and how it can be achieved. It motivates the definitions given in Sec. 3.

In powerful type languages the problem of type inference is often undecidable. When the exact type of an expression cannot be inferred the usual approach is to infer a supertype, i.e. a type that covers all values that are of the wanted exact type. Let τ be the type inferred for the argument of a function call, σ the expected input type of the called function and let $\sqsubseteq$ denote the subtype relation. Then a sound type checker with subtyping facility checks the call for an approximation of the property $\tau \sqsubseteq \sigma$. The type checker will accept the program if all calls fulfill this property and it will reject it if one call does not. However, it is possible that only the additional values that are covered by τ but not by the exact type of the argument cause the test $\tau \sqsubseteq \sigma$ to fail and the program to be rejected (c.f. Ex. 1 with $\sigma = \mathrm{num}$ and τ the type of all numbers without 0).

For complete type checking we do not want a program to be rejected just because of additional values in the inferred type of an argument. Since we cannot distinguish the values of the exact type from those additionally in the inferred type the type checker should reject only those calls that must go wrong for every value of the inferred type. Therefore, the complete type checker tests every call in the program for the property $\tau \cap \sigma \neq \emptyset$. Every call that does not fulfill this property is caused by an expression that conditionally goes wrong. A formal definition of a system that is complete with respect to the definition of conditionally going wrong is given in Sec. 3.

3 The Definition of Complete Subtyping

In this section we define the main component of a complete type checker for a usual higher order functional language (one can think e.g. of Scheme or Standard ML with dynamic typing). We essentially just make use of:

- lambda abstraction.
- function application.
- the existence of tuple like data constructors like *cons* for pairs.
- the existence of a set $\mathcal{D}$ of predefined functions f with given sets $D(f)$ of typings where every given output type contains all values that could occur with the corresponding input type.

The set of all values expressible in this language will be denoted by $\mathcal{V}$.

Definition 1 (type language). *Type expressions are given by a type language consisting of:*

1. *A finite set $\mathcal{B} = \{\bot, \top, b_1, \ldots, b_k\}$ of type constants called base types.*
2. *A finite set $\mathcal{C} = \{\rightarrow, \cup, \cap, \mu, c_1, \ldots, c_n\}$ of type constructors with arity ≥ 1.*

Every finite term t generated from the type constants, type constructors and a set of type variables as usual is a type expression. We call a type expression ground if it does not contain a free (i.e. not bound by μ) type variable.
The set of all type expressions (or types for short) is denoted by $\mathcal{T}$. $\mathcal{T}_G \subset \mathcal{T}$ denotes the set of all ground type expressions.

For a simpler representation we omit the use of types with free variables in inferred types. In the sets $D(f)$ for $f \in \mathcal{D}$ free variables are considered all-quantified.

Definition 2 (semantics of types). *Let $t \in \mathcal{T}_G$ be a ground type expression and let $\mathcal{V}$ denote the set of all values expressible in the current functional language. Every type $t \in \mathcal{T}_G$ represents a set of values $V(t) \subseteq \mathcal{V}$:*

- $\bot$ *is the empty type just containing the value* $\bot$ *expressing non-termination.*
- $\top$ *is the type representing the set of all values.*
- *The base types* $b_1,\ldots,b_k$ *represent sets of simple values with the following property: If* $b,b' \in \mathcal{B}, V(b) \cap V(b') \neq \emptyset$ *then there exists some* $\tilde{b} \in \mathcal{B}$ *with* $V(\tilde{b}) = V(b) \cap V(b')$.
- $A \to B$ *contains all functions that map all values* $a \in V(A)$ *to values* $b \in V(B)$.
- *Types defined by* $\cup$ *and* $\cap$ *contain the union resp. intersection of the values of the element types.*
- $\mu X.t$ *with* t *containing* X *as free variable defines a recursive type as the least fixed points of the equation* $V(t') = V(t[X \leftarrow t'])$.[2]
- *In general* $c_1,\ldots,c_n$ *are free type constructors and correspond to tuple like data constructors. E.g. the type* $(T cons\ A\ B)$ *represents the value set*

$$\{(cons\ a\ b) \mid a : A, b : B\}.$$

For $v \in V(t)$ *we also write* $v : t$.

Definition 3 (type hierarchy). *The subset relation* $\subseteq$ *on the power set of* $\mathcal{V}$ *introduces a type hierarchy on the set* $\mathcal{T}_G$ *of all ground types with the subtype relation* $\sqsubseteq_R$ *by the following definition:*

$$t_1 \sqsubseteq_R t_2 \iff V(t_1) \subseteq V(t_2).$$

Though there are subtyping procedures for quite powerful type languages (see e.g. [4]) we are going to use approximations of the type hierarchy defined in Def. 3 with certain properties. By this we do not rely on type languages for which an algorithm deciding the semantic subtype relation exists.

Definition 4 (compatible subtype relation). *A subtype relation* $\sqsubseteq$ *is compatible to another subtype relation* $\sqsubseteq'$ *if the following condition holds:*

$$t_1 \sqsubseteq t_2 \implies t_1 \sqsubseteq' t_2$$

$\sqsubseteq$ *is called compatible if it is compatible to* $\sqsubseteq_R$. *In the following we use the notion* $t_1 \sqsubset t_2$ *for* $t_1 \sqsubseteq t_2 \wedge t_2 \not\sqsubseteq t_1$.

The idea of complete type checking applies in particular to calls of predefined functions. When a function $f \in \mathcal{D}$ is applied to an expression e where the most special type of e and no input type of f have common elements then a conditional type error (i.e. the misapplied call to a predefined function corresponding to an expression that conditionally goes wrong) is detected. Otherwise we select all input types of f that are most special and have a maximal number of common elements with e. We type the call $(f\ e)$ with the union of the corresponding output types. This is formalized in the following definitions.

---

[2] $t[X \leftarrow t']$ expresses the type t with every occurence of the variable X replaced by t'.

Definition 5 (partial parameter dependent output types). *Let A be a set of type assumptions (i.e. a set of type assignments and subtype conditions on type variables), $f \in \mathcal{D}$ a predefined function, $D(f)$ the set of all given typings of f and e a value expression. A type σ is a partial parameter dependent output type (ppo) of f with respect to e and A (written $\sigma \in PPO(A, f, e)$) if the following properties hold:*

1. *$A \vdash e : \tau'$.[3]*
2. *For every $\tilde{\tau}'$ with $A \vdash e : \tilde{\tau}'$ we have $\tilde{\tau}' \not\sqsubseteq \tau'$.*
3. *$\tau \to \sigma \in \widehat{D(f)}$ where $\widehat{D(f)}$ is the set of all ground instances of types in $D(f)$.*
4. *$EI(\tau, \tau')$ is false where EI approximates the test for empty intersection of two types with the following property:*

$$EI(\rho, \rho') \implies \rho \cap \rho' = \bot .$$

5. *If $\tilde{\tau} \to \tilde{\sigma} \in \widehat{D(f)}$ is a typing of f then the following holds:*
   (a) $\tau \cap \tau' \not\sqsubseteq \tilde{\tau} \cap \tau'$.
   (b) $\tau \cap \tau' = \tilde{\tau} \cap \tau' \implies \tilde{\tau} \not\sqsubseteq \tau$.

Remark 1. Informally, for the most special type τ' of e (1),(2) Def. 5 chooses the most special input type τ of f (3), (5b) that causes the least possible restriction of the intersection $\tau \cap \tau'$ (5a). The calculation fails in the case of an empty intersection $\tau \cap \tau'$ (4). The resulting partial parameter dependent output type is the output type of f corresponding to the chosen input type.

Note that (4) formalizes the test whether f is applicable to e. The other conditions are needed to get exact result types.

Though we have defined $PPO(A, f, e)$ just for unary function symbols f the definition is easy to extend by introducing tuples via a type constructor $\times$ defined by $V(A \times B) := V(A) \times V(B)$ and a corresponding data constructor $(\cdot, \cdot)$. This is shown in Ex. 4.

Example 4. Consider a function application $(+\ x\ y)$ and a set $D(+)$ of typings for $+$:

$$\text{nat} \times \text{nat} \to \text{nat} \in D(+) \tag{1}$$

$$\text{int} \times \text{int} \to \text{int} \in D(+) \tag{2}$$

$$\text{num} \times \text{num} \to \text{num} \in D(+) \tag{3}$$

$$\text{string} \times \text{string} \to \text{string} \in D(+) \tag{4}$$

(1), (2) and (3) denote the sum of naturals, integers and arbitrary numbers, respectively, with $\text{nat} \sqsubseteq \text{int} \sqsubseteq \text{num}$ and (4) denotes the concatenation of strings.

Suppose furthermore that the most special type with respect to A is nat for x and int for y. Then for calculating $PPO(A, +, (x, y))$ we have:

- $\tau' := \text{nat} \times \text{int}$.
- The intersection $\tau \cap \tau'$ is most general for $\tau \in \{\text{int} \times \text{int}, \text{num} \times \text{num}\}$.
- Because of $\text{int} \times \text{int} \sqsubseteq \text{num} \times \text{num}$ we have $\tau := \text{int} \times \text{int}$.

---

[3] The notion $A \vdash e : \rho$ is defined in Fig. 1.

$$\frac{}{A \cup \{x : \tau\} \vdash x : \tau} \; (Var) \qquad\qquad \frac{A \vdash e : \tau}{A \vdash e : \tau'} \; \tau \sqsubseteq \tau' \; (Sub)$$

$$\frac{A \cup \{x : \tau'\} \vdash e : \tau}{A \vdash \lambda x.e : \tau' \to \tau} \; (Abs) \qquad \frac{A \vdash e : \tau', A \vdash f = \lambda x.e' : \tau' \to \tau}{A \vdash (f\ e) : \tau} \; (App\text{-}Lambda)$$

$$\frac{A \vdash e : \tau' \qquad f \in \mathcal{D}}{A \vdash (f\ e) : \tau \qquad \tau := PO(A, f, e) \neq \bot} \; (App\text{-}Pre)$$

Fig. 1. Type inference rules for a simple complete type checker CC

- The resulting unique ppo is int.

If the most special types of x and y are **nat** $\cup$ **string** and **int** $\cup$ **string**, respectively, we get $\tau' :=$ (**nat** $\cup$ **string**) $\times$ (**int** $\cup$ **string**) and for τ we get **int** $\times$ **int** and **string** $\times$ **string**. Thus, we have the two ppos **int** and **string**.

If we have the types **nat** and **string** for x and y, respectively, then $\tau' :=$ **nat** $\times$ **string**, but the definition of τ fails since there is no input type τ of $+$ with $\neg EI(\tau, \tau')$. (Note that $t \times \bot = \bot \times t = \bot$.) $\qquad\qquad\square$

As Ex. 4 shows there can be none, one or several ppos. For no ppo a type error has been detected. In the case of several ppos the function application has to be typed with the union of them. This motivates the following definition:

Definition 6 (parameter dependent output type). *Let A, e and f be as in Def. 5. The parameter dependent output type of f with respect to e and A is defined as*

$$PO(A, f, e) := \begin{cases} \bigcup_{\sigma \in PPO(A,f,e)} \sigma & \text{if } PPO(A, f, e) \neq \emptyset \\ \bot & \text{else.} \end{cases}$$

With a compatible subtype relation $\sqsubseteq$ a simple complete (with respect to programs that conditionally go wrong) type checker is given by Fig. 1. The new idea of completeness can be found in the typing rule ($App\text{-}Pre$) for calls to predefined functions. The idea is to report exactly those calls for which the inferred argument type contains no values the function is applicable to.

The type checker presented in Fig. 1 is a basic one. Further inference rules e.g. for typing *let* or conditional types as presented in [1] should be easy to adapt.

Theorem 1 (completeness of type checking). *Let CC be a type checker based on the typing rules of Fig. 1 with a compatible subtype relation $\sqsubseteq$. When CC only reports those calls $a = (f\ e)$ with $f \in \mathcal{D}$ that cannot be typed according to (App-Pre) because $PO(A, f, e) = \bot$ then CC reports only calls in programs that conditionally go wrong.*

Example 5. Consider the program from Ex. 2. Typing the function f causes the typing of *reverse* with the input type $l \leftarrow (list\ \text{num})$ which in turn causes a message to be generated for *append*. (From the control flow information available during type inference the system can identify the call $(reverse\ (generate\ n))$ in f as conditionally going wrong with the execution path to *append*. The condition for this path to be executed is $(not\ (null?\ (generate\ n)))$.) $\qquad\square$

One should note that the system described here does not (yet) return *error* messages. This is the case because of the following two reasons:

- An expression that goes wrong need not be executed in a program. E.g. in Ex. 2 the function f may never be called.
- An expression that is reported by our system can still be executable without a runtime error if the control reached the expression on a different path. If e.g. the program in Ex. 2 contains a call (*reverse* '((1) (2) (3))) the expression (*append* ...) will not generate a misapplication of *append* for this call.

As a result we cannot be sure whether a detected problem in the program will really cause an error. But to every reported call a we can additionally compute the corresponding call a' that conditionally goes wrong (i.e. the entry point of a path that causes a runtime error) and the error condition (i.e. the conjunction of all conditions an argument to a' must fulfill to result in a call to a). This information can be used by a further stage of the type checker to determine whether the program must be rejected. This is the case if a call (always) goes wrong, i.e. its error condition is always fulfilled. Further reasons for rejecting a program can be error conditions that are always fulfilled except of special cases like empty lists (like in Ex. 5). The motto behind this would be the idea that one is not interested in functions that go wrong in *all* cases except for special cases like the empty list.

4   Related Work

This work uses the idea of type inference with subtyping [2], [10]. As we have shown in Ex. 1 undecidable problems prevent strongly typed languages with too powerful type hierarchies from being useful.

The idea of soft typing as presented in [3] can help to establish subtyping with a powerful type hierarchy. Besides reducing the number of runtime type checks as described in [15] soft typing allows to build tools that generate warnings to spot on potentially erroneous program parts. An example of set based analysis with output very similar to soft typing is MrSpidey [5] working under DrScheme.

A first approach to overcome the disadvantage of soft typing not to reject any programs is given in [14], but it depends strongly on a restricted type language. By the work presented here it is possible to build powerful type checkers with subtyping that benefit from both strongly typed languages and soft typing.

5   Conclusion and Future Work

In this paper we have motivated a new approach to type inference with subtyping that puts the focus on completeness of the type checker and we have defined the first component of such a type checker. By accepting every well-typed program and rejecting only those programs that are provably ill-typed we can use more powerful type languages without restricting the set of accepted programs due to inaccuracies of the type inference system. The programmer on the other hand gets detailed support in detecting errors. Further warnings of an additional sound soft typing system can spot on those parts of the program that could not be proven to be well-typed.

A further component that is needed for a complete type checker analyzes calls that conditionally go wrong in order to prove a sufficient condition to reject the program. Our current work includes the formal definition of conditions that make a program *unacceptable* and an appropriate check for these conditions.

References

1. A. Aiken, E. L. Wimmers, and T. K. Lakshman. Soft typing with conditional types. In *Conference Record of POPL '94: 21st ACM SIGPLAN-SIGACT Symposium on Principles of Programming Languages*, pages 163–173, Portland, Oregon, Jan. 1994.
2. A. S. Aiken and E. L. Wimmers. Type inclusion constraints and type inference. In *Functional Programming and Computer Architecture*, pages 31–41. ACM Press, June 1993.
3. R. Cartwright and M. Fagan. Soft typing. In *Proc. SIGPLAN '91 Conference on Programming Language Design and Implementation*, pages 278–292, June 1991.
4. F. M. Damm. Subtyping with union types, intersection types and recursive types. In M. Hagiya and J. C. Mitchell, editors, *Theoretical Aspects of Computer Software: International Symposium*, volume 789 of *Lecture Notes in Computer Science*, pages 687–706. Springer-Verlag, Apr. 1994.
5. C. Flanagan, M. Flatt, S. Krishnamurthi, S. Weirich, and M. Felleisen. Catching bugs in the web of program invariants. In *Proceedings of the ACM SIGPLAN '96 Conference on Programming Language Design and Implementation*, pages 23–32, Philadelphia, Pennsylvania, 21–24 May 1996. *SIGPLAN Notices* 31(5), May 1996.
6. P. Hudak, J. Peterson, and J. H. Fasel. *A Gentle Introduction to Haskell – Version 1.4 –*, Mar. 1997.
7. R. Kelsey, W. Clinger, and J. R. (Editors). *Revised^5 Report on the Algorithmic Language Scheme*, Feb. 1998.
8. B. W. Kernighan and D. M. Ritchie. *The C Programming Language, Second Edition, ANSI C*. Prentice Hall, 1988.
9. R. Milner. A theory of type polymorphism in programming. *J. Comput. Syst. Sci.*, 17(3):348–375, Dec. 1978.
10. G. S. Smith. Principal type schemes for functional programs with overloading and subtyping. *Science of Computer Programming*, 23(2–3):197–226, Dec. 1994.
11. B. Stroustrup. *The C++ Programming Language, Third Edition*. Addison Wesley, 1997.
12. P. S. Wang. The undecidability of the existence of zeros of real elementary functions. *Journal of the ACM*, 21(4):586–589, Oct. 1974.
13. Å. Wikström. *Functional Programming using Standard ML*. Prentice Hall, 1987.
14. A. K. Wright. *Practical Soft Typing*. PhD thesis, Rice University, Houston, Texas, Aug. 1994.
15. A. K. Wright and R. Cartwright. A practical soft type system for scheme. In *Proceedings of the 1994 ACM Conference on Lisp and Functional Programming*, pages 250–262, June 1994.

Fixed Points in Metrified Quasi Ordered Sets: Modelling Escaping in Functional Programs

Markus Mohnen

Lehrstuhl für Informatik II, RWTH Aachen, Germany
mohnen@informatik.rwth-aachen.de

Abstract. The standard denotational semantics of a programming language, being based on Tarski's Theorem, is often not capable of expressing program properties. Annotated semantic domains and corresponding semantic functions capacitate us to express the properties, but the resulting structures may no longer be partially ordered sets. Instead we obtain quasi ordered sets, which lack the antisymmetry of partially ordered sets. To cater with these structures, we introduce a new kind of structure called *metrified quasi ordered sets* and develop a generalisation of Tarski's Theorem for these structures.

We demonstrate the techniques for a simple lazy functional language F by modelling the escape behaviour of F programs.

1   Introduction

Using denotational semantics for the formal description of programming language semantics is a well–known and widely used technique [Mos90]. It allows the definition of a computation independent meaning of programs, without the necessity to fix details of an implementation. Furthermore, reasoning about programs, especially about the correctness of program optimisations, becomes possible.

In many cases, however, this approach is too abstract to be useful. When we consider program analyses based on abstract interpretation [Myc80] we often cannot prove the correctness of the analysis with respect to the denotational semantics, simply because it is not possible to *express* the property analysed in terms of the denotational semantics. An example for such a property is the *escape behaviour* of functional programs [PG92,Moh97a]. It allows the prediction of the reachability of data structures in the graph reduction implementation of functional programs. In terms of graph rewriting, those parts of the arguments which do *escape from a function application* are in the subgraph spanned by the result. To express this notion denotationally, we need the ability to distinguish between 'original' (the argument) and 'copy' (the result). However, this difference cannot be expressed by the standard denotational semantics. The knowledge of the escape behaviour allows techniques like *compile–time garbage collection* [ISY88,Hug92,Moh95].

To remedy this problem, the analysis could be proven to be correct in an operational setting, e.g. data flow graphs or abstract machines. But this is not attractive for denotational-style semantics abstract interpretation. Moreover, this often destroys the separation between *analysis* on one hand and *optimisation* on the other, being interfaced by a *semantic property*. This *model–based approach* [HS95a] has the main advantage that changes to either analysis or transformation do not require new proofs for the unchanged parts. However, without the possibility to express the property denotationally, we cannot use this approach.

Furthermore, because an operational semantics must be provided, we typically have to fix more details than actually needed. Translation to code for abstract machines typically includes the transformation of recursion to iteration and the representation of the denotational domains. For one special program property, however, this is simply to much overhead.

Our suggestion is to *annotate* the domains of the denotational semantics to express the property of interest. Starting from a domain D we obtain annotated domains essentially as $D \times A$, where A is a set of annotations. Of course, the semantic functions must also be extended to cater for these annotations. The order on the annotated domain determines how the semantics of recursive or iterative constructs are defined, hence it is reasonable to maintain the original order. However, a problem arises: if D is a complete partially ordered set (cpo) then the canonical way to define an ordering on $D \times A$ is to ignore the annotations.

The resulting structure $D \times A$, however, is no longer a cpo, because we loose anti-symmetry: Two elements $(d,a), (d,a') \in D \times A$ cannot be distinguished by the ordering but are not equal (due to the different annotations). Hence, we obtain a *quasi ordered set (qos)*. But the standard fixed point theory cannot directly be transfered to these structures: neither least elements nor least upper bounds need to be unique, and worse, the elements of the least upper bound of the chain of successive function applications need not be a fixed point.

Of course, it might be possible in some cases to make $D \times A$ a cpo, by extending the order to take care of annotations. However, (1) there is no guarantee that this is possible and (2) this is an error prone task, because we must be careful to maintain the original computations.

A different alternative would be to equip A with partially order, in cases where this is possible. Of course, least upper bounds in $D \times A$ still need not exist for every directed set if A is not a cpo, but we could try to apply transfer lemmas (see for instance [AP86]) to get the result wanted. Still there is the problem that we would have to introduce a new partially ordered set A which has nothing to do with the "degree of undefinedness" which is captured with the original order on D.

This paper provides a formal framework for defining semantics based on quasi ordered sets. The main result is a fixed point theorem for metrified quasi ordered sets. It can be seen as generalisation of the fixed point theorem of Knaster and Tarski for cpos. Another approach to semantics, typically used in the context of concurrency [dBZ82], is based on metric spaces and the fixed point theorem by Banach (see [BMC94] for a more detailed discussion of the metric space approach). We use techniques and notions from both approaches to obtain results for qos.

Besides the escape behaviour of functional programs we have used this generalised framework for two other purposes:

(1) In [Moh97a] we described a denotational graph reduction semantics for functional programs. Here the problem is not an annotation but the modelling of garbage in graphs. Obviously, garbage should not contribute to the order because otherwise garbage collection would be non–monotonic. Hence, garbage must be ignored by the ordering and the resulting domains are quasi ordered sets. In this setting it is not possible to use the standard theory at all: Neither forcing the domains to be cpo's nor equipping them with (incomplete) partially ordered sets is possible.

(2) In [Moh97b] a simple imperative language and the problem of dead code elimination was modelled as an annotated domain. There we developed a similar framework for function space quasi ordered sets. This approach, however, was not capable of handling *lazy semantics*, like those used for modern function languages like Haskell or Clean. Hence it was not possible to model escaping on infinite terms. However, since function space quasi ordered sets are a special kind of metrified quasi ordered sets, this paper generalises these results.

The paper is organised as follows. In Section 2 we give the syntax and semantics of the functional language F. The annotations of the semantics which allow us to express

Constants	$c \in$ Con	nil, cons, head, tail, nil?, cons?, +, -, 0, 1, ...
Identifiers	$x, F \in$ Id	
Expressions	$e \in$ Exp	$e ::= c \mid x \mid F \mid (e_0\ e_1\ ...\ e_n) \mid$ if e_1 then e_2 else e_3
Equations	$E \in$ Eqn	$E ::= F\ x_1 ... x_n = e$
Programs	$P \in$ Pgm	$P ::= E_1\ ...\ E_p$

Fig. 1: Syntax of F

escaping are introduced in Section 3. Section 4 gives the formal treatment of fixed points in metrified quasi ordered sets, which we use in the succeeding section to complete the annotated semantics of F. Section 6 concludes.

2 The language F

The language we use to demonstrate our techniques is a simple first–order lazy functional language F. For simplicity, we consider lists and integers as the only data types. Expressions in the context of truth values are considered to be true iff their value is not zero. The syntax of F is given as a context–free grammar in Figure 1. For brevity, we write lists in examples with square brackets instead of using explicit constructors, i.e. [1,2,3] instead of cons(1,cons(2,cons(3,nil))).

Programs are assumed to be well–typed: All expressions e on the right–hand sides have a (nested) list type $t = $ List ... List int with a *nesting level* of $n \in \mathbb{N}$ lists. Integers are considered to be lists of level 0. For the definition of the standard semantics of F we use the set D^t of finite, partial, and infinite lists for each list type t. For instance, we have $\mathsf{D}^{\text{List int}} = \{[], [0], [1], ..., [1,1], ... \qquad$ (finite lists)
$\qquad\qquad\qquad \bot, \text{cons}(\bot, \bot), \text{cons}(0, \bot), ..., \quad$ (partial lists)
$\qquad\qquad\qquad [1,2,...], ...\} \qquad\qquad\qquad$ (infinite lists)

The symbol $\bot$ represents a non–terminating computation. It may occur at any point within a list. The order on the domains describes "less non–termination": $l_1 \leq^t l_2$ iff l_2 results from replacing some occurrences of $\bot$ in l_1. Formally, we have $\bot \leq^t l$, $l \leq^t l$, and $\text{cons}(e, l) \leq^t \text{cons}(e', l')$ iff $e \leq^{t-1} e'$ and $l \leq^t l'$. The resulting domains $\langle \mathsf{D}^t, \leq^t \rangle$ are *complete partially ordered sets (cpos)*: (1) the order $\leq^t$ is transitive, reflexive, and antisymmetric, (2) the domains contain a least element $\bot$, and (3) for each directed set there exists a least upper bound.

Using these domains, the semantics $\mathfrak{M}$ of F programs (see Figure 2) can be defined as a least fixed point. Since each of the domains is a cpo, the fixed point theorem of Knaster and Tarski (Theorem 1) guarantees that the least fixed point $\mathsf{lfp}(\Phi)$ exists.

Theorem 1 (Fixed Point Theorem of Knaster and Tarski)
Let C be a cpo with least element $\bot$ and let $\Phi : C \to C$ be a continuous function. Then Φ has a least fixed point $\mathsf{lfp}(\Phi) = \bigsqcup\{\Phi^i(\bot) \mid i \in \mathbb{N}\} \in C$.

3 An Escape Semantics for F, Part I

In this section, we start to describe how the standard semantics of the last section is extended to describe the escape behaviour. Since the full escape semantics requires the fixed point theorem of the next section, the semantics of this section is incomplete. It is completed in Section 5.

The aim of the escape semantics is to describe the storage behaviour of the program wrt. graph reduction. It gives information about those parts of the arguments of a function application which may *escape from the application*: Those parts which do escape are in the subgraph spanned by the result of the application.

The intention is to use this semantics as a reference point for the correctness of *escape analysis* [Moh97a], an abstract interpretation based method for extracting safe

$$\boxed{\begin{aligned}
&\text{Constants: } \mathfrak{C} : \mathrm{Con}^t \to \mathbf{D}^t \\
&\quad \mathfrak{C}[\![0]\!] := 0, \; \mathfrak{C}[\![\mathrm{nil}]\!] := \mathrm{nil}, \; \mathfrak{C}[\![\mathrm{cons}]\!] := (x,l) \mapsto \mathrm{cons}(x,l) \\
&\quad \mathfrak{C}[\![\mathrm{head}]\!] := l \mapsto \begin{cases} x & \text{if } l = \mathrm{cons}(x,l) \\ \bot & \text{otherwise} \end{cases}, \; \mathfrak{C}[\![\mathrm{cons?}]\!] := l \mapsto \begin{cases} 1 & \text{if } l = \mathrm{cons}(.,.) \\ 0 & \text{if } l = \mathrm{nil} \\ \bot & \text{otherwise} \end{cases}, \; \dots \\
&\text{Expressions: } \mathfrak{M} : \mathrm{Exp}^t \times \mathrm{Env} \to \mathbf{D}^t \\
&\quad \mathfrak{M}[\![c]\!]\rho := \mathfrak{C}[\![c]\!], \; \mathfrak{M}[\![x]\!]\rho := \rho(x), \; \mathfrak{M}[\![F]\!]\rho := \rho(F) \\
&\quad \mathfrak{M}[\![(e_0 \, e_1 \, \dots \, e_n)]\!]\rho := \mathfrak{M}[\![e_0]\!]\rho(\mathfrak{M}[\![e_1]\!]\rho, \dots, \mathfrak{M}[\![e_n]\!]\rho) \\
&\quad \mathfrak{M}[\![\text{if } e_1 \text{ then } e_2 \text{ else } e_3]\!]\rho := \begin{cases} \mathfrak{M}[\![e_1]\!]\rho & \text{if } \mathfrak{M}[\![e_0]\!]\rho = 1 \\ \mathfrak{M}[\![e_2]\!]\rho & \text{if } \mathfrak{M}[\![e_0]\!]\rho = 0 \\ \bot & \text{otherwise} \end{cases} \\
&\text{Equations: } \mathfrak{M}[\![F \, x_1 \dots x_n = e]\!]\rho := (x_1, \dots, x_n) \mapsto \mathfrak{M}[\![e]\!]\rho[x_1/x_1, \dots, x_n/x_n] \\
&\text{Programs: } \mathfrak{M}[\![E_1 \, \dots \, E_p]\!] := \mathsf{lfp}(\Phi) \text{ where } \Phi(\rho) := [F_1/\mathfrak{M}[\![E_1]\!]\rho, \dots, F_p/\mathfrak{M}[\![E_p]\!]\rho]
\end{aligned}}$$

Fig. 2: Semantics of F

approximations of the memory behaviour. The information obtained by this analysis can be used to optimise code generation by *compile–time garbage collection*. For instance, consider the append function:

append l1 l2 = if (isnil l1) then l2 else (cons (head l1) (append (tail l1) l2))

This function traverses l1 recursively and copies all heap cells for the constructors of the list. Hence, the heap cells for the constructors of the first list cannot be part of the result. In contrast, the heap cells of the second argument escape. Therefore, if it can be ensured that the list is unshared, then the constructor cells of l1 are garbage after termination of append. This information can be used to improve the memory usage, for instance by inserting deallocation instructions.

To express this notion in terms of a denotational semantics, we need the ability to distinguish between 'original' (the argument) and 'copy' (the result). However, this difference cannot be expressed by the denotational semantics $\mathfrak{M}$: We want to express that the value of l does not escape from the expression $\mathfrak{M}[\![* (appendl[\,])]\!]\rho$. But obviously $\mathfrak{M}[\![* (appendl[\,])]\!]\rho = \rho(l)$ holds for all environments ρ with $\mathfrak{M}[\![P]\!] \subseteq \rho$.

Our solution is to modify the denotational domains by *augmenting* the values with additional tags. These tags are essentially ignored by the semantics; however, they can be used to express the difference between 'original' and 'copy'. To model the annotations, we consider the well–known notion of *occurrences* in a tree: The set $O(l) \subseteq \{0,1\}^*$ of all paths in a list $l \in \mathbf{D}^t$ is defined by $O(\mathrm{nil}) = O(\bot) := \{\varepsilon\}$ and $O(\mathrm{cons}(x,l)) := \{\varepsilon\} \cup \{0.w \mid w \in O(x)\} \cup \{1.v \mid v \in O(l)\}$. For instance, we have $O(\mathrm{cons}(31,\mathrm{cons}(42,\mathrm{nil}))) = \{\varepsilon,0,1,10,11\}$; each element w identifies a unique position in the list. An escape annotation of a list l is simply a mapping $f : O(l) \to \{0,1\}$, assigning a tag to each position in the list. Hence, we define the annotated domains in the following way: $\widehat{\mathbf{D}}^t := \{(l,a) \mid l \in \mathbf{D}^t, a : O(l) \to \{0,1\}\}$.

A possible annotation of the list $\mathrm{cons}(31,\mathrm{cons}(42,\mathrm{nil}))$ is the function $\{\varepsilon \mapsto 1, 0 \mapsto 1, 1 \mapsto 1, 10 \mapsto 0, 11 \mapsto 1\}$, where all list constructors are annotated with '1', and all entries are annotated with '0' (see Figure 3). We define the order on the annotated domains to be essentially the same as the order on the original domains: $(l,a) \, \widehat{\leq}^t \, (l,a') : \iff l \leq^t l'$. Using these domains, the definition of the annotated expression semantics Figure 4 is straightforward: The annotation do not influence the actual computation, but are only passed through. New constructors or constants are annotated with a zero tag. Obviously, the annotated expression semantics is a conservative

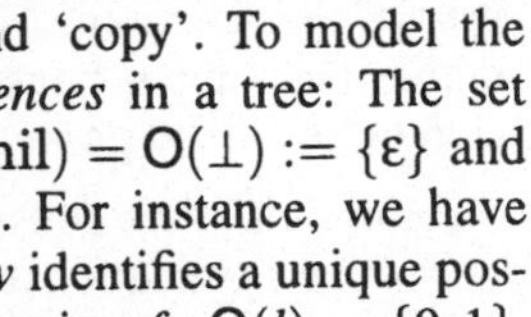

Fig. 3: Annotation

$$\begin{aligned}
&\text{Constants: } \widehat{\mathfrak{C}} : \text{Con}^t \to \widehat{D}^t \\
&\quad \widehat{\mathfrak{C}}[\![0]\!] := (0, \varepsilon \mapsto 0), \ \widehat{\mathfrak{C}}[\![\text{nil}]\!] := (\text{nil}, \varepsilon \mapsto 0) \\
&\quad \widehat{\mathfrak{C}}[\![\text{cons}]\!] := ((x, a_x), (l, a_l)) \mapsto \left(\text{cons}(x, l), \begin{pmatrix} \varepsilon \mapsto 0 \\ 0w \mapsto a_x(w) \\ 1w \mapsto a_l(w) \end{pmatrix}\right) \\
&\quad \widehat{\mathfrak{C}}[\![\text{head}]\!] := (l, a) \mapsto \begin{cases} (x, w \mapsto (a(0w)) & \text{if } l = \text{cons}(x, l) \\ (\bot, \varepsilon \mapsto 0) & \text{otherwise} \end{cases}, \ \ldots \\
&\text{Expressions: } \widehat{\mathfrak{M}} : \text{Exp}^t \times \text{Env} \to \widehat{D}^t \\
&\quad \widehat{\mathfrak{M}}[\![c]\!]\rho := \widehat{\mathfrak{C}}[\![c]\!], \ \widehat{\mathfrak{M}}[\![x]\!]\rho := \rho(x), \ \widehat{\mathfrak{M}}[\![F]\!]\rho := \rho(F) \\
&\quad \widehat{\mathfrak{M}}[\![(e_0\, e_1\, \ldots\, e_n)]\!]\rho := \widehat{\mathfrak{M}}[\![e_0]\!]\rho(\widehat{\mathfrak{M}}[\![e_1]\!]\rho, \ldots, \widehat{\mathfrak{M}}[\![e_n]\!]\rho) \\
&\quad \widehat{\mathfrak{M}}[\![\text{if } e_1 \text{ then } e_2 \text{ else } e_3]\!]\rho := \begin{cases} \widehat{\mathfrak{M}}[\![e_1]\!]\rho & \text{if } \widehat{\mathfrak{M}}[\![e_0]\!]\rho = (1, .) \\ \widehat{\mathfrak{M}}[\![e_2]\!]\rho & \text{if } \widehat{\mathfrak{M}}[\![e_0]\!]\rho = (0, .) \\ (0, \bot) & \text{otherwise} \end{cases} \\
&\text{Equations: } \widehat{\mathfrak{M}}[\![F\, x_1 \ldots x_n = e]\!]\rho := (x_1, \ldots, x_n) \mapsto \widehat{\mathfrak{M}}[\![e]\!]\rho[x_1/x_1, \ldots, x_n/x_n]
\end{aligned}$$

Fig. 4: Annotated Semantics of F

extension of the original semantics: The original semantics can simply be obtained by removing the annotations: $\widehat{\mathfrak{M}}[\![e]\!]\rho' = (\mathfrak{M}[\![e]\!]\rho, .)$ if $\rho'(I) = (\rho(I), .)$.

To show that we have reached our aim, we consider $(l, a) = \widehat{\mathfrak{M}}[\![* (appendl[])]\!]\rho$. Obviously, we have $\rho(1) = (l, a')$ but if $a'(w) \neq 0$ for some $w \in O(l')$ then $a \neq a'$ and hence $\widehat{\mathfrak{M}}[\![* (appendl[])]\!]\rho \neq \rho(1)$.

Although we can define a transformation $\Psi : \text{Env} \to \text{Env}$ in analogy to Φ by $\Psi(\rho) := [F_1/\widehat{\mathfrak{M}}[\![E_1]\!]\rho, \ldots, F_p/\widehat{\mathfrak{M}}[\![E_p]\!]\rho]$ we cannot proceed using the standard techniques. To define the semantics of a program, we need a least fixed point $\text{lfp}(\Psi)$. However, the theorem of Knaster and Tarski can not be applied here: Since the order on $\widehat{D}^t$ ignores the annotations, it is not antisymmetric. Observe, that for all elements $(l, a), (l, a') \in \widehat{D}^t$ differing only in the annotations, holds that $(l, a) \mathrel{\widehat{\leq}^t} (l, a')$ and $(l, a) \mathrel{\widehat{\geq}^t} (l, a')$. But obviously, if $a \neq a'$ then $(l, a) \neq (l, a')$! Therefore, the annotated domains are *not partially ordered* and Theorem 1 cannot be used: All elements $(\bot, a) \in \widehat{D}^t$ are least elements and neither least upper bounds are unique, nor does an element of $\bigsqcup\{\Psi^n((\bot, .)) \mid n \in \mathbb{N}\}$ need to be a fixed point of Ψ.

However, if we consider the **append** function, we can observe that the sequence of successive applications of Ψ starting from one of the least elements $b = (l, l') \mapsto (\bot, \varepsilon \mapsto 0)$ determines a unique limit function: It is an annotated version of the original function with the special property that all newly created cells are annotated with 0.

But since the order $\mathrel{\widehat{\leq}^t}$ is too coarse to distinguish between this function and any other function annotating the original **append**, the least upper bound wrt. $\mathrel{\widehat{\leq}^t}$ does not determine this function uniquely. Therefore, we introduce a new notion of convergence in the next section, which takes into account information about the annotations as well.

In this example, we can also monitor the effect that prevents the usage of the approach of [Moh97b] in this context. Let $a^i = \Psi^i(\text{append})$ be the function for **append** in the i–th iteration. The task is to find a limit function i. For each finite list l there exists an $i \in \mathbb{N}$ such that $a^i(l, l') = a^{i+k}(l, l')$ for all $k \in \mathbb{N}$. Hence, a unique limit is determined by $a(l, l') = a^i(l, l')$. However, this is no longer possible for infinite lists l_∞: Here we have $a^i(l_\infty, l') < a^{i+1}(l_\infty, l')$, i.e. the value is only a partial approximation of the result of the limit function. Therefore, the annotations of the result of the limit function must be determined in another way.

4 Least Fixed Points in Metrified Quasi Ordered Sets

We start by generalising some basic notions of partially ordered sets. We then can demonstrate their deficiencies in the context of quasi ordered sets (qos).

Definition 1 (Basic Notions) *Let* $\langle Q, \preccurlyeq \rangle, \langle Q', \preccurlyeq' \rangle$ *be qos.*

1. *The* set of least elements of $X \subseteq Q$ is defined as $\mathsf{least}(X) := \{y \in X \mid y \preccurlyeq x \, \forall x \in X\}$. *Hence, the* set of least elements of Q is $\mathsf{least}(Q)$.
2. *A set* $D \subseteq Q$ *is directed iff* $\forall x, y \in D$ *exists* $z \in D$ *with* $x \preccurlyeq z$ *and* $y \preccurlyeq z$.
3. *The* set of least upper bounds of a directed $D \subseteq Q$ *is defined as* $\mathsf{lub}(D) := \mathsf{least}(\{y \in Q \mid x \preccurlyeq y \text{ for every } x \in D\})$.
4. *A function* $f : Q \to Q'$ *is* monotonic *iff for* $\forall x, y \in Q$ *with* $x \preccurlyeq y$ *holds:* $f(x) \preccurlyeq' f(y)$.

Example: The annotated list domains $\langle \widehat{\mathsf{D}}^t, \widehat{\leq^t} \rangle$ are quasi ordered sets. $\lhd$

The major problem of finding a uniquely determined least fixed point in qos is that neither least element nor least upper bound are determined uniquely. This implies that for a given function f, even if we can guarantee that $x \in \mathsf{lub}(\{f^i(b) \mid i \in \mathbb{N}\})$ exists (for some $b \in \mathsf{least}(D)$), it is not uniquely determined either. Hence, we need a way of selecting a unique element. However, if we try to transfer the notion of continuity of a function f with the condition $f(\mathsf{lub}(D)) = \mathsf{lub}(f(D))$ we end up with a condition between *sets*, and not between *elements*. Consequently, even if we can select an $x \in \mathsf{lub}(\{f^i(b) \mid i \in \mathbb{N}\})$ for an f which fulfils the above condition, we can only conclude that $f(x) \in \mathsf{lub}(\{f^i(b) \mid i \in \mathbb{N}\})$ but *it does not need to be a fixed point*.

Obviously, we must provide more information if we want $\{f^i(b) \mid i \in \mathbb{N}\}$ to *converge* to a single element: We add a *metric* for those elements which cannot be distinguished by $\preccurlyeq$.

Definition 2 (Metrified Quasi Ordered Set) *Let* $\langle Q, \preccurlyeq \rangle$ *be a qos and let* $\mathsf{d} : Q \times Q \to \mathbb{R}^{\geq 0}$ *be a function, such that for all* $a, b, c \in Q$ *holds (1)* $\mathsf{d}(a, b) = \mathsf{d}(b, a)$ *and (2)* $\mathsf{d}(a, c) \leq \mathsf{d}(a, b) + \mathsf{d}(b, c)$. *If we have* $a = b$ *iff* $a \preccurlyeq b$, $b \preccurlyeq a$, *and* $\mathsf{d}(a, b) = 0$ *then the triple* $\langle Q, \preccurlyeq, \mathsf{d} \rangle$ *is called* metrified quasi ordered set.

Metrified qos are a generalisation of both partially ordered sets (pos) and metric spaces, in the sense that any pos can be seen as a metrified qos (taken with a discrete metric, for example) and any metric space can be seen as a metrified qos (taken with a trivial quasi order).

Example: For annotated lists $\widehat{\mathsf{D}}^t$ with nesting level n, we define the function $\widehat{\mathsf{d}}^t : \widehat{\mathsf{D}}^t \times \widehat{\mathsf{D}}^t \to \mathbb{R}^{\geq 0}$ as $\widehat{\mathsf{d}}^t((l, a), (l', a')) := \mathsf{d}^t(a, a')$ where d^t is defined in the following way:

$$
\mathsf{d}^t(a, a') := \begin{cases} 0 & \text{if } a = a' \\ \dfrac{1}{\min\limits_{w \in a \triangle a'} |w| + 1} & \text{otherwise} \end{cases}
$$

where $a \triangle a' := \{w \in \mathsf{dom}(a) \cap \mathsf{dom}(a') \mid a(w) \neq a'(w)\} \cup (\mathsf{dom}(a) \setminus \mathsf{dom}(a')) \cup (\mathsf{dom}(a') \setminus \mathsf{dom}(a))$.

The distance between two annotated lists is measured by finding the first path where the annotations differ. For the annotated lists $l = (\mathsf{cons}(31, \perp), \{\varepsilon \mapsto 1, 0 \mapsto 0, 1 \mapsto 1\})$ and $l' = (\mathsf{cons}(31, \mathsf{cons}(42, \mathsf{nil})), \{\varepsilon \mapsto 0, 0 \mapsto 0, 1 \mapsto 0, 10 \mapsto 1, 11 \mapsto 1\})$ we have $\widehat{\mathsf{d}}^t((l, a), (l, a')) = \dfrac{1}{\min\limits_{w \in \{1, 10, 11\}} |w| + 1} = \frac{1}{2}$

Obviously, the conditions of the definition are fulfilled. Hence, the structure $\langle \hat{D}^t, \widehat{\leq^t}, \hat{d}^t \rangle$ is a metrified quasi ordered set. ◁

The next lemma shows that metrified qos are closed under product.

Lemma 1 *Let* $\langle Q_i, \preceq_i, d_i \rangle$, $i = 1, 2$, *be metrified qos. The* product $\langle Q_1 \times Q_2, \preceq, d \rangle$, *where the relation* $\preceq$ *is defined as* $(x, y) \preceq (x', y') :\Longleftrightarrow x \preceq_1 x', y \preceq_2 y'$ *and the function* d *defined as* $d((x, y), (x', y')) = d_1(x, x') + d_2(y, y')$ *is a metrified qos.*

We now introduce a notion of convergence in metrified qos, which, in contrast to lub, guarantees a unique limit.

Definition 3 $((\preceq, d)$**–Convergent Sequence)** *Let* $\langle Q, \preceq, d \rangle$ *be a metrified qos. A sequence* $(a_n)_{n \in \mathbb{N}}$, $a_n \in Q$ $(n \in \mathbb{N})$ *is called* $(\preceq, d)$*–convergent to the limit* $a \in Q$ *iff* $\{a_n \mid n \in \mathbb{N}\}$ *is a directed set,* $a \in \mathrm{lub}(\{a_n \mid n \in \mathbb{N}\})$, *and for all* $\varepsilon > 0$ *exists* $n_0 \in \mathbb{N}$ *such that for all* $n > n_0$ *holds that* $d(a, a_n) < \varepsilon$. *We write:* $a = \lim_{n \to \infty} a_n$.

Again, this notion is an amalgamation of two well–known notions: If the metrified qos is a pos, then $\lim_{n \to \infty} a_n = \bigsqcup_{n \in \mathbb{N}} a_n$ if it exists and if $\preceq$ is trivial, then this notion is the usual convergence in metric spaces.

Lemma 2 (Uniqueness of Limit) *Let* $\langle Q, \preceq, d \rangle$ *be a metrified qos. If* $(a_n)_{n \in \mathbb{N}}$ *is a* $(\preceq, d)$*–convergent sequence, then the limit is determined uniquely.*

The limit is by definition a least upper bound of all elements of the sequence which means that if Q is a pos and $(a_n)_{n \in \mathbb{N}}$ is $(\preceq, d)$-convergent then $\bigsqcup_{n \in \mathbb{N}} a_n$ exists and is equal to $\lim_{n \to \infty} a_n$. However, the opposite direction does not need to be true, i.e. a sequence with least upper bound does not need to be convergent. For the case $Q = D \times A$ this means that we must be careful to choose the metric in a way that directed sets in D correspond to convergent sequences in $D \times A$.

Furthermore, we can conclude that if there exists an $a \in Q$ with $a_n \preceq a$ for all $n \in \mathbb{N}$ then we also know that $\lim_{n \to \infty} a_n \preceq a$.

Definition 4 $((\preceq, d)$**–Cauchy Sequence)** *Let* $\langle Q, \preceq, d \rangle$ *be a metrified qos. A sequence* $(a_n)_{n \in \mathbb{N}}$, $a_n \in Q$ $(n \in \mathbb{N})$ *is called* $(\preceq, d)$*–Cauchy iff* $\{a_n \mid n \in \mathbb{N}\}$ *is a directed set and for all* $\varepsilon > 0$ *exists* $n_0 \in \mathbb{N}$ *such that for all* $n > n_0$ *and* $m > n_0$ *holds that* $d(a_m, a_n) < \varepsilon$.

Not surprisingly, every $(\preceq, d)$–convergent sequence is also $(\preceq, d)$–Cauchy, but not vice versa.

Definition 5 (Complete Metrified QOS) *A metrified qos* $\langle Q, \preceq, d \rangle$ *is a* complete metrified qos *iff every* $(\preceq, d)$*–Cauchy sequence is* $(\preceq, d)$*–convergent.*

Sometimes this restriction is too hard or at least too hard to prove. However, for the overall goal, the fixed point theorem, it suffices to consider a weaker condition.

Definition 6 (Chain) *Let* $\langle Q, \preceq, d \rangle$ *be a metrified qos. A sequence* $(a_n)_{n \in \mathbb{N}}$, $a_n \in Q$ $(n \in \mathbb{N})$ *with* $a_n \preceq a_m$ *for* $n < m$ *is called chain.*

As usual, for every chain $(a_n)_{n \in \mathbb{N}}$ holds that $\{a_n \mid n \in \mathbb{N}\}$ is a directed set.

Definition 7 (Chain–Complete Metrified QOS) *A metrified qos* $\langle Q, \preceq, d \rangle$ *is a* chain–complete metrified qos *iff every* $(\preceq, d)$*–Cauchy chain is* $(\preceq, d)$*–convergent.*

Every complete metrified qos is also a chain–complete metrified qos but not vice versa.

Example: The annotated list domains $\langle \hat{D}^t, \widehat{\leq^t}, \hat{d}^t \rangle$ are chain–complete metrified qos. Let $((l_n, a_n))_{n \in \mathbb{N}}$ be a $(\widehat{\leq^t}, \hat{d}^t)$–Cauchy chain. We have to prove that there is a (l, a) such that $\lim_{n \to \infty}(l_n, a_n) = (l, a)$. Since $(l, a) \in \mathrm{lub}(\{(l_n, a_n) \mid n \in \mathbb{N}\}) \iff l = \bigsqcup_{n \in \mathbb{N}} l_n$ we simply have to construct an annotation a such that for all $\varepsilon > 0$ exists $n_0 \in \mathbb{N}$ such that for all $n > n_0$ holds $d^t(a, a_n) < \varepsilon$.

Since $((l_n, a_n))_{n \in \mathbb{N}}$ is a chain we know that $l_n \leq^t l_m$ for $n < m$. Hence $\mathrm{dom}(a_n) = O(l_n) \subseteq O(l_m) = \mathrm{dom}(a_m)$ and furthermore $a_n \triangle a_m = \{w \in \mathrm{dom}(a_n) \mid a_n(w) \neq a_m(w)\} \cup (\mathrm{dom}(a_m) \setminus \mathrm{dom}(a_n))$. For all paths $w \in \mathrm{dom}(a_m) \setminus \mathrm{dom}(a_n)$ and $v \in \mathrm{dom}(a_n)$ holds that $|w| \geq |v|$ and consequently $\min_{w \in a_n \triangle a_m} |w| + 1 = \min_{w \in \mathrm{dom}(a_n), a_n(w) \neq a_m(w)} |w| + 1$. Because $((l_n, a_n))_{n \in \mathbb{N}}$ is Cauchy we have that for all $\varepsilon > 0$ exists $n_0 \in \mathbb{N}$ such that for all $n > n_0$ and $m > n_0$ holds that $\mathsf{d}^t(a_m, a_n) < \varepsilon$. This is equivalent to $\frac{1}{\varepsilon} - 1 < \min_{w \in \mathrm{dom}(a_n), a_n(w) \neq a_m(w)} |w|$. Hence we have that for all $w \in \mathrm{dom}(a_n)$ with $|w| \leq \frac{1}{\varepsilon} - 1$ holds $a_n(w) = a_m(w)$.

We know that for all w exists an $n \in \mathbb{N}$ such that $a_n(w) = a_{n+k}(w)$ for all $k \in \mathbb{N}$. Hence, we define the limit annotation $a : O(l) \to \{0, 1\}$ as $a(w) := a_n(w)$ where n is such that $a_n(w) = a_{n+k}(w)$ for all $k \in \mathbb{N}$. $\triangleleft$

Without completeness, we can still formulate a fixed point theorem since we only need the presence of the limit of the sequence of successive applications. However, it is often simpler to prove the (chain–)completeness of the domain than to prove the convergence of this specific sequence.

One might argue that in the absence of completeness, a metrified qos can be used as semantic domain only for a specific application which needs only the convergent sequences present and hence is hardly reusable and the semantic function hardly extendible. However, we do not agree since in practice there is only one interesting sequence, namely the sequence of successive applications of the semantic transformation.

To obtain a fixed point, we need the possibility to exchange application of the transformation and limits, i.e. we need functions which preserve the limit.

Definition 8 (Continuous Function) *Let $\langle Q, \preccurlyeq, \mathsf{d} \rangle$ and $\langle Q', \preccurlyeq', \mathsf{d}' \rangle$ be metrified qos. A function $f : Q \to Q'$ is called* continuous *iff for all $(\preccurlyeq, \mathsf{d})$–convergent sequences $(a_n)_{n \in \mathbb{N}}$ holds that the sequence $(f(a_n))_{n \in \mathbb{N}}$ is $(\preccurlyeq', \mathsf{d}')$–convergent and $f(\lim_{n \to \infty} a_n) = \lim_{n \to \infty} f(a_n)$.*

Once again, this notion is a generalisation of the corresponding notions for pos and metric spaces. Consequently, a well–known relation between pos–continuous and pos–monotonic functions also holds for metrified qos:

Lemma 3 *Let $\langle Q, \preccurlyeq, \mathsf{d} \rangle$ and $\langle Q', \preccurlyeq', \mathsf{d}' \rangle$ be metrified qos. If $f : Q \to Q'$ is a continuous function then f is monotonic.*

Example: The semantics $\widehat{\mathfrak{M}}[\![E]\!]\rho$ of an $\mathbf{F}$ equation E is always a continuous function if all functions in ρ are continuous. $\triangleleft$

Theorem 2 (Fixed Point Theorem for Metrified Quasi Ordered Sets)
Let $\langle Q, \preccurlyeq, \mathsf{d} \rangle$ be a metrified qos and let $f : Q \to Q$ be a continuous function. For all least elements $\perp \in \mathsf{least}(Q)$ holds that if $(f^n(\perp))_{n \in \mathbb{N}}$ is $(\preccurlyeq, \mathsf{d})$–convergent then $\lim_{n \to \infty} f^n(\perp)$ is a least fixed point of f.

Proof *We know that $a := \lim_{n \to \infty} f^n(\perp)$ exists because $(f^n(\perp))_{n \in \mathbb{N}}$ is convergent. We have to show that a is fixed point of f, i.e. $f(a) = f(\lim_{n \to \infty} f^n(\perp)) = \lim_{n \to \infty} f(f^n(\perp)) = \lim_{n \to \infty} f^n(\perp) = a$. What remains is the proof that a is least among the set of fixed points of f. Let a' be another fixed point of f. By definition of $\perp$ we have $\perp \preccurlyeq a'$ and since f is monotonic it follows that $f^i(\perp) \preccurlyeq f^i(a') = a'$ for all $i \in \mathbb{N}$. By the definition of $(\preccurlyeq, \mathsf{d})$–convergence we know that $a = \lim_{n \to \infty} f^n(\perp) \in \mathsf{lub}(\{f^n(\perp) \mid n \in \mathbb{N}\})$ and hence we also know that $a = \lim_{n \to \infty} f^n(\perp) \preccurlyeq f^i(a') = a'$.* $q.e.d.$

Note that least fixed points of continuous functions need not to be unique, if they have not null distance. For example, different bottom elements can lead to different least fixed points for the same continuous function. Hence every recursive definition based on metrified qos's is implicitly parameterised by the choice of the starting element.

Using the completeness notions, we can formulate a simpler version of this theorem:

Theorem 3 (Fixed Point Theorem for Chain–Complete Metrified QOS)
Let $\langle Q, \preccurlyeq, \mathsf{d} \rangle$ be a chain–complete metrified qos and let $f : Q \to Q$ be a continuous function. For all least elements $\bot \in \mathsf{least}(Q)$ holds that if $\lim_{n\to\infty} f^n(\bot)$ is a Cauchy sequence then $\lim_{n\to\infty} f^n(\bot)$ is a least fixed point of f.

Proof *Since f is continuous it is also monotonic and hence $\lim_{n\to\infty} f^n(\bot)$ is a Cauchy chain which has a converges because Q is chain–complete.* *q.e.d.*

The approach presented in this section is a generalisation of our previous paper [Moh97b], where we considered function space qos, i.e. sets $[Q_1 \to Q_2]$ where Q_1 and Q_2 are qos. There, a sequence of functions $(f_n)_{n\in\mathbb{N}}$ was considered to be convergent iff for all $x \in Q_1$ exists $n \in \mathbb{N}$ such that $f_n(x) = f_{n+k}(x)$. In the setting of this paper, we can encode this by a metric $\mathsf{d}(f,g) := \sum_{f(x)\neq g(x)} \frac{1}{2^{n(x)}}$ where $n(x) \in \mathbb{N}$ is the unique number in a countable sets Q_1.

5 An Escape Semantics for F, Part II

To apply our results from the previous section for the task at hand, we validate that $\Psi : \mathsf{Env} \to \mathsf{Env}$ operates on a chain–complete metrified qos. Since Env is a function space mapping a finite number of identifiers to values in D^t or functions over D^t, it can be encoded as a product space and therefore it also a chain–complete metrified qos (the according lemma is trivial). It remains to be checked that for all types t, t_i the set of all functions $[\widehat{\mathsf{D}}^{t_1} \times \cdots \times \widehat{\mathsf{D}}^{t_n} \to \widehat{\mathsf{D}}^t\}]$ is a chain–metrified qos. Therefore, we define an order $\leq^{\widehat{t_1,\ldots,t_n}\to t}$ based on the order $\widehat{\leq}^t$ for $\widehat{\mathsf{D}}^t$ in the canonical way: $f \leq^{\widehat{t_1,\ldots,t_n}\to t} g$ iff $f(a_1,\ldots,a_n) \widehat{\leq}^t g(a_1,\ldots,a_n)$ for all $a_i \in \widehat{\mathsf{D}}^{t_i}$. In addition, we need a function $\widehat{\mathsf{d}}^{t_1,\ldots,t_n\to t}$ based on the metric $\widehat{\mathsf{d}}^t$ for $\widehat{\mathsf{D}}^t$. Since $\widehat{\mathsf{d}}^t(\widehat{l},\widehat{l'}) \leq 1$ for all $\widehat{l},\widehat{l'} \in \widehat{\mathsf{D}}^t$ we can define $\widehat{\mathsf{d}}^{t_1,\ldots,t_n\to t}(f,g) = \sup_{(a_1,\ldots,a_n)\in\widehat{\mathsf{D}}^{t_1}\times\cdots\times\widehat{\mathsf{D}}^{t_n}} \widehat{\mathsf{d}}^t(f(a_1,\ldots,a_n),g(a_1,\ldots,a_n))$. The corresponding order $\leq^{\mathsf{Env}}$ and metric $\mathsf{d}_{\mathsf{Env}}$ for Env are simply the induced component-wise order and metric.

Selecting a least element with respect to $\widehat{\mathsf{d}}^{t_1,\ldots,t_n\to t}$ is also easy: The obvious choice is the function $(a_1,\ldots,a_n) \mapsto (\bot, 0 \mapsto 0)$ assigning the minimal annotation to all inputs. Hence, our choice for a least element in $\rho_\bot \in \mathsf{Env}$ is the environment assigning such a function to all function identifiers.

Since we already know that the semantics $\widehat{\mathfrak{M}}[\![E]\!]\rho$ of an equation E is always a continuous function, it is trivial that Ψ is a continuous transformation on the metrified qos $\langle \mathsf{Env}, \leq_{\mathsf{Env}}, \mathsf{d}_{\mathsf{Env}} \rangle$.

What remains is the proof that $(\Psi^n(\bot_{\mathsf{Env}}))_{n\in\mathbb{N}}$ is $(\leq^{\mathsf{Env}}, \mathsf{d}_{\mathsf{Env}})$–Cauchy. According to the definition of $\langle \mathsf{Env}, \leq^{\mathsf{Env}}, \mathsf{d}_{\mathsf{Env}} \rangle$, it suffices to show that for every equation $E = \mathbf{F}\, \mathbf{x}_1 \ldots \mathbf{x_n} = \mathbf{e}$ in the program the sequence $(f_n)_{n\in\mathbb{N}}$ with $f^i := \Phi^i(\mathbf{F})$ is Cauchy. We show an even stronger result: If for every selection of arguments $(a_1,\ldots,a_n)$ the sequence $(\widehat{l}_n)_{n\in\mathbb{N}}$ of annotated lists defined by $\widehat{l}_i := f_i(a_1,\ldots,a_n)$ is Cauchy, then the result for $(f_n)_{n\in\mathbb{N}}$ is implied by the definition of $\leq^{\widehat{t_1,\ldots,t_n}\to t}$ and $\widehat{\mathsf{d}}^{t_1,\ldots,t_n\to t}$. With $\widehat{l}_i := (l_i, a_i)$ we have the following properties:

1. $\mathsf{dom}(a_i) \subseteq \mathsf{dom}(a_{i+k})$, since l_{i+k} results from l_i by replacing some occurrences of $\bot$, and $\mathsf{dom}(a_j) = \mathsf{O}(l_j)$.
2. For all $w \in \mathsf{O}(l_\infty)$ exists $n \in \mathbb{N}$ such that $w \in \mathsf{dom}(a_i)$, because $\mathsf{O}(l_\infty) = \bigcup_{i\in\mathbb{N}} \mathsf{O}(l_i)$.

3. For all $w \in \mathsf{dom}(a_i)$ it holds that if $l_i|_w \neq l_{i+k}|_w$ then $l_i|_w = \bot$. This immediately follows from the definition of $\leq$.
4. For all $w \in \mathsf{dom}(a_i)$ it holds that if $l_i|_w = l_{i+k}|_w$ then $a_i(w) = a_{i+k}(w)$. This can be shown by induction in the structure of the right hand side.

Combining these properties, we know that for all $w \in \mathsf{O}(l_\infty)$ there exists an $n \in \mathbb{N}$ such that $w \in \mathsf{dom}(a_n)$ and $a_n(w) = a_{n+k}(w)$ for all $k \in \mathbb{N}$. In the previous section, we have seen that this is an equivalent characterisation of Cauchy sequences in D^{T_i}.

To complete the escape semantics of $\mathbf{F}$ we now can use Theorem 3 and define the semantics of programs: $\widehat{\mathfrak{M}}[\![E_1 \ \ldots \ E_p]\!] := \lim_{n \to \infty} \Psi^n(\bot_{\mathrm{Env}})$.

6 Conclusions

We have presented a novel approach for modelling program properties by annotated denotational semantics. This allows arguing about program properties independent of a detailed implementation and is especially interesting in the context of proving correctness of abstract interpretations. The problems which arose were essentially due to the kind of structures which are necessary to describe the annotations: In contrast to standard semantics, we do not have partially ordered sets, but only quasi ordered sets, which are not antisymmetric. Consequently, the standard theory based on the fixed point theorem by Knaster and Tarksi is no longer applicable. We introduced a new kind of structure called metrified quasi ordered set, which allowed a generalisation of Tarski's Theorem, and demonstrated the application of this method by modelling the escape semantics of lazy functional programs.

References

[AP86]   K. R. Apt and G. D. Plotkin. Countable Nondeterminism and Random Assignment. *JACM*, 33(4):724–767, October 1986.

[BMC94] C. Baier and M. E. Majster-Cederbaum. Denotational semantics in the cpo and metric approach. *Theoretical Computer Science*, 135(2):171–220, December 1994.

[dBZ82] J. W. de Bakker and J. I. Zucker. Processes and the Denotational Semantics of Concurrency. *Information and Control*, 54(1/2):70–120, July 1982.

[HS95a] F. Henglein and D. Sands. A Semantic Model of Binding Times for Safe Partial Evaluation. In Hermenegildo and Swierstra [HS95b].

[HS95b] M. Hermenegildo and S. Doaitse Swierstra, editors. *Proceedings of PLILP'95*, number 982 in Lecture Notes in Computer Science. Springer, 1995.

[Hug92] S. Hughes. Compile-time Garbage Collection for Higher-Order Functional Languages. *Journal of Logic and Computation*, 2(4):483–509, 1992.

[ISY88] K. Inoue, H. Seki, and H. Yagi. Analysis of Functional Programs to Detect Run-Time Garbage Cells. *TOPLAS*, 10(4):555–578, October 1988.

[Moh95] M. Mohnen. Efficient Compile-Time Garbage Collection for Arbitrary Data Structures. In Hermenegildo and Swierstra [HS95b], pages 241–258.

[Moh97a] M. Mohnen. Optimising the Memory Management of Higher–Order Functional Programs. Technical Report AIB-97-13, RWTH Aachen, 1997. PhD Thesis.

[Moh97b] M. Mohnen. Using Quasi Ordered Sets to Model Program Properties Denotationally. In M. Jahre and K. Pasedach, eds, *Informatik '97*, Informatik aktuell, Springer, 1997.

[Mos90] P.D. Mosses. Denotational Semantics. In J. van Leeuwen, editor, *Handbook of TCS, Volume B: Formal Models and Semantics*, chapter 11. Elsevier, 1990.

[Myc80] A. Mycroft. The Theory and Practice of Transforming CBN into CBV. In *Proc. of the In'tl Sym. on Programming*, number 83 in LNCS. Springer, 1980.

[PG92]   Y. G. Park and B. Goldberg. Escape Analysis on Lists. In *Proceedings of PLDI'92*, SIGPLAN Notices 27(7), pages 116–127. ACM, June 1992.

Natural Semantics for Imperative and Object-Oriented Programming Languages

Sabine Glesner

Institut für Programmstrukturen und Datenorganisation,
Universität Karlsruhe, 76128 Karlsruhe, Germany,
Tel.: +49 - 721 - 608 - 7399, Fax: +49 - 721 - 30047,
Email: glesner@ipd.info.uni-karlsruhe.de

Abstract. We present a declarative specification method based on natural semantics which is suitable for the definition of the static and dynamic semantics of imperative and object-oriented programming languages. We show how the semantic analysis can be generated automatically by creating, for each program under consideration, a constraint problem whose solution is also a valid attribution. In contrast to previous implementations of natural semantics, our generation algorithm for the semantic analysis is more flexible because it allows us to compute a program's attributes independently from its syntax tree. For special cases, we have defined efficient solution strategies. We also describe our prototype implementation using the concurrent constraint programming language Oz.

1 Introduction

In principle, specifications of the semantics of programming languages serve two different purposes. Either they are the formal basis to verify language or program properties, or they are used to generate compilers because hand-written implementations are too costly and error-prone. Depending on which of these two goals is more important, specifications are more declarative or more operational. At first sight, these two goals may seem to be incompatible. But for the lexical and syntactic analysis, declarative specification methods (regular expressions and context-free grammars, resp.) exist that simultaneously allow for the generation of efficient parts of a compiler (as a finite automaton or stack automaton, resp.). For the semantic analysis in imperative and object-oriented programming languages, no such satisfactory solution exists. In this paper, we argue that natural semantics is a good choice to solve this problem. We show that hitherto existing solutions based on natural semantics are either declarative or operational, but not both in a satisfactory way. Mainly we present a specification method based on natural semantics which is declarative and, at the same time, allows us to generate the semantic analysis automatically and efficiently.

Natural semantics [Kah87] is a deductive method to determine program properties. Axioms and inference rules specify semantic properties with respect to language elements. E.g. the conditional statement would be specified as below. The conclusion of the inference rule describes the program node corresponding to the entire statement while the three assumptions specify the children nodes. Natural deduction [Gen35] is used to infer the properties of an entire program.

$$\frac{p \vdash \mathsf{E}_1 : \mathsf{bool} \quad p \vdash \mathsf{E}_2 : \tau \quad p \vdash \mathsf{E}_3 : \tau}{p \vdash \mathsf{if}\ \mathsf{E}_1\ \mathsf{then}\ \mathsf{E}_2\ \mathsf{else}\ \mathsf{E}_3 : \tau}$$

Due to its logical character, natural semantics is a declarative specification method. Moreover, the program structure corresponds directly with the structure of a proof for the program's semantic properties. This correspondence guarantees us that the semantic analysis can be generated because the proof structure is already known in advance and does not need to be computed by an extensive search. So natural semantics specifications have the potential to be declarative and, simultaneously, enable the generation of efficient parts of a compiler.

In this paper, we discuss related work in section 2. In section 3, we present many-sorted natural semantics, a declarative specification method for the semantic properties of imperative and object-oriented programming languages which is based on natural semantics. Specifications in this framework are modular. By modularity, we mean that different aspects of the language semantics can be specified independently from each other so that specifications are easily extensible and reusable. The semantic analysis can be generated automatically from such specifications by creating a constraint problem for a given program whose solution is also a solution for the semantic analysis, namely an attribution for this program. We also show how such constraint problems can be solved, with the basic algorithm in the general case (subsection 4.1) and with efficient solution strategies in special cases (subsection 4.2). Since attribute grammars are regarded as sufficiently expressive to specify imperative and object-oriented languages, we compare our approach with them in subsection 4.3. Thereby we show that each well-defined attribute grammar can be expressed in our specification language so that the semantic analysis can also be generated. In section 5, we present our prototype which is implemented in the concurrent constraint programming language Oz. In section 6 we conclude and discuss future work.

2 Related Work

Natural semantics [Kah87] stems from structural operational semantics [Plo81] and describes the relation between the semantic information of a node and the semantic information of its successor nodes in the program tree by using axioms and inference rules, as already shown in section 1. Natural semantics is a declarative specification method which has been used extensively in the formal description of programming languages. In particular, there is a complete specification of the static and dynamic semantics of Standard-ML [MTH90, MTHM97].

There are two implementations of natural semantics, Typol [Des84] and RML [Pet95, Pet96]. In Typol, inference rules are regarded as Prolog clauses. The semantic analysis of a program tries to find semantic information for its root node by using the Prolog search engine. Hence, the program is traversed in a single left-to-right depth-first traversal. While this is sufficient for most imperative languages, it is not for object-oriented languages. Here, entities can be used before they are declared ("use-before-definition"). Specifications of such languages in Typol become much more cumbersome than necessary and desirable. Typol has also another disadvantage because its implementation is Prolog-based and inefficient. Therefore, the transformation of a subset of Typol into attribute grammars has been investigated [AFZ88, Att89] in order to evaluate them efficiently without unification. RML is based on ML and overcomes the inefficiency of Typol by also eliminating unification and by optimizing the backtracking process.

Context relations [Sne91] also use inference rules to specify the static semantics of imperative (but not object-oriented) programming languages. The major drawback of this work is that the name analysis is regarded as a preprocessing step which can be performed during the syntactic analysis. This might be true for languages that do not allow for polymorphism but in object-oriented languages, the name analysis is a substantial part of the semantic analysis.

Attribute grammars [Knu68, Knu71] are used to specify the static semantics of programming languages. The semantic analysis can be generated if they are well-defined. There are numerous tools to generate the semantic analysis for subclasses efficiently. But when writing a specification of such a subclass, one must already think of a possible evaluation strategy so that attribute grammars are not fully declarative and severely restrict the specification possibilities.

3 Many-Sorted Natural Semantics

Properties of a program are described by defining semantic information for the nodes of its abstract syntax tree. Especially in imperative and object-oriented programming languages, we need to be able to define different sorts of semantic information. Therefore, a *semantic information* is a tuple $t : \textbf{Sort}$ denoting that the term t is a semantic information of sort **Sort**.

Judgements define the properties of a program node k as a sequence of semantic information $t_1, \ldots, t_{l+n}$ of sorts $\textbf{Sort}_1, \ldots, \textbf{Sort}_{l+n}$, resp.:

$$t_1 \therefore \textbf{Sort}_1, \ldots, t_l \therefore \textbf{Sort}_l \vdash k : t_{l+1} \therefore \textbf{Sort}_{l+1}, \ldots, t_{l+n} \therefore \textbf{Sort}_{l+n}$$

The sequence of semantic information $t_1 \therefore \textbf{Sort}_1, \ldots, t_l \therefore \textbf{Sort}_l$ is called the *context* of node k while $t_{l+1} \therefore \textbf{Sort}_{l+1}, \ldots, t_{l+n} \therefore \textbf{Sort}_{l+n}$ is called the *properties* of k. We say that the judgement is a *judgement for k*. In principle, there is no difference between the semantic information in the context and in the properties. Merely in the description of programming languages, it is common to separate the semantic information of a node into those which are derived from its predecessor (the context) and into those which are derived from its children (the properties), even though this distinction is not strict here. Since we use sorted semantic information, we can specify different kinds of semantic information independently from each other, making *modular specifications* possible.

Sorts are defined as certain sets, either extensionally or via constructor functions. Besides the constructor functions, *defined functions and predicates* can be specified by stating their signature and, furthermore, by defining their behavior via inference rules. In [Gle99], we give a detailed discussion on how to define sorts and defined functions and predicates and how to derive implementations for them. Since this is not within the scope of this paper, we assume that there are two different kinds of function and predicate symbols, namely constructor and defined symbols, and that there are implementations for them.

Sorts constructed from sets are useful to define semantic information consisting of a collection of uniform data, e.g. a definition table. Elements from such sets have typically an internal structure with certain properties, e.g. tuples whose first component identifies them. We specify such a property by defining a function unique indicating the parts of an element which uniquely identify it. E.g. $\text{unique}(\langle x, y, z \rangle) = x$ says that $\langle x, y, z \rangle$ can be identified with its first component.

Each term t in a semantic information t : **Sort** is a many-sorted term over a suitable set of variables and the function symbols. We interpret constructor terms in the *Herbrand model*, i.e., the interpretation of two terms is equal iff the terms are syntactically equal. If a ground term contains defined functions, then it can be transformed into a constructor term by computing the values of the defined functions, determining its interpretation uniquely. For the sorts defined as sets, we need a special treatment: We define them as an associative and commutative term algebra with neutral element. The constructor functions are the empty set $\emptyset$, the function $\{\cdot\}$ ($\{x\}$ is a set if x is an element), and the disjoint union of two sets (if X and Y are disjoint sets, then their disjoint union $X \uplus Y$ is a set). We assume that they are interpreted appropriately.

$\frac{A_1,\dots,A_n}{C}$ if φ In a specification of many-sorted natural semantics, we define the judgement for a node of the abstract syntax tree depending on the judgements of its successors by using inference rules. An inference rule consists of *assumptions* $A_1, \dots, A_n$, a *conclusion* C and a *condition* φ. $A_1, \dots, A_n, C$ are judgements. φ is a first-order formula whose free variables are already contained in the assumptions or the conclusion of the inference rule. Only restricted quantifications over elements of sets are possible such that the validity of φ is decidable and easily computable as soon as the values of all free variables in the inference rule are known. If there is a production $X_0 ::= X_1 \cdots X_n$ in the context-free grammar of the programming language, then we require that there is at least one inference rule whose conclusion is a judgement for X_0 and whose n assumptions are judgements for $X_1, \dots, X_n$. Axioms are inference rules without assumptions to describe terminal nodes without successors.

In the specification of Mini-Java [GZ98b, Gle99] taking into account inheritance, subclassing, and the polymorphism of Java (overloading is not included), we specify the following inference rule for the assignment. Thereby, we use a context which consists of five components. Names is a set that contains the names of all classes in the program, TH is a reflexive and transitive relation describing the type hierarchy of the program, Intfs describes the interfaces of all methods and attributes of all classes, A is the name of the current class, and locals are the local declarations within its body. The sort **GenInfo** distinguishes correct programs (correct) from incorrect ones wrt. the static semantics. $stat ::= des := expr$:

$$\frac{\langle \text{Names, TH, Intfs, A, locals} \rangle \therefore \textbf{Context} \vdash des : t_1 \therefore \textbf{Type} \quad \langle \text{Names, TH, Intfs, A, locals} \rangle \therefore \textbf{Context} \vdash expr : t_2 \therefore \textbf{Type}}{\langle \text{Names, TH, Intfs, A, locals} \rangle \therefore \textbf{Context} \vdash stat : \text{correct} \therefore \textbf{GenInfo}} \ \text{if } t_2 \sqsubseteq t_1 \in \text{TH}$$

In a *well-formed* specification, we require that in each judgement for a symbol X of the context-free grammar, the sorts of the semantic information in the context and the properties are the same. In the language of attribute grammars, this means that X has been assigned the same attributes by each of its judgements.

The axioms and inference rules of a specification define a proof procedure which can be used to infer the semantic information for the nodes of an abstract syntax tree. Due to the special form of the axioms and inference rules, the structure of the syntax tree is the same as the structure of the proof tree.

4 Generating Semantic Analysis

The principal task of the semantic analysis consists of the construction of a proof tree and the verification that there exists only one such tree. To find all proof trees, we first search for all rule covers of the abstract syntax tree. A rule cover is a mapping from the nodes of the abstract syntax tree to instances of inference rules of the specification. A rule cover maps a node X_0 with successors $X_1, \ldots, X_n$ to an instance of inference rule R only if the conclusion of R is a judgement for X_0 and if R has n assumptions which are judgements for $X_1, \ldots, X_n$. Nodes without successors are mapped to axioms. We assume that the instances of the inference rules contained in the rule cover do not have common variables.

For each such rule cover, we need to com-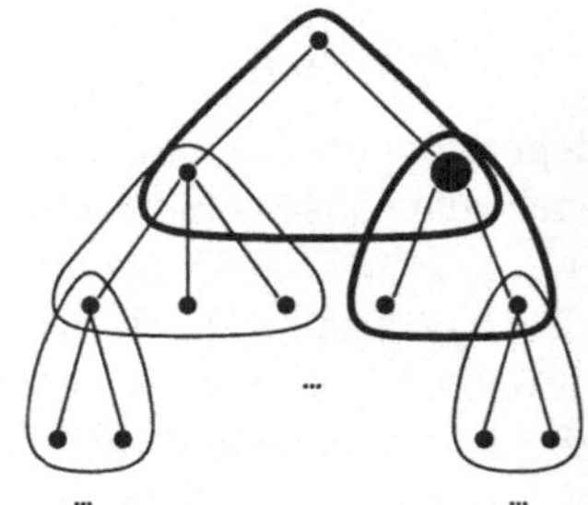
pute the semantic information and check the
conditions of the rules. A rule cover assigns two
judgements to each node in the abstract syntax tree (besides the root node which has only
one judgement assigned to it.) Each of these
two judgements defines two terms for each semantic information of each node. To compute
the semantic information, we need to unify all
these pairs of terms while also computing the defined functions contained in them. The simultaneous application of a substitution together with the evaluation of a subterm, i.e. the replacement of a subterm by an equivalent term, is called a *narrowing step*. Thus, we can regard the semantic analysis as a narrowing problem. The question is how such narrowing problems can be solved.

Therefore, we consider a many-sorted natural semantics specification as a constraint-generating system. For each rule cover, we generate automatically constraints whose solution is also a valid attribution of the abstract syntax tree. We introduce this process of generating constraints by an example since this should demonstrate the general case, see [Gle99] for the formal definition.

Let us assume an arbitrary but fixed rule cover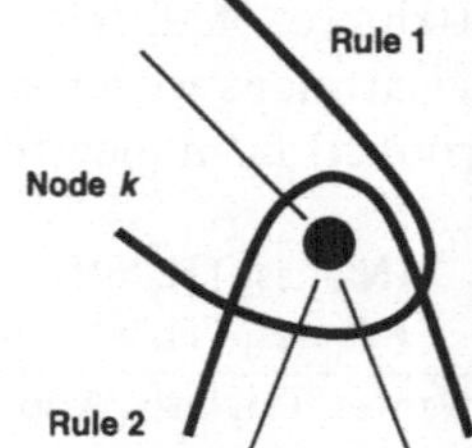
and a node k of the abstract syntax tree. This node
k is influenced by two rules which we call rule 1 and
rule 2. Assume furthermore that rule 1 and rule 2
define the following two judgements for node k, resp.:

$$\Gamma_1 \therefore \mathbf{Context} \vdash k : t_1 \therefore \mathbf{Type} \quad \text{and}$$
$$\Gamma_2 \therefore \mathbf{Context} \vdash k : t_2 \therefore \mathbf{Type}$$

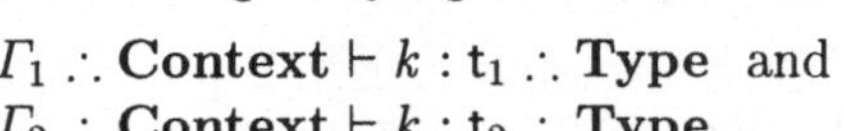

Then these are the constraints for k to be solved during the semantic analysis:

$$\mathbf{Context}_k = \Gamma_1, \quad \mathbf{Context}_k = \Gamma_2, \quad \mathbf{Type}_k = t_1, \quad \text{and} \quad \mathbf{Type}_k = t_2.$$

The constraints specify that the semantic information of sort **Context** for node k must be equal to Γ_1 and to Γ_2 and that the semantic information of sort **Type** for node k must be equal to t_1 and to t_2.

4.1 Basic Algorithm

The basic algorithm solves such constraints for a given program by indeterministically performing unification and computation steps. In a unification step, a pair of terms t and t' which are required to be equal is unified by some substitution σ. This unifier σ is also applied to all other constraints of the program. In a computation step, a subterm of some term t containing defined functions but no variables is computed by replacing it with an equivalent term containing no defined functions (and no variables). A particular run of the basic algorithm can be described by a *narrowing sequence* which consists of a sequence of unification and computation steps. Such a narrowing sequence is *valid* if all computation steps replace only terms containing no variables. Since we assume that implementations for the defined functions are available, the computation steps do not pose any problems, in contrast to the unification steps: Terms may be built with the constructor functions $\emptyset, \uplus, \{\cdot\}$ for sets. The disjoint union $\uplus$ is associative and commutative and the empty set $\emptyset$ is a unit element for it. Therefore, when unifying terms, we have to solve an AC1-unification problem (A = associative, C = commutative, 1 = unit element). In general, a minimal complete set of AC1-unifiers may be doubly exponential in the size of the given AC1-problem [Dom92]. In our context, it makes no sense to compute all these unifiers because in the semantic analysis, a program is correct only if its attribution can be determined uniquely. Therefore we use a restricted version of AC1-unification by extending the Herbrand-Robinson unification algorithm [Rob65].

Restricted AC1-Unification: If two terms s and t being sets are to be unified, then this is only possible if their unifier can be determined uniquely (up to renaming of variables). We distinguish two cases:

- If $s = \emptyset$ or $t = \emptyset$, then the unique unifier can be easily determined if it exists.
- If $s = S \uplus \{s_1, \ldots, s_m\}$ and $t = T \uplus \{t_1, \ldots, t_n\}$, n not necessarily equal m, then this unification problem can be reduced to the problem of unifying $\sigma(s')$ and $\sigma(t')$ with $s' = S \uplus \{s_1, \ldots, s_{i-1}, s_{i+1}, \ldots, s_m\}$ and $t' = T \uplus \{t_1, \ldots, t_{j-1}, t_{j+1}, \ldots, t_n\}$ if $\mathsf{unique}(s_i) = \mathsf{unique}(t_j)$ and σ is the most general unifier of s_i and t_j. Remember that the **unique**-function returns the parts of an element with which it can be identified uniquely, see section 3.

Clearly, this restricted AC1-unification is not complete because it can happen that no unifier is found even though one might exist.

Lemma 1. *The restricted AC1-unification algorithm computes a most general unifier which is unique up to renaming of variables.* $\diamond$

Proof. The correctness of the restricted AC1-unification algorithm follows directly from the Herbrand-Robinson algorithm: A unifier is computed only if it can be determined uniquely up to variable renaming. Since it is computed according to the Herbrand-Robinson algorithm, it is a most general unifier. ∎

Theorem 2. *Each valid narrowing sequence used in a run of the basic algorithm yields the same result.* $\diamond$

Proof. A particular run of the basic algorithm can be described by a narrowing sequence which consists of substitution and computation steps. A substitution unifies a pair of terms while a computation step computes the value of a defined function. If the substitutions replace only variables by terms containing no variables, then the order in which the substitutions are applied does not matter because the composition of these substitutions is equal to their union. Moreover, the substitution and computation steps can then be reordered arbitrarily, as long as only terms containing no variables are computed in a computation step. ∎

Given the constraints of a single rule cover, the time complexity of the basic algorithm is $\mathcal{O}(n^2)$: Because unification can be done in linear time [PW78] and the additional checks of the restricted AC1-unification can be done in constant time, the restricted AC1-unification can also be performed in linear time. There are n constraints out of which a unifiable or computable constraint must be extracted at each narrowing step. This gives the overall complexity of $\mathcal{O}(n^2)$.

4.2 Solution Strategies

The basic algorithm contains indeterminism. Depending on its resolution, the constraints can be solved more or less efficiently. Therefore, we define sufficient and checkable requirements on the specifications guaranteeing that the constraints can be solved in a fixed order, i.e. with a fixed narrowing sequence. As one example, we present the LNS(1) criterion making sure that the constraints are solvable with one left-to-right depth-first traversal of the syntax tree.

Typically many-sorted natural semantics specifications are such that one of the two judgements assigned to a node by a rule cover defines how a value of a particular semantic information can be computed while the other judgement assumes that this value 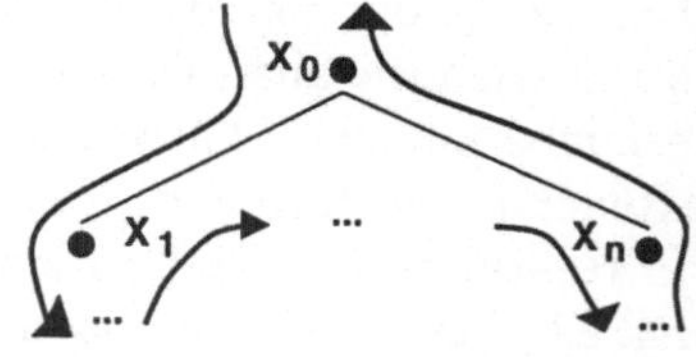 is known and defines other semantic information depending on it. We call the sorts in an inference rule *input sorts* if their values need to be known in order to compute the values of the other sorts which are the *output sorts*.

If a specification is LNS(1) (left-to-right natural semantics), then the sorts of each symbol of the context-free grammar can be partitioned into input and output sorts. For each node X_0 with successors $X_1, \ldots, X_n$ in the syntax tree, the input sorts of X_0 as well as all sorts of $X_1, \ldots, X_{i-1}$ are required to be sufficient to compute the input sorts of X_i. Moreover, the input sorts of X_0 and the input and output sorts of $X_1, \ldots, X_n$ must be sufficient to compute the output sorts of X_0. If we require furthermore that the root node does not have input but only output sorts, then an induction on the syntax tree shows that the constraints can be solved and that all sorts can be computed in a single left-to-right depth-first traversal. The LNS(1) criterion can be checked automatically: Initially, we assume a maximal set of input sorts for each node, namely the set of all of its sorts. Then we simulate a depth-first traversal through the syntax tree. Whenever we notice that one of the sets of input sorts is too large, then we revise it. If no more revision is necessary, then the input and output sorts are computed. This algorithm is correct and complete, as shown in [Gle99]. The

LNS(1) criterion is analogous to LAG(1) attribute grammars and can also be extended to further subclasses of well-defined attribute grammars (e.g. LAG(k), RAG(k), AAG(k) attribute grammars), see [Gle99, GZ98a] for details.

4.3 Comparison with Attribute Grammars

Compared to attribute grammars, many-sorted natural semantics offers the possibility to partially compute attributes during the semantic analysis. In a unification step, it is not necessary to instantiate all variables contained in the terms to be unified. This means that semantic information can be evaluated partially, postponing its final computation until the necessary information for it is inferred, thereby providing this partial information already to compute further semantic information. In attribute grammars such mechanisms do not exist, in some cases requiring more complicated specifications. On the other hand, each attribute grammar can be transformed directly into a many-sorted natural semantics specification by formulating the attribution rules as axioms and inference rules. Last but not least, we can automatically recognize whether a many-sorted natural semantics specification corresponds directly to an attribute grammar. In each attribution rule each attribute is either computed or it is potentially provided to compute other attributes. Such a property for the sorts in an axiom or inference rule can be recognized automatically. Hence the advantages, i.e. the efficiency, of attribute grammars can be exploited for many-sorted natural semantics: If a specification corresponds directly with an attribute grammar, then we can generate the semantic analysis by transforming the natural semantics specification into an attribute grammar and by using the efficient tools for attribute grammars. If such an automatic transformation is not possible, then we use the basic algorithm for the semantic analysis. This means that with many-sorted natural semantics, we do not lose any expressive power nor ability to generate semantic analysis compared to attribute grammars. Instead we even gain expressive power. See [Gle99] for details and formal proofs.

5 Prototype and Results

We have implemented the basic algorithm using the concurrent constraint programming language Oz [Oz]. Based on a many-sorted natural semantics specification, this algorithm takes a program as input, generates its constraints, transforms them into an Oz intern representation, and solves them. Each solution process takes place in a separate computation space. An easy calculation shows that in the worst case there exist exponentially many rule covers if there are alternative inference rules for a production of the context-free grammar. Instead of looking at all possible rule covers separately, we dynamically create new computation spaces for the different rule covers whenever otherwise a solution cannot be determined uniquely. In doing so we can eliminate rule covers dynamically. The following two tables show some execution times for the basic algorithm for Mini-Java programs when executed on an Intel Pentium with 133 MHz. Because the number of computation spaces is linear in the program size, the overall complexity of the semantic analysis is quadratic (see section 4.1). Hence, the worst case of exponentially many computation spaces does not show up even though there are alternative inference rules in the Mini-Java specification. All in all, the prototype demonstrates the feasibility of the semantic analysis with the basic algorithm. We hope to increase the absolute execution times significantly by a reimplementation in Java, a project currently under development.

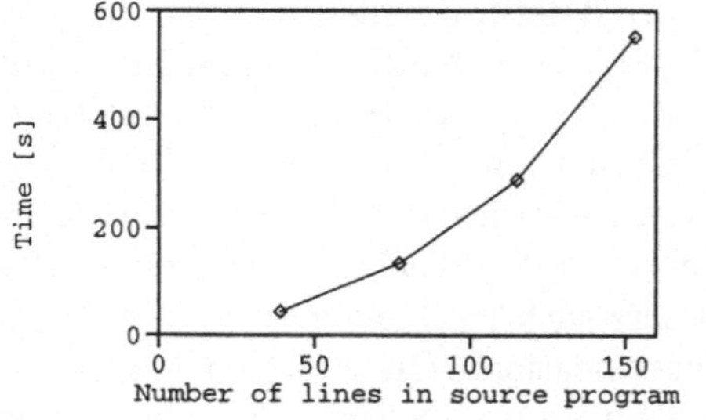
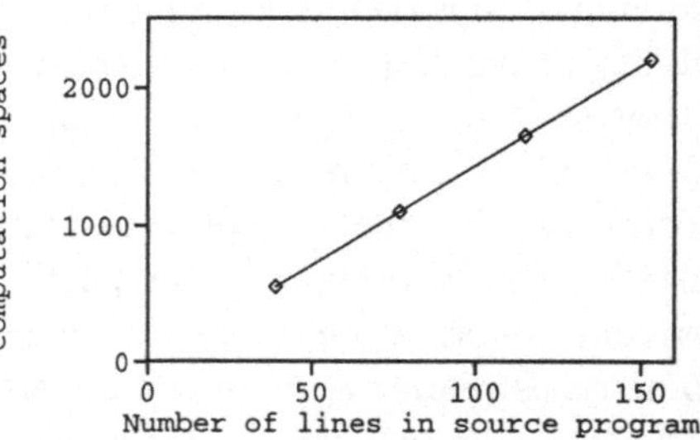

6 Conclusions and Future Work

We have presented many-sorted natural semantics, a specification method for the semantics of programming languages which fulfills the two principal goals of declarativity and the ability to generate the semantic analysis. It is declarative because specifications are given by using axioms and inference rules whereby one does not need to care about a possible evaluation order during the semantic analysis. Moreover, specifications are modular due to the many-sortedness which allows us to define different kinds of semantic information independently from each other. For the generation of the semantic analysis, we have regarded the specification as a constraint-generating system which defines constraints for each syntactically correct program. During the semantic analysis of a given program, we generate its corresponding constraints. In the general case, they can be solved using the basic algorithm. For special cases, we have defined solution strategies which allow for more efficient analyses. Our prototype implementation demonstrates that the semantic analysis can be generated using the basic algorithm. In comparison to attribute grammars, we have not lost any expressive power nor ability to generate analyses. Instead we can even express relations between semantic information which cannot be defined directly in an attribute grammar.

In future work we want to get a better characterization of the constraints which evolve during the semantic analysis. Based on it, we want to reimplement the basic algorithm more efficiently, thus speeding up the semantic analysis.

Compared to previous implementations of natural semantics, the basic algorithm offers the advantage of being independent from the syntax tree. Therefore it could also be used in application domains where the specified systems do not necessarily show tree structure, e.g. component-based software systems where the relation between the components can be described by a graph structure. In future work we want to apply the presented results to such problems.

Acknowledgment: The author would like to thank Prof. Goos and especially Dr. Wolf Zimmermann for many helpful discussions and for working together on this research topic.

References

[AFZ88]   I. Attali and P. Franchi-Zannettacci. Unification-free Execution of Typol Programs by Semantic Attribute Evaluation. In *Int'l Conference Symposium on Logic Programming*, pages 160–177, 1988. MIT Press.

[Att89]   Isabelle Attali. *Compilation de programmes Typol par Attributs Sémantiques.* PhD thesis, University of Nice, April 1989.

[Des84]   Thierry Despeyroux. Executable Specification of Static Semantics. In *Semantics of Data Types*, pages 215–233. Springer LNCS 173, 1984.

[Dom92]   E. Domenjoud. A Technical Note on AC-unification. The Number of Minimal Unifiers of the Equation $\alpha x_1 + \cdots + \alpha x_p = \beta y_1 + \cdots \beta y_q$. *J. Automated Reasoning*, 8(1):39–44, 1992.

[Gen35]   Gerhard Gentzen. Untersuchungen über das logische Schließen. *Mathem. Zeitschrift*, 39:176–210 and 405–431, 1935.

[Gle99]   Sabine Glesner. *Natürliche Semantik für imperative und objektorientierte Programmiersprachen.* PhD thesis, Universität Karlsruhe, Fakultät für Informatik, February 1999. To appear, preliminary version available at http://i44www.info.uni-karlsruhe.de/~glesner/my_papers/diss_prelim.ps.

[GZ98a]   Sabine Glesner and Wolf Zimmermann. Natural Semantics for Imperative and Object-Oriented Programming Languages. Technical report, Universität Karlsruhe, 1998. Available at http://i44www.info.uni-karlsruhe.de/~glesner/my_papers/tech_report_1998b.ps.

[GZ98b]   Sabine Glesner and Wolf Zimmermann. Using Many-Sorted Natural Semantics to Specify and Generate Semantic Analysis. In *Proceedings of the Systems Implementation Conference (SI2000)*, pages 249–262, Berlin, February 1998. IFIP Working Group 2.4, Chapman & Hall.

[Kah87]   Gilles Kahn. Natural Semantics. In *Proc. 4th Annual Symp. on Theoret. Aspects of Computer Science (STACS'87)*, 1987. Springer, LNCS 247.

[Knu68]   D.E. Knuth. Semantics of Context-Free Languages. *Mathematical Systems Theory*, 2(2):127–146, 1968.

[Knu71]   D.E. Knuth. Semantics of Context-Free Languages: Correction. *Mathematical Systems Theory*, 5:95–96, 1971.

[MTH90]   Robin Milner, Mads Tofte, and Robert Harper. *The Definition of Standard ML.* The MIT Press, 1990.

[MTHM97] Robin Milner, Mads Tofte, Robert Harper, and David MacQueen. *The Definition of Standard ML (Revised).* The MIT Press, 1997.

[Oz]   Oz. The Oz Programming System. Programming Systems Lab, DFKI and Universität des Saarlandes: http://www.ps.uni-sb.de/oz/.

[Pet95]   Mikael Pettersson. *Compiling Natural Semantics.* PhD thesis, Department of Computer and Information Science, Linköping University, Sweden, 1995.

[Pet96]   Mikael Pettersson. A Compiler for Natural Semantics. In *Proc. 6th Int'l Conf. on Compiler Construction, CC'96*, 1996. Springer, LNCS Vol. 1060.

[Plo81]   Gordon D. Plotkin. A structural approach to operational semantics. Report DAIMI FN-19, Computer Science Dep., Aarhus Univ., Denmark, 1981.

[PW78]   M.S. Paterson and M.N. Wegman. Linear unification. *J. Comp. Syst. Sci.*, 16(2), 1978.

[Rob65]   J.A. Robinson. A machine-oriented logic based on the resolution principle. *Journal of the ACM*, 12(1):23–41, 1965.

[Sne91]   Gregor Snelting. The calculus of context relations. *Acta Informatica*, 28:411–445, 1991.

The Evolution of GOTO Usage and Its Effects on Software Quality

Wolfgang Gellerich and Erhard Ploedereder

Department of Computer Science
University of Stuttgart
D-70565 Stuttgart, Germany
[gellerich|ploedereder]@informatik.uni-stuttgart.de

keywords: GOTO, programming techniques, structured programming

Abstract. Although GOTO has long been criticized for being "unstructured" and causing "unreliable" programs, it is still provided even by new languages, and actually used in practice. Why?
This paper presents the results of a study in which we analyzed the frequency and typical applications of GOTO in over 400 MB of C and Ada source code. The frequency analysis showed a large difference in GOTO density. The usage analysis demonstrated that the availability of sufficiently powerful control structures significantly reduces the frequency of GOTO. Relating these results to error rates reported for large software projects indicates that programs written in languages with lower GOTO density are more reliable.

1 Why this Examination?

Papers critical about GOTO began to appear in the early sixties. The earliest seems to be a paper by P. NAUR [23] while E.W. DIJKSTRA's letter "GOTO statement considered harmful" [7] is surely the most famous and often cited as one of the seminal papers that led to the development of *structured programming*. D.E. KNUTH conjectured in his 1974 paper [20] that the availability of appropriate high-level language constructs and learning principles of abstraction would cause the issue of using GOTO simply to fade away.

Nevertheless, GOTO is still in use today. New languages like C++, Fortran 90 or Ada 95 still provide GOTO and although GOTO was excluded in Modula-2, some language implementors chose to re-include this statement as a language extension [16,18]. Java, as an example for a newly designed language, has no GOTO statement but its name is reserved to allow for future extension [10].

In the context of compiler optimization research, we searched the literature for quantitative data supporting this conjecture and were surprised by the lack of such data - a lack that has already been criticized in the context of the GOTO discussion [26,4]. It is yet another instance of the absence of empirical data, cited as a problem of computer science in general [31]. We therefore performed a comprehensive evaluation of the frequency of GOTO in C and Ada programs.

We further examined the context of GOTO usage and related it to the control structures offered by each language.

Section 2 reports on the results and compares them to data gathered for old Fortran programs, thereby giving evidence that Knuth's conjecture does in fact hold. In Section 3 we discuss the broader aspects of GOTO by summarizing some quantitative data published elsewhere on quality improvements directly related to lesser use of GOTO and more structured programming concepts and techniques.

2 Experimental Evaluation and Conclusions

In order to obtain our statistical data, we modified the front ends of the GNU compilers for Ada [14] and C [11] by inserting actions that gather information about GOTOs. The tools report whether jumps are forward or backward and whether GOTO and its target are on different nesting levels. File name and line number of every GOTO are recorded for subsequent manual code inspections.

Our study is based on the analysis of about 316 MB Ada source code[1] comprising 34428 files with 8.5 million lines of source code. We also analyzed 109 MB C sources with about 2.8 million lines of code in 6654 files[2]. As the analyzed code stems from a variety of different projects, institutions, and programmers, it is a reasonably random sample of sufficient size to allow for generalization of the obtained results. Data about programming practice in Fortran some decades ago is cited from a study published in 1971 that is based on a random sample of 440 programs with a total of over 250000 punched cards [19].

Before presenting our numerical results, we recapitulate the semantic rules for GOTO in the examined languages, as they play a role in the more detailed analysis of the programming contexts in which GOTO is used.

2.1 GOTO in some Programming Languages

While Dijkstra suggested that "the GOTO statement should be abolished from all 'higher level' languages" [7], there are meaningful examples [20,32] where GOTOs are advantageous. Avoiding them does not lead to more natural or more readable solutions as their replacement requires the introduction of flags and additional code. Figure 1 shows two examples taken from language reference manuals.

Covering most such cases without the need to introduce a general GOTO is done in some languages by providing specialized constructs like EXIT, applicable only in certain situations and sometimes called "tamed" GOTOs. These are surely admissible from the point of software engineering and can even improve readability of programs [6,28]. Other suggested rules for restricted GOTO include:

R1 The target of GOTO must be statically known.
R2 The target of a GOTO must be located within the same subprogram.

---

[1] http://www.informatik.uni-stuttgart.de/ifi/ps/ada-software/ada-software.html
[2] ftp.informatik.uni-stuttgart.de and ftp.uni-stuttgart.de

```
  for (...)                          <<Sort>>
    for (...) {                      for I in 1 .. N-1 loop
      ...                               if A(I) > A(I+1) then
      if (disaster) then                   Exchange(A(I), A(I+1));
        goto error;                        goto Sort;
    }                                   end if;
    ...                              end loop;
  error: "clean up"
```

Fig. 1. Using GOTO for error handling [17] and to abort a loop [30]

R3 A GOTO may neither jump into the body of a loop nor into or between the branches of a conditional statement.

R4 Any GOTO must textually precede its target, so all jumps are forward-directed.

Ada. Ada [15,30,1] provides GOTO but restricts its usage, basically by rules R1, R2, and R3 described above. Ada provides an exit which is applicable to all kinds of loops. In particular, it is possible to terminate outer loops by associating a name with that loop and passing this name as parameter to the exit statement. Error handling can be done using Ada's exceptions.

C. ANSI C [17] is less restrictive in its rules concerning GOTO as it only requires R2. Loop termination can be done by using break to stop the innermost loop or continue to finish the current iteration. Jumps between subprogram boundaries can be done with longjump. The target must have previously been defined by executing setjump in the body of a subprogram that should still be on the activation stack when longjump is executed.

Fortran. All versions of Fortran require rule R2, while rule R1 is violated by computed GOTOs (using an integer expression to select the target from a list of labels) and assigned GOTOs (branching to a label given as value of a variable). Both are still available in Fortran 90 but classified as deprecated features [22]. Fortran 90 also requires rule R3.

2.2 Frequency and Usage of GOTO

Figure 2 and 3 summarize our numerical results on GOTO usage. Nearly all Ada files and most C files did not contain any GOTO at all. The second column of figure 3 gives the GOTO-density which is the average number of lines between two GOTOs. The raw density is simply the number of GOTOs divided by the number of source lines. However, there are some files which are surely not representative for application programs, e.g., source code generated by compiler generators and programs for test and validation of compilers. Omitting GOTOs found in these files yields the beautified GOTO-density.

An average Ada program has one GOTO every 13614 lines [13], compared to C programs where GOTO occurs every 386 lines. A different study about C revealed

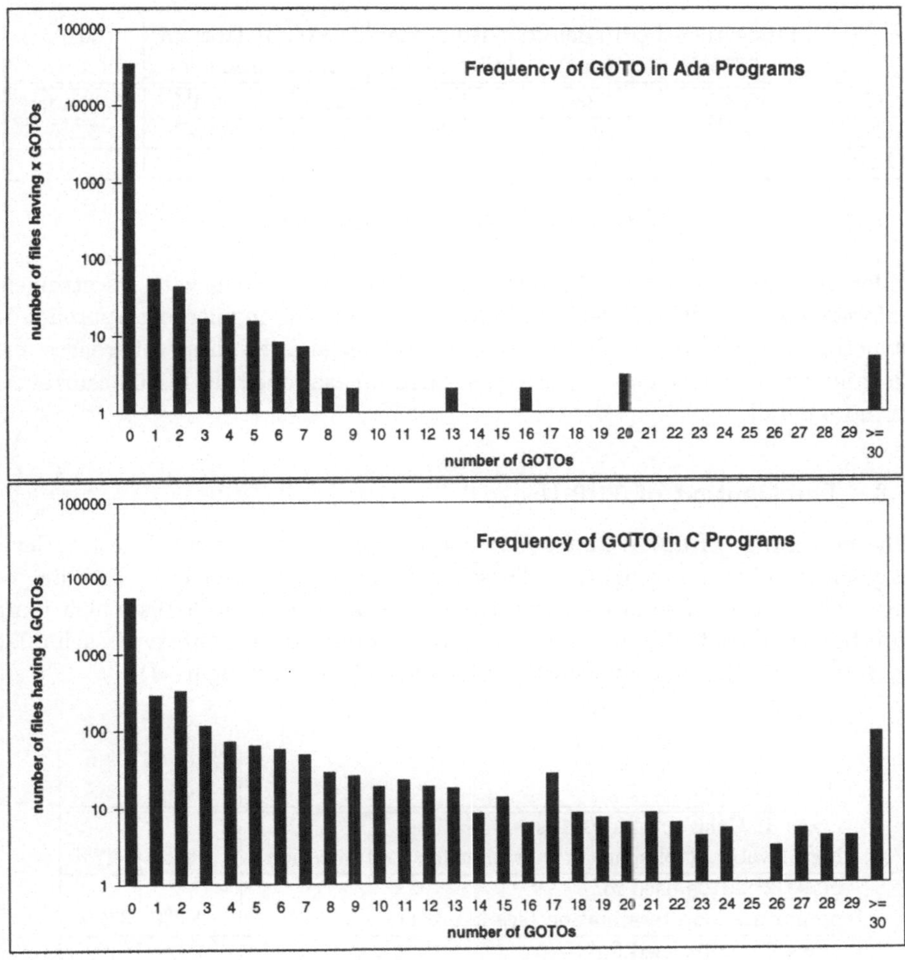

Fig. 2. The frequency of GOTO

that 89.3% of all files were GOTO-free [5]; the GOTO density was 656 lines/GOTO, which is in the same order of magnitude as our results.

In contrast, a 1971 study determined that 8-13% of all executable statements in Fortran programs are GOTOs [19]. Due to the lack of higher control structures in early Fortran, the question about GOTO-freeness was then not even asked.

The difference between Fortran and C can be explained by the lack of control structures in early Fortran versions. C provides `if` and `switch` for branching, as well as `while` do- and do `while`-loops. The only control structure in older Fortran versions is an IF-statement that allows only one single statement in its conditional branches, and a counting loop, but no general loop statement.

The fact that GOTOs are more frequent in C than in Ada by a factor of about 35 came as a surprise to us in its magnitude. Some of the difference can be attributed to Ada's exception handling for error situations and to its `exit` statement, as we show below, but cannot nearly account for the enormous

	files without GOTO	GOTO density (raw)	GOTO density (beautified)	backward GOTO	label on same level	GOTOs violating R3
Ada	99.4%	7382	13614	28.8%	15.1%	forbidden
C	81.5%	284	386	17%	53.5%	3.2%
Fortran	(none)	about 10				

Fig. 3. Statistical results about GOTO

difference. We hypothesize that the richness of Ada, along with its stringent enforcement of safety-related rules creates more of an engineering approach in structured algorithmic design as well. To further analyze these differences and to gain insight into the typical usages of GOTO we examined the GOTO occurrences in more detail.

2.3   The Context of GOTO-Usage

The percentage of GOTOs jumping to targets on the same control nesting level is given in column 5 of figure 3. These GOTOs are not used for error handling or loop termination. The last column shows the percentage of GOTOs which jump into bodies of control structures. We further examined the context of each GOTO by code inspection and divided them into five classes (see figure 4).

Kind of usage	% of GOTOs in Ada	C
class 1: Unstructured GOTOs, simulating high-level control structures or used for "optimization"	67%	43,7%
class 2: GOTOs used for premature loop termination (see figure 1)	1.5%	3.3 %
class 3: GOTOs used for error handling (see figure 1)	0%	27.6%
class 4: Automatically generated code	5.1%	25.2%
class 5: Test and validation programs	25.6%	0%

Fig. 4. Context of GOTO isage

The high percentage of "unstructured" GOTOs in Ada is caused by those five files shown in figure 2 that contain more than 30 GOTOs. Three programs use GOTO to jump to the end of a procedure, which should have been done using `return`. One file is a hand-coded lexical analyzer where GOTO is used to encode state transitions. The fifth file is an old Fortran program that had been transliterated to Ada syntax but without improving its unstructured flow of control.

GOTOs for error handling.   As shown in figure 4, more than one quarter of all GOTOs is used for error handling in C. This application of GOTO is widely accepted

[20,8,21,9] and recommended in the C manual (see figure 1). However, we found not a single GOTO used for this purpose in Ada. Ada's concepts for exception handling seem to meet the programmer's needs and replace GOTO in practice.

GOTOs for loop termination. A second widely accepted application for GOTO is premature loop termination [20,15,8,17,29,27]. The Ada 95 reference manual presents this purpose of GOTO in an example to restart the inner loop in a sorting algorithm (see figure 1).

Summarizing exit, break, continue, and loop terminating GOTO under the term *premature loop termination* (PLT), a further analysis showed 0.26 PLTs per loop in Ada and 0.24 PLTs per loop in C, i.e., nearly identical frequency. However, 14.8% of all PLTs in C are done by GOTO compared to only 0.18% in Ada. In absolute numbers, the 8.5 million LOC of Ada sources we examined had only 16 GOTOs terminating loops. Obviously, Ada's language concept to extend applicability of exit to outer loops is sufficient in practice and generally accepted by programmers, thus reducing the need to use GOTO for this purpose.

2.4 Automatically Generated Code and Efficiency

A final stronghold of GOTOs are source programs generated by compiler compilers or other program generators, e.g., for decision table handling. Here, the use of GOTO is acceptable under software engineering criteria as these files are neither written nor read by human programmers. An important application area is the implementation of lexical analysis which is supported by scanner generators since the early seventies. Here, it is sometimes claimed that GOTOs are needed to achieve good performance.

We examined the efficiency of 12 different approaches to implement lexical analysis for Ada on three different computers and also measured related metrics like cache behavior. It turned out that table driven scanners are the slowest by far, while the fastest scanners used hand-optimized, highly structured code without any GOTO, but GOTO-based scanners were nearly as fast [12].

3 Effects on Program Quality

It has been said that GOTO-less programming is sometimes done for its own sake and that program metrics heavily penalizing GOTO and thus rating GOTO-containing programs as very complex were used in a vicious circle to state that GOTO makes programs more complex [26]. However, there is no doubt that frequent usage of GOTO indeed yields overly complex programs, thereby decreasing readability and reliability. We start with an explanation of what "unstructured" means and then attempt to relate our results about GOTO to error rates reported for real-world programs.

3.1 Why is GOTO "unstructured" ?

In a language lacking higher-level control structures but providing a general GOTO it is possible that bodies of different loops and parts of conditional statements overlap partially in control flow, with unconditional GOTOs jumping in and out. Such a structure is usually called "spaghetti code" (see Figure 5). Nearly every statement may follow any other in execution sequence, regardless of their textual order. A programmer, when encountering a GOTO in some fragment of code, is forced to begin a sequential search of the entire program to determine where the flow of control has gone. Even worse, when encountering a label, the programmer has the most difficult time to trace back the control flow that leads to this label.

```
                            IF P THEN
IF P THEN        <<L1>>    A;                             IF P THEN
   A;                       GOTO L2;         <<L1>>      A;
END IF;                    ELSE                          END IF;
B;              <<L2>>    B;                             B;
WHILE Q DO                 END IF;                        IF Q THEN
   A; B;                   IF Q THEN                         GOTO L1;
END LOOP;                     GOTO L1;                    END IF
                          END IF
```

Fig. 5. Three equivalent representations for an algorithm [8]

Even if GOTO is used only to emulate proper control structures, the program suffers from poor visual correspondence between the control structure and its textual appearance. To summarize, the "unstructuredness" of GOTO comes from control structures that are not syntactically reflected in program notation but can only be detected by analyzing the program's run time behavior [3].

3.2 GOTO and Error Rates

While the above arguments are quite convincing and generally accepted today, *quantitative* results on the effect of GOTO are published very rarely. One empirical study was made by A.C. BENANDER et al. [2]. The authors analyzed over 300 programs written by students taking part in a Cobol programming course.

The results show that the mean number of GOTOs in programs with incorrect output is 2.3 times the mean number of GOTO in correct programs. The mean debug time for programs using GOTOs was considerably longer (29h) than the time to debug GOTO-less programs (9.5h). A statistical analysis revealed that the debug time is significantly correlated to the number of GOTOs. The authors further report that the number of GOTOs is also correlated to the frequency of other stylistic shortcomings such as inappropriate indentation.

If these results could be generalized to commercial software development, they would immediately translate to a major effect on quality and on dollars and cents spent in development and maintenance.

Are similar results available for C and Ada, possibly on a larger and commercial scale? We found that this information on a broader scale seems to be available in large data bases that summarize data from real software projects in

Application Domain	Post-Delivery Errors per kLOC				
	Ada 83	C	C++	3GL	domain norm
Command and Control					
commercial	1,5	1,9	1,5	2,7	2,5
military	0,7	1,0	1,2	2,3	2,0
Commercial Products	2,8	5,0	3,0	4,5	4,0
Information Systems					
commercial	4,0	7,0	5,1	7,0	7,0
military	3,0	6,0	4,0	6,0	6,0
Telecommunication					
commercial	1,6	2,0	1,7	3,3	3,1
military	1,0	1,5	1,2	2,7	2,5
Weapon Systems					
air- and spaceborn	0,3	0,8	0,6	1,0	1,0
ground based	0,5	0,8	0,7	1,0	1,0

Fig. 6. Error rates by language and application [25]

industry. Alas, these data bases are kept secret as corporate assets used in cost and effort estimation. Analyses of such data bases are rarely published.

One such publication is [25], in which D. REIFER summarized error rates after system delivery per 1000 lines of source code (LOC). These statistics, reproduced in figure 6, were taken from 190 projects of the time period 1993-1996 with project sizes ranging from 25k LOC to 3M LOC; the domain norm stems from over 1500 projects of the time period 1989-1996. "3GL" stands for languages like Fortran and Cobol. These statistics are an interesting testimonial to the quality impact of more structured languages. The results might at first seem debatable on the grounds that the LOC metric might not be the same for the different languages. However, REIFER also presents the statistics on the mean time between major repair incidents, unarguably one of the best measures of practical quality. These results, reproduced in figure 7, merely confirm the qualitative impact suggested by figure 6.

These data clearly show that use of a particular programming language correlates with reliability. Other studies confirm this point [33] with similar effects by the cited languages. While we cannot claim statistical proof, we can plausibly conjecture from our data and the data provided by A.C. BENANDER and D. REIFER that the gradual disappearance of GOTO in our software has contributed to a much needed increase in reliability.

4   Summary

GOTO is not really needed today, except for compatibility with existing code. High-level control structures, augmented with specialized mechanisms for loop abortion and exception handling, reduce the need to use GOTO. The powerful control structures provided by Ada led to a density of one GOTO every 13614

Application Domain	weeks between major repair incidents				
	Ada83	C	C++	3GL	domain norm
Command and Control					
commercial	3,0	2,5	–	2,0	2,5
military	4,0	3,0	–	2,0	2,5
Commercial products	1,0	0,4	1,0	0,4	0,5
Information Systems					
commercial	1,0	0,5	0,6	0,4	0,5
military	0,8	0,5	–	0,4	0,5
Telecommunication					
commercial	3,0	1,0	2,0	1,5	1,8
military	4,0	2,0	3,0	2,0	2,0
Weapon Systems					
air- and spaceborn	8,0	3,0	–	2,5	2,5
ground based	6,0	3,0	–	2,0	2,5

Fig. 7. Reliability by language and application [25]

lines. In Fortran programs written in the early seventies, GOTO was used more frequently by a factor of about 1000. Even compiler generators can work perfectly without using GOTO for implementing state transitions. Efficiency arguments are not sustainable, either.

As the GOTO statement causes code which is difficult to understand, it is likely to be one reason why program reliability is correlated to the implementation language and its average frequency of GOTO.

A further advantage of extremely rare GOTO usage or of languages without GOTO is that compilers can be simplified. Without the need to handle GOTO the internal program representation can be made more structured. Also, structured data flow analysis based on attribute evaluation can replace fixed point algorithms iterating on control flow graphs without fear of significantly weakening the results by the conservative assumptions that must be made at target labels.

References

1. J. Barnes. *Programming in Ada 95*. Addison Wesley, 1995.
2. B.A. Benander, N. Gorla, and A.C. Benander. An empirical study of the use of the goto statement. *Journal of Systems and Software*, 11(3):217–223, March 1990.
3. L. Bougé. The Data Parallel Programming Model: A Semantic Perspective. In *The Data Parallel Programming Model*, LNCS, pages 4–26. Springer, 1996.
4. F.J. Bourgeois. *Communications of the ACM*, 30(8):660, August 1987.
5. M. M. Brandis. Building an Optimizing Compiler for Oberon: Implications on Programming Language Design. In P. Schulthess, editor, *Advances in Modular Languages*, pages 123–135, 1994.
6. P.A. Buhr. A Case for Teaching Multi-exit Loops to Beginning Programmers. *ACM SIGPLAN Notices*, 20(11):14–22, November 1985.

7. E.W. Dijkstra. Goto Statement Considered Harmful. *Communications of the ACM*, 11(3):147–148, March 1968.
8. R. Fairley. *Software Engineering Concepts*. McGraw-Hill, 1985.
9. A.E. Fischer and F.S. Grodzinsky. *The Anatomy of Programming Languages*. Prentice-Hall, 1993.
10. D. Flanagan. *Java in a Nutshell*. O'Reilley & Associates, 1996.
11. Free Software Foundation, 59 Temple Place - Suite 330, Boston, MA 02111-1307 USA. *Using and Porting GNU CC*, 1995. (for GCC Version 2.7.2).
12. W. Gellerich, K. Brouwer, and E. Ploedereder. Myths and facts about the efficient implementation of finite automata and lexical analysis. In K. Koskimies, editor, *Proceedings of the International Conference on Compiler Construction (CC'98)*, volume 1883 of *LNCS*, pages 1–15. Springer, 1998.
13. W. Gellerich, M. Kosiol, and E. Ploedereder. Where does goto go to? In *Reliable Software Technologies – Ada-Europe 1996*, volume 1088 of *LNCS*, pages 385–395. Springer, 1996.
14. Gnu ada translator (gnat) documentation, 1995. (cs.nyu.edu:/pub/gnat).
15. G. Goos and J. Hartmanis (eds). *The Programming Language Ada Reference Manual*. Springer, 1983.
16. Jensen & Partners International. *TopSpeed Modula-2 Language and Library Reference*, 1991.
17. B.W. Kernighan and D.M. Ritchie. *The C programming language*. Prentice Hall, 2. edition, 1988.
18. King. N.N. *TopSpeed Modula-2 Language Tutorial*. Jensen & Partners International, 1991.
19. D.E. Knuth. An Empirical Study of Fortran Programs. *Software – Practice and Experience*, 1:105–133, 1971.
20. D.E. Knuth. Structures Programming with goto Statements. *Computing Surveys*, 6(4):262–301, December 1974.
21. K.C. Louden. *Programming Languages*. PWS-KENT Publishing Company, 1993.
22. M. Metcalf and J. Reid. *Fortran 90 explained*. Oxford University Press, 1992.
23. P. Naur. GO TO Statement and Good Algol Style. *BIT*, 3(3):204–205, 1963. (Nachdruck in [24]).
24. P. Naur. *Computing: A Human Activity*. ACM Press, 1992.
25. D.J. Reifer. Quantifying the Debate: Ada vs. C++. *Crosstalk*, (7), July 1996.
26. F. Rubin. "GOTO Considered Harmful" Considered Harmful. *Communications of the ACM*, 30(3):195–196, March 1987.
27. R.W. Sebesta. *Concepts of Programming Languages*. The Benjamin-Cummings Publishing Company, 2. edition, 1993.
28. W. Van Snyder. Multilevel EXIT and CYCLE aren't so bad. *ACM SIGPLAN Notices*, 22(5):20–22, May 1987.
29. B. Stroustrup. *The C++ Programming Language*. Addison-Wesley, 1993.
30. S.T. Taft and R.A. Duff. *Ada 95 Reference Manual*. Springer, 1998. ANSI/ISO/IEC-8652:1995.
31. W.F. Tichy, P. Lukowicz, Lutz Prechelt, and E.A. Heinz. Experimental Evaluation in Computer Science: A Quantuitative Study. *Journal of Systems and Software*, 28(1):9–18, Januar 1995.
32. N. Wirth. On the composition of well-structured programs. *Computing Surveys*, 6(4):247–259, December 1974.
33. S.F. Zeigler. Comparing Development Costs of C and Ada, March 1995. http://wuarchive.wustl.edu/languages/ada/ajpo/docs/reports/cada/cada-art.html.

An Efficient Abstract Machine for Curry

Wolfgang Lux, Herbert Kuchen

Universität Münster
{wlux,kuchen}@uni-muenster.de

Abstract. The functional logic programming language Curry integrates features from functional, logic, and concurrent programming. It combines lazy evaluation, higher-order functions, logic variables, partial data structures, built-in search and the concurrent evaluation of (equational) constraints. Curry amalgamates the most important operational principles developed in the area of integrated functional logic languages: residuation and narrowing. The effects of non-determinism stemming from the narrowing semantics can be encapsulated using the primitive try operator. This is necessary to implement declarative I/O in the presence of non-deterministic computations and allows to implement different search strategies.
In the present paper we develop an abstract machine for the implementation of Curry. The focus in this paper will be on the efficient implementation of encapsulated search in a lazy functional logic language.

1 Introduction

The integrated functional logic language Curry[HKM95,Han99] combines features from functional languages, logic languages, and concurrent programming. Using basically the same syntax as the functional language Haskell [HPW92], Curry also implements many of the features of Haskell. It provides higher order functions, nested expressions, lazy evaluation of functions, monadic I/O [PW93] and a polymorphic type system with Hindley-Milner style type inference [Mil78]. Curry extends Haskell by supporting logic variables and allows computations with partial data structures as in logic languages like Prolog [SS86]. Curry also supports the concurrent evaluation of expressions and uses logic variables as means of synchronization.

The two most important operational principles developed in the area of functional logic programming are narrowing and residuation (see [Han94] for a survey on functional logic programming). Narrowing [Red85] combines unification and reduction, allowing the non-deterministic instantiation of logic variables in expressions. The residuation strategy [ALN87] on the other hand delays the evaluation of functions until their arguments have been sufficiently instantiated. Curry smoothly integrates both operational principles and gives the programmer the chance to select the appropriate strategy for every function based on his/her needs.

Having a built-in search strategy to explore all possible alternatives of a non-deterministic computation is convenient but not always sufficient. In many cases the default strategy, which is usually a depth-first traversal using global back-tracking, is not well suited to the problem domain. Also global non-determinism conflicts with the single-threaded interaction with the world imposed by the monadic I/O concept. Therefore Curry requires all I/O operations to occur only in the deterministic parts of the program. As a remedy to both problems, Curry offers a primitive operator **try**, that encapsulates the non-deterministic parts of the program and allows the user to define his/her own search strategies.

In this paper we develop an abstract machine for the efficient implementation of Curry. Due to the lack of space we cannot describe the machine in full detail in this paper and we restrict the presentation to the implementation of the encapsulated search, which is the main contribution of our work. In the rest of the paper we will assume some familiarity with graph reduction machines for functional and functional logic languages [Joh87,Loo93].

The rest of this paper is organized as follows. The next section gives an introduction to the computation model of Curry. Section 3 describes the encapsulated search operator **try** in more detail. Section 4 introduces the abstract machine. Section 5 then presents some runtime results for our prototypical implementation. The sixth section presents related work and the final section concludes.

2 The Computation Model of Curry

The basic computational domain of Curry is a set of data terms. A data term t is either a variable x or the application $c\,t_1\ldots t_n$ of an n-ary data constructor c to n argument terms. New data constructors can be introduced through data type declarations, e.g. **data Nat = Zero | Succ Nat**. This declaration defines the nullary data constructor **Zero** and the unary data constructor **Succ**.

An expression e is either a variable x, a data constructor c, a defined function f, or an application $e_1\,e_2$ of two expressions.

Constraint expressions are checked for satisfiability. The predefined nullary function **success** reduces to a constraint that is trivially satisfied. An equational constraint $e_1{=}{:}{=}e_2$ is satisfied, if e_1 and e_2 can be reduced to the same (finite) data term. If e_1 or e_2 contain unbound logic variables, an attempt will be made to unify both terms by instantiating variables to terms. If the unification succeeds, the constraint is satisfied. E.g the constraint **Succ m=:=Succ Zero** can be solved by binding **m** to **Zero**, if **m** is an unbound variable.

Functions are defined by conditional equations of the form $f\,t_1\ldots\,t_n \mid g = e$ where the so-called guard g is a constraint. A conditional equation for the function f is applicable in an expression $f\,e_1\ldots\,e_n$, if the arguments $e_1,\ldots,e_n$ match the patterns $t_1,\ldots,t_n$, and if the guard is satisfied. The guard may be omitted, in which case the equation is always applicable if the arguments match.

A **where** clause can be added to the right hand side of the definition to provide additional local definitions, whose scope is the guard expression and the expression e. Unbound logic variables can be introduced by the special syntax[1]
where $x_1,\ldots,x_n$ **free**

---

[1] The same syntax is also applicable to **let** expressions.

A Curry program is a set of data type declarations and function definitions. The following example defines a predicate and an addition function for natural numbers.

```
nat Zero       = success     add Zero      n = n
nat (Succ n) = nat n         add (Succ m) n = Succ (add m n)
```

An expression is reduced to a value and a set of bindings for the free variables in the expression (the answer). Due to non-determinism, there may be several such pairs of a result value and an answer substitution. Thus the computational domain consists of disjunctions of such pairs. For instance, if the function f is defined by the two equations $f\ 0\ =\ 1$ and $f\ 1\ =\ 2$, the solution to the goal $f\ x$, where x is a free variable, is the disjunction[2] {x=0} 1 | {x=1} 2.

A single computation step performs a reduction in the outer-most redex of exactly one disjunct. How this disjunct is chosen is left to the implementation. The reduction may either yield a single new expression (deterministic step), or a disjunction of several new expressions together with their corresponding bindings (non-deterministic step), or may fail, depending on the number of applicable equations.

An attempt to reduce an expression $f\,e_1 \ldots e_n$ may force the evaluation of $e_1, \ldots, e_n$ according to a left-to-right pattern-matching strategy in order to select an applicable equation of the function f. E.g. in order to reduce the expression nat (add Zero Zero), the argument add Zero Zero has to be reduced to head normal form (i.e., an expression without a defined function symbol at the top).

If an argument is an unbound variable, as e.g. in nat n, the further computations depend on the evaluation mechanism to be used. When narrowing is used, a non-deterministic computation step is performed, that yields a disjunction, comprising a disjunct for each possible binding of the variable. In the example, the reduction would yield the disjunction {n=Zero} success | {n=Succ m} nat m, where m is a fresh, unbound variable. If residuation is used, the evaluation is delayed until the variable has been instantiated by some other concurrent computation. By default, constraint functions use narrowing as their evaluation strategy, while all other functions use residuation. The user can override these defaults by evaluation annotations.

The concurrent evaluation of subexpressions is introduced by the concurrent conjunction c_1 & c_2 of two constraints, which evaluates the constraints c_1 and c_2 concurrently and is satisfied iff both are satisfiable.

3 Encapsulated Search

The use of monadic I/O, which enforces a single-threaded interaction with the world, conflicts with the non-deterministic instantiation of unbound variables. For that reason Curry provides the primitive search operator try, that allows

---

[2] Here | denotes a disjunction and {x=0} denotes a substitution. {x=0} 1 denotes a pair of an expression and a substitution.

to confine the effects of non-determinism. This operator can also be used to implement find-all predicates in the style of Prolog, but with the possibility to use other strategies than the built-in depth first search [HS98]. The **try** operator expects a search goal as argument, which must be a unary function that returns a constraint. The argument of the search goal can be used to constrain a goal variable by the solutions of the goal. The result of **try** is either an empty list, denoting that the reduction of the goal has failed, or it is a singleton list containing a function \x -> g, where g is a satisfiable constraint (in solved form), or the result is a list with a least two elements, if the goal can only be reduced by a non-deterministic computation step. The elements of this list are search goals that represent the different alternatives for the reduction of the goal immediately after this non-deterministic step.

For instance, the reduction of

```
try (\x -> let s free in nat s & add s Zero=:=Succ Zero)
```

yields the list

```
[\x -> nat Zero & add Zero Zero=:=Succ Zero,
 \x -> let t free in nat t & add (Succ t) x=:=Succ Zero]
```

4   The Abstract Machine

Overview The abstract machine developed in this paper is a stack based graph reduction machine, that implements a lazy evaluation strategy. The concurrent evaluation of expressions is implemented by assigning each concurrent expression to a new thread. The main contribution of the machine is its implementation of encapsulated search, which is described in more detail below.

The state space of the abstract machine is shown in Fig. 1. The state of the abstract machine is described by a 9-tuple $\langle c, ds, es, hp, H, rq, bs, scs, tr \rangle$, where c denotes a pointer to the instruction sequence to be executed. The data stack ds is used to supply the arguments during the construction of data terms and function applications. The environment stack es maintains the environment frames (activation records) for each function call. An environment frame comprises a size field, the return address, where execution continues after the function has been evaluated, the arguments passed to the function, and additional free space for the local variables of the function.

The graph corresponding to the expression that is evaluated, is allocated in the heap H. The register hp serves as an allocation pointer into the heap. We use the notation $H[a/n]$ to denote a variant of the heap H, which contains the node n at address a.

$$H[a/x](a') := \begin{cases} x & \text{if } a = a' \\ H(a') & \text{otherwise} \end{cases}$$

The graph is composed of tagged nodes. Integer (**Int**) nodes represent integer numbers. **Data** nodes are used for data terms and comprise a tag, which

$$State \in Instr^* \times Adr^* \times EnvFrame^* \times Adr^* \times Heap \times ThdState^* \times Choicepoint^*$$
$$\times\ SearchContext^* \times Trail$$
$$Instr = \{\texttt{PushArg}, \texttt{PushInt}, \ldots\} \qquad Adr = \mathbb{N} \qquad Heap = Adr \to Node$$
$$Node = \{\texttt{Int}\} \times \mathbb{N} \ \cup\ \{\texttt{Data}\} \times \mathbb{N} \times Adr^* \ \cup\ \{\texttt{Clos}\} \times Instr^* \times \mathbb{N} \times \mathbb{N} \times Adr^*$$
$$\cup\ \{\texttt{Var}\} \times ThdState^* \ \cup\ \{\texttt{Susp}\} \times Adr \ \cup\ \{\texttt{Lock}\} \times ThdState^*$$
$$\cup\ \{\texttt{Indir}\} \times Adr \ \cup\ \{\texttt{SrchCont0}\} \times ThdState \times ThdState^* \times SearchSpace$$
$$\cup\ \{\texttt{SrchCont1}\} \times ThdState \times ThdState^* \times SearchSpace \times (Adr \cup\ ?)$$
$$EnvFrame = \mathbb{N} \times Instr^* \times (Adr \cup\ ?)^* \qquad ThdState = Instr^* \times Adr^* \times EnvFrame^*$$
$$Choicepoint = Instr^* \times Adr^* \times EnvFrame^* \times Adr \times ThdState^* \times Trail$$
$$SearchContext = Adr \times Instr^* \times Adr^* \times EnvFrame^* \times ThdState^* \times Trail$$
$$SearchSpace = Adr \times Trail \times Trail \qquad Trail = (Adr \times Node)^*$$

Fig. 1. State space

enumerates the data constructors of each algebraic data type, and a list of arguments. The arity of a data constructor is fixed and always known to the compiler, therefore it is not recorded in the node.

Closure (`Clos`) nodes represent functions and function applications. Besides the code pointer they contain the arity of the function, the number of additional local variables, and the arguments that have been supplied.

Unbound logic variables are represented by variable (`Var`) nodes. The wait queue field of these nodes is used to collect those threads, that have been suspended due to an access to the unbound variable.

Suspend (`Susp`) nodes are used for the implementation of lazy evaluation. The argument of a suspend node points to the closure or search continuation whose evaluation has been delayed. Once the evaluation of the function application begins, the node is overwritten by a `Lock` node, in order to prevent other threads from trying to evaluate the suspended application. Those threads will be collected in the wait queue of the lock. If the evaluation of the function application succeeds the node is overwritten again, this time with an indirection (`Indir`) node, that points to the result of the application. Indirection nodes are also used when a logic variable is bound. The variable node is overwritten in that case, too. Finally two kinds of search continuation nodes are used to implement (partially) solved search goals. They will be described in more detail below.

The run queue rq maintains the state of those threads, which are runnable, but not active. For each thread the instruction pointer and the thread's data and environment stacks are saved. The backtrack stack bs manages the choicepoints, that are created to handle global non-determinism by a backtracking strategy. In each choicepoint the alternate continuation address, the data and environment stacks, the run queue, the trail, and the allocation pointer are saved. The search context stack scs manages search contexts, which are used during an encapsulated search. The saved machine state in a search context is similar to a choicepoint, except that the instruction pointer denotes the continuation into which the `try` operator returns, and that instead of the allocation pointer a

PushArg n	SaveLocal n	Eval	TryMeElse *label*
PushInt i	Apply n	Return	RetryMeElse *label*
PushGlobal n	Suspend n	Fork *label*	TrustMe
PushVar	SwitchOnTerm *tags&labels*	Delay	Fail
Pop n	Jmp *label*	Yield	Solve
PackConstr *tag*, n	Jmp*Cond label*	Stop	Succeed
UnpackConstr m, n	BindVar		

Fig. 2. Instruction set

pointer to a goal variable is saved. The final register, tr, holds a pointer to the trail, which is used to save the values of nodes that are overwritten, so that they can be restored upon backtracking or when an encapsulated search is left.

The instruction set of the abstract machine is shown in Fig. 2. Many of the instructions operate similarly to the G-machine [Joh87] and the Babel abstract machine [KLMR96] and are not described in this paper due to the lack of space.

Representation of search goals The encapsulated search operator **try** returns a list of closures of the form \x->x_1=:=e_1&...&x_n=:=e_n&c. Here $x_1, \ldots, x_n$ denote the logic variables that have already been bound to some value and c represents the yet unsolved part of the search goal. These closures are represented by search continuation (**SrchCont1**) nodes, that capture the current state of the machine registers together with the bindings for the logic variables.

The different solutions of the search goal may use different bindings for the logic variables and suspended applications contained in the search goal. For instance, in the example given earlier, the local variable **s** is bound to the constant **Zero** in the first alternative and to the data term **Succ t** in the second one.

For efficiency reasons, we share the graph among all solutions and use destructive updates to change the bindings whenever a different search continuation is invoked. Therefore every search continuation is associated with a search space, that contains the list of addresses and values that must be restored, when the search continuation is invoked (the *script*), and those which must be restored, when the encapsulated search returns (the *trail*). In addition the search space also contains the address of a goal variable.

Invocation of search goals A new encapsulated search is started by the **Solve** instruction. This instruction saves the current machine state in a search context on the search context stack. If the argument passed to **Solve** is a closure node, i.e. the search goal is invoked for the first time, a fresh, unbound variable is allocated and the goal is applied to it. If instead the argument to the **Solve** instruction is a search continuation, the bindings from its search space have to be restored before the execution of the goal can continue. Also no new goal variable needs to be allocated in this case.

$$\langle \mathtt{Solve} : c, ds_1 : ds, es, hp, H, rq, bs, scs, tr \rangle \Longrightarrow$$
$$\langle c', hp : \epsilon, \epsilon, hp + 1, H[hp/(\mathtt{Var}, \epsilon)], \epsilon, bs, (hp, c, ds, es, rq, tr) : scs, \epsilon \rangle$$
$$\text{where } H[ds_1] = (\mathtt{Clos}, c'', ar, l, a_1, \dots, a_{ar-1})$$
$$\text{and } c' = \mathtt{Apply}\ 1 : \mathtt{Suspend} : \mathtt{Eval} : \mathtt{Succeed} : \epsilon$$
$$\langle \mathtt{Solve} : c, ds_1 : ds, es, hp, H, rq, bs, scs, tr \rangle \Longrightarrow$$
$$\langle c', ds', es', hp, restore(H, scr), rq', bs, (g, c, ds, es, rq, tr) : scs, tr' \rangle$$
$$\text{where } H[ds_1] = (\mathtt{SrchCont1}, (c', ds', es'), rq', (g, scr, tr'), ?)$$

The auxiliary function *restore* is defined as follows:

$$restore(H, tr) := \begin{cases} H & \text{if } tr = \epsilon \\ restore(H[a/x], tr') & \text{if } tr = (a, x) : tr' \end{cases}$$

Returning from the encapsulated search There are three different cases to consider here. The easy case is when the search goal fails. In that case, the old heap contents and the top-most context from the search context stack are restored and an empty list is returned into that context.

$$\langle \mathtt{Fail} : c, ds, es, hp, H, rq, bs, (g, c', ds', es', rq', tr') : scs, tr \rangle \Longrightarrow$$
$$\langle c', hp : ds', es', hp + 1, restore(H, tr)[hp/(\mathtt{Data}, \mathtt{[]})], rq', bs, scs, tr' \rangle$$

If the search goal succeeds, a singleton list containing the solved search goal must be returned to the context, which invoked the encapsulated search. This is handled by the `Succeed` instruction, that detects this special case from the presence of an empty return context.

$$\langle \mathtt{Succeed} : c, ds, \epsilon, hp, H, \epsilon, bs, (g, c', ds', es', rq', tr') : scs, tr \rangle \Longrightarrow$$
$$\langle c', hp : ds', es', hp + 3, H'', rq', bs, scs, tr' \rangle$$
$$\text{where } spc = (g, save(H, tr), tr);\ H' = restore(H, tr)$$
$$H'' = H'[\ hp/(\mathtt{Data}, :, hp + 1, hp + 2),$$
$$hp + 1/(\mathtt{SrchCont1}, (\mathtt{Succeed} : c, \epsilon, \epsilon), \epsilon, spc, ?),$$
$$hp + 2/(\mathtt{Data}, \mathtt{[]})]$$

The *save* function saves the bindings of all variables that have been updated destructively. These are those nodes, which have been recorded on the trail:

$$save(H, tr) := \begin{cases} \epsilon & \text{if } tr = \epsilon \\ (a, H[a]) : save(H, tr') & \text{if } tr = (a, n) : tr' \end{cases}$$

In case of a non-deterministic computation step, a non-empty list must be returned. It will contain the search continuations for the alternative computations. Due to the lazy evaluation semantics of Curry, the tail of this list has to be a suspended application. We use a second kind of search continuation nodes (`SrchCont0`), that do not take arguments, for that purpose.[3]

---

[3] The `RetryMeElse` and `TrustMe` instructions are handled similarly.

$\langle \textbf{TryMeElse}\ alt : c, ds, es, hp, H, rq, bs, (g, c', ds', es', rq', tr') : scs, tr \rangle \Longrightarrow$
$\langle c', hp : ds', es', hp + 3, H'', rq', bs, scs, tr' \rangle$
where $spc = (g, save(H, tr), tr);\ H' = restore(H, tr)$
$\qquad H'' = H'[\ hp/(\textbf{Data}, :, hp + 1, hp + 2),$
$\qquad\qquad\qquad hp + 1/(\textbf{SrchCont1}, (c, ds, es), rq, spc, ?),$
$\qquad\qquad\qquad hp + 2/(\textbf{SrchCont0}, (alt, ds, es), rq, spc)]$

Unpacking the result In order to access the computed solution for a solved search goal or to constrain a solution further, the search goal must be applied to an argument. The current binding for the goal variable computed in the search goal is then unified with the argument. The function **unpack** can be used to extract the solution from a solved goal:

```
unpack g | g x = x where x free
```

In the abstract machine, the **Eval** instruction therefore must also handle suspended applications of search continuations. In that case, the saved search space is merged into the current search space and then execution continues in the goal. If the search goal is already solved, it will immediately execute the **Succeed** instruction, which unifies the argument and the value, that was bound to the goal variable and then returns into the context where **Eval** was invoked.[4]

$\langle \textbf{Eval} : c, ds_1 : ds, es, hp, H[ds_1/(\textbf{Susp}, a)], rq, bs, scs, tr \rangle \Longrightarrow$
$\langle c', ds' +\!\!+ ds, (2 : c : a : g) : es', hp + 1, H', rq' +\!\!+ rq, bs, scs, tr' +\!\!+ tr \rangle$
where $H[a] = (\textbf{SrchCont1}, (c', ds', es'), rq', (g, scr, tr'), a')$
$\qquad H' = restore(H, scr)[hp/(\textbf{Locked}, \epsilon)]$
$\langle \textbf{Succeed} : c, ds, es, hp, H, rq, bs, scs, tr \rangle \Longrightarrow$
$\langle c', ds, es, hp, H, rq, bs, scs, tr \rangle$
where $c' = \textbf{PushArg}\ 1 : \textbf{PushArg}\ 0 : \textbf{BindVar} : \textbf{Return} : \epsilon$ and $es \neq \epsilon$

5 The Implementation

We have implemented a prototype of our abstract machine. Our compiler translates Curry source code into abstract machine code, which is then translated into native machine code using the well-known "C as portable assembler technique" [Pey92,HCS95].

In to order test the efficiency of our abstract machine, we have run some well known benchmarks. *Tak* computes the Takeuchi function, *nrev* performs 100 times a naive reversal of a list of 250 elements, and *8-puzzle* tries to find a solution to the 8-puzzle. We have compared two versions of the program, one written in the purely functional Haskell subset of Curry, the other using logical style,

---

[4] To simplify the presentation, we assume that the node applied to the search goal is always an unbound variable, so that the **BindVar** instruction is applicable. The machine in fact allows other arguments to be applied as well.

which employs narrowing and the encapsulated search. For a comparison we also include the results for Sicstus Prolog and Glasgow Haskell. All benchmarks were run on an otherwise unloaded Ultra Sparc 1 equipped with 128 MBytes of RAM. The execution times are given in seconds.

Benchmark	Functional	Logical	Sicstus	ghc
tak	14.6	37.9	14.2	0.22
nrev	13.7	33.2	22.7	1.7
8-puzzle	1.7	4.1	14.4	0.13

Fig. 3. Runtime results

From the figures one can see that our prototype compares well with a mature Prolog implementation. The functional version of the code is always slightly faster than the corresponding Prolog code, while the logical version is a little bit slower, except for the 8-puzzle. However, our implementation is still much slower than the code generated by the Glasgow Haskell compiler.

6 Related Work

The narrowing machines developed for the functional logic language Babel [KLMR96] were a basis for the design of our abstract machine. These abstract machines in turn incorporate ideas from the G-machine [Joh87] and the WAM [War83].

Encapsulated search was first introduced in Oz [Smo95]. Their abstract machine [MSS95] differs substantially from ours, because of the different computation model employed by Oz. In particular Oz uses eager evaluation instead of lazy evaluation and therefore lacks the possibility to compute only parts of a search tree. E.g. they could not handle a search goal like **nats** directly.

Other implementations of local search spaces are known [Gup94]. E.g. the Java based abstract machine in [HS97] uses binding tables for each variable, which are indexed by a unique identifier assigned to each search space.

7 Conclusion

In this paper we have developed an abstract machine designed for an efficient implementation of Curry. The main contribution of the machine is the integration of encapsulated search into a functional logic language, that employs a lazy reduction strategy. One of the goals of the implementation was to minimize the overhead, that stems from the use of encapsulated search. The prototype, that we have implemented, works reasonably fast and compared with the same programs compiled in Prolog. However, we are still at least a magnitude slower than a current state-of-the-art compiler for a functional language. This is due to the fact, that our present compiler does not perform any sensible analysis on the source code. We are currently developing dedicated optimizations in order to include them into the Curry compiler.

References

[ALN87]   H. Aït-Kaci, P. Lincoln, and R. Nasr. Le Fun: Logic, equations, and functions. In *Proc. 4th ILPS*, pages 17–23, 1987.

[Gup94]   G. Gupta. *Multiprocessor Execution of Logic Programs*. Kluwer, 1994.

[Han94]   M. Hanus. The integration of functions into logic programming: From theory to practice. *Journal of Logic Programming*, 19&20:583–628, 1994.

[Han99]   M. Hanus. Curry: An integrated functional logic language, (version 0.5). http://www-i2.informatik.rwth-aachen.de/~hanus/curry, 1999.

[HCS95]   F. Henderson, Th. Conway, and Z. Somogyi. Compiling logic programs to C using GNU C as a portable assembler. In *Proc. of the ILPS '95 Postconference Workshop on Sequential Implementation Technologies for Logic Programming Languages*, pages 1–15, 1995.

[HKM95]   M. Hanus, H. Kuchen, and J. Moreno-Navarro. Curry: A truly functional logic language. In *Proc. ILPS'95 Workshop on Visions for the Future of Logic Programming*, pages 95–107, 1995.

[HPW92]   P. Hudak, S. Peyton Jones, and P. Wadler. Report on the programming language Haskell (version 1.2). *SIGPLAN Notices*, 27(5), 1992.

[HS97]   M. Hanus and R. Sadre. A concurrent implementation of Curry in Java. In *Proc. ILPS'97 Workshop on Parallelism and Implementation Technology for (Constraint) Logic Programming Languages*, 1997.

[HS98]   M. Hanus and F. Steiner. Controlling search in functional logic programs. In *Proc. PLILP'98*, 1998.

[Joh87]   T. Johnsson. *Compiling lazy functional languages*. PhD thesis, Chalmers Univ. of Technology, 1987.

[KLMR96]   H. Kuchen, R. Loogen, J. Moreno-Navarro, and M. Rodríguez-Artalejo. The functional logic language Babel and its implementation on a graph machine. *New Generation Computing*, 14:391–427, 1996.

[Loo93]   R. Loogen. Relating the implementation techniques of functional and functional logic languages. *New Generation Computing*, 11:179–215, 1993.

[Mil78]   R. Milner. A theory of type polymorphism in programming. *Journal of Computer System Science*, 17(3), 1978.

[MSS95]   M. Mehl, R. Scheidhauer, and Ch. Schulte. An abstract machine for Oz. In *Proc. PLILP'95*, pages 151–168. Springer, LNCS 982, 1995.

[Pey92]   S. Peyton Jones. Implementing lazy functional languages on stock hardware: The spineless tagless G-machine. *Journal of Functional Programming*, 2(1):73–80, Jan 1992.

[PW93]   S. Peyton Jones and P. Wadler. Imperative functional programming. In *Proc. 20th POPL'93*, pages 123–137, 1993.

[Red85]   U. Reddy. Narrowing as the operational semantics of functional languages. In *Proc. ILPS'85*, pages 138–151, 1985.

[Smo95]   G. Smolka. The Oz programming model. In J. van Leeuwen, editor, *Current Trends in Computer Science*. Springer LNCS 1000, 1995.

[SS86]   L. Sterling and E. Shapiro. *The Art of Prolog*. MIT Press, 1986.

[War83]   D. Warren. An abstract Prolog instruction set. TR 309, SRI, 1983.

A Programming Language for Design Patterns

Stefan Bünnig, Peter Forbrig, Ralf Lämmel*, Normen Seemann

Universität Rostock
Fachbereich Informatik
D-18051 Rostock
(sbuen|pforbrig|rlaemmel|bates)@informatik.uni-rostock.de

Abstract. Design patterns are widely used in object-oriented design. The application of design patterns in programming, however, is usually based on manual implementation in an ordinary object-oriented programming language resulting in problems like the lack of encapsulation, traceability and reusability of the patterns. We present a design pattern oriented programming model as an extension of the object oriented programming model. The model copes with the specification and application of patterns and it is supported by a programming language *PaL*. The expressive power is gained by supporting a certain kind of superposition for class structures surpassing standard methods of reuse such as inheritance, genericity and composition.

1   Introduction

Design patterns [GHJV94,Lar97] are an accepted means of documenting and communicating software design experience. A pattern describes a solution to a recurring design problem in a systematic and general way. At the level of programming, however, it is not so easy to support design patterns since

1. certain ingredients of pattern descriptions are usually presented in an informal language, e.g. the discussion of applicability issues and trade-offs, and
2. the common object-oriented programming model does not support a reusable first class representation of the implementable structure of the patterns.

This paper addresses the second issue by developing a programming model as an extension of the object-oriented model in order to support the reusable implementation of the class diagrams underlying design patterns. Thus, we focus on sufficiently concrete solutions provided by suitable variants of design patterns.

The remaining paper is structured as follows. Section 2 develops a model for design pattern oriented programming. Section 3 describes the language *PaL* supporting our programming model. In addition to the references throughout the paper, Section 4 discusses related work. Section 5 concludes the paper.

---

* author for correspondence

2 The programming model

For brevity, we only give an overview on the design pattern oriented programming model. The reader is referred to [See99,Bün99] for a more thorough discussion. In [See99], the model is also developed in a formal way with algebraic specification techniques based on [Bre91]. Essentially, we will present the requirements to support design patterns at the programming level. The new model provides solutions for problems one encounters when patterns are implemented in a traditional object-oriented language. These problems were also considered in [Bos98]. It is obvious that our model should be a conservative extension of the basic object-oriented model, i.e. concepts such as information hiding, encapsulation, inheritance and polymorphism should be supported.

2.1 Patterns as first class citizens

In the traditional programming model, patterns have to be coded as conglomerations of classes resulting in a lack of traceability and encapsulation of the patterns [Bos97,Bos98]. Patterns should be traceable in the source text so that a reader can easily identify them. A partial solution is to annotate the implementation with information about the patterns as suggested by Hedin in [Hed97]. In [Jac97], Jacobsen argues that patterns are abstractions over programs. Our programming model provides a corresponding kind of abstraction in order to protect the structure underlying a pattern as a whole. A pattern is regarded as another kind of class encapsulating the participating classes. Patterns can implement some sort of *higher behaviour* in pattern methods which are implemented by delegating the work to methods of the participating classes.

In this paper we emphasize that the solutions provided by patterns can be encapsulated by class structures. We do not discuss all aspects of such an encapsulation, e.g. polymorphism at the pattern level or restrictions to prevent pattern methods (i.e. the higher behaviour) from compromising the encapsulated class structure. The reader is referred to [See99] for this issue.

2.2 Reusability of class structures

Reuse of object-oriented programs is usually based on concepts like inheritance, composition, genericity and interfaces. However, these concepts are not powerful enough to implement patterns in a way that an actual application of a pattern can be implemented by reusing the implementation of the pattern.

Example 1. Consider two classes A and B, where B inherits A. If these classes need to be refined for actual reuse, two classes A' and B' can be defined such that A' inherits A and B' inherits B. Unfortunately, it does not hold that B' inherits A'.

This simple example illustrates the limitations of inheritance to facilitate reuse of class systems because the original inheritance relation is not preserved by the refined class system. Among other problems, polymorphism will not be supported accordingly in the refined class system.

Type-bounded genericity [PS90] can be used for an approach to the reusable implementation of patterns to a certain extent. A corresponding ideal language should support interfaces, too. Otherwise, inheritance would have to be used resulting in inheritance anomalies. However, type substitution can only be used to instantiate generic classes. More subtle refinements are not possible.

Limitations of the standard model force one to code the solution provided by a pattern in each specific application context. Our programming model suggests superposition operating on class structures as another form of reuse. It is a form of "grey-box" reuse rather than white-box as inheritance operating on classes.

2.3 Combination of patterns

Patterns can be related in various ways [Zim97]. At the programming level, the relationship saying if certain patterns can be combined is important.

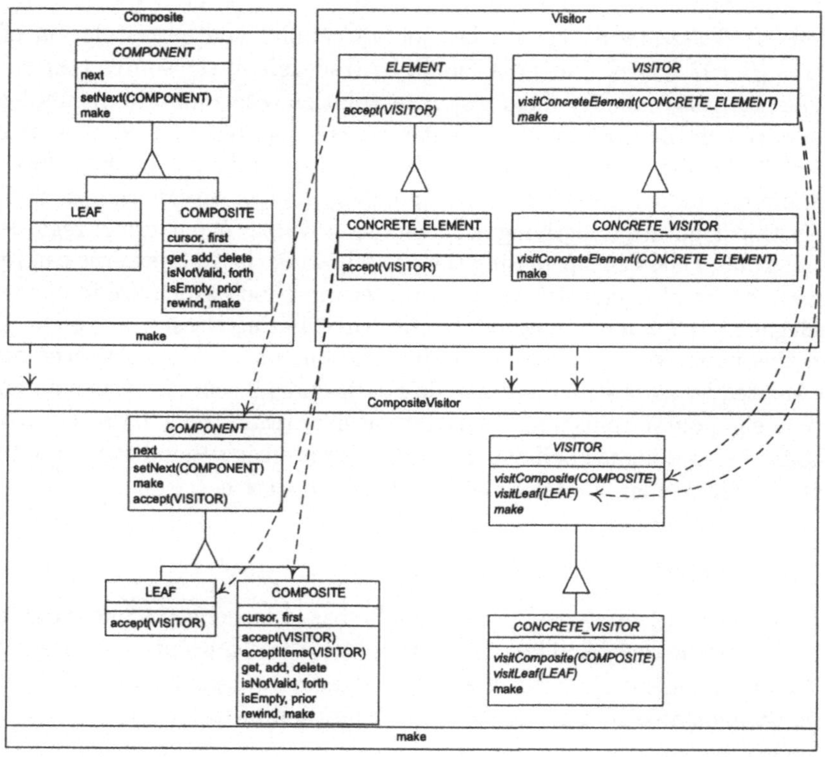

Fig. 1. The combination of *Composite* and *Visitor*

Example 2. In Figure 1, we start with a purely structural form of the pattern *Composite* [GHJV94]. Behaviour is added by combining the pattern *Composite* with the pattern *Visitor* [GHJV94]. This combination is considered in the paper in more detail.

Regarding notation, class diagrams underlying the patterns are represented according to UML. We do not model associations between classes but we declare attributes to implement the underlying associations since we are concerned with programming rather than design. The attribute types are omitted in the figure for brevity. Renamings, reuse and combination relations are represented by arrows between patterns, participating classes, attributes and methods. Arrows between structural components of two related patterns are omitted if the names remain the same and there are no name clashes.

The combination of patterns is an even more intricate problem than the reusable implementation of patterns. In [Zim97], Zimmer quotes it as an interesting open problem. In our model, the combination of patterns is possible due to certain key features of superposition facilitating reuse of class structures. It is possible, for example, to merge classes from the same class structure or from different class structures into one class. It is impossible to perform such adaptations based on genericity and inheritance without breaking the class structure.

3 PaL—Pattern Language

The language PaL for programming with patterns is presented in the sequel. For a more thorough discussion of the language PaL we refer to [Bün99,See99]. Regarding the actual notation (e.g. for method implementations), it is tried to keep PaL's syntax close to $Eiffel$'s syntax.

3.1 Class structures

The solution underlying a pattern takes the form of a class structure. Consequently, PaL supports an abstraction **structure** of the following form:

$$
\begin{array}{lll}
\textbf{structure } sid & & \\
[\textbf{reuse } ref_1 \textbf{ and } \ldots \textbf{ and } ref_n] & \text{-- reuse of structures} & \\
[\textbf{creation } mid_1, \ldots, mid_m] & \text{-- initialization methods}^- & \quad\text{(I)} \\
c_1 \ldots c_k & \text{-- description of participating classes} & \\
f_1 \ldots f_l & \text{-- features} & \\
\textbf{end} & &
\end{array}
$$

A structure sid can be conceived as a nested class description. It encapsulates class descriptions $c_1, \ldots, c_k$ and it declares features (i.e. attributes and methods) $f_1, \ldots, f_l$. The **reuse** part of a structure is similar in intent to the **inherit** part of an ordinary class. Reuse of structures will be explained in detail later on. It would be possible to unify the notions class and structure in order to support an arbitrarily deep nesting of classes, but this generality is not needed in this paper. A structure without **reuse** part is called a flat structure.

Example 3. As a very simple example illustrating flat structures consider for example the PaL specification for linked lists in Figure 2. There are two participating classes, $LIST$ for lists and $ITEM$ for items in the lists. The implementations of the common methods are omitted for brevity.

---

[1] This clause serves the same purpose as in $Eiffel$, i.e. it declares methods which should be invoked to initialize newly created instances of the enclosing class or structure.

<table>
<tr><td valign="top">

structure *List*
  creation *make*

  class *LIST*
   creation *make*
   feature *make* **is** ...
   feature *add*(*anItem*: *ITEM*) **is** ...
   feature *rewind* **is** ...
   feature *forth* **is** ...
   feature *isNotValid*: *Boolean* **is** ...
   ...
   feature *first*: *ITEM*
   feature *cursor*: *ITEM*
  end --*LIST*

</td><td valign="top">

class *ITEM*
  creation *make*
  feature *make* **is** ...
  feature *next*: *ITEM*
  feature *setNext*(*anItem*: *ITEM*) **is** ...
  end --*ITEM*

  feature *make* **is** ...
  feature *theList*: *LIST*

end --*List*

</td></tr>
</table>

Fig. 2. Implementing lists with *PaL*

3.2 Reuse of class structures

Reuse of class structures—and thereby of patterns—is specified in the **reuse** part of (I). The ref_1, ..., ref_n in (I) refer to structures to be reused. Actually, the referenced structures are superimposed with the structure consisting of the classes c_1, ..., c_k and the features f_1, ..., f_l. Superposition means to merge classes of the same name. The inheritance relation for classes of the reused structures is preserved. Referring to structures, structural components can be renamed and it can be controlled how name clashes for features are resolved. Consequently, each ref_i is of the following form:

$$[\textbf{dominating}]\ sid_i\ [\textbf{where}\ \Delta_{c_{i,1}}\ \cdots\ \Delta_{c_{i,k_i}}\ \Delta_{f_{i,1}}\ \cdots\ \Delta_{f_{i,l_i}}]$$

The optional keyword **dominating** can be used to force that the referenced structure dominates always other referenced structures in resolving name clashes of features. The $\Delta_{c_{i,j}}$ and $\Delta_{f_{i,j}}$ are concerned with renaming classes and features and with resolving name clashes for features at the class or feature level. Each $\Delta_{c_{i,j}}$ is of the following form:

$$[\textbf{dominating}]\ \textbf{class}\ cid_{j,q}\ [\textbf{from}\ cid'_{j,q}]\ \Delta_{f_{j,q,1}}\ \cdots\ \Delta_{f_{j,q,l_{j,q}}}\ \textbf{end}$$

It can be controlled if the features of the class from the referenced structure dominate the features of other classes with the same name. If the class is renamed, $cid_{j,q}$ denotes the new name, whereas $cid'_{j,q}$ denotes the original name in the referenced structure. Again, features can be renamed and name clashes can be resolved. All the $\Delta_{f_{j,...}}$ concerned with renaming features and resolving name clashes for features are of the following form:

$$[\textbf{dominating}]\ \textbf{feature}\ fid\ [\textbf{from}\ fid']$$

<table>
<tr><td>

structure *Composite*

reuse
  List **where**
    class *COMPOSITE* **from** *LIST*
    end *--COMPOSITE*
    class *COMPONENT* **from** *ITEM*
    end *--COMPONENT*
    feature *theComposite* **from** *theList*

  creation *make*

</td><td>

class *COMPOSITE* **inherit** *COMPONENT*
end *--COMPOSITE*

class *LEAF* **inherit** *COMPONENT*
  creation *make*
end *--LEAF*

public feature *make* **is**
  do !!*theComposite.make*[2]
end *--make*

end *--Composite*

</td></tr>
</table>

Fig. 3. The *PaL* specification for the *Composite* pattern

Example 4. The *Composite* pattern [GHJV94] is specified in *PaL* in Figure 3 by reusing the class structure implementing lists from Figure 2. The usual participating classes *COMPONENT* and *COMPOSITE* of the *Composite* pattern are unified with the reused classes *ITEM* and *LIST*, respectively. The superposition is illustrated in Figure 4. We do not yet associate any behaviour with the pattern specification.

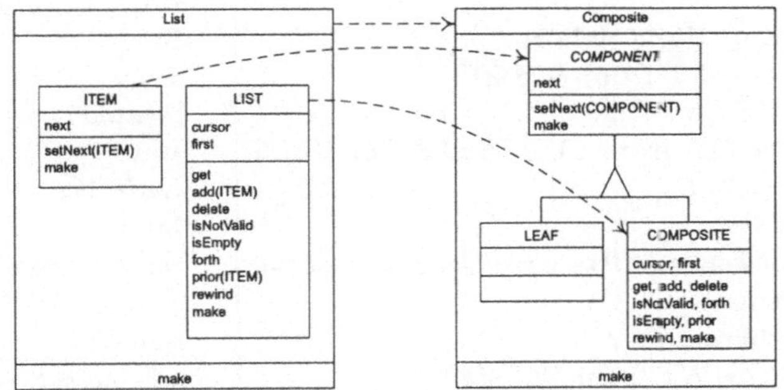

Fig. 4. The architecture of the *Composite* pattern

Multiple reuse (i.e. $n > 1$ in (I)) is needed, for example, to combine patterns. It can even be necessary to consider multiple reuse of a certain pattern in order to duplicate some of its structural components.

Example 5. The combination of the patterns *Composite* and *Visitor*, which was illustrated in Figure 1, can be described in *PaL* as shown in Figure 6. The *Composite* pattern is reused once, whereas two reuses of the *Visitor* pattern are needed to unify the class *CONCRETE_ELEMENT* once with *LEAF* and once with *COMPOSITE*. The class *ELEMENT* from the *Visitor* pattern is unified with the class *COMPONENT* from the

---

[2] !! is the *Eiffel*-construct for object creation.

```
structure Visitor                          class CONCRETE_VISITOR
                                           inherit VISITOR
class VISITOR                              creation make
 feature visitConcreteElement(             feature make is
  anElement: CONCRETE_ELEMENT               do
 ) is                                       end --make
  deferred                                 end --CONCRETE_VISITOR
 end --visitConcreteElement
                                           class CONCRETE_ELEMENT
 feature make is deferred                  inherit ELEMENT
 end --make                                 feature accept(aVisitor: VISITOR) is
end --VISITOR                               do
                                                aVisitor.visitConcreteElement(current)
class ELEMENT                               end --accept
 feature accept(aVisitor: VISITOR) is      end --CONCRETE_ELEMENT
  deferred
 end --accept                              end --Visitor
end --ELEMENT
```

Fig. 5. The *PaL* specification for the *Visitor* pattern

```
structure CompositeVisitor                      class COMPOSITE
                                                 feature accept(
reuse Composite                                   aVisitor: VISITOR) is
and dominating Visitor where                      do
 class COMPONENT from ELEMENT                       from
 end --COMPONENT                                     rewind
 class COMPOSITE from CONCRETE_ELEMENT             until
 end --COMPOSITE                                     isNotValid
 class VISITOR                                     loop
  feature visitComposite from visitConcreteElement   cursor.accept(aVisitor);
 end --VISITOR                                       forth
and Visitor where                                 end
 class COMPONENT from ELEMENT                      end --accept
 end --COMPONENT                                  end --VISITOR
 class LEAF from CONCRETE_ELEMENT
 end --LEAF                                      end --CompositeVisitor
 class VISITOR
  feature visitLeaf from visitConcreteElement
end --VISITOR
```

Fig. 6. The *PaL* specification to combine *Composite* and *Visitor*

Composite pattern in both cases. The name clash regarding *accept* in *COMPONENT* is resolved by marking the first reuse of *Visitor* to dominate the second one. The class *COMPOSITE* is extented by a concrete implementation of the *Visitor*'s *accept* method such that a visitor can be broadcasted to all the aggregated components. Thus, the refined *Composite* pattern exhibits some behaviour related to the *Visitor* pattern.

3.3   The compilation model

In [See99], Seemann develops a denotational semantics for flat structures based on [Bre91]. Operations on structures, as modelled, for example, by the reuse construct of *PaL*, are studied according to a model-theoretical approach. On the other hand, non-flat patterns can also be transformed into flat ones by a translation unfolding reuse constructs. In [Bün99], Bünnig completes such a transformation-oriented view on superposition by a compilation model with *Eiffel* as the target language. The superposition of class structures and the emission of target classes was implemented in the formal specification framework of $\Lambda\Delta\Lambda$ [HLR97]. We will provide an overview on this compilation-oriented approach.

Very roughly, the emission of target classes is based on the following strategy. A class participating in a structure is represented as an ordinary class. The interface implemented by the structure (i.e. its higher behaviour) is represented as an abstract class serving as an superclass for a concrete class implementing the actual structure. The concrete class can also contain methods which should not contribute to the interface of the structure. The compilation takes care of the reuse relationship between structures and conveys it as inheritance into the abstract classes. Thereby, polymorphism is supported at the structure level.

A copy-style semantics for the **reuse** construct allows us to think essentially of flat structures. Given a structure s of form (I), an equivalent flat structure s' can be obtained as desribed in the sequel. Assume that s_1, ..., s_n are the flat structures obtained by performing the renamings in flattened copies of the referenced structures according to ref_1, ..., ref_n in (I). A further flat structure s_{n+1} is regarded. It consists of the classes c_1, ..., c_k and features f_1, ..., f_l from (I). Then, superposition is performed on s_1, ..., s_{n+1} by merging classes with the same name and by taking the juxtaposition of features at the respective levels while performing name clash resolution for features.

A name clash is certainly unresolvable if features of different kinds (attribute vs. method) or types are involved. Otherwise, the conflict might be resolved based on priorities which are associated with the features as follows:

- All features in s_{n+1} have the highest priority new in similarity to the situation in object-oriented languages, where a method implementation is meant to override inherited implementations for the same method if there is one.
- In referencing structures a feature from s_1, ..., s_n can be annotated with the priority dominating. Otherwise, the feature has the smallest priority default.

Suppose, $x_1, \ldots, x_w$ are two or more conflicting features with the same name. The conflict can be resolved if the following properties hold:

1. $\not\exists i, j : i \neq j \wedge priority(x_i) = priority(x_j) = \text{dominating}$
2. $(\exists i, j : i \neq j \wedge priority(x_i) = priority(x_j) = \text{default}) \Rightarrow \exists k : priority(x_k) > \text{default}$

The total order on priorities is defined by default < dominating < new. The first condition ensures that there are not two or more features with priority dominating. The second condition states that there should be a "dominating" or even a "new" feature if there are two or more "default" features. The conflict is resolved by selecting the feature with the maximum priority.

4   Related work

Suitable macro mechanisms (e.g. [KEF99]) or program transformation / meta-programming frameworks (e.g. [Ass98]) are expressive enough to attempt a reusable implementation of design patterns. The contribution of our work is to model reuse of patterns as language construct.

Design patterns can be represented in Bosch's Layered Object Model (LayOM) [Bos97,Bos98]. C++ classes can be derived from the LayOM representation. [Bos98] indicates how patterns can be combined in the model. However, patterns are not supported directly by LayOM.

In [BFVY96], a forms-based tool that automates the implementation of design patterns is described. The tool generates from application-specific information, e.g. the names for the participants, the pattern-prescribed code (C++ classes). The paper does not attempt to provide a general approach to the specification, application and combination of design patterns.

Eden et al. [EY97,Ede98] suggest different formal frameworks for specifying design patterns, e.g. meta-programming and higher-order monadic logic. Several categories of descriptions found in pattern catalogs are considered, whereas we only deal with the class diagrams at the moment. However, the formal descriptions of Eden et al. are not meant to be regarded as programs.

In [Zim97], Zimmer regards design patterns as operators to evolve designs by transformations. Most other authors (including us) rather focus on the solution provided by a pattern. However, Zimmer's approach addresses design and not programming. The description language he develops is not completely operational because he copes with issues which require user intervention.

In [FZZ96], Frick, Zimmer and Zimmermann discuss how to achieve robust and flexible class libraries. Besides a classification of inheritance relations, they show how design patterns can effectively be used to construct libraries. However, they do not address the refinement of class systems while preserving the inheritance relation and the reusable implementation of design patterns themselves.

5   Results and future work

We have developed a design pattern oriented programming model. The language *PaL* based on the model supports the reusable and traceable implementation of design patterns. Patterns are first class citizens in *PaL*. It is also an important contribution to indicate how the combination of patterns can be modelled based on superposition. An interesting goal is to address further elements of common pattern descriptions such as common ways to refine a given pattern, applicability issues or trade-offs in our model. We would like to support abstractions to transform class structures like in [Zim97], maybe in accordance to mixins at the class level. *PaL* should be completed by graphical notation and a corresponding editor to ease the use of superposition. We are working on a case study to implement the catalog of patterns in [GHJV94] and to exploit it in the development of a non-trivial application.

Acknowledgement We are grateful for the remarks by Günter Riedewald and the anonymous workshop referees who helped us to improve the structure of the paper.

References

[Ass98]   U. Assmann. Meta-programming composers in second-generation component systems. In J. Bishop and N. Horspool, editors, *Systems Impl. 2000 - Working Conference IFIP WG 2.4*, Berlin, Feb. 1998. Chapman and Hall.

[BFVY96] F. J. Budinsky, M. A. Finnie, J. M. Vlissides, and P. S. Yu. Automatic code generation from design patterns. *IBM Systems Journal*, 35(2), 1996.

[BHK97]   J. Bosch, Görel Hedin, and Kai Koskomies (eds.) *Language Support for Design Patterns and Frameworks*, 1997.

[Bos97]   J. Bosch. Design Patterns & Frameworks: On the Issue of Language Support. In Bosch et al. [BHK97].

[Bos98]   J. Bosch. Design patterns as language constructs. *Journal of Object-Oriented Programming*, 1998.

[Bre91]   R. Breu. *Algebraic Specification Techniques in Object Oriented Programming Environments*, volume 562 of *LNCS*. Springer-Verlag, 1991.

[Bün99]   S. Bünnig. Entwicklung einer Sprache zur Ünterstützung von Design Patterns und Implementierung eines zugehörigen Compilers. Master's thesis, University of Rostock, 1999.

[Ede98]   A. H. Eden. Giving "The Quality" a Name. *Journal of Object-Oriented Programming*, 1998.

[EY97]   A. H. Eden and A. Yehudai. Patterns of the Agenda. In Bosch et al. [BHK97].

[FZZ96]   A. Frick, W. Zimmer, and W. Zimmermann. Konstruktion robuster und flexibler Klassenbibliotheken. *Informatik - Forschung und Entwicklung*, 11(4):168–178, 1996.

[GHJV94] E. Gamma, R. Helm, R. Johnson, and J. Vlissides. *Patterns: Elements of Reusable Object-Oriented Software*. Addison-Wesley, October 1994.

[Hed97]   G. Hedin. Language support for design patterns using attribute extension. In Bosch et al. [BHK97].

[HLR97]   J. Harm, R. Lämmel, and G. Riedewald. The Language Development Laboratory ($\Lambda\Delta\Lambda$). In Magne Haveraaen and Olaf Owe (eds.), *Selected papers from the 8th NWPT, Oslo, Norway, Report 248*, pages 77–86, May 1997.

[Jac97]   E. E. Jacobsen. Design Patterns as Program Extracts. In Bosch et al. [BHK97].

[KEF99]   S. Krishnamurthi, Y.-D. Erlich, and M. Felleisen. Expressing Structural Properties as Language Constructs. In S. D. Swierstra (ed.), *Proc. ESOP'99*, volume 1576 of *LNCS*, pages 258–272. Springer-Verlag, 1999.

[Lar97]   C. Larman. *Applying UML and Patterns*. Prentice Hall, 1997.

[PS90]   J. Palsberg and M. I. Schwartzbach. Type subsitution for object-oriented programming. *SIGPLAN Notices*, 25(10), October 1990.

[See99]   N. Seemann. A Design Pattern Oriented Programming Environment. Master's thesis, University of Rostock, 1999.

[Zim97]   W. Zimmer. *Frameworks und Entwurfsmuster*. PhD thesis, Universität Karlsruhe, 1997.

Run-Time Guarantees for Real-Time Systems—The USES Approach[*]

Christian Ferdinand[1], Daniel Kästner[2], Marc Langenbach[2], Florian Martin[2], Michael Schmidt[2], Jörn Schneider[2], Henrik Theiling[2], Stephan Thesing[2], and Reinhard Wilhelm[2]

[1] AbsInt Angewandte Informatik GmbH, Universität des Saarlandes, Starterzentrum—Gebäude 45, 66123 Saarbrücken
[2] Fachbereich Informatik, Universität des Saarlandes, 66123 Saarbrücken, Germany

Abstract. The USES group follows an approach to compute reliable run-time guarantees which is based on well-understood theoretical foundations, practical in use, and efficient.

Our worst case execution time (WCET) prediction tool is modularly structured: the task of determining the WCET is divided into a sequence of subtasks. The structure has been developed by taking into account the results of previous work. The subtasks value analysis, cache analysis, and pipeline analysis are tackled by abstract interpretation. Path analysis is performed by integer linear programming (ILP).

The analyses will be embedded in a framework which allows to generate (or adapt) the analyses from one target description and provides well defined interfaces and exchange formats.

1 Introduction

An important characteristics of hard real-time systems is that they are subject to timing constraints which determine when computations have to be accomplished. Failure of a safety critical real-time system can lead to considerable damage or even a loss of lives. Therefore, a schedulability analysis has to be performed in order to guarantee that all timing constraints will be met. All existing techniques for schedulability analysis require the worst case execution time (WCET) of each task in the system to be known. Since these are in general not computable, estimations of the WCET have to be calculated. These estimations have to be safe, i. e., they may never underestimate the real execution time, and they should be tight, i. e., the overestimation should be as small as possible.

For processors with fixed execution times for each instruction there are established methods to compute sharp WCET bounds [PK89,PS91]. However, in modern microprocessor architectures caches and pipelines are key features for improving performance. The consequence is that the execution behaviour of the instructions cannot be analysed separately since it depends on the execution history. Therefore, the classical approaches to worst case execution time prediction are not directly applicable or lead to results exceeding the real execution time by orders of magnitude.

---

[*] Work of the USES group (University of the Saarland Embedded Systems group) is partially supported by TFB 14 of the Deutsche Forschungsgemeinschaft.

2   Overview

This paper describes the overall design of an integrated WCET prediction tool. The next two sections summarise previous work done by other groups and by the USES group that have influenced our design decisions and represent basic components of the final system. An outline of the planned developments is given in Section 4.1 and Section 4.1 summarises characteristic aspects. The underlying framework in which all components are embedded and which provides for well defined interfaces and easy retargetability is presented in Section 4.3. Section 4.4 discusses industrial relevance and Section 4.5 concludes.

3   Previous Work

3.1   Some Approaches to WCET Prediction

The following approaches to predict the WCET of programs have influenced the design of our approach.

Arnold, Mueller, Whalley, and Harmon [MWH94,Mue96] describe a data flow analysis for the prediction of instruction cache behaviour of programs for direct mapped caches. This analysis has been one of the starting points of our cache analysis as described below.

In [LMW96] Yau-Tsun Steven Li, Sharad Malik, and Andrew Wolfe describe an integrated method to determine the worst case execution time of a program and to model architecture features like instruction caches and/or pipelines. The problem of finding an accurate worst case execution time bound is formulated as an integer linear program that must be solved.

For direct mapped instruction caches and programs whose execution paths are well defined and not very input dependent the predictions can be computed fast and are very accurate. Increasing levels of associativity where the cache behaviour of one memory reference depends on more (other) references and less defined execution paths lead to prohibitively high analysis times.

In [LBJ$^+$95], Lim et al. describe a general framework for the computation of WCETs of programs in the presence of pipelines and cache memories based on the timing schema approach of Park and Shaw [PS91]. From the program structure a timing equation system can be derived which must be explicitly solved. An approximation to the solution for the set of timing equations has been proposed. The usage of an input and output state provides a way to modularise the timing analysis and makes especially the pipeline analysis very intuitive.

3.2   Own Work

The USES approach evolved from the following previously studied components or aspects of a WCET tool:

- Cache analysis technique based on abstract interpretation and implemented in a PAG (Program Analyser Generator) generated analyser. It receives as

input the control flow graph of a program and a cache description and produces a categorisation of the instruction/context pairs of the input program [Fer97,FMW97,FMWA98] (*see* Section 3.2).
- Pipeline analysis for the super-scalar SuperSPARC I. The results of the cache analysis are used as a parameter [Sch98,SF99] (*see* Section 3.2).
- Program path analysis based on integer linear programming. It uses the results of the cache analysis and calculates the estimated WCET together with an execution profile [TF98,The98] (*see* Section 3.2).

Program Analysis to Predict Run-time Behaviour Program analysis is a widely used technique to determine runtime properties of a given program without actually executing it. A program analyser takes a program as input and computes an approximation of an often undecidable or very hard to compute program property.

There is a well developed theory of program analysis, *abstract interpretation* [CC77,NNH99]. This theory states criteria for correctness and termination of a program analysis. A program analysis is considered an abstraction of a standard semantics of the programming language. Abstract interpretation amounts to performing a program's computations using *value descriptions* or *abstract values* instead of concrete values.

One reason for using abstract values instead of concrete ones is computability: to ensure that analysis results are obtained in finite time. Another is to obtain results that describe the result of computations on a set of possible (e. g., all) inputs.

The behaviour of a program (including its cache and pipeline behaviour) is given by the semantics of the program. A standard (operational) semantics of a language is given by a *domain* of data and a set of functions describing how the statements of the language transform data. To predict the run-time behaviour of a program, we approximate its *collecting semantics.*

The collecting semantics gives the set of all program (cache and pipeline, resp.) states for a given program point. Such information combined with a path analysis can be used to derive WCET-bounds of programs. This approach has successfully been applied to predict the cache behaviour of programs [Fer97,FW98,TF98] and can naturally be adapted to predict the pipeline behaviour [Fer97,Sch98,SF99].
The approach works as follows:

- In a first step, the *concrete semantics* of programs is defined. The concrete semantics is a simplified (auxiliary) semantics that describes only the interesting aspects of computation but ignores other details of execution. E. g., for the cache analysis, the concrete cache semantics only determines the resulting cache state for a given path in the program, but ignores for example register values. In this way each real state is represented by a concrete state.
- In the next step, an *abstract semantics* that "collects" all possibly occurring concrete states for each program point is defined. An abstract semantics consists of an abstract domain and a set of abstract semantic functions, so called

Category	Abb.	Meaning
always hit	ah	The memory reference will **always** result in a cache hit.
always miss	am	The memory reference will **always** result in a cache miss.
persistent	ps	The referenced memory block will be loaded at most once.
not classified	nc	The memory reference could neither be classified as **ah**, **am**, nor **ps**.

Table 1. Categorisations of memory references and memory blocks.

transfer functions, for the program statements computing over the abstract domain. They describe how the statements transform abstract data. They must be monotonic to guarantee termination. An element of the abstract domain represents sets of elements of the concrete domain. The subset relation on the sets of concrete states determines the complete partial order of the abstract domain. The partial order on the abstract domain corresponds to precision, i. e., quality of information.

The partial order determines the *least upper bound* operation, $\sqcup$, on the abstract domain. This operation is used to combine information stemming from different sources, e. g. from several possible control flows into one program point.

The abstract semantics is constructed in such a way that an abstract state at a given program point "represents" at least all concrete states that are included in the collecting semantics [Fer97].

The computation of the abstract semantics can be implemented with the help of the program analyser generator PAG [Mar98], which allows to generate a program analyser from a description of the abstract domain and of the transfer functions.

Cache Analysis Three analyses have been designed and implemented.

The analyses are used to compute a categorisation for each memory reference describing its cache behaviour. The categories are described in Table 1.

Must Analysis The must analysis determines a set of memory blocks that are in the cache at a given program point whenever execution reaches this point. Good information is the knowledge that a memory block is in this set.

May Analysis To determine whether a memory block will never be in the cache we compute the complementary information, i. e., sets of memory blocks that *may* be in the cache. Precise information is that a memory block is not in this set, because this memory block can be classified as definitely not in the cache whenever execution reaches the given program point.

Persistence Analysis For memory references which are not categorised as **ah** or **am**, *persistence* of the referenced memory block is a valuable property. A memory block is called *persistent* if no execution will remove it from the cache. Knowledge about persistence allows to bound the number of cache misses to 1. The first reference may result in a cache miss, but *all* further references cannot result in cache misses.

Data Caches and Combined Caches [FW98,Fer97] generalises the persistence analysis to sets of possibly referenced memory locations, e. g., arrays. This generalisation determines memory locations that survive in the cache thus providing effective and efficient means to compute an upper bound of the number of possible cache misses.

Pipeline Analysis [Fer97,SF99] describe the foundations of pipeline analysis and [Sch98,SF99] describes an experiment done for the super-scalar pipeline of the SuperSPARC I. The results of a preceding cache analysis are used, so the cache state need not explicitly be considered in the concrete pipeline semantics.

The abstract pipeline update function reflects what happens when a new instruction enters the pipeline. It takes into account the current set of pipeline states, in particular the resource occupations, the contents of the prefetch queue, the grouping of instructions, and the classification of memory references as cache hits or misses.

Analysis of Loops and Recursive Procedures Loops and recursive procedures are of special interest since programs spend most of their runtime there. Frequently in programs, the first execution of the loop body loads the cache and subsequent executions find most of their referenced memory blocks in the cache. This has to be taken into account when analysing the behaviour of a loop on the cache. Therefore, we distinguish the first iteration from the others.

In the USES approach a method has been designed and implemented in the program analyser generator PAG, which virtually inlines the first pass through a recursive procedure and virtually unrolls loops once, the so-called VIVU approach [MAWF98]. Memory references are now considered in different execution contexts, essentially nestings of first and non-first iterations of loops (recursive procedures, resp.). Experiments have shown that the VIVU approach can largely increase the precision [Fer97].

Worst Case Path Analysis Using Integer Linear Programming (ILP) By using ILP the structure of a program and the set of program paths can be described in a very natural way. A set of constraints describes the overall structure of the program. Solving these constraints yields very precise results [TF98,LMW96].

A problem formulated in ILP consists of two parts: the objective function and constraints on the variables used in this function. The objective function represents the number of CPU cycles in the worst case. Correspondingly, it has to be maximised. Each variable in the objective function represents the execution count of one basic block of the program and is weighted by the execution time of that basic block.

The integer constraints describing how often basic blocks are executed relative to each other can automatically be generated from the control flow graph. However, additional information about the program provided by the user is usually needed, as the problem of finding the worst case program path is unsolvable in the general case.

4 The USES approach to WCET-Computation

4.1 Planned Work

The results of previous work have lead the DFG (German National Science Foundation) to fund the pre-product development of a tool for analysing the WCET of programs (*Transfer Project* 14). The overall goal is an integration of all components in a development environment for microcontroller applications on modern architectures. This way, the calculated information concerning the runtime behaviour can be efficiently used during software development. The development is done in cooperation with two innovative companies, AbsInt Angewandte Informatik GmbH and HighTec EDV Systeme GmbH. The *Transfer Project* 14 runs for three years. The projected development includes:

- Implementation of frontends for appropriate architectures.
- Development of a generic static pipeline analysis.
- Development of a value analysis. The knowledge of the ranges of values of registers (on executable level) allows to resolve indirect accesses to memory. The knowledge of the ranges of values of variables (on source level) allows to minimise the amount of user annotations and to check user provided information.
- Integration of the value, cache, and pipeline analysis with a path analysis.
- Integration of all components into a graphical user-interface.

The cache and the pipeline analyses assume an uninterrupted execution. However, most real-time systems are implemented as reactive systems where task execution is initiated by external events as, e. g., interrupts or exceptions. The consequences of such interrupts on the cache and pipeline behaviour are non-trivial and require new analysis approaches.

In [KT98] a pre-runtime scheduling method has been developed which precisely incorporates the effects of task switching on the processor cache into its decisions. This approach will also be followed in the transfer project.

4.2 Rationale and Essentials

Several elements are characteristic to the USES approach. *Modularity*: the task to determine the WCET of a program is structured into a sequence of subtasks, *Adequacy of methods*: the substasks are tackled with appropriate methods, and *Genericity*: generic and generative methods are used whenever possible. These principles lead to an understandable, maintainable, efficient, and provably correct approach.

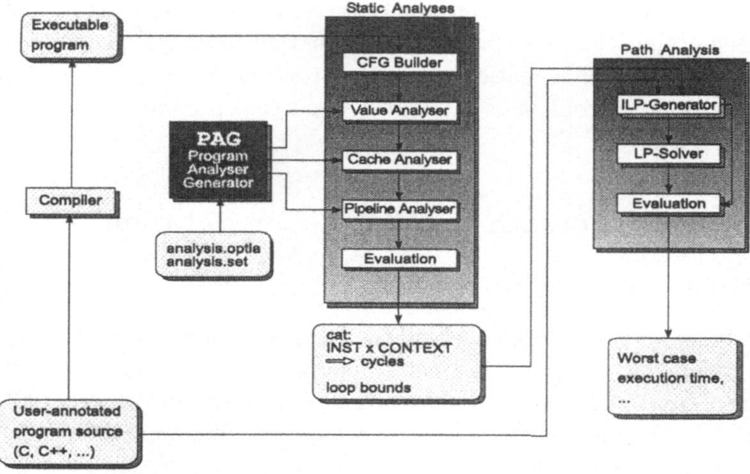

Fig. 1. The structure of the analysis.

Separation into Phases The determination of the worst case execution time (WCET) of a program is composed of several different tasks, i. e., classification of memory references as cache misses or hits, done by the *cache analysis*, predicting the behaviour of the program on the processor pipeline, achieved by the *pipeline analysis*, and the determination of the worst case execution path of the program, which is done by the *path analysis*. Combining them into one analysis adds complexity.

The sequence: value prediction, cache analysis, pipeline analysis, path analysis has been chosen in the USES approach, each analysis step uses the results of the preceding ones. The separation of WCET determination into several phases has the additional effect that different methods tailored to the subtasks can be used. In our case, the value prediction, the cache analysis and the pipeline analysis are done by *abstract interpretation*. The path analysis is done by *integer linear programming*.

By serialising the tasks we see a chance of losing precision. Our prototypes show, however, that this loss is very small.

4.3 Underlying Framework

Composition of the Framework Starting point of our analysis framework (*see* Figure 1) is C source code annotated with user provided information about number of loop iterations, upper bounds for recursion, etc. The C code is then translated into an executable or assembler file with a standard C compiler.

In a next step a parser is created which reads its input instruction by instruction (executables and assembler files can be analysed) and translates them into corresponding CRL instructions (*see* Section 4.3) grouping them to basic blocks.

The annotated control flow graph is the input for the microarchitecture analysis which determines execution times for instructions in various contexts. The result of this step is used by the path analysis to determine one longest execution path in the given control flow graph.

The address analysis [Sic97] determines ranges of values of registers and by this it can resolve indirect accesses to memory involving registers. The cache analysis classifies the accesses to main memory, i.e., whether the data needed resides in the cache or not. The pipeline analysis models the pipeline behaviour to determine execution times for a sequential flow of instructions. The result is an execution time for each instruction in each distinguished execution context.

Based on the results of the microarchitecture analysis, the path analysis derives a safe estimation of the WCET using ILP.

TDL Specification Language All target-specific information required for the generic program parts is expressed by a dedicated description language TDL (*target description language*). Two aspects must be covered. First, the properties of all hardware resources which are relevant for the analyses have to be specified. Second, the specification must allow for the automatic generation of a frontend for the assembly language of the target machine. There are numerous existing hardware description languages, e.g. [FVPF95,Had98,BCRS97]. However, the requirements of retargetable postpass analyses and optimisations (not discussed here) associated with this approach made the development of a dedicated specification language necessary.

Control Flow Representation Language CRL CRL (*control flow representation language*) is designed to represent the control flow of a given program in a hardware-independent way, but with the ability to include architecture-specific information. In CRL a control flow graph is hierarchically composed of routines, blocks, and instructions.

4.4 Industrial Perspective

The market for embedded applications is growing rapidly. Integration efforts (system-on-a-chip) and new applications require more and more computational performance. The hardware manufacturers have reacted to these requirements: according to their road maps for the next few years basically all performance oriented microcontrollers (cores) and even DSPs will features cache memories and (complex) pipelines. For many current designs this is already the case.

The USES approach allows to give runtime guarantees (due to the underlying theories, formally provable) also for modern hardware architectures.

The microprocessor architectures are subject to rapid evolution. The use of generic and generative methods support the modelling of latest hardware features and provide for easy retargetability of the tools.

Another important aspect is the productivity of an embedded systems programmer. Stringent time to market requirements necessitate the use of higher programming languages, like C instead of assembly or C++ or Java instead of C. While the assembly programmers for the classical architectures without cache memories and pipelines was usually well aware of the execution time of their code, the users of higher programming languages have much more problems to determine the timing behaviour. Within the Transfer Project 14, the USES group has the goal to built an integrated and easy-to-use WCET tool that is an integral part of a real IDE (Integrated Development Environment) so that the embedded systems programmer is provided with immediate feedback on the execution time.

4.5 Conclusion

We have presented the design of a system for reliable run-time guarantees, which is currently under development in the USES-group.

Abstract interpretation is used for the value, cache, and pipeline analysis. The approach is semantics based, allows for correctness proofs, allows to use generative support (PAG), and allows for a high level of genericity.

Integer linear programming is used for the path analysis. It provides an intuitive and flexible user interface for program annotations and allows for virtually arbitrary precision in the path description by the user.

Both abstract interpretation and integer linear programming are well explored theories. Together with the well defined interfaces and intermediate representations, they allow for easy extensibility (e. g. to model branch prediction schemes found in recent microprocessors).

Portability is supported by a common language for the specification of the underlying hardware properties. Our approach directly analyses executables. No special compiler or linker are required. Furthermore, standard *optimising* compilers can be used.

The results of experiments done so far are convincing. This gives reason to hope that the separation of analyses as presented above will give precise results within very moderate analysis times for the overall integrated WCET tool.

References

[ASU86] A.V. Aho, R. Sethi, and J.D. Ullman. *Compilers: Principles, Techniques, and Tools*. Addison Wesley, 1986.

[BCRS97] F. Bodin, Z. Chamski, E. Rohou, and A. Seznec. *Functional Specification of SALTO: A Retargetable System for Assembly Language Transformation and Optimization. rev. 1.00 beta*. INRIA, June 1997.

[CC77] P. Cousot and R. Cousot. Abstract Interpretation: A Unified Lattice Model for Static Analysis of Programs by Construction or Approximation of Fixpoints. In *POPL*, pages 238–252, January 1977.

[Fer97] C. Ferdinand. Cache Behavior Prediction for Real-Time Systems. PhD Thesis, Uni. d. Saarlandes, September 1997.

[FMW97] C. Ferdinand, F. Martin, and R. Wilhelm. Applying Compiler Techniques to Cache Behavior Prediction. In *LCTRTS*, pages 37–46, June 1997.

[FMWA98] C. Ferdinand, F. Martin, R. Wilhelm, and M. Alt. Cache Behavior Prediction by Abstract Interpretation. *Science of Computer Programming, Elsevier*, 1998.

[FVPF95] A. Fauth, J. Van Praet, and M. Freericks. Describing Instruction Set Processors Using nML. In *European Design and Test Conference*. IEEE, 1995.

[FW98] C. Ferdinand and R. Wilhelm. On Predicting Data Cache Behavior for Real-Time Systems. In *Proceedings of the ACM SIGPLAN Workshop on Languages, Compilers and Tools for Embedded Systems*, June 1998.

[Had98] George Hadjiyiannis. ISDL: Instruction Set Description Language Version 1.0. Technical report, MIT RLE, April 1998.

[KT98] D. Kästner and S. Thesing. Cache Sensitive Pre-Runtime Scheduling. In *Proceedings of the ACM SIGPLAN Workshop on Languages, Compilers and Tools for Embedded Systems*, Montreal, Canada, June 1998.

[LBJ$^+$95] S.-S. Lim, Y. H. Bae, G. T. Jang, B.-D. Rhee, S. L. Min, C. Y. Park, H. Shin, K. Park, S.-M. Moon, and C. S. Kim. An Accurate Worst Case Timing Analysis for RISC Processors. *IEEE Transactions on Software Engineering*, 21(7):593–604, July 1995.

[LMW96] Y.-T. S. Li, S. Malik, and A. Wolfe. Cache Modeling for Real-Time Software: Beyond Direct Mapped Instruction Caches. In *RTSS*, December 1996.

[Mar98] F. Martin. PAG—an efficient program analyzer generator. *International Journal on Software Tools for Technology Transfer*, 2(1), 1998.

[Mar99] F. Martin. *Generation of Program Analyzers*. PhD thesis, Uni. d. Saarlandes, 1999. to appear.

[MAWF98] F. Martin, M. Alt, R. Wilhelm, and C. Ferdinand. Analysis of Loops. In *Proceedings of the International Conference on Compiler Construction (CC'98)*. Springer, 1998.

[Mue96] F. Mueller. Generalizing Timing Predictions to Set-Associative Caches. TR96-66, Institut f. Informatik, Humboldt-University, July 1996.

[MWH94] F. Mueller, D. B. Whalley, and M. Harmon. Predicting Instruction Cache Behavior. In *LCTRTS*, 1994.

[NNH99] F. Nielson, H. R. Nielson, and C. Hankin. *Principles of Program Analysis*. Springer, 1999.

[PK89] P. Puschner and Ch. Koza. Calculating the Maximum Execution Time of Real-Time Programs. *Real-Time Systems*, 1:159–176, 1989.

[PS91] C. Y. Park and A. C. Shaw. Experiments with a Program Timing Tool Based on Source-Level Timing Schema. *IEEE Computer*, 24(5):48–57, May 1991.

[Sch98] Jörn Schneider. Statische Pipeline-Analyse für Echtzeitsysteme. Dipl. Thesis, Universität des Saarlandes, October 1998.

[SF99] J. Schneider and C. Ferdinand. Pipeline behavior prediction for superscalar processors. Technical Report A/02/99, Uni. d. Saarlandes, February 1999.

[Sic97] Martin Sicks. Adreßbestimmung zur Vorhersage des Verhaltens von Daten-Caches. Dipl. Thesis, Uni. d. Saarlandes, 1997.

[TF98] H. Theiling and C. Ferdinand. Combining Abstract Interpretation and ILP for Microarchitecture Modelling and Program Path Analysis. In *RTSS*, pages 144–153, Madrid, Spain, December 1998.

[The98] H. Theiling. Über die Verwendung ganzzahliger linearer Programmierung zur Suche nach längsten Programmpfaden. Dipl. Thesis, Uni. d. Saarlandes, Sep. 1998.

[WM95] R. Wilhelm and D. Maurer. *Compiler Design*. International Computer Science Series. Addison–Wesley, 1995. Second Printing.

Autorenverzeichnis

Appelrath, H.-J. 337
Aspray, W. 11
Bayer, B. 305
Beierle, Ch. 350
Bringmann, O. 146
Brück, R. 70
Bünnig, S. 400
Burgey, T. 40
Butenuth, R. 98
Cremers, W. 25
Eierhoff, K. 3
Ferdinand, Ch. 410
Fiedler, H. 342
Fischer, J. 333
Forbrig, P. 400
Fox, D. 108
Franze, K. 80
Frischmuth, J. 14
Fuhrmann, H. 281
Gärtner, F. C. 207
Gellerich, W. 380
Glesner, S. 370
Goerigk, W. 349
Grabe, N. 173
Griese, E. 40
Griffel, F. 50
Grimm, C.. 154
Grohmann, B. 247
Hagenhoff, S. 31
Hashagen, U. 338
Havemann, S. 164
Herfert, M. 119
Holzheuer, H. 40
Humbert, L. 344
Jendricke, U. 190
Jung, B. 88
Kandzia, P.-Th. 60

Kästner, D. 410
Keil-Slawik, R.. 338
Klose, J. 181
Knolmayer, G. 333
Koller, A. 21
Koller, E. 13
Kuchen, H................................390
Labuhn, S.................................40
Lamersdorf, W. 50
Lämmel, R. 400
Langenbach, M. 410
Langmann, C.. 50
Latoschik, M. E. 88
Lehmke, S. 322
Lenk, K. 340
Leser, U. 265
Liesen, H. 21
Lipperts, S. 231
Lux, W. 390
Marquardt, U. 337
Martin, F. 410
Mattern, F.. 137
Maurer, H. 4
Maurer, U. 15
Mayr, E. W.. 334
Mayr, H. C. 337
Meyer auf der Heide, F. 137, 334
Mohnen, M. 360
Müller-Hannemann, M. 138
Mutzel, P. 199
Nastansky, L.. 27
Neumann, O. 80
Nierhoff, T. 257
Perl, J. 22
Peroz, N. 335
Philipps, J. 289
Ploedereder, E. 380

Poetzsch-Heffter, A. 349
Preis, R. 223
Priebe, A.. 70
Rosenstiel, W. 146
Rößiger, M. 273
Rötteler, M. 247
Sawitzki, S. 239
Schill, A. 80
Schmidt, M. 410
Schneider, C. 70
Schneider, J.. 410
Schubert, S...............................344
Schumann, M. 31
Seemann, N. 400
Theiling, H. 410
Theisen, M. 207
Thesing, S. 410
Traunmüller, R. 342
Tu, M. T. 50
Vollmar, R. 12
Vorwieger, S. 314
Wachsmuth, I. 88
Wanka, R. 334
Weidenhaupt, K. 305
Weiskircher, R. 199
Werner, L. 40
Westermann, M. 297
Widera, M. 350
Wiemeyer, J. 24
Wilhelm, R. 410
Woesner, H. 215
Zugenmaier, A. 190